金融教材译丛

FINANCIAL MARKETS AND INSTITUTIONS
9TH EDITION

金融市场与金融机构
（原书第9版）

【美】
弗雷德里克·S. 米什金
(Frederic S. Mishkin)
哥伦比亚大学

斯坦利·G. 埃金斯
(Stanley G. Eakins)
东卡罗来纳大学

著

丁宁　等译

机械工业出版社
China Machine Press

图书在版编目（CIP）数据

金融市场与金融机构（原书第9版）/（美）弗雷德里克·S. 米什金（Frederic S. Mishkin），（美）斯坦利·G. 埃金斯（Stanley G. Eakins）著；丁宁等译 . —北京：机械工业出版社，2020.11（2024.11重印）

（金融教材译丛）

书名原文：Financial Markets and Institutions

ISBN 978-7-111-66713-1

I. 金… II. ①弗… ②斯… ③丁… III. ①金融市场 – 教材 ②金融机构 – 教材 IV. ①F830.9 ②F830.3

中国版本图书馆CIP数据核字（2020）第201286号

北京市版权局著作权合同登记　图字：01-2020-1711号。

Frederic S. Mishkin, Stanley G. Eakins. Financial Markets and Institutions, 9th Edition.
ISBN 978-0-13-451926-5
Copyright © 2018, 2015, 2012 by Frederic S. Mishkin.
Simplified Chinese Edition Copyright © 2021 by China Machine Press.

Published by arrangement with the original publisher, Pearson Education, Inc. This edition is authorized for sale in the Chinese mainland (excluding Hong Kong SAR, Macao SAR and Taiwan).

No part of this book may be reproduced or transmitted in any form or by any means, electronic or mechanical, including photocopying, recording or any information storage and retrieval system, without permission, in writing, from the publisher.

All rights reserved.

本书中文简体字版由Pearson Education（培生教育出版集团）授权机械工业出版社在中国大陆地区（不包括香港、澳门特别行政区及台湾地区）独家出版发行。未经出版者书面许可，不得以任何方式抄袭、复制或节录本书中的任何部分。

本书封底贴有Pearson Education（培生教育出版集团）激光防伪标签，无标签者不得销售。

本书是系统介绍当今金融市场与金融机构运作机制的经典著作和畅销书，也是一本实用的工具手册，超越了本领域其他教科书所提供的描述和定义。作者运用基本原理建立了一个研究金融市场与金融机构的统一分析框架，并通过大量的真实案例，巧妙地将理论与现实应用结合起来。此外，本书更加注重解释以往全球范围内发生的金融危机的原因，尤其关注全球对金融危机的解读，为成就读者在金融服务业的事业或在金融机构寻找相关工作提供了更加国际化的视角。

本书适合金融专业以及相关经济专业的师生作为教材使用，也适合作为专业人士的参考用书。

出版发行：机械工业出版社（北京市西城区百万庄大街22号　邮政编码：100037）
责任编辑：施琳琳　　　　　　　　　　　　责任校对：李秋荣
印　　刷：北京建宏印刷有限公司　　　　　版　　次：2024年11月第1版第7次印刷
开　　本：185mm×260mm　1/16　　　　印　　张：33
书　　号：ISBN 978-7-111-66713-1　　　　定　　价：119.00元

客服电话：(010) 88361066　68326294

版权所有·侵权必究
封底无防伪标均为盗版

About the Authors | 作者简介

弗雷德里克·S. 米什金

弗雷德里克·S. 米什金（Frederic S. Mishkin）是哥伦比亚大学商学院银行与金融机构的阿尔弗雷德·勒纳教授。2006年9月~2008年8月，他曾任职于美国联邦储备委员会。

他还是美国国家经济研究局的副研究员和东方经济学会的前会长。自1976年从麻省理工学院取得博士学位以来，他曾先后执教于芝加哥大学、西北大学、普林斯顿大学和哥伦比亚大学。他还是中国人民大学的名誉教授。1994~1997年，他曾担任纽约联邦储备银行的执行副总裁和研究部主任以及美国联邦公开市场委员会的助理经济学家。

米什金教授的研究领域主要是货币政策及其对金融市场和总体经济的影响。他曾先后出版20余本书，其中包括《宏观经济学：政策与实践》（Pearson, 2015）、《货币金融学》（Pearson, 2016）、《货币政策战略》（MIT Press, 2007）、《下一轮伟大的全球化：金融体系与落后国家的发展》（Princeton University Press, 2006）、《通货膨胀目标：国际经验中的教训》（Princeton University Press, 1999）、《货币、利率和通货膨胀》（Edward Elgar, 1993）、《理性预期在宏观经济计量学中的运用：对政策无效性和有效市场模型的检验》（University of Chicago Press, 1983）。另外，他还在诸如《美国经济评论》《政治经济学杂志》《计量经济学》《经济学季刊》《金融学杂志》《应用计量经济学杂志》《经济透视杂志》《货币、信贷与银行业杂志》等世界知名学术杂志上发表文章200余篇。

米什金教授曾供职于《美国经济评论》编委会，还是《商业与经济统计杂志》《应用计量经济学杂志》的副主编。他还曾是纽约联邦储备银行《经济政策评论》的编辑。他目前是6个学术杂志的副主编（编委会成员），这些杂志包括《国际金融》《印度金融》《新兴市场、金融和贸易》《金融发展评论》《博尔萨经济评论》《PSU研究评论》。他曾是美国联邦储备委员会、世界银行、国际货币基金组织和世界上许多国家央行的顾问。他也是韩国金融监管服务局国际咨询委员会成员以及韩国银行货币与经济研究所顾问。米什金教授还曾是美国联邦存款保险公司银行研究中心的高级研究员以及纽约联邦储备银行经济咨询小组的成员和学术顾问。

斯坦利·G. 埃金斯

斯坦利·G. 埃金斯（Stanley G. Eakins）具有丰富的金融从业经验，曾是费尔班克斯第一国民银行的副总裁和审计长，也是商业和房地产信贷主任，还是阿拉斯加费尔班克斯一家知名保险公司 Denali Title and Escrow Agency 的创始人。他曾在一家银行负责运营，是资产达数百万美元的建筑开发公司的财务总监。

埃金斯教授在亚利桑那州立大学获得博士学位，是东卡罗来纳大学商学院的院长，其研究主要关注制度在公司控制中的作用及其如何影响投资实践。他还对将多媒体工具整合到学习环境中很感兴趣，并从东卡罗来纳大学获得资助从事该项工作。

他曾在很多学术杂志上发表文章，如《商业和经济学季刊》《金融研究杂志》《财务分析国际评论》。埃金斯教授还是《在线公司理财》（*Corporation Finance Online*, Pearson, 2018）的作者，这是一个为方便电子传送而设计的多媒体在线文本。

Preface 前言

2006年9月，当我离开哥伦比亚大学到联邦储备委员会任职时，从来没有想象过这份工作有多么令人兴奋和压力重重。正如艾伦·格林斯潘所言，我怎么可能知道世界经济在2007~2009年的全球金融危机中会遭遇"百年一遇的信贷海啸"呢！2008年9月，当我返回哥伦比亚时，金融危机达到非常严重的程度，信贷市场完全被冻结，一些大型金融机构也深陷危机之中。此次全球金融危机是自大萧条以来世界经历的最严重的一次，完全改变了金融市场与金融机构的性质。

在这种情况下，对于金融市场与金融机构的学习将更加令人振奋。希望读者能从我们的书中学到更多有趣的事情。

第9版新增内容

除了按照计划将书中所有数据更新至2016年外，本书每部分也都相应地增加了新内容。

关于金融市场与金融机构的新内容

鉴于金融市场与金融机构的新变化，本书增加了以下内容以确保时效性：

- 新增了关于对冲基金的内容（第2章）；
- 更新了关于美国、欧洲和日本负利率的小案例专栏（第3章）；
- 新增了解释欧洲、日本和美国低利率的最新案例（第4章）；
- 新增了关于抵押品暴政的小案例专栏（第7章）；
- 新增了关于证券化和影子银行体系的内容（第19章）。

关于货币政策的新内容

全球金融危机过后，各国央行的货币政策发生了重大变化，本书包括了以下新内容：

- 更新了关于珍妮特·耶伦与美联储前主席风格迥异之处的"透视美联储"专栏（第9章）；
- 更新了关于美联储内部沟通策略演变的"透视美联储"专栏（第9章）；

- 新增了关于美联储行为如何影响银行体系准备金的内容（第10章）；
- 更新了关于前瞻性指引的内容（第10章）；
- 新增了关于政策工具即银行存款负利率的内容（第10章）。

网络附录

访问本书网址 www.pearsonhighered.com/mishkin_eakins，可以获得有关本书的网络附录内容，附录包括以下几个。

- 第4章：资产定价模型；
- 第4章：在商品市场上应用资产市场法——以黄金为例；
- 第4章：可贷资金理论；
- 第4章：货币市场的供给和需求——流动性偏好理论；
- 第18章：全球银行业危机；
- 第24章：有关金融衍生产品套期保值的更多内容。

教师可以在课堂上使用这些附录来补充教材中的内容，也可以将附录推荐给希望拓展金融市场与金融机构领域知识的学生。

本书特色

虽然本书进行了较大的修改，但仍保留着使其成为金融市场与金融机构畅销书的基本特色。《金融市场与金融机构》（原书第9版）是对当前金融市场与金融机构运作的实用介绍。本书超越了本领域其他教科书所提供的描述和定义，鼓励学生将理论概念同现实世界的应用结合起来。通过提高学生的分析能力和解决问题的技巧，本书为成就学生在金融服务业的事业或在金融机构寻找相关工作提供了良好的准备。

本书具备如下特点，以让学生为未来的职业生涯做好准备。

- 运用基本原理组织学生思考的统一分析框架，这些基本原理包括：信息不对称问题、利益冲突、交易成本、供给与需求、资产市场均衡、有效市场、风险的衡量与管理。
- "执业经理"专栏包括近20个一手实用案例，强调从金融从业者的角度考察金融市场与金融机构。
- 书中模型每一步骤的详解能让学生更容易掌握内容。
- 高度的灵活性能让教师以他们喜欢的方式讲授课程。
- 整本书都融汇在国际视角中。
- "财经新闻"专栏能够鼓励读者阅读财经日报。
- 大量的案例提高了学生理论联系实际的兴趣。
- 本书关注电子技术对金融体系的影响。本书广泛使用了互联网，提供网络练习、网上图表资源和网上参考文献，也特别以"网络金融"为专栏解释了技术变革是如何影响金融市场与金融机构的。

灵活性

授课教师不同,讲解金融市场与金融机构的方法也多有不同。因此,为了满足教师的不同需求,本书具有相当大的灵活性,这也是编写本书的基本目的。本书的灵活性体现在以下几个方面。

- 核心章节会提供全书的基本分析方法,其他章节根据教师的偏好,可适当选取或删减。例如,第2章介绍了金融体系以及包括交易成本、逆向选择和道德风险等在内的基本概念。在第2章之后,教师可自行决定讲授本书第三部分有关金融结构和金融危机更详细的内容,或者是本书第四部分、第五部分有关金融市场与金融机构的具体章节,抑或教师可以跳过这些章节,介绍其他不同的内容。
- 为了使本书更加国际化,我们用独立的章节介绍了外汇市场和国际货币体系,安排比较合理而且具有灵活性。虽然很多教师会讲授国际化方面的内容,但其他教师可能会选择不讲授国际化方面的内容。那些不想强调国际化方面内容的教师可以直接跳过第15章(外汇市场)和第16章(国际金融体系)。
- "执业经理"专栏以及第七部分"金融机构管理"都是完全独立的,可以跳过,并不影响全书的连贯性。因此,希望少讲些管理方面内容的教师,可以重点关注政策问题,而不会感到麻烦。另外,在讲解完第17章关于银行管理的内容之后,教师可以提早讲解第七部分的内容。

下列课程大纲适用于一个学期的授课安排,并列出了本书不同授课的侧重点。

- 以金融市场与金融机构的讲解为侧重点:第1~5章、第7~8章、第11~13章、第17~19章以及另外选择其他5章内容。
- 以金融市场与金融机构国际化的讲解为侧重点:第1~5章、第7~8章、第11~13章、第15~19章以及另外选择其他3章内容。
- 以管理讲解为侧重点:第1~5章、第17~19章、第23~24章以及另外选择其他8章内容。
- 以政策讲解为侧重点:第1~5章、第7~10章、第17~18章以及另外选择其他7章内容。

教辅

教科书必须是值得信赖且激励教学的工具。为此,我们纳入了多个板块的教辅。

1. 每章开篇的"**预览**"告诉学生这一章的主要内容、特定话题的重要性及与书中其他主题的联系。
2. "**案例**"说明了书中的分析如何用于解释许多重要的现实情况。
3. "**执业经理**"专栏提供了一些特殊的案例,通过这些案例向学生介绍金融机构经理需要解决的"现实世界"问题。

4. **"数值示例"** 通过公式、时间线和计算器的运用来引导学生解决财务问题。
5. **"财经新闻"** 专栏向学生介绍财经新闻来源中每日报道的相关文章和数据,并解释如何阅读。
6. **"透视美联储"** 专栏让学生了解美国联邦储备系统运作和结构中的重要内容。
7. **"全球视角"** 专栏包括受国际关注的有趣材料。
8. **"网络金融"** 专栏说明技术的变化如何影响金融市场与金融机构。
9. **"利益冲突"** 专栏概括了不同金融服务业之间的利益冲突。
10. **"小案例"** 专栏突出了戏剧性的历史事件,或者将理论应用于客观数据。
11. **汇总表**是对复习十分有效的辅助工具。
12. **关键概念**在首次出现时用黑体字标出,这样学生可以很容易地找到它们以备后用。
13. 超过60个**图表**,帮助学生理解变量之间的相互关系和分析使用的原理。
14. 章末的**"本章小结"**列出了各章的要点。
15. **关键术语**第一次出现时以黑体字显示。
16. 章末的**"简答题"**通过应用经济概念帮助学生学习,并成为一个特殊问题类别——"预测未来"。
17. 超过250道章末的**"计算题"**,培养学生的计算能力。
18. **网络练习**鼓励学生从网络上收集信息或使用网络资源增强他们的学习体验。
19. **网络资源**给出了创建图表数据的网址来源。
20. **网络参考**将学生引向提供信息或数据以补充文本材料的网站。
21. 书后的**术语表**定义了所有的关键术语。
22. **简答题与计算题的完整版答案**可以在教师手册和教师资源中心(www.pearsonhighered.com/irc)上查阅,教师可以根据自己的意愿灵活地与学生分享答案。

补充材料

本书包含了本领域所有教科书中最全面的补充材料。美国国内会员使用者可以获得这些资料,但在某些情况下,国际使用者可能无法获得相关材料,其中如下所示。

供教师使用的部分

近年来,对商学院优质教学的需求急剧增加。为了满足这些需求,本书包含了该领域所有教科书中最全面的补充材料,这将使课程教学变得更加容易。这些资源可在www.pearsonhighered.com/irc上获取。

1. **教师手册**:本手册由作者编写,包括章节大纲、概述、教学技巧以及书中课后题的完整答案。
2. **演示文稿**:由约翰·班科(佛罗里达大学)提供。该演示文稿包含超过1 000张幻灯片,内容包括讲义和书中的完整图表,这些幻灯片全面概述了本书所涵盖的要点。
3. **试题库**:本书对试题库中超过2 500道多项选择题、判断题和简答题进行了更新与修订。试题库中的所有问题都可以通过计算机上的 TestGen 软件获得，这一软件在微软和苹果系统电脑上都可以使用。

4. **米什金、埃金斯合作网站**：www.pearsonhighered.com/mishikin_eakins，该网站的主要内容包括新兴市场经济体的金融危机、储蓄贷款协会和信用合作社、金融公司、网络附录、相关数据来源和美联储网站。

供学生使用的部分

1. **学习指导**：本书的学习指导部分由威廉·格肯进行了更新和修订。学习指导部分提供了章节大纲、练习题、自测题及其答案。

2. **米什金、埃金斯合作网站**：www.pearsonhighered.com/mishikin_eakins，该网站的主要内容包括新兴市场经济体的金融危机、储蓄贷款协会和信用合作社、金融公司、网络附录、术语速记卡以及书中的链接。

致谢

能完成如此繁重的编写工作，我要感谢很多人。在此，我要特别感谢 HarperCollins 的前任经济学编辑 Bruce Kaplan；前任金融学编辑 Donna Battista；Prentice Hall 的现任金融学编辑 Noel Kamm Seibert、前任开发编辑 Jane Tufts 和 Amy Fleisher。我还要感谢哥伦比亚大学的同事和学生对本书所提的建议。

此外，我还要感谢那些对本版和以前各版提出有益见解的外部评论者与来函者，他们的反馈意见使得本书更加完善。

最后，我还要感谢我的妻子 Sally、儿子 Matthew 和女儿 Laura，他们为我提供了温馨而愉快的写作环境，使得我能顺利地开展工作。我还要感谢我的父亲 Sydney 在很久以前将我引入本书的创作之路。

弗雷德里克·S. 米什金

我要感谢米什金对我工作的良好评价。在与米什金共同写作本书的过程中，我不仅掌握了更多的写作技巧，还获此益友。我也要感谢我的妻子 Laurie，她耐心地阅读每一份手稿并协助我使其变成最好的作品。多年来，她的帮助和支持成就了我的事业。

斯坦利·G. 埃金斯

目 录 | Contents

作者简介
前　言

第一部分　绪论

第1章　为什么研究金融市场与金融机构 …… 2
1.1　为什么研究金融市场 …… 2
1.2　为什么研究金融机构 …… 5
1.3　应用管理视角 …… 7
1.4　如何研究金融市场与金融机构 …… 8
1.5　网络练习 …… 9
1.6　结语 …… 10
本章小结 …… 11
简答题 …… 11
计算题 …… 12
网络练习 …… 12

第2章　金融体系概览 …… 13
2.1　金融市场的功能 …… 13
2.2　金融市场的结构 …… 15
2.3　金融市场国际化 …… 17
2.4　金融中介的功能：间接融资 …… 19
2.5　金融中介的类型 …… 23
2.6　金融体系的监管 …… 26

本章小结 …… 28
简答题 …… 29
网络练习 …… 29

第二部分　金融市场基础

第3章　利率的含义及其在定价中的作用 …… 32
3.1　利率的衡量 …… 32
3.2　实际利率和名义利率的区别 …… 40
3.3　利率和收益率的区别 …… 43
本章小结 …… 51
简答题 …… 52
计算题 …… 52
网络练习 …… 53

第4章　为什么利率会变动 …… 54
4.1　资产需求的决定因素 …… 54
4.2　债券市场的供求 …… 57
4.3　均衡利率的变动 …… 60
本章小结 …… 69
简答题 …… 69
计算题 …… 70
网络练习 …… 71
网络附录 …… 71

第5章 利率的风险结构和
　　　期限结构 …………… 72
　　5.1 利率的风险结构 ………… 72
　　5.2 利率期限结构 …………… 78
　　本章小结 …………………… 91
　　简答题 ……………………… 91
　　计算题 ……………………… 92
　　网络练习 …………………… 93

第6章 金融市场是否有效 …… 94
　　6.1 有效市场假说 …………… 94
　　6.2 有效市场假说的例证 …… 97
　　6.3 有效市场假说的
　　　　局限性 ………………… 105
　　6.4 行为金融 ……………… 105
　　本章小结 ………………… 106
　　简答题 …………………… 107
　　计算题 …………………… 108
　　网络练习 ………………… 108

第三部分　金融机构基础

第7章 金融机构的成立 ……… 110
　　7.1 全球金融结构的
　　　　基本事实 ……………… 110
　　7.2 交易成本 ……………… 113
　　7.3 信息不对称：逆向选择和
　　　　道德风险 ……………… 114
　　7.4 次品问题：逆向选择对
　　　　金融机构的影响 ……… 114
　　7.5 道德风险对债务合约和
　　　　股权合约选择的影响 … 119
　　7.6 道德风险对债务市场
　　　　金融结构的影响 ……… 121
　　7.7 利益冲突 ……………… 126
　　本章小结 ………………… 131

　　简答题 …………………… 132
　　计算题 …………………… 133
　　网络练习 ………………… 133

第8章 金融危机的出现及其对经济的
　　　危害 …………………… 134
　　8.1 什么是金融危机 ……… 134
　　8.2 金融危机的动态发展 … 135
　　本章小结 ………………… 146
　　简答题 …………………… 147
　　网络练习 ………………… 147
　　网络资料 ………………… 147

第四部分　中央银行与货币
　　　　　　政策传导

第9章 中央银行和联邦储备
　　　系统 …………………… 150
　　9.1 联邦储备系统的起源 … 150
　　9.2 联邦储备系统的结构 … 151
　　9.3 联邦储备系统的
　　　　独立性 ………………… 159
　　9.4 美联储应该独立吗 …… 160
　　9.5 欧洲央行的结构和
　　　　独立性 ………………… 163
　　9.6 其他国家中央银行的结构和
　　　　独立性 ………………… 165
　　本章小结 ………………… 166
　　简答题 …………………… 167
　　网络练习 ………………… 167

第10章 货币政策传导 ………… 168
　　10.1 美联储如何影响银行体系
　　　　 的准备金 ……………… 168
　　10.2 银行准备金市场与联邦
　　　　 基金利率 ……………… 170

10.3 传统货币工具 …… 175
10.4 非传统货币政策工具和量化宽松政策 …… 179
10.5 欧洲央行货币政策工具 …… 183
10.6 物价稳定性目标与名义锚 …… 185
10.7 货币政策的其他目标 …… 186
10.8 物价稳定是否为货币政策的首要目标 …… 188
10.9 通货膨胀目标 …… 189
10.10 央行是否应对资产价格泡沫做出反应：全球金融危机的教训 …… 192
本章小结 …… 196
简答题 …… 197
计算题 …… 198
网络练习 …… 198

第五部分 金融市场

第11章 货币市场 …… 200
11.1 货币市场的界定 …… 200
11.2 货币市场的目标 …… 202
11.3 货币市场的参与者 …… 203
11.4 货币市场工具 …… 205
11.5 货币市场证券的比较 …… 214
本章小结 …… 216
简答题 …… 216
计算题 …… 217
网络练习 …… 218

第12章 债券市场 …… 219
12.1 资本市场的目标 …… 219
12.2 资本市场的参与者 …… 219

12.3 资本市场的交易 …… 220
12.4 债券的类型 …… 220
12.5 中长期国债 …… 221
12.6 市政债券 …… 225
12.7 公司债券 …… 226
12.8 债券的财务担保 …… 230
12.9 债券市场的监管 …… 231
12.10 当期收益率的计算 …… 231
12.11 息票债券的价值 …… 232
12.12 债券投资 …… 235
本章小结 …… 235
简答题 …… 236
计算题 …… 236
网络练习 …… 237

第13章 股票市场 …… 238
13.1 股票投资 …… 238
13.2 普通股的价格计算 …… 243
13.3 证券价格的市场决定 …… 246
13.4 估值误差 …… 247
13.5 股票市场指数 …… 249
13.6 购买国外股票 …… 252
13.7 股票市场监管 …… 252
本章小结 …… 253
简答题 …… 253
计算题 …… 254
网络练习 …… 255

第14章 抵押贷款市场 …… 256
14.1 抵押贷款的定义 …… 256
14.2 抵押贷款的特点 …… 257
14.3 抵押贷款的类型 …… 262
14.4 抵押贷款的机构 …… 265
14.5 贷款服务 …… 265
14.6 次级抵押贷款市场 …… 267
14.7 抵押贷款证券化 …… 267

本章小结 …………………… 271
简答题 ………………………… 272
计算题 ………………………… 272
网络练习 ……………………… 274

第15章 外汇市场 ……………… 275
15.1 外汇市场介绍 …………… 276
15.2 长期汇率 ………………… 278
15.3 短期汇率：供求分析 …… 281
15.4 汇率变动解析 …………… 283
本章小结 ……………………… 290
简答题 ………………………… 291
计算题 ………………………… 291
网络练习 ……………………… 292
附录15A 利率平价条件 …… 293

第16章 国际金融体系 …………… 296
16.1 外汇市场干预 …………… 296
16.2 国际收支平衡表 ………… 299
16.3 国际金融体系的汇率机制 …………………… 300
16.4 资本管制 ………………… 308
16.5 国际货币基金组织的作用 …………………… 309
本章小结 ……………………… 310
简答题 ………………………… 310
计算题 ………………………… 311
网络练习 ……………………… 311

第六部分 金融机构

第17章 银行业和金融机构管理 … 314
17.1 银行的资产负债表 …… 314
17.2 银行的基本业务 ……… 317
17.3 银行管理的一般原则 …………………… 319
17.4 表外业务行为 ……… 326

17.5 银行绩效的衡量 …… 329
本章小结 ……………………… 333
简答题 ………………………… 334
计算题 ………………………… 334
网络练习 ……………………… 335

第18章 金融监管 ………………… 336
18.1 金融监管的理论基础：信息不对称 ……… 336
18.2 金融监管的类型 …… 340
18.3 世界范围内的银行业危机 …………………… 351
18.4 《多德-弗兰克法案》和2010年的《消费者保护法案》 ……… 353
18.5 "大而不倒"和未来的金融监管 ……… 354
本章小结 ……………………… 356
简答题 ………………………… 356
计算题 ………………………… 357
网络练习 ……………………… 357
网络附录 ……………………… 357

第19章 银行业：结构与竞争 …… 358
19.1 银行体系的发展历史 … 358
19.2 金融创新和影子银行体系的发展 ……… 360
19.3 美国银行业结构 …… 373
19.4 银行合并和全国性银行 …………………… 375
19.5 银行业和其他金融服务业的分业经营 …… 379
19.6 储蓄行业 ………………… 380
19.7 国际银行业 …………… 382
本章小结 ……………………… 384
简答题 ………………………… 385
网络练习 ……………………… 385

第20章 共同基金行业 ………… 386
- 20.1 共同基金的成长 …… 386
- 20.2 共同基金的收益 …… 387
- 20.3 共同基金的结构 …… 389
- 20.4 投资目标分类 …… 392
- 20.5 投资基金的费用结构 …………… 396
- 20.6 共同基金的监管 …… 397
- 20.7 对冲基金 ………… 398
- 20.8 共同基金行业的利益冲突 …………… 401
- 本章小结 ……………… 404
- 简答题 ………………… 404
- 计算题 ………………… 405
- 网络练习 ……………… 406

第21章 保险公司和养老基金 …… 407
- 21.1 保险公司 …………… 408
- 21.2 保险公司的基本原则 …………… 408
- 21.3 保险公司的组织和发展 …………… 410
- 21.4 保险的种类 ………… 411
- 21.5 养老金 ……………… 422
- 21.6 养老金的种类 ……… 422
- 21.7 养老金计划的监管 … 426
- 21.8 养老基金的未来发展 …………… 429
- 本章小结 ……………… 429
- 简答题 ………………… 430
- 计算题 ………………… 430
- 网络练习 ……………… 431

第22章 投资银行、证券经纪人和经销商以及风险投资公司 …… 432
- 22.1 投资银行 …………… 432
- 22.2 证券经纪人和经销商 …………… 439
- 22.3 证券公司的监管 …… 443
- 22.4 证券公司和商业银行的关系 …………… 444
- 22.5 私募股权投资 ……… 444
- 22.6 私募股权收购 ……… 449
- 本章小结 ……………… 450
- 简答题 ………………… 450
- 计算题 ………………… 451
- 网络练习 ……………… 452

第七部分 金融机构管理

第23章 金融机构的风险管理 …… 454
- 23.1 信用风险管理 ……… 454
- 23.2 利率风险管理 ……… 457
- 本章小结 ……………… 466
- 简答题 ………………… 466
- 计算题 ………………… 467
- 网络练习 ……………… 469

第24章 利用金融衍生工具避险 … 470
- 24.1 套期保值 …………… 470
- 24.2 远期交易市场 ……… 470
- 24.3 金融期货市场 ……… 472
- 24.4 股票指数期货合约 … 480
- 24.5 期权 ………………… 482
- 24.6 利率互换 …………… 488
- 24.7 信用衍生工具 ……… 490
- 本章小结 ……………… 493
- 简答题 ………………… 494
- 计算题 ………………… 494
- 网络练习 ……………… 496
- 网络附录 ……………… 496

术语表 …………………………… 497

PART 1

第一部分

绪 论

第1章

为什么研究金融市场与金融机构

预 览

假设你刚刚从晚间新闻中得知，债券市场正处于繁荣时期。这个消息是否意味着利率会下降从而使你更容易获取融资以购买小零售公司所需的新计算机系统？国家经济状况是否将有所改善，使得现在成为建新楼或者扩建旧楼的适当时机？你应该试着通过发行股票或债券来筹集资金还是通过向银行借款来获取资金？如果你从国外进口商品，是否应该考虑商品的价格比以前更高了？

本书通过研究金融市场（如债券、股票和外汇市场）与金融机构（银行、保险公司、共同基金和其他金融机构）的运作，可为上述问题找到答案。金融市场与金融机构不仅影响你的日常生活，还涉及整个经济部门数以万亿美元的巨额资金流，依次影响营业利润、商品的生产和服务甚至美国以外国家的经济福利情况。政治家十分关注金融市场与金融机构的发展情况，这些对总统大选影响很大。学习金融市场与金融机构能让你对很多有趣的问题有所理解。本章概括了这些有趣的问题，并探究其值得学习的原因，为广大读者提供了本书的结构框架图。

1.1 为什么研究金融市场

本书的第二部分和第五部分关注金融市场。**金融市场**（financial market）是将资金从富余一方转向短缺一方的场所。诸如债券市场和股票市场等金融市场，通过将资金从无生产性用途一方转向有生产性用途一方来提高经济效率。事实上，运作良好的金融市场是经济高速增长的关键因素，而金融市场运作不畅则是世界上很多国家仍旧贫穷的原因之一。金融市场中的各种行为还直接影响个人财富、商业和消费者行为以及经济周期。

1.1.1 债务市场和利率

证券（security，又称为金融工具）是对其发行者未来收入或**资产**（asset，任何与所有权相关的金融求偿权或资产）的求偿权。**债券**（bond）是承诺在特定时期内定期向持有者支付的债务证券。⊖债务市场，也就是通常所说的债券市场，对经济活动十分重要，因为在此市场中，公司和政府能够筹集资金。债券市场也是决定利率的市场。**利率**（interest rate）是借款的成本或者是为借入资金支付的价格（通常以每年借入100美元的百分数形式表示）。经济中有很多种利率，如抵押贷款利率、汽车贷款利率以及各种债券的利率。

利率在很多方面都十分重要。就个人而言，高利率会阻止个人购买房屋或汽车，因为筹集资金的成本很高。另外，高利率将鼓励个人进行储蓄，因为将一部分收入存入银行可以赚取更多的利息收入。从更广泛的角度看，利率会影响经济的整体健康情况，因为利率不仅影响消费者的消费或储蓄意愿，还影响企业的投资决策。例如，高利率会使公司延迟建造本应提供更多就业机会的新厂房。

利率变动对个人、金融机构、企业乃至整个经济的影响很大，因此，解释过去35年来利率的大幅波动很重要。例如，1981年，3个月期国库券利率高达16%，而在1992年年底和1993年则降至3%，20世纪90年代中后期又升至5%，2004年降至1%，2007年升至5%，但从2008年到2016年跌至接近于零的水平。

不同利率倾向于按照同一趋势变化，经济学家通常将各种利率结合起来，统称为"利率"。然而，如图1-1所示，不同种类债券的利率差别很大。例如，3个月期国库券利率的波动比其他利率大，且利率更低；Baa级公司债券（中等质量）利率相对较高；20世纪70年代，Baa级公司债券利率同美国政府长期债券利率的利差较大；20世纪90年代，特别是在21世纪头10年的中期，利差变小，只是在2007~2009年金融危机时期，利差特别高，之后再度收窄。

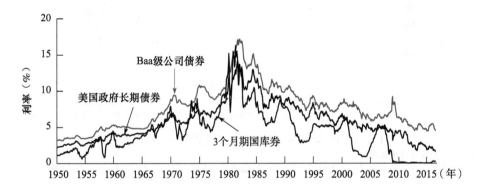

图1-1　1950~2016年选定债券的利率走势图

注：尽管不同的利率在总体的变动趋势上保持一致，但不同种类债券的利率差别很大，并且它们之间的利差一直在波动。

资料来源：Federal Reserve Bank of St. Louis, FRED database: https://fred.stlouisfed.org/series/TB3MS; https://fred.stlouisfed.org/series/GS10; https://fred.stlouisfed.org/series/BAA.

第2章、第11章、第12章和第14章将描述债务市场在经济中发挥的作用，第3~5章将考察利率是什么，利率的一般变动是如何产生的，以及为什么不同债券的利率也不同。

⊖ 本书中所使用的债券定义是被学术界广泛接受的广义债券，涵盖短期债券和长期债券，但是，金融市场中的一些从业人员使用"债券"一词仅描述特定的长期债务工具，例如公司债券或美国国债。

1.1.2 股票市场

普通股（common stock），通常被称为**股票**（stock），代表持有者持有公司所有权的份额，是对公司收入和资产拥有索取权的一种证券。发行股票并向公众出售股票是公司为其经营活动筹集资金的一种途径。股票市场是对公司收益（股票）进行交易的市场，是几乎每个有股票市场的国家都最为关注的金融市场。正因为如此，股票市场通常简称为"市场"。股票市场的大幅波动通常是晚间新闻的头条。人们通常在热门市场上进行投机，当大赚一笔时，他们会兴奋地大肆吹嘘；当遭受巨大损失时，他们则会感到十分沮丧。股市所受到的关注可以用一个简单的事实加以解释：这是一个既能够使人迅速发家致富也能够使人倾家荡产的场所。

如图1-2所示，股票价格波动性极大。经历了20世纪80年代的股市上涨后，1987年10月19日的"黑色星期一"，股市经历了有史以来最严重的单日暴跌。当日，道琼斯工业平均指数跌幅达22%。而此后一直到2000年，股市一直处于历史上最好的牛市行情，道琼斯指数最高升至11 000点。2000年高科技泡沫破灭后，股市急剧下跌，2002年年底跌幅超过30%。而后又得到恢复，2007年达到14 000点的水平，2009年又跌了50%多，下降到7 000点以下。紧接着又是一轮牛市行情，道琼斯指数在2016年升至18 000点以上。股票价格的大幅波动影响了人们的财富规模并由此影响了人们的消费意愿。

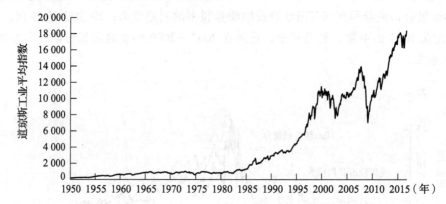

图1-2　1950~2016年道琼斯工业平均指数衡量的股票价格图

注：股票价格波动性极大。
资料来源：Federal Reserve Bank of St. Louis, FRED database: https://fred.stlouisfed.org/series/DJIA.

股市也是影响商业投资决策的一个重要因素，因为股票价格会影响通过出售新发行股票筹集资金的投资金额。公司的股价越高，意味着其筹集的用来购买生产设备的资金就越多。

第2章将主要考察股票市场在整个金融体系中的作用，而后第6章和第13章将探讨股票价格的发行及其对市场信息的反应。

1.1.3 外汇市场

为了便于资金从一个国家流向另一个国家，必须将本国货币（如美元）兑换成其他国家的货币（如欧元）。**外汇市场**（foreign exchange market）是货币兑换的场所，其对资金在国家之间的转移十分重要。并且，外汇市场也是决定**汇率**（foreign exchange rate，一国货币以另一国货币表示的价格）的场所，因此十分重要。

图1-3展示了1973~2016年美元汇率的情况（用一揽子主要外国货币表示的美元价值）。外汇市场的价格波动也很大：美元自1973~1975年小幅波动后历经贬值，于1978~1980年达到一个低点，1980~1985年年初，美元大幅升值，而后又下降，1995年达到另一个低点，但是于1995~2001年又有所回升。2001~2008年，美元持续贬值，在经历了2008年和2009年两年的短暂回升以后，美元又一次贬值，但是2014年中期至2016年有所回升。

图1-3　1973~2016年美元汇率指数走势图

注：在这一时期，美元相对于其他货币的价值大幅波动。
资料来源：Federal Reserve Bank of St. Louis, FRED database: https://fred.stlouisfed.org/series/TWEXMMTH.

这些汇率波动对美国公众和美国企业意味着什么？汇率变动对美国的消费者有直接影响，因为它影响进口成本。2001年，当1欧元价值在85美分左右时，购买价值100欧元的欧洲商品（如法国红酒）会花费85美元。当美元大幅走弱时，成本提至1欧元等于1.5美元，则同样100欧元的法国红酒需支付150美元。由此可知，美元走弱会导致外国商品更昂贵，到国外度假的成本也会变得更高，并且为品尝进口美食所支付的成本更高。当美元贬值时，美国人将减少对外国商品的购买，同时增加对国内产品的消费（如在美国境内旅游或者品尝美国本土生产的红酒）。

相反，美元强势意味着美国出口到国外的商品在外国变得更昂贵，从而外国人将减少对这些商品的购买。例如，1980~1985年以及1995~2001年美元升值时，美国的钢材出口锐减。美元强势会使美国消费者受益，因为外国商品会变得更加便宜，但会使美国企业受损并减少工作机会，因为国内外产品的销售都会减少。然而，1985~1995年以及2001~2014年的美元贬值则有相反的效应：国外商品更昂贵，美国企业却更有竞争力。因此，外汇市场的波动对美国经济有重要影响。

第15章将探讨外汇市场的汇率决定问题。外汇市场也是美元买卖外币的场所。

1.2　为什么研究金融机构

本书关注的第二个焦点是金融机构。金融机构使金融市场得以运转。没有这些金融机构，金融市场将无法把资金从储蓄者手中转移到那些具有生产性投资机会的人手中。因此金融机构对于提高整个经济效率具有重要作用。

1.2.1　金融体系结构

金融体系是指由包括银行、保险公司、共同基金、财务公司和投资银行等在内的，受政府部门严格监管的不同类型私人金融机构构成的复杂体系。例如，如果你想贷款给苹果或者亚马逊公司，你不会直接到这些公司的总裁面前为其提供贷款，而是间接地通过**金融中介**（financial intermediary）为其提供贷款，金融中介就是诸如商业银行、储蓄贷款协会、互助储蓄银行、信用合作社、保险公司、共同基金、养老基金和财务公司等能够从储蓄者手中获取资金并贷给其他人的金融机构。

为什么金融中介对金融市场的良好运作十分重要？为什么它们会将资金贷给一方而不是另一方？为什么当其贷款展期时通常制定十分复杂的法律文件？为什么它们是经济中被最严格监管的部门？

第7章将通过构建一个统一框架来分析美国及其他国家的金融结构，从而回答这些问题。

1.2.2 金融危机

有时，金融体系失灵会出现**金融危机**（financial crisis）。金融市场停止运作是以资产价格大幅下跌以及许多金融机构和非金融机构破产为特征的。金融危机是数百年来资本主义经济的特点，通常接下来就是严重的经济周期低迷。2007～2009年，美国经济遭遇了自"大萧条"以来最严重的金融危机。次级住房抵押贷款违约导致金融机构的巨额损失，不仅致使大量银行倒闭，而且导致了贝尔斯登和雷曼兄弟美国两大投资银行的消亡。

第8章将详解为什么这些危机会出现以及为什么它们对经济的破坏如此之大。

1.2.3 中央银行和货币政策传导

在金融体系中，最重要的金融机构就是**中央银行**（central bank），它是负责货币政策传导的政府机构。在美国，中央银行是指**联邦储备系统**（Federal Reserve System），简称**美联储**（the Fed）。**货币政策**（monetary policy）包括对利率和货币数量（也被称为货币供应量）的管理。**货币供应量**（money supply）是指在购买商品和提供服务或者偿还债务时被普遍接受的任何东西。由于货币政策影响利率、通货膨胀和商业周期，所有这些都对金融市场与金融机构有重要影响，所以我们将在第9章和第10章中探讨美国和其他国家的中央银行如何实施货币政策。

1.2.4 国际金融体系

两国之间资本流动的巨额增加意味着国际金融体系对国内经济的影响在加大。一国对另一国是否实行固定汇率是决定货币政策实施的主要因素。限制跨国资本流动的资本控制对国内金融体系和经济绩效具有重大影响。诸如国际货币基金组织这样的国际金融机构在国际金融体系中所起的作用也相当有争议。第16章将探索上述问题。

1.2.5 银行和其他金融机构

银行（bank）是吸收存款和发放贷款的金融机构。银行还包括诸如商业银行、储蓄贷款协会（储贷协会）、互助储蓄银行和信用合作社等公司。银行是人们接触最频繁的金融中介，需要贷款买房或者买车的人通常从当地银行获取贷款。大多数美国人的主要银行金融资产就是支票账户、储蓄账户或者其他类型的银行存款。银行是一国经济中最大的金融中介，因此更值得仔细研究。然而，银行并不是唯一重要的金融机构。事实上，近年来，诸如保险公司、财务公司、养老基金、共同基金和投资银行等其他金融机构的发展势头超过银行，因此我们也同样需要研究这些机构。我们将在本书第六部分和第七部分中探讨银行与其他金融机构。

1.2.6 金融创新

在过去，当你从银行取现或者想要核对账户余额时，你需要同友善的出纳员打招呼。而如今，当你取现时，你更可能和自动取款机打交道，并且使用家里的计算机或手机查询账户余额。**金融创新**（financial innovation），即对新的金融产品和服务的开发，可以对金融体系效率的提高起到积极的作用。然而，正如我们将在第8章中看到的那样，金融创新可能也会产生负面的影响：它可能导致毁灭性的金融危机，就像2007～2009年的金融危机。为了了解为什么会有如此多的选择，我们将在第19章中学习为什么会有金融创新以及金融创新是如何发生的。我们将重点强调信息技术的飞速发展如何促进了新的金融产品的出现，以及如何引导了金融服务电子化支付方式的创新，现在统称为**网络金融**（e-finance）。之所以探讨金融创新，是因为它向我们展示了金融机构的创造性思维带来了更高的利润，但有时也会导致金融灾难。通过了解金融机构过去的创新力，我们可以更好地了解这些机构创新力的未来发展。这些知识有助于我们掌握金融体系的发展脉络，并保持对银行和其他金融机构的了解不至于过时。

1.2.7 金融机构的管理风险

在过去的十几年里，经济环境风险日增。利率剧烈波动，国内外股票市场遭遇崩盘，外汇市场出现投机危机，并且金融机构破产情况达到了大萧条以来前所未有的程度。为了避免由于环境因素造成的收益性波动（甚至可能出现亏损），金融机构必须考虑如何应对不断增加的风险。在第23章中，我们将研究这些金融机构进行风险管理的一些技术，然后在第24章中学习这些机构如何使用诸如金融期货、期权和互换⊖等新的金融工具来管理风险。

1.3 应用管理视角

研究金融机构的另外一个原因是，这些机构是国家中最大的雇主并为其雇员支付高薪。因此，一些人研究金融机构比较现实的原因是，这有助于他们在金融部门找到一份好工作。即使你的兴趣不在于此，你仍会关心金融机构的运作情况，因为你在生活中有很多机会和它们打交道。作为个人或者公司老板，了解金融机构的运行，可能会有助于你在需要从这些机构获取贷款时，或者决定向这些机构存入资金时，获得更有利的交易。

本书强调以应用管理的视角来传授金融市场与金融机构的知识，其中包括名为"执业经理"的专栏。这些专栏介绍了金融机构经理在现实工作中通常面对的问题以及在日常工作中需要解决的问题。例如，金融机构经理如何提供能够盈利的新型金融产品？金融机构经理如何应对由利率波动、股价变动或者外汇汇率变化所引起的风险？金融机构经理是否应该雇用对美联储政策制定十分熟悉的、被称为"美联储观察员"的专家来帮助金融机构洞察未来货币政策的走势？

⊖ 又称掉期。——译者注

"执业经理"专栏能够为上述问题及类似问题提供答案。这些专栏不仅为你提供了在金融机构开启职业生涯所需要的特殊分析工具,也会让你亲身感受到金融机构经理的工作到底是什么。

1.4 如何研究金融市场与金融机构

相较于关注大量枯燥且即将过时的事实,本书更强调分析金融市场与金融机构的统一性和系统性框架。在此框架中,运用一些基本原理(供求均衡分析、交易成本及信息不对称等)帮助读者思考资产价格的决定、金融市场结构、银行管理以及货币政策在经济中的作用。

本书使用统一框架,以避免所学知识过时,并使内容更吸引人,还能让读者学到真正重要的知识,而不必勉强记住那些在考试后悉数遗忘的知识。本框架还提供了一些有助于理解金融市场变化趋势以及诸如利率和汇率等变量的工具。

为帮助理解并使用这一统一分析框架,在精心描绘的变量保持不变的情况下,本书构建了一些简单的模型,清楚列明了模型推导过程,并用于解释当其他变量保持不变时,某一变量的变化所产生的不同影响。

为了强化模型的实用性,本书同样强调理论分析与实证数据相结合,从而让你了解现实生活中的事件和数据。为了使金融市场与金融机构的学习更具相关性并有助于对资料的理解,除了"执业经理"专栏外,本书还增添了很多案例。这些案例展示了如何将本书中的分析过程运用于解释现实情况。

为了在课堂外更好地掌握这些知识,你还必须养成关注财经新闻的习惯。为了帮助和鼓励读者阅读报纸上的金融版块,本书包括两大特色。第一,加入了"财经新闻"专栏,为读者提供所需评估数据的详细信息和定义。第二,本书还包括近400道思考题,要求你将所学知识运用于解决现实问题。特别是"预测未来"的问题,这些问题会让读者回顾和运用书中很多重要的金融概念与工具。

1.4.1 网络探索

对金融研究而言,互联网已经成为极具价值且便利的资源,使用这一工具的重要性强调如下。第一,无论在何处,当我们使用互联网查找资料并绘制图表时,只要列出资料来源网站的URL即可。这些网址通常包括一些附加信息,并且更新得很快。第二,我们在每章后加入了网络练习。这些练习提示登录访问与每章内容相关的网址并对实际数据和信息进行操作。我们还在每章后增加了网络资源并列出了所要讨论资料的URL。读者可以登录这些网站深入探究特别感兴趣的主题。网站地址的URL会经常发生变动。我们尽量选择稳定的网站,但也得注意即使是政府的URL也会发生变化。出版商的网站(www.pearsonglobaleditiongs.com/mishkin)将提供当前URL的更新列表,供你参考。

1.4.2 数据收集与图表

网络练习展现了如何将数据从网站导入到Excel表格中进行深入分析,因此十分重要。建议读者自己实际操作,由此,每当读者想从网上收集数据并将其应用于分析实际问题时,后续章节的网络练习内容持续提供了对这种操作的演练。

1.5 网络练习

假设风险投资公司聘请你为顾问,帮助公司分析 2015 年年初至今的利率趋势。你的雇主想知道当年长期和短期利率之间的关系,你最大的任务是收集市场利率数据。你知道获得这些信息的最好来源是网络。

(1)你认为长期利率的最佳指标是 10 年期美国国债。你的首要任务是收集历史数据。查看美联储圣路易斯分行的联邦数据库(http://research.stlouisfed.org/fred2/),这是一个很棒的经济数据资源库。在右上角的搜索框中,键入"10-Year"(10 年),然后在下拉框中单击"10-Year Treasury Constant Maturity Rate"(10 年期国债恒定到期利率),如图 1-4 所示。

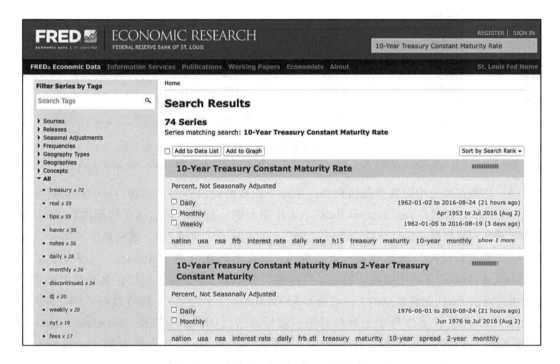

图 1-4 美联储圣路易斯分行的联邦数据库

资料来源:http://fred.stlouisfed.org/series/GS10。

(2)既然你已经找到了历史利率数据的准确来源,下一步就是选择样本期并将其输入电子表格中。在"10-Year Treasury Constant Maturity Rate"(10 年期国债恒定到期利率)下勾选"monthly"(每月)。将开始观察日期更改为 2015 年 1 月。现在点击"Edit Graph"(编辑图形),然后点击"Add Line"(添加线),在"Add data series in the graph"(在图表中添加数据系列)框中键入"1-year"(1 年),然后点击"Enter"(输入)。点击"1-Year Treasury Constant Maturity Rate:Monthly"(1 年期国债恒定到期日 费率:每月)并点击"Add Series"(添加系列)。点击"Download"(下载),然后点击"Excel(data)"。点击底部的"fedgraph.xls",

现在你将看到图 1-5。

	A	B	C	D	E
1	FRED Graph Observations				
2	Federal Reserve Economic Data				
3	Link: https://fred.stlouisfed.org				
4	Help: https://fred.stlouisfed.org/help-faq				
5	Economic Research Division				
6	Federal Reserve Bank of St. Louis				
7					
8	GS10	10-Year Treasury Constant Maturity Rate, Percent, Monthly, Not Seasonally Adjusted			
9	GS1	1-Year Treasury Constant Maturity Rate, Percent, Monthly, Not Seasonally Adjusted			
10					
11	Frequency: Monthly				
12	observation_date	GS10	GS1		
13	2015-01-01	1.88	0.20		
14	2015-02-01	1.98	0.22		
15	2015-03-01	2.04	0.25		
16	2015-04-01	1.94	0.23		
17	2015-05-01	2.20	0.24		
18	2015-06-01	2.36	0.28		
19	2015-07-01	2.32	0.30		
20	2015-08-01	2.17	0.38		
21	2015-09-01	2.17	0.37		
22	2015-10-01	2.07	0.26		
23	2015-11-01	2.26	0.48		
24	2015-12-01	2.24	0.65		
25	2016-01-01	2.09	0.54		
26	2016-02-01	1.78	0.53		
27	2016-03-01	1.89	0.66		
28	2016-04-01	1.81	0.56		
29	2016-05-01	1.81	0.59		
30	2016-06-01	1.64	0.55		
31	2016-07-01	1.50	0.51		

图 1-5 利率数据的 Excel 工作表

资料来源：经微软公司允许使用；http://fred.stlouisfed.org/series/GS1；http://research.stlouisfed.org/series/GS10。

（3）你现在想先用图表来分析利率。在每一列数据的顶部加上"10-Year Interest Rate"（10 年期利率）和"1-Year Interest Rate"（1 年期利率）标题。突出显示你刚刚在 Excel 中创建的两列利率数据，包括标题。点击工具栏上的"Insert"（插入），然后点击"Insert Line Chart"（插入折线图）图标和第一条二维线。将标签放在 A 列"Average"（平均值）和"Standard deviation"（标准偏差）栏中。将标签"Average"（平均值）放在 B 列和 C 列的同一行中，点击 Excel 工具栏上的 f_x，点击"AVERAGE"（平均值），然后点击"OK"，突出显示从 2015 年 1 月至今每个系列的日期，然后点击"OK"，与操作"Standard deviation"（标准偏差）标签在同一行。在 B 列和 C 列中，点击 Excel 工具栏上的 f_x，然后点击"STDEV"，然后点击"OK"，突出显示从 2015 年 1 月至今每个系列的日期，然后点击"OK"。最后你将看到图 1-6。

1.6 结语

金融市场与金融机构是一个令人兴奋的领域。通过对这个领域的学习，你不仅会拓展对职业生涯有价值的技能，还会对新闻媒体上经常出现的金融市场与金融机构事件有更清晰的了解。本书将向你介绍对当前诸多颇具争议问题的探讨。

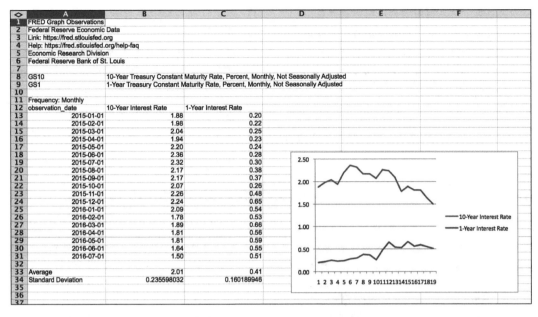

图 1-6 利率数据的 Excel 图

资料来源：经微软公司允许使用。

本章小结

金融市场的各种活动直接影响了个人财富、商业行为和经济效率。三种金融市场需要特别关注，即债券市场（决定利率的市场）、股票市场（主要影响人们的财富和公司的投资决策）和外汇市场（外汇汇率波动对经济具有主要影响）。

由于货币政策影响利率、通货膨胀率和商业周期这些对金融市场与金融机构具有重要影响的因素，所以我们必须理解美国以及国外央行货币政策的传导机制。

银行和其他金融机构将资金从没有将其用于生产性用途的人手中转移到那些可以将其用作生产性投资的人手中，因此，它们在提高经济效率方面起了非常重要的作用。

理解如何管理金融机构非常重要，因为无论你是作为个人、雇员或者是雇主，一生中将有很多机会同各种金融机构打交道。"执业经理"专栏不仅提供了在金融机构工作所需的有用的分析工具，也有助于理解金融机构经理的工作内容。

通过运用一些基本原则构建一种对金融市场与金融机构进行研究的统一框架，本书强调了一种分析的思考方式。本书还关注理论分析与实证数据之间的相互关系。

简答题

1. 阐述运行良好的金融市场与经济增长之间的关系。列举一个金融市场可能影响经济增长并导致贫困的渠道。
2. 当利率上升时，公司和消费者的经济行为可能发生怎样的变化？
3. 利率变化如何影响金融机构的收益性？
4. 任何经济体都有很多种利率，而经济学家常说的"利率"是什么？
5. 股票价格下跌对商业投资可能会有什么影响？
6. 阐述债券和普通股的区别。

7. 英镑价值下跌如何影响英国的消费者？
8. 英镑价值上升对美国的商业活动影响如何？
9. 汇率变化如何影响金融机构的盈利性？
10. 观察图1-3，你会选择哪些年份到亚利桑那州而不是伦敦旅游？
11. 请说出人们普遍不会借钱给别人买房、买车的原因，根据你的答案，解释银行存在的必要性。
12. 除银行外，经济中的其他主要金融中介有哪些？
13. 在过去的10年中是否有哪些金融创新影响了你的个人生活？这些创新使你的生活变好了还是变坏了？以何种方式对你产生影响？
14. 金融机构面临的风险有哪些类型？
15. 为什么金融机构经理总是十分关心美联储的行为？

计算题

下表列出了4月美元和英镑的外汇汇率。在哪一天将200美元兑换成英镑最合适？哪一天最不适合兑换？其中兑换英镑的差额是多少？

日期	美元/英镑
4/1	1.956 4
4/4	1.929 3
4/5	1.914 0
4/6	1.937 4
4/7	1.961 0
4/8	1.892 5
4/11	1.882 2
4/12	1.855 8
4/13	1.796 0

（续）

日期	美元/英镑
4/14	1.790 2
4/15	1.778 5
4/18	1.750 4
4/19	1.725 5
4/20	1.691 4
4/21	1.672 0
4/22	1.668 4
4/25	1.667 4
4/26	1.685 7
4/27	1.692 5
4/28	1.720 1
4/29	1.751 2

网络练习

使用金融市场数据

1. 我们将练习从网上收集数据并使用Excel绘制图表，以第1.5节为例。登录https://fred.stlouisfed.org/series/DJIA，选择上方中间的"10 year graph"（10年图表）。在最面选择"Edit Graph"（编辑图表），选择"modify frequency"（修改频率），然后选择"Monthly"（每月）。点击右上角的X返回图表，然后选择"Download"（下载），从下拉列表中选择"Excel（data）"（Excel数据）。

    (1) 运用本章所学方法将数据移至Excel表格中。

    (2) 运用步骤（1）中的数据画图。运用图表向导正确标注坐标轴。

2. 在第1题中，你收集并绘制了道琼斯工业平均指数，现在请登录www.forecasts.org，点击最左侧栏中"Stock Market Forecasts"下道琼斯工业平均指数。

    (1) 道琼斯工业平均指数的6个月预测是什么？

    (2) 预测接下来的6个月以百分比表示的增长率是多少？

第 2 章

金融体系概览

预 览

假设你将要开办一家公司，生产最新发明的一种能够打扫房屋（甚至能擦玻璃）、修剪草坪、洗车的低成本机器人，但是你没有资金将这个伟大的发明投入生产。沃尔特继承了一大笔遗产。如果你可以和沃尔特合作，那么沃尔特就可以向你提供资金，机器人就可以生产并投入市场。于是，你、沃尔特以及整个社会的经济都会得到大大的改善；沃尔特可以从他的投资中获得较高的回报，你可以通过生产机器人变得富有，人们可以拥有干净的住宅、更加光洁的汽车和更加漂亮的草坪。

金融市场（债券市场、股票市场）与金融中介（银行、保险公司、养老基金）最基本的职能是把像你和沃尔特这样的人联系在一起，使资金从拥有过多资金的人（沃尔特）手中流入资金短缺的人（你）手中。现实的情况是，当苹果公司发明了更好的iPad时，它可能需要资金将它推向市场。同样，当政府想要修建公路或学校时，它可能需要远多于当地地方财产税所能提供的资金。金融市场与金融中介的良好运行机制对我们的经济健康发展有着重要作用。

为了学习金融市场与金融中介对经济的影响，我们需要了解它们的一般结构和运行状况。在本章中，我们将研究主要的金融中介以及在金融市场上参与交易的金融工具。

本章为进一步学习金融市场与金融机构提供了初步概述。我们将在第三部分到第七部分对金融市场与金融机构的管制、结构以及发展做进一步的论述。

2.1 金融市场的功能

金融市场所履行的最基本的经济功能就是将资金从那些由于支出少于收入而积蓄了过多资金的家庭、公司和政府转移到那些由于支出多于收入而资金短缺者的手中。图2-1形象地展示了金融市场的这一功能。图的左边是拥有储蓄并发放贷款的贷款－储蓄者，右边是必须靠借入资金来筹集资金支付开销的借款－消费者。最主要的贷款－储蓄者是家庭，但企业机构、政府（尤其是州和地方政府）、外国人和外国政府有时也会发现自己有盈余资金，并将其放贷出去。最主要的借款－消费者是企业、政府（尤其是联邦政府），但家庭和外国人也会借款来购买汽车、家具和住宅。箭头表明资金通过两条路线由贷款－储蓄者流向借款－消费者。

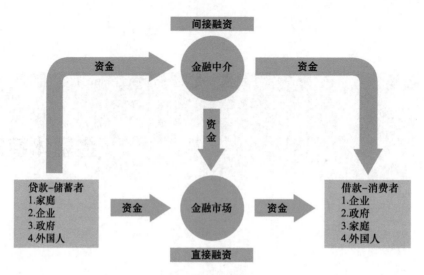

图 2-1 通过金融体系资金的转移

注：箭头表明资金通过两条路线由贷款－储蓄者流向借款－消费者：一种是借款人通过在金融市场上出售有价证券直接从贷款人手中获取资金的直接融资；另一种是通过金融中介实现的间接融资，即贷款－储蓄者将资金提供给金融中介，金融中介再向借款－消费者发放贷款。

若选择直接融资（图2-1底部的路线），借款者通过在金融市场上出售有价证券（也称为金融工具）直接从贷款者手中获取资金，这些有价证券是对借款者未来的收益或资产的索取权。有价证券是购买者的资产，是发行有价证券的个人或公司的**负债**（liability，IOU或债务）。例如，如果通用汽车需要借入资金来建造一家新厂生产电动汽车，它可能通过发行债券从储蓄者手中借入资金（这种债券承诺在一个规定的时期内定期支付），也可能发行股票一种赋予所有者享有公司利润与资产的证券。

将资金从储蓄者手中转移到消费者手中对经济而言如此重要的原因在于，那些善于储蓄的人往往不是拥有生产性投资机会的人——企业家。让我们首先从个人角度来考虑这一问题。假设今年你储蓄了1 000美元，但由于不存在金融市场，你可能既不借款也不贷款。如果你没有一个可以利用这些储蓄获得收益的投资机会，那你只能一直持有这1 000美元而得不到任何利息。然而，木匠卡尔可以将你的1 000美元用于生产性的用途；他可以用这笔资金购买一种新工具来缩短建造一栋房屋的工期，从而每年可以多获得200美元的收入。如果你能够与卡尔取得联系，你可以将1 000美元借给他从而每年获得100美元的利息，这样你们双方都能够获利。你将改变过去一无所获的状况，每年通过1 000美元赚得100美元的利息，同时卡尔每年也可以多赚100美元的收入（每年200美元的额外收入减去使用这笔资金需支付的利息100美元）。

如果不存在金融市场，你和卡尔可能就永远没有机会合作。你们双方都只能维持现状，只会愈加贫穷。没有金融市场，资金从没有投资机会的人手中转移到拥有投资机会的人手中将会困难重重。可见，金融市场对提高经济运作效率至关重要。

即使一些人不是为了增加生产而借款，金融市场的存在也是有益的。假如你刚结婚，有一份称心的工作，正打算购买一套住宅。虽然你能拿到一份不错的薪水，但由于你刚参加工作，并没有太多储蓄。毫无疑问，有朝一日你一定会拥有足够的储蓄来实现你买房的梦想，但那时你年岁已高，将不能再从中得到享受。如果没有金融市场，你将无法购买住宅，只能继续居住在狭小的公寓内。

如果存在金融市场，那些拥有储蓄的人就能够为你提供贷款去买房子，你将会更愿意支付给他们利息，这样你在年轻的时候就可以尽情享受自己的一套住宅了。过些时日，你就可以还清贷款。如果这一切发生了，你和贷款者都会更加富有。贷款者可以赚取更多的利息，然而在金融市场不存在的情况下，这些都是不可能发生的。

现在我们可以看到为什么金融市场在经济社会中有如此重要的功能。它们使得资金从那些没有生产性投资机会的人手中流向那些拥有生产性投资机会的人手中。金融市场对于**资本**（capital，财富，即能够用来创造更多财富的财富，可以是金融财富，也可以是物质财富）的有效配置极为重要，有助于增加生产和提高效率。事实上，我们将会在第8章中讨论，在金融危机期间，金融市场遭到严重破坏时，像近期的全球金融危机一样，经济发展会受到严重阻碍，甚至可能导致严重的政治危机。

运作良好的金融市场通过允许消费者合理安排购买时间，直接改善消费者的福利。金融市场为年轻人提供资金，让他们可以买到现在需要、以后也能负担得起的东西，而不必等到他们攒够钱时才能购买。有效运行的金融市场改善了社会上每个人的经济福利。

2.2 金融市场的结构

了解了金融市场的基本功能，我们再来学习它们的结构。以下是对金融市场的几种分类，并描述了这些市场的基本特征。

2.2.1 债务市场与股权市场

公司或个人可以通过两种方法从金融市场获得资金。最普遍的方法是发行债券或抵押票据这样的债务工具，这是一种借款人定期向票据持有人支付固定金额（利息与本金支付），直到一个特定日期（到期日）最后一笔金额付清的合约协议。债务工具的**期限**（maturity）就是该工具最终偿还的时间。如果该工具的期限在1年以下，称为**短期**（short-term）债务工具；如果期限为10年或10年以上，则称为**长期**（long-term）债务工具。期限介于1年与10年之间的，称为**中期**（intermediate-term）债务工具。

第二种筹集资金的方法是发行诸如普通股的**股权**（equity）工具，它承诺持有者享有公司的净利润（扣除费用和税收后的收入）和资产。如果你拥有一家发行了100万份普通股的公司中的一份普通股，那么你就拥有了该公司100万分之1的净利润和100万分之1的资产。通常情况下，股权工具对其持有人定期支付**股利**（dividend），由于这种工具没有到期日，因而也被称为长期证券。此外，拥有股票意味着你拥有公司的一定份额，并有权在公司重大事件和董事的选举上进行投票。

拥有一家公司的股权而不是债权的主要弊端在于，股权的持有者是剩余索取者，也就是说，公司在向股权持有者支付前必须先完成对债权人的支付。持有股权的优势在于，公司利润或资产价值的增加都会直接为股权持有者带来收益，这是因为股权持有者拥有的是公司的所有权。而债权人无法享有这一好处，他们只能获取固定的收益。我们将在第7章对金融结构的经济分析中，详细对比债务工具与股权工具的利弊。

2000年以来，美国股票市场总价值随着股票价格的变化在15万亿~40万亿美元波动。虽然相对于其他金融市场，人们更关注股票市场，但债券市场的规模通常都大于股票市场的规模：2015 年年底，债务工具的总价值为 39.7 万亿美元，而股权工具的总价值只有 25.1 万亿美元。

2.2.2 一级市场与二级市场

一级市场（primary market）是指公司或政府机构通过将新发行的债券或股票等有价证券销售给最初购买者，来筹集资金的金融市场。**二级市场**（secondary market）是对已发行的有价证券进行交易的金融市场。

一级市场并非众所周知，其原因在于，最初购买者购买有价证券的交易通常是在内部进行的。**投资银行**（investment bank）是一级市场上协助证券首次销售的一个重要金融机构。投资银行通过**承销**（underwriting）为公司的证券提供价格担保，并将其出售给公众。

尽管买卖大公司和美国政府已发行债券的债券市场的交易量更大，但纽约证券交易所和纳斯达克（全美证券交易商协会自动报价系统）才是最著名的二级市场，在这些市场上交易的都是已经发行的股票。其他二级市场还有外汇市场、期货市场和期权市场。证券经纪人和交易商对于二级市场的良好运行是至关重要的。**经纪人**（broker）是投资者的代理人，负责匹配证券的买方和卖方。**交易商**（dealer）通过按照报价买卖证券，将买方和卖方联系起来。

一个人在二级市场上购买证券时，出售证券的人通过证券换取资金，但发行证券的公司没有得到新的资金。公司只有在一级市场上首次发行证券时才能获得新的资金。然而，二级市场也发挥着两个重要的作用。第一，它们使得为筹集资金而出售这些金融工具的行为更加容易和便捷；也就是说，它们使得金融工具更具有**流动性**（liquid）。金融工具流动性的提高会让它们更受欢迎，从而使得发行公司在一级市场上的销售更加容易。第二，二级市场决定了发行公司在一级市场上销售证券的价格。在一级市场上购买证券的投资者将向发行公司支付不高于二级市场定价的价格。二级市场上流通的证券价格越高，发行公司在一级市场上销售证券的价格就越高，因而筹集到的金融资本也就越多。因此，二级市场状况与发行证券的公司密切相关。正是出于这一原因，本书对金融市场的研究更专注于二级市场的动态，而不是一级市场。

2.2.3 交易所市场与场外交易市场

二级市场有两种组织形态。一种是**交易所**（exchange），证券的买方和卖方（抑或他们的代理人或经纪人）在一个地方集中交易。纽约和美国证券交易所以及芝加哥商业交易所（小麦、玉米、白银和其他原材料）都属于有组织的交易所。

二级市场的另一种组织形态是**场外交易市场**（over-the-counter market，OTC），不同地区拥有证券的交易商向与他们联系并愿意接受他们价格的人买卖证券。由于场外交易商可以通过计算机进行联系，从而掌握彼此的价格，因而场外交易拥有较强的竞争力，与有组织的交易所并没有太大区别。

尽管许多大公司的股票是在有组织的股票交易所里交易的，但仍有许多普通股票是通过场外交易⊖的。美国政府债券市场就是一个场外交易市场，它的成交量远高于纽约证券交易所。大约

⊖ 场外交易与柜台交易意思相同，本书后面不再特别区分。——译者注

40个交易商随时准备买进和卖出美国政府债券,建立了这些证券的"市场"。其他的场外交易市场包括交易可转让存单、联邦基金、银行承兑汇票以及外汇等其他类型金融工具的市场。

2.2.4 货币市场与资本市场

市场的另一种分类方法是根据市场上交易证券的到期期限来划分。**货币市场**(money market)是交易短期债务工具(通常原始期限为1年以下)的金融市场;**资本市场**(capital market)是交易长期债务工具(通常原始期限为1年或1年以上)和股权工具的金融市场。与长期证券相比,货币市场证券的交易更广泛,因而更具有流动性。此外,我们将在第3章中看到,短期证券价格的波动性小于长期证券,因而也是一种更安全的投资。因此,企业和银行通常将临时的盈余资金投入货币市场来赚取利息收入。资本市场证券(如股票和长期债券)通常由保险公司和养老基金之类的金融中介持有,这类机构未来资金总额的不确定性较小。

2.3 金融市场国际化

金融市场日趋国际化已经成为重要趋势。20世纪80年代以前,美国金融市场的规模远远大于美国以外的金融市场,但近年来,美国市场的主导地位开始消失(见专栏2-1)。国外金融市场的飞速发展是日本等国储蓄规模不断增长以及国外金融市场靠放松管制来扩张其业务活动共同作用的结果。如今,美国公司和银行更愿意从国际资本市场上筹集所需要的资金,美国投资者也常常在国外寻求投资机会。同样,外国公司和银行也从美国市场筹集资金,外国人已成为美国市场重要的投资者。通过观察国际债券市场和世界股票市场,我们可以认识到金融市场国际化是如何产生的。

专栏2-1 全球视角

美国资本市场正在失去边界吗

在过去的几十年里,美国在包括汽车、消费电子等许多制造行业中失去了国际优势,而其他国家和地区在全球市场上变得更有竞争力。近期的事实说明金融市场正经历着类似的趋势:福特和通用汽车的市场份额正在被丰田和本田蚕食,而美国股票市场和债券市场近期新发行企业证券的销售份额正在下滑。伦敦和香港证券交易所的首次公开募股都超过了纽约证券交易所,而2000年以前,纽约证券交易所首次公开募股价格一直都是市场的主导。除此之外,在美国交易所上市的股票数量一直在下降,而在国外上市的股票数量在快速增长:美国以外上市的股票数量大约是美国的10倍。同样,美国资本市场新发行的企业债券在全球的比重已落后于欧洲债券市场。

为什么发行新证券来筹集资金的企业现在将更多的筹资业务从美国转移到欧洲和亚洲的金融市场?推动这一趋势的因素有:国外金融市场加速技术创新;2001年恐怖袭击后美国严格控制移民;在美国交易所上市的外国证券发行人面临更大的法律诉讼风险。然而,许多人认为严苛的金融监管是主要原因,并将矛头指向2002年颁布的《萨班斯-奥克斯利法案》。在一系列涉及美国企业和为其做审计的会计师事务所的会计丑闻曝光后,国会通过了这一法案。《萨班斯-奥克斯利法案》旨在加强审计过程的完整性以及企业财务报表所提供的信息质量。企业遵守这些新法规的成本很高，尤其对于小公司更为严重，而企业选择在美国以外的金融市场上发行证券就可以避免这些成本。正因为如此，许多人支持修改《萨班斯－奥克斯利法案》，以减少所谓的负面效应，吸引更多证券发行人回到美国金融市场。然而，没有确切证据证明《萨班斯－奥克斯利法案》是美国金融市场相对衰落的主要原因并需要变革这一观点。

对美国金融市场相对衰落的讨论以及推动其发展的因素的争论将会继续。第7章将会更详细地讨论《萨班斯－奥克斯利法案》及其对美国金融体系的影响。

2.3.1 国际债券市场、欧洲债券和欧洲货币

国际债券市场中的传统工具被称为**外国债券**（foreign bond）。外国债券是在国外发行并以该国货币计价的债券。例如，德国的汽车制造商保时捷在美国市场上发行以美元计价的债券，就属于外国证券。几个世纪以来，外国债券一直是国际资本市场的一种重要工具。事实上，美国19世纪所建的铁路，大部分都是通过在英国发行外国债券来筹集资金的。国际债券市场近期的一种金融创新是**欧洲债券**（Eurobond），这是一种在计价货币以外的国家发行的债券，比如在伦敦发行的以美元为计价单位的债券。目前，国际债券市场上新发行的债券中超过80%都是欧洲债券，并且发行欧洲债券的市场正在迅速发展。结果是，现今欧洲债券市场的规模已远大于美国公司债券市场。

欧洲债券的一个变体是**欧洲货币**（Eurocurrency），这是指存在本国以外的银行的外国货币。最重要的欧洲货币是**欧洲美元**（Eurodollar），这是指存在美国以外的外国银行或美国银行外国分行的美元。这些短期存款可以赚取利息，因此它们类似于短期欧洲债券。美国银行经常从其他银行或其外国分行借入欧洲美元存款，因而欧洲美元成为美国银行的重要资金来源。值得注意的是，欧洲货币体系的国家所使用的欧元可能与欧洲债券、欧洲货币以及欧洲美元相混淆。以欧元计价的债券，只有其发行国为欧洲以外的国家时，才称为欧洲债券。事实上，大部分欧洲债券都不以欧元计价，而以美元计价。同样，欧洲美元与欧元无关，只是存放在美国以外的银行的美元。

2.3.2 世界股票市场

直到最近，美国股票市场仍是迄今为止世界上最大的股票市场，但随着美国以外的股票市场的重要性与日俱增，美国不会总占据第一的位置。对外国股票兴趣的提高促进了那些在外国股票市场上交易的美国共同基金的发展。美国投资者现在不仅关注道琼斯工业平均指数，也同样关注日经300平均指数（东京）、《金融时报》100指数（伦敦）等国外股票市场的股票价格指数。

金融市场的国际化对美国有着深远的影响。外国人不仅向美国公司提供资金，还帮助联邦政府筹资。没有这些外国资金，美国经济在过去20年的发展速度会慢很多。金融市场的国际化也促进了世界经济的一体化，商品与技术的跨国流动越来越普遍。在后面的章节中，我们将会学习许多国际因素在美国经济中发挥重要作用的例子（见专栏2-2）。

专栏2-2　财经新闻

国外股票市场指数

国外股票市场指数每天都在报纸和互联网网站上公布,例如www.finance.yahoo.com。最重要的股票市场指数有如下几种。

- 道琼斯工业平均指数(DJIA):以美国30家著名的工业公司股票为编制对象的股票市场指数。
- 标准普尔500指数:以美国500家著名公司股票为编制对象的股票市场指数。
- 纳斯达克综合指数:反映纳斯达克证券市场的股票价格平均指数,大多数科技股都在纳斯达克市场上交易。
- 富时100指数:伦敦证券交易所上市的最大的100家英国公司的股票指数。
- 德国DAX指数:法兰克福交易所上市的最大的30家德国公司的股票指数。
- CAC 40指数:巴黎泛欧交易所上市的最大的40家法国公司的股票指数。
- 香港恒生指数:反映香港交易所上市股票的价格平均指数。
- 海峡时报指数:新加坡交易所上市的最大的30家公司的股票指数。

2.4　金融中介的功能:间接融资

如图2-1所示,资金从贷款人到借款人之间的运动也可以通过第二条路线即间接融资进行,此时在贷款人和借款人之间存在一个金融中介⊖,正是这一中介使得资金可以从一方转移到另一方。金融中介是通过从贷款-储蓄者手中借入资金,然后将这笔资金放贷给借款-消费者来运转的。例如,一家银行可能通过储蓄存款等形式向公众发行负债(公众的资产)来获取资金。之后,银行可能将这笔资金以贷款的形式发放给通用汽车公司,或在金融市场上购买美国国债来获得一笔资产。最终的结果是,在金融中介(银行)的操作下,资金从公众(贷款-储蓄者)的手中转移到通用汽车公司或美国财政部(借款-消费者)的手中。

通过金融中介进行间接融资的过程被称为**金融中介化**(financial intermediation),这是实现资金在贷款者与借款者双方之间流动的主要途径。尽管媒体一直将注意力集中在证券市场尤其是股票市场上,但实际上,相对于证券市场而言,金融中介才是公司融资的重要来源。不仅美国是这样,其他工业国家也是这种情况(见专栏2-3)。为什么在金融市场上金融中介和间接融资如此重要?要回答这个问题,我们需要了解交易成本、分散风险和信息成本在金融市场上的作用。

专栏2-3　全球视角

金融中介相对于证券市场的重要性之国际比较

不同国家的公司融资方式不尽相同,然而,一个关键的事实是:对美国、加拿大、英国、日本、

⊖ 金融中介与金融机构意思相同,本书有些地方未做特别区分。——译者注

意大利、德国以及法国等主要发达国家的研究发现，当企业为业务活动寻求资金时，它们通常会直接通过金融中介得到这笔资金，而不是证券市场。⊖即使在美国和加拿大这样拥有世界上最发达证券市场的国家中，对于企业融资而言，金融中介要比证券市场重要得多。对证券市场利用最少的国家是德国和日本；在这两个国家中，通过金融中介融资比通过证券市场高10倍。然而，随着近年来日本证券市场管制的放松，通过金融中介融资的比例有所减少。

尽管在所有国家，金融中介相对于证券市场的主导地位都是显而易见的，但债券市场与股票市场的相对重要性因国家而不同。在美国，作为公司融资的来源，债券市场更为重要：平均来说，使用债券融资的规模是使用股票融资规模的10倍。与此相反，像法国和意大利这样的国家，股票市场融资的规模要大于债券市场。

2.4.1　交易成本

交易成本（transaction cost）是在金融交易过程中所耗费的时间和金钱，这对于那些有多余资金需要放贷的人来说是一个主要问题。正如我们所见，木匠卡尔购买他的新工具需要1 000美元，而你知道这是一个很好的投资机会。你拥有资金并愿意将它借给卡尔，但为了使你的投资更安全，你需要雇用一名律师来起草贷款合同，写明卡尔需要向你支付多少利息、利息支付的时间以及他需要归还你1 000美元本金的时间。起草这份合同需要花费你500美元。当你计算发放这笔贷款所需要的交易成本时，你会发现你得不到足够的收益（你需要花费500美元，而得到的收益可能只有100美元），然后你很不情愿地告诉卡尔，让他去别的地方碰碰运气。

这个案例说明像你这样的小储蓄者或像卡尔这样的潜在借款者可能会被排除在金融市场之外，很难从中获利。谁可以帮你们解决这个问题？答案是金融中介。

金融中介能够极大地降低交易成本，原因在于，首先，它们拥有降低成本的专业技术；其次，金融中介的规模较大，这使得它们可以利用**规模经济**（economies of scale）的优势，随着交易规模的扩大，平摊在每一美元交易上的交易成本也在减少。例如，一家银行知道如何找到一个好律师来起草一份严密的贷款合同，这份合同可以在贷款交易中被反复使用，从而降低了每笔交易的法律成本。银行不会花费500美元购买一份贷款合同（写得可能不够好），而会花费5 000美元雇用一名一流的律师，这名律师起草的严密合同可以用于2 000次贷款，从而使得每笔贷款的成本降至2.5美元。这样金融中介向卡尔发放1 000美元的贷款就变得有利可图了。

正是由于金融中介能够大大降低交易成本，使你间接向卡尔这样具有生产性投资机会的人提供资金变得可能。此外，金融中介的低交易成本意味着它可以向客户提供**流动性服务**（liquidity service），使得客户的交易变得更加容易。例如，银行向储户提供支票账户，以便他们更容易进行支付。此外，储户能够从支票和存款账户中赚取利息，并且仍然可以在任何需要的时候把它们转化成为商品和服务。

2.4.2　分散风险

金融机构较低的交易成本还能帮助投资者降低**风险**（risk）敞口，即投资者资产收益的不

⊖ See, for example, Colin Mayer, "Financial Systems, Corporate Finance, and Economic Development," in *Asymmetric Information, Corporate Finance, and Investment*, ed. R. Glenn Hubbard (Chicago: University of Chicago Press, 1990), pp. 307-332.

确定性。金融中介的这一做法被称为**分散风险**（risk sharing）：金融中介设计和提供的资产的风险在投资者承受范围之内，金融中介将通过出售这些资产所获得的资金用来购买更高风险的资产。低交易成本允许金融中介以较低的成本分散风险，使它们能够赚取风险资产收益与已出售资产所支付费用的差额。分散风险的这一过程也被称为**资产转移**（asset transformation），因为在某种意义上，风险资产被转化为了对投资者而言更安全的资产。

金融中介也通过帮助个人实现资产**多样化**（diversification），从而降低它们可能遭受的风险来分散风险。多样化意味着投资一个**投资组合**（portflio），其资产收益并不总是同步变动，结果是使总体风险低于单个资产的风险。（多样化的另一个名字来源于一句古老谚语："不要把所有鸡蛋放在同一个篮子里。"）较低的交易成本允许金融中介通过将资产聚集起来转化为一种新的资产，进而出售给个人来实现这个交易过程。

2.4.3 信息不对称：逆向选择和道德风险

金融市场中的交易成本在一定程度上解释了为什么金融中介和间接融资扮演着如此重要的角色。另外，在金融市场中由于一方对另一方不够了解，无法做出正确的决策，这种不对等的现象被称为**信息不对称**（asymmetric information）。例如，获得贷款的借款人通常对投资项目的潜在收益和风险比贷款人了解得更加清楚。金融体系中信息的缺乏将在两个阶段中出现问题：交易之前和交易之后。⊖

在交易之前，信息不对称所导致的问题是**逆向选择**（adverse selection）。当最有可能产生不良结果（即信用风险）的潜在借款人，积极寻求贷款并最有可能获得贷款时，金融市场上的逆向选择就出现了。由于逆向选择更有可能使贷款产生不良的信用风险，所以贷款人可能会决定不提供任何贷款，尽管市场中也存在风险较低的信用风险。

为了更好地理解逆向选择发生的原因，假定你可能向你的两个姑妈露易丝和希拉发放贷款。露易丝姑妈是个保守的人，她只有在投资收益确定的情况下才会借款。相反，希拉姑妈是个赌徒，她有一个快速致富的计划，如果借入 1 000 美元投资这个项目，她就可能变成百万富翁。不幸的是，如同大多数快速致富的计划一样，这个计划得不到收益的概率很高，那么希拉姑妈将损失 1 000 美元。

哪位姑妈最有可能从你这里借款呢？当然是希拉姑妈，这是因为如果投资成功，她就可以获得一笔可观的收益。然而，你可能并不愿意贷款给她，因为一旦投资失败，她就无法偿还你的贷款。

如果你非常了解你的两位姑妈，也就是说你们之间的信息是对称的，就不会有问题，因为你知道希拉姑妈的投资有很大风险，因此你不会借钱给她。然而，假定你并不十分了解你的两位姑妈。由于希拉姑妈对你会软磨硬泡，那么你将更可能贷款给希拉姑妈而不是露易丝姑妈。由于存在逆向选择，你可能不会贷款给你的任何一位姑妈，即使信用风险很低的露易丝姑妈需要一笔贷款来投资一个有价值的项目。

在交易之后，信息不对称所导致的问题是**道德风险**（moral hazard）。金融市场中的道德风险是借款人可能从事不利于贷款人（不道德）的活动的风险，因为这些活动降低了贷款得到偿还的可能性。道德风险降低了贷款到期偿还的可能性，因此贷款人可能宁可不发放贷款。

⊖ 信息不对称、逆向选择以及道德风险的概念在保险行业中也是至关重要的问题。

再来看一个道德风险的例子。假定你向你的另一位亲戚梅尔文叔叔发放了1 000美元贷款，他需要用这笔钱来购买一台电脑，以便经营一家为学生打印学期论文的打印社。然而，一旦你向梅尔文叔叔发放了这笔贷款，他可能不去购买电脑，而是去赛马。如果他用你的钱下了一个1赔20的赌注，并且赌赢了，他就能够归还你的1 000美元贷款，并用剩下的19 000美元过上优越的生活。但是，如果他赌输了，你将收不回你的贷款，而梅尔文叔叔所失去的只是一个可信赖的、诚信叔叔的名誉。因此，梅尔文叔叔有追求高风险、高回报（19 000美元）的动机，对他来说，赌赢了所获得的收入（19 000美元）要远远高于赌输了所损失的成本（他的名誉）。如果你知道梅尔文叔叔会这么做，你就会阻止他去赛马，道德风险也不会发生。然而，由于信息不对称的存在，你很难去了解梅尔文叔叔的行踪，于是，他就有机会去赛马，而你的贷款也可能因此而收不回来。道德风险的存在可能会使你不愿意向梅尔文叔叔提供1 000美元的贷款，即使你确定，如果他把这笔钱用于经营打印社，就一定可以偿还你的贷款。

逆向选择和道德风险所引发的问题是金融市场正常运行的重要障碍，而金融中介可以解决这些问题。

如果经济社会中存在金融中介，小储蓄者就可以通过将资金借给可信的中介机构（如诚信约翰银行），它们将资金用来放贷或买入股票、债券等证券，即向金融市场提供资金。成功的金融中介，其投资收益要高于小储蓄者，这是因为与个人相比，它们能够筛选出不良信用风险，从而减少由逆向选择导致的损失。此外，金融中介拥有高收益的另一个原因是，它们拥有专业技术来监测借款人的行为，从而减少由道德风险导致的损失。结果是，金融中介能够在保证利润的同时，支付贷款-储蓄者的利息或提供大量的服务。

正如我们所看到的，金融中介在经济中发挥着重要的作用，它们提供流动性服务、分散风险，解决了信息不对称问题，从而使得小储蓄者和借款人都能在金融市场中获益匪浅。大多数美国人将存款投资于金融中介，并从它们那里获得贷款。金融中介在提高经济效率上发挥着关键作用，它们帮助金融市场实现了资金在贷款-储蓄者与具有生产性投资机会的人之间进行转移。没有运作良好的金融中介，经济将很难发挥其潜力。我们将在第五部分和第六部分中进一步研究金融中介的作用。

2.4.4 范围经济和利益冲突

金融中介在经济中发挥重要作用的另一个原因是，它们可以通过为客户提供诸如银行贷款或为客户出售债券等多种金融服务，实现**范围经济**（economies of scope），即它们可以通过将一种信息资源应用于许多不同的服务来降低信息的成本。例如，投资银行可以评估合作公司向公司贷款时的信用风险，这可以帮助银行决定是否将公司的债券出售给公众。

尽管范围经济的存在可能会给金融机构带来巨大好处，但它也在利益冲突方面产生了潜在成本。**利益冲突**（conflicts of interest）是一种道德风险问题，当一个人或一家机构有多个目标（利益）并因此在这些目标之间产生冲突时，就会出现这种问题。当金融机构提供多种服务时，利益冲突尤其容易发生。这些服务的潜在竞争利益可能导致个人或公司隐藏信息或传播误导性信息。我们关心利益冲突，因为金融市场信息质量的大幅下降会增加信息不对称问题，阻止金融市场将资金导向最具效率的投资机会。因此，这会降低金融市场和整个经济的效率。我们将在第三部分和第六部分中更详细地讨论金融市场中的利益冲突。

2.5 金融中介的类型

我们已经了解了金融中介发挥重要作用的原因。现在，我们学习主要的金融中介及其职能。金融中介可以分为三大类：存款机构（银行）、契约性储蓄机构以及投资中介机构。表2-1 描述了这些机构的主要负债（资金来源）和主要资产（资金使用），有助于我们更好地区分上述三种金融中介的类型。表2-2 列出了这些美国金融中介在 1990 年、2000 年、2010 年以及 2015 年年底的资产总额，从中可以看出它们的相对规模。

表2-1 金融中介的主要资产和负债

金融中介的类型	主要负债（资金来源）	主要资产（资金使用）
存款机构（银行）		
商业银行	存款	工商业贷款、消费者贷款、抵押贷款、美国政府证券与市政债券
储蓄贷款协会	存款	抵押贷款
互助储蓄银行	存款	抵押贷款
信用合作社	存款	消费者贷款
契约性储蓄机构		
人寿保险公司	保单的保费	企业债券与抵押贷款
火灾和意外伤害保险公司	保单的保费	市政债券、企业债券与股票、美国政府证券
养老基金、政府退休基金	雇主和雇员的缴费	企业债券与股票
投资中介机构		
财务公司	商业票据、股票、债券	消费者贷款与企业贷款
共同基金	股份	股票、债券
货币市场共同基金	股份	货币市场工具
对冲基金	合伙人资金	股票、债券、贷款、外币以及其他资产

表2-2 主要的金融中介及其资产价值 （10亿美元）

金融中介的类型	年底资产价值			
	1990年	2000年	2010年	2015年
存款机构（银行）				
商业银行、储蓄贷款协会与互助储蓄银行	4 779	7 687	15 580	17 368
信用合作社	215	441	912	1 146
契约性储蓄机构				
人寿保险公司	1 367	3 136	5 176	6 350
火灾和意外伤害保险公司	533	862	1 242	1 591
养老基金（私人）	1 629	4 355	4 527	8 517
政府退休基金	737	2 293	2 661	5 641
投资中介机构				
财务公司	610	1 140	1 439	1 474
共同基金	654	4 435	7 935	12 843
货币市场共同基金	498	1 812	2 755	2 716

资料来源：Federal Reserve Flow of Funds Accounts：https://www.federalreserve.gov/releases/z1/current/data.htm, Tables L110, L114, L115, L116, L118, L120, L121, L122, L127.

2.5.1 存款机构（银行）

存款机构（为方便起见，在此将其称为银行）是从个人和机构手中吸收存款与发放贷款的金融中介。这些机构包括商业银行以及**储蓄机构**（thrift institution）：储蓄贷款协会、互助储蓄银行和信用合作社。

1. 商业银行

这些金融中介主要通过发行支票存款（可开具支票的存款）、储蓄存款（可以按储户要求提取，但不允许开具支票的存款）以及定期存款（有固定期限的存款）来筹集资金，然后将其用于商业贷款、消费者贷款、抵押贷款以及购买美国政府证券和市政债券。在美国大约有5 000家商业银行，作为一个整体，它们是最大的金融中介，并拥有多样化的资产组合。

2. 储蓄贷款协会与互助储蓄银行

这些存款机构大约有900家，它们主要通过储蓄存款（通常被称为股份）、定期存款和支票存款来获取资金。过去，这些机构的业务活动受到限制，大部分资金用来向购置住宅的居民发放抵押贷款。近年来，随着这些限制的松动，这些存款机构与商业银行之间的区别已日渐模糊。这些金融中介已经越来越类似，竞争也日趋激烈。

3. 信用合作社

这种金融机构大约有7 000家，是典型的小型合作性贷款机构，由工会成员、某公司的职员等特定群体组建并管理，它们从称为股票（share）的存款中获得资金，主要发放消费贷款。

2.5.2 契约性储蓄机构

契约性储蓄机构（如保险公司和养老基金）是在契约的基础上定期取得资金的金融中介。它们能够准确地预测未来几年需要向受益人支付的金额，因此不必像存款机构那样担心资金会迅速减少。所以，相对于存款机构而言，契约性储蓄机构的资产流动性就不那么重要了，它们主要将资金投资于诸如企业债券、股票以及抵押贷款等长期证券。

1. 人寿保险公司

人寿保险公司向人们提供用来保障因死亡而遭受财务危机的保险，还销售养老金保险计划（退休者的年收入）。它们从保险人投保的保费中获取资金，并将这些资金用于发放企业债券和抵押贷款。它们也会购买股票，但是持有的数量受到限制。目前，人寿保险公司拥有6.4万亿美元的资产，已经成为最大的契约性储蓄机构之一。

2. 火灾和意外伤害保险公司

这些保险公司为保单持有人提供因被盗、火灾和意外事故而遭受损失的保险。它们与人寿保险公司类似，通过保费获取资金，但是，一旦发生重大灾害，它们可能会遭受巨大的损失。正因为如此，与人寿保险公司相比，火灾和意外伤害保险公司的资产应更具流动性。它们持有数额最多的资产是市政债券，同时也持有企业债券、股票以及美国政府证券。

3. 养老金和政府退休基金

私人养老基金和政府退休基金以年金的形式向参加养老金计划的雇员提供退休收入。它们的资金来自雇主和雇员的缴款,其中对于雇员的缴款是从工资中自动扣除或自愿缴纳。养老基金持有数额最多的资产是企业债券和股票。联邦政府通过对养老金计划立法,以及通过税收鼓励缴款,推动了养老基金的建立。

2.5.3 投资中介机构

这类金融中介包括财务公司、共同基金、货币市场共同基金、对冲基金以及投资银行。

1. 财务公司

财务公司通过销售商业票据(一种短期债务工具)以及发行股票和债券的形式来筹集资金。它们将资金放贷给消费者(需要购买家具、汽车和装修的人)和小型企业。一些财务公司是母公司为了销售其商品而建立的。例如,福特汽车信贷公司就是向购买福特汽车的消费者提供贷款的。

2. 共同基金

这些金融中介通过向个人销售股份来获取资金,并将资金用于购买多样化的股票和债券组合。共同基金将股份持有者的资金汇集起来,这样在购买大量股票或债券时,就可以降低交易成本。此外,共同基金还可以使股份持有者的资产组合更加多元化,这是单个投资者所不具备的。股份持有者可以随时销售(赎回)他们的股份,但这些股份的价值将由共同基金所持有的证券的价值决定。由于证券价格波动的不确定性,共同基金股份的价值也是不稳定的,因此,投资于共同基金也是有风险的。

3. 货币市场共同基金

这些金融机构既有共同基金的特点,也因为可以提供存款类型的账户,因而在功能上与存款机构类似。同大部分共同基金一样,货币市场共同基金通过销售股份的形式来获取资金,并将这笔资金投资于既安全又具有高流动性的货币市场工具,然后将这些资产的利息收入支付给股份持有者。

货币市场共同基金的一个重要特征是,持有者可以依据自己所持有的基金价值开支票。实际上,货币市场共同基金在功能上类似于支付利息的支票账户存款。自1971年诞生以来,货币市场共同基金迅速增长,截至2015年年底,它们的资产已接近2.7万亿美元。

4. 对冲基金

对冲基金是一种特殊的共同基金。对冲基金组织为有限合伙企业,最低投资额为10万美元,绝大多数为100万美元或更多。这一限制意味着对冲基金受到的监管比其他共同基金弱得多。对冲基金投资于多种类型的资产,其中一些专注于股票投资,一些专注于债券投资,另一些专注于外币投资,还有一些专注于海外投资。

5. 投资银行

尽管被称为银行,但投资银行并不是通常意义上的银行或金融机构,它们既不吸收存款,也不发放贷款。投资银行不同于其他类型的中介机构,它们帮助企业发行证券。首先,它们就企业发行何种证券(股票或者债券)提出建议;然后,按照预定的价格从企业手中买入证券,并在市场中出售,从而达到帮助企业销售(承销)证券的目的。投资银行还可以通过帮助公司收购或兼并另一家企业,赚取巨额费用。

2.6 金融体系的监管

金融体系是美国经济中监管最严格的部门。政府对金融市场的监管主要出于两个原因：为投资者提供更多信息；确保金融体系稳健。我们将探讨这两个原因是如何造成当前这种监管环境的。为了有助于学习，表 2-3 列出了美国金融体系的主要监管机构。

表 2-3 美国金融体系的主要监管机构

监管机构	监管对象	监管性质
美国证券交易委员会	有组织的交易所和金融市场	要求信息披露，限制内幕交易
商品期货交易委员会	期货市场交易所	监管期货市场交易过程
货币监理署	联邦特许商业银行	向联邦特许商业银行发放执照，检查账簿，对其可以持有的资产范围进行限制
国家信用合作社管理局	联邦特许信用合作社	向联邦特许信用社发放执照，检查账簿，对其可以持有的资产范围进行限制
州银行和保险委员会	州特许存款机构	向国家特许银行和保险公司发放执照，检查账簿，对其可以持有的资产范围以及分支机构的设立进行限制
联邦存款保险公司	商业银行、互助储蓄银行、储蓄贷款协会	为银行的每位储户提供 25 万美元以内的保险，检查被保险银行的账簿，对其可以持有的资产范围进行限制
联邦储备系统	所有存款机构	检查美联储成员商业银行的账簿，为所有银行设定准备金制度

2.6.1 为投资者提供更多信息

金融市场中的信息不对称意味着投资者可能面临逆向选择和道德风险的问题，这可能会阻碍金融市场的有效运行。风险高的企业或骗子可能最急于将证券销售给不谨慎的投资者，由此导致的逆向选择问题可能使消费者退出金融市场。此外，一旦投资者购买了某种证券，从而将钱投入一家企业，借款者就有可能去从事有风险的活动或进行欺诈。这种道德风险问题的存在可能会使投资者远离金融市场。政府可以通过为投资者提供更多的信息来对金融市场进行监管，以减少逆向选择和道德风险问题，从而提高金融市场的效率。

1929 年的股市崩盘以及随后所暴露的欺诈行为，导致对金融市场监管的需求达到了顶点，于是美国在 1933 年颁布了《证券法》，并设立了美国证券交易委员会。美国证券交易委员会要求企业在发行证券时，必须向公众披露有关它们销售、资产和收益的信息，并对企业中大股东（即内部人）的交易进行限制。通过要求信息披露以及限制内幕交易来限制其操纵证券价格，美国证券交易委员会希望投资者能够获取更多信息，以避免再次出现 1933 年之前金融市场的某些弊端。事实上，近年来，美国证券交易委员会一直致力于对内幕交易人员的查处。

2.6.2 确保金融中介稳健

信息不对称可能导致金融中介大规模倒闭，这被称为**金融恐慌**（financial panic）。这是因为向金融中介提供资金的人无法了解持有他们资金的这些机构是否运作良好，如果他们对金融中介的整体状况产生怀疑，就很可能会将资金从这些机构中撤出，无论该机构是否可靠。由此带来的结果便是金融恐慌，公众遭受巨大的损失，同时经济也受到严重的破坏。为了保护公众和经济不受金融恐慌的影响，美国政府实施了六种类型的监管。

1. 准入限制

州银行和保险委员会以及货币监理署（一家联邦政府机构）对金融中介的设立制定了严格的规章。想要设立银行或保险公司等金融中介的个人或组织，必须从州或联邦政府获取营业执照。只有那些拥有良好信誉并拥有大量初始资金的公民，才可能得到执照。

2. 信息披露

金融中介的财务报告要求很严格。它们必须严格按照规定要求记账，其账簿要接受定期检查，并且它们必须向公众公开有效的信息。

3. 资产和业务活动的限制

这是对金融中介可以从事的业务及其可以持有的资产范围进行限制。在你将资金投入银行或其他类似的机构之前，你应该了解你的资金是否安全以及银行或其他金融中介能否履行其义务。要达到这一目的，一种方法是限制金融中介从事某些有风险的业务。1933 年通过的法案（1999 年废除）将商业银行与证券行业分离，这样银行就不能从事与证券行业相关的风险投资。另一个限制金融中介风险行为的方法是限制其持有某些风险资产，或至少将所持有的风险资产数量控制在一个谨慎的范围。例如，商业银行和其他存款机构不允许持有普通股，因为股票的价格具有波动性。虽然保险公司允许持有普通股，但它们所持有股票的份额不得超过其资产总额的一定比例。

4. 存款保险

政府可以为储户的存款提供保险，这样他们就不会因为持有这些存款的金融中介破产而遭受巨大的财产损失。提供这类保险的最重要的政府机构就是联邦存款保险公司，它为商业银行、储蓄贷款协会以及互助储蓄银行的每位储户最高可提供 25 万美元的存款损失保险。这些金融中介向联邦存款保险公司缴纳保险费，在破产时用来偿还存款者。1930~1933 年大量银行破产倒闭，导致许多存款者在商业银行的存款分文不剩，在这之后，1934 年便成立了联邦存款保险公司。国家信用合作社保险基金为信用合作社提供类似保障。

5. 对竞争的限制

政治家常常宣称金融中介之间肆无忌惮的竞争会加大对公众的危害。尽管没有证据证明这样的竞争会对公众造成危害，但是州和联邦政府有时会对增设营业场所（分支机构）予以限制。在过去，银行是不允许在其他州设立分支机构的，而在某些州，银行在其他地方设立分支机构也受到限制。

6. 利率管制

政府通过限制对存款支付的利息也可以对竞争进行限制。在 1933 年后的几十年里，银行被禁止向支票账户支付利息。此外，直到 1986 年，依照《Q 条例》的规定，美联储有权设定向储蓄存款支付的最高利率。这些条例的出台是因为人们普遍认为，没有限制的利率竞争会加速经济大萧条时银行的破产。后来的事实并没有证实这种观点，《Q 条例》也就被废除了（尽管仍然限制对企业所持有的支票账户支付利息）。

在后面的章节中，我们将更加仔细地研究政府对金融市场的监管，探究它是否改善了金融市场的功能。

2.6.3 国外金融监管

日本、加拿大以及西欧国家的经济体系类似，因此这些国家的金融监管类似于美国丝毫不会令人感到奇怪。它们要求发行证券的企业公布关于资产、负债、收益以及股票销售的详细信息，并禁止内幕交易；通过执照办理、金融中介账簿的定期检查以及存款保险（尽管其覆盖范围不如美国，且不被众人所知）来确保金融中介的健全。

美国与其他国家在金融监管方面最大的区别在银行监管上。在过去，美国是工业化国家中唯一设立银行分支机构，对其进行监管，并限制银行的规模以及设立地点的国家（1994 年通过立法废除了这些限制）。美国的银行也是对可持有资产的范围监管最严格的国家。国外银行常常持有商业企业的股份，在日本和德国，持股比例还是相当大的。

本章小结

金融市场的基本功能是将资金从拥有盈余资金的储蓄者手中转移至资金短缺的消费者手中。金融市场发挥这一职能，可以通过直接融资的方式（即借款人通过发行证券的方式直接从贷款人手中获取资金），也可以通过间接融资的方式（即贷款-储蓄者和借款-消费者之间的金融中介帮助双方实现资金的转移）。资金的这种流动提高了社会中每个人的经济福利。资金可以从没有生产性投资机会的人手中流向有生产性投资机会的人手中，从而提高了金融市场的经济效率。此外，资金的流动也给消费者带来了好处，它使得消费者在最需要的时候可以购买商品。

金融市场可以分为债券市场与股权市场、一级市场与二级市场、交易所市场与场外交易市场以及货币市场与资本市场。

近年来，金融市场发展的一个重要趋势就是国际化程度日益增强。欧洲债券是一种在计价货币以外的国家发行的债券，目前已成为国际债券市场的主导，并且已经超越美国企业债券，成为美国银行重要的资金来源。

金融中介是通过发行负债筹集资金，并将资金用于购买证券或发放贷款来获得资产的金融机构。金融中介降低了交易成本，分散了风险，解决了由逆向选择和道德风险所导致的问题，从而允许小额储蓄者和借款人进入金融市场，提高了经济效率，因此金融中介在金融体系中发挥着重要作用。然而，有助于金融中介成功的规模经济可能导致利益冲突，从而降低金融体系的效率。

主要的金融中介可以分为三类：①存款机构（银行）——商业银行、储蓄贷款协会、互助储蓄银行、信用合作社；②契约性储蓄机构——人寿保险公司、火灾和意外伤害保险公司、养老基金、政府退休基金；③投资中介机构——财务公司、共同基金、货币市场共同基金。

政府对金融市场的监管主要出于两个原因：为投资者提供更多信息以及确保金融中介稳健。监管包括：向公众披露信息要求、对设立的金融中介进行限制、对金融中介可以持有的资产范围进行限制、存款保险制度、对竞争的限制以及利率管制。

简答题

1. 给出三个例子，证明金融市场可以使消费者跨时间分配收入。

2. 如果我今天可以用 5 000 美元买一辆汽车，明年我就可以赚得 10 000 美元的额外收入，因为这辆汽车可以让我找到一份推销员的工作，如果没有人愿意借款给我，那么我是否应该以 90% 的利率向高利贷者拉里贷款？如果能获取这笔贷款，对我而言是好事还是坏事呢？你是否能够举出高利贷合法的理由？

3. 一些经济学家认为发展中国家经济增长如此缓慢是因为它们没有成熟的金融市场。你认为这个观点正确吗？

4. 19 世纪，美国向英国大量贷款用于修建铁路系统。那时用的主要债务工具是什么？为什么这样做对两个国家都是有利的？

5. 假设丰田在东京发行以日元为计价单位的债券，这种债务工具属于欧洲债券吗？如果债券在纽约发行，答案是否会发生改变？

6. 如果你怀疑一家公司明年将会破产，你愿意持有这家公司的债券还是股票？为什么？

7. 如何用逆向选择问题来解释为何你更愿意贷款给你的一位亲戚而不是一个陌生人？

8. 玛利亚拥有 15 000 美元的储蓄，她想要购买对冲基金。请解释为什么她不能参与这种特殊类型共同基金的购买。

9. 为什么相比其他贷款人而言，高利贷者不担心借款人的道德风险？

10. 如果你是一名雇主，你会为员工哪些类型的道德风险问题感到担忧？

11. 如果借款人和贷款人之间不存在信息不对称，那么还会出现道德风险问题吗？

12. "在一个没有信息和交易成本的世界里，金融中介就不会存在。"这一表述是正确的、错误的还是不确定？请解释你的答案。

13. 为什么你愿意将资金以 5% 的利率存入银行的储蓄账户，然后由银行将贷款以 10% 的利率发放给你的邻居，而不是直接将你的这笔资金借给你的邻居呢？

14. 分散风险是如何给金融中介和私人投资者带来收益的？

15. 工业化国家的金融监管相似但不完全相同。在工业化国家中实施完全相同的金融监管是否可取？说明原因。

网络练习

金融体系

1. 有关美国金融机构的一个最好的信息来源是美国联邦储备系统的资金流动报告。这份报告包含了大部分金融中介的数据。访问 www.federalreserve.gov/releases/Z1/，找到最新版本。如果你的计算机没有 Acrobat Reader，你需要先安装这个软件，这个网站也提供了免费的下载链接。打开表格，并回答下列问题。
   (1) 商业银行发放的贷款占资产的百分比是多少？抵押贷款占资产的比重是多少？
   (2) 在储蓄贷款协会的资产中，抵押贷款所占的比重是多少？
   (3) 在信用合作社所持有的资产中，抵押贷款和消费贷款分别占多少比重？

2. 世界上最著名的金融市场是纽约证券交易所。访问 www.nyse.com。
   (1) 纽约证券交易所的职责是什么？
   (2) 公司必须支付一笔费用，才可以在纽约证券交易所挂牌销售。一家发行了 500 万股普通股的公司需要支付多少费用？

PART 2

第二部分

金融市场基础

第3章

利率的含义及其在定价中的作用

预　览

利率是经济生活中最受关注的变量之一。它直接影响着我们每天的生活，并且对经济的稳定发展有着重要的作用，因此新闻媒体几乎每天都对它给予极大的关注。利率影响着我们的个人日常决策，这些决策包括消费还是储蓄、是否购置房产、应该购买债券还是直接储蓄等。同时，它还影响着企业和家庭的经济决策，比如对于其所持有的资金，是应该投资于新的设备或者工厂，还是应该仅仅存在银行里获取利息。

在进行金融市场的学习之前，我们必须准确地把握"利率"的含义。在本章中，我们将接触到一个概念——到期收益率，它能精确地解释利率的含义；当金融经济学家谈到"利率"的时候，他们就是指到期收益率。我们将讨论信贷市场工具是如何衡量到期收益率的，并讨论利率如何给这些信贷市场工具定价。我们还会发现债券的票面利率并不能很好地表明购买这个债券是不是一个好的投资，因为它的收益水平（收益率）可能并不等于其票面利率。最后，我们会探究实际利率（相对价格水平变动进行调整的利率）和名义利率（忽略价格水平变动影响的利率）的区别。

虽然学习概念并不是课程中令人兴奋的部分，但是仔细阅读和理解本章所提到的概念非常重要。不仅是因为它们将一直贯穿于本书的始终，还因为精确地掌握这些概念，可以使你对利率在日常生活和整个经济中的作用有十分清晰的了解。

3.1　利率的衡量

不同的债务市场工具对持有者有不同的**现金流**（cash flows）、不同的支付时间。因此，我们在明白如何衡量利率之前，首先需要理解如何比较不同债务市场工具的价值。我们将使用现值概念来衡量不同债务市场工具的价值。

3.1.1　现值

现值（present value）或**折现值**（present discounted value）这个概念是基于这样一个常识：1年后得到的1美元现金要比现在拥有的1美元价值更低。这个观点是正确的，因为你可以把你现在的 1 美元存进你的储蓄账户来获得利息，这样，在 1 年后你的钱将超过 1 美元。经济学家运用了更正式的定义来解释这个概念。

让我们了解一下最简单的债务市场工具，我们称之为普通贷款。通过普通贷款，贷款人提供给借款人一定数量的资金（本金），借款人必须在到期日将本金全部偿还给贷款人，并且附加一定数量的利息。例如，如果你借给简（Jane）1 年期 100 美元的贷款，你将要求她 1 年后偿还本金 100 美元，并附加利息，比如 10 美元。在类似的普通贷款中，支付的利息除以贷款本金数是衡量利率的一种自然合理的方法。这里衡量的普通利率 i 是：

$$i = \frac{10}{100} = 0.10 = 10\%$$

如果你借出了这 100 美元，那么在第 1 年年底你将获得 110 美元，也可以写成如下的形式：

$$100 \times (1 + 0.10) = 110(美元)$$

如果你继续借出这 110 美元，在第 2 年年底你将获得：

$$110 \times (1 + 0.10) = 121(美元)$$

即

$$100 \times (1 + 0.10) \times (1 + 0.10) = 100 \times (1 + 0.10)^2 = 121(美元)$$

继续这个贷款，在第 3 年年底你将获得：

$$121 \times (1 + 0.10) = 100 \times (1 + 0.10)^3 = 133(美元)$$

依此类推，你借出 100 美元的普通贷款，在 n 年年底你的收入将为：

$$100 \times (1 + i)^n (美元)$$

如果现在你借出 100 美元，你在每年年底获得的金额如下时间线所示：

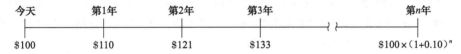

通过以上时间线可以清晰地发现，对于现在得到 100 美元和 1 年后得到 110 美元你将一样高兴（当然，只要你确定她会归还借款）。或者说现在拥有 100 美元与 2 年后拥有 121 美元对你来说是一样的。同样，我们可以说 2 年后的 121 美元、3 年后的 133 美元、n 年后的 $100 \times (1 + 0.10)^n$ 美元都相当于今天的 100 美元。通过时间线可以看出，我们也可反过来计算未来美元金额的现值。例如，3 年后 $100 \times (1 + 0.10)^3 = 133$ 美元在今天的价值是 100 美元，因此：

$$100 = \frac{133}{(1 + 0.10)^3}$$

以上这个计算未来收入在今天的价值（现值）的过程叫作贴现未来（discounting the future）。我们可以简化该过程，将 100 美元也就是现值写成 PV，133 美元也就是未来的现金流写成 CF，将 0.1（10%的利率）用 i 来替代。这样就得出以下公式：

$$PV = \frac{CF}{(1 + i)^n} \tag{3-1}$$

直观地看，式（3-1）告诉我们如果有人许诺 10 年后支付你 1 美元，这 1 美元远没有你现在就拥有它有价值，因为你可以把这 1 美元进行投资，并在 10 年后获得超过 1 美元的总收入。

例 3-1　现值

当利率是 15% 时，2 年后获得的 250 美元在今天的现值是多少？

解答

现值是 189.04 美元。使用式（3-1）：

$$PV = \frac{CF}{(1+i)^n}$$

式中，$CF = 250$，$i = 0.15$，$n = 2$，那么：

$$PV = \frac{250}{(1+0.15)^2} = \frac{250}{1.3225} = 189.04（美元）$$

现值这个概念非常有用，因为它能让我们在一个给定的利率 i 下，通过把未来收入的现值进行累加，来获得各种不同信贷市场工具在今天的价值。现值的概念允许我们根据不同时间的现金流对两个工具进行比较。

3.1.2　信贷市场的四种工具

根据不同时间的现金流，主要有四种类型的信贷市场工具。

（1）**普通贷款**。我们已经讨论过，贷款者通过普通贷款提供给借款者一定数量的资金，借款者必须在到期日将本金归还贷款人，并且附加一定数量的利息。许多货币市场工具属于这种类型，如对企业的商业性贷款。

（2）**固定贷款**（fixed-payment loan）。固定贷款也被称为**分期摊还贷款**（fully amortized loan），它提供给借款人一定数量的资金，借款人需要在一定的年限中每隔一段时期（如一个月）偿付相同数量的资金，其中包括一部分本金和一部分利息。举例来说，如果你通过这种方式借入 1 000 美元，那么你需要在未来的 25 年中每年偿还 126 美元。分期付款（比如汽车贷款）和抵押贷款通常是这种类型。

（3）**息票债券**（coupon bond）。这种方式需要借款人每年支付给资金所有者固定的利息（息票支付），并在到期日将最后的数额（**面值**，face value or par value）一次付清。之所以称为息票债券是因为当初债券的持有者定期将息票剪下来并寄给债券发行者来取得利息收入。现在，息票债券已经不需要这么做了。举例来说，一张面值 1 000 美元的息票债券，会在 10 年内每年付给你 100 美元的利息，并在第 10 年年底到期的时候，偿还给你面值 1 000 美元（债券的面值增加通常以 1 000 美元作为单位）。

息票债券可以通过三个方面的信息来识别：发行债券的公司或者政府机构；债券的期限；债券的**息票利率**（coupon rate），每年的支付金额用面值的百分比来表示。在我们的例子里，息票债券每年的支付金额为 100 美元，面值是 1 000 美元。息票利率就是 100/1 000 = 0.10 或者 10%。资本市场工具（如国债、票据和公司债券）都是息票债券。

（4）**贴现债券**（discount bond）。贴现债券也叫作**零息债券**（zero-coupon bond），持有者以低于面值的金额（折扣）获得这种债券，并在到期日按债券面值得到偿付。与息票债券不同，贴现债券在期间没有任何利息支付，只是在到期日一次性偿还债券面值金额。举例来说，一张面值 1 000 美元的贴现债券以 900 美元的价格购买，1 年后债券持有者将获得 1 000 美元的偿付。美国短期国债、美国储蓄债券以及长期零息债券都属于这种类型。

这四种类型的工具具有不同的偿付时间：普通贷款和贴现债券只在到期日进行一次性偿付，而固定贷款和息票债券会定期向持有者偿付，直至到期日。如何确定上述四种类型的工具中哪一种能给你带来最多的收入？不同的偿付时间使它们看起来完全不同，为了解决这个问题，我们用前面现值的概念来衡量这些不同工具的利率。

3.1.3 到期收益率

在计算利率的多种方法中，最重要的一种是**到期收益率**（yield to maturity），即将从债务工具获得的现金流与其现值相等的利率。因为计算到期收益率背后的概念具有良好的经济意义，所以金融学家通常认为它是衡量利率最精确的方法。

为了更好地理解到期收益率，我们现在看看对于四种信贷市场工具，到期收益率是如何计算的。在这些例子中，计算到期收益率的关键一点是使得债务工具当前的价值和其未来收益的现值相等。

1. 普通贷款

使用现值的概念，普通贷款的到期收益率是非常容易计算的。对于我们讨论过的 1 年期贷款，今天的价值是 100 美元，1 年后的收入是 110 美元（100 美元的本金加上 10 美元的利息）。我们可以通过这些信息计算到期收益率 i，从而使未来收入的现值同这个贷款今天的价值相等。

例 3-2 普通贷款

如果皮特（Peter）向他的姐姐借了 100 美元，姐姐希望 1 年后他能偿还 110 美元，那么这个贷款的到期收益率是多少？

解答

这个贷款的到期收益率是 10%。根据：

$$PV = \frac{CF}{(1+i)^n}$$

式中，$PV=100$，$CF=110$，$n=1$，那么：

$$(1+i) = \frac{110}{100}$$

$$i = 1.10 - 1 = 0.10 = 10\%$$

```
    今天              第1年
    |————————————————|
    $100            $110
         ———→ i=10% ←———
```

上面到期收益率的计算看上去很眼熟，因为它和用利息收入 10 美元去除以本金 100 美元计算的结果相同；也就是说，它和普通利率相同。很重要的一点是：**普通贷款的利率与到期收益率相同**。因此，i 同时代表到期收益率和普通利率。

2. 固定贷款

再强调一次，这种类型的贷款在贷款到期前每年偿还固定的金额。举例来说，对于一个固定支付的抵押贷款，借款人每个月向银行偿付固定的金额直到到期日贷款被全部还清。在计算固定贷款的到期收益率时，我们遵从在普通贷款中使用的原则——让贷款今天的价值和其未来收入的现值相等。由于固定贷款包含不止一次偿付，所以它的现值是一系列收入现值的总和。

假设一项贷款的本金额为 1 000 美元，并且要求在未来的 25 年内每年偿付 85.81 美元。用如下方法来计算现值：在第 1 年年底，85.81 美元现金支付的现值是 $85.81/(1+i)$ 美元；在第 2 年年底，另一笔 85.81 美元的现金支付的现值是 $85.81/(1+i)^2$ 美元；依此类推，直到第 25 年年底，最后一次偿付的现值是 $85.81/(1+i)^{25}$ 美元。使贷款在今天的价值（1 000 美元）和上述一系列现值的总和相等：

$$1\,000 = \frac{85.81}{1+i} + \frac{85.81}{(1+i)^2} + \frac{85.81}{(1+i)^3} + \cdots + \frac{85.81}{(1+i)^{25}}$$

更一般地，对于任何固定贷款：

$$LV = \frac{FP}{1+i} + \frac{FP}{(1+i)^2} + \frac{FP}{(1+i)^3} + \cdots + \frac{FP}{(1+i)^n} \tag{3-2}$$

式中，LV 为贷款价值；FP 为每年固定的偿付金额；n 为贷款年数。

对于固定贷款来讲，贷款价值、每年固定的偿付金额和到期日前的贷款年数是已知的，只有到期收益率未知。因此我们可以通过这个等式得出到期收益率 i。因为这个计算很复杂，所以许多计算器可以通过给定的贷款价值、每年固定偿付金额和贷款年数得到到期收益率。例如，在上面的例子中，一个 25 年期、每年固定偿付 85.81 美元的贷款，通过求解式（3-2）得出到期收益率是 7%。房地产经纪人在手边通常有这样一个计算器，他们可以解出公式并很快地告知潜在的房屋购买者，如果他们通过抵押贷款来购买房屋，那么每年（或者每月）的付款是多少。

例 3-3 固定贷款

你决定购买一套新房子，需要 100 000 美元的抵押贷款。你从银行借到了利率为 7% 的这笔贷款。如果还款期限是 20 年，你每年需要还给银行多少钱？

解答

你每年需要还给银行 9 439.29 美元。

$$LV = \frac{FP}{1+i} + \frac{FP}{(1+i)^2} + \frac{FP}{(1+i)^3} + \cdots + \frac{FP}{(1+i)^n}$$

式中，$LV = 100\,000$，$i = 7\%$，$n = 20$，那么：

$$100\,000 = \frac{FP}{1+0.07} + \frac{FP}{(1+0.07)^2} + \frac{FP}{(1+0.07)^3} + \cdots + \frac{FP}{(1+0.07)^{20}}$$

用金融计算器计算出每年要支付的金额：

$n = $ 年数 $= 20$

$PV = $ 贷款金额（LV）$= -100\,000$

$FV = 20$ 年后的贷款金额 $= 0$

$i = $ 年利率 $= 7\%$

然后按下 PMT 键得出固定每年支付金额（FP）$= 9\,439.29$（美元）。

3. 息票债券

计算息票债券的到期收益率,我们将应用前边用过的相同的方法:使债券今天的价值和其未来收入的现值相等。息票债券也有不止一次的偿付,因此其现值是一系列利息支付的现值总和加上最后支付的面值。

一个面值是 1 000 美元、10 年期、每年支付 100 美元(10% 的息票利息)利息的息票债券现值用如下的方法计算:在第 1 年年底,有一个现值是 $100/(1+i)$ 美元的 100 美元利息支付;在第 2 年年底,有另一个现值是 $100/(1+i)^2$ 美元的 100 美元利息支付;依此类推,直到到期日,最后有一个现值是 $100/(1+i)^{10}$ 美元的利息支付加上最后的现值为 $1\,000/(1+i)^{10}$ 美元的面值偿付。让债券今天的价值(当前的价值,用 P 表示)同其未来收入的现值相等:

$$P = \frac{100}{1+i} + \frac{100}{(1+i)^2} + \frac{100}{(1+i)^3} + \cdots + \frac{100}{(1+i)^{10}} + \frac{1\,000}{(1+i)^{10}}$$

更一般来说,对于任何息票债券:⊖

$$P = \frac{C}{1+i} + \frac{C}{(1+i)^2} + \frac{C}{(1+i)^3} + \cdots + \frac{C}{(1+i)^n} + \frac{F}{(1+i)^n} \tag{3-3}$$

式中,P 为息票债券的价格;C 为每年的利息支付;F 为债券的面值;n 为债券到期年数。

在式 (3-3) 中,利息支付的金额、债券的面值、债券到期年数以及息票债券的价格都是已知的,只有到期收益率未知。因此我们可以通过这个公式来计算到期收益率 i。⊖ 如同固定贷款一样,这个到期收益率的计算也很复杂,所以商用软件和计算器建立了计算到期收益率的表格,可以通过表格来查出息票债券的到期收益率。

例 3-4 息票债券

一张息票利率为 10%、面值 1 000 美元、到期收益率为 12.25%、期限为 8 年的息票债券,计算此债券的价格是多少?

解答

债券的价格是 889.20 美元。使用金融计算器计算:

n = 债券的到期年限 = 8

FV = 债券的面值 = 1 000

i = 年利率 = 12.25%

PMT = 年利息支付金额 = 100

然后按下 PV 键得到债券的价格 = 889.20 美元。

表 3-1 列出了几个不同价格下息票债券的到期收益率,从中可以观察到如下事实。

(1) 当息票债券的价格和其面值相等的时候,其到期收益率和其息票利率也相等。

(2) 息票债券的价格和其到期收益率负相关。当到期收益率上升的时候,债券的价格下降;当到期收益率下降的时候,债券的价格上升。

⊖ 绝大部分的息票债券每半年进行利息支付,而不是像这里假设的那样按年支付。这对计算的影响非常小,在这里被忽略。

⊖ 在其他地方,有时也叫作内部收益率。

(3) 当债券价格低于其面值的时候, 到期收益率将超过息票利率。

这三点对所有息票债券都适用, 如果仔细考虑我们计算到期收益率的过程, 对这些结论就不感到惊奇了。当你在利率为 10% 的时候在银行存入 1 000 美元时, 你可以每年从中提取 100 美元的利息, 并在 10 年后获得最初的 1 000 美元本金。这和你购买表 3-1 中面值为 1 000 美元、息票利率为 10% 的 10 年期息票债券的效果相同。如果你按照面值购买这个债券, 那么它提供给你的到期收益率

表 3-1 票面利率为 10% 的 10 年期息票债券（面值为 1 000 美元）

债券价格（美元）	到期收益率（%）
1 200	7.13
1 100	8.48
1 000	10.00
900	11.75
800	13.81

就是 10%, 与息票利率相同。同理可知, 对于息票债券, 如果你按照面值购买, 那么它提供的到期收益率和其息票利率一定相同。

我们很容易得出债券价格和到期收益率是负相关的。当到期收益率 i 上升的时候, 债券价格公式中所有分母变量都会上升。因此, 当用到期收益率衡量的利率上升时, 就意味着债券的价格将下降。对这个现象的另一种解释是当利率升高时, 意味着未来的利息支付和最后的本金支付贴现的价值降低, 因此债券的价格必然会下降。

第三个事实, 即当债券的价格低于其面值时, 该债券的到期收益率大于息票利率, 可以由事实 1 和事实 2 直接得出。当到期收益率等于息票利率时, 债券价格等于面值; 当到期收益率高于息票利率时, 债券价格必然会降低, 因此债券价格也就必然低于其面值。

有一种特别的息票债券需要讨论一下, 因为它的到期收益率很容易计算。这种债券称为**永续年金**（perpetuity）, 也称为**永久年金**（consol）, 这是一种没有到期日、没有本金偿付的永久性债券, 它只是永久地进行一个固定的利息支付 C。在计算永续年金的价格 P_c 时, 式（3-3）简化成如下形式: ⊖

$$P_c = \frac{C}{i_c} \qquad (3\text{-}4)$$

式中, P_c 为永续年金（永久年金）的价格; C 为每年的利息支付; i_c 为永续年金的到期收益率。

永续年金的一个很好的特点是, 你可以很清晰地发现当利率上升的时候, 债券价格将下

⊖ 永续年金的价格计算公式是:

$$P_c = \frac{C}{1+i_c} + \frac{C}{(1+i_c)^2} + \frac{C}{(1+i_c)^3} + \cdots$$

这个公式也可以写成如下形式:

$$P_c = C(x + x^2 + x^3 + \cdots)$$

式中 $x = 1/(1+i)$。你可能还记得高中代数中这个计算无穷和的公式:

$$1 + x + x^2 + x^3 + \cdots = \frac{1}{1-x}, \quad x < 1$$

因此:

$$P_c = C\left(\frac{1}{1-x} - 1\right) = C\left[\frac{1}{1 - 1/(1+i_c)} - 1\right]$$

通过适当的代数变换得到:

$$P_c = C\left(\frac{1+i_c}{i_c} - \frac{i_c}{i_c}\right) = \frac{C}{i_c}$$

降。举例来说,如果一个永续年金每年偿付100美元,而利率为10%,那么它的价格将是100/0.10 = 1 000美元。如果利率上升到20%,那么它的价格将会下降到100/0.20 = 500美元。我们也可以把公式写成下面的形式:

$$i_c = \frac{C}{P_c} \tag{3-5}$$

式(3-5)描述了永续年金的到期收益率如何计算,同时也给出了息票债券到期收益率的近似算法。当息票债券距到期还有很长时间(如20年或者20年以上),该息票债券就很像一个一直支付固定息票利息的永续年金,因为20年之后现金收入的贴现现值非常小,所以长期的息票债券价值与拥有相同息票支付的永续年金价值很接近。因此,式(3-5)中 i_c 与长期息票债券的到期收益率基本相等。正因为此,i_c(即每年偿付的债券利息除以债券的价格)也被称为**当期收益率**(current yield),并且被广泛用作长期息票债券利息率的近似值。

例3-5 永续年金

一个价格为2 000美元、每年偿付100美元的永续年金的到期收益率是多少?

解答

到期收益率是5%。根据:

$$i_c = \frac{C}{P_c}$$

式中,C 为每年偿付金额(100美元);P_c 为永续年金(永久年金)的价格(2 000美元)。

$$i_c = \frac{100}{2\,000} = 0.05 = 5\%$$

4. 贴现债券

贴现债券的到期收益率的计算和普通债券的计算方法相似。让我们考虑一个贴现债券,比如说,1年期美国国债,将在1年后偿付1 000美元。如果当前此债券的购买价格是900美元,那么使这900美元同1年后的1 000美元的现值相等,使用式(3-1),得到:

$$900 = \frac{1\,000}{1+i}$$

然后解出 i:

$$i = \frac{1\,000 - 900}{900} = 0.111 = 11.1\%$$

更一般地,对所有1年期的贴现债券,其到期收益率可写成如下形式:

$$i = \frac{F - P}{P} \tag{3-6}$$

式中,F 为贴现债券的面值;P 为贴现债券的现行价格。

换言之,到期收益率等于1年后偿付金额相对于现行价格的增加值 $F - P$ 除以现行价格 P。在正常情况下,投资者持有这些债券会获得正的收益,也就是说债券会低于其面值销售。因此,$F - P$ 应该是正的,到期收益率也是正的。然而,事实并不总是这样,就像日本发生的反常情况所表明的一样(见专栏3-1)。

> **专栏3-1　全球视角**
>
> ### 负利率存在吗？先是日本，然后是美国和欧洲
>
> 我们通常假设利率是正的。负利率意味着今天购买一只债券的支出大于未来的收益（如同贴现债券到期收益率公式中的说明）。负利率看似不可能存在，因为人们会选择自己持有现金，这样至少可以在将来拥有和现在一样多的资金。
>
> 20世纪90年代后期日本发生的事件、2008年美国发生的金融危机以及最近欧洲发生的事情告诉我们，上面的推理并不总是正确的。1998年11月，日本的6个月期国债的到期收益率变成了负数，为-0.004%。2008年，美国3个月期的国债到期收益率在很短的时间内稍低于0。2009年7月，瑞典央行成为全球首家对银行存款实行负利率的央行。随后，此情况先后出现于2012年7月的丹麦、2014年6月的欧元区、2014年12月的瑞士以及2016年1月的日本。负利率的出现是一个非常特别的事件。这是如何发生的呢？
>
> 在第4章中我们会看到，市场上缺乏投资机会以及较低的通货膨胀率使得利率处于一个非常低的水平，但这两个因素仍然不能解释为什么会存在负利率。答案是这样的：即使存在负利率，较大的投资者和银行觉得持有这种国债来进行保值要比他们自己持有现金方便得多，因为这些国债通常是大额的，而且可以通过电子方式存储。国债的这些优点使得一些投资者和银行愿意持有它，虽然从货币的角度看，他们自己持有现金可以在将来拥有更多的收入。

这个等式的一个重要特征就是它表明，对于贴现债券，到期收益率和债券的现行价格是负相关的。这和我们在讨论息票债券的时候得出的结论相同。举例来说，式（3-6）指出，当债券的现行价格从900美元上升到950美元的时候，说明债券在其期限内的价值上升变小，到期收益率从11.1%下降到5.3%。同样的道理，到期收益率的下降，说明了贴现债券现行价格已经上升。

5. 小结

现值的概念告诉我们，现在的1美元比未来的1美元更有价值，因为你可以使用这1美元获得利息。具体来讲，n年后收到的1美元在今天的价值仅为$1/(1+i)^n$美元。一个债务工具未来现金流的现值等于每一项现金流的现值之和。债务市场工具的到期收益率是使得未来收入的现值等于这些工具现行价格的利率。由于计算到期收益率的方法基于比较合理的经济原理，所以金融学家认为它是对利率最精确的描述。

我们对各种不同债券到期收益率的计算揭示了债券的现行价格同其利率是负相关的事实：**当利率上升时，债券价格下降，反之亦然。**

3.2　实际利率和名义利率的区别

到目前为止，我们在对利率的讨论中，一直忽略了通货膨胀对借款成本的影响。到现在我们一直使用的利率是不考虑通货膨胀水平的利率，更准确地说，它应该被称作**名义利率**（nominal interest rate），以便区别于实际利率。**实际利率**（real interest rate）是对预期价格水平变化（通

货膨胀）进行过调整的利率，它能够更好地反映借款的实际成本。更准确地说，实际利率是指预计实际利率（ex ante real interest rate），因为它根据预期的价格水平变动进行调整。这样定义的实际利率是对经济决策最有用的利率，因此通常当金融学家提到实际利率的时候，就是指这个定义。按照实际（已经发生的）价格水平变动调整的利率叫作已发生实际利率（ex post real interest rate）。它被用来描述借出贷款者在实际情况下获得的收益。

实际利率更精确的定义是通过欧文·费雪（20 世纪最伟大的货币经济学家之一）的名字命名的费雪等式来实现的。费雪等式定义名义利率等于实际利率加上预期通货膨胀率 π^e：⊖

$$i = i_r + \pi^e \tag{3-7}$$

对等式进行变换，我们发现实际利率等于名义利率减去预期通货膨胀率：

$$i_r = i - \pi^e \tag{3-8}$$

为说明这个定义是有意义的，我们假设一种情况，你准备贷出一个 1 年期的普通贷款，利率是 5%（$i=5\%$），同时预期价格水平在这一年中会上升 3%（$\pi^e=3\%$）。这个借款使你在 1 年后按**实值**（real terms）计算获得了 2% 的收入，也就是说你购买商品和服务的能力增加了 2%。在这个案例中，从实际购买商品和服务的角度看，你获得的利率就是 2%：

$$i_r = 5\% - 3\% = 2\%$$

这和费雪等式所揭示的一样。

例 3-6　实际利率和名义利率

如果一年内的名义利率是 8%，预期通货膨胀率是 10%，那么这一年的实际利率是多少？

解答

实际利率是 -2%。虽然你在年底可以获得 8% 的额外现金，但你要使用比原来现金多 10% 的金额来获得同样多的商品或服务。结果是相对于一年前，你购买商品和服务的能力下降了 2%。

$$i_r = i - \pi^e$$

式中，$i=8\%$；$\pi^e=10\%$。那么：

$$i_r = 8\% - 10\% = -2\%$$

作为一个贷款借出者，你显然不愿意按例 3-6 中的条件来贷款，因为在该项交易中，你获得的实际利率将是 -2%。反过来讲，作为借款人，你会很高兴接受这样一个贷款，因为在年底，相对于实际的商品和服务，你偿还的金额要比一年前你借到的金额少 2%。当实际利率很低的时候，借款的动机会强于放贷的动机。

实际利率和名义利率的差别是非常重要的，因为实际利率能够更好地反映借款的实际成本，它能更好地表明借款和放贷的意愿，更好地指导人们如何应对债务市场上的变化。图 3-1

⊖ 费雪等式的一个更精确的表达式是：

$$i = i_r + \pi^e + i_r \times \pi^e$$

这是因为：

$$1 + i = (1 + i_r)(1 + \pi^e) = 1 + i_r + \pi^e + i_r \times \pi^e$$

在等式两边消去 1，就得到了刚才的等式。对于很小的 i_r 和 π^e，$i_r \times \pi^e$ 非常小，可以忽略不计，因此我们就得到了上面的等式。

给出了 1953~2016 年美国 3 个月短期国债的名义利率和实际利率，从中我们可以看出名义利率和实际利率的变动方向并不总是一致的（世界上的其他国家也是如此）。特别是，在 20 世纪 70 年代名义利率非常高的时候，实际利率却相当低。如果用名义利率这个标准来判断，你可能认为债务市场会紧缩，因为借款的成本很高。然而，从实际利率可以看出，这种想法是完全错误的。实际上，当时借款的成本相当低。⊖

图 3-1　实际利率和名义利率（3 个月期短期国债），1953~2016 年

注：名义利率和实际利率的变动方向并不总是一致，在 20 世纪 70 年代名义利率非常高的时候，实际利率却相当低。

资料来源：Federal Reserve Bank of St. Louis FRED database：https://fred.stlouisfed.org/series/TB3MS and https://fred.stlouisfed.org/series/CPIAUCSL. The real rate is constructed using the procedure outlined in Frederic S. Mishkin,"The Real Interest Rate：An Empirical Investigation," *Carnegie-Rochester Conference Series on Public Policy* 15 (1981)：151-200. 这包括将预期通货膨胀作为过去利率、通货膨胀和时间趋势的函数来估计，然后从名义利率中减去预期通货膨胀。

⊖ 绝大部分的利息收入在美国都要缴纳联邦所得税，因此持有债券的实际收入并不是由费雪等式定义的实际利率来计算的，而是要扣除所得税，也就是用税后实际利率来计算，它等于税后名义利率减去预期通货膨胀率。对于一个税率是 30% 的人来讲，一个 10% 利率的债券的税后利率只是 7%，因为 30% 的利息收入要上交。当预期通货膨胀率是 20% 的时候，这个债券税后的实际利率是 -13%（=7% - 20%）。更一般来讲，税后实际利率可以写成：

$$i \times (1 - \tau) - \pi^e$$

式中，τ 为所得税率。

这个税后实际利率的公式对于绝大多数的美国公司和个人来说，能更好地计量借款的实际成本，因为在计算所得税的时候，他们可以从收入中除去利息支付的金额。也就是说，如果你的所得税率是 30%，并且你获得了一个利率为 10% 的抵押贷款，你可以在收入中减去这 10% 的利息支付，从而把你需要缴纳的所得税减少一部分，这部分相当于你支付的利息的 30%。这样，你税后的借款名义本金就是 7%（10% 减去 10% 利息支付的 30%），而当预期通货膨胀率是 20% 的时候，有效的实际借款成本同样是 -13%（=7% - 20%）。

如同例子（和公式）里指出的那样，税后实际利率总是低于用费雪等式计算出的实际利率。如果想对税后实际利率的计量进行更深入的讨论，请参考 Frederic S. Mishkin,"The Real Interest Rate：An Empirical Investigation," *Carnegie-Rochester Conference Series on Public Policy* 15 (1981)：151-200.

专栏 3-2 小案例

美国实际利率可以通过 TIPS 观测

当美国财政部决定发行一种指数债券——TIPS（保护通胀型长期国债）时，已经有些晚了。其他的一些国家（如英国、加拿大、澳大利亚和瑞士）比美国早迈出了一步（在 1998 年 9 月，美国财政部也开始发行对小投资者提供通货膨胀风险保护的系列 1 储蓄债券）。

这些指数债券成功地在债券市场上取得了一定地位，并且使政府能够筹集到很多的资金。同时，由于其利息和本金偿付可以对价格水平的变动进行相应的调整，所以这些债券的利率为衡量实际利率提供了一种直接的方法。这些指数债券对于政策制定者非常有用，特别是对那些货币政策制定者来说，是非常有用的信息。举例来说，2016 年 5 月 13 日，10 年期国债利率是 1.71%，同时 10 年期的 TIPS 利率是 0.13%。这意味着未来 10 年期的通货膨胀率，就是这两个利率之差，即 1.58%。私人部门发现 TIPS 提供的信息非常有效：很多美国商业银行和投资银行通常都披露以 TIPS 计算的通货膨胀率。

3.3 利率和收益率的区别

很多人认为债券利率包含他们持有它所需要知道的全部信息。假设投资者欧文拥有一个收益率是 10% 的长期债券，而同期利率却已经上升到了 20%，如果他还觉得自己会变得更加富有的话，他将会后悔莫及——正如我们马上要看到的那样，他已经血本无归。一个投资者持有债券或者其他的证券投资在一个特定的时期内究竟能带来多少**收益**（return），是由**收益率**（rate of return）来精确衡量的。这里讨论的收益率概念非常重要，因为它将贯穿本书始终。确定你已经了解了收益率的计算方法，并且知道为什么它和利率有所差别，将使后面的课程变得容易理解。为了使这个定义更加清晰，让我们来考虑一个面值 1 000 美元、到期收益率为 10%、以 1 000 美元购买并以 1 200 美元卖出且持有期为 1 年的债券给投资者带来的收益率是多少。此债券支付给投资者的年利息为 100 美元，债券价格变动 1 200 - 1 000 = 200 美元。

将这些信息综合起来并把购入价格 1 000 美元作为分数，计算持有 1 年该债券给投资者带来的收益率：

$$\frac{100 + 200}{1\ 000} = \frac{300}{1\ 000} = 0.30 = 30\%$$

你可能对我们计算出的收益率感到奇怪：它是 30%，而我们在表 3-1 中看到，起初到期收益率只有 10%。这说明债券的收益率不一定和利率相等。我们现在知道利率和收益率的差别相当重要，虽然在很多证券中它们是密切相关的。

一般来说，在时间 t 和时间 $t+1$ 的期间，债券的收益率可以写成：

$$R = \frac{C + P_{t+1} - P_t}{P_t} \tag{3-9}$$

式中，R 为在 t 和 $t+1$ 期间内持有债券的收益率；P_t 为债券在时间 t 的价格；P_{t+1} 为债券在时间 $t+1$ 的价格；C 为息票利息。

例 3-7　收益率

一个面值为 1 000 美元的债券以面值购入，在 1 年后以 800 美元的价格售出，它的息票利率是 8%，那么持有这只债券的收益率是多少？

解答

持有债券 1 年的收益率是 -12%。根据：

$$R = \frac{C + P_{t+1} - P_t}{P_t}$$

式中，$C = 1\,000 \times 8\% = 80$，$P_{t+1} = 800$，$P_t = 1\,000$，那么：

$$R = \frac{80 + (800 - 1\,000)}{1\,000} = \frac{-120}{1\,000} = -0.12 = -12\%$$

式（3-9）可以写成如下简单的方式：

$$R = \frac{C}{P_t} + \frac{P_{t+1} - P_t}{P_t}$$

第一部分就是当年收益率 i_c（息票利息除以购入价格）：

$$\frac{C}{P_t} = i_c$$

第二部分是**资本利得率**（rate of capital gain，又叫资本收益率），或者说是债券相对于购入价格的价格变动：

$$\frac{P_{t+1} - P_t}{P_t} = g$$

式中，g 为资本利得率。那么式（3-9）就可以被写成：

$$R = i_c + g \tag{3-10}$$

这说明了债券的收益率等于其当年收益率加上资本利得率。式（3-10）证实了我们刚才的发现。即使是一个当年收益率同到期收益率相等的债券，收益率和利率也有很大的差异。如果债券价格有较大的变动，产生了可观的资本利得或损失的话，收益率和利率的差异会更加显著。

为了更深入地探究这一点，让我们看一下当利率上升的时候，不同期限债券收益率的变化。运用上面的式（3-10），表 3-2 列出了一些息票利率为 10%、以面值购入的债券利率从 10% 上升到 20% 时，一年收益率的变化。一般来讲，这张表中一些关键性规律对于所有债券都适用：

- 只有当债券到期期限和持有期相同时，债券的收益率和最初到期收益率才相等。
- 如果债券的到期期限比持有期长，那么利率上升会导致债券价格下降，从而产生资本损失。
- 债券距离到期日的期限越长，利率变动引起的债券价格变动就越大。
- 债券距离到期日的期限越长，利率上升越会导致收益率降低。
- 即使债券最初有相当高的票面利率，在实际利率上升时，其收益率仍然可能会变成负数。

表 3-2 当利率从 10% 上升到 20% 时，到期期限不同息票率为 10% 的债券的一年收益

(1) 债券购买时距到期日的时间	(2) 初始年收益 (%)	(3) 初始价格 (美元)	(4) 次年价格① (美元)	(5) 资本收益率 (%)	(6) 收益率 [(2)+(5)] (%)
30	10	1 000	503	−49.7	−39.7
20	10	1 000	516	−48.4	−38.4
10	10	1 000	597	−40.3	−30.3
5	10	1 000	741	−25.9	−15.9
2	10	1 000	917	−8.3	+1.7
1	10	1 000	1 000	0.0	+10.0

①通过财务计算器利用式 (3-3) 计算所得。

通常在开始的时候，学生很难理解利率的上升意味着债券投资是一个很差的投资（就像可怜的投资者欧文所困惑的那样）。消除这个困惑的诀窍在于认识到利率上升意味着债券价格的下降。因此利率上升意味着资本损失，而如果这个损失足够大的话，债券实际上就是一个非常差的投资。举例来说，我们在表 3-2 中看到，当利率从 10% 上升到 20% 时，购买时还有 30 年到期的债券产生了 49.7% 的资本损失。这个损失实在太大，以至于超过了 10% 的当年收益率，从而造成了 −39.7% 的收益率（损失）。如果欧文没有卖出债券，这个资本损失通常就被形容为"账面损失"，但这仍然是一个确定的损失，因为如果他没有购买债券而是把资金存放在银行的话，现在就可以以较低价格购买更多的债券。

3.3.1 债券收益的期限和变动：利率风险

长期债券价格受利率变动的影响更为显著，这一规律可以用来解释债券市场行为的一个重要事实：**长期债券的价格和收益率相对短期债券更为不稳定**。对于 20 年期以上的长期债券来讲，一年内价格变动超过 ±20%，收益率也相应发生变动，这是非常正常的。

我们现在认识到利率变动使得投资于长期债券的风险很高。事实确实如此，由于利率变动造成的资产收益风险是非常显著的，所以我们给它一个特定的名词：**利率风险**（interest-rate risk）。在以后的章节中我们可以看到，管理利率风险是金融机构的管理人员所关注的最重要的事情之一（另见专栏 3-3）。

专栏 3-3 小案例

帮助投资者选择适度的利率风险

很多投资者想知道自己究竟面临多大的利率风险，因此一些共同基金试图让投资者认识到相关利率风险的程度，同时向投资者提供不同的投资组合供投资者选择。

例如，先锋集团提供 8 只独立的高级债券共同基金。在其招股说明书中，先锋集团列出了持有这些债券的平均到期日，并计算出利率每变动 ±1% 时债券价值的变动。其中有 3 只基金投资于平均到期期限为 1~3 年的债券，这些债券的利率风险最低。另有 3 只基金持有平均到期期限为 10 年的

债券，利率风险为中等。剩下2只基金持有平均到期期限为15～30年的债券，利率风险最高。

先锋集团希望通过提供这些信息来提高它在基金市场上的占有率，因此我们不难理解先锋集团为什么能成为最成功的共同基金之一。

虽然长期债券有很高的利率风险，但短期债券的利率风险并没有那么高。实际上，如果债券的到期期限和持有期一样的话，那么就根本不存在利率风险。⊖我们在表3-2最下面看到的一个息票债券，它的收益率是完全确定的——等于在购买时就确定了到期收益率。理解为什么当到期期限和持有期相等时没有利率风险的关键是，认识到（在此案例中）债券在持有期末的价格是已经确定的面值。利率的变动对这类债券在持有期末时的价格没有任何影响，因此收益率会同在购买时已知的到期收益率相等。

3.3.2 再投资风险

到目前为止，我们假定所有短期债券的持有期和到期期限相同，因此没有利率风险。然而，如果一个投资者持有债券的时间要长于债券的到期期限的话，那么投资者将暴露在一种叫作再投资风险的利率风险下。**再投资风险**（reinvestment risk）产生于短期债券投资的资金需要以将来不确定的利率进行再投资。

为了理解再投资风险，假设投资者欧文决定进行2年期投资，现在购入面值为1 000美元的1年期债券，并在1年后再购买一个1年期债券。如果最初利率是10%，欧文在第1年年底将拥有1 100美元。如果1年后1年期债券的利率上升到20%，欧文就会发现购买1 100美元的1年期债券会在第2年年底带给他1 100 × (1 + 0.20) = 1 320美元。那么欧文这两年的收益率将是 (1 320 - 1 000)/1 000 = 0.32 = 32%，相当于年收益率为14.9%。在这种情况下，欧文的收入要比在最初直接购买2年期利率为10%的债券获得的收入多。因此，当欧文持有债券时间超过他购买债券的到期期限时，他会因为利率的上升而获益。相反，如果在第1年年底1年期债券利率下降到5%，欧文将在第2年年底获得1 100 × (1 + 0.05) = 1 155美元的收入。在这种情况下，他两年的收益率为 (1 155 - 1 000)/1 000 = 0.155 = 15.5%，年收益率为7.2%。当持有期比到期期限长的时候，欧文由于利率的下降而招致了损失。

我们已经看到了，当持有期超过债券到期期限的时候，由于未来再投资利率的不确定，整体投资收益率也是不确定的——简而言之，这就是再投资风险。我们同时看到，当持有期超过债券到期期限时，投资者在利率上升时获益，在利率下降时受损。

3.3.3 小结

真正说明债券投资在整个持有期间表现的指标是债券收益率，只有当持有期和债券到期期限相同的时候，收益率才等于债券的到期收益率。当债券的到期期限长于持有期时，投资者将

⊖ 关于如果债券的到期期限和持有期一样短就不存在利率风险，这一结论只适用于贴现债券和零息债券这种没有期间利息支付的债券。在期间进行利息支付的息票债券需要把这些利息支付在未来进行再投资。因为再投资时的利率是不确定的，所以即使到期期限和持有期一样，息票债券的收益率仍然是不确定的。然而，利息收入再投资的风险一般来说是非常小的，所以基本来说，当债券期限和持有期相同的时候，息票债券的利率风险是非常小的。

面临利率风险：利率的变动会导致资本利得和资本损失，这会使得收益率和购买时已知的到期收益率产生很显著的差异。利率风险对长期债券影响更大，因为它的资本利得和资本损失更为显著。这也是长期债券不被认为在持有期内能提供确定收益率的安全资产的原因。当债券到期期限短于持有期的时候，投资者将面临再投资风险。再投资风险的产生是因为短期债券取得的收入需要在未来以不确定的利率进行再投资。

专栏 3-4　执业经理

运用久期衡量利率风险

在前面对利率风险的讨论中，我们发现当利率变动的时候，具有较长到期期限的债券价格变动更大，也就是说相对于较短到期期限的债券，它们的利率风险更大。虽然这是一个很有用的规律，但为了衡量利率风险，金融机构的经理需要更多关于利率变动时，实际资本利得或损失数目的信息。为了达到这个目的，经理需要使用**久期**（duration）的概念：债券支付流的平均寿命。

另一个事实是，对于有着相同到期期限的债券并不意味着它们有相同的利率风险。一个还有 10 年到期的长期贴现债券（也叫作零息债券）在到期日的时候做出所有偿付，而息票利率为 10% 的 10 年期息票债券，在到期日之前已经进行了很可观的现金利息支付。息票债券比贴现债券更早进行偿付，因此我们可以直观地猜测它的有效到期期限比同期贴现债券要短，有效到期期限能更准确地衡量利率风险。

实际上，这正是我们在例 3-8 中发现的规律。

例 3-8　资本利得率

面值为 1 000 美元的 10 年期零息债券，当利率从 10% 上升到 20% 的时候，计算它的资本利得率或损失率。

解答

资本利得率或损失率是 -49.7%。根据：

$$g = \frac{P_{t+1} - P_t}{P_t}$$

式中：

$$P_{t+1} = 一年后的债券价格 = \frac{1\,000}{(1 + 0.20)^9} = 193.81（美元）$$

$$P_t = 今天的债券价格 = \frac{1\,000}{(1 + 0.10)^{10}} = 385.54（美元）$$

那么：

$$g = \frac{193.81 - 385.54}{385.54} = -0.497 = -49.7\%$$

我们在表 3-2 中已经计算过，息票利率为 10% 的 10 年期息票债券的资本利得率是 -40.3%。我们看到 10 年期息票债券的利率风险要比 10 年期零息债券小，所以预期息票债券的有效到期期限（一般用于衡量利率风险），要比零息债券的有效到期期限短。

3.3.4 久期计算

为了计算债券的有效到期期限,美国国家经济研究署的一个研究员弗雷德里克·麦考利在半个世纪以前就创造了久期这个概念。因为零息债券在债券到期前没有任何利息支付,所以把它的有效到期期限就定义为它实际的到期期限。麦考利发现可以通过把息票债券分割成一系列的零息债券来得到息票债券的有效到期期限。一个面值为 1 000 美元、息票利率为 10% 的息票债券可以分成以下一系列零息债券:一个 100 美元的 1 年期零息债券(相当于 1 000 美元按照 10% 的息票利率在 1 年后进行的 100 美元息票利息支付),一个 100 美元的 2 年期零息债券(相当于 1 000 美元按照 10% 的息票利率在 2 年后进行的 100 美元息票利息支付),…,一个 100 美元的 10 年期零息债券(相当于 1 000 美元按照 10% 的息票利率在 10 年后进行的 100 美元息票利息支付),以及一个 1 000 美元的 10 年期零息债券(相当于 10 年后的面值本金偿付)。这一系列零息债券按时间顺序排列如下:

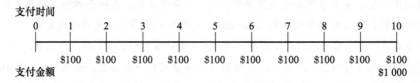

表 3-3 的第 2 列列出了一系列的零息债券,用来计算息票利率为 10% 的 10 年期息票债券的久期。

表 3-3 计算利率为 10%、面值为 1 000 美元、息票利率为 10% 的 10 年期息票债券的久期

(1) 年	(2) 现金支付(零息债券)(美元)	(3) 现金支付的现值(PV)($i=10\%$)(美元)	(4) 权重(占总现值的百分比)$=PV/1\,000$(%)	(5) 加权的到期期限 $[(1)\times(4)]/100$(年)
1	100	90.91	9.091	0.090 91
2	100	82.64	8.264	0.165 28
3	100	75.13	7.513	0.225 39
4	100	68.30	6.830	0.273 20
5	100	62.09	6.209	0.310 45
6	100	56.44	5.644	0.338 64
7	100	51.32	5.132	0.359 24
8	100	46.65	4.665	0.373 20
9	100	42.41	4.241	0.381 69
10	100	38.55	3.855	0.385 50
10	1 000	385.54	38.554	3.855 00
合计		1 000.00①	100.000②	6.758 50

①②由于四舍五入原因,相加不一定为 1 000.00 或 100.000%。

为了得到这一系列零息债券的有效到期期限,我们通过对每个零息债券的价值占总价值的百分比来对它们的有效到期期限进行加权求和。换一种说法,这一系列零息债券的久期就应该是每个零息债券有效到期期限通过其占总价值的百分比进行的加权平均。表 3-3 显示需要几个步骤。首先,在第 3 列中,以利率 10% 计算每个零息债券的现值。然后在第 4 列中把每个现值

除以1 000，也就是这些零息债券的总现值，得到每个零息债券价值占总价值的百分比。需要注意的是，正如第4列最下面一行显示的那样，这些权重的总和一定要是100%。

为了得到这一系列零息债券的有效到期期限，我们把这些加权的到期期限在第5列相加，得到约6.76年。息票债券相当于一系列的零息债券，因此得出的这个数据就是息票利率为10%的10年期息票债券的有效到期期限。简而言之，我们看到久期就是一系列支付时期的加权平均值。

表3-3对久期的计算可以写成下面的形式：

$$DUR = \sum_{t=1}^{n} t \frac{CP_t}{(1+i)^t} \bigg/ \sum_{t=1}^{n} \frac{CP_t}{(1+i)^t} \tag{3-11}$$

式中，DUR为久期；t为到现金支付的时间；CP_t为在时间t进行的现金支付（包括利息和本金）；i为利率；n为债券的到期期限。

这个公式没有表3-3中计算的那么直观，但它的优点是很容易被编程到计算器或者计算机中，这样使得久期的计算变得非常容易。

计算一个息票利率为10%的11年期息票债券的久期，利率同样是10%，但此债券的久期是7.14年，要超过10年期债券的6.76年。于是，我们可以得出结论：**在其他条件相同的情况下，债券的到期期限越长，久期越长。**

你可能认为，知道了息票债券的到期期限，就足以计算它的久期了。然而，事实并非如此。为了看清这一点，并更多地练习计算久期，在表3-4中，再一次计算息票利率为10%的10年期息票债券的久期，不过利率变成了20%。表3-4的计算揭示了在更高的利率下，息票债券的久期从6.76年下降到5.72年。这个解释简单明了。当利率高的时候，未来的现金支付在计算现值的时候贴现得更厉害，而在总价值中的比重相对下降。在表3-4中，这些现金支付的相对比重降低，使得债券的有效到期期限缩短。我们由此得出一个重要的结论：**在其他条件相同的情况下，利率上升，债券的久期缩短。**

表3-4 计算利率为20%、面值为1 000美元、息票利率为10%的10年期息票债券的久期

(1)	(2)	(3)	(4)	(5)
年	现金支付（零息债券）（美元）	现金支付的现值（PV）（i=10%）（美元）	权重（占总现值的百分比 =PV/1 000）（%）	加权的到期期限 [(1)÷(4)]/100（年）
1	100	83.33	14.348	0.143 48
2	100	69.44	69.957	0.239 14
3	100	57.87	9.965	0.298 95
4	100	48.23	8.305	0.332 20
5	100	40.19	6.920	0.346 00
6	100	33.49	5.767	0.346 02
7	100	27.91	4.806	0.336 42
8	100	23.26	4.005	0.320 40
9	100	19.38	3.337	0.300 33
10	100	16.15	2.781	0.278 10
10	1 000	161.51	27.808	2.781 00
合计		580.76	100.000①	5.722 04

①由于四舍五入原因，相加不一定为100.000%。

息票债券的利率也同样影响久期。例如，一只息票利率是 20% 的 10 年期息票债券，当利率是 10% 的时候，通过同样的方法计算，得出它的久期是 5.98 年，而息票利率是 10% 的时候，久期是 6.76 年。关于这个的解释是，高的息票利率意味着在债券持有期的前段时间就有相对更多的现金支付，因此债券的有效到期期限将缩短。这样我们得到了关于久期的第三个结论：**在其他条件相同的情况下，债券的息票利率越高，久期越短**。

久期的另外一个特点是它可同时被应用于证券投资。我们的例子说明久期等于一系列现金支付久期的加权平均（相应的零息债券有效到期期限）。所以，计算两个不同证券的久期，很容易地看出，这个投资组合的久期就应该是两个证券久期的加权平均，其中每个证券的权重由其在投资组合中所占的比例决定。

例 3-9 久期

一家金融机构的经理持有的投资组合中占比例 25% 的债券的久期为 5 年，另外 75% 债券的久期为 10 年。这个投资组合的久期是多少？

解答

久期是 8.75 年。

$$(0.25 \times 5) + (0.75 \times 10) = 1.25 + 7.5 = 8.75 \text{（年）}$$

我们现在看到：**证券投资组合的久期等于投资组合中每个证券久期的加权平均，其中每个证券的权重由其在投资组合中所占的比例决定**。久期的这个特点也经常被称作久期的可加性，而且这意味着证券投资组合的久期可以很容易地用其中每个证券的久期来计算，所以它是非常有用的一个特点。

总的来说，关于息票债券久期的计算说明了以下四点。

（1）在其他条件相同的情况下，债券的到期期限越长，久期越长。

（2）在其他条件相同的情况下，利率上升，债券的久期缩短。

（3）在其他条件相同的情况下，债券的息票利率越高，久期越短。

（4）久期的可加性：证券投资组合的久期等于投资组合中每个证券久期的加权平均，其中每个证券的权重由其在投资组合中所占的比例决定。

3.3.5 久期和利率风险

既然已经知道了久期是如何计算的，现在我们来看看现实中金融机构经理是如何利用久期来衡量利率风险的。久期是一个非常重要的概念，特别是在利率变化很小时，它给出了当既定利率变动时，具体证券价格变动的近似值。如下面的公式所示：

$$\% \Delta P \approx - DUR \times \frac{\Delta i}{1+i} \tag{3-12}$$

式中，$\% \Delta P = (P_{t+1} - P_t)/P_t$，为证券从时间 t 到时间 $t+1$ 价格变动的百分比，即资本利得率；DUR 为久期；i 为利率。

例 3-10 久期和利率风险

一个养老保险基金经理持有的基金组合中包括一个息票利率为 10% 的 10 年期息票债券，

并且当前的市场利率是10%。如果明天市场利率上升到11%，这个基金将面临多大的损失？

解答

债券价格变动的百分比近似为 -6.15%。

在表3-3中可以看到，这个10年期、息票利率为10%的息票债券的久期是6.76年。根据：

$$\%\Delta P \approx -DUR \times \frac{\Delta i}{1+i}$$

式中，$DUR=6.76$，$\Delta i=11\%-10\%=1\%$，$i=10\%$，那么：

$$\%\Delta P \approx -6.76 \times \frac{1\%}{1+10\%} \approx -0.0615 = -6.15\%$$

例3-11　存续期间和利率风险

现在这个养老基金经理要通过持有息票利率为20%的10年期息票债券来替代刚才提到的息票利率为10%的债券。我们前边已经提到过，在市场利率为10%的时候，息票利率为20%的10年期息票债券的久期是5.98年。请计算当市场利率从10%上升到11%的时候，债券价格的近似变动。

解答

此次这个债券价格的变动近似为 -5.4%，这个变动要比具有更长久期的息票债券价格变动小得多。根据：

$$\%\Delta P \approx -DUR \times \frac{\Delta i}{1+i}$$

式中，$DUR=5.98$，$\Delta i=11\%-10\%=1\%$，$i=10\%$，那么：

$$\%\Delta P \approx -5.98 \times \frac{1\%}{1+10\%} \approx -0.054 = -5.4\%$$

这个养老保险基金经理应该认识到息票利率为20%的债券利率风险要比息票利率为10%的债券风险低，因此他将资金转向投资息票利率为20%的息票债券。

在例3-10和例3-11中，这个养老保险基金经理得出了一个久期和利率风险相关关系的重要结论：**一个证券的久期越长，那么在给定的市场利率变动下，这个证券的市场价格变动就越大。因此，证券的久期越长，它的利率风险越大。**

这个推断对于投资组合也同样适用。因此用我们提过的方法来计算投资者的久期，一个基金经理可以很容易地确定整个基金正暴露在多大的利率风险下。在第24章中我们会进一步了解到，久期的概念对于管理利率风险非常有用，因此它被银行和其他金融机构的经理广泛使用。

本章小结

到期收益率是对利率最精确的衡量，它是使得未来所有收入的现值等于债务工具当前价值的利率。应用这个原则揭示了债券价格和利率是负相关的：当利率上升时，债券价格下降，反之亦然。

实际利率定义为名义利率减去预期通货膨胀率。相对于名义利率,它能够更好地衡量人们借款或者放贷的意愿,同时它也能更好地体现信贷市场的紧张程度。

收益率能说明持有债券的表现,它可能和用到期收益率计量的利率有很大差别。长期债券的价格在利率变动的时候会有很大的变动,也就是说承受着利率风险。资本利得或者损失的数额可能很大,这也是长期债券不被视为可以带来确定收益的安全资产的原因。到期期限短于持有期限的债券同样面临着再投资风险,这是因为对于短期债券,其资金在未来进行再投资的时候面临的利率是不确定的。

一只债券支付流的平均时间叫作久期,是有效到期期限(准确衡量利率风险的到期期限)的一种衡量方法。当其他条件相同时,利率越低,息票债券的利率越低,或者债券的到期期限越长,债券的久期越长。久期是可加的:证券投资组合的久期等于投资组合中每个证券久期的加权平均,其中每个证券的权重由其在投资组合中所占的比例决定。久期越长,当给定利率变动时,债券价格的变动就越大。因此,久期越长,利率风险越大。

简答题

1. 在今天收到 5 000 美元和一年后收到 5 500 美元中,你会做何选择,为什么?
2. 如果利率在下降,你会持有长期债券还是短期债券?为什么?哪种债券的利率风险更高?
3. 假设你今天购买了一张息票债券,打算一年后出售。收益率公式的哪一部分将未来的变化纳入债券价格?提示:参考式 (3-9) 和式 (3-10)。
4. 如果抵押贷款的利率从 5% 上升到 10%,同时对房屋价格上升的预期从 2% 变成了 9%,那么人们会不会去购买房屋?

计算题

1. 计算面值为 1 000 美元、到期收益率为 6% 还有 5 年到期的零息债券的当前价值。
2. 一个奖金为 1 000 万美元的彩票大奖,它在将来的 20 年每年付给你 50 万美元。如果现在就进行第一次支付,以 6% 的利率计算这个大奖的实际价值是多少?
3. 考虑一个息票利率为 7%、面值为 1 000 美元的债券。完成以下表格。

到期期限	到期收益率	当前价格
3	5	
3	7	
6	7	
9	7	
9	9	

你将观察到到期期限与折现利率和当前价格有何关系?

4. 考虑一个面值为 1 000 美元、息票利率为 10% 的息票债券。这个债券当前以 1 150 美元被卖出,还有 8 年到期。该债券的到期收益率是多少?
5. 假设一家商业银行想要购买一种一年支付 5 000 美元且目前售价为 5 012 美元的国库券。这种债券的到期收益率是多少?这种情况是典型的情况吗?为什么?
6. 一个每年支付利息 50 美元、到期收益率为 2.5% 的永续年金的价格是多少?如果到期收益率增长为原来的两倍,这个永续年金的价格将是多少?
7. 迪卡尔布县的财产税大约是每年购买价的 2.66%。如果你购买了 10 万美元的房屋,那么你将来支付的财产税的现值是多少?假设房屋价值一直为 10 万美元,财产税保持不变，以9%的利率来折现。

8. 假设你以3%的年实际利率向当地银行贷款，贷款期限内年化预期通货膨胀率为1%，那么银行向你收取的名义利率是多少？如果在贷款期限内实际通货膨胀率为0.5%，贷款的实际利率是多少？

9. 露西亚刚刚购买了两种息票债券，票面价值分别为1 000美元和5 000美元，按票面价格出售，息票利率都为5%。如果露西亚在一年之后能以高于购买价格100美元的价格将债券出售，分别计算这两种债券的当期收益率和回报率。根据你的估计，那一年的利率发生了什么变化？

10. 假设你以980.30美元购买了一个面值为1 000美元、息票利率为8%且还有5年到期的息票债券。如果你计划持有此债券一年，并且想要获得9%的收益率，那么你必须要以什么价格卖出此债券？这是可以实现的吗？

11. 计算一个面值为1 000美元、息票利率为6%且还有3年到期的息票债券的久期。假设市场利率为7%。

12. 考虑第11题中的债券，用近似久期计算利率下降为6.75%时债券的价格变化。用折现现金流来计算债券的实际价格。

13. 一个1亿美元的投资组合的久期为10年，4 000万美元的新债券加入到这个投资组合使这个组合的久期增长到12.5年。那么4 000万美元新债券的久期是多少？

14. 一家银行有两个3年期当前价值为7 000万美元的商业贷款。其中一个贷款要求3年后一次性支付3 780万美元，直到现在没有任何支付。另一个是4 000万美元的贷款，它要求每年支付利息360万美元，4 000万美元本金在3年后支付。
   (1) 银行商业贷款组合的久期是多少？
   (2) 如果利率从8%增加到8.5%，这个贷款组合的价值变化是多少？

15. 考虑一个到期收益率为12%，拥有以下现金流的债券。

年	0	1	2	3	4
承诺支付	160	160	170	180	230

你计划购买这个债券，持有2.5年后再卖出。
   (1) 持有该债券2.5年后，你将拥有多少总现金？假设定期的现金流以12%的利率再投资。
   (2) 如果购买了该债券后，市场利率立刻下降为11%（包括再投资利率），这对你2.5年后获得的总现金流有什么影响？与（1）进行比较。
   (3) 如果市场利率为12%，那么该债券的久期是多少？

网络练习

理解利率

研究美联储网站 http://www.research.stlou-isfed.org/fred2/.releases/ 上提供的数据，然后回答以下问题：

(1) 金融机构和非金融机构商业票据的利率差异是多少？
(2) 2016年年底欧洲美元利率是多少？
(3) 10年期国债最新报道的利率是多少？

第4章

为什么利率会变动

预 览

20世纪50年代早期,3个月期短期国债的年化名义利率大约是1%;到1981年,该利率甚至超过了15%,1993年又下降到了3%,90年代中期回升到5%以上,2003年下降到近1%,2007年又开始上升到5%以上,2008~2016年回落到0。如何解释利率如此剧烈的变动呢?我们研究金融市场与金融机构的原因之一就是探寻这个问题的答案。

在本章中,我们将学习名义利率(一般简称为"利率")总体水平变动的原因,以及影响利率行为的相关因素。我们在第3章里已经了解到,利率和债券价格是负相关关系,因此,如果能够解释债券价格变动的原因,那么我们就可以解释利率变动的原因。在此,我们将运用供给和需求分析来探讨债券价格与利率是如何变动的。

4.1 资产需求的决定因素

资产就是具有价值的财产,比如钱、债券、股票、艺术品、土地、房屋、农具以及机器设备都是资产。当面临是否应该购买并持有一项资产或者是否应该购买这项资产而不是其他资产问题时,你必须考虑以下因素:

(1) **财富**(wealth)。个人拥有的全部资源,包括所有资产。
(2) **预期收益**(expected return)。相对于其他可选资产而言,某项资产在下一时期所能获得的未来收益。
(3) **风险**(risk)。相对于其他可选资产而言,某项资产获得收益率的不确定性程度。
(4) **流动性**(liquidity)。相对其他可选资产而言,某项资产变现的难易程度和速度。

4.1.1 财富

如果我们的财富增加了,也就是说可以用来购买资产的总资源增加了,我们对资产需求量的增加也就一点也不奇怪了。㊀因此,财富的变化对一项资产需求量增加的影响可以总结如下:

㊀ 虽然可能有些资产(劣质资产)需求量不随着财富的增加而增加,但这种情况相当少见。因此,在一般情况下,我们假定资产需求量总随着财富的增加而增加。

在其他条件不变的情况下，财富的增加会增加对资产的需求。

4.1.2 预期收益率

在第 3 章中我们看到，资产（比如债券）的收益率衡量了持有这项资产所能获得的收益。当我们要为是否购买一项资产做决策的时候，这项资产的预期收益率会影响我们的决策。举例来说，如果埃克森美孚石油公司的债券在一半时间里获得 15% 的收益率，在另一半时间里获得 5% 的收益率，那么它的预期收益率（你可以认为是平均收益率）是 10%。更正式一点，一项资产的预期收益率是它所有可能收益率的加权平均值，其中权重是这种收益率可能出现的概率：

$$R^e = p_1 R_1 + p_2 R_2 + \cdots + p_n R_n \tag{4-1}$$

式中，R^e 为预期收益率；n 为可能结果的数量；R_i 为第 i（$i=1, 2, \cdots, n$）种情况下的收益率；p_i 为 R_i 发生的概率。

例 4-1　预期收益率

如果埃克森美孚石油公司的债券在 2/3 的时间里收益率是 12%，剩下的时间里收益率是 8%，那么它的预期收益率是多少？

解答

预期收益率是 10.68%。根据：

$$R^e = p_1 R_1 + p_2 R_2$$

式中，$p_1 = 2/3 \approx 0.67$，$R_1 = 12\% = 0.12$，$p_2 = 1/3 \approx 0.33$，$R_2 = 8\% = 0.08$，那么：

$$R^e = 0.67 \times 0.12 + 0.33 \times 0.08 = 0.1068 = 10.68\%$$

如果埃克森美孚石油公司的债券预期收益率相对于其他可选资产来说上升的话，在其他条件不变的情况下，人们会更乐于去购买这只债券，也就是它的需求量增加了。这可能在两种情况下发生：①埃克森美孚石油公司债券的预期收益率上升，而其他资产（如 IBM 的股票）的预期收益率不变；②其他资产（如 IBM 的股票）的预期收益率下降，而埃克森美孚石油公司债券的预期收益率保持不变。总的来说，在其他条件不变的情况下，一项资产的预期收益率相对于其他可选资产上升的话，那么这项资产的需求量会增加。

4.1.3 风险

资产的风险程度或者说该资产收益的不确定性也影响着对该资产的需求。考虑两种资产：一个是航空公司的股票，另一个是巴士公司的股票。假设航空公司股票在一半时间里收益率是 15%，在剩下的时间里收益率是 5%，因此预期收益率为 10%；同时，巴士公司提供 10% 的固定收益率。航空公司的股票收益率是不确定的，所以它的风险要比具有固定收益率的巴士公司的股票风险更大。

为了更正式地讨论这个问题，我们使用**标准差**（standard deviation）这一计量风险的概念。资产收益率标准差的计算方法如下。首先，需要计算它的预期收益率 R^e；然后，用每个可能的收益率减去预期收益率得到一个离差；再把每个离差进行平方，并乘以它们（这种收益率）

可能发生的概率；最后，将这些加权的离差平方和相加，并取算数平方根。计算标准差 σ 的公式是：

$$\sigma = \sqrt{p_1(R_1 - R^e)^2 + p_2(R_2 - R^e)^2 + \cdots + p_n(R_n - R^e)^2} \qquad (4-2)$$

标准差 σ 越高，资产的风险就越高。

例 4-2 标准差

前面提到的航空公司和巴士公司股票收益率的标准差是多少？这两种股票哪一种风险更大？

解答

航空公司股票收益率的标准差是 5%。根据：

$$\sigma = \sqrt{p_1(R_1 - R^e)^2 + p_2(R_2 - R^e)^2}$$

$$R^e = p_1 R_1 + p_2 R_2$$

式中，$p_1 = 1/2 = 0.50$，$R_1 = 15\%$，$p_2 = 1/2 = 0.50$，$R_2 = 5\%$，$R^e = 0.50 \times 15\% + 0.50 \times 5\% = 0.10$，那么：

$$\sigma = \sqrt{0.50 \times (15\% - 0.10)^2 + 0.50 \times (5\% - 0.10)^2} = \sqrt{0.0025} = 0.05 = 5\%$$

巴士公司股票收益率的标准差是 0。根据：

$$\sigma = \sqrt{p_1(R_1 - R^e)^2}$$

$$R^e = p_1 R_1$$

式中，$p_1 = 1.0$，$R_1 = 10\%$，$R^e = 1.0 \times 10\% = 0.10$，那么：

$$\sigma = \sqrt{1.0 \times (10\% - 0.10)^2} = \sqrt{0} = 0$$

很明显，航空公司的股票风险更大，因为它的标准差 5% 要比具有固定收益率的巴士公司股票的标准差 0 大。

风险厌恶者（risk-averse）会选择巴士公司的股票（确定的），而不是航空公司的股票（有风险的资产），虽然这两种股票有相等的 10% 的预期收益率。做出相反选择的人，是喜欢冒险的人，叫作风险偏好者（risk preferer or risk lover）。绝大部分的人是风险厌恶者，尤其是在做出金融相关决策时：在其他条件相同的情况下，他们更愿意持有低风险的资产。因此，**在其他条件相同的情况下，如果一项资产的风险相对于其他可选资产上升的话，那么它的需求量会减少。**⊖

4.1.4 流动性

一个影响资产需求的因素是这项资产能够在多短的时间内以较低的成本变现，也就是说它的流动性。如果一项资产在市场上能够很广泛地被交易，也就是说市场上有很多购买者和出售者的时候，这项资产就是流动的。房屋不是一项流动性很好的资产，因为可能很难非常快地寻找到购买者；如果一栋房子必须出售以用来支付账单，那它可能会以一个相当低的价格被出

⊖ 多元化是指在一个资产组合中持有不同的有风险的资产来降低投资者的整体风险。如果你对多元化投资如何降低风险及其对资产价格的影响感兴趣的话，可以查看本章网络附录 1 中描述的资产定价模型。

售，而且出售房屋的交易费用（经销商的佣金、旅社费用等）是很高的。相比而言，美国的短期国债具有非常高的流动性。它可以在一个有众多购买者的完善的市场上被出售，所以能够很快地被卖出，而且交易费用很低。**在其他条件不变的情况下，一项资产相对于其他资产的流动性越好，人们越愿意购买它，它的需求量也就越大。**

4.1.5 小结

我们刚才讨论的所有决定因素都可以纳入投资组合选择理论，该理论告诉我们，人们希望在其投资组合中持有多少资产。在其他条件不变的情况下，我们讨论过的需求量的决定因素可以总结如下：

（1）一项资产的需求量通常和财富正相关，当这项资产是奢侈品而不是必需品的时候，这种相关性就更大。

（2）一项资产的需求量和它相对于其他资产的预期收益率正相关。

（3）一项资产的需求量和它相对于其他资产的风险负相关。

（4）一项资产的需求量和它相对于其他资产的流动性正相关。

这些结果总结在表 4-1 中。

表 4-1 资产需求量对收入或财富、预期收益率、风险和流动性的反应

变 量	变量的变化	需求量的变化
收入或财富	↑	↑
相对于其他资产的预期收益率	↑	↑
相对于其他资产的风险	↑	↓
相对于其他资产的流动性	↑	↑

注：表中只说明了变量的增加（↑）。变量的减少（↓）对需求量的影响和最右边一栏的方向相反。

4.2 债券市场的供求

我们将通过学习债券的供给与需求来分析利率的决定因素。不同证券的利率倾向于一起变动，因此本章假定在整个市场上只有一种证券和单一的利率。在第 5 章里，我们将拓展分析，来考察为什么不同证券的利率会有所不同。

第一步是通过分析获得一条**需求曲线**（demand curve），它揭示了在其他经济条件不变的情况下（也就是说，其他经济变量是给定的），资产的需求量和价格之间的关系。

4.2.1 需求曲线

为了阐明我们的分析，考察 1 年期贴现债券的需求，它不支付利息，只是在 1 年后偿付给持有者 1 000 美元的面值。如果持有期限是 1 年，那么如同我们在第 3 章中看到的，这个债券的收益率是确定的并且和运用到期收益率计量的利率是完全相等的。这意味着这个债券的预期收益率等于利率 i，应用第 3 章里的式（3-6）：

$$i = R^e = \frac{F - P}{P}$$

式中，i = 利率 = 到期收益率；R^e 为预期收益率；F 为贴现债券的面值；P 为贴现债券的购入价格。

这个公式给出了利率和债券价格的关系。如果债券以 950 美元卖出，利率和预期收益率就是：

$$\frac{1\,000 - 950}{950} = 0.053 = 5.3\%$$

当债券价格是 950 美元的时候，它的利率和预期收益率就是 5.3%，假设此时债券的需求量是 1 000 亿美元，也就是图 4-1 中的 A 点。

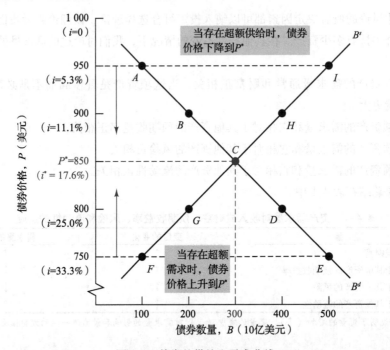

图 4-1 债券的供给和需求曲线

注：债券市场在债券需求曲线 B^d 和债券供给曲线 B^s 交点 C 处达到均衡。均衡价格是 $P^* = 850$ 美元，均衡利率是 $i^* = 17.6\%$。

当债券价格是 900 美元的时候，利率和预期收益率都是：

$$\frac{1\,000 - 900}{900} = 0.111 = 11.1\%$$

因为这些债券的预期收益率上升了，当其他经济变量（如收入、其他资产的预期收益率、风险和流动性）不变的时候，所以像我们对资产需求分析所预测的那样，这些债券的需求量一定会上升。图 4-1 中的 B 点表明了债券价格在 900 美元时，需求量上升为 2 000 亿美元。出于同样的原因，如果债券的价格是 850 美元（利率和预期收益率 = 17.6%），债券的需求量（即 C 点）将超过 B 点。同样，在更低的价格 800 美元（利率 = 25.0%）和 750 美元（利率 = 33.3%），债券的需求量会更高（D 点和 E 点）。连接了这些点的 B^d 曲线，就是这个债券的需求曲线。它通常是向下倾斜的，表明债券价格越低（其他条件不变），需求量越高。⊖

⊖ 虽然我们的分析指出需求曲线是向下倾斜的，但这并不意味着它是一条直线。然而为了方便，我们把供给和需求曲线画成直线。

4.2.2 供给曲线

图 4-1 中的需求曲线包含的一个重要假设是除了债券价格和利率外,所有其他经济变量都保持不变。我们继续使用这个假设来推导**供给曲线**(supply curve)。供给曲线反映了当其他经济变量不变的时候,债券价格和其供给量的关系。

当债券价格是 750 美元的时候(利率 = 33.3%),即 F 点,对应的债券供给量是 1 000 亿美元。如果债券价格是 800 美元,利率将会降低到 25.0%。因为在这个利率下,通过发行债券,借款的成本降低了,公司会更愿意通过发行债券来筹集资金,同时债券的供给量也达到了更高水平——2 000 亿美元(G 点)。对于 850 美元这个更高的价格,相应有更低的利率 17.6%,导致更多的债券供给——3 000 亿美元(C 点)。如果价格高达 900 美元和 950 美元,将会导致更多的债券供给(H 点和 I 点)。连接了这些点的 B^s 曲线,就是这个债券的供给曲线。它通常是向上倾斜的,说明当价格上升的时候(其他条件不变),供给量会增加。

4.2.3 市场均衡

在经济学里,如果在给定的价格下,人们希望购买的数量(需求量)和他们希望售出的数量(供给量)相同的话,**市场均衡**(market equilibrium)就产生了。在债券市场里,市场均衡出现在当债券的需求和供给相等的时候:

$$B^d = B^s \tag{4-3}$$

在图 4-1 里,市场均衡出现在 C 点,需求和供给曲线在这个点相交,债券价格是 850 美元(利率是 17.6%),债券的交易量是 3 000 亿美元。债券的需求量等于供给量时的债券价格 $P^* = 850$ 被称为均衡价格(equilibrium price)或市场出清价格(market-clearing price)。类似地,与这个价格相对应的利率($i^* = 17.6\%$)被称为均衡利率或市场出清利率。

市场均衡、均衡价格和均衡利率的概念非常有用,因为市场有向着均衡发展的趋势。在图 4-1 中我们可以看到这一点,首先看看债券价格高于均衡价格时的情况。当债券价格被设定得过高时(如 950 美元),这时候债券的供给量在 I 点,要比 A 点的债券需求量高。债券的供给量超过需求量的情况,被称作**超额供给**(excess supply)。因为人们希望卖出的债券数量要比希望购入的数量多,所以债券价格将会下降,这也是为什么图 4-1 在 950 美元的价格水平上有一个向下的箭头。只要债券的价格水平保持在均衡价格之上,就会存在超额供给,债券的价格也会持续下降。只有当债券的价格达到均衡价格 850 美元的时候,债券的超额供给才会完全消失,债券价格也会停止下降。

现在,我们来看一下债券价格低于均衡价格的情况。如果债券的价格被设定得过低,如 750 美元,则债券需求量在 E 点要比 F 点的债券供给量高。这种情况被称作**超额需求**(excess demand)。人们希望购买的债券数量要比希望售出的数量多,因此债券的价格会上升。这在图 4-1 中用 750 美元价格时向上的箭头来表示。只有当价格上升到均衡价格 850 美元的时候,超额需求才会消失,债券的价格也会停止上升。

我们可以看出,均衡价格的概念非常有用,因为它指出了市场什么时候会达到平衡。图 4-1 纵坐标的每个价格和每个利率相对应,因此这个图也表明了利率会向着均衡利率 17.6% 变动。当利率低于均衡利率时(如 5.3%),债券的价格高于均衡价格,存在着债券的超额供给。债券的价格会下降，从而使得债券的利率会向着均衡水平方向上升。同样，当利率高于均衡水平的时候（如33.3%），就存在债券的超额需求，债券的价格会上升，促使利率下降到17.6%的均衡水平。

4.2.4 供求分析

图4-1是传统的供给需求图，纵坐标表示债券价格，横坐标表示债券数量。和每个债券价格相对应的利率也标注在纵坐标上，因此在这个图中，我们也可以看到均衡利率，这就给了我们一个描述利率决定因素的模型。一个必须要认识到的问题是，各种类型的债券供给需求关系都可以用图4-1中的曲线来表示，因为任何债券利率和债券价格都是负相关的，无论是贴现债券还是息票债券。

这里分析的一个重要特点是，供给量和需求量是指资产的存量（在给定时间点上的数量），而不是资产的流量（每一给定时间单位的数量）。用**资产市场方法**（asset market approach）来理解金融市场的行为（强调资产存量而不是资产流量决定资产价格）是现在经济学家使用的主流方法，因为正确使用资产的流量来进行分析是非常困难的，尤其是在遇到通货膨胀的时候。⊖

4.3 均衡利率的变动

我们现在运用供给和需求理论来分析利率为什么变动。为了避免混淆，分清沿着需求（供给）曲线的变动和需求（供给）曲线的移动相当重要。当债券价格变动（或利率变动）引起了需求量（供给量）变动时，这种变动就是沿着需求（供给）曲线的变动。举例来说，在图4-1中从A点到B点到C点的需求量变动就是沿着需求曲线的变动。相对地，需求（供给）曲线的移动是指债券的需求量（供给量）在给定价格（或者利率）的情况下，由于其他因素影响而产生的变动。当一个因素变动导致需求曲线或者供给曲线移动时，会产生新的均衡利率。

下面，我们将了解供给曲线和需求曲线如何因其他变量（如预期通货膨胀率和财富）的变动而发生移动，以及这些变动对均衡利率的影响。

4.3.1 债券需求的变动

我们在本章开始对于资产需求的决定理论的分析，为导致债券的需求曲线移动提供了理论框架。这些因素包括下面四个参量的变动：

- 财富；
- 债券相对于其他资产的预期收益率；
- 债券相对于其他资产的风险；
- 债券相对于其他资产的流动性。

⊖ 资产市场方法不仅仅被用来理解利率为什么变动，同时也被用来解释资产价格是如何确定的。本章网络附录2显示了资产市场方法是如何被应用到商品市场的，特别是黄金市场。我们对债券市场的分析还可以用可贷资金供给和需求理论来解释。可贷资金理论在本章网络附录3中有讨论。

为了了解每个因素的变动（在其他条件不变的情况下）是如何影响需求曲线移动的，让我们看一些例子，表4-2总结了这些因素变动对需求曲线的影响。

表4-2 影响债券需求曲线移动的因素总结

变 量	变量的变化	需求量的变化	需求曲线的移动
财富	↑	↑	P 图：$B_1^d \to B_2^d$（向右移动）
预期利率	↑	↓	P 图：$B_2^d \leftarrow B_1^d$（向左移动）
预期通货膨胀率	↑	↓	P 图：$B_2^d \leftarrow B_1^d$（向左移动）
债券相对于其他资产的风险	↑	↓	P 图：$B_2^d \leftarrow B_1^d$（向左移动）
债券相对于其他资产的流动性	↑	↑	P 图：$B_1^d \to B_2^d$（向右移动）

注：只显示了变量的增加（↑）。变量的减少（↓）对需求量的影响，与表中显示的相反。

1. 财富

当经济周期扩张时，经济快速增长，财富也在增加，如图4-2所示，在每个债券价格（或利率）水平下债券的需求量都上升了。为了弄清楚其中的原理，考虑在最初的需求曲线 B_1^d 上的 B 点。随着财富的增加，在相同价格下，债券的需求量一定会增加到 B'。同样的道理，更多的财富导致债券需求量从 D 点上升到 D'。对最初的需求曲线 B_1^d 上的每一点都进行这样的分析，我们可以看出如同箭头指示的那样，需求曲线从 B_1^d 向右移动到 B_2^d。

我们得出的结论是：**在财富增长的经济周期扩张时期，债券的需求量上升，债券的需求曲线向右移动。**同理可得出：**在经济衰退时期，收入和财富都下降的时候，债券的需求量减少，债券的需求曲线向左移动。**

另一个影响财富的因素是公众的储蓄倾向。如果人们增加储蓄，财富就会上升，同时，我们会看到债券的需求量上升，需求曲线右移。相反，如果人们减少储蓄，财富和它的需求量就会减少，需求曲线左移。

2. 预期收益率

对于一个1年持有期的贴现债券，预期收益率和利率是相同的。债券价格与利率以及预期收益率是完全相关的。

对于到期期限超过1年的债券，其预期收益率和利率可能不同。举例来说，从第3章表3-2中我们看

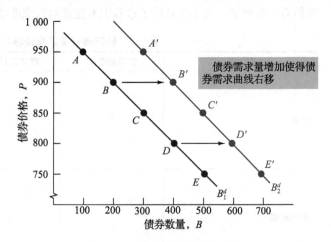

图4-2 债券需求曲线的移动

到，长期债券的利率从10%上升到20%会导致债券价格的大幅度下降和负的收益率。因此，如果人们开始认为明年的利率比他们期初预期的利率要更高，那么当期长期债券的预期收益率会下降，而且每个利率水平下的债券需求量也会下降。**未来预期利率的升高会降低长期债券的预期收益率，减少需求量，使得需求曲线左移。**

相反，降低对未来利率的预期值就意味着长期债券的价格会比当初上升，而提供更高的预期收益率，使得债券的需求量在每个价格和利率水平下都提高了。**未来预期利率的降低会增加长期债券的需求量，使得需求曲线右移**（见图4-2）。

其他资产预期收益率的变动同样会使得债券的需求曲线发生移动。如果人们忽然很看好股票市场，并预期股价将上升，股票的预期资本利得和预期收益率都会上升。债券的预期收益率保持不变，那么债券相对于股票的预期收益率就会下降，从而降低债券的需求量，债券的需求曲线向左移。

预期通货膨胀的变动会影响实物资产（如汽车和房屋）的预期收益率，也会影响债券的需求。预期通货膨胀率的上升（比如从5%上升到10%）会使得未来汽车和房屋的价格更高，也就有更高的名义资本利得。这使得这些实物资产在当期的预期收益率升高，而导致债券相对于实物资产的预期收益率下降，使得债券的需求量减少。我们也可以认为较高的预期通货膨胀率降低了债券的实际利率，而债券相对预期收益率的下降导致了债券需求量的减少。**预期通货膨胀率的上升会使债券的预期收益率下降，从而导致债券需求量的减少，使得需求曲线左移。**相反，**预期通货膨胀率的下降会使债券的预期收益率上升，使得需求曲线右移。**

3. 风险

如果债券市场的价格变得更加不稳定，那么债券风险会上升，并且债券的吸引力下降。**债券的风险上升，会导致债券的需求量减少，并使得需求曲线左移。**

相反，其他资产市场（如股票市场）的价格的不稳定性增加，会使债券更具吸引力。**其他资产风险的上升，会导致债券的需求量增加，使得需求曲线右移**（见图4-2）。

4. 流动性

如果更多的人进入债券市场进行交易,这会使得卖出债券变得更为容易,从而债券流动性上升,导致在每个利率水平下债券的需求量增加。**债券流动性的上升导致债券需求量增加,使得需求曲线右移**(见图4-2)。同样,**其他资产流动性的上升导致债券需求量减少,使得需求曲线左移**。举例来说,1975年股票市场固定比例的经纪人佣金制度被废除,经纪人佣金的减少使得股票相对于债券的流动性上升,导致了债券需求量的减少,需求曲线左移。

4.3.2 债券供给的变动

下面这些因素会导致债券的供给曲线移动:

- 投资机会的预期盈利能力;
- 预期通货膨胀率;
- 政府预算。

我们将分析每个因素变动的时候(其他因素保持不变)供给曲线是怎样变动的,表4-3总结了这些因素变动对债券供给曲线的影响。

表4-3 影响债券供给曲线移动的因素总结

变 量	变量的变化	供给量的变化	供给曲线的移动
投资机会的预期盈利能力	↑	↑	P, B_1^s, B_2^s, → , B
预期通货膨胀率	↑	↑	P, B_1^s, B_2^s, → , B
政府预算	↑	↑	P, B_1^s, B_2^s, → , B

注:只显示了变量的增加(↑)。变量的减少(↓)对供给量的影响,与表中显示的相反。

1. 投资机会的预期盈利能力

一项投资机会的预期盈利能力越强,公司就越愿意增加债券的流通数量来为这些投资机会融资。在经济扩张时期经济增长迅速,预期投资机会有一定的收益,此时债券在每个给定的价格和利率水平下,供给量会增加(见图4-3)。**因此,在经济周期扩张的时候,债券的供给量增加,供给曲线右移**。同样,在经济衰退的时候,当预期有利润的投资机会相当少的时候,债券的供给量减少，供给曲线左移。

2. 预期通货膨胀率

如同我们在第 3 章中所见，实际利率是名义利率减去预期通货膨胀率，能更精确地衡量借款的实际成本。对于一个给定的利率（债券价格），当预期通货膨胀率上升时，借款的实际成本下降，因此在每一个给定的债券价格和利率水平下，债券的供给量增加。**预期通货膨胀率的上升导致债券的供给量增加，供给曲线右移。**相反，预期通货膨胀率的下降导致债券的供给量减少，供给曲线左移。

3. 政府预算

政府行为可以在多个方面影响债券的供给。美国财政部通过发行债券来为政府赤字（政府的支出和收入的差额）融资。当赤字的数目很大的时候，财政部发行更多的国债，使得在每个价格水平下债券的供给量都增加了。**更高的政府赤字使得债券的供给量增加，供给曲线右移**（见图 4-3）。相反，就像 20 世纪 90 年代后期发生的那样，政府盈余减少了债券的供给量，供给曲线左移。

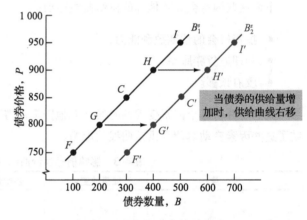

图 4-3 债券供给曲线的移动

州和地方政府以及其他的政府机构也可以通过发行债券来为它们的财政支出融资，这也会对债券的供给产生影响。我们现在可以运用关于供给曲线和需求曲线是如何移动的知识来分析均衡利率是如何变动的。要做到这一点的最好方法就是考察一些实例，同时要记住两点：

- 当考察某个变量变动的影响时，要记住假设其他条件都保持不变，也就是说，我们运用了其他条件不变的假设。
- 利率和债券价格负相关。因此当均衡债券价格上升的时候，均衡利率是下降的。相反，如果均衡债券价格下降，均衡利率就会上升。

专栏 4-1 案例

预期通货膨胀率引起的利率变动：费雪效应

我们已经做了相当多的工作来分析预期通货膨胀率的变动如何影响供给曲线的移动，实际上也就分析了预期通货膨胀率的变动怎么影响名义利率。图 4-4 表明了预期通货膨胀率的上升对于均衡利率的影响。

假设预期通货膨胀率最初是 5%，供给曲线 B_1^s 和需求曲线 B_1^d 相交在点 1，此时均衡债券价格是 P_1，均衡利率是 i_1。如果预期通货膨胀率上升到 10%，任何给定的债券价格和利率水平下债券相对于实物资产的预期收益率都下降了。这样债券的需求减少了，需求曲线从 B_1^d 向左移动到 B_2^d。预期通货膨胀率的上升也使得供给曲线发生移动。在任何给定的债券价格和利率水平下，实际借款成本下降，导致债券的供给量增加，供给曲线从 B_1^s 向右移动到 B_2^s。

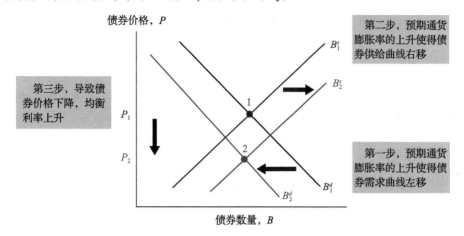

图 4-4 对预期通货膨胀率变动的反应

注：当预期通货膨胀率上升时，供给曲线从 B_1^s 移动到 B_2^s，需求曲线从 B_1^d 移动到 B_2^d。均衡点从点 1 移动到点 2，均衡债券价格从 P_1 下降到 P_2，均衡利率上升。

当供给曲线和需求曲线因为预期通货膨胀率的变动而移动时，均衡点，也就是 B_2^d 和 B_2^s 的交点从点 1 移动到了点 2。均衡价格从 P_1 下降到 P_2，而且因为债券价格和利率是负相关的，这意味着均衡利率上升了。注意图 4-4 中债券的均衡数量在点 1 和点 2 是相同的。然而，当预期通货膨胀率上升的时候，根据供给曲线和需求曲线移动的程度，均衡的债券数量可能会上升也可能会下降。

对供给和需求的分析，使我们得出一个重要的结论：当预期通货膨胀率上升时，利率就会上升。这个结论被称为**费雪效应**（Fisher effect），是用第一个指出预期通货膨胀率与利率关系的经济学家欧文·费雪的名字来命名的。图 4-5 显示了这个预测的准确性。3 个月期的国债利率通常和预期通货膨胀率一起变动。因此，我们就能够理解为什么很多经济学家称为了降低利率必须保持较低的通货膨胀率。

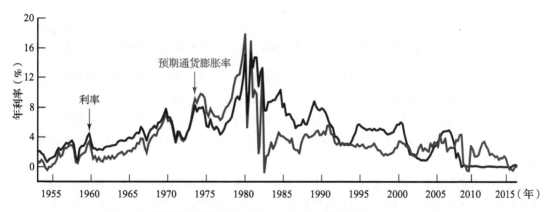

图 4-5 预期通货膨胀率和利率（3 个月短期国债）1953～2016 年

资料来源：预期通货膨胀率的计算见 Frederic S. Mishkin, "The Real Interest Rate: An Empirical Investigation," *Carnegie-Rochester Conference Series on Public Policy* 15 (1981): 151-200。这些步骤包括将预期通货膨胀率作为过去利率、通货膨胀和时间趋势的函数来估计，名义 3 个月期国库券利率来自 FRED 数据库：https://fred.stlouisfed.org/series/TB3MS and https://fred.stlouisfed.org/series/CPIAUCSL。

专栏4-2 案例

商业周期扩张引起的利率变动

图4-6分析了经济周期扩张对利率的影响。在经济周期扩张时期，经济中的商品和服务产出量都提高了，因此国民收入提高了。在这种情况下，企业更愿意去借款，因为它们会有很多有利可图的投资机会，它们需要融资。因此，在任何给定的债券价格下，公司希望卖出的债券数量（也就是债券供给量）会上升。这意味着在经济周期扩张时期，债券的供给曲线从 B_1^s 向右移动到 B_2^s（见图4-6）。

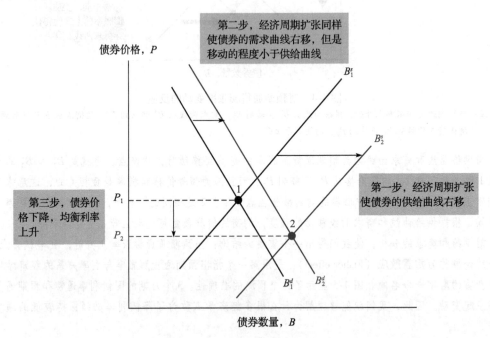

图4-6 对经济周期扩张的反应

注：在经济周期扩张时，当收入和财富增加时，需求曲线从 B_1^d 向右移动到 B_2^d，供给曲线从 B_1^s 向右移动到 B_2^s。如果供给曲线比需求曲线移动得更多，就像图中那样，均衡债券价格从 P_1 下降到 P_2，均衡利率将上升。

扩张的经济同样会影响到债券的需求量。经济扩张会使得财富增加，根据资产需求理论，债券的需求量也会上升。在图4-6中我们可以看到，需求曲线从 B_1^d 向右移动到 B_2^d。

考虑到供给曲线和需求曲线都向右移动，我们知道 B_2^s 和 B_2^d 的交点产生的新的均衡点也一定会向右移动。然而，根据供给曲线和需求曲线哪个移动得更多，新的均衡利率可能会上升也可能会下降。

这里运用供给需求分析，在经济周期扩张时期，利率变动的问题给出了一个模棱两可的答案。图4-6中供给曲线的移动要比需求曲线的移动更大，导致均衡价格下降到 P_2，均衡利率上升。图中这么画的原因是在经济周期扩张时期收入的上升导致更高的利率，这和我们在实际中观察到的数据是一致的。图4-7描述了3个月期美国短期国债1951～2016年利率的变动情况，并标出了经济周期衰退的时期（灰色的部分）。你可以看到，在经济周期扩张的时期，利率趋于上升；在衰退的时期，利率下降，就像供给需求曲线图标示的那样。

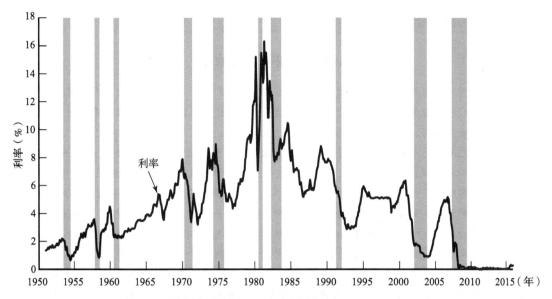

图 4-7 经济周期和利率（3 个月期短期国债），1951～2016 年

注：阴影部分表示衰退时期。利率在经济周期扩张时期上升，在衰退时期下降。

资料来源：Federal Reserve Bank of St. Louis, FRED database: https://fred.stlouisfed.org/series/TB3MS。

专栏 4-3 案例

欧洲、日本和美国低利率解析

自全球金融危机以来，欧洲、美国和日本的利率都下降到极低的水平。确实，就如在第 3 章中讨论的，有时，利率甚至会出现负值。为什么这些国家或地区的利率会如此低？

答案是这样的：这些国家或地区的通货膨胀率都很低，甚至有时出现负值，与此同时，市场内缺乏具有吸引力的投资机会。有了这些事实，运用前面的分析就可以解释低利率的原因。

极低甚至负的通货膨胀率导致债券的需求量上升，因为实物资产的预期收益率下降了；这样债券的相对预期收益率就上升了，导致需求曲线右移。极低甚至负的通货膨胀率也提高了实际利率，也就提高了在任何给定名义利率下借款的实际成本，从而导致债券的供给减少，导致供给曲线左移。这个结果正好和图 4-4 完全相反：需求曲线右移和供给曲线左移导致债券价格上升与利率下降。

这些国家或地区在经济周期衰退期缺少有利可图的投资机会，进一步使债券的供给量减少，供给曲线左移，虽然因经济衰退需求曲线同样左移，但是需求曲线的移动要比供给曲线的移动小，因此，债券价格上升，利率下降（图 4-6 为相反的情况）。

通常情况下，我们认为低利率是件好事，因为这会使借款成本降低。但最近，美国、欧洲和日本的例子表明，低利率总是一个谬误。在美国、欧洲和日本，极低甚至是负的利率标志着实际上这些经济体正处在困难之中，并伴随着价格的下降和经济的收缩。只有当这些经济体的经济重新步入正轨时，利率才会重新上升到正常水平。

专栏4-4 执业经理

从利率预测中获得收益

利率非常重要,因此媒体经常报道对利率的预测。因为利率对于金融机构的盈利有着重大影响,所以金融机构经理非常关心未来利率的走势。金融机构经理通常要求自己雇用经济学家来进行分析,或者从其他的金融机构、经济预测公司购买信息。

有几种方法可以用来对利率进行预测,其中最流行的一种是基于本章早些时候提到的供给需求理论,它被所罗门美邦、摩根担保信托公司、保诚保险这样的金融机构使用。⊖运用这个理论,分析家预测那些会影响债券供给与需求的因素,如经济状况、投资机会、预期通货膨胀率、政府赤字和借款数额等,然后用本章提到过的供给与需求分析来得出对利率的预测。另一种方法是使用美联储提供的流动基金账户(Flow of Funds Accounts)。这些数据给出了美国经济不同部门的基金来源和使用情况。通过考察不同部门供给与需求的配合程度,预测者做出对未来利率变动的预测。

基于供给和需求分析做出的预测通常不使用正式的经济学模型,而主要依靠预测者的判断和感觉。另一种预测利率的方法是应用**经济计量模型**(econometric model),这是通过对过去的数据进行统计得到的模型。这种模型涉及一系列的等式,一旦输入变量(如政府的支出行为或者货币政策),就会同时产生对很多变量的预测结果,其中也包括利率。这种预测模型的一个基本假设就是,变量间的关系在未来依然存在,预测者通过预测输入变量的变化,让模型预测出其他变量的结果(如利率)。

通常这种经济计量模型非常庞大,包含数百个甚至上千个方程,这就需要使用计算机来完成预测。有些私人部门采用沃顿经济计量预测协会和宏观经济顾问公司开发出的一些计量模型来预测利率。美联储使用自己的大规模计量模型来预测利率,同时也运用主观判断协助预测。

金融机构经理根据这些预测来决定应该持有什么样的资产。经理如果相信长期利率会下降这个预测,就会去购买长期债券,这是因为,就像我们在第3章中看到的,利率的下降会带来很大的资本利得。相反,如果预测认为在未来利率将会上升,经理会愿意在投资组合中持有短期债券来避免长期证券潜在的资本损失。

利率预测也可以帮助经理对应该进行长期还是短期的借款做出决定。如果预测利率在未来会上升,金融机构经理将会希望通过长期贷款来把借款利率锁定在现在较低的水平;如果预测利率将会下降,经理会进行短期借款,以享受未来低利率带来的好处。

很明显,对未来利率的准确预测对金融机构经理有极大的用处,因此我们并不奇怪他们愿意为精确的预测支付非常高的成本。但不巧的是,利率预测的难度非常大,即使是最好的专家,预测结果也经常与事实相距甚远。

专栏4-5 财经新闻

利率预测

利率预测是一个历史悠久的职业,金融学家常被雇来(有时要支付很高的薪水)对利率进行

⊖ 另一个预测利率的理论是凯恩斯分析货币的供求而得出的流动性偏好理论,本章网络附录4将讨论此理论。

预测，因为企业需要知道利率走势，以计划未来的支出，银行和投资者需要利率预测以决定购买什么资产。利率预测者首先预测那些影响债券和货币供给与需求的因素（如经济状况、投资机会、预期通货膨胀率及政府预算赤字和借款）会发生什么变动，然后应用本章讲到的供给与需求分析对利率进行预测。

《华尔街日报》每年对利率进行两次（1月初和7月初）预测。

登录 www.pearsonhighered.com/mishkin_eakins，可查看利率预测，除了利率预测值，你还可以看到知名经济学家对GDP、通货膨胀、失业和房价的预测。

本章小结

投资组合选择理论告诉我们，资产需求量与财富正相关，与资产相对于其他资产的预期收益率正相关，与资产相对于其他资产的风险负相关，与资产相对于其他资产的流动性正相关。

对债券的供给需求分析，叫作可贷资金理论，它为利率如何被确定提供了理论基础。它指出当债券的需求由于收入（财富）、预期收益率、风险或者流动性的变动而变动的时候，或者当债券的供给由于投资机会的预期盈利能力、借款的实际成本或者政府活动的变动而变动的时候，利率将会相应地发生变动。

简答题

1. 解释在如下的情况下，你会更愿意还是不愿意购买宝丽莱公司的股票。
   (1) 你的收入下降。
   (2) 你预期它会升值。
   (3) 债券市场流动性增强。
   (4) 你预期黄金会升值。
   (5) 债券市场的价格变得不稳定。
2. 解释在下面的情况下，你为什么更愿意或者不愿意购买房屋。
   (1) 你刚继承了 100 000 美元。
   (2) 房地产佣金从销售价格的6%降至销售价格的4%。
   (3) 你预期宝丽莱公司的股票在明年价格会翻倍。
   (4) 股票市场的价格变得不稳定。
   (5) 你预期房屋价格会下降。
3. 拉斐尔发现，在目前的利率水平下，债券存在超额供给，因此他预测债券价格会上涨，你认为他的预测是对的吗？
4. 我拥有一支职业橄榄球队，我现在决定通过购买职业篮球队或者制药公司的股份来进行多元化。这两个投资会降低我面临的总体风险吗？为什么？
5. 假设玛利亚更喜欢购买预期收益率为7%、标准差为2%的债券，而詹妮弗更喜欢购买预期收益率为4%、标准差为1%的债券。玛利亚和詹妮弗谁更厌恶风险？

通过画供求图来回答第6～13题。

6. 美联储的一种重要的减少货币供给的方法就是向公众出售证券。应用可贷资金理论，给出这个行为对利率的影响。
7. 应用可贷资金理论解释为什么利率和经济是同步的（在经济扩张的时候上升，在经济衰退的时候下降）。
8. 在《华尔街日报》的"Credit Market"专栏中，找出关于债券价格变动的部分，并且用合适的供给需求曲线来证实这些结论。
9. 不稳定的黄金价格的突然上升会对利率有什么影响？
10. 人们对未来房地产价格的预期突然上升会怎样影响利率？
11. 解释较大的联邦赤字会对利率有什么影响。

12. 用可贷资金理论来解释债券风险的上升对利率有何影响。
13. 股票经销商佣金的下降对利率会有影响吗？请解释。

预测未来

14. 假设英国退出欧元区导致了欧洲经济的衰退，考虑到欧元区是美国的一个重要商业伙伴，你认为这会对美国债券市场产生怎样的影响？对美国利率的影响呢？
15. 美联储主席声称明年利率要大幅上涨，市场形成一致预期。美国电话电报公司的债券将受到什么样的影响？
16. 假设法国人民决定永久提高储蓄率，请预测法国债券市场的未来走势。法国国内利率水平会增高还是降低？
17. 假设你是公司财务部的负责人，决定公司借入短期贷款还是长期贷款。根据新闻，你意识到政府在不久的将来会实施一项重大的基础设施计划，预测利率会发生什么变化？在此情况下，你会建议公司借入短期贷款还是长期贷款？

计算题

1. 你拥有一个面值为1 000美元还有5年到期的零息债券。你计划一年后卖出此债券，并且下一年要求收益率的概率如下。

概率	要求收益率
0.1	6.60%
0.2	6.75%
0.4	7.00%
0.2	7.20%
0.1	7.45%

   （1）你卖出此债券的期望价格是多少？
   （2）债券价格的标准差是多少？

2. 考虑一个年支付利息率为12%，还有2年到期、面值1 000美元的垃圾债。发行公司在今年有20%的可能会破产，这样债券就会得不到任何的支付。如果公司在第一年能幸存下来，并进行了利息支付，那么在第二年破产的可能性为25%。如果公司在第二年破产，最后的利息和债券面值都不会支付。
   （1）如果预期到期收益率为10%，那么投资者需要支付多少购买此债券？
   （2）以此价格购买债券的持有期收益和收益率标准差是多少？假设现金流以10%收益率进行再投资。

3. 上个月，公司以11.8%的平均市场利率向投资者提供了2 500亿美元的1年期贴现债券。这个月，公司有另外250亿美元的1年期贴现债券可提供，市场利率上升到12.2%。假设需求曲线保持不变，用价格代替利率来得出债券需求的线性方程。

4. 一个经济学家认为，在均衡点附近，1年期贴现债券的供给曲线和需求曲线可用下面的等式来表示。

   $$B^d: P = -\frac{2}{5}Q + 990$$

   $$B^s: P = Q + 500$$

   （1）市场上预期的均衡债券价格和均衡债券数量是多少？
   （2）根据（1）中的答案，你的预期利率是多少？

5. 考虑第4题中的需求曲线和供给曲线，随着股票市场价格的急剧上升，许多退休人员开始将资金从股票市场转移到债券市场。这导致了债券需求曲线的平移，在每一个需求量上价格都增加了50美元。假设债券的供给方程不变，新的均衡价格和数量是多少？新的市场利率是多少？

6. 继续考虑第4题中的需求曲线和供给曲线，股价持续上升，美联储认为有必要提高利率，因此新的市场利率上升到19.65%，但均衡数量保持不变。写出新的需求和供给方程，假设方程是平行移动的。

网络练习

利率和通货膨胀

1. 影响利率水平的一个最大因素就是通货膨胀率。很多网站提供通货膨胀率随时间变化的报道。访问美联储网站 FRED 数据库：https://research.stlouisfed.org/fred2/，找到所有城市消费者的消费者价格指数，单击相较于上一年的百分比变化，即计算出了通货膨胀率。自 1950 年、1960 年、1970 年、1980 年、1990 年以来的平均通货膨胀率各是多少？哪一年的通货膨胀水平最低？哪一年最高？

2. 不断上涨的物价会侵蚀美元的购买力。计算经过通货膨胀调整后商品在过去某一时刻的成本是件有趣的事。访问美联储网站 FRED 数据库：https://research.stlouisfed.org/fred2/，找到所有城市消费者的消费者价格指数，一辆现价 25 000 美元的轿车在你出生的年代价值多少？（想要得出结论，需要用 25 000 乘以你出生那年的价格指数，然后将其除以现在的价格指数。）

3. 本章中树立的一个观点是通货膨胀率会侵蚀投资收益率。访问 www.moneychimp.com/articles/econ/inflation_calculator.htm，并检查一下通货膨胀率是如何改变你的投资收益率的。如果发生下列情况，通货膨胀调整后的价值和调整前的价值会如何变化？
   (1) 通货膨胀率增加。
   (2) 投资时间延长。
   (3) 预期收益率增加。

网络附录

登录 www.pearsonhighered.com/mishkin_eakins.com/mishkin，阅读第 4 章的网络附录。

- 附录 1：资产定价模型
- 附录 2：在商品市场应用资产市场法——以黄金为例
- 附录 3：可贷资金理论
- 附录 4：货币市场的供给和需求——流动性偏好理论

第5章

利率的风险结构和期限结构

预 览

在第4章对利率的供给与需求分析（供需分析）中，我们只探究了关于单一利率的决定。然而，市场中有大量的债券，它们的利率可以不同，而且也确实不同。在本章中，我们通过分析各种利率之间的相互关系，对利率的描述趋于完整化。理解不同债券利率差异的原因有助于企业、银行、保险公司和私人投资者做出买入或卖出债券的决策。

首先，分析具有相同期限的债券利率不同的原因。尽管风险、流动性和所得税规定都在风险结构中起到重要的作用，但这些利率之间的关系仍被称为**利率的风险结构**（risk structure of interest rates）。债券的期限结构也会影响利率，不同期限债券利率之间的关系被称为**利率的期限结构**（term structure of interest rates）。在本章中，我们要分析造成利率相对波动的原因，并且学习能够解释这些波动的理论。

5.1 利率的风险结构

图5-1显示的是1919～2016年几种不同种类的长期债券的到期收益率。该图向我们展示了相同期限债券利率的两个重要特征：在任何一年，不同种类债券的利率是不同的，而且利率之间的差额随时间而变化。例如，在20世纪30年代末，美国市政债券的利率高于美国国债利率，但随后又低于美国国债利率。此外，在1930～1933年大萧条时期，Baa级公司债券（其风险大于Aaa级公司债券）利率与美国国债利率之间的差距非常大，而在20世纪40年代到60年代间，两者的差距变小，60年代之后又重新拉大。是什么因素导致了这些现象呢？

5.1.1 违约风险

影响债券利率的一个重要特征就是债券的**违约**（default）风险，即债券的发行者不能或者不愿意按照事先约定的承诺支付利息，或在债券到期时，不能支付其面值金额。经历巨额亏损的公司，像21世纪头10年的一些大航空公司，如美国联合航空公司、达美航空公司、美国航空公司以及美国西北航空公司等，就更有可能终止其债券的利息支付。因此，这些公司债券的违约风险也就非常高。相反，美国国库券通常被认为没有违约风险，这是因为，联邦政府总是可以通过增加税负来履行其还债义务。像这种没有违约风险的债券，被称为**无风险债券**（default-free bond）（然而，在1995～1996年、2011～2013年两次美国国会预算谈判中，共和党威胁要使国债违约，这引发了债券市场的大幅动荡）。具有相同期限的有违约风险债券和无违约风险债券之间的利差被称为**风险溢价**（risk premium），表示人们持有高风险债券必须额外得到的利息。我们在第4章中讲到的对债券市场进行的供需分析，可以用来解释为什么具有违约风险的债券总是有正的风险溢价，以及为什么违约风险越高，风险溢价就越大。

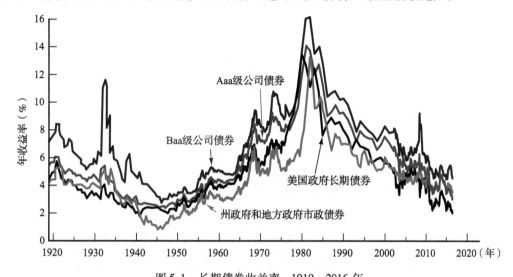

图 5-1　长期债券收益率，1919～2016年

注：在任何一年，不同种类债券的利率是不同的，而且利率之间的差额随时间而变化。

资料来源：Board of Governors of the Federal Reserve System, *Banking and Monetary Statistics*, 1941-1970; Federal Reserve Bank of St. Louis FRED database, https://fred.stlouisfed.org/series/GS10, https://fred.stlouisfed.org/series/AAA, https://fred.stlouisfed.org/series/BAA.

为了探究违约风险对利率的影响，我们来看图5-2中无风险债券（美国国债）和长期公司债券市场的供求图。为了使图形更容易观察，假定最初公司债券同美国国债一样，没有违约风险。在本例中，这两种债券具有相同的特征（具有相同的风险和期限）；它们的均衡价格和利率最初是相等的（$P_1^c = P_1^T$ 和 $i_1^c = i_1^T$），而且公司债券的风险溢价（$i_1^c - i_1^T$）应该为0。

如果一家公司由于遭受巨大的损失，违约的可能性增加，则公司债券的违约风险将会增加，而这些债券的预期收益将会降低。此外，公司债券的收益也会越发不确定。资产需求理论分析预计，当公司债券的相对风险上升时，相对于无违约风险的国债来说，其预期收益就会下降，因此，公司债券受欢迎的程度下降（所持有的其他所有东西都一样），需求也将下降。考虑这个问题的另一种方式就是，假如你是一个投资者，你会持有（需求）更少数额的公司债券。在图5-2a中，公司债券的需求曲线就由 D_1^c 向左移动到了 D_2^c。

同时，相对于公司债券，无违约风险国债的预期收益率提高，而相对风险降低。因此，国债变得更受欢迎，需求增加，如图5-2b中所示，这些债券的需求曲线由 D_1^T 右移至 D_2^T。

如图5-2所示，公司债券的均衡价格由 P_1^c 下降到了 P_2^c，而又因为债券价格同利率负相关，所以公司债券的均衡利率上升到了 i_2^c。与此同时，国债的均衡价格由 P_1^T 上升到了 P_2^T，而均衡

利率下降到了 i_2^T。公司债券和无违约风险债券之间的利率差额,即公司债券的风险溢价由 0 上升到 $i_2^c - i_2^T$。我们现在可以总结得出:**具有违约风险的债券总是具有正的风险溢价,而且违约风险的增加将会提高其风险溢价。**

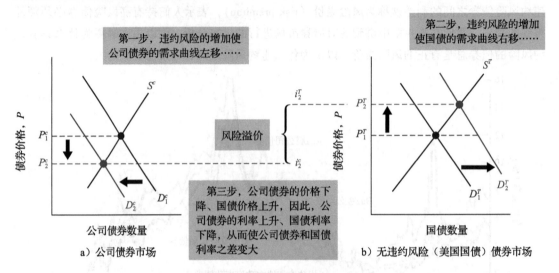

图 5-2 市场对公司债券违约风险增加的反应

注:最初 $P_1^c = P_1^T$ 且风险溢价等于 0。公司债券违约风险的增加使得需求曲线由 D_1^c 移动到了 D_2^c。同时,使得国债的需求曲线由 D_1^T 移动到了 D_2^T。公司债券的均衡价格由 P_1^c 下降到了 P_2^c,而公司债券的均衡利率上升到了 i_2^c。在国债市场中,债券的均衡价格由 P_1^T 上升到了 P_2^T,而均衡利率下降到了 i_2^T。括号表示了 i_2^c 和 i_2^T 之间的差别,即公司债券的风险溢价(P_2^c 小于 P_2^T,i_2^c 大于 i_2^T)。

由于违约风险对风险溢价的大小如此重要,所以债券购买者需要了解该公司发行的债券是否有可能违约。该信息由**信用评级机构**(credit-rating agency)提供,这种机构是根据违约概率来对公司债券和市政债券的质量进行评估。表 5-1 提供了两家最大的信用评级机构——穆迪投资者服务公司以及标准普尔公司做出的评级以及描述。具有相对较低违约风险的债券被称为投资级别证券,级别为 Baa(或 BBB)及以上。级别在 Baa(或 BBB)以下的债券具有较高的违约风险,被称为**垃圾债券**(junk bond)。这些债券总是比投资级别的证券有较高的利率,因此它们也被称为高收益债券。

表 5-1 穆迪公司和标准普尔公司的债券信用等级

信用评级		描述	2016 年公开发行债券的公司举例
穆迪	标准普尔		
Aaa	AAA	最高质量(违约风险最低)	微软、强生
Aa	AA	高质量	苹果、通用电气
A	A	中上等级	大都会、英特尔、哈雷-戴维森
Baa	BBB	中级	麦当劳、美国银行、惠普、联邦快递、西南航空
Ba	BB	中下等级	百思买、美国航空、达美航空、美国联合航空
B	B	投机性的	网飞(Netflix)、来德爱、彭尼百货
Caa	CCC、CC	质量差(违约风险高)	西尔斯、伊丽莎白雅顿
C	D	高度投机性的	Halcon 能源、77 能源

接下来，再看一下图5-1，考察是否能解释公司债券和美国国债之间的利率关系。公司债券总是比美国国债有较高的利率，这是因为它们有一定的违约风险，而美国国债却没有。因为Baa级别的公司债券比等级较高的Aaa级别的公司债券有更高的违约风险，因此Baa级别债券的利率总是高于Aaa级别债券。我们可以用相同的方法来解释1930～1933年大萧条时期，Baa级别的公司债券风险溢价大幅上升的原因，以及20世纪70年代以后风险溢价上升的原因（见图5-1）。大萧条时期企业破产和违约的比率都很高。像我们所预想的，这些因素会导致脆弱公司发行的债券的违约风险大幅提高，Baa级别公司债券的风险溢价达到了前所未有的高度。自20世纪70年代以来，企业破产和违约的水平又再一次上升，尽管这一水平远远低于大萧条时期。而且，我们预计，公司债券的违约风险和风险溢价都将上升，公司债券和国债之间的利差也会扩大。

专栏5-1 案例

次贷危机和Baa级债券-国债利差

自2007年8月开始，次级抵押贷款市场的崩塌导致了金融机构的巨大损失（这些我们将会在第8章中更详细地讨论）。作为次级抵押贷款市场崩塌的结果，许多投资者开始怀疑像Baa级别的低信用等级的公司的金融健康，甚至是信用评级本身的可依赖性。公司债券可观察到的违约风险的增加使得它们在任何给定的利率下的受欢迎程度下降，需求的数量下降，Baa级别公司债券的需求曲线左移。图5-2a显示，Baa级公司债券的利率上升，而这也与事实上所发生的一样。Baa级公司债券的利率上升了280个基点（2.8%），从2007年7月底的6.63%上升到2008年10月中旬经济危机最危险阶段的9.43%。但是，次级贷款市场崩塌后，公司债券可观察到的违约风险的增加使得无违约风险的美国国债变得相对更有吸引力，而且使得这些证券的需求曲线向右移动，这个结果被一些分析家描述为"安全投资转移"。正如我们在图5-2中分析预计的，国债的利率下降了80个基点，从2007年7月底的4.78%下降到了2008年10月中旬的3.98%。Baa级公司债券和国债之间的利差上升了360个基点，由危机前的1.85%上升到危机后的5.45%。

5.1.2 流动性

影响债券利率的另一个因素是流动性。我们在第4章中了解到，流动性资产是指在需求增加时可以迅速以低成本变现的资产。一项资产的流动性越强，受欢迎程度就越高（其他条件保持一致）。在所有的长期国债中，美国国债的流动性是最强的，因为它们的交易范围很广泛，以至于最容易被迅速出售，而且售出的成本很低。公司债券的流动性比较差，因为任何一家公司的债券交易量都很小。在紧急情况下，公司债券要迅速找到买主是很难的，因此出售这些债券的成本可能是很大的。

相对于美国国债的利率，公司债券流动性的降低如何影响其利率？我们可以像分析违约风险那样用与图5-2一样的图形进行供求分析，来说明公司债券相对于国债较低的流动性提高了这两种债券之间的利差。我们假定，初始时公司债券和国债具有相同的流动性，而且两种债券的其他特征也是相同的。如图 5-2 所示，它们的均衡价格和利率在最初是相等的：$P_1^c = P_1^T$ 且 $i_1^c = i_1^T$。如果公司债券相对于国债，交易的范围较小，其流动性也比国债差，那么（按资产需求理论）对其需求就下降，其需求曲线由 D_1^c 移动到了 D_2^c，如图 5-2a 所示。与公司债券比较，现在国债的流动性变大，所以，其需求曲线 D_1^T 向右移动到了 D_2^T，如图 5-2b 所示。图 5-2 中曲线的移动显示，流动性较差的公司债券价格下降，其利率会提高，而流动性较强的国债价格上升，其利率会下降。

结果是这两种债券之间的利差会增大。因此，公司债券和国债之间的利率差别（即风险溢价）不仅反映了公司债券的违约风险，还反映了其流动性。这就是为什么风险溢价可以更确切地被称为风险和流动性溢价，但按照惯例，我们仍然称之为风险溢价。

5.1.3 所得税

回到图 5-1，我们仍然存有一个疑问，即市政债券利率如何确定。市政债券并非无违约风险：州政府和地方政府曾经有过债券违约的历史记录，尤其是在大萧条时期，最近的是加利福尼亚州的圣贝纳迪诺县、马默斯莱克斯和斯托克顿市，亚拉巴马州的杰斐逊县，宾夕法尼亚州的哈里斯堡，罗得岛州的森特勒尔福尔斯市，还有爱达荷州的博伊西。而且，市政债券的流动性也没有美国国债好。

如图 5-1 所示，为什么在至少 40 年内，这些债券相比美国国债有较低的利率呢？下面的事实可以用来解释这一现象，市政债券的利息支付是豁免联邦所得税的，这对市政债券的需求来说，是一个与预期收益率增加具有相同影响的因素。

我们设想，你有足够高的收入，因此处于应交 35% 所得税的阶层，这就是说，超过纳税标准的每一美元额外收入，都要支付 35 美分的所得税给政府。如果你有一张面额为 1 000 美元的美国国债，其市场售价为 1 000 美元，息票利息支付额为 100 美元，而税后，你所得到的利息额只有 65 美元。尽管该债券有 10% 的利率，但税后的实际收益率只有 6.5%。然而，假设你将储蓄投资于 1 000 美元面值的市政债券，其市场售价为 1 000 美元，息票利息支付额只有 80 美元。其利率只有 8%，但因为它是税收豁免证券，你不需要对 80 美元的息票利息缴纳所得税，所以你税后会获得 8% 的收益。很明显，从税后来讲，你从市政债券中得到的收益较多，所以你愿意持有风险较高、流动性较差的市政债券，即使它较美国国债有更低的利率（第二次世界大战以前并不是这样的，因为那时的所得税税率很低，市政债券的税收豁免效应并没有很大的优势）。

例 5-1 所得税的考虑

假设你有机会购买市政债券或公司债券，两者的面值和购买价格都是 1 000 美元。市政债券的息票利息支付额为 60 美元，息票利率为 6%。公司债券的息票利息支付额为 80 美元，利率为 8%。假设所得税税率为 40%，你会选择购买哪个债券？

解答

你会选择购买市政债券，因为你会得到 60 美元的息票支付，税后利率为 6%。因为市政债券是免税的，你不需要对 60 美元的息票利息支付额支付所得税，获得 6% 的税后收益。然而，你要对公司债券缴纳所得税。你只能保留 80 美元息票支付额的 60%，因为其他的 40% 用来缴纳所得税了。因此，支付所得税后，你得到的息票利息收入为48美元，税后利率为4.8%。因此，购买市政债券能获得更高的收益。

理解为什么市政债券比国债有更低的利率的另一种方式是，使用图5-3中的供需分析。我们假定市政债券和国债具有相同的特征，因此它们具有相同的债券价格（$P_1^m = P_1^T$）以及相同的利率。一旦市政债券具有税收优势，相对于国债，其税后预期收益率会提高，使得它们更受欢迎，对它们的需求增加，使得它们的需求曲线从D_1^m向右移动到D_2^m。结果是债券的均衡价格从P_1^m上升到P_2^m，均衡利率下降。相反，相对于市政债券来说，国债的受欢迎程度下降；需求降低，需求曲线由D_1^T移动到D_2^T。国债的均衡价格由P_1^T下降到P_2^T，而均衡利率上升。结果，市政债券利率较低，国债利率较高，这就能解释为什么市政债券的利率水平低于国债的利率水平。⊖

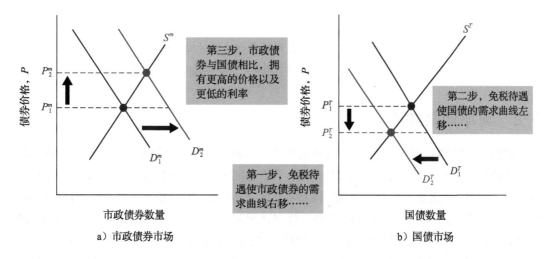

图5-3 市政债券和国债的利率

注：当市政债券有免税待遇时，市政债券的需求曲线从D_1^m向右移动到D_2^m，而国债的需求曲线从D_1^T向左移动到D_2^T。市政债券的均衡价格从P_1^m上升到P_2^m，均衡利率下降，而国债的均衡价格从P_1^T下降到P_2^T，均衡利率上升。结果是市政债券的利率低于国债利率。

5.1.4 小结

利率的风险结构（具有相同到期期限的债券利率之间的关系）可以用三个因素来解释：违约风险、流动性以及对债券利息支付的所得税待遇。随着债券违约风险的增加，债券的风险溢价（该债券的利率与无风险国债利率之间的差额）会增加。国债较高的流动性也解释了为什么它们的利率低于流动性较差的债券利率。如果一种债券像市政债券一样，具有税收优惠待遇，利息支付免于缴纳联邦所得税，利率将会较低。

⊖ 与公司债券相反，国债不需要缴纳州和地方政府所得税。使用供需分析，能够说明国债的这一特征，这也是解释公司债券的利率高于国债利率水平的另一个原因。

专栏 5-2　案例

布什税收减免和奥巴马增加税收对债券利率的影响

2001 年通过的布什所得税减免政策计划，在 10 年内将最高级别的所得税从 39% 减免到 35%。相对于国债市场利率，所得税税率下降对市政债券市场利率有什么影响？

我们所做的供需分析提供了答案。对于富人，所得税税率的下降意味着免税的市政债券税后预期收益率相对于国债降低，因为国债是以较低的税率征税。市政债券现在的受欢迎程度下降，对其需求也下降，使需求曲线向左移动，由此其价格下降，利率上升。相反，较低的所得税税率使国债变得更受欢迎，这个变化使其需求曲线向右移动，提高了国债价格，降低了利率。

因此，分析显示，相对于国债利率，布什所得税的减免提高了市政债券的利率。

2013 年，奥巴马废除了布什对高收入纳税者的税收减免，以上分析结果出现反转。相对于国债，奥巴马的增税政策会提高免税的市政债券的税后预期收益率。对市政债券的需求会增加，使需求曲线右移，提高其均衡价格，降低利率。相反，较高税率会使国债的受欢迎程度降低，使其需求曲线左移，降低其均衡价格，提高利率。因此，相对于国债利率，较高税率会导致市政债券更低的利率。

5.2　利率期限结构

我们已经了解了风险、流动性以及税收因素（一起归结为风险结构）是怎样影响利率的。影响债券利率的另一个因素是它的到期期限：具有相同风险、流动性和税收特征的债券可能会有不同的利率，这是因为剩余的到期期限是不同的。具有相同的风险、流动性以及税收因素的债券，按照其不同的到期期限及对应的收益率之间的关系所形成的曲线被称为**收益率曲线**（yield curve），它描述了特别类型债券的利率期限结构，如政府债券。专栏 5-3 中描述了《华尔街日报》发布的几种国债收益率曲线。收益率曲线分为向上倾斜、水平以及向下倾斜三种（最后一种通常被称为**反向收益率曲线**（inverted yield curve））。当收益率曲线向上倾斜时，这是最经常出现的情况，如专栏 5-3 所示，长期债券的利率要高于短期债券的利率；当收益率曲线水平时，短期和长期债券的利率是相同的；当收益率曲线向下倾斜时，长期债券的利率低于

专栏 5-3　财经新闻

收益率曲线

许多报纸和网站，如 www.finance.yahoo.com，每天都会刊登美国国债收益率曲线的图表。举一个 2016 年 5 月 17 日的例子，纵轴上的数字表示国债利率，横轴表示到期期限，m 表示月份，y 表示年份。

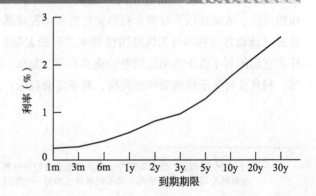

短期债券的利率。收益率曲线也会有很多复杂的形状，它们可以先向上倾斜再向下倾斜，或者正好相反。为什么通常我们看到的都是向上倾斜的收益率曲线，而有时还会看到其他形状？

除了解释为什么收益率曲线在不同时间有不同的形状以外，一个好的利率期限结构理论还必须能够解释下面三个重要的事实：

（1）如图5-4所示，不同期限的债券利率随时间变动。

（2）当短期利率较低时，收益率曲线更可能是向上倾斜的；当短期利率较高时，收益率曲线更可能是反向的、向下倾斜的。

（3）如专栏5-3所示，收益率曲线总是向上倾斜的。

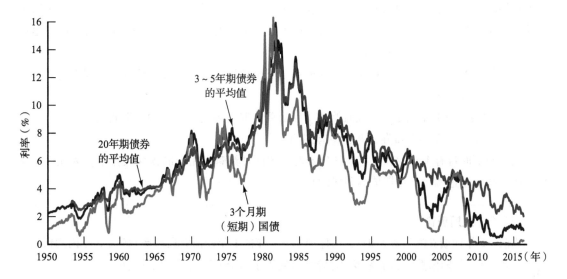

图5-4　不同到期期限的美国政府债券利率变动表

注：随着时间的推移，不同到期期限债券的利率趋于一致。

资料来源：Federal Reserve Bank of St. Louis, FRED database, https://fred.stlouisfed.org/series/TB3MS; https://fred.stlouisfed.org/series/GS3; https://fred.stlouisfed.org/series/GS5; https://fred.stlouisfed.org/series/GS20; 收益率曲线, http://finance.yahoo.com/bonds。

目前，有三种理论被用来解释利率的期限结构，反映收益率曲线中不同到期期限债券的利率之间的关系：①预期理论；②市场细分理论；③流动性溢价理论（下面将对这三种理论进行介绍）。预期理论很好地解释了我们所列出的三个事实中的前两个，但是不能解释第三个事实。市场细分理论能够解释第三个事实，但是不能解释预期理论能解释的另外两个事实。由于每个理论能解释其他理论不能解释的事实，所以寻求更好地解释利率期限结构理论的方式就是将这两种理论合并，于是得到了能够解释上述三个事实的流动性溢价理论。

如果流动性溢价理论能更好地解释这些事实，而且是广泛被接受的理论，那为什么还要花费时间讨论其他两种理论呢？有两个原因。首先，前两种理论的观点是流动性溢价理论的基础；其次，通过讨论前两种理论，可以了解当经济学家发现预测结果同经验数据不一致时，怎样对理论进行修正，以及如何改善，这点很重要。

5.2.1 预期理论

利率期限结构的**预期理论**（expectation theory）表明了以下常识性的命题：长期债券的利率等于长期债券到期之前，人们预期的短期债券利率的平均值。例如，如果人们预期在未来 5 年内，短期债券利率的平均值是 10%，则预期理论预计到期期限为 5 年的债券利率也为 10%。如果短期债券利率预计在 5 年之后上升，未来 20 年内短期利率的平均值为 11%，那么 20 年期的债券利率为 11%，这将高于 5 年期债券的利率。由此可见，预期理论对不同到期期限的债券具有不同利率所做的解释就是，预期短期利率在未来有不同的值。

预期理论的一个关键性假设是债券的购买者并不偏好某种到期期限的债券，所以当一种债券的预期收益率小于不同到期期限的其他债券时，债券购买者不会持有该债券。具有该种特征的债券是完全替代品。实际上这就意味着，如果具有不同到期期限的债券是完全替代品，这些债券的预期收益率就必须是相等的。

为了领会怎样用具有不同到期期限的债券是完全替代品这一假设推导出预期理论，要考虑下面的两种投资策略：

（1）购买一份 1 年期债券，而且当其 1 年后到期时，再购买另一种 1 年期债券。

（2）购买一份 3 年期债券，并且持有到期。

当人们同时持有 1 年期和 2 年期的债券时，这两种策略有相同的预期收益率，因此 2 年期债券的利率等于这两个 1 年期债券利率的平均值。

例 5-2　预期理论

当前，1 年期债券的利率为 9%，而你预期下一年的 1 年期债券利率是 11%。2 年内的预期收益率是多少？2 年期债券的利率为多少才能使得它等于两个 1 年期利率的平均值？

解答

2 年内，债券预期收益率平均值为每年 10%〔=（9%+11%）/2〕。只要 2 年期债券的预期收益率每年为 10%，债券的持有者愿意同时持有 1 年期和 2 年期的债券。因此，2 年期债券的利率等于 10%，即两个 1 年期债券的利率的平均值。

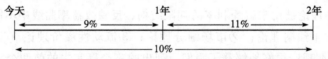

我们可以将这一论证推广。对于 1 美元的投资，考虑在两个投资周期中，对持有一个 2 周期的债券还是两个 1 周期的债券进行决策。我们采用以下的定义：

$$i_t = 1\text{ 周期债券的当前（时刻 }t\text{）利率}$$

$$i^e_{t+1} = 1\text{ 周期债券的下一周期（时刻 }t+1\text{）的预期利率}$$

$$i_{2t} = 2\text{ 周期债券的当期（时刻 }t\text{）利率}$$

1 美元投资于 2 周期债券并持有两期，则两期内的预期收益率可以通过以下公式计算得出：

$$(1+i_{2t})(1+i_{2t}) - 1 = 1 + 2i_{2t} + (i_{2t})^2 - 1 = 2i_{2t} + (i_{2t})^2$$

在第二个周期以后，1 美元的投资价值为 $(1+i_{2t})(1+i_{2t})$。从该数额中减去 1 美元的初始投资，然后除以 1 美元的初始投资额，就能够得到上面的收益率计算公式。由于 $(i_{2t})^2$ 是极小的——如果 $i_{2t}=10\%=0.10$，那么 $(i_{2t})^2=0.01$，所以可以将持有 2 周期债券的预期收益率简化为 $2i_{2t}$。

用另一种投资策略，购买 1 周期债券，那么在两个周期内，1 美元投资的预期收益率为：

$$(1+i_t)(1+i^e_{t+1})-1 = 1+i_t+i^e_{t+1}+i_t(i^e_{t+1})-1 = i_t+i^e_{t+1}+i_t(i^e_{t+1})$$

在第一个周期以后，1 美元投资变成 $1+i_t$，然后将其再投资于下一个周期的 1 周期债券，得到 $(1+i_t)(1+i^e_{t+1})$ 的收益。然后，从这个数额中减去 1 美元的初始投资额，再除以 1 美元的初始投资额，就得到将 1 周期债券持有两个周期策略的预期收益率。因为 $i_t i^e_{t+1}$ 也是极小的——如果 $i_t=i^e_{t+1}=0.10$，那么 $i_t i^e_{t+1}=0.01$，所以可以将该收益率简化为 $i_t+i^e_{t+1}$。

只有当这些预期收益率相等时，才会同时持有这两种债券，即 $2i_{2t}=i_t+i^e_{t+1}$，根据 1 周期的利率，我们可以解出 i_{2t}：

$$i_{2t}=\frac{i_t+i^e_{t+1}}{2} \tag{5-1}$$

这就告诉我们，2 周期利率必须等于两个 1 周期利率的平均值。

我们可以对较长期限的债券利用以上步骤进行分析，来检验完整的利率期限结构。通过这种方法，我们能得到 n 期债券的利率 i_{nt} 一定为：

$$i_{nt}=\frac{i_t+i^e_{t+1}+i^e_{t+2}+\cdots+i^e_{t+(n-1)}}{n} \tag{5-2}$$

式（5-2）表明，n 周期债券的利率等于在该债券的 n 个周期内预期出现的 1 周期债券利率的平均值。这是对预期理论更精确的表述。⊖

例 5-3 预期理论

在今后的 5 年内，1 年期债券的利率预计将会是 5%、6%、7%、8% 和 9%。根据给定的这些信息，2 年期和 5 年期债券的利率是多少？解释收益率曲线的变化。

解答

2 年期债券的利率是 5.5%。根据：

$$i_{nt}=\frac{i_t+i^e_{t+1}+i^e_{t+2}+\cdots+i^e_{t+(n-1)}}{n}$$

式中，$i_t=5\%$，$i^e_{t+1}=6\%$，$n=2$，因此：

$$i_{2t}=\frac{5\%+6\%}{2}=5.5\%$$

5 年期债券的利率将为 7%。根据：

⊖ 这里是对贴现债券的分析。息票债券计算利率的公式可能会同这里所使用的公式稍有区别，但是原理相同。

$$i_{nt} = \frac{i_t + i^e_{t+1} + i^e_{t+2} + \cdots + i^e_{t+(n-1)}}{n}$$

式中，$i_t = 5\%$，$i^e_{t+1} = 6\%$；$i^e_{t+2} = 7\%$，$i^e_{t+3} = 8\%$，$i^e_{t+4} = 9\%$，$n = 5$，因此：

$$i_{5t} = \frac{5\% + 6\% + 7\% + 8\% + 9\%}{5} = 7.0\%$$

利用相同的公式可以计算出1年期、3年期和4年期债券利率，就能够证实1～5年期的债券利率分别为5.0%、5.5%、6.0%、6.5%和7.0%。短期债券利率的上升趋势使得收益率曲线随着期限的增加而向上倾斜。

预期理论巧妙地解释了为什么利率的期限结构理论（用收益率曲线来表示）在不同时间会发生变化。当收益率曲线向上倾斜时，预期理论认为，短期利率预计在未来是上升的，正如上例所示。在这种情况下，长期利率在当前是高于短期利率的，未来短期利率预计会高于当期的短期利率，这些只有在短期利率预计上升时才能发生。这正是我们在上面的例子中看到的情况。当收益率曲线反向变化（向下倾斜）时，未来短期利率的平均值低于当前的短期利率，这就意味着未来预计短期利率总体上会下降。当收益率曲线水平时，预期理论预计短期利率在未来总体上不会发生变化。

预期理论也解释了第一个事实，即不同期限的债券的利率随时间同时变动。从历史经验看，短期利率有一个特征，即如果当期短期债券的利率增加，那么未来短期债券的利率也有增加的趋势。因此短期债券利率增加会提高人们对未来短期利率的预期。因为长期债券利率是未来预期短期债券利率的平均值，那么短期债券利率的增加也会增加长期债券利率，引起短期利率和长期利率的变化。

预期理论同时也解释了第二个事实，即当短期利率较低时，收益率曲线更可能是向上倾斜的；当短期利率较高时，收益率曲线更可能是向下倾斜的，从而是反向的。当短期债券利率较低时，人们普遍预期未来利率会上升到某个正常水平，而且预期未来短期利率的平均值同当期的短期利率水平相比要高一些。因此，长期债券利率将会大大高于当期短期利率，收益率曲线会是向下倾斜的。相反，如果短期债券收益率曲线较高，人们通常会期望未来它会回落。由于预期未来短期利率的平均值会低于当期的短期利率，那么长期利率将会在短期利率之下，所以收益率曲线是向下倾斜的，是反向的。⊖

预期理论是一个具有吸引力的理论，因为它提供了利率期限结构的一种简单解释，但令人遗憾的是，它有一个很大的缺点，即不能解释第三个事实，也就是收益率曲线总是向上倾斜的。典型的向上倾斜收益率曲线意味着短期债券利率在未来预期会上升。实际上，短期债券的利率既有可能上升，也有可能下降，因此，预期理论认为，典型的收益率曲线将会是水平的，而不是向上倾斜的。

⊖ 纯预期理论解释了关于短期利率和长期利率之间关系的另外一个重要的事实。如图5-4所示，短期利率比长期利率的波动性更强。如果利率是均值回归的，即当利率处于一种不正常的高水平时，它会趋于降低；如果处于不正常的低水平时，它会趋于上升并回到正常水平。那么，这些短期利率的平均值一定比短期利率的波动性要小。因为纯预期理论表明长期利率将会是未来短期利率的平均值，这意味着长期利率的波动性将会小于短期利率。

5.2.2 市场细分理论

正如该理论的名称一样，期限结构的**市场细分理论**（market segmentation theory）认为，具有不同到期期限的债券市场是完全独立和分割的。不同到期期限的债券利率是由该债券的供给和需求决定的，这与其他不同期限的债券预期收益率是无关的。

市场细分理论的一个关键性假设是，不同到期期限的债券是完全不能替代的，所以持有一种期限的债券预期收益率对另一种期限的债券需求是没有影响的。期限结构的这种理论同预期理论是完全相反的，预期理论假定不同到期期限的债券是完全替代品。

关于为什么不同到期期限的债券不是替代品，市场细分理论认为，投资者对一种期限的债券具有强烈的偏好，而对其他期限的债券却没有，所以，投资者只会关注他们所偏好的期限的债券预期收益率。这种情况可能出现的原因是，投资者心中有一个特定的持有期限，而且，如果他们将债券的期限同他们希望的持有期限相匹配，将会无风险地获得一定的收益⊖（我们在第3章中了解到，如果债券的到期期限等于投资者的持有期限，那么回报率是确定的，因为它正好等于收益率，而且没有利率风险）。例如，具有短期偏好的投资者偏好持有短期债券。相反，如果你为孩子准备资金将来上大学，那么你希望的持有期限是较长的，而且你更愿意持有长期债券。

根据市场细分理论，可以用不同到期期限债券供求差异来解释不同收益率曲线的形状。如果投资者拥有短期的持有期限意愿，且通常偏好利率风险较小的短期债券（这似乎是合情合理的），那么市场细分理论能够解释第三个事实，即收益率曲线总是向上倾斜的。在一般的情况下，对长期债券的需求相对低于对短期债券的需求，使得长期债券有较低的价格和较高的利率，所以收益率曲线总是向上倾斜的。

尽管市场细分理论能够解释为什么收益率曲线总是向上倾斜的事实，但是它也有一个明显的缺陷，即它不能解释第一个事实和第二个事实。首先，市场细分理论认为不同到期期限的债券市场是完全分割的，因此无法解释一种到期期限债券利率的上升可以影响另一种到期期限债券的利率。所以，市场细分理论也不能解释为什么不同到期期限债券的利率趋于同时变动（第一个事实）。其次，市场细分理论对相对于长期债券的供给和需求如何随短期债券利率水平而变化的认识不清楚，因此，该理论不能解释为什么当短期债券利率较低时，收益率曲线向上倾斜，而当短期债券利率较高时，收益率曲线是向下倾斜的，即反向的（第二个事实）。

由于这两个理论中的每一个都解释了另一种理论无法解释的内容，所以有必要将这两种理论结合在一起，这就引出了流动性溢价理论。

5.2.3 流动性溢价理论

利率期限结构的**流动性溢价理论**（liquidity premium theory）认为，长期债券的利率等于在该债券期限内预期发生的短期债券利率的平均值加上该债券受供需影响的流动性溢价（也被称

⊖ 该理论认为，如果债券的到期期限等于持有期，那么其回报率就不存在不确定性的说法，这在字面上只适用于贴现债券。对于持有很长的息票债券，由于在债券到期之前，还会将息票利息进行再投资，所以还是会有一些风险。然而，对息票债券来说，这一分析的要点是一样的，因为当息票债券的到期期限等于其持有期时，再投资的风险很小。

为期限溢价)。

流动性溢价理论的关键性假设是,不同到期期限的债券是相互替代品,这意味着一种债券的预期收益率影响另一种具有不同到期期限的债券的预期收益率,但是它认为投资者对具有不同到期期限的债券有所偏好。换句话说,不同到期期限的债券是可以替代的,但不是完全替代的。投资者偏好期限较短的债券,是因为这些债券有较低的利率风险。根据以上这些原因,要想使投资者持有长期债券,就必须给他们提供一个正值的流动性溢价。这一结果通过在描述长期利率和短期利率之间的关系的方程式后加上一个流动性溢价,来对预期理论进行修正。因此,流动性溢价理论的公式可以表示为:

$$i_{nt} = \frac{i_t + i^e_{t+1} + i^e_{t+2} + \cdots + i^e_{t+(n-1)}}{n} + l_{nt} \tag{5-3}$$

式中, l_{nt} 是时刻 t 上 n 期债券的流动性(期限)溢价,它总是正的,但是随着债券到期期限 n 的增加而增加。⊖

预期理论和流动性溢价理论之间的关系可由图 5-5 表示。通过该图,我们可以看到,流动性溢价总是正的,并且通常会随着到期期限的增加而增加,因此,流动性溢价理论的收益率曲线总是位于预期理论的收益率曲线之上,并且通常有更大的斜率(注意,为了简化,我们假定预期理论的收益率曲线是水平的)。

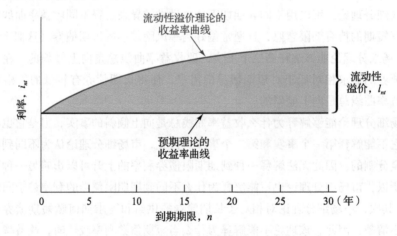

图 5-5 流动性溢价理论与预期理论之间的关系

注:流动性溢价总是正的,且随着到期期限的增加而增加,因此流动性溢价理论的收益率曲线总是位于预期理论的收益率曲线之上,并且斜率更大。为了简化,预期理论的收益率曲线被假定为水平的。

例 5-4 流动性溢价理论

如例 5-3 所示,我们假定在今后的 5 年内,1 年期债券的利率预计分别是 5%、6%、7%、8% 和 9%。投资者偏好持有短期期限债券 1~5 年的流动性溢价分别是 0、0.25%、0.5%、

⊖ 与流动性溢价理论密切相关的是**期限优先理论**(preferred habitat theory),该理论采用了一种相对间接的方法修改预期假设,但得出了类似的结论。假设投资者对债券的到期期限有偏好。相对于另一种到期期限债券,他们更喜欢投资具有特殊到期期限的债券(即期限优先,prefered habitat),所以,只有当其在非期限优先债券投资中获得较高预期回报时,才愿意购买这种债券。因为与长期债券相比,投资者更喜欢投资短期债券,所以他们只有在长期债券的预期回报率较高时才愿意持有。这也体现了流动性溢价理论中的式(5-3),期限溢价通常随到期期限的增加而增加。

0.75%和1.0%。2年期和5年期债券的利率是多少？将得到的结果与例5-3中利用纯预期理论得到的结果进行比较。

解答

2年期债券的利率是5.75%。根据：

$$i_{nt} = \frac{i_t + i_{t+1}^e + i_{t+2}^e + \cdots + i_{t+(n-1)}^e}{n} + l_{nt}$$

式中，$i_t = 5\%$，$i_{t+1}^e = 6\%$，$l_{nt} = 0.25\%$，$n = 2$，因此：

$$i_{2t} = \frac{5\% + 6\%}{2} + 0.25\% = 5.75\%$$

5年期债券的利率是8%。根据：

$$i_{nt} = \frac{i_t + i_{t+1}^e + i_{t+2}^e + \cdots + i_{t+(n-1)}^e}{n} + l_{nt}$$

式中，$i_t = 5\%$，$i_{t+1}^e = 6\%$，$i_{t+2}^e = 7\%$，$i_{t+3}^e = 8\%$，$i_{t+4}^e = 9\%$，$l_{2t} = 1\%$，$n = 5$，因此：

$$i_{5t} = \frac{5\% + 6\% + 7\% + 8\% + 9\%}{5} + 1\% = 8.0\%$$

如果用相同的计算方法计算1年期、3年期和4年期的债券利率，就能得到1～5年期的债券利率分别依次是5.0%、5.75%、6.5%、7.25%和8.0%。将这些结果与纯预期理论得到的结果进行比较，我们能够了解，流动性偏好理论得到的收益率曲线向上倾斜得更加陡峭，这是因为投资者偏好短期债券。

再看一下，流动性溢价理论是否同我们之前讨论过的三个经验事实一致。它解释了第一个事实，即不同期限债券的利率随时间变动：短期债券利率的上升表明短期债券利率的未来预期将会更高，而且式（5-3）中的第一项意味着长期债券利率将会随着它们上升。

同时，它也解释了为什么当短期利率较低时，收益率曲线趋于向上倾斜；当短期利率较高时，收益率曲线更可能是向下倾斜的，从而是反向的（第二个事实）。由于当短期利率较低时，投资者通常预期短期利率能上升到某个正常的水平，所以相对于当前的短期利率，预期未来短期利率的平均值将会更高。因为又额外增加了一个正的流动性溢价，所以长期债券利率远远高于当前短期债券利率，而且收益率曲线较陡地向上倾斜。相反，如果短期债券利率较高，人们通常预期它们会回落。长期债券利率低于短期债券利率，是因为尽管存在正的流动性溢价，但未来预期短期债券的利率的平均值会低于当前短期债券的利率，而收益率曲线将会向下倾斜。

流动性溢价理论还解释了第三个事实，即收益率曲线总是向上倾斜的。该理论认为由于投资者偏好短期债券，所以流动性溢价随着债券期限的增加而增加。即使当前短期债券的利率与未来利率的平均值相同，长期债券的利率将会高于短期利率，而收益率曲线通常是向上倾斜的。

如果流动性溢价为正，那么流动性溢价理论要怎么解释反向收益率曲线的偶尔出现呢？这是因为有些时候短期债券利率预期下降很大，以至于预期短期债券利率的平均值将会大大低于当前的短期利率。即使将正的流动性溢价加到该平均值上，得出的长期债券利率仍然低于当前短期债券利率。

研究表明，流动性溢价理论特别吸引人的特征是，仅仅通过观察收益率曲线的斜率就能够得到市场对未来短期债券利率的预期值。如图 5-6a 所示，陡峭上升的收益率曲线，表明了短期债券利率预期在未来会上升。如图 5-6b 所示的相对比较平缓的收益率曲线，表明了短期债券利率预期在未来不会有大幅上升或下降。如图 5-6c 所示的水平的收益率曲线，表明了短期债券利率预期在未来会适度下降。最后，如图 5-6d 所示的反向收益率曲线，表明了短期债券利率预期在未来会大幅下降。

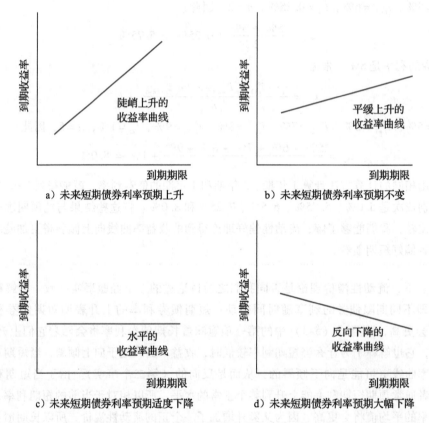

图 5-6　根据流动性溢价理论，未来短期债券利率的收益率曲线以及市场预测值

5.2.4　期限结构的实证

20 世纪 80 年代，利率期限结构理论的研究者质疑收益率曲线的斜率是否能提供关于未来短期债券利率走势的信息。⊖他们发现，长短期债券利率之间的差额并不总是有助于预测未来短期债券的利率，这可能源于长期债券的流动性（期限）溢价的大幅波动。近期运用较多识别性检验的研究支持另一种不同的观点：期限结构包含了相当多的短期（未来的几个月）和长期（未来的几年）信息，但该理论在预测中间期限（短期和长期之间）的利率变动时是不

⊖ Robert J. Shiller, John Y. Campbell, and Kermit L. Schoenholtz, "Forward Rates and Future Policy：Interpreting the Term Structure of Interest Rates," *Brookings Papers on Economic Activity* 1 (1983)：173-217；N. Gregory Mankiw and Lawrence H. Summers, "Do Long-Term Interest Rates Overreact to Short-Term Interest Rates?" *Brookings Papers on Economic Activity* 1 (1984)：223-242.

可靠的。[一]研究同时发现，收益率曲线有助于预测未来通货膨胀和经济周期（见专栏5-4）。

专栏5-4 小案例

收益率曲线作为预测通货膨胀和商业周期的工具

收益率曲线包含了关于未来预期利率的信息，因此它也应该有能力预测通货膨胀和真实的产量波动。为了了解原因，我们先回想第4章中讲到的利率上升和经济繁荣相关，而利率下降和经济衰退相关。当收益率曲线是水平的或者向下倾斜时，意味着预期未来短期利率会下降，因此经济可能会陷入衰退。实际上，收益率曲线是经济周期的准确的预测器。[二]

在第3章中，我们也了解到名义利率是由实际利率和预期通货膨胀率组成的，这表明收益率曲线包含名义利率的未来路径和未来通胀的信息。陡峭的收益率曲线预示着未来通货膨胀的增加，而水平的或向下倾斜的收益率曲线预示着未来通货膨胀的下降。[三]

收益率曲线预测经济周期和通货膨胀的能力，是许多经济预测者选择收益率曲线的斜率作为其部分预测工具的一个原因，同时也经常被认为是货币政策观点的指示器，即陡峭的收益率曲线表明了宽松的货币政策，而水平的及向下倾斜的收益率曲线则标示着从紧的货币政策。

5.2.5 小结

流动性溢价理论是人们最为广泛接受的利率期限结构理论，这是因为它很好地解释了利率期限结构的事实。该理论将预期理论和市场细分理论的特征结合起来，认为长期债券利率是流动性溢价和债券到期期限内预期发生的短期债券利率的平均值之和。

流动性溢价理论解释了以下事实：
（1）不同期限债券的利率随时间同时变动。
（2）当短期利率较低时，收益率曲线更可能是向上倾斜的；当短期利率较高时，收益率曲线更可能是反向的、向下倾斜的。
（3）收益率曲线总是向上倾斜的。

流动性溢价理论也有助于我们预测未来短期债券利率的变动。陡峭向上倾斜的收益率曲线意味着短期债券利率预期会上升，平缓向上倾斜的收益率曲线意味着短期债券的收益率曲线预期是不变的，水平的收益率曲线意味着短期利率预期会适度下降，而反向的收益率曲线则意味着短期利率预期会大幅下降。

[一] Eugene Fama, "The Information in the Term Structure," *Journal of Financial Economics* 13 (1984): 509-528; Eugene Fama and Robert Bliss, "The Information in Long-Maturity Forward Rates," *American Economic Review* 77 (1987): 680-692; John Y. Campbell and Robert J. Shiller, "Cointegration and Tests of the Present Value Models," *Journal of Political Economy* 95 (1987): 1062-1088; John Y. Campbell and Robert J. Shiller, "Yield Spreads and Interest Rate Movements: A Bird's Eye View," *Review of Economic Studies* 58 (1991): 495-514.

[二] For example, see Arturo Estrella and Frederic S. Mishkin, "Predicting U. S. Recessions: Financial Variables as Leading Indicators," *Review of Economics* and *Statistics*, 80 (February 1998): 45-61.

[三] Frederic S. Mishkin, "What Dose the Term Structure Tell Us About Future Inflation?" *Journal of Monetary Economics* 25 (January 1990): 77-95; and Frederic S. Mishkin, "The Information in the Longer-Maturity Term Structure About Future Inflation," *Quarterly Journal of Economics* 55 (August 1990): 815-828.

专栏5-5 案例

解读收益率曲线，1980～2016年

图5-7展示了自1980年以来美国政府债券的收益率曲线。关于公众对未来短期债券利率的预期，这些收益率曲线告诉了我们什么呢？

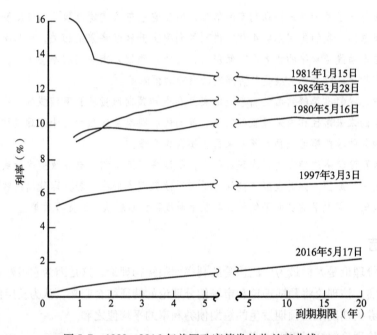

图5-7　1980～2016年美国政府债券的收益率曲线

资料来源：Federal Reserve Bank of St. Louis; FRED database, https://fred.stlouisfed.org/series/TB3MS, https://fred.stlouisfed.org/series/GS3, https://fred.stlouisfed.org/series/GS5, https://fred.stlouisfed.org/series/GS20.

1981年1月15日出现的陡峭的收益率曲线表明，短期债券的利率预期未来会大幅下降。由于具有正的流动性溢价的长期债券的利率位于短期债券的利率之下，所以，短期债券的利率预期会大幅下降，以至于它们的平均值会远远低于当前短期债券的利率。事实上，收益率曲线所显示的公众对于短期利率大幅下降的预期在1月15日之后不久就得到了证实；截至3月，3个月期的国债利率已经从16%下降到13%。

1985年3月28日和2016年5月17日陡峭向上倾斜的收益率曲线表明，未来短期债券的利率会攀升。当短期债券的利率预期上升时，长期债券的利率会高于短期债券的利率，这是因为短期债券的利率加上流动性溢价会高于当前的短期利率。1980年5月16日和1997年3月3日平缓向上倾斜的收益率曲线表明，在近期，短期债券的利率预期既不会上升也不会下降。在这种情况下，它们的平均值与当前的短期利率相同，而且较长期债券的正的流动性溢价会使得收益率曲线平缓向上倾斜。

专栏5-6 执业经理

运用利率期限结构预测利率

正如我们在第4章中讨论的,利率预测对金融机构经理是很重要的,这是因为利率的预期变化对金融机构的利润有巨大的影响。而且,金融机构经理设定未来承诺给消费者的贷款利率,也需要对利率进行预测。我们关于利率期限结构的讨论表明收益率曲线的斜率提供了关于利率未来变化路径的市场预期的基本信息。例如,较陡峭向上倾斜的收益率曲线表明短期利率预期在未来会上升,而向下倾斜的收益率曲线则表明短期利率预期会下降。然而,金融机构经理需要更多的专业信息。这里我们将说明金融机构经理如何利用利率期限结构进行具体的利率预测。

为了了解操作过程,我们利用分析纯预期理论的方法来进行分析。回想一下,因为不同到期期限的债券都是完全替代品,我们假定,将1美元投资于2周期的债券获得的预期收益率是 $(1+i_{2t})(1+i_{2t})-1$,一定等于将这1美元投资于1周期的债券得到的预期收益率 $(1+i_t)(1+i_{t+1}^e)-1$。这可以通过下图来表示。

```
今天              1年              2年
 |——— 1 + i_t ———|—— 1 + i_{t+1}^e ——|
 |————— (1 + i_{2t})(1 + i_{2t}) —————|
```

换言之:

$$(1+i_t)(1+i_{t+1}^e) - 1 = (1+i_{2t})(1+i_{2t}) - 1$$

通过一些严格的代数运算,我们可以解出 i_{t+1}^e:

$$i_{t+1}^e = \frac{(1+i_{2t})^2}{1+i_t} - 1 \tag{5-4}$$

这种对 i_{t+1}^e 的测量指标被称为**远期利率**(forward rate),这是因为该利率正是利率期限结构的纯预期理论预期在未来盛行的1周期利率。为了将利率期限结构的远期利率同在时刻 t 观察到的实际利率相区分,我们将这些观察到的利率称为**即期利率**(spot rate)。

回到本章前面我们讨论纯预期理论的例5-3,在时刻 t,1年期利率为5%,2年期利率为5.5%。将这些数据代入式(5-4),得到了未来1周期远期利率的估计值:

$$i_{t+1}^e = \frac{(1+5.5\%)^2}{1+5\%} - 1 = 0.06 = 6\%$$

这个6%的远期利率等同于我们在例5-3中所使用的预期未来1年后1年期的利率。正如所料,这里的计算方法只是分析纯预期理论的另一种方式。

我们也可以将持有3年期债券同持有一系列1年期债券相比较,这样可以得到以下的关系式:

$$(1+i_t)(1+i_{t+1}^e)(1+i_{t+2}^e) - 1$$
$$= (1+i_{3t})(1+i_{3t})(1+i_{3t}) - 1$$

然后将通过式(5-4)得到的 i_{t+1}^e 的结果代入上式,我们可以得到 i_{t+2}^e:

$$i_{t+2}^e = \frac{(1+i_{3t})^3}{(1+i_{2t})^2} - 1$$

继续这些计算,我们能够得到未来 n 期的远期利率的公式:

$$i_{t+n}^e = \frac{(1+i_{n+1\,t})^{n+1}}{(1+i_{nt})^n} - 1 \qquad (5\text{-}5)$$

上述讨论表明，纯预期理论并不能完全令人满意，这是因为投资者必须要得到流动性溢价的补偿，才会愿意持有长期债券。因此，我们需要修正这些分析，正如讨论流动性溢价理论时所做的那样，在估计未来利率的预测值时考虑这些流动性溢价。

回想我们对这些理论的讨论，由于投资者偏好持有短期债券，而不是长期债券，所以 n 期债券的利率与由纯预期理论计算出的利率差额就是流动性溢价 (l_{nt})。因此，考虑到流动性溢价之后，只需要在公式中从 i_{nt} 中减去 l_{nt} 就能得到 i_{n+1}^e：

$$i_{t+n}^e = \frac{(1+i_{n+1\,t}-l_{n+1\,t})^{n+1}}{(1+i_{nt}-l_{nt})^n} - 1 \qquad (5\text{-}6)$$

这种对 i_{t+n}^e 的测量指标很自然地被称为调整后远期利率预测。

对于 i_{t+1}^e 而言，式 (5-6) 产生了如下估计结果：

$$i_{t+1}^e = \frac{(1+i_{2t}-l_{2t})^2}{1+i_t} - 1$$

在例 5-4 对流动性溢价理论的讨论中，在时刻 t，流动性溢价 l_{2t} 是 0.25%，$l_{1t}=0$，1 年期利率为 5%，而且 2 年期利率为 5.75%。将这些数值代入上面的公式，得到如下未来 1 周期的调整后远期利率预测值：

$$i_{t+1}^e = \frac{(1+5.75\%-0.25\%)^2}{1+5\%} - 1 = 0.06 = 6\%$$

这同例 5-3 中的预期利率相同，这也正是我们所要得到的。

我们对利率期限结构的分析向金融机构经理提供了一种获得利率预期的相当直接的程序。首先，我们需要估计 l_{nt}，即 n 期债券的流动性溢价值，然后他们只需要运用式 (5-6) 就能得到未来远期利率的市场预测值。

我们将会在第 6 章中看到，债券市场对利率的预测值可能是最准确的。如果情况确实如此，使用这里列出的简单程序所得出的市场对未来利率预测的估计值可能会是金融机构经理能够获得的最好的利率预测值。

例 5-5 远期利率

一位客户询问银行是否愿意承诺在 1 年后以 8% 的利率提供给该客户一笔 1 年期的贷款。为了补偿发放该贷款的成本，银行需要收取的贷款利率要高于具有相同期限的国债预期利率一个百分点，这样银行才能够有利可图。如果银行经理估计出流动性溢价为 0.4%，1 年期国债利率为 6%，2 年期国债利率为 7%，那么该经理是否愿意提供该笔贷款？

解答

银行经理不愿意提供该笔贷款，这是因为当利率为 8% 时，该笔贷款对银行来说无利可图。根据：

$$i_{t+n}^e = \frac{(1+i_{n+1\,t}-l_{n+1\,t})^{n+1}}{(1+i_{nt}-l_{nt})^n} - 1$$

式中，$i_{n+1\,t}=7\%$，$l_{n+1\,t}=0.4\%$，$i_{nt}=6\%$，$l_{1t}=0$，$n=1$。因此：

$$i_{t+1}^e = \frac{(1+7\%-0.4\%)^2}{1+6\%} - 1 = 0.072 = 7.2\%$$

因此，未来 1 年后，市场对 1 年期国债利率的预测值为 7.2%。为了使该 1 年期贷款获利，需要在贷款利率的水平上增加一个百分点，只有当该贷款的利率为 8.2% 或者更高时，该贷款才会预期盈利。

本章小结

具有相同到期期限的债券具有不同的利率，这是因为三个因素的影响：违约风险、流动性和税收的考虑。债券的违约风险越大，相对于其他债券的利率水平就越高；债券的流动性越大，它的利率就越低；具有免税待遇的债券利率将会低于那些需要纳税的债券的利率。由这三个因素所引起的具有相同期限的债券利率之间的关系，即债券的利率风险结构。

关于利率期限结构的几种理论解释了具有不同到期期限债券之间的利率是如何相互关联的。预期理论认为，长期债券利率等于在债券期限内预期发生的未来短期债券利率的平均值。相反，市场细分理论认为，每种到期期限债券利率仅由这种债券的市场供需关系决定。这两种理论都不能单独解释不同到期期限债券的利率随时间同时变动以及收益率曲线总是向上倾斜的这两个事实。

流动性溢价理论结合了预期理论和市场细分理论的特征，而且能够对提到的事实进行解释。流动性溢价理论认为，长期债券利率等于在债券期限内预期发生的未来短期债券利率的平均值加流动性溢价。这个理论使我们能够从收益率曲线中推断出市场对未来短期债券利率变动的预期情况。陡峭向上倾斜的收益率曲线表明，未来短期债券利率预期将会上升；平缓向上倾斜的收益率曲线表明，预期未来短期债券将会保持不变；水平的收益率曲线表明，未来短期债券利率预期会轻微下降；向下倾斜的收益率曲线表明，未来短期债券利率将会有大幅下降。

简答题

1. 穆迪 Baa 级公司债券和 C 级公司债券，哪一个有更高的利率风险？为什么？
2. 美国国库券和哥伦比亚政府发行的类似证券（就到期日和流动性而言）相比，哪一个有更高的风险溢价？
3. 公司债券的风险溢价通常是反周期的，也就是说，当商业周期扩张时，风险溢价下降，当衰退时，风险溢价增加。这是为什么呢？
4. "如果不同到期期限的债券接近于替代品，它们的利率更有可能同时变动。"该说法是正确的、错误的还是不确定？解释你的答案。
5. 在 2007 年次级抵押贷款市场崩塌之前，最重要的评级机构对抵押贷款支持证券的评级为 Aaa 和 AAA。为什么在 2008 年的几个月里，同一种证券的评级可能是最低的？我们应该一直相信评级机构吗？请解释一下。
6. 如果收益率曲线如下图所示，市场对于未来短期债券利率波动的预期是什么？收益率曲线所表明的对未来的通货膨胀的预期是怎样的？

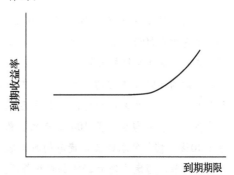

7. 如果收益率曲线如下图所示，市场对于未来短期债券利率波动的预期是什么？收益率曲线所表明的对未来通货膨胀的预期是怎样的？

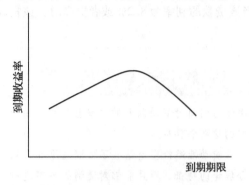

8. 假设公司的证券交易量下降。对公司债券的风险溢价有何影响？公司债券的哪些特性可能会受到影响？

9. 如果联邦政府今天保证，一旦某公司在未来破产，它将对债权人负责清偿。请预测公司债券的利率将会发生什么变化，国债的利率将会发生什么变化。

预测未来

10. 假设今天联邦政府承诺当市政府违约偿付时，它将偿付债权人。预测一下市政债券的风险溢价会发生怎样的变化？由此，你认为市政债券免除所得税有意义吗？

计算题

1. 假定预期理论是市场利率期限结构的正确理论，计算1~5年利率期限结构的利率，并根据今后5年内下列1年期债券利率绘制出收益率曲线。

   （1）5%、7%、7%、7%、7%

   （2）5%、4%、4%、4%、4%

   如果相对于长期债券，人们偏好短期债券，那么收益率曲线将会有怎样的变化？

2. 政府经济学家预测在未来的5年内1年期债券的利率的结果如下所示。

年	1年期债券利率（%）
1	4.25
2	5.15
3	5.50
4	6.25
5	7.10

   在随后的2年内流动性溢价为0.25%，接下来变为0.50%。你是否愿意以5.75%的利率购买一种4年期的国债？

3. 一种面额为100万美元的市政债券，其息票利率为8%，按年支付利息，则其税后收益率为多少？将其与面额为100万美元、息票率为10%、按年付息的公司债券的税后收益率进行比较。假定你处于25%的纳税等级。

4. 考虑你决定购买一种5年期的公司债券还是5年期的市政债券。公司债券是面额为1 000美元、年利率为12%的息票债券，它的当期收益率为11.5%。市政债券是面额为1 000美元、年利率为8.5%的息票债券，它的当期收益率为7%。两种债券中哪一个对你更有利？假定你的边际税率为35%。

5. 一种市政债券和一种公司债券具有相同的风险与流动性，到期收益率分别为6%和10%。当边际税率为多少时，投资者更愿意购买市政债券？

6. 在未来的6年内，1年期国债利率预期以每年150个基点稳定增加。如果当期的1年期利率为7.5%，请计算3年期国债和6年期国债所要求的收益率。假定利率期限结构的预期理论是正确的。

7. 在未来的10年内，1年期国债的利率将会分别是3%、4.5%、6%、7.5%、9%、10.5%、13%、14.5%、16%和17.5%。运用预期理论，3年期债券、6年期债券和9年期债券的利率将会是多少？

8. 在未来10年内，1年期国债利率将分别为3%、4.5%、6%、7.5%、9%、10.5%、13%、14.5%、16%和17.5%。运用预期理论，3年期债券、6年期债券和9年期债券的利率将会是多少？

9. 如果预期理论是正确的，你会购买哪一种证券？一种是利率为 6% 的 3 年期债券，另一种是 3 个 1 年期债券，其利率分别是 4%、5% 和 6%。

10. Little Monsters 公司从 Northern 银行以 11.5% 的利率借入 100 万美元。当前的无风险利率为 2%，而 Little Monsters 公司的财务状况可担保的违约风险溢价为 3%，流动性溢价为 2%。2 年期贷款的到期期限风险溢价为 1%，预期明年的通货膨胀率为 3%。根据给出的信息推出的第 2 年的通货膨胀率为多少？

11. 当前 1 年期国债的利率为 2%。如果预期在 3 年后利率每年增加 2%，那么今天发行的 10 年期债券的要求收益率应该是多少？假定预期理论是正确的。

12. 在今后的 3 年内，1 年期国债利率预期分别为 2%、3% 和 3.55%。如果 3 年期债券的收益率为 3%，那么该债券的流动性溢价为多少？

13. 在你最喜欢的美国债券中，你看到下面的价格：
    (1) 1 年期 100 美元的零息债券的出售价格为 90.19 美元。
    (2) 3 年期面额为 1 000 美元、息票率为 10% 的债券的出售价格为 1 000 美元。
    (3) 2 年期面额为 1 000 美元、息票率为 10% 的债券的出售价格为 1 000 美元。
    假定利率期限结构的预期理论是正确的，且不存在流动性溢价，而且所有的债券的风险相同。那么，由此推出的两年后的 1 年期债券的利率水平为多少？

14. 你观测到的借款和贷款的市场利率如下所示：
    (1) 1 年期债券利率为 5%。
    (2) 1 年期债券利率为 6%。
    (3) 1 年后的 1 年期债券利率为 7.25%。
    你如何充分利用这些利率计算出无风险利率？假定利率期限结构的预期理论是正确的。

15. 如果当前的 1~4 年期的债券利率分别为 4%、4.5%、4.75% 和 5%，而 1~4 年期的债券的期望流动性溢价分别为 0、0.1%、0.15% 和 0.2%。预测 3 年后的 1 年期债券利率为多少？

网络练习

利率的风险结构和期限结构

1. 由于各种风险溢价随时间变化，投资者能得到额外的利息收入。有时，风险溢价比其他任何时候都高。例如，在 20 世纪 90 年代末期，经济状况很健康，企业破产情况很罕见，违约风险溢价很小。由此可以推出，当经济衰退时，风险溢价会增加。登录 www.research.stlouisfed.org/fred2/，查询三个时点的 AAA 级债券和 Baa 级债券利率数据：近期、1995 年 6 月 1 日和 1992 年 6 月 1 日。为这三个时点的利率水平绘图（参考图 5-1）。风险溢价是稳定的吗？它们会随时间变化吗？

2. 图 5-7 显示了在几个不同时点的几条收益率曲线。登录 www.treasury.gov，并点击该页顶部 "Resource Center" 下的 "Data and Charts Center" 栏。找出国债收益率曲线。当期收益率曲线是高于还是低于图 5-7 中所列出的最新收益率曲线？当期收益率曲线相对于图 5-7 中所列出的最新收益率曲线是平缓一些还是陡峭一些？

3. 投资公司会试图向投资者解释当投资者购买投资公司发售的共同基金时所面临的风险。例如，登录 https://personal.vanguard.com/us/funds/vanguard/all?sort=name&sortorder=asc：
    (1) 选择一种债券基金推荐给风险容忍度较低，且投资期限较短的投资者。证明你的选择。
    (2) 选择一种债券基金推荐给风险容忍度较高，且投资期限较长的投资者。证明你的选择。

第 6 章

金融市场是否有效

预 览

在对金融市场如何运作的讨论中,我们一直在强调预期(也称期望)。预期收益率、预期风险和预期流动性是资产需求中的重要因素;预期通货膨胀率对股票价格有重要的影响;对违约概率的预期是决定利率风险结构最重要的因素;对未来短期利率的预期在决定利率期限结构中扮演重要的角色。预期不仅对理解金融市场的行为很关键,而且在本书的后面章节中我们将看到,它对如何理解金融市场的运作也是很重要的。

为了理解预期是如何形成的,以便更好地理解证券价格如何随时间变动,我们需要分析有效市场假说。为了解释金融市场运作和行为中一些令人迷惑的特征,在本章中,我们将探讨有效市场假说背后的基本理论。例如,为什么股票价格的变动是无法预测的,以及为什么听取股票经纪人的内幕消息可能并不是好主意。

从理论上来说,有效市场假说是分析金融市场行为的有力工具,但为了保证它的实用性,我们必须将理论与数据进行比较。经验证据是否支持这个理论呢?尽管可以获得的检验结果很复杂,可得到的证据表明,有很多方面都能证明该理论是分析预期的一个很好的起点。

6.1 有效市场假说

为了更好地理解预期如何影响证券价格,我们需要探讨市场中的信息如何影响这些价格。为了探讨该问题,首先考察**有效市场假说**(efficient market hypothesis),也称**有效资本市场理论**(theory of efficient capital markets)。该假说表明,金融市场中的证券价格充分反映了所有可以得到的信息。但是这意味着什么呢?

从第 3 章中可知,持有一种证券的收益率等于从该证券上所获得的资本增值率与任何现金支付的和,除以购买该证券的初始价格:

$$R = \frac{P_{t+1} - P_t + C}{P_t} \tag{6-1}$$

式中,R 为持有证券从时刻 t 到时刻 $t+1$ 所得的收益率(比如从 2017 年年底到 2018 年年底);P_{t+1} 为持有期期末(即时刻 $t+1$)的证券价格;P_t 为持有期期初(即时刻 t)的证券价格;C

为时刻 t 到时刻 $t+1$ 期间发生的现金支付额（息票或股息支付）。

让我们考察持有期期初（即时刻 t）的预期收益及其收益率。在期初，当期价格和现金支付额 C 是已知的，因此在收益率的定义中，唯一不确定的变量是下一期的价格 P_{t+1}。①将持有期期末时的债券的预期价格记为 P^e_{t+1}，则预期收益率 R^e 为：

$$R^e = \frac{P^e_{t+1} - P_t + C}{P_t}$$

有效市场假说认为期望（即预期）等于利用所有可获得的信息得到的最优预测结果。这究竟意味着什么呢？最优的预测结果是利用所有可获得的信息得到对未来的最佳预测。这不仅意味着这个预测值是完全准确的，而且意味着这是在给定可获得的信息时可得到的最可能的结果。我们可以将其更加规范地写成：

$$P^e_{t+1} = P^{of}_{t+1}$$

这反过来又说明债券的预期收益率等于收益率的最优预测值：

$$R^e = R^{of} \tag{6-2}$$

不巧的是，我们无法得到 R^e 和 P^e_{t+1}，因此仅仅通过上面的公式不能得出金融市场是如何运作的。如果我们能够设计出几种方式来度量 R^e 的值，这些公式将会对在金融市场中证券价格如何变化做出很重要的说明。

在第 4 章中，债券市场的供需分析告诉我们，一种债券的预期收益率（在考察债券的例子中，被称为债券的利率）有一种向需求数量和供给数量相等的均衡收益率靠近的趋势。供求分析让我们可以利用下面的均衡条件来决定一个债券的预期收益率：债券的预期收益率 R^e 等于均衡收益率 R^*，在该均衡水平上，债券需求量等于债券供给量：

$$R^e = R^* \tag{6-3}$$

金融学术领域探究的是影响债券均衡收益率的因素（如风险和流动性）。对我们来说，了解均衡收益率的决定因素，并由此可以使用均衡条件来获取预期收益率的决定因素已经足够了。

在式（6-2）中，利用均衡条件，用 R^* 替代 R^e，能够推导出描述有效市场中价格行为的公式。我们可以得到：

$$R^{of} = R^* \tag{6-4}$$

该公式说明：**金融市场的价格被设定为，利用所有可用信息对证券收益率的最优预测值，等于证券的均衡收益率**。金融学家将其更简单地表述为：**证券价格充分反映了有效市场中可获得的信息**。

例 6-1 有效市场假说

假定微软公司股票昨天的收盘价格为 90 美元，但闭市后，公司公布了新的消息，使得第 2 天股价的预测值会调整为 120 美元。如果微软公司的年度均衡收益率是 15%，那么根据有效市场假说，当今天开盘以后，估计将会变为多少？（假定微软公司不支付股利。）

㊀ 在一些情况中，在期初时现金支付额可能是未知的，但是这不会使得分析结果产生差异。在那种情况下，我们会假定使用所有的可获得的信息进行预测，不仅股票价格的预期，而且现金支付额的预期都是最优的。

解答

开盘以后股价将会变为104.35美元。根据：

$$R^{of} = \frac{P_{t+1}^{of} - P_t + C}{P_t} = R^*$$

式中，$R^{of} = 15\% = 0.15$，$R^* = 15\% = 0.15$，$P_{t+1}^{of} = 120$，P_t 为今天开盘以后的价格，$C = 0$，因此：

$$0.15 = \frac{120 - P_t}{P_t}$$

$$P_t = 104.35（美元）$$

有效市场假说的基本原理

为了探究有效市场假说的意义，我们可以运用**套利**（arbitrage）。在套利市场中，市场参加者（套利者）可以消除**未被利用的获利机会**（unexploited profit opportunity），这意味着证券的收益率大于根据该证券的特点调整后的收益率。有两种套利类型：一种是纯套利，该套利中未被利用的获利机会的消除是没有风险的；另一种是我们在这里要讨论的套利类型，该套利类型中的套利者在消除未被利用的套利机会时需要承担一定的风险。为了考察套利如何引起有效市场假说，假定一种证券，给定它的风险特征，如埃克森美孚公司的普通股，该证券的均衡收益率为每年10%，而且，其当前价格 P_t 低于明天价格的最优预测值 P_{t+1}^e，因此，收益率的最优预测值为每年50%，大于10%的均衡收益率。现在，我们可以预计，一般而言，埃克森美孚公司的收益率水平将会非常高，所以会有未被预期的获利机会。了解这点以后，由于 $R^{of} > R^*$，你能够从埃克森美孚公司股票中得到的收益率就很高，你就会买更多的股票，反过来相对于预期的未来价格 P_{t+1}^e，当前价格会提高，因此会降低 R^{of}。当现期价格上升到 R^{of} 等于 R^* 且有效市场条件即式（6-4）得以满足时，对埃克森美孚公司股票的购买才会停止，而且未被利用的获利机会也会消失。

类似地，对于一种证券来说，如果其收益率的最优预测值为 -5%，而均衡收益率为10%，那么对该证券的投资将不太明智。这是因为，这种证券的收益率将会少于均衡收益率。在这种情况下，你将会卖出该证券，使得相对于预期未来价格而言的当前价格下降，直到 R^{of} 上升到 R^* 的水平，由此有效市场的条件又得到了满足。具体表述如下：

$$\left.\begin{array}{l}R^{of} > R^* \rightarrow P_t \uparrow \rightarrow R^{of} \downarrow \\ R^{of} < R^* \rightarrow P_t \downarrow \rightarrow R^{of} \uparrow\end{array}\right\}直到 R^{of} = R^*$$

另一种表明有效市场条件的方式是：**在有效市场中，所有未被利用的获利机会都会消失**。

在上述推论中，一个重要的因素是：**在金融市场中，并不是所有人都要充分获得某种证券的信息或者有这样的理性预期，才能将股票价格驱动到有效市场条件下的价格**。金融市场的结构会使许多参加者都能在其中发挥作用。只要一部分人（通常被称为"消息灵通的投资者"）能睁大眼睛寻找未被利用的获利机会，这样获利的机会就会被抚平，这是因为这么做可以获利。有效市场假说是有意义的，因为它并不要求市场中的每一个人都能知道每个证券正在发生的状况。

6.2 有效市场假说的例证

有效市场假说的早期例证对于该假说是很支持的，但最近几年，对例证的深入分析表明，该假说可能并不总是正确的。我们首先分析一下支持该假说的早期例证，然后再考察一些对该假设有怀疑的近期例证。

6.2.1 支持有效市场假说的例证

支持有效市场假说的例证考察了投资分析师和共同基金的表现、股票价格能否反映公众可获得的信息、股票价格的随机游走行为以及所谓的技术分析。

1. 投资分析师和共同基金的表现

众所周知，有效市场假说的含义之一是当购买一种证券时，不能期望得到一个非常高的收益率，即大于均衡收益率。这就意味着，要战胜市场是不可能的。许多研究探讨了投资顾问和共同基金（有些会对购买基金的投资者收取很高的佣金）能否战胜市场。他们所做的一个普通实验就是从一组投资顾问和共同基金中获得购买与销售的推荐意见，然后将这些被选中的股票业绩同整个市场相比较。有时候，他们会将投资顾问的选择与报纸上金融版中的股票列在一个投镖的靶上，然后随意掷飞镖选出一组股票业绩进行比较。例如，《华尔街日报》有个常规板块，被称为"投资靶"，将投资顾问选出的股票与投镖选中的股票业绩进行比较。投资顾问能赢吗？令他们尴尬的是，投镖结果打败他们的次数同他们打败投镖结果的次数基本相同。而且，甚至当进行比较时，投资顾问只包括那些过去对预测股票市场非常成功的顾问，即便这些顾问仍然不能总是击败投镖。

同有效市场假说一致，共同基金也不能完全战胜市场。共同基金不仅不会优于平均市场水平，而且根据给定期限内是否有最高或最低的收益，将其分为几组时，我们发现，第一个阶段表现好的共同基金在第二个阶段中并不能打败市场。⊖

通过研究投资顾问和共同基金的表现得出结论：**过去表现好的投资顾问或共同基金并不意味着未来也会表现好**。这对投资顾问来说并不是令人高兴的消息，但这确实是有效市场假说所预测到的。该假说认为有些投资顾问是幸运的，而有些是不幸运的。幸运并不意味着一个预测者真的有能力打败市场（证明该规则的一个特例将在专栏6-1中讨论）。

⊖ 发现共同基金不能战胜市场的一项早期研究是 Michael C. Jensen, "The Performance of Mutual Funds in the period 1945-64," *Journal of Finance* 23 (1968): 389-416. 后期关于共同基金表现的研究有 Mark Grimblatt and Sheridan Titman, "Mutual Fund Performance: An Analysis of Quarterly Portfolio Holdings," *Journal of Business* 62 (1989): 393-416; R. A. Ippolito, "Efficiency with Costly Information: A Study of Mutual Fund Performance, 1965-84," *Quarterly Journal of Economics* 104 (1989): 1-23; J. Lakonishok, A. Shleifer, and R. Vishny, "The Structure and Performance of the Money Management Industry," *Brookings Papers on Economic Activity, Microeconomics* (1992); and B. Malkiel, "Returns from Investing in Equity Mutual Funds, 1971-1991," *Journal of Finance* 50 (1995): 549-572.

专栏6-1 小案例

证明有效市场假说的例外：拉杰·拉贾拉特南及其帆船集团

有效市场假说表明投资顾问没有打败市场的能力。然而，2009年以前，拉杰·拉贾拉特南及其帆船集团却做到了。那时，他被证券交易委员会控告通过内幕交易获取不正当收益（估计大约6 000万美元）。2011年5月，拉贾拉特南因涉嫌内幕交易被判处11年监禁，并被处罚1.5亿美元。如果股票市场是有效的，那么证券交易委员会能依法控告拉贾拉特南凌驾于市场之上吗？答案是肯定的。

拉贾拉特南及其帆船集团通过内幕交易为自己和客户赚取了超额利润。麦肯锡公司的阿尼尔·库马尔（Anil Kumar）和顾磊杰（Rajat Gupta）、IBM的罗伯特·莫法特（Robert Moffat），还有英特尔投资公司的拉吉夫·戈埃尔（Rajiv Goel）和鲁米·卡恩（Roomy Khan）为其提供了内幕信息，使帆船集团可以进行特定公司的外部投资和其他活动。自2000年以来，拉贾拉特南及其帆船集团每年都从市场上获利百万美元却是证明金融分析师不能持续战胜市场的例外。尽管如此，这却支持了有效市场假说的观点，即只有市场无法获得的信息才能使投资者战胜市场。拉贾拉特南能在其他人之前了解公司内幕消息从而获益，这个消息只有他知道，但市场无法得到。

2. 股票价格能否反映公众可获得的信息

有效市场假说预计股票价格将会反映所有公众可获得的信息。因此，如果信息已经是公开可获得的，那么发布一个对该公司有利的消息将不会提高它的股票价格，因为该消息已经反映在股票价格中了。早期的理论也证实了从有效市场假说中得到的这个推测：有利的盈余报告或股票分割报告（将一股股票分成许多股，通常是由于高收益所引发的）不会引起股票价格的上升。⊖

3. 股票价格的随机游走行为

随机游走（random walk）描述了一个变量的变动情况，该变量的未来变化是不能预测（随机）的，这是因为，给定该变量的当前价值，这个变量可能上升也可能下跌。有效市场假说的一个重要含义是，股票价格具有随机游走的特征，**即实际上，股票价格的未来变化是无法预测的**。有效市场假说的随机游走含义是在新闻中最普遍被提到的，因为它是最容易为大众所理解的。事实上，当人们提到"股票价格的随机游走理论"时，实际上指的就是有效市场假说。

随机游走股票价格的案例能够得到证明。假定人们能够预测到HFC公司的股票价格将会在下周上升1%。HFC公司股票的资本利得率和收益率的预测值以年利率计将超过50%。由于这种收益水平可能远远高于HFC公司股票的均衡收益率水平（$R^{of} > R^*$），所以有效市场假说表明人们会立即购买该股票，并且提高现在的股票价格。这一行动只有在当股票价格预期下降到接近0时（即$R^{of} = R^*$时）才会停止。

相似地，如果人们预计HFC公司股票的价格将会下降1%，那么收益率的预测值将会是负

⊖ Ray Ball and Philip Brown, "An Empirical Evaluation of Accounting Income Numbers," *Journal of Accounting Research* 6（1968）：159-178；Eugene. F. Fama, Lawrence Fisher, Michael C. Jensen, and Richard Roll, "The Adjustment of Stock Prices to New Information," *International Economics Review* 10（1969）：1-21.

的并且小于均衡收益率（$R^{of} < R^*$），这时人们就会立即将股票抛售。股票价格将会一直下降，直到对股票的预期变化又上升到接近0，此时有效市场条件又一次得到满足。有效市场假说认为，股票价格的预期变化将会接近0，这也得出了股票价格通常都是随机游走的结论。○

金融学家曾用两种检验方法来探究该假说，即股票价格是满足随机游走的。第一种方法，他们分析股票市场的记录来考察股票价格的变化与过去股票市场的变化是否系统相关，因此可以以过去的股价变动为基础进行预测。第二种方法，检验类型研究数据，以考察除了过去的股票价格以外，公众可获得的信息能否用来预测股价的变动。这些检验方法有些过于严格，因为额外的信息（如货币供给增长、政府支出、利率和公司利润等）有助于预测股票的收益率。两种检验方法的早期结果都证实了有效市场假说的观点，即股票价格是不能预测的，因此服从随机游走。○

4. 技术分析

一种非常流行的用来预测股票价格的方法被称为技术分析，即研究过去的股票价格数据，找到一种模式，比如一种趋势或者规律性。什么时候购买和卖出股票的规则是以前面出现的那种模式为基础建立的。有效市场假说认为进行技术分析是在浪费时间。要理解为什么会这样，最简单的方法就是利用源于有效市场假说的随机游走结果，即过去的股票价格数据不能用来预测未来股票价格的变化。因此，依赖这种数据进行预测的技术分析不能成功地预测未来股票价格的变化。

有两种类型的检验方法与技术分析直接相关。第一种检验方法，执行前面描述的理论分析来评估每个金融分析师和技术分析师的行为，得到的结果与有效市场假说预测的情况相同：技术分析人员并不比其他的金融分析师好；一般而言，他们不能战胜市场，而且过去的成功预测也不能说明他们未来能够战胜市场。第二种检验方法，运用技术分析的规则确定何时买卖股票，并将其运用于新的数据。○对于这些规则的表现可以通过使用这些规则所获得的利润进行评估。这些检验也让大家对技术分析失去信心：它不能战胜整个市场。

○ 要注意，股票价格的随机游走行为仅仅是源于有效市场假说的一个近似结论。只有当一只股票的不变价格能够获得均衡收益率时，这种现象才能成立。那么，此时股票价格的预期变动正好为0，即满足 $R^{of} = R^*$。

○ 第一种检验方法只使用了股票市场数据，被称为弱有效检验，因为用于预测股票价格的信息仅限于过去的价格数据。第二种检验方法被称为半强有效检验，因为信息扩展为包括所有的公众可获得的信息，不只是过去的股票价格。第三种检验方法被称为强有效检验，因为信息集还包括只为公司所有者所知的内幕消息，如他们计划宣布公司支付高股息。强有效检验有时候表明内幕消息能够用来预测股票的价格。该研究与有效市场理论并不矛盾，因为对于市场来说，信息并不是可获得的，因此，不能反映在股票的市场价格上。事实上，有严格的法律禁止使用内幕消息在金融市场上交易。对于以上三种检验形式的早期研究，可以参考 Eugene F. Fama, "Efficient Capital Markets: A Review of Theory and Empirical Work", *Journal of Finance* 25 (1970): 383-416。

○ Sidney Alexander, "Price Movements in Speculative Markets: Trends or Random Walks?" *Industrial Management Review*, May 1961, pp. 7-26; and Sidney Alexander, "Price Movements in Speculative Markets: Trends or Random Walks? No. 2" in the *Random Character of Stock Prices*, ed. Paul Cootner (Cambridge, MA: MIT Press, 1964), pp. 338-372. 更多研究似乎也不支持技术分析，例见 F. Allen and R. Karjalainen, "Using Genetic Algorithms to Find Technical Trading Rules," *Journal of Financial Economics* (1999) 51: 245-271。然而，也有一些支持技术分析的研究，例见 P. Sullivan, A. Timmerman, and H. White, "Data-Snooping, Technical Trading Rule Performance and the Bootstrap," Centre for Economic Policy Research Discussion Paper No. 1976, 1988。

专栏6-2　案例

外汇汇率是否遵循随机游走理论

尽管有效市场假说通常被用于股票市场，但也被用于证明汇率，像股票价格一样，汇率一般也应该遵循随机游走。为了探究为什么会出现这样的情况，考虑如果人们预期在下周一种货币会升值1%，将会发生什么情况。通过购买该种货币，他们能够获得超过50%的年收益率，这比持有一种货币得到的均衡收益率要高得多。结果，人们将会立即购买该货币，并且提高当前的价格，从而降低预期收益率。只有当汇率的预期变化跌至接近零，使得收益率的最优预测值跟均衡收益率不存在差异时，该过程才会停止。同样，如果人们预期在下周该货币会贬值1%，那么他们会将该货币卖出，直到汇率的预测变化再一次接近零。也因此，有效市场假说认为，根据所有的实际性目的，汇率的预期变化应该无法预测。换句话说，汇率应该随机游走。这也正是实证研究结果所发现的。⊖

6.2.2　反对有效市场假说的实证

所有支持有效市场假说的早期证据看上去都具有压倒性的优势。1970年，一位著名的金融学家尤金·法玛，在他关于有效市场假说的实证分析中提道："支持有效市场假说模型的证据很广泛，而（在经济学中有些独特的）反对的证据非常少。"⊜然而，最近几年，该理论开始出现一些缺陷，被称为异常现象。实证分析结果表明有效市场假说并不总是能够普遍适用。

1. 小企业效应

最早显示的有关股票市场并非有效的一个反常现象，被称为小公司效应。许多实证分析认为，小公司在很长时期内能够获得异常高的收益率，甚至将这些公司所具有的较大风险考虑在内也是如此。⊜在最近几年，小公司效应逐渐减少，但它对有效市场假说仍然是一个挑战。许多理论被用来解释小公司效应，认为该效应是由金融机构投资者、税收效应、小公司股票的低流动性、评估小公司所需要的高额信息成本或对小公司股票风险不合适的测度方法所产生的资产组合重新调整所引起的。

2. 一月效应

在很长的一段时间内，股票价格在12月到1月之间趋于经历一次非正常的价格提升，因

⊖ Richard A. Meese and Kenneth Rogoff, "Empirical Exchange Rate Model of the Seventies: Do They Fit Out of Sample?" *Journal of International Economics* 14 (1983): 3-24.

⊜ Eugene F. Fama, "Efficient Capital Markets: A Review of Theory and Empirical Work," *Journal of Finance* 25 (1970): 383-416.

⊜ See, for example, Marc R. Reinganum, "The Anomalous Stock Market Behavior of Small Firms in January: Empirical Tests of Tax Loss Selling Effects," *Journal of Financial Economics* 12 (1983): 89-104; Jay R. Ritter, "The Buying and Selling Behavior of Individual Investors at the Turn of the Year," *Journal of Finance* 43 (1988): 701-717; and Richard Roll, "Vas Ist Das? The Turn-of-the-Year Effect: Anomaly or Risk Mismeasurement?" *Journal of Portfolio Management* 9 (1988): 18-28.

此与股票的随机游走行为是不一致的。最近几年，这种所谓的**一月效应**（January effect），对于大公司的股票而言，看起来似乎已经消失，但对于小公司的股票而言，它仍然会发生。⊖一些金融学家认为，一月效应是由税收因素引起的。投资者倾向于在12月以前卖出股票，这是因为他们可以将其资本损失体现在税收回报中，并降低其税收负担。然后，当1月新的一年开始以后，他们重新购买股票，抬高股票价格，并得到异常高的收益率。尽管这个解释看起来是合理的，但无法解释为什么像私人养老基金之类的不需要缴纳所得税的机构投资者，没有利用1月异常高的收益率，而在12月购买股票，使其价格提高，从而消除这种异常高的收益。⊜

3. 市场过度反应

最近的研究表明股票价格可能对新闻消息的发布过度反应，而这种定价的误差只能被慢慢修正。⊜当企业宣布其收益会有重大变动时，如大幅下跌，那么其股票价格可能会被过度调整。在最初的大幅下降以后，股价在几周后可能会回到一个正常水平上。这就违背了有效市场假说，因为通常而言，投资者会在一家公司宣布业绩不好的消息后，立即购买该公司股票，然后几周以后待其股票价格上升到正常水平以后，再将其出售，赚取高额收益。

4. 过度波动性

一种同市场过度反应密切相关的现象就是股票市场似乎显示出过度的波动性，即股票价格的波动可能远远大于其基本价值所保证的波动。耶鲁大学的罗伯特·希勒在其一篇重要的文章中发现，标准普尔500股票价格指数的波动不能由构成该指数股票的股利的后续波动来判断。有许多评论这些结果的后续技术研究成果，但是希勒的研究结论，与对当股票市场交易所收盘时股票价格波动较小的研究所取得的结果一致，即股票市场价格会受到除基本面以外的其他因素的影响。⊜

5. 均值回归

一些研究者也发现股票回报率表现出**均值回归**（mean reversion）的特征：今天具有低收益率的股票趋于在未来有更高的收益率，反之亦然。因此，过去表现较差的股票更有可能在未来表现更好，因为均值回归表明未来的股票价格将会有可预测的正向变化，意味着股票价格并不遵循随机游走。其他的研究人员发现，第二次世界大战以后，均值回归在数据上不具有说服力，因此产生了疑问，即它现在是否还是一个重要的现象。关于均值回归的实证研究仍然存在

⊖ See, for example, Donald B. Keim, "The CAPM and Equity Return Regularities," *Financial Analysts Journal* 42 (May-June 1986): 19-34.

⊜ 另外一种使股票市场看起来没有那么有效的不正常情况是，最有声誉的投资咨询时事通讯册《价值线调查》会提供一些平均而言能带来异常高回报的股票推荐意见。见 Fischer Black, "Yes, Virginia, There Is Hope: Tests of the Value Line Ranking System," *Financial Analysts Journal* 29 (September-October 1973): 10-14, and Gur Huberman and Shmuel Kandel, "Market Efficiency and Value Line's Record," *Journal of Business* 63 (1990): 187-216。当然，《价值线调查》的卓越表现在未来能否持续还有待观察。

⊜ Werner F. M. De Bondt and Richard Thaler, "Further Evidence on Investor Overreaction and Stock Market Seasonality," *Journal of Finance* 62 (1987): 557-580.

㈣ Robert Shiller, "Do Stock Prices Move Too Much to Be Justified by Subsequent Changes in Dividends?" *American Economic Review* 71 (1981): 421-436, and Kenneth R. French and Richard Roll, "Stock Return Variances: The Arrival of Information and the Reaction of Trades," *Journal of Financial Economics* 17 (1986): 5-26.

争议。⊖

6. 新信息并不总能立即反映在股票价格中

尽管许多研究发现，一般来说，股票价格根据新的信息进行调整，正如有效市场假说所预计的那样，但是最近的实证研究认为，同市场有效假说不一致的是，股票价格并不会立即随收益报告的发布而调整。作为替代方式，在公司发布未预期的高额收益以后，平均而言，股票价格在一段时间内会持续上涨，而在公司发布令人讶异的低收益以后，股票价格会持续降低。⊜

6.2.3 有效市场假说实证综述

正如你所见，关于有效市场假说的争论远远没有结束。这些实证研究似乎表明有效市场假说可能是评估金融市场行为的一个合理的起点。然而，还有一些违背市场效率的重要研究结论认为有效市场假说并非完全正确，因此也不能被广泛用于金融市场中的所有行为。

专栏6-3 执业经理

股票市场投资实用指南

有效市场假说在现实生活中应用广泛。它能直接应用于金融机构的管理人员特别关注（而且普通大众也特别关注）的一个问题，即如何在股票市场中盈利，因此非常有价值。此处讲述的股票市场投资操作指南，能使我们更好地理解有效市场假说的运用及含义。

投资顾问出版报告的价值

假设你刚刚阅读了《华尔街日报》中的"投资风向标"（Heard on the Street）专栏，投资顾问预测由于石油短缺问题会引起石油股票价格的暴涨。你是否应该将你所有辛苦攒下来的储蓄取出来投资于石油股呢？

有效市场假说告诉我们，在购买一种证券时，不能指望获得异常高的收益，即高于均衡收益率的收益。报纸上的新闻以及投资顾问发布的研究报告能够很容易地被许多市场参与者获得，而且已经在股票价格中反映出来。所以一般而言，根据这些消息采取行动通常不能获得异常高的收益率。

⊖ 对均值回归的实证研究可见 James M. Poterba and Lawrence H. Summers, "Mean Reversion in Stock Prices: Evidence and Implications," *Journal of Financial Economics* 22 (1988): 27-59; Eugene F. Fama and Kenneth R. French, "Permanent and Temporary Components of Stock Prices," *Journal of Political Economy* 96 (1988): 246-273; and Andrew W. Lo and A. Craig MacKinlay, "Stock Market Prices Do Not Follow Random Walks: Evidence from a Sample Specification Test," *Review of Financial Studies* 1 (1988): 41-66。然而，Myung Jig Kim, Charles R. Nelson, and Richard Startz, "Mean Reversion in Stock Prices? A Reappraisal of the Evidence," *Review of Economic Studies* 58 (1991): 515-528 对其中一些发现的有效性进行了质疑。关于此类证据更精辟的总结，见 Charles Engel and Charles S. Morris, "Challenges to Stock Market Efficiency: Evidence from Mean Reversion Studies," *Federal Reserve Bank of Kansas City Economic Review*, September-October 1991, pp. 21-35。也可见 N. Jegadeesh and Sheridan Titman, "Returns to Buying Winners and Selling Losers: Implications for Stock Market Efficiency," *Journal of Finance* 48 (1993): 65-92, 该文说明均值回归现象也会在个股中发生。

⊜ See, for example, R. Ball and P. Brown, "An Empirical Evaluation of Accounting Income Numbers," *Journal of Accounting Research* (1968) 6: 159-178; L. Chan, N. Jegadeesh, and J. Lakonishok, "Momentum Strategies," *Journal of Finance* (1996) 51: 1681-1171; and Eugene Fama, "Market Efficiency, Long-Term Returns and Behavioral Finance," *Journal of Financial Economics* (1998) 49: 283-306.

正如我们所看到的，大部分实证研究结果确认了投资顾问的推荐意见并不能帮助我们比整体市场表现出色。

可能没有什么其他结论像这样令学生怀疑的了。我们都知道，或者听说有人在股票市场中成功操作过好多年。如果他们不能确定了解怎样预测收益率何时会异常高，他们又会如何在市场中总是如此成功呢？新闻媒体上报道的如下故事描述了为什么这样逸闻般的实证是不可靠的。

一位想快速致富的艺术家想出了一个诡计。每周，他都会写两封信。在 A 信中，他会选择 A 队赢得一场特殊的足球比赛，而在 B 信中，他会选择其对手 B 队获胜。寄信单被分为两组，他将 A 信寄给一组人，将 B 信寄给另一组人。接下来的一周他会重复做相同的事情，但是只将这些信寄给那些第一封信预测结果正确的人。在重复 10 次以后，只有很少的一部分人每次都收到每场比赛预测结果都正确的信。然后，他向他们寄出最后一封信，声明由于他显然是能对足球比赛的结果做出预测的专家（他可以连续 10 周预测出胜利的球队），又由于预测结果能够使得那些收信者通过赌球获利，所以只有当他收到大量金钱时，他才会继续寄出他的预测结果。在他的一个客户发现他的所作所为之后，这个诈骗的人被诉讼并判入狱。

这个故事给我们的教训是什么呢？即使没有一个预测者能够准确预测市场，也总会有一群人总是预测胜利者。过去经常预测成功的人并不能保证他们在未来一定会成功。要注意，同样也有一群人总是预测失败者，但是你很少会听说这些，因为没有人会宣扬自己失败的预测。

小案例　应该雇用猩猩做投资顾问吗

《旧金山纪事报》想出了一种有趣的方法来对投资顾问的选股水平进行评估。年初，它要求 8 名分析师挑选 5 只股票，然后将其挑选的股票表现与生活在美国加利福尼亚州瓦列霍海洋世界的一只非洲猩猩乔林选择的股票进行比较。与《华尔街日报》的"投资风向标"专栏发现的结果一致，乔林和投资顾问的胜率一样高。鉴于这一结果，雇用一名投资顾问和雇用一只猩猩没有两样！

是否怀疑热点提示

假定你的股票经纪人给你打电话告诉你一个内幕消息，要你去购买 HFC 公司的股票，因为该公司刚刚开发出一种能够完全治疗运动员脚伤的产品，所以，股票价格肯定会上涨。你是否应该接受该建议并购买 HFC 公司的股票？

有效市场假说表明你应该怀疑这样的消息。如果股票市场是有效的，那么股票市场已经对 HFC 公司股票的价格进行了定价，该公司股票的预期收益率等于均衡收益率。内幕消息并不是特别有价值，也不会使你获得异常高的收益。

然而，你会好奇，如果内幕消息是最新的消息，那么将会使你在市场中具有优势。如果其他的市场参加者在你之前获得该信息，那么答案就是否定的。当信息到达华尔街以后，创造出的未被利用的获利机会将会很快消失。股票价格已经反映了这些信息，而且你预期股票价格将只能达到均衡收益率的水平。但是，如果你是第一批知道这个新消息的人之一（如专栏 6-1 提及的伊万·博斯基），这则信息能给你带来好处。只有此时，你才能成为市场幸运儿中的一个，一般而言，你能够凭借购买 HFC 公司股票来消除获利机会，从而赚取异常高的收益。

时逢好消息股价总会上升吗

如果你关注股票市场，你可能会注意到一个令人困惑的现象：当公司发布一个关于其股票的好消息时（如有利的收益报告），股票价格通常不能上涨。有效市场假说和股票价格的随机游走行为解释了这个现象。

由于股票价格的变化是无法预计的,所以当公司发布一条已经为市场所预期的消息时,股票价格将会保持不变。该公告没有包含任何能够引起股票价格变化的信息。如果该公告引起了股票价格的上涨,那么这意味着该变动是可以被预测的。因为有效市场排除了这种情况,只有当发布的信息是最新的并且未被预期到时,股票价格才会对该消息做出反应。如果该消息能够被预测到,那么将没有任何股票价格变动。而这正是我们前面所描述的实证研究所表明的:股票价格反映了公众所能获得的消息。

有时候,当有利消息发布时,股票价格反而会下降。尽管这种情况看起来有点奇怪,但这与有效市场的研究成果是完全一致的。假定尽管公布的消息是有利的,结果也并不如预期的好。比如,HFC 公司的收益水平可能已经上升了 15%,但如果市场预期的收益水平会上升 20%,那么新的消息是完全不利的,而且股票价格会下降。

投资者的有效市场指示

有效市场假说对投资股票市场有什么指导意义呢?它告诉我们,内幕消息、投资顾问的推荐意见以及技术分析(所有公众能够获得的信息)不能帮助投资者战胜市场。事实上,这表明任何无法获得比其他市场参与者更好消息的人都不能预期战胜市场。那么投资者要怎么做呢?

有效市场假说得出结论,即投资者(几乎我们所有人都被归为这一类)不应该企图通过不断买卖证券来猜测市场。该过程除了能提高靠收取每笔交易中赚取佣金的经纪人的收入以外,没有任何意义。[一]相反,投资者应该采取一种"购买并持有"的策略(购买股票并持有一段时间)。通常而言,这种策略将会获得相同的利润水平,但因为需要支付的经纪佣金更少,所以投资者的净利润将会更高。[二]

通常对于资产组合管理成本较高(相对于投资规模)的小投资者来说,一种合理的投资策略就是购买共同基金而不是股票。有效市场假说认为没有任何共同基金能够一直战胜市场,投资者不能购买具有高管理费或者需要支付给经纪人销售佣金的基金,而应该购买具有低管理费且不收佣金的共同基金。

正如我们所见,尽管一些有效市场假说的例外情况说明,一个极端聪明的投资者(比我们大部分人都强的人)有可能会比采取买入并持有策略表现更出色,但是实证研究分析表明,要打败这里所提到的指导意见并不是很容易。

专栏6-4 案例

股市崩盘对有效市场假说意味着什么

1987 年的 10 月 19 日("黑色星期一"),道琼斯工业平均指数下跌超过 20%,这是美国历史上单日最大跌幅。2000 年 3 月,高科技公司的股价从其峰值迅速下跌,导致主要由高科技公司股票组成的纳斯达克指数从 2000 年 3 月的 5 000 点左右下跌到 2001~2002 年的 1 500 点左右,跌幅超过 60%。这两次股市崩盘使许多经济学家开始质疑有效市场假说的有效性。他们不相信一个有效市场会引起股票价格如此巨大的波动。到底何种程度的"股灾"会使人们怀疑有效市场假说的有效性呢?

[一] 投资者需要对证券出售时所实现的利润支付资本增值税,这也是持续买卖操作不可取的另一个原因。
[二] 投资者也能通过持有一种多样化资本组合来最小化风险。投资者的状况能够通过购买一种多样化的资产组合的购买并持有策略或者投资于具有多样化组合的共同基金来改善。

有效市场假说并没有排除股票价格大幅波动的可能性。股票价格的大幅波动可能源于一则新消息，这则消息会使公司未来估值的最优预期下降。然而，经济学家很难提出经济基本面的变化来解释"黑色星期一"和科技股泡沫的破灭。从这些"股灾"中得到的一个教训就是，市场基本面以外的其他因素可能会对股票的价格产生影响。的确，我们在本书的第7章和第8章中会深入探讨，有充分的理由相信金融市场存在障碍，但运作良好。因此，这些"股灾"使许多经济学家确信，市场假说升级版认为资产价格反映证券真实（内在）价值的观点是不正确的。他们认为，市场心理学和市场组织结构在股票价格的决定方面发挥重要的作用。然而，这种观点与弱有效市场假说观点背后的基本原理相矛盾，即市场参与者消除了未被利用的获利机会。即使股票价格可能并不总是反映市场基本面，但这并不意味着有效市场假说不成立。由于"股灾"是不可预期的，所以理性预期理论的基本原理仍然成立。

然而，一些经济学家认为"股灾"和泡沫的存在，说明市场上可能有未被利用的获利机会，而且理性预期理论和有效市场假说可能存在基础缺陷。关于资本市场是否有效的讨论仍然在继续。

6.3 有效市场假说的局限性

许多金融学家在分析金融市场时，将有效市场假说向前推进了一步。他们不仅相信金融市场的预期是合理的（即等于使用所有可用信息的最优预测），而且他们还附加了一个条件，即金融市场的价格能够反映证券的真实基本（内在）价值。换句话说，所有价格都是正确的，并反映了**市场基本面**（market fundamentals，对证券未来收入流有直接影响的项目），因此金融市场是有效的。

这种市场效率更强的观点在金融学术领域具有重要意义。首先，这意味着在一个有效的资本市场中，一项投资和其他投资一样好，因为证券价格是正确的；其次，它意味着证券的价格反映了有关该证券的内在价值的所有可用信息。最后，这意味着金融和非金融公司的经理都可以使用担保价格来准确评估其资本成本（投资的融资成本），因此证券价格可以用来帮助他们做出关于某项投资是否值得的正确决定。这种更强的市场效率是金融领域许多分析的基本原则。

然而，有效市场假说可能被误称了。这并不意味着市场效率更强，仅仅意味着像股票市场这样的市场价格是不可预测的。事实上，正如下面的内容所表明的那样，市场崩溃和资产价格远高于其基本价值的**泡沫**（bubbles），使人们对金融市场有效的观点提出了强烈的质疑，但对有效市场假说基本观念的争议较少。

6.4 行为金融

对有效市场假说的质疑，特别是1987年的"股灾"以后，将该领域的研究导向了一个新的领域，即**行为金融**（behavioral finance）。行为金融学运用其他社会科学的观点（如人类学、社会学，尤其是心理学）来理解证券价格的表现行为。⊖

⊖ 对该领域的研究可见 Hersh Shefrin, *Beyond Greed and Fear: Understanding of Behavioral Finance and the Psychology of Investing* (Boston: Harvard Business School Press, 2000); Andrei Shleifer, *Inefficient Markets* (Oxford: Oxford University Press, 2000); and Robert J. Shiller, "From Efficient Market Theory to Behavior Finance," Cowles Foundation Discussion Paper No. 1385 (October 2002).

正如我们所见，有效市场假说假定，未被利用的获利机会能被有经验的投资者消除，但是有经验的投资者能否支配普通的投资者，从而使得市场是有效的呢？特别地，有效市场假说认为，当股票价格不合理地升高时，有经验的投资者选择将股票卖出，因此股票价格会回落到基本面解释的正常价格水平上。然而，要使这些发生，有经验的投资者必须能够进行**空头交易**（short sale），在该交易中，他们从经纪人手中借入股票，并将其在市场上出售，并希望他们能够在股票价格回落以后再次买进股票（对冲空头头寸）而获利。然而，心理学家的研究表明，人们有厌恶损失的倾向：他们在遭受损失时的不愉快程度要高于获利时的愉快程度。如果股票的价格在卖空价格以上迅速攀升，那么卖空价格可能会导致超过投资者初始投资额的损失（如果股价攀升到一个极大的高度，那么这些损失可能会无限增大）。因此，损失厌恶能够解释一个重要的现象：卖空行为实际上很少发生。卖空行为也会受到各种规则的限制，因为在这种操作中，有人会因其他人的不幸而获益，这是令人讨厌的。只有很少的卖空交易这个事实能够解释为什么股票价格有时候会被高估。当有经验的投资者希望将股票的价格拉回其基本面价值时，却没有足够的空头交易发生。

心理学家也发现，人们趋向于对自己的判断过度自信（每一个人都认为自己比一般人优秀）。结果，毫无疑问的是，投资者趋向于相信他们比其他的投资者更聪明。这些"聪明"的投资者不仅认为市场通常没有按照正确的轨道前进，而且他们愿意以自己的信念为基础进行交易。这就能够解释为什么证券市场会有如此大的交易量，而这正是有效市场假说解释不了的现象。

过度自信和社会传染为股票市场泡沫提供了一种解释。当股票价格上涨时，投资者将其收益归因于他们的智慧和对股票市场的讨论。这样，这种口头的热情和媒体就会营造一种环境，即更多的投资者认为，未来的股票价格会上涨。因此，结果就是产生正反馈循环，使得股票价格继续上涨，并产生投机泡沫；当股票价格过高而与基本面不协调时，这种泡沫最终就会崩溃。⊖

行为金融学领域是一个新的研究领域，它为我们提供了一种希望，使得我们能够更好地解释证券市场行为的一些特征，而这些却是有效市场假说所不能解释的。

本章小结

有效市场假说表明当前证券价格能够完全反映所有可获得的信息，因为在有效市场中，所有未被利用的获利机会会被消除。金融市场需要消除未被利用的获利机会，但这并不要求所有的市场参与者都能够清楚地认识到良好的消息。

有效市场假说的实证研究是很复杂的。早期关于投资分析师和共同基金的表现，股票价格是否反映了公众可获得的信息，股票价格的随机游走行为，以及所谓的技术分析的成功的研究都十分支持有效市场假说。然而，最近几年，关于小公司效应、一月效应、市场过度反应、过度波动性、均值回归以及新信息并不总能立即反映在股票价格中的现象的研究表明，有效市场假说并不总是完全正确的。这些实证研究表明，有效市场假说可能是评估金融市场行为的一个合理的起点，但是它可能无法被广泛用于金融中的所有行为。

⊖ See Robert J. Shiller, *Irrational Exuberance* (New York: Broadway Books, 2001).

有效市场假说表明，内幕消息、投资顾问发布的推荐意见以及技术分析，并不能帮助投资者战胜市场。该假说对投资者的指导意见是采取买入并持有策略（买入股票并持有它们很长的一段时间）。实证研究都普遍支持股票市场中有效市场假说的这些含义。

已经发生的金融危机和金融泡沫使很多经济学家相信，升级版的有效市场假说表明，资产价格反映证券真实的基本（内在）价值的观点是不正确的。而没有明确的证据表明，"股灾"能够反映弱有效市场假说是错误的。即使股票市场能够受基本面以外的其他因素所影响，这些"股灾"也不能显著地表明，只要"股灾"不能被预测，有效市场假说的基本道理就不再有效。

被称为行为金融学的新的研究领域应用了其他社会科学的观点（如人类学、社会学，尤其是心理学）来解释证券价格的行为。损失厌恶、过度自信和社会传染能够解释交易量如此之大、股票价格会被高估以及投机泡沫出现的原因。

简答题

1. "预测者对通货膨胀的预测是非常不准确的，所以他们对通货膨胀的预测不可能是最优的。"这个观点是正确的、错误的还是不确定的？给出你的解释。
2. "乔早上起床时，如果正在下雪，那么他对开车上班花费的时间会估计错误。除此以外，他对开车时间的估计就是完全准确的。考虑到在乔生活的地区，每10年才会下雪异常，因此，乔的估计几乎总是完全准确的。"乔的预测是不是最优的？为什么？
3. 如果你决定玩一个游戏，通过掷骰子来选择买哪只股票。10个月后，计算投资回报，以及同一时期内听从专家建议所获得的回报。如果两种回报都是相似的，这是否构成支持或者反对有效市场假说的证据？
4. "如果股票价格不服从随机游走，那么市场中将会有未被利用的获利机会。"这个观点是正确的、错误的还是不确定的？给出你的解释。
5. 假定货币供给的增加导致了股票价格的提高。这是否意味着当你发现货币供给在过去的一周内有大幅增加时，你应该去买股票呢？为什么？
6. 假设预测ABC公司未来的股票价格，收集所有有用的信息。在宣布预测当天，ABC公司的竞争对手宣布了一项合并和重建产业结构的计划。你的预测会被认为是最优的吗？
7. 如果我的经纪人过去5个关于买入卖出股票的推荐意见都是正确的，那么我是否应该继续听取她的意见呢？
8. 具有最优预期的人能不能预期下个月谷歌公司股票的价格上涨10%呢？
9. 如果每年11月最后一周的股票价格平均上涨3%。这个证据是支持还是反对有效市场假说？
10. "在有效市场中，没有人能够通过获得比其他人更好的信息来获利。"这个观点是正确的、错误的还是不确定的？给出你的解释。
11. 如果较高的货币增长率将伴随未来较高的通货膨胀，且如果公布的货币增长率极高，但仍然低于市场预期，你认为长期债券的价格将会发生什么变化？
12. "正如股票价格一样，汇率也应该服从随机游走。"这个观点是正确的、错误的还是不确定的？给出你的解释。
13. 如果有效市场假说成立。马科斯最近被一家经纪行聘用，声称现在掌握了最好的市场信息。但是，作为一名新人，公司没有人能告诉他关于公司的很多信息。你认为马科斯的客户会比公司其他客户更好还是更差？
14. 假设你的工作是预测月度通货膨胀，过去6次预测的误差为1%。据此能说你的预期是最佳的吗？

计算题

1. 一家公司刚刚宣布其股票要由一股拆成三股，该计划将立即生效。在拆股前，该公司有 1 亿股的股票流通，其市值是 50 亿美元。假定拆股没有传递任何关于该公司的新消息，那么该公司拆股以后的市值为多少？流通在外的股数是多少？每股的价格又该是多少？如果拆股以后的实际市场价格是每股 17 美元，那么这能告诉我们关于市场有效的什么事实呢？

2. 如果公众预期一家公司的股票本季度将会每股下跌 5 美元，而实际上每股下跌了 4 美元，但这仍然是公司历史上最大的损失。根据有效市场假说，当每股 4 美元的损失公布时，该公司的股价将会出现什么变化？

网络练习

有效市场假说

1. 登录 https://research.stlouisfed.org/fred2/，点击"Category"（目录），然后点击"Financial Indicators"（金融指标），再点击"Stock Market Indexes"（股票市场指数）。回顾道琼斯工业平均指数、标准普尔 500 指数以及纳斯达克综合指数。哪种指数的波动性最强？如果允许 1985 年的投资能够一直累积到现在，你将愿意投资于哪种指数呢？

2. 互联网是股票价格和股价走势的重要信息来源。登录 http://finance.yahoo.com，在"Search Finance"（搜索金融）中输入道琼斯工业平均指数，点击查看道琼斯工业平均指数的当前数据。点击"Historical Prices"（历史价格）并改变期限区间，观察不同时段的股票趋势，股票价格在过去的 1 天、1 周、3 个月和 1 年中有下跌吗？

PART 3

第三部分

金融机构基础

第 7 章

金融机构的成立

预　览

　　健康而富有活力的经济需要这样一个金融体系：它可以将资金从储蓄者手中转移到具有生产性投资机会的人手中。但是金融体系怎样确保使你辛苦攒下的储蓄流向那些生产性的投资机会呢？

　　本章将通过提出一个理论来解答上面的问题，以便于理解为什么金融机构的存在可以提高经济效率。理论分析集中于几个简单但有力的经济学概念，这些概念能使我们理解金融市场的特性，比如为什么金融合约那样拟定，为什么金融机构在筹集资金给借款者方面比证券市场更重要。

7.1　全球金融结构的基本事实

　　全球的金融体系在结构和功能方面都是复杂的，其包括许多不同类型的机构，如银行、保险公司、共同基金、股票和债券市场等，这些机构都受到政府的管制。金融体系每年从储蓄者手中转移数万亿美元的资金到拥有生产性投资机会的人手中。如果我们仔细观察全球的金融结构，会发现 8 个基本事实，其中的一些事实出人意料，我们需要解释这些事实，以便于理解金融体系怎样运作。

　　如图 7-1 所示的柱形图展示了 1970~2000 年美国的企业怎样利用外部资金（从企业之外获得的资金）为其经营活动提供资金，并且将美国的数据与德国、日本、加拿大的数据进行对比。银行贷款类主要由来自存款机构的贷款组成；非银行贷款类主要由来自其他金融机构的贷款组成；债券类包括有价证券，如公司债券、商业票据；股票类包括新发行的新股（股票市场份额）。

　　现在我们来探讨这 8 个基本事实。

1. 股票不是企业外部融资的最重要来源

　　股票市场深受媒体的关注，因此很多人有这样的印象：股票是美国企业筹资最重要的来源。然而，我们可以从图 7-1 中观察到，1970~2000 年，股票市场提供的资金仅占美国企业外

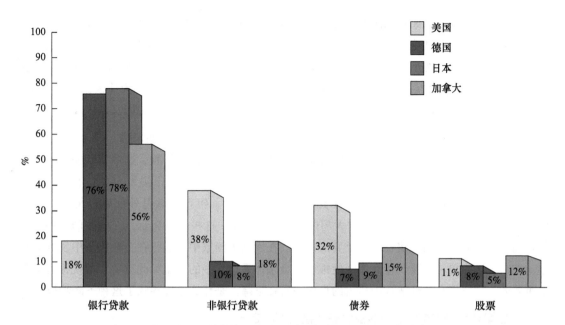

图 7-1 非金融企业外部资金来源：美国与德国、日本、加拿大的对比

注：银行贷款类主要由来自存款机构的贷款组成；非银行贷款主要由来自其他金融机构的贷款组成；债券类包括有价证券，如公司债券、商业票据；股票类包括新发行的股票（股票市场份额）。

资料来源：Andreas Hackethal and Reinhard H. Schmidt, "Financing Patterns: Measurement Concepts and Empirical Results," Johann Wolfgang Goethe-Universitat Working Paper No. 125, January 2004. 这些是 1970～2000 年的数据，并且是部分现金流数据，不包括贸易和其他信贷数据（这些数据难以获取）。

部融资的很小一部分（11%）。○ 图 7-1 中展示的这个数字在其他国家同样很小。为什么在美国及其他国家股票市场筹资的重要性低于其他融资来源？

2. 发行有价债券和权益证券不是企业为其经营筹资的主要渠道

图 7-1 显示在美国，债券筹资的重要性远大于股票（32% VS. 11%）。然而，股票和债券作为有价证券的组成部分，加起来共占 43%，其供给的资金仍然少于企业经营活动所需的外部资金的一半。发行有价证券不是筹集资金的主要来源，这个事实在世界其他国家也是正确的。确实，我们可以观察图 7-1，相对于美国，在其他国家有价证券所提供的资金占外部融资的份额更小。为什么企业不广泛地发行有价证券为其经营活动筹资？

3. 涉及金融中介活动的间接融资，其重要性远大于企业直接从金融市场筹集资金的直接融资

直接融资包括向家庭出售有价证券（如股票和债券）。作为美国企业外部融资的来源，股票和债券所占的 43% 的份额确实夸大了直接融资在金融体系中的重要性。自 1970 年以来，不到 5%

○ 股票市场提供的资金占外部融资的比例 11% 是根据公司外部资金的现金流而得出的。然而，这个现金流数据具有一定的误导性，因为当股票被发行后，其筹集的资金是永久性的，而当债券被发行后，其筹集的资金只是暂时性的，到期后要偿还。为了理解这个问题，假设一家公司通过卖出股票份额筹资 1 000 美元，同时通过卖出 1 000 美元的 1 年期债券筹集另外 1 000 美元资金。在发行股票的情况下，公司可以一直持有这 1 000 美元，但为了一直持有通过发行债券获得的 2 333 美元，公司必须每年都发行价值 1 000 美元的新债券。如果我们观察公司 30 多年的资金流，如图 7-1 所示，公司在 30 年的时间里只需发行一次股票来筹资 1 000 美元，而通过债券筹资 1 000 美元需要发行 30 次债券，在 30 年中每年一次。这样看起来在筹资方面，债券的重要性好像是股票的 30 倍，即使我们的例子表明它们对于公司是同等重要的。

的新发行的公司债券和商业票据以及不到1/3的股票被直接出售给美国家庭。这些证券的其余部分主要被金融机构所购买,如保险公司、养老基金和共同基金。这些数据表明,直接融资所占份额不到美国企业外部融资的10%。因为在大多数国家中,有价证券作为融资来源的重要性甚至比在美国还要低,所以直接融资在世界其他国家的重要性也远低于间接融资。为什么金融机构和间接融资在金融市场中如此重要?近年来,间接融资的重要性一直在下降,原因又是什么?

4. 金融中介(尤其是银行)是企业外部融资用以支持经营的最重要来源

我们可以从图7-1中观察到,全球商业外部融资的主要来源是贷款,这些贷款来自银行和非银行金融机构,如保险公司、养老基金、财务公司(在美国这一比例为56%,在德国、日本、加拿大,这个数据超过70%)。在其他工业化国家中,银行贷款是外部融资最大的来源(在德国和日本都超过70%,在加拿大超过50%)。因此,这些数据显示,在这些国家中,银行在商业活动筹资方面扮演着最为重要的角色。在发展中国家中,银行在金融体系中发挥的作用比在工业国家更为重要。什么原因使银行在金融体系运作中的作用如此重要?即使银行仍是最重要的,但它们在外部融资中所占的份额一直在下降。是什么原因导致了这种下降趋势?

5. 金融体系是整个经济中被监管最严格的部门之一

在美国和其他发达国家中,金融体系被严格管制。政府监管金融市场主要是为了促进信息披露和确保金融体系的稳定。为什么全球的金融市场都被如此广泛地监管呢?

6. 只有那些规模大的、信誉好的公司可以较容易地通过证券市场为其经营活动筹资

个体和一些信誉不太好的小企业不太可能通过发行证券来筹资,它们反而经常从银行获得资金。为什么只有规模大的、信誉好的公司才更容易在证券市场上筹资呢?

7. 抵押品是家庭和企业债务合约的一个重要特征

抵押品是一种财产权,可以保证贷款者在借款者不能偿还贷款的情况下依然可以获得支付。**抵押债务**(collateral debt)也被称为**担保债务**(secured debt),以区别于**无担保债务**(unsecured debt),如无须担保的信用卡债务。抵押债务是家庭负债的主要形式,也被广泛应用在商业借款中。美国多数的家庭负债由抵押贷款组成:你的汽车是汽车贷款的抵押品,你的房子也是抵押贷款的抵押品。以财产权作为抵押品的商业和农业抵押贷款,占非金融企业借款的1/4;公司债券和其他银行贷款也经常涉及抵押品。为什么抵押品是债务合约的一个如此重要的特征?

8. 债务合约是非常典型的、复杂的法律文件,可以对借款者的行为施加实质性的约束

许多学生认为债务合约就是一种简单地写在一张纸上的借据。事实上,债务合约远不同于借据。在所有的国家,债券或者贷款合约是拟定了各种条款(**限制性条款**,restrictive covenants)的很长的法律文件,约束和规定借款者能够从事的具体活动。限制性条款并不只是企业债务合约的一个特征,比如个人汽车贷款和房屋抵押贷款合约的条款就要求借款者为利用贷款购置的汽车或房屋购买充足的保险。为什么债务合约如此复杂并且具有限制性?

回顾第2章的内容可知,金融市场的一个重要特征是存在大量的交易成本及信息成本。对于这些成本如何影响金融市场的经济分析可以帮助我们解释这8个事实,同时能使我们对于金融体系的运作有更加深入的理解。在后面的章节中,我们将探讨交易成本对金融体系结构的影响。然后我们将转向研究信息成本对金融结构的影响。

7.2 交易成本

交易成本是金融市场的一个主要问题。举一个例子将会更清楚地说明这一点。

7.2.1 交易成本对金融结构的影响

假如你有 5 000 美元并考虑投资到股票市场。因为你仅有 5 000 美元，你只能买很少份额的股票。即使你用在线交易，由于购买份额太少，使得你向经纪商支付的佣金将会占购买股票价格的很大百分比。如果你选择购买债券，问题会更加严重，因为你可能想要购买的一些债券的最小面额是 10 000 美元，但是你没有这么多的资金来投资。你意识到你不能够通过金融市场让辛苦攒下的储蓄获得收益，这将令你很失望。然而，当你意识到并不止你一个人受制于高昂的交易成本时，或许你会有些宽慰。这是我们许多人都面临的事实，只有大约一半的美国家庭拥有证券。

由于交易成本的存在，你同时面临另外一个问题。你的资金数额很小，所以你的投资规模受到限制，因为大量小额交易将导致很高的交易成本。也就是说，你不得不把所有的鸡蛋放在一个篮子里，不能使投资多样化将使你面临很高的风险。

7.2.2 金融中介减少交易成本

由交易成本所带来的问题的例子和第 2 章列出的法律成本高使你不能借款给木匠卡尔的例子说明，像你一样的小额储蓄者被挡在了金融市场外，不能从中获得收益。幸运的是，金融中介作为一个金融结构的重要部分，已经逐步发展，用以降低交易费用并且允许小额储蓄者和借款者从金融市场中获益。

1. 规模经济

解决高昂交易成本问题的一种方法是把许多投资者的资金集中起来，这样可以利用规模经济的优势，也就是随着交易规模的扩大，每一美元投资的交易成本将降低。把投资者的资金集中起来将减少个体投资者的交易成本。规模经济的存在是因为交易规模的扩大仅仅引起每一笔交易总成本的小幅上升。例如，购买 10 000 股股票的交易成本并不比购买 50 股的成本高很多。

金融市场中规模经济的存在解释了为什么金融机构得到发展并且在金融结构中具有如此重要的地位。由于规模经济使得金融机构发展起来的一个最明显的例子是共同基金。共同基金是一个金融机构，它销售基金份额给个人，然后将资金投资于债券或者股票。因为共同基金购买的股票或者债券数额很大，所以它可以享受低交易成本的好处。在共同基金以管理账户费用的名义扣除相关费用之后，这些节约成本的好处将传递给个体投资者。对于个体投资者而言，另一个好处是共同基金规模足够大，可以广泛购买多样化的证券投资组合。而多样化投资程度的提高会降低他们的风险，使他们的状况得到改善。

规模经济在降低类似于计算机技术之类的活动成本方面也是非常重要的，金融机构需要利用计算机技术完成工作。例如，一旦规模较大的共同基金投入巨资建立一个电子通信系统，这个系统将被用来处理大量的交易，同时可以降低每笔交易的成本。

2. 专业技术

金融机构能更好地发展专业性以降低交易成本。它们在计算机技术方面的专业性能够为客户提供便利的服务，例如，客户可以拨打免费电话咨询投资情况或者在他们的账户中签发支票。

金融机构低交易成本所带来的一个重要结果是，其具有为客户提供流动性服务的能力，这种服务能够使客户更方便地交易。例如，货币市场共同基金不仅向投资者支付高额利息，而且允许他们签发支票，方便地进行支付。

7.3 信息不对称：逆向选择和道德风险

金融市场中交易成本的存在部分解释了为什么金融机构和间接融资在金融市场中扮演如此重要的角色（第3个事实）。为了全面了解金融结构，我们转而探讨信息在金融市场中的作用。

信息不对称（asymmetric information，即在进行交易时，由于一方对另一方的信息掌握不充分而不能够做出准确的决策）是金融市场的一个重要问题。例如，一家公司的管理者比股东更清楚自己是否诚实，更了解公司的运营情况。信息不对称的存在导致了逆向选择和道德风险问题。

逆向选择（adverse selection）是发生在交易之前的信息不对称问题：那些可能产生信用风险的潜在借款者往往是最积极寻求贷款的人。这样，最有可能导致不利后果的人往往是最希望参与交易的人。例如，冒险者或者纯粹的骗子可能是最想获得贷款的人，因为他们知道自己很可能无法偿还贷款。逆向选择增加了不良贷款的可能性，所以贷款者可能选择不发放任何贷款，即使市场中存在风险较低的贷款机会。

道德风险（moral hazard）是在交易发生之后产生的：借款者可能会从事那些贷款者不希望从事的活动，因为这些活动可能使贷款无法偿还。例如，一旦借款者获得贷款，他们可能会冒很大的风险（有可能获得高回报但也有很高的违约风险），这是因为他们使用的是别人的钱。因为道德风险降低了偿还贷款的可能性，所以贷款者可能将决定不发放贷款。

对于信息不对称问题如何影响经济行为的分析被称作**代理理论**（agency theory）。我们将用这个理论解释为什么金融结构是这样的形式，从而解释在本章开始列出的那些事实。在第8章中，我们将用相同的理论研究金融危机。

7.4 次品问题：逆向选择对金融机构的影响

诺贝尔经济学奖获得者乔治·阿克洛夫在一篇非常著名的文章中简述了逆向选择问题怎样以一种特别的方式妨碍市场的有效运作。因为这与二手车市场中次品车问题类似，所以被称作"次品问题"。㊀二手车的潜在买主通常不能评估车的质量，也就是说，他们不能辨认二手车能

㊀ George Akerlof, "The Market for 'Lemons': Quality, Uncertainty and the Market Mechanism," *Quarterly Journal of Economics* 84 (1970): 488-500. 下面有两篇重要的论文运用次品问题分析金融市场，它们分别是 Stewart Myers and N. S. Majluf, "Corporate Financing and Investment Decisions When Firms Have Information That Investors Do Not Have," *Journal of Financial Economics* 13 (1984): 187-221; and Bruce Greenwald, Joseph E. Stiglitz, and Andrew Weiss, "Information Imperfections in the Capital Market and Macroeconomic Fluctuations," *American Economic Review* 74 (1984): 194-199.

驾驶良好还是会不断地给他们带来麻烦。买主支付的价格反映了市场中所有二手车的平均质量，介于次品车的低价和好车的高价之间。

相比之下，二手车车主更加清楚他的车是好车还是次品车。如果是次品车，车主非常愿意以买主的价格卖出，这个价格介于次品车和好车的价值之间，远远大于次品车的价值。然而，如果是好车，车主知道买主愿意支付的价格低估了好车的价值，所以将不愿意卖出。由于逆向选择问题，质量较好的二手车很少进入市场。因为市场上可交易的二手车平均质量较差，并且几乎没有人愿意买次品车，所以销量很小，二手车市场运作不良。

7.4.1 股票和债券市场的"次品"

在证券市场，即债务（债券）和股权（股票）市场中，次品车问题也会出现。假设投资者欧文是证券（例如普通股票）的潜在购买者，他不能区分有高回报、低风险的好公司和有低回报、高风险的差公司。在这种情况下，欧文只愿意支付反映发行证券的公司的平均质量的价格，这个价格介于好公司和差公司的证券价值之间。如果一家好公司的所有者或管理者比欧文拥有更多信息，并且清楚自己的公司是好公司，他们知道欧文愿意支付的价格低估了其证券的价值，所以将不愿意卖出。愿意卖给欧文的将是那些差公司（因为欧文的价格高于那些证券的价值）。欧文并不是傻瓜，他不愿意持有差公司的证券，因此他决定不在市场上购买证券。与二手车市场的情形类似，这个证券市场不会运作良好，因为很少有公司会通过卖出证券来筹集资金。

如果欧文不投资股权而是考虑在债券市场上购买公司债务工具，分析也是相似的。只有债券利率高到足以补偿那些力图卖掉债券的好公司和差公司的平均违约风险时，欧文才会购买这种债券。聪明的好公司所有者意识到他们将支付的利率高于应该支付的，因此他们不太可能在市场上借款。只有那些差公司才愿意借款，像欧文这样的投资者不希望购买差公司发行的债券，因此他们可能不会购买任何债券。很少有公司债券在市场上销售，所以这将不是良好的融资来源。

以上分析解释了第 2 个事实：发行有价证券和权益证券不是企业为其经营筹资的主要来源，同时也部分地解释了第 1 个事实：股票不是企业外部融资的最重要来源。次品问题的存在，降低了证券市场（如股票和债券市场）传递储蓄者和借款者资金的有效性。

7.4.2 解决逆向选择问题的工具

如果不存在信息不对称，次品问题就不会存在。如果买主对二手车质量的了解和卖主一样多，所有的参与者就都可以区分好车和坏车，买主就会愿意为好的二手车支付全款。因为好车的车主可以得到一个公平的价格，他们会愿意在市场上出售。市场上将会有很多交易，并会实现其期望功能，将好车卖给需要它们的人。

同样，如果证券购买者能够区分好公司和差公司，他们将愿意为好公司发行的证券支付全价，同时好公司也会愿意在市场上出售它们的证券。所以，证券市场能够将资金转移到拥有最有利的生产性投资机会的好公司。

1. 信息的私人生产和销售

金融市场中逆向选择问题的解决方法是消除信息不对称，向供应资金的人提供那些为投资活动寻求资金的个人或公司的详细信息。使储蓄－贷款者获得这些资料的一个途径是成立私人公司，收集和生产能够区分好公司和差公司的信息，然后将信息出售。在美国就有诸如标准普尔、穆迪和价值线这类公司，它们收集公司资产负债表和投资活动信息，发布这些数据并出售给订阅者（个人、图书馆、购买证券的金融机构）。

然而，由于搭便车问题，信息的私人生产和销售体制并没有完全解决证券市场上的逆向选择问题。**搭便车问题**（free-rider problem）是指，那些没有付费的人使用了其他人付费所得到的信息。搭便车问题的存在说明信息的私人销售只能部分地解决"次品"问题。为了理解其原因，我们假设你刚刚购买了信息，这些信息告诉你哪些是好公司、哪些是差公司。你相信购买信息是值得的，因为通过购买那些价值被低估的好公司发行的证券，可以弥补为信息付出的成本。然而，当我们聪明的投资者（搭便车者）欧文看到你购买了某些证券时，他会跟着你一起买，尽管他没有为信息付费。如果其他投资者都像欧文这样，被低估证券需求的增加将会立即导致价格被拉高到反映证券真实价值的水平。由于搭便车者的存在，你将不能买到价格低于真实价值的证券。现在由于你不能从购买信息中得到任何利润，你会意识到你不应该首先购买信息。如果其他投资者也认识到这一点，私人公司和个体可能就不能卖出足够多的信息来弥补收集和生产信息的成本。私人公司从销售信息中获得利润的能力变弱，这意味着它们会生产更少的信息，所以逆向选择的问题（次品问题）仍将阻碍证券市场的有效运作。

2. 政府监管以增加信息

搭便车问题妨碍了私人市场生产足够的信息以消除导致逆向选择的信息不对称问题。金融市场可以通过政府干预获益吗？例如，政府可以生产信息帮助投资者区分好公司和差公司，并且免费把信息提供给公众。然而，这种方法会使政府发布有关公司的负面信息，在政治上实行起来是困难的。第二种方法（美国以及大多数国家的政府都是这样做的）是政府监管证券市场，通过鼓励公司披露真实信息以便于投资者可以区分公司的优劣。在美国，证券交易委员会是政府机关，它要求销售证券的公司有独立的**审计**（audits），会计师事务所可以证明公司遵守会计准则并且真实披露有关销售、资产和收入的信息。其他国家也有类似的规定。然而，信息披露的要求并不是很有效，安然公司的破产以及世界通信和帕玛拉特（一家意大利公司）等公司的会计丑闻，都说明了这一点（见专栏7-1）。

专栏7-1 小案例

安然公司的破产

直到2001年，安然公司（一家专门从事能源贸易的公司）看起来都是非常成功的。该公司占据了1/4能源贸易市场份额，截至2000年8月（破产的前一年多），其估值高达770亿美元，是当时美国的第七大公司。然而，到2001年年底，安然公司的业绩迅速下滑。2001年10月，公司宣布第三季度损失高达6.18亿美元并披露公司的会计账目出现一些"错误"。随后美国证券交易委员会在安然公司前财务主管的协同下，对安然公司的财务展开正式调查。调查结果表明，通过一系列复杂的交易，安然公司在资产负债表中隐藏了大量的债务和金融合约。这些交易使安然公司隐藏了其财务困难的状况。尽管安然公司从摩根大通和花旗集团融资15亿美元作为担保，但还是在2001年12

月被迫宣布破产，这成为美国历史上最大的破产案例。

安然公司的破产说明政府监管可以弱化信息不对称问题，但并不能完全消除它。管理者有很强的动机去隐藏公司出现的问题，这使得投资者很难认清公司的真实价值。

安然公司的破产不仅使金融市场中人们对公司提供的会计信息质量的关注程度提高，也给许多公司以前的员工带来困难，他们发现养老金变得毫无价值。对于安然公司高管的不诚实，公众非常愤怒，有一些高管被起诉，其中的一些被定罪并送进了监狱。

金融市场中逆向选择的信息不对称问题帮助我们解释了为什么金融市场是经济中被监管最严格的部门之一（第5个事实）。政府监管是必要的，其可以增加投资者的信息，减少妨碍证券市场（股票和债券）有效运作的逆向选择问题。

尽管政府监管弱化了逆向选择问题，但并没有完全消除它。即使公司提供给公众有关销售、资产和收入的信息，但它们掌握的信息仍然比投资者多：公布的统计数据不能全面反映公司的质量。此外，差公司会努力使自己看起来像好公司，因为这样会使它们的证券以更高的价格卖出。差公司会对将要公开的信息进行处理，使投资者难以区分好公司和差公司。

3. 金融中介

到目前为止，我们了解了信息的私人生产和政府对信息披露的监管可以弱化但不能完全消除金融市场的逆向选择问题。那么，在信息不对称的情况下，金融结构怎样促使资金流向具有生产性投资机会的人手中？二手车市场结构可以提供一条线索。

二手车市场的一个重要特征是，多数二手车不是直接在个人之间进行买卖。想买二手车的人可能会订阅《消费者报告》之类的杂志来获得私人生产的信息，从而了解某一特定型号的汽车是否具有良好的修理记录。然而，阅读《消费者报告》并不能解决逆向选择问题，因为即使某一型号的汽车有良好的信誉，但别人设法卖出的该型号某辆具体的汽车也可能是次品车。潜在买主可能会请技工对二手车做检查。但是如果潜在买主不认识值得信赖的技工，或者技工为评估汽车索要高额费用，情况又会是怎样的呢？

由于这些障碍的存在，使得个人难以掌握足够的关于二手车的信息，多数二手车并不是直接在个人之间交易。相反，它们由中介机构出售——中介机构是二手车的交易商，它们从个人手中购买二手车再把二手车销售给其他个人。二手车交易商成为鉴别汽车是好车还是次品车的专家，从而可以生产信息。一旦他们知道某辆车是好车，在销售时他们就会带有一定形式的保证：这种保证可以是明确的，如质量保证书；也可以是一种隐含的保证，如以其名誉作为担保。由于交易商的保证，人们更有可能购买二手车，而交易商可以通过生产关于二手车质量的信息并以高于购买价的价格出售二手车而获得利润。如果交易商购买二手车并在生产了信息后出售二手车，就可以避免其他人在信息上搭便车的问题。

就像二手车交易商在汽车市场上有助于解决逆向选择问题一样，金融机构在金融市场上扮演相似的角色。金融机构（如银行）在生产公司信息方面具有专业性，从而可以区分信用风险的高低。然后它们可以从存款者那里获得资金，贷给信用好的公司。由于银行可以将大部分资金借给信用好的公司，这使得它们可以从贷款中获得高于支付给存款者利息的回报。银行获得的利润使它们更有动力去从事信息的生产活动。

银行可以从信息生产中获得利润的一个重要原因是，它们主要是发放贷款而不是在公开市场上购买证券，从而避免了搭便车问题。由于私人贷款不公开交易，其他投资者看不到银行在做什么，也就无法把贷款价格出到无法弥补银行生产信息费用的水平上。银行作为中介机构持有大部分非交易性贷款，这是它们成功地减少金融市场上信息不对称问题的关键。

我们对逆向选择的分析说明，金融中介（尤其是银行，因为它们持有大量非交易性贷款）在促使资金流向公司的过程中发挥的作用比证券市场更大。这样，我们的分析解释了第3、4个事实：间接融资的重要性远大于直接融资，以及金融中介（尤其是银行）是企业外部融资用以支持经营的最重要来源。

这项分析解释的另外一个重要事实是，在发展中国家的金融体系中，银行的重要性更大。正如我们看到的，当公司的信息质量较好时，信息不对称问题就不那么严重，公司发行证券就更容易。相比工业化国家，在发展中国家私人公司的信息收集更难，因此，证券市场的作用较小，而金融机构（如银行）的作用更大。由此推出，当公司信息变得容易获得时，银行的重要性将下降。在过去的20年里，信息技术的巨大进步是美国的一项主要发展成果。这样，这里的分析表明美国银行等金融机构的借贷作用将下降，这也正是现在所发生的事实（见第19章）。

我们对于逆向选择的分析也解释了第6个事实：只有那些规模大的、信誉好的公司可以较容易地通过证券市场为其经营活动筹资。也就是说，大公司更有可能以一种直接的途径在证券市场上获得资金，而不是以间接途径从银行和金融机构借款。公司的知名度越高，在市场上关于该公司的活动信息就越多。这样，投资者更容易评估公司的质量并辨别公司的优劣。因为投资者很少担心知名公司的逆向选择问题，他们愿意直接投资这类公司的证券。我们对于逆向选择问题的分析表明，发行证券的公司应该有一个等级顺序。越大的、信誉越好的公司，越可能通过发行证券来融资，这就是**优序融资理论**（pecking order hypothesis）。这个假说得到了数据的支持，并且也是第6个事实所描述的。

4. 抵押品和净值

只有当借款者无法偿还贷款导致违约，使贷款者遭受损失时，逆向选择才会阻碍金融市场的运作。

抵押品（collateral）是在借款者违约时保证贷款者利益的财产权，可以减弱逆向选择的不良后果，因为其在违约发生后减少了贷款者的损失。如果一个借款者违约，贷款者就可以卖出抵押品来弥补贷款损失。例如，如果你不能偿还抵押贷款，贷款者就可以拥有你的房产权并拍卖房产，用拍卖所得偿付贷款。这样贷款者更愿意发放有抵押品保证的贷款，同时借款者也愿意提供抵押品，因为贷款者的风险降低会使借款者更可能首先获得贷款或者以更低的利率得到贷款。信贷市场上逆向选择的存在解释了第7个事实：抵押品是家庭和企业债务合约的一个重要特征。

净值（net worth）也称作**股权资本**（equity capital），是一家公司的资产（公司所有的或别人欠公司的）和负债（公司所欠的）之间的差额，作用与抵押品相似。如果一家公司有较高的净值，即使其从事的投资亏损并导致债务违约，贷款者也可以取得该公司的净值并将其出售以弥补部分贷款损失。另外，一家公司初始净值越多，其违约的可能性越小，因为其拥有可以偿付贷款的缓冲资产。因此，当寻求贷款的公司有较高的净值时，逆向选择的后果就不那么重要了，贷款者更愿意发放贷款。这个分析解释了我们常听说的一句句："只有不需要钱的人才能借到钱。"

5. 小结

到目前为止，我们用逆向选择的概念解释了前面介绍的关于金融机构的 8 个事实中的 7 个：前 4 个强调金融机构在公司融资中的重要性和证券市场的相对非重要性；第 5 个事实是金融体系是整个经济中被监管最严格的部门之一；第 6 个事实是只有那些规模大的、信誉好的公司可以较容易地通过证券市场为其经营活动筹资；第 7 个事实是抵押品是家庭和企业债务合约的一个重要特征。在下一节中，我们将看到信息不对称的另外一个概念（即道德风险）可以为金融机构在公司融资中的重要性和证券市场的相对非重要性提供另外的解释。此外，道德风险的概念可以用来解释第 8 个事实：债务合约是非常典型的、复杂的法律文件，可以对借款者的行为施加实质性的约束。

7.5 道德风险对债务合约和股权合约选择的影响

道德风险是金融交易发生之后的信息不对称问题，指的是证券的卖方有意隐藏信息，从事证券购买者不希望的活动。道德风险具有非常重要的作用，因为其决定了一家公司选择债务融资是否比选择股权合约更容易筹集资金。

7.5.1 股权合约的道德风险：委托－代理问题

股权合约（equity contracts，如普通股）是分享企业利润和资产的要求权。股权合约受一种特殊类型的道德风险——**委托－代理问题**（principal-agent problem）的影响。当管理者拥有公司小部分股权，而掌握公司大部分股权的股东（委托人）和公司的管理者（代理人）不同时，这种所有权和控制权的分离涉及道德风险的问题，在这种情况下，拥有控制权的管理者（代理人）可能以他们自己的利益而不是股东（委托人）的利益行事，因为管理者没有股东那么强烈的激励去实现利润最大化。

为了更充分地理解委托－代理问题，假设你的朋友斯蒂夫邀请你入股他的冰激凌店，成为匿名股东。这家店需要 10 000 美元的投资，而斯蒂夫仅有 1 000 美元。所以你购买了 9 000 美元的股权（股份），这使你拥有 90% 的公司所有权，而斯蒂夫仅占 10%。如果斯蒂夫工作努力，做出美味的冰激凌，并保持店面清洁，微笑面对所有的顾客，动作迅速地招呼顾客，那么扣除所有的费用（包括斯蒂夫的薪水）后，这家店每年将有 50 000 美元的利润，斯蒂夫将得到 10%（5 000 美元），你将得到 90%（45 000 美元）。

但是如果斯蒂夫没有向顾客提供迅速且友好的服务，而是用 50 000 美元的收入去买工艺品装饰办公室，甚至在上班时间偷偷溜去海滩，这家店将不会有任何盈利。斯蒂夫只有努力工作并放弃非生产性投资（如办公室的工艺品）才可以在薪水之外获得额外的 5 000 美元（利润的 10%）。斯蒂夫可能会觉得额外的 5 000 美元不足以使他努力成为一个好的管理者；他可能会认为得到额外的 10 000 美元才值得他去努力。如果斯蒂夫这样想，他就不会有很强的动机成为一个好的管理者，而是以漂亮的办公室、晒得黝黑的皮肤和没有盈利的冰激凌店而告终。因为冰激凌店没有盈利，斯蒂夫决定不以你的利益行事，这将使你失去45 000美元（如果他选择做一个好的管理者，你应得利润的90%）。

如果斯蒂夫不诚实，由委托－代理问题引起的道德风险将会更加严重。因为冰激凌店是现金买卖，斯蒂夫有动机将50 000美元私吞，并且告诉你营业利润是零。这样他获得了50 000美元的回报，而你什么都没得到。

在一些公司（如安然和泰科）的丑闻中，管理者被指控转移资金为个人所用，并因此被定罪，这些案例都表明股权合约引起的委托－代理问题是很严重的。除了追求个人利益，管理者也可能会追求那些能扩大他们个人权利但不会增加公司盈利的战略（如收购其他公司）。

如果公司的所有者对管理者的行为掌握充分的信息，从而可以阻止不合理开销甚至欺骗，那么委托－代理问题就不会发生。委托－代理问题（道德风险的一个例子）的产生是因为管理者（如斯蒂夫）比股东更了解公司的经营活动，也就是说存在信息不对称。如果斯蒂夫自己拥有冰激凌店，不存在所有权和控制权的分离，那么委托－代理问题就不会发生。如果情况是这样的，斯蒂夫努力工作并避免非生产性投资会使他得到50 000美元的利润（额外收入），这样他努力成为一个好的管理者就是值得的。

7.5.2 解决委托－代理问题的工具

1. 信息生产：监督

你已经了解，委托－代理问题的产生是因为管理者比股东更了解公司的经营和实际盈利情况。对于股东，减少这种道德风险的一种方法是，进行一种特殊类型的信息生产，监管公司活动：经常对公司进行审计，并检查管理者在做什么。问题是这种监管过程要花费大量的时间和金钱，这种情况被经济学家定义为**高成本查证**（costly state verification）。高成本查证使股权合约变得没那么吸引人，这也部分地解释了为什么股权不是金融机构中更重要的元素。

和逆向选择一样，搭便车问题减少了能降低道德风险（委托－代理问题）的信息生产量。在这个例子中，搭便车问题弱化了监管。如果你知道其他股东为监管公司活动支付了费用，你就可以搭便车。这样你可以用没有花费在监管上而节约下来的钱去加勒比海岸度假。然而，如果你可以这样做，那其他股东也可以。也许所有股东都去度假，没有人会在监管公司上花费资源。普通股的道德风险问题将会变得严重，这使得公司很难通过发行股票来筹资（这里提供了第1个事实的另外一种解释）。

2. 政府监管以增加信息

和逆向选择一样，政府有动机去减少信息不对称导致的道德风险问题，这也为第5个事实（为什么金融体系被如此严格地监管）提供了另一种解释。各国政府都制定了法律，要求公司遵守标准的会计准则，使利润核查变得更容易。各国还通过法律，对那些有隐瞒、欺骗和骗取利润的行为的当事人施以严厉的刑事处罚。然而，这些措施的效力有限。要发现这些欺诈行为并不容易，进行欺诈的管理者会力图采取措施使政府机构很难发现或者证实这些欺诈行为。

3. 金融中介

金融机构在面对道德风险时，有能力避免搭便车问题，这也是第9个事实（为什么间接融资如此重要）的另外一个原因。一种金融机构可以有助于减少由委托-代理问题引起的道德风险，那就是**风险投资公司**（venture capital firm）。风险投资公司聚集合作伙伴的资金，并用这些资金帮助处在萌芽期的创业者开创事业。这些公司投放了风险资本，作为交换，它们将得到新企业的股份。由于收入和利润的查证在消除道德风险上非常重要，风险投资公司通常会坚持委派一些自己的人进入公司的管理层和董事会，以便近距离监督公司活动。若风险投资公司向企业提供启动资金，企业的普通股不会被卖给除了风险投资公司以外的其他人，这样，其他投资者就不能免费获得风险投资公司的查证结果。这样的结果是，风险投资公司能够获得查证活动的全部好处，并且有动力去减少道德风险问题。风险投资公司在美国高科技领域的发展方面发挥着重要作用，促进了就业、经济增长和国际竞争力的不断提高。

4. 债务合约

道德风险源自股权合约，而股权合约是在任何情况下对利润的要求权，无论这家公司是盈利还是亏损。如果一种合约的设计可以使道德风险只在某些情况下才存在，那么对管理者的监督需要就会减弱，这种合约就会比股权合约更具吸引力。债务合约恰好具有这些属性，因为它是一种合约协议，规定借款者在固定周期向贷款者支付固定数额的资金。如果公司利润很高，贷款者会得到合同约定的款项，并不需要知道公司的确切利润额。如果管理者隐瞒利润或者追求个人利益但没有提高公司的盈利能力，只要这些活动不影响公司按时还款的能力，贷款者也不会介意。只有当公司不能满足债务支付，从而处于违约状态时，贷款者才需要核查公司的盈利状况。只有在这种情况下，债务合约的贷款者才需要像股东一样行事，现在他们需要知道公司的收入额并得到公平的分配份额。

不需要频繁地监督公司活动，这样降低了查证的成本，也解释了为什么在筹资时债务合约比股权合约用得更频繁。这样，道德风险的概念帮助我们解释了第1个事实：股票不是企业外部融资的最重要来源。⊖

7.6 道德风险对债务市场金融结构的影响

即便有上面描述的优点，债务合约仍然受道德风险的影响。因为债务合约要求借款者支付固定数额，在这个数额之上才能保留利润，借款者有动力从事那些比贷款者希望从事的风险更大的投资项目。

例如，假设你担心查证斯蒂夫冰激凌店的利润问题，决定不入股。相反，你借给斯蒂夫开店所需要的9 000美元，并签订债务合约，约定支付给你10%的利息。对你来说，这是一项不错的投资，因为周边居民对冰激凌有着很强并且稳定的需求。然而，一旦斯蒂夫得到资金，他可能把资金用在你不想投资的其他地方。斯蒂夫没有开冰激凌店，他可能用9 000美元投资化学研究设备，因为他觉得他有1/10的机会研发出一种减肥冰激凌，味道和名牌冰激凌一样好，但没有脂肪和热量。

很明显，这是一项有风险的投资，但是一旦斯蒂夫成功了，他将成为百万富翁。他有很强

⊖ 鼓励人们使用债务合约而不是股权合约的另一个因素是美国的免税政策。对于美国的公司，债务利息支付是税前可扣除的费用，而对股东的股息支付不可扣除。

的动力去从事这项冒险投资,因为如果他成功了,回报将是巨大的。如果你知道斯蒂夫用你的贷款从事冒险投资,你肯定不高兴,因为如果他失败了(并且这有很大的可能性),你将损失得最多,即使不是全部投资,也会是大部分。如果他成功了,你也不会分享他的成功,你仍然只能获得10%的回报,因为本金和利息是固定的。由于潜在的道德风险(斯蒂夫可能用你的钱去从事冒险投资),你可能不会借钱给斯蒂夫,即使投资冰激凌店是可能给邻居每个人带来好处的一项不错的投资。

解决债务合约道德风险的工具

1. 净值和抵押品

借款者的净值(资产和负债之差)很高或者抵押品价值很高,这使得他们在处于紧急关头时,产生道德风险(以贷款者反感的方式行事的诱惑)的可能性会大大减小,因为借款者自己将蒙受巨大损失。另一种说法是,如果借款者拥有较高净值或者抵押品,他们就会与贷款者共担风险,这时他们可能会选择减小风险的行为。我们回到斯蒂夫和冰激凌店的案例。假设投资冰激凌店或者研发设备的成本是100 000美元而不是10 000美元。除了你的9 000美元的贷款,斯蒂夫需要自己投入91 000美元(而不是1 000美元)。现在如果斯蒂夫研发无热量脂肪冰激凌的活动没有成功,他将损失巨大(91 000美元的净值,即100 000美元的资产减去你的贷款9 000美元)。在从事冒险投资之前他将三思而行,并更可能去投资有把握的冰激凌店。因此,斯蒂夫在企业中投入自己的钱(净值)越多,也就是牵涉他自身的利益越多,你越有可能借给他钱。同样,如果你把房子作为抵押品,你就不太可能去拉斯维加斯把你那个月的收入赌光,因为你有可能无法偿还贷款从而失去你的房子。

高净值和抵押品为道德风险问题提供了一种解决方法,可以描述为它使债务合约**激励相容**(incentive compatible),即它使借款者的动机与贷款者一致。借款者的净值和抵押品越多,借款者按照贷款者的期望和意愿行事的激励就越大,债务合约中道德风险问题就越小,公司或者家庭借款就越容易。相反,借款者的净值和抵押品越少,道德风险问题越大,借款就越困难。

2. 限制性条款的监督和执行

正如斯蒂夫和他的冰激凌店的例子所示,如果你确定斯蒂夫不会投资比冰激凌店风险更大的项目,那么贷款给他是值得的。你可以通过在债务合约中规定一些条款(限制性条款)以限制他的经营活动,确保他把你的钱用在你期望的用途上。通过监督斯蒂夫的活动来看他是否遵守了限制性条款,如果他没有遵守,就强制他执行,这样你可以确保他不会牺牲你的利益去冒险。限制性条款通过排除不合意的行为或者鼓励合意的行为来降低道德风险。有如下四种类型的限制性条款可以达到这个目的。

(1)阻止不合意行为的条款。可以通过设计条款阻止借款者从事冒险投资项目之类的不合意行为来降低道德风险。一些条款规定,一笔贷款只能用在特定的活动上,如购买特殊设备或存货。其他一些条款限制借款公司从事某些冒险活动,如购买其他企业。

(2)鼓励合意行为的条款。限制性条款可以鼓励借款者从事合意的活动,使借款者有更大的可能性去偿付贷款。这种类型的一些条款要求一家之主办理人寿保险,一旦这个人去世,保险将用来偿付抵押贷款。这种类型的企业条款强调鼓励借款公司保持较高的净值,因为较高的净值将减少道德风险并降低贷款者遭受损失的可能性。这些限制性条款典型地指定公司必须保持与公司规模相对应的某种资产的最小持有量。

(3) 保持抵押品价值的条款。因为抵押品是保护贷款者的一种重要手段,限制性条款会鼓励借款者将抵押品保持在良好的状态并确保其归借款者所有。普通人经常会遇到这种类型的条款。例如,汽车贷款合约要求车主持有最低金额的碰撞和失窃险,并防止车被卖出,除非贷款已经还清。同样,房屋抵押贷款的接受者必须有房屋保险且当财产卖出时必须还清贷款。

(4) 提供信息的条款。限制性条款也要求借款公司定期以季度会计报表和收入报告形式提供有关经营活动的信息,从而贷款者可以较容易地监督公司活动,降低道德风险。这种类型的条款也规定贷款者有权在任何时间审计和检查公司账目。

现在我们了解了为什么债务合约通常是复杂的法律文件,对借款者的行为施加诸多限制(第8个事实):债务合约是非常典型的、复杂的法律文件,可以对借款者的行为施加实质性的约束。

3. 金融中介

虽然限制性条款有助于降低道德风险,但并不能完全消除。想要制定一些条款,排除所有有风险的活动几乎是不可能的,而且借款者可能会非常聪明地找出能使限制性条款无效的漏洞。

限制性条款的另外一个问题是它们必须被监督和强制执行。如果借款者知道贷款者不会检查条款或者不愿意为法律诉讼支付费用而违背条款,那么限制性条款就是毫无意义的。由于限制性条款的监督和强制执行的成本很高,在债务证券(债券)市场上也会出现与股票市场上同样的搭便车问题。如果你知道其他债券所有者在监督和强制执行限制性条款,你就可以搭他们的便车。然而其他债券所有者也可以这样做,因而可能的结果就是用在监督和强制执行限制性条款上面的资源是不足的。因此,道德风险仍然是债券的一个严重的问题。

正如我们前面了解的,只要金融机构(尤其是银行)主要进行私人贷款,它们就有能力避免搭便车问题。由于私人贷款是非交易性的,所以其他人不能免费利用中介机构对限制性条款的监督和强制执行。中介机构发放私人贷款,这样就得到了监督和强制执行的好处,从而减少了债务合约固有的道德风险问题。道德风险的概念对第3、4个事实(金融机构在把资金从储蓄者手中转移到借款者手中发挥的作用远大于有价证券)提供了另一种解释。

4. 小结

金融市场中信息不对称的存在,导致了逆向选择和道德风险问题,这些问题干扰了市场的有效运作。解决这些问题的方法包括信息的私人生产和销售、政府监管以增加金融市场中的信息、抵押品和净值对债务合约的重要性、监管和限制性条款的应用。在我们的分析中,一个关键的结论是:股票和债券之类的可交易证券中存在搭便车问题说明,金融机构(尤其是银行)在公司融资方面应该比证券市场发挥更大的作用。关于逆向选择和道德风险后果的经济分析,帮助我们解释了金融体系的基本特征并且可以解释本章开头列出的关于金融结构的8个事实。

为了帮助你掌握解决信息不对称问题的方法,表7-1概述了信息不对称问题和解决问题的方法。另外,表7-1也说明了这些方法和信息不对称如何解释本章开头描述的关于金融结构的8个基本事实。

表 7-1 信息不对称问题和解决问题的工具

信息不对称问题	解决问题的工具	所解释的事实编号
逆向选择	信息的私人生产和销售	1, 2
	政府监管以增加信息	5
	金融中介	3, 4, 6
	抵押品和净值	7
股权合约中的道德风险（委托-代理问题）	信息生产：监督	1
	政府监管以增加信息	5
	金融中介	3
	债务合约	1
债务合约中的道德风险	抵押品和净值	6, 7
	限制性条款的监督和执行	8
	金融中介	3, 4

注：8个事实如下：
1. 股票不是企业外部融资的最重要来源。
2. 发行有价证券不是企业筹资的主要渠道。
3. 间接融资的重要性远大于直接融资。
4. 金融中介（尤其是银行）是外部融资的最重要来源。
5. 金融体系受到严格的监管。
6. 只有那些规模大、信誉好的公司可以通过证券市场筹资。
7. 抵押品是债务合约的一个普遍特征。
8. 债务合约有诸多的限制性条款。

专栏7-2 案例

金融发展和经济增长

近期的研究发现，许多发展中国家经济增长率低的原因是其金融体系不发达（被称为金融抑制）。[一]金融结构的经济分析有助于解释一个不发达的金融体系如何导致经济发展和经济增长的低迷状态。

发展中国家金融体系面临的一些问题使其不能有效运作。正如我们了解的，有助于解决信贷市场上逆向选择和道德风险问题的两个重要工具是抵押品和限制性条款。在许多发展中国家，产权系统（法治、对政府征收的限制、减少腐败行为）运作不良，使这两种工具不能有效地发挥作用。

正如小案例"抵押品暴政"中所讨论的那样，发展中国家薄弱的产权制度阻碍了抵押品的使用，逆向选择问题变得更严重，因为贷款人需要关于借款人质量的更多信息，以便从不好的贷款中筛选出好的贷款。其结果是，贷款人将更难将资金输送给拥有最具生产性投资机会的借款人。生产性投资会减少，从而导致经济增长放缓。

同样，发展不健全或腐败的法律制度会使贷款者很难执行限制性条款。如此说来，借款者降低道德风险的能力受到限制，因而贷款者放款的意愿将更小，结果会导致生产性投资机会变少和经济增长趋缓。有效的法律制度在促进经济增长中的重要性表明律师在经济中的积极作用比我们想象的更大。

发展中国家政府通常用金融体系引导贷款，使其流向政府本身或者经济中受优待的部门，其引

[一] World Bank, *Finance for Growth: Policy Choices in a Volatile World* (World Bank and Oxford University Press, 2001)，其中包括关于金融发展和经济增长的调查报告和另外的一些参考文献。

导途径是对某些类型的贷款人为设定低利率，通过创造所谓的金融发展机构来发放某些特定类型的贷款，或者通过现有的机构向特定的实体发放贷款。正如我们看到的，私人机构具有动机去解决逆向选择和道德风险问题，并为具有生产性投资机会的借款者提供贷款。政府这样做的动机比较弱，因为它们没有利润动机的驱使，这样它们引导的贷款可能不会流入那些能使经济高增长的部门。结果又可能是低效率投资和缓慢的增长。

此外，许多发展中国家的银行为政府所有。由于缺乏利润动机，这些**国有银行**（state-owed bank）很少有动力把资金分配给最具生产性的用途。并不令人惊讶的是，这些国有银行的主要贷款客户通常是政府，而政府通常不会把资金用在可以促进经济增长的生产性投资上。

众所周知，政府监管可以增加金融市场中的信息量，从而使市场更有效率地运作。许多发展中国家的监管体系不发达，难以使市场拥有充足的信息。例如，这些国家通常没有完善的会计标准，使得核查借款者的资产负债表变得困难，结果使信息不对称问题更加严重，妨碍金融体系引导资金流向最具生产性的用途。

法律体系不完善的制度环境、不完善的会计标准、不适当的政府监管和政府引导资金及银行国有化的干预，这些都解释了为什么许多国家处于贫穷状态，而不受这些障碍束缚的国家变得越来越富裕。

专栏7-3 小案例

抵押品暴政

若要运用诸如土地或资本等财产作为抵押，抵押人对于这些财产必须是合法拥有的。但正如赫尔南多·德·索托在其著作《资本的秘密》中所记录的那样，发展中国家的穷人要使他们的财产所有权合法化是极其昂贵和耗时的。例如，在菲律宾，要获得城市土地上的住宅合法所有权，需要168道官方程序并涉及53个公共和私人机构，这个过程需要13~25年。对于埃及的沙漠土地，要获得合法所有权，需要77道程序并涉及31个公共和私人机构，这个过程需要5~14年的时间。要在海地合法购买政府土地，一个普通公民必须经过19年、176道程序。这些障碍并非意味着穷人不投资：即使他们对这些资产没有合法的所有权，仍然要建造房屋和购买设备。根据德索托的计算，"第三世界的穷人持有但不合法拥有的房地产总价值至少为9.3万亿美元"⊖。

然而，如果没有合法的所有权，这些财产都不能被用作借贷的抵押品，这是大多数贷款人的要求。即使人们对他们的财产拥有合法的所有权，大多数发展中国家的法律体系也是如此低效，以至于抵押品没有多大意义。通常，债权人必须首先起诉违约债务人要求付款，这需要几年时间，然后，一旦获得有利的判决，债权人必须再次起诉以获得担保品的所有权，这一过程通常需要5年以上的时间，到贷款人获得担保品时，它很可能被忽视或被盗，因此没有什么价值。此外，政府经常阻止贷款人取消社会中政治势力强大的部门（如农业）借款人的赎回权。

当金融系统不能有效地使用抵押品时，逆向选择问题会更严重，因为贷方需要更多关于借款人质量的信息来区分好贷款和坏贷款。尤其是在抵押贷款等涉及抵押品的交易中，几乎不会发生贷款。例如，在秘鲁，抵押贷款相对于经济规模的价值不到美国的1/20。发展中国家的穷人更难获得贷款，

⊖ Hernando De Soto, *The Mystery of Capital：Why Capitalism Triumphs in the West and Fails Everywhere Else* (New York：Basic Books, 2000), 35.

因为获得房产所有权的成本太高，因此他们没有抵押品可提供，这导致时任印度央行行长拉古拉姆·拉扬和芝加哥大学的路易吉·津加莱斯（Luigi Zingales）所说的"抵押品暴政"㊀。即使穷人有好的主意来创办企业或扩大规模并愿意努力工作，他们也无法获得资金，这使得他们难以摆脱贫困。

专栏7-4 案例

中国是金融发展重要性的典型吗

中国在过去的20年是世界上经济增长率最高的经济体之一，它是怎样实现经济如此快速增长的呢？中国处于金融发展的早期阶段，其人均收入是美国人均收入的1/5。中国的储蓄率非常高，在过去20年间，平均保持在40%左右，使其能够建立起资本存量，并把大量未充分利用的劳动力从自给性农业部门转移到需要资本的高生产率活动中。即使可用储蓄资金还没有被分配到最具生产性的用途上，但把劳动力移出低生产率的自给性农业所带来的劳动生产率提高，足以使经济得到高速增长。

然而，随着中国越来越富有，这种策略不再有效。为了进入下一阶段的发展，中国需要有效地分配资金，这需要改善金融体制。中国的领导层已经意识到了这项挑战：中国国有银行正走在私有化改革的路上。另外，中国政府正在进行法律制度改革，以使金融合约更具实施性。新破产法正在完善，这样贷款人可以按合同规定在公司违约时接管其资产。中国政府能否成功地建立一流的金融体制，仍有待时间来检验。

7.7 利益冲突

在本章的开始，我们了解了金融机构如何在金融体系中发挥重要的作用。它们在解读经济信号和收集客户信息方面的专业性使其在信息生产上具有成本优势。此外，由于收集、生产和发布这些信息，金融机构能够以任何方式重复利用信息，从而实现了规模经济。通过向客户提供多样的金融服务，如提供银行贷款或者出售债券，金融机构也实现了**范围经济**（economy of scope），也就是通过将一项信息卖给多个客户，金融机构可以降低每项服务的信息生产成本。例如，当一家银行决定是否向某公司发放贷款时，它可以评估这家公司的信用风险，这些信息同时也帮助银行判定该公司的债券是否容易公开出售。另外，通过向客户提供多样的金融服务，金融机构可以与公司建立更广泛和长期的合作关系。这种关系既可以降低信息生产成本，也可以增加规模经济效应。

7.7.1 利益冲突及对其关注

即使范围经济的存在极大地有益于金融机构，但是**利益冲突**（conflicts of interest）可能会产生潜在的成本。利益冲突是道德风险问题的一种，当一个人或机构有很多目标（利益），而

㊀ Raghuram Rajan and Luigi Zingales, *Saving Capitalism from the Capitalists: Unleashing the Power of Financial Markets to Create Wealth and Spread Opportunity* (New York: Crown Business, 2003).

这些目标之间存在矛盾时，利益冲突便发生了。尤其是当一个金融机构提供多样服务时，利益冲突更可能发生。这些服务之间存在的潜在竞争性利益可能会导致个体或公司隐藏信息或者发布误导性信息。这里我们通过对信息不对称问题的分析来理解利益冲突为什么重要，为什么会发生，对于利益冲突我们可以做什么。

我们之所以关心利益冲突的问题，是因为金融市场上信息质量的大幅度下降会增加信息不对称问题，并妨碍金融市场将资金引导至最具生产性的投资机会，结果使金融市场和经济变得更没有效率。

7.7.2 利益冲突的表现

近年来在金融市场上有三种类型的金融服务活动会导致显著的利益冲突问题：投资银行的证券承销和调研、会计师事务所的审计和咨询、信用评级机构的信用评估和咨询。为什么这些活动的组合经常产生利益冲突？

1. 投资银行的证券承销和调研

投资银行执行两项任务：调查研究发行证券的公司并且承销这些证券；代表这些公司把证券卖给公众。投资银行通常将这些不同的金融服务联合起来是因为信息协同效应，即为一项任务而生产的信息同样可以在另一项任务中使用。利益冲突发生在经纪业务和承销业务之间，因为银行试图同时服务两类客户群体：发行证券的公司和购买证券的投资者。这些客户群体对信息具有不同的需求。发行人受益于积极的研究结果，而投资者想要得到公正的结果。然而，为了利用范围经济的优势，对于这两类群体所生产的信息是相同的。当承销证券的潜在收入远远超过了经纪业务佣金时，银行将有很大的动力去更换提供给投资者的信息，以满足发行证券公司的需要，否则就会在投资银行的竞争中失去公司的业务。例如，摩根士丹利的备忘录引用 1992 年 7 月 14 日《华尔街日报》中的陈述，"我们的目标是……采用一种完全被整个公司（包括研究部门）理解的政策，即作为完全的商业惯例，我们不会对客户做否定的或者有争议的评论"。

由于类似这样的指令，投资银行的分析员可能会扭曲研究结果以取悦发行人，这确实也在 20 世纪 90 年代的股票市场大繁荣时期发生了。这样的行为破坏了信息的可靠性，而这些信息正是投资者做决定时用来参考的，结果是降低了证券市场的效率。

另外一个利益冲突的惯例是**钓鱼行为**（spinning）。钓鱼行为是指，当一家投资银行向其他公司高管配售热门的价值被低估的**首次公开募股**（initial public offering，IPO，即新发行的股票份额）时，作为回报，公司高管会选择这家投资银行作为未来的业务合作伙伴。由于热门的首次公开募股在第一次售出后价格会立刻上涨，因此钓鱼行为实际上是一种回扣，让高管选择这家投资银行为公司提供金融服务。当这些高管的公司准备发行自己的股票时，它们更可能选择那些曾配售给它们热门新股的投资银行，而这些投资银行未必是为公司证券出价最高的。这个惯例增加了公司的融资成本，从而降低了资本市场的效率。

2. 会计师事务所的审计和咨询

一般而言，审计员负责核查公司账目并监督公司生产的信息质量，以减少公司管理者与股东之间不可避免的信息不对称问题。在审计中，对真实报告的威胁产生于几个潜在的利益冲突。当一家会计师事务所同时为客户提供审计和非审计的咨询服务（如税收筹划、会计、管理信息系统、商业策略)时,利益冲突会受到很大的关注。考虑到规模经济和范围经济问题,金融机构会为客户提供多样的服务,但是同时产生了两种潜在的利益冲突。第一,审计员可能会扭曲他们的判断和观点来获得咨询业务。第二,审计员在审计信息系统或税收和金融计划时考虑到其在该公司的非审计业务,因此可能不愿意评论系统或者给出意见。这两种类型的冲突都可能导致有偏差的审计,结果导致金融市场上可靠信息减少,投资者不能有效地分配资本。

另一种利益冲突的发生是审计员为了招揽或维持原有的审计业务,提供过度赞许的审计报告。安达信(曾经是美国五大会计师事务所之一)的不幸倒闭说明,这可能是最危险的利益冲突(见专栏7-5)。

专栏7-5 小案例

安达信会计师事务所的倒闭

亚瑟·安德森在1913年成立了自己的公司——安达信,他是一个年轻的会计师,曾谴责一些公司愚弄投资公众的欺诈行为。直到20世纪80年代早期,审计一直是该公司最重要的利润来源。然而,到了80年代后期,咨询业务具有很高的利润空间,带来了收入的高增长,而在一个更具竞争性的市场中,审计业务的利润开始下滑。咨询业务的合作伙伴增强了该业务在公司的实力,结果内部冲突把公司割裂为两部分。安达信(审计业务)和安达信咨询公司在2000年分别成立。

在分裂之前的时期,冲突不断增加,安达信的审计合作伙伴在提高审计业务的收入和利润方面承受着越来越大的压力。许多安达信的客户随后纷纷破产,如安然公司、世通公司、环球电讯,这些都是安达信地区办事处的最大客户。来自审计业务的收入和利润的巨大压力以及一些客户支配着地区办事处的事实,使地区办事处的管理者有很大的动力为这些大客户提供有利的审计报告。失去像安然和世通这样的客户对于地区办事处和合作伙伴而言都是灾难性的,即使这个客户只为安达信的总收入和利润贡献一小部分。

例如,安达信的休斯敦办事处忽视了安然公司报告中的问题。安达信在2002年3月被起诉,而后在2002年6月被定罪为:在美国证券交易委员会调查安然公司破产事件过程中妨碍司法公正。这项定罪(首次针对一家重要的会计师事务所)使安达信不能再为公开交易的公司做审计。这个事件也为公司的衰败埋下了伏笔。

3. 信用评级机构的信用评估和咨询

投资者利用反映违约可能性的信用评级(例如 Aaa 或 Baa)来决定特定债务证券的信誉度。于是,债务评级在债务证券定价和管理过程中发挥重要作用。当利益不一致的多个客户(至少在短期内)都依赖于信用评级时,利益冲突就会发生。投资者和监管者都试图得到经过充分研究的、公正的信用质量评估,而发行人则需要有利的评级。在信用评级行业,证券发行人通常会请评级公司(如标准普尔和穆迪)对他们的证券进行评级并支付费用。由于证券发行人对评级机构支付报酬,投资者和监管者担心这些评级机构会偏袒发行人以吸引更多的发行人评级业务。

当评级机构同时提供辅助的咨询业务时，另一种利益冲突就可能会发生。债务发行人通常会向评级机构咨询关于怎样组织债务合约的建议，通常是以确保获得有利的评级为目标。在这种情况下，信用评级机构将会审计自己的工作，并面临利益冲突，这类似于会计师事务所同时提供审计和咨询服务。此外，信用评级机构可能会递交对发行人有利的评级结果，为辅助的咨询业务招揽新客户。评级机构发布的信用评估报告的质量下降可能会增加金融市场上的信息不对称问题，从而减弱市场分配信贷的能力。由于2007～2009年金融危机期间信用评级机构名誉遭到严重损害，这类利益冲突问题随之暴露出来（见专栏7-6）。

专栏7-6 小案例

信用评级机构与2007～2009年金融危机

在2007～2009年金融危机期间，信用评级机构所起的作用使其遭到了严厉的谴责。信用评级机构为客户提供关于怎样组织复杂金融工具的建议，这些金融工具的现金流来自次级抵押贷款。同时，它们还为该产品评级，这可能会导致严重的利益冲突发生。特别是它们从为客户提供怎样组织产品（同时是它们评级的产品）的建议这一业务中赚得了巨额收入，这使得这些机构没有充足的动力去保证评级的准确性。

当房价开始下滑，次级抵押贷款开始出现违约现象时，一个事实变得非常清楚：评级机构在评估它们帮助客户构建的次级产品时，做得非常糟糕。许多AAA级产品不断被下调信用等级直到垃圾级别。所导致的这些资产的大量损失就是许多持有这些资产的金融机构陷入困境的原因，同时也给整个经济带来了灾难性的后果，我们将在第8章中讨论。

对信用评级机构的批判使美国证券交易委员会在2008年提出采取综合的改革建议。美国证券交易委员会得出结论，信用评级机构对次级产品采用的评级模式不完全成熟，利益冲突可能会导致不精确的评级结果。为了处理利益冲突，美国证券交易委员会禁止信用评级机构在构建产品的同时为相同产品评级，禁止参与信用评级的人再参与评级费用的磋商，禁止债券发行人赠予评级人员大于25美元的礼物。为了使信用评级机构更加负有责任感，美国证券交易委员会还要求它们披露关于如何判定评级结果的信息。例如，信用评级机构被要求披露历史评级业绩，包括上调、下调评级的日期，评级机构用来判定评级的某项产品的基础资产信息，判定评级所采用的研究方法。此外，美国证券交易委员会要求信用评级机构区分结构性产品和以债券为标的资产的产品评级。采取这些改革措施的目的是希望可以增加评级过程的透明度，并减少利益冲突（次级产品崩溃的重要原因）。

7.7.3 利益冲突的补救

两项主要的政策措施被贯彻以解决利益冲突：《萨班斯－奥克利斯法案》和全球法律解决方案。

1. 2002年《萨班斯－奥克利斯法案》

对公司和会计丑闻的强烈抗议促成了2002年《公众公司会计改革和投资者保护法案》（一般称为《萨班斯－奥克斯利法案》）的出台，该法案的名称源于制定法案的两名作者。这项法案加大了监管力度以监督和防范利益冲突：

- 建立了受美国证券交易委员会监管的上市公司会计监督委员会，负责监督会计师事务所并确保审计的独立性和质量控制。
- 增加了美国证券交易委员会监管证券市场的预算。

《萨班斯－奥克斯利法案》也直接减少了利益冲突：

- 规定注册公众会计师事务所不得在向客户提供非审计业务的同时提供未经许可的审计业务（许可范围由上市公司会计监督委员会决定）。

《萨班斯－奥克斯利法案》降低了投资银行利用利益冲突的动机：

- 加强了对白领犯罪和妨碍官方调查的刑事责任。

《萨班斯－奥克斯利法案》的相关措施提高了金融市场上信息的质量：

- 要求公司的首席执行官、首席财务官和审计员确保周期性的财务报表与公司信息披露的准确性（尤其是表外业务）（404条款）。
- 要求审计委员会成员（监管公司审计的董事会的小组委员会）是独立的，他们不能作为公司的管理者或收取公司支付的咨询费或建议费。

2. 2002年全球法律解决方案

第二项主要的政策措施起于时任纽约司法部部长艾略特·斯皮策起诉十大投资银行（贝尔斯登、瑞士信贷第一波士顿银行、德意志银行、高盛集团、摩根大通、雷曼兄弟、美林、摩根士丹利、所罗门美邦、瑞银华宝）的诉讼。一项关于这些投资银行的全球解决方案在2002年12月20日达成，参与方有美国证券交易委员会、纽约司法部部长、全美证券交易商协会、北美证券管理协会、纽约证券交易所和州管理当局。如同《萨班斯－奥克斯利法案》，这项解决方案直接减少了利益冲突：

- 要求投资银行断开调查研究和证券承销之间的联系。
- 禁止钓鱼行为。全球法律解决方案降低了投资银行利用利益冲突的动机。
- 对被起诉的投资银行施加14亿美元的罚款。

全球法律解决方案的相关措施提高了金融市场上信息的质量：

- 要求投资银行将分析师的建议公开。
- 在5年的时间内，投资银行被要求与至少3家独立的调查研究公司合作，帮助投资银行调查其经纪业务的客户。

现在评价《萨班斯－奥克斯利法案》和全球法律解决方案的影响还太早，但最具争议的问题是职能的分离（调查研究与证券承销、审计与非审计咨询）。这样的职能分离可以减少利益冲突，但也可能会缩小范围经济，从而导致金融市场上信息量的减少。另外一个严重的问题是这些措施的履行，尤其是《萨班斯－奥克斯利法案》的实施需要很高的成本，并导致了美国资本市场的衰退（见专栏7-7）。

专栏7-7 小案例

《萨班斯－奥克斯利法案》是否会导致美国资本市场的衰退

近年来关于《萨班斯－奥克斯利法案》对美国资本市场的影响有很多争议，尤其是404条款。404条款要求公司的管理者和审计员确保财务报表的准确性。毫无疑问，《萨班斯－奥克斯利法案》导致了公司成本的增加，尤其是对于收入不到1亿美元的规模较小的公司，成本预计超过了销售额的1%。这些较高的成本可能导致小规模公司选择在国外上市从而阻止了一些公司在美国上市，使美国资本市场相对于国外市场显得萎缩。然而，提高会计标准可以有效促进股票的上市和首次公开募股，因为信息质量的改善提高了普通股的估值。

《萨班斯－奥克斯利法案》的反对者认为更多的诉讼事件、更弱的股东权利是美国股票上市和公开发行衰退的原因，但事实上其他因素似乎也在起作用。欧洲金融体系在20世纪90年代经历了较大范围的自由化，随着欧元的引入，欧洲金融体系更加完整和有效率。带来的结果是欧洲公司可以更容易在本国上市。现在欧洲公司在本国上市的比例上升到90%多，而在1995年，只有60%左右。由于其他经济体的重要性不断上升，美国在世界经济中的重要性在下降，随着时间的推移，美国资本市场的优势变得不那么显著。这个过程在公司债券市场上体现得更加明显。在1995年，美国公司债券的发行量是欧洲的两倍，而如今欧洲公司债券发行量超过了美国。

本章小结

关于美国的金融结构有8个基本事实。前4个强调对于公司融资、金融中介的重要性和证券市场的相对非重要性；第5个事实是金融市场是经济中被监管最严格的部门之一；第6个事实是只有那些规模大的、信誉好的公司才能进入证券市场；第7个事实是抵押品是债务合约的一个重要的特征；第8个事实是债务合约是复杂的法律文件，对借款者的行为施加实质性约束。

交易成本使许多小额储蓄者和借款者不能直接参与到金融市场中。金融中介可以利用规模经济的优势，更好地发挥专业性以降低交易成本，这样使储蓄者和借款者能从金融市场中获益。

信息不对称导致两个问题：发生在交易之前的逆向选择和发生在交易之后的道德风险。逆向选择指的是信用风险高的借款者往往是积极寻求贷款的人，道德风险指的是借款者从事的活动常常是从贷款者角度来看所不希望的。

逆向选择妨碍金融市场的有效运作。有助于减少逆向选择问题的方法包括信息的私人生产和销售、政府监管以增加信息、金融中介、抵押品和净值。搭便车问题是指没有为信息支付费用的人利用别人支付了费用的信息。这个问题解释了为什么金融中介（尤其是银行）在公司融资过程中的作用大于证券市场。

股权合约中的道德风险被称为委托－代理问题，因为管理者（代理人）相对于股东（委托人）使利润最大化的动力较小。委托－代理问题解释了为什么在金融市场上债务合约比股权合约更普遍地被使用。有助于解决委托－代理问题的方法包括监督、政府监管以增加信息、金融中介。

降低债务合约中的道德风险的方法包括抵押品和净值、限制性条款的监督和执行、金融中介。

利益冲突是金融服务提供者为多种利益群体服务,并有动机滥用或隐瞒对金融市场有效运作至关重要的信息。我们关注利益冲突是因为其减少了金融市场上的可靠信息量,从而阻止信息流向具有生产性投资机会的一方。三种类型的金融服务产生利益冲突的可能性最大:投资银行的证券承销和研究调查、会计师事务所的审计和咨询业务、信用评级机构的信用评估和咨询。两种主要的政策措施已经被应用以解决利益冲突:2002年《萨班斯-奥克斯利法案》和全球法律解决方案(起于纽约司法部部长起诉十大投资银行的诉讼)。

简答题

1. 规模经济怎样有助于解释金融中介的存在?
2. 解释为什么约会被认为是解决逆向选择的一种方法?
3. 如果信息是对称的,金融市场上的道德风险和逆向选择还会发生吗?解释原因。
4. 标准的会计准则如何有助于金融市场的有效运作?
5. 假设有关于两组国家的数据,一个国家具有高效的法律体系,另一个国家的法律体系发展较为缓慢、实施成本高和低效。你认为哪个国家会表现出更高的生活水平?
6. 你认为腐败程度和国家生活水平之间会存在怎样的关系?腐败可能通过何种渠道影响生活水平?请解释一下。
7. 信息不对称问题的存在如何为政府监管金融市场提供理论基础?
8. 你的朋友把她的全部积蓄投入公司,或者她不这样做,在哪种情况下你更愿意把钱借给她?为什么?
9. 假设你正在申请抵押贷款。信贷员告诉你,如果你得到贷款,银行将保留房屋所有权,直到贷款还清。银行想要解决的信息不对称问题是什么?
10. "支持一项贷款的抵押品越多,贷款者越不用担心逆向选择问题。"这种叙述是正确的、错误的还是不确定的?解释你的答案。
11. 搭便车问题如何加剧金融市场上的逆向选择和道德风险问题?
12. 解释所有权和控制权的分离如何导致美国公司的管理不善。
13. 信用评级机构帮助债券市场减少了哪些具体的信息不对称问题?解释次贷危机对这些评级机构的可信度和信息质量的影响。
14. 为什么一家公司提供多种类型的金融服务会导致利益冲突?
15. 假设在一个给定的债券市场中,目前没有任何信息可以帮助潜在买家区分债券。哪些债券发行人有披露公司信息的动机?为什么?
16. 描述一家投资公司同时提供证券承销和调查研究服务时的两种利益冲突。
17. 哪些信息不对称问题是前瞻性的雇主在要求应聘者参加面试时想要解决的?这是信息不对称问题的终结吗?
18. 描述会计师事务所产生的两种利益冲突。
19. 《萨班斯-奥克斯利法案》中哪些条款是你认为有利的?哪些不是?
20. 露西娅、塞西莉和茱莉亚要做一个期中项目。露西娅为这个项目努力工作了两个星期,塞西莉和茱莉亚甚至都不接电话。这个项目很成功,每个人都得到了A。塞西莉和茱莉亚的行为被称为什么?如果同样的三个同学被分配做期末作业,你认为会发生什么?

计算题

1. 你想要购买一辆二手车。在二手车市场，你知道你想要买的车的账面价值为 20 000～24 000 美元。如果你相信经纪商所掌握的信息和你一样多，你愿意付多少钱？为什么？假设你只关心汽车的预期价值并且车的价值是均匀分布的。

2. 现在你相信经纪商掌握车的信息比你多，你愿意支付多少钱？为什么？在竞争市场中，这个问题如何解决？

3. 你想要雇用里基管理你在达拉斯的业务。业务利润部分依赖于里基的工作努力程度，如下所示。

	可能性	
	利润=10 000 美元	利润=50 000 美元
懒惰	60%	40%
努力工作	20%	80%

如果里基是懒惰的，他可能整天上网浏览，将其视为零成本机会。然而，里基可能认为努力工作是 1 000 美元的"个人成本"。你应该将利润的多大固定比例分给里基？假设里基只关心他的预期回报不少于"个人成本"。

4. 你在一条河畔拥有价值 400 000 美元的一栋房子。如果河水泛滥，房子将完全被破坏。洪灾大概 50 年发生一次。如果你建造一个河堤，可能更大的洪水才能毁坏你的房子，这样的洪灾大概 200 年发生一次。一项全额保险每年的保险费是多少？对于只偿付你房子价值的 75% 的保险，在修建河堤和不修建河堤的情况下，你的预期成本是多少？两种不同的保险差异使你有动力保护房子的安全吗（也就是建造河堤）？

网络练习

金融机构存在的原因

1. 在本章中我们探讨了次品问题及其对市场运作效率的影响。这个理论最初是由乔治·阿克洛夫提出。访问 http://www.nobelprize.org/nobel_prizes/economic-sciences/laureats/2001/。这个网站记录了 2001 年诺贝尔经济学奖获得者阿克洛夫、斯宾塞、斯蒂格利茨的文章。阅读关于阿克洛夫的部分，并总结他的研究观点。

2. 本章讨论了逆向选择和道德风险如何帮助我们更好地理解金融危机。美国面对的最大的金融危机是 1929～1933 年的大萧条。访问 www.amatecon.com/greatdepression.html，这个网站包含有关导致大萧条的因素的简短论述。写一个总结，解释逆向选择和道德风险如何在大萧条中起作用。

第 8 章

金融危机的出现及其对经济的危害

预 览

金融危机使金融市场遭受破坏,并以资产价格急剧下跌和公司破产为特征。从 2007 年 8 月开始,抵押贷款市场中次级借款者(具有较差信用记录的借款者)的违约事件使金融市场为之一震,引致了美国自大萧条(Great Depression)以来最严重的金融危机。美联储前任主席艾伦·格林斯潘,将 2007~2009 年的金融危机描述为"百年不遇的金融海啸"。华尔街的公司和商业银行遭受了数千亿美元的损失。美国家庭和企业不得不为借款支付更高的利率,并且获得贷款变得更加困难。全世界的股票市场面临崩溃,美国股票自 2007 年 10 月的峰值下跌了一半。许多金融公司(包括商业银行、投资银行和保险公司)都以破产告终。经济衰退开始于 2007 年 12 月,到 2008 年,经济陷入萧条状态,直到 2009 年 6 月结束。这一经济衰退是自第二次世界大战以来最严重的衰退,现在被人们称为"大衰退"(Great Recession)。

这次金融危机为什么会爆发?为什么金融危机在美国以及其他国家的历史上如此普遍?其对当前的危机具有什么借鉴意义?为什么金融危机几乎总是伴随着严重的经济活动紧缩?本章我们会通过构建一个框架来探讨这些问题以理解金融危机的发展过程。在第 7 章的基础上,我们利用信息不对称效应(逆向选择和道德风险)的经济学分析来解释为什么金融危机会爆发,为什么会对经济造成如此严重的破坏。我们会利用这种分析来解释全球以往几次金融危机和最近的全球金融危机的发展过程。

8.1 什么是金融危机

我们在第 7 章中了解到,一个运作良好的金融体系对健康的经济至关重要。金融体系的基本任务是将资金引导至具有生产性投资机会的个体或者企业。如果资金被错误地使用或者根本不流动,经济的运作将是无效率的或者将陷入低迷的状态。

对信息不对称如何引发逆向选择和道德风险问题的分析,在金融学中被称作**代理理论**(agency theory)。代理理论为确定金融危机的定义奠定了基础。对于由信息不对称引发的阻止金融体系将资金有效地从储蓄者手中引导至具有生产性投资机会的家庭和公司的情况,经济学家通常将其称为**金融摩擦**(financial frictions)。当金融摩擦增加时,贷款人很难确认借款人的信誉。他们需要提高利率来保护自己免受借款人可能无法偿还贷款的影响,这将导致更高的信用利差,即企业贷款利率与无风险资产(如无违约风险的美国国债、票据和债券)利率之间的差额。

若信息不对称加剧,导致金融摩擦和信贷利差急剧加大,金融体系遭到破坏,就会发生**金融危机**(financial crisis),这时经济活动将会崩溃。

8.2 金融危机的动态发展

尽管最近的一次金融危机极其重大并深受关注,但也仅仅是美国等工业化国家历史上众多金融危机中的一次。这些经验有助于经济学家对当前经济动荡进行反思。

发达国家的金融危机一般会经历两三个阶段。为了了解这些危机是怎样发展的,图8-1列出了发达经济体金融危机的阶段和事件的顺序。⊖

8.2.1 阶段1:金融危机的兴起

对于金融危机的影响因素,我们可以归纳为以下几个方面:信贷繁荣和萧条、资产价格的大幅波动、由主要的金融机构破产导致的不确定性增加。

1. 信贷繁荣和萧条

一个国家从事**金融创新**(financial innovation),或者引入新型贷款、其他金融产品,或者从事**金融自由化**(financial liberalization),消除对金融市场与金融机构的限制,这样做往往同时埋下了金融危机的种子。从长远看,金融自由化促进了金融发展和金融体系的良好运转,使资金有效率地分配。然而,金融自由化有其负面作用:从短期看,其促使金融机构进入一种疯狂借贷的状态,即所谓的**信贷繁荣**(credit boom)。然而,贷款者在管理这些新业务的风险方面可能并不具有专业性或者适当的激励。即使有适当的管理,信贷繁荣最终超过机构和政府管理者筛查与监控信用风险的能力,就会导致过度风险借贷。

政府安全网(如存款保险)弱化了市场约束,并增加了银行冒更大风险的道德风险激励。由于存款者知道政府的保证保险可以使他们免遭损失,他们甚至会向纪律混乱的银行提供资金。银行可以冒险发放高利息贷款,它们知道如果贷款被偿还,它们将轻松获得高额利润,而如果贷款不能被偿还,银行破产,损失由纳税人来承担。没有适当的监管,冒险行为变得不可抑制。

最后,这种冒险行为会得到应有的报应。相对于负债,贷款损失增加,贷款价值(资产负债表的资产方面)下跌,从而压低了银行和其他金融机构的净值(资本)。资本的减少使这些金融机构削减贷款,这个过程被称作**去杠杆化**(deleveraging)。另外,资本的减少使银行和其他金融机构处于危险的境地,导致这些机构的存款者和其他潜在的贷款者抽出资金。更少的资金意味着更少的贷款和信用冻结,信贷繁荣转变为信贷崩溃。

当金融机构停止收集信息并提供贷款时,金融摩擦就会加剧,从而限制了金融体系处理逆向选择和道德风险这两个信息不对称问题的能力(如图8-1中第一行从第一个因素"金融机构资产负债表恶化"开始的箭头所示)。随着贷款变得稀少,公司再也不能为生产性投资进行融

⊖ 在 www.pearsonhighered.com/mishkin 上可以找到新兴市场经济体(emerging market economics)的网络章节,即那些处于市场发展的早期阶段的经济体,最近对来自世界其他地区的货物、服务和资本的流动进行了开放。

资，它们不得不削减开支和减少经济活动。

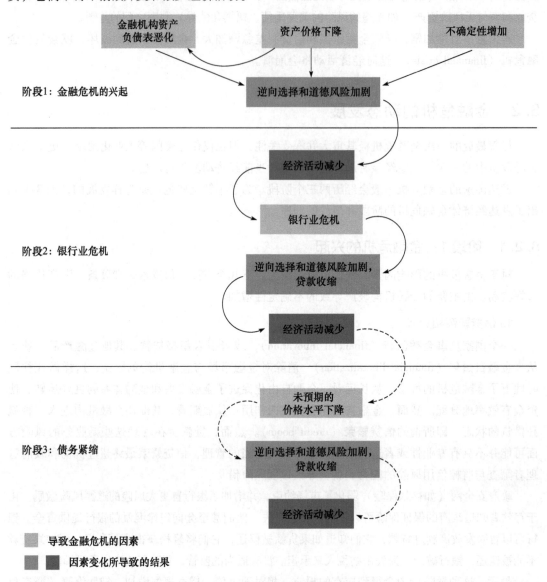

图 8-1 美国金融危机的事件顺序

注：实线箭头描绘了典型金融危机的事件顺序，虚线箭头展示了如果危机发展成为债务紧缩时的情形，水平线分开的部分显示了金融危机的不同阶段。

2. 资产价格的大幅波动

资产（如股票和不动产）价格受投资者心理的影响，可以远远高于其**基础经济价值**（fundamental economic values），即基于对资产未来收入现金流的现值预测值。资产高于其基础经济价值的价格上升被称作**资产价格泡沫**（asset-price bubble）。资产价格泡沫的例子主要有 20 世纪 90 年代末高科技股票市场泡沫和我们在本章中将要讨论的房地产价格泡沫。资产价格泡沫也经常受信贷繁荣的驱动，大量增加的信贷资金被用来投资资产，从而抬高了资产的价格。

当泡沫破裂后，资产价格将回落到基础经济价值，股票价格将下跌，公司的净值将减少。贷款者怀疑公司没有资产可以弥补损失，由于道德风险问题，这些公司更可能从事高风险投资。由于净值的减少，贷款合同中的借款者变得不那么值得信任。

正如我们看到的，资产价格的暴跌也使金融机构的资产负债表恶化，使得金融机构减债，经济活动骤减。

3. 不确定性增加

美国金融危机通常开始于高度不确定性，例如在衰退开始后，股票市场的崩溃或者主要金融机构的破产。危机通常发生于某些重要金融机构破产之后，如1857年的俄亥俄州人寿保险信托公司，1873年的库克金融公司，1884年的格兰特和沃德公司，1907年的尼克博克信托公司，1930年的美国银行，以及2008年的贝尔斯登、雷曼兄弟和美国国际集团（AIG）。在高度不确定性时期，信息难以获得，逆向选择和道德风险问题加剧，减少了贷款和经济活动。

8.2.2 阶段2：银行业危机

恶化的资产负债表和恶劣的经济条件使一些金融机构的净值变为负数，最终导致它们破产。由于不能偿还存款者或其他债权人的资金，一些银行最终倒闭。如果形势足够严重，这些因素将导致**银行业恐慌**（bank panic），在这种情况下，许多银行同时倒闭。这种蔓延情况的源头是信息不对称。在恐慌中，储户担心存款的安全（在没有存款保险或者存款保险额度有限的情况下），又不知道银行贷款组合的质量，因此会将存款提取出来，导致银行倒闭。银行体系总体健康状况的不确定性可能导致银行挤兑，迫使银行不论资产的好坏迅速出售资产以筹集必要的资金。这种资产大规模**减价出售**（fire sale）可能会导致其价格大幅下跌，以至于银行破产，甚至由此会蔓延到多个银行，引发全面的银行业恐慌。

正常营业的银行数量减少使得关于借款者信誉度的信息无法得到。信贷市场上逆向选择和道德风险问题变得更加严重，经济进一步下滑。银行业恐慌是19世纪到20世纪第二次世界大战之前这段时期内，美国所有金融危机的一个特征，大概每20年发生一次，分别是：1819年、1837年、1857年、1873年、1884年、1893年、1907年和1930~1933年（1933年建立的联邦存款保险保护储户免受损失，防止了美国随后的银行业恐慌）。

最后，公众和私人机构关闭破产的公司并将其廉价出售或者进行破产清算。金融市场的不确定性下降，股票市场回升，资产负债表好转，金融摩擦减少，金融危机平息。随着金融市场又可以良好地运转，在这个阶段中经济开始复苏。

8.2.3 阶段3：债务紧缩

然而，如果经济低迷导致了价格的急剧下跌，那么复苏过程就会遭到阻碍。在这种情况下，就会发生**债务紧缩**（debt deflation），这时大规模未预期的价格水平的下跌，导致了公司债务负担加重，引起净值的进一步恶化。

在适度通胀的经济体（大多数发达经济体所具有的特征）中，许多固定利率的债务合约期限相当长，一般为10年或者更长。因为债务支付按合同规定以名义价值计算，未预期价格水平的下跌增加了借款公司以实际价值计算的负债价值（增加了公司的债务负担），却没有增加公司资产的实际价值。借款公司以实际价值计算的净值（按实际价值计算的资产与负债的差额）因此下降。

为了更好地理解这种净值下降是如何发生的，考虑一下，如果一家公司在 2018 年拥有了 1 亿美元的资产（以 2018 年的美元计）和 9 000 万美元的长期负债，从而拥有 1 000 万美元的净值（资产和负债的价值之差）会发生什么？如果 2019 年价格水平下降 10%，以 2018 年美元计算，负债的实际价值将升至 9 900 万美元，而资产的实际价值可能保持在 1 亿美元不变。其结果是，2018 年美元的实际净值将从 1 000 万美元降至 100 万美元（1 亿美元减去 9 900 万美元）。

由于价格水平的急剧下降，借款人的实际净值大幅下降，导致贷款人面临的逆向选择和道德风险问题增加。贷款和经济活动长期下滑。表现出债务紧缩的最严重的金融危机是大萧条，它是美国历史上最严重的经济萎缩。

专栏 8-1 案例

金融危机之母：大萧条

基于前面提到的理解金融危机的框架，我们就可以分析金融危机在大萧条期间是如何爆发的，以及是如何导致美国历史上最严重的经济衰退的。

1. 股市崩盘

在 1928～1929 年，美国股票市场价格翻了一番。美联储视股票市场繁荣为过度投机的结果。为了抑制股票价格的上涨，美联储采取了提高利率的紧缩的货币政策，但 1929 年 10 月股票市场的崩溃（至 1929 年年末暴跌 40%）是美联储始料未及的（见图 8-2）。

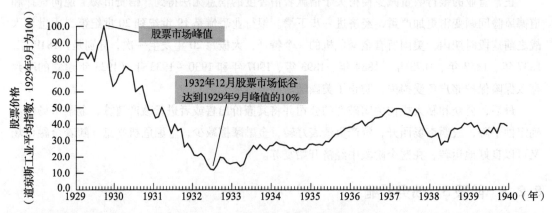

图 8-2 大萧条时期的股票价格数据表

注：1929 年股票价格崩溃，到 1929 年年末，下跌幅度超过 40%，之后继续下跌，到 1932 年股指只有最高点的 10%。

资料来源：Federal Reserve Bank of St. Louis, FRED database：https://fred.stlouisfed.org/series/M1109AUSM293NNBR.

2. 银行业恐慌

1930 年中期，股票市场几乎收复了一半的失地，信贷市场保持着平稳状态。然而，美国中西部的严重干旱导致农业部门遭受冲击，大规模减产，无法偿还银行贷款。由此导致的农业抵押贷款违约，使农业地区银行资产负债表遭受巨额贷款损失。经济疲软促使（尤其是农业领域）银行大量撤资，从而引发 1930 年 11 月和 12 月全面的银行业恐慌，股市大幅下跌。两年多来，美联储对一次又一次的银行业恐慌无动于衷，直至美国历史上最严重的银行业恐慌出现。经历了 1933 年 3 月那个时代的最后一场恐慌后，时任罗斯福总统宣布暂时关闭所有银行。"我们唯一要害怕的是恐惧本身。"罗斯福在他的第一次就职演说中讲道。然而，损失已经无法挽回，超过 1/3 的美国商业银行已经倒闭。

3. 股票价格持续下跌

股票价格持续下跌。1932 年年中，股票已跌至 1929 年峰值时的 10%（见图 8-2），经济收缩造成的不稳定商业条件加剧了金融市场上逆向选择和道德风险问题的不确定性。随着金融机构数量大幅减少，逆向选择和道德风险问题进一步加剧。金融市场难以将资金输送给有生产性投资机会的借款者；正如我们分析、预测的那样，1929～1933 年，未偿商业贷款减少了一半，投资支出也大幅下降，从 1929 年的水平下降了 90%。

金融摩擦加剧的一个表现是，贷款人开始向企业收取更高的利率，以保护自己免受信贷损失。这导致**信用价差**（credit spread），即家庭和企业贷款利率与无风险资产（如美国国债）利率之间的差额上升，如图 8-3 所示，该图显示了信用评级为 Baa 级（中等质量）的公司债券利率与同期国库券利率之间的差价。

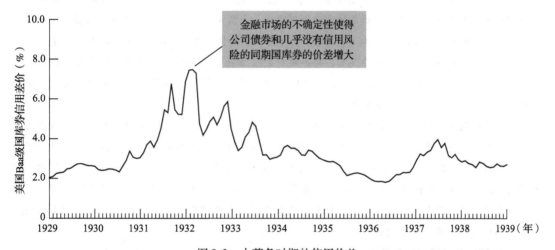

图 8-3　大萧条时期的信用价差

注：信用价差（Baa 级公司债券和美国国库券利率的差额）在大萧条时期急剧上升。
资料来源：Federal Reserve Bank of St. Louis, FRED database: https://fred.stlouisfed.org/series/M13036USM193NNBR，https://fred.stlouisfed.org/series/LTGOVTBD。

4. 债务紧缩

从 1930 年开始的持续通货紧缩使得价格水平下降了 25%。这次通货紧缩缩短了大多数衰退中出现的正常复苏过程。价格的大幅下跌引发了债务紧缩，由于公司的债务负担加重，导致净值减少。净值减少连同接下来信贷市场中逆向选择和道德风险问题的加剧，导致了旷日持久的经济萎缩，失业率上升至 25%。大萧条时期的金融危机是美国经历的最严重的一次危机，这也解释了为什么经济萎缩也是美国经历的最严重状况。

5. 国际层面

尽管大萧条始于美国，但它绝对不仅仅是美国特有的现象。美国的银行业恐慌也蔓延到世界其他地方，美国经济的收缩大大降低了对外国商品的需求。世界范围的大萧条造成了巨大的困境，数百万人失业，由此产生的不满导致法西斯主义和第二次世界大战的兴起。这次金融危机导致的后果是灾难性的。

专栏8-2 案例

2007～2009年金融危机

大多数经济学家认为在大萧条时期经历的金融危机已经成为美国的过去。不幸的是，发生在2007～2009年那一场吞噬整个世界的金融危机证明他们错了。

2007～2009年金融危机的原因

我们通过了解三个要素来探讨2007～2009年的金融危机：抵押贷款市场的金融创新、抵押贷款市场的代理问题、信息不对称在信用评级过程中所发挥的作用。

1. 抵押贷款市场的金融创新

在2000年之前，只有最具信誉度的（最好的）借款者才能获得住房抵押贷款。然而，随着计算机技术和新统计技术（称为数据挖掘技术）的发展，出现了对有风险的住房抵押贷款这一新阶层的定量的信用风险评估。拥有信用记录的家庭可以得到一个信用评分，称作FICO评分（根据开发这个评分的公司Fair Isaac Corporation命名），这个评分可以预测借款者贷款**违约**（default）的可能性。另外，计算机技术能够通过降低交易成本，将小额贷款（如抵押贷款）集合起来打包成标准的债务证券，这个过程称作**证券化**（securitization）。这些因素使银行能够提供**次级抵押贷款**（subprime mortgage）给那些次级信用记录的借款者。

抵押担保证券（mortgage-backed security）是一种标准化的债务证券，能够廉价地将具有潜在高风险贷款打包，并量化其违约风险，从而为这些抵押贷款提供新的筹资来源。金融创新并没有就此停止。**金融工程**（financial engineering）是新型的、复杂的金融工具产品的发展，引致了**结构性信用产品**（structured credit product）的出现，它基于基础资产的现金流，并且是为满足不同投资者的偏好而定制的具有特定风险特征的产品。最声名狼藉的产品是**债务抵押债券**（collateralized debt obligation，CDO）（专栏8-3中有讨论）。

2. 抵押贷款市场的代理问题

抵押贷款经纪商（发起贷款）通常并不努力地去评估借款者是否能偿还贷款，因为他们会很快将贷款以证券形式出售给投资者。这种**贷款并证券化**（originate-to-distribute）交易模式面临着委托－代理问题，抵押贷款经纪商充当投资者（委托人）的代理人，但是通常实质上并不代表投资者的利益。一旦经纪商得到酬金，他们为什么还要关注借款者是否能偿还贷款呢？经纪商发起的贷款数量越多，他们得到的酬金越多。

毫无意外，逆向选择变成了主要的问题。风险偏好的投资者争先恐后地想得到贷款以获得房产，如果房价上涨他们将有利可图，而如果房价下跌他们可以一走了之。委托－代理问题也刺激经纪商鼓励家庭申请它们负担不起的抵押贷款，或者伪造借款者抵押贷款申请信息以使它们符合贷款条件。这些问题都是源于对发起者松散的监管，使得他们不需要向借款者披露信息，而这些信息本可以帮助借款者评估他们是否可以负担得起相应贷款。

代理问题更加严重。商业和投资银行都是通过承销抵押担保证券与结构性信用产品（如 CDO）来获得收入，同样没有很强的激励确保证券的最终持有者得到偿还。**金融衍生工具**（financial derivatives），一种收益与其他已发行证券相关联的金融工具，也是高风险的重要来源。金融保险合约也被称作**信用违约互换**（credit default swap），可以保证当出现违约事件时对债券持有者的支付，来自保险合约的巨额酬金也驱使像美国国际集团之类的保险公司拟订数千亿美元的风险合约。

3. 信息不对称和信用评级机构

信用评级机构是根据违约可能性来评估债务证券质量的机构，是金融市场中信息不对称问题的又一个"贡献者"。信用评级机构为客户提供构造复杂金融工具的建议（如 CDO），同时为这些产品评级。这样，评级机构受制于利益冲突，因为建议客户构造产品（同时也是它们所评级的产品）所获得的巨额酬金意味着它们没有充足的激励确保评级的准确性。结果是夸大的评级结果使得复杂的金融产品得以销售，而其风险远远高于投资者的预料。

2007~2009 年金融危机的影响

消费者和企业同样都在 2007~2009 年的金融危机中遭受了损失。这次危机的影响在五个关键的领域最为明显：美国房地产市场、金融机构资产负债表、影子银行体系、全球金融市场和金融产业主要公司的破产。

1. 房地产价格：繁荣和崩溃

2001 年衰退结束后，次级抵押贷款市场迎来了上扬。2007 年，它成为资金超过亿万美元的市场。次级抵押贷款市场的发展受到经济学家和政治家的一致称赞，因为其促成了"信用民主化"，并有助于将美国住房自有率提高到历史最高水平。2000~2001 年衰退结束后，体现在住房上的资产价格繁荣（见图 8-4）也刺激了次级市场的发展。高房价意味着当房价上涨时，次级借款者可以用他们的房子申请更大数额的贷款。次级借款者也不太可能会违约，因为他们总是可以出售他们的房子以偿还贷款，这使投资者非常高兴，因为来自次级抵押贷款现金流所支持的证券有高额回报。转过来，次级抵押贷款市场的发展也增加了对住房的需求，进而使房价迅速上涨，导致了房地产泡沫。

住房抵押贷款的低利率是对房地产市场的进一步刺激，这是多种不同因素共同作用的结果。首先是中国和印度等国家向美国的巨额资本流入；其次是美国国会通过的一项法案，鼓励房利美和房地美购买数万亿美元的抵押贷款支持证券；⊖最后是采取货币宽松政策来降低利率，导致低成本的金融住房价格进一步刺激了房地产需求，推高了住房价格（一个备受争议的问题是，这其中有多少是美联储的过错？这在专栏 8-4"透视美联储"中会探讨）。

随着房价上涨，贷款发起人和贷款者的收益率不断提高，而对于次级抵押贷款的审核和发放标准越来越低。高风险借款者能够获得贷款，而贷款数额相对于房产价值的比率——贷款与估值比（loan-to-value ratio，LTV）升高。在借款者的最初贷款与估值比达到 80% 的基础上，他们通常还可以得到附加的、二次、三次抵押贷款，于是借款者几乎不用任何资金成本来购房。然而，当资产价格的上升过度脱离其基础价值时，其价格必然要下降，最终房地产价格泡沫破裂。2006 年房价达到顶峰后开始下跌（见图 8-4），金融体系的问题随之暴露。房价的下跌使次级借款者发现他们的贷款已经"缩水"，也就是说，房地产价值下跌到贷款金额以下。在这种情况下，挣扎的房产所有者走出家门，选择放弃房产并把钥匙交还贷款者。抵押贷款违约率急剧上升，最终导致数以百万计的抵押

⊖ 对于政府在推动最终导致繁荣时期住房市场萧条作用的讨论，详见 Thomas Sowell, *The Housing Boom and Bust*, Revised Edition (New York, Basic Books, 2010)。

贷款丧失抵押品赎回权。

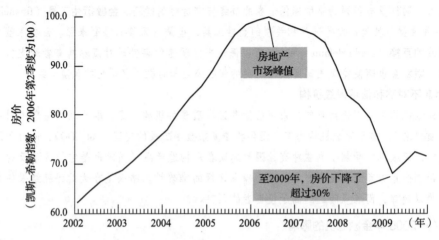

图 8-4　房地产价格和 2007～2009 年金融危机

注：房价的繁荣从 2002 年持续到 2006 年，这成为次级抵押贷款市场的动力，并形成了资产价格泡沫，房地产价格从 2006 年开始下降，随后下降了超过 30%，导致次级抵押贷款持有人违约。

资料来源：Case-Shiller 20-City Composite Home Price Index in Federal Reserve Bank of St. Louis, FRED database: https://fred.stlouisfed.org/series/SPCS20RSA.

2. 金融机构资产负债表的恶化

美国房地产价格的下跌导致了抵押贷款违约的增加。结果，抵押担保证券和 CDO 的价值暴跌，导致银行和其他金融机构更大幅度的资产账面价值下跌。弱化了的资产负债使银行和其他金融机构开始采取去杠杆化策略，廉价出售资产并限制对家庭和企业的贷款。没有其他机构可以收集信息并发放贷款，银行贷款的减少意味着信贷市场上逆向选择和道德风险问题加剧。

3. 影子银行体系的运行

抵押贷款和其他金融资产价值的剧烈下跌引发了**影子银行体系**（shadow banking system）的运行，包括对冲基金、投资银行和其他非储蓄金融公司。来自影子银行的资金流过金融体系，多年来支持着低利率抵押贷款和汽车贷款的发放。

这些证券的资金来源主要是通过**回购协议**（repurchase agreement），即实际上用资产（如抵押担保证券）作为抵押品的短期贷款。对金融机构资产负债表质量的担忧不断增加，使得贷款者要求更大数额的抵押品，这被称作**垫头**（haircuts）。例如，在回购协议中，如果借款者想要得到 1 亿美元贷款，必须要以价值为 1.05 亿美元的抵押担保证券作为抵押品，垫头为 5%。

随着抵押贷款的违约增加，抵押担保证券的价值开始下跌，导致垫头上升。在危机的开始，垫头接近于 0，而最终升至近 50%。㊀结果是相同数额的抵押品只能允许金融机构借到一半数额的资金。这样，为了筹集资金，金融机构不得不廉价出售资产。这种减价出售导致资产价值的进一步下跌，从而使抵押品价值也进一步下降，垫头升高，这又迫使金融机构争取更多的流动性。结果与大萧条时期影子银行体系的运作类似，导致了贷款限制和经济活动减少。

股票市场的资产价格下跌（如图 8-5 所示，从 2007 年 10 月到 2009 年 3 月下跌了超过 50%）和住房价格下跌大于 25% 的幅度，以及资产的减价销售都源于影子银行体系的运行，削弱了公司和家庭的

㊀ See Gary Gorton and Andrew Metrick, "Securitized Banking and the Run on Repo," National Bureau of Economic Research Working Paper No. 15223 (August 2009).

资产负债表。信息不对称问题的恶化在信用价差的扩大上显现出来（见图8-6），这又引起家庭和企业贷款成本升高与贷款标准收紧。贷款的减少意味着消费支出和投资下降，导致经济剧烈萎缩。

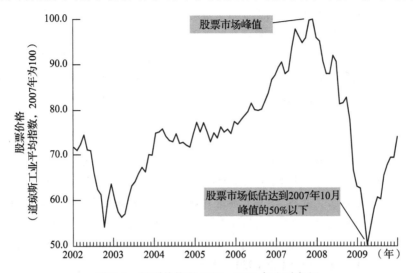

图8-5　股票价格和2007～2009年金融危机

注：股票价格从2007年10月到2009年3月下跌了超过50%。
资料来源：Federal Reserve Bank of St. Louis, FRED database, https://fred.stlouisfed.org/series/DJIA.

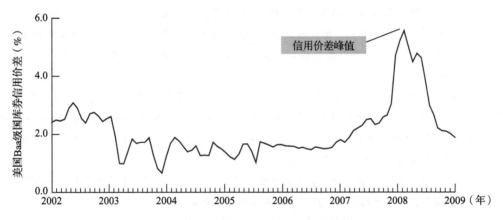

图8-6　信用价差和2007～2009年金融危机

注：信用价差（Baa级公司债券和美国国库券利率的差额）在金融危机期间上升了不止4个百分点（400个基点）。关于股市大跌救助方案的辩论导致信用价差在2008年12月达到峰值。
资料来源：Federal Reserve Bank of St. Louis, FRED database, https://fred.stlouisfed.org/series/BAA10Y.

4. 全球金融市场

虽然问题起源于美国，但警钟的敲响是在欧洲，这也体现了金融市场全球化的广泛程度。在惠誉和标准普尔宣布下调数额共计超过100亿美元的抵押担保证券和CDO的信用评级后，资产支持商业票据市场失灵，2007年8月7日，法国投资公司、法国巴黎国民银行暂停其部分货币市场基金的赎回。随着影子银行体系的运行，情况越来越糟糕。尽管欧洲中央银行和美联储向金融体系注入了大量的流动性，但银行仍然追逐现金并且不愿意借款给彼此。贷款的枯竭导致英国北岩银行（一家主要经营批发短期贷款而不是储蓄资金业务的银行）于2007年9月倒闭，这是英国100多年来首次出现重要的银行破产事件。一系列的其他欧洲金融机构也相继倒闭，希腊、爱尔兰、葡萄牙、西班牙和意大利等国家受到的打击尤为严重，导致了主权债务危机（见专栏8-5）。

5. 知名公司的破产

金融危机对公司资产负债表的影响使金融市场的主要参与者产生了剧烈的反应。2008年3月，投资了大量相关次级证券的第五大投资银行贝尔斯登，遭到回购协议资金的撤资，被迫以低于一年前其价值的5%出售给摩根大通。作为这项交易的中间人，美联储不得不接管贝尔斯登300亿美元难以估价的资产。房利美和房地美这两家政府赞助的私人企业，曾为50 000多亿美元的抵押贷款或抵押贷款担保资产保险，7月，在持有次级证券而遭受巨额损失后，得到美国财政部和美联储的支持。2008年9月初，它们被接管（实际上由政府所有）。

2008年9月15日，星期一，在次级市场遭受损失后，雷曼兄弟这个曾拥有超过6 000亿美元资产和25 000名员工的第四大投资银行申请破产，这是美国历史上最大的破产案例。前一天，第三大投资银行美林公司，也由于持有次级证券而遭受巨额损失，宣布以低于其一年前价格的60%的定价出售给美国银行。9月16日，星期二，资产超过10 000亿美元的保险巨头美国国际集团在信用评级被下调后，遭遇了极度的流动性危机。它拟订了价值超过4 000亿美元的保险合约（被称作信用违约互换），将对次级抵押证券所遭受的损失进行支付，美联储介入并提供850亿美元贷款以维持美国国际集团的运转（后来总计政府贷款增至1 730亿美元）。

2007～2009年金融危机的程度

在众议院担心选民为救助华尔街而产生愤怒情绪，否决了布什政府提出的7 000亿美元的紧急救助法案后，金融危机在2008年9月达到了顶点。《紧急经济稳定法案》最终在一周后通过。股票市场加速暴跌，10月6日那一周的开始就表现出美国历史上最严重的周跌幅。信用价差在接下来的3周飞涨，Baa级公司债券（仅高于投资级）和美国国库券的利率差幅超过550个基点（5.5个百分点）（见图8-6）。

金融市场受损和借款人面临的利率飙升导致消费者支出与投资大幅下降，这使得实际GDP急剧下滑，2008年第3季度GDP年增长率跌至-1.3%，之后在下两个季度分别跌至-5.4%和-6.4%。失业率暴涨，在2009年年底超过了10%。始于2007年10月的经济衰退成为美国自第二次世界大战以来最严重的经济萎缩，因此，现在被称为"大衰退"。

从2009年3月开始，股票市场开启了一轮牛市（见图8-5），信用价差开始下降（图8-6）。⊖随着金融市场的复苏，经济开始回暖。然而，复苏的步伐十分缓慢。

专栏8-3 小案例

债务抵押债券（CDO）

债务抵押债券（CDO）的产生涉及一个被称为特殊目的载体（special purpose vechicle, SPV）的

⊖ 2009年2月，美国财政部宣布要求19家最大的银行机构进行所谓的**银行压力测试**（bank stress tests，又称监管资本评估计划），这有助于金融市场的复苏。压力测试是一项监督性评估，由美联储、货币监理署和联邦存款保险公司合作，对这些银行的资产负债表状况进行监督、评估，以确保它们有足够的资本承受糟糕的宏观经济结果。财政部在5月初宣布了这一结果，并受到市场参与者的欢迎，这使得这些银行能够从私人资本市场上筹集大量资金。压力测试是帮助增加市场信息量的一个关键因素，从而减少信息不对称、逆向选择和道德风险问题。

公司，它购买一系列资产，如公司债券和贷款、商业房地产债券和抵押贷款支持证券，然后将这些资产的支付流（现金流）分成多个时段，即进行分期付款。评级最高的部分称为顶级，是最先获得回报的部分，因此风险最小。顶级CDO是一种向投资者支付这些现金流的债券，风险最小，利率最低。下一笔现金流称作优先级，将在下一次被支付；优先级CDO相对于顶级CDO风险更大，利率也更高。再下一笔现金流，即中间级，是在顶级和优先级部分之后被支付的，因此它承担更大的风险，利率甚至更高。最低级别的CDO是股权级，如果基础资产违约并停止支付，所有损失先由股权级证券持有人承担。这部分风险最高，通常不进行交易。

这一切听起来似乎都很复杂，事实上确实如此。甚至有CDO^2号和CDO^3号进一步分割的风险，从CDO到CDO^2号，从CDO^2号到CDO^3号支付现金流。尽管金融工程有创造符合投资者风险偏好的产品和服务的潜在优势，但它也有弱势。结构性产品，如CDO、CDO^2号和CDO^3号，可能变得如此复杂，以至于很难为证券估价基础资产的现金流，也很难确定谁实际拥有这些资产。事实上，2007年10月，时任美联储主席本·伯南克在其演讲中开玩笑地说，"想知道那些该死的东西值多少钱"。换句话说，结构化产品复杂性的增加实际上可以减少金融市场中的信息量，从而恶化金融系统中的信息不对称问题，并增加逆向选择和道德风险问题的严重性。

专栏8-4 透视美联储

美联储应对房价泡沫负责吗

一些经济学家（最著名的是斯坦福大学的约翰·泰勒）认为，美联储在2003~2006年实行的低利率政策导致了房价泡沫。⊖在这个时期，美联储使联邦基金利率达到1%的低水平。低联邦基金利率导致低贷款利率，从而刺激了住房需求，助长了次级抵押贷款的发放，这些都导致房价上涨和房价泡沫。

时任美联储主席本·伯南克在2010年1月的讲话中反对这一论断。⊖他总结道，货币政策不应该对房价泡沫负责。他说，第一，并不十分明确联邦基金利率一定低于泰勒规则所建议的适当利率。只有当现值，而不是预期值，用于产量和通胀的泰勒规则计算时，利率才看上去较低。而症结所在是：新抵押贷款产品的增长降低了贷款支付，贷款标准的放松使更多的买方进入房地产市场，还有来自新兴国家市场（如中国和印度）的现金流。伯南克的讲话很有争议，对于货币政策是否应该对房价泡沫负责这个问题的争论一直持续到现在。

专栏8-5 全球视角

欧洲主权债务危机

2007~2009年的全球金融危机不仅导致全球经济衰退，而且还导致主权债务危机，威胁到欧洲

⊖ John Taylor, "Housing and Monetary Policy", in Federal Reserve Bank of Kansas City, *Housing*, *Housing Finance and Monetary Policy* (Kansas City: Federal Reserve Bank of Kansas City, 2007), pp. 463-476.

⊖ Ben S. Bernanke, "Monetary Policy and the Housing Bubble," speech given at the annual meeting of the American Economic Association, Atlanta Georgia, January 3, 2010, http://www.federalreserve.gov/newsevents/speech/bernanke20100103a.htm.

的稳定。直到2007年，所有采用欧元的国家都发现它们的利率已经降至非常低的水平，但是在全球金融危机的大背景下，由于经济萎缩，一些国家因税收收入减少而受到较大的打击，政府对破产金融机构的救助需要额外的支出。随之而来的预算赤字激增导致人们怀疑这些受重创国家的政府会拖欠债务。结果是利率飙升，有失控的危险。⊖

希腊是欧洲第一块倒下的多米诺骨牌。随着经济疲软，税收减少，支出需求增加，2009年9月，希腊政府预测当年的预算赤字为国内生产总值的6%，债务与国内生产总值的比率接近100%。然而，当10月选举产生新政府时，报告显示，预算状况比任何人想象的都糟糕得多，因为前一届政府在预算赤字和政府债务额度方面都提供了误导性数字。预算赤字至少是6%的两倍，政府债务额度比之前的报告高出了10个百分点。尽管采取了大幅削减政府支出和增税的紧缩措施，希腊债务利率依旧飙升，最终升至近40%，债务与国内生产总值的比率攀升至2012年国内生产总值的160%。即使在欧洲国家的救助和欧洲中央银行的流动性支持下，希腊被迫将私人手中的债务价值减少一半以上，但该国还面临着内乱、大规模罢工和首相辞职问题。

主权债务危机从希腊蔓延至爱尔兰、葡萄牙、西班牙和意大利，各国政府被迫采取紧缩措施来支撑公共财政，同时利率攀升至两位数水平。时任欧洲央行行长马里奥·德拉吉（Mario Draghi）在2012年7月的一次讲话中表示，欧洲央行准备"不惜一切代价"拯救欧元，市场才开始平静下来。尽管这些国家的利率急剧下降，但这些国家经历了严重的衰退，失业率上升到两位数，西班牙的失业率超过25%。欧洲主权债务危机给欧元区带来的压力引发了对欧元生存的质疑，这是我们在第15章中要继续讨论的话题。

本章小结

金融体系遭到破坏而引发信息不对称，使逆向选择和道德风险问题更加严重，从而致使金融市场不能够将资金引导至具有生产性投资机会的家庭和公司，导致经济活动的急剧萎缩，金融危机便发生了。

金融危机发生在像美国这样的国家可能通过几种途径：金融自由化或创新的管理不善，资产价格的高低波动，重要金融机构破产造成的总体不确定性的增加。所带来的结果是逆向选择和道德风险问题的加剧，致使贷款萎缩和经济活动减少。商业环境和银行资产负债表的恶化引发危机的第二个阶段，许多银行机构同时破产，即银行业危机。银行数量的减少导致了信息资本的损失，进一步导致贷款的减少和经济的下滑。在一些实例中，经济低迷导致了价格急剧下降，增加了公司的实际负债，并降低了它们的净值，导致债务紧缩。公司净值的进一步下降加剧了逆向选择和道德风险问题，从而使贷款、投资支出和总经济活动在相当长的时间内保持萧条状态。

美国历史上最严重的金融危机导致了大萧条，其包括几个阶段：股票市场崩溃、银行业危机、信息不对称问题加剧和最后的债务紧缩。

始于2007年的金融危机是由包括次级住房抵押贷款的金融创新的管理不善和房地产泡沫的破裂所引发。危机蔓延全球，使银行和其他金融机构的资产负债表恶化，影子银行体系运行，知名公司破产。

2007~2009年的金融危机是由包括次级住

⊖ 关于主权债务危机动态和欧洲债务危机案例研究的讨论，见David Greenlaw, James D. Hamilton, Frederic S. Mishkin, and Peter Hooper, "Crunch Time: Fiscal Crises and the Role of Monetary Policy," *U. S. Monetary Policy Forum* (Chicago: Chicago Booth Initiative on Global Markets, 2013).

房抵押贷款的金融创新管理不善和房地产泡沫破裂所引发的。危机蔓延全国,使银行和其他金融机构的资产负债表恶化,影子银行体系运行,知名公司破产以及经济急剧下滑。

简答题

1. 信息不对称的概念如何有助于定义金融危机?
2. 股票市场中的资产价格泡沫的破裂怎样促成金融危机的爆发?
3. 为什么新兴市场在进行金融创新和金融自由化时应该非常谨慎?
4. 用自己的话定义"金融摩擦",并解释为什么金融摩擦的增加是金融危机的一个关键因素。
5. 金融机构资产负债表的恶化是如何导致经济活动减少的?
6. 由重要的金融机构破产引发的不确定性增加怎样导致逆向选择和道德风险问题的加剧?
7. 信用价差是什么?为什么信用价差会在经济危机期间上升?
8. 有些国家并不宣传它们的银行系统中存在像美国联邦存款保险公司(FDIC)那样的存款保险制度。为什么有些国家这样做?
9. 描述"证券化"的过程。这一过程是2007~2009年大衰退金融危机的唯一原因吗?
10. "美联储应对21世纪初的房价泡沫负有责任",提供一个支持和反对这一观点的论据。
11. 无力的金融监管在引发金融危机方面起什么作用?
12. 描述美国经历大萧条时期和2007~2009年金融危机时期的两个相同点和两个不同点。
13. 是什么科技创新促进了次级抵押贷款市场的发展?
14. 为什么贷款证券化的商业模式受制于委托-代理问题?
15. "存款保险总是在任何地方都能防止金融危机。"这种观点是正确的、错误的还是不确定的?
16. 房地产价格的下跌怎样促成2007年次贷危机的爆发?
17. 什么是影子银行?为什么它是2007~2009年金融危机的重要组成部分?
18. 为什么金融危机期间抵押品的垫头急剧增加?这将如何导致资产的低价出售?
19. 为什么不把更多的资源放在对金融体系谨慎恰当的监管上以限制过多的冒险行为?何时明确了这种监管对制止金融危机是必要的?
20. 全球金融危机如何促进了欧洲主权债务危机的爆发?
21. 主权债务危机是如何导致经济收缩的?

网络练习

1. 本章讨论了理解逆向选择和道德风险怎样有助于我们更好地学习金融危机。美国面对的最严重的金融危机是1929~1933年的大萧条。访问 www.amatecon.com/greatdepression.html,这个网站上有导致大萧条的一个简短讨论。写一个总结,解释逆向选择和道德风险怎样促成了大萧条。
2. 访问国际货币基金组织的金融危机页面(www.imf.org/external/np/exr/key/finstab.htm),上面有国际货币基金组织给予紧急贷款以应对金融危机的三个国家的报道。根据国际货币基金组织的报告,每个国家爆发危机的原因是什么?

网络资料

1. www.amatecon.com/gd/gdtimeline.html
   大萧条的时间线。
2. www.imf.org

   国际货币基金组织是由185个国家组成的组织,致力于全球政策协调(货币和贸易)、稳定和可持续的经济繁荣、减少贫困。

PART 4

第四部分

中央银行与货币政策传导

第 9 章

中央银行和联邦储备系统

预　览

全世界金融市场最重要的参与者是中央银行，它是主管货币政策的政府机构。中央银行的行为会影响利率、信贷规模以及货币供给，从而影响金融市场、总产出以及通货膨胀。为了理解中央银行在金融市场和整体经济中扮演的重要角色，我们需要了解这些组织机构是如何运作的。谁控制着中央银行并决定其行为？哪些因素会影响中央银行的行为？谁掌握着中央银行的权力？

在本章中，我们将介绍几家主要的中央银行的制度结构，并重点介绍世界上最重要的中央银行——联邦储备系统。我们首先考察其制度结构，因为它决定了真实权力的归属。通过了解决策的制定者，就能更好地理解这些决策是如何制定的。接下来，我们将学习其他几个主要的中央银行，尤其是欧洲中央银行及其组织形式。通过对上述问题的学习，我们能更好地理解后面章节所介绍的货币政策实际操作。

9.1　联邦储备系统的起源

在世界上所有的中央银行中，联邦储备系统可能具有最特殊的结构。为了了解这一结构的起源，我们必须追溯至 1913 年联邦储备系统创立之前。

在 20 世纪前，美国政治的一个主要特征是对中央集权的恐惧，主要表现在宪法与各州权益保护彼此之间的相互制衡上。这种对中央集权的恐惧是美国公民抵制建立中央银行的原因之一。另一个原因是传统美国人不信任金融界，而中央银行则是金融界最显著的标志。美国公众对中央银行的存在有着公开的敌意，这导致了负责监管银行体系的中央银行最初两个实验银行的终止：1811 年美国第一银行解散；1832 年美国第二银行的展期被安德鲁·杰克逊总统否决，之后其国家执照于 1836 年到期后被废止。

1836 年，美国第二银行宪章的终止给美国金融市场带来了严重的问题，因为没有最后贷款人可以为银行系统提供流动性，以避免银行业恐慌。因此，19 世纪和 20 世纪初期，全美范围的银行恐慌频繁发生，大约每 20 年发生一次，并在 1907 年达到了顶峰。1907 年的恐慌导致了全美范围的银行破产以及存款人的大量损失，这使公众终于确信，为了防止未来再发生恐慌，需要设立一个中央银行。

美国公众对银行和中央集权的敌意，阻碍了美国建立一个类似于英格兰银行的单一的中央银行。人们所担心的是，华尔街的金融界（包括最大的公司和银行）能够操纵这样单一的中央银行，从而控制经济，以及联邦政府对中央银行的操纵会导致政府过多干预私人银行的事务。人们对于中央银行应该是一家私人银行还是一个政府机构，存在着的严重分歧。由于在这些问题上存在激烈的争论，因而美国出台了一个折中的方案。依照美国的传统，1913 年国会将一套制衡系统写入《联邦储备法案》，创立了由 12 家地方联邦储备银行组成的联邦储备系统（见专栏 9-1）。

专栏 9-1　透视美联储

政治天才：联邦储备系统的创始人

在美国的历史上，公众一直对银行，尤其是中央银行存有敌意。创建美联储的政治家是如何设计出一个美国最负盛名的机构体系呢？

答案是，创始人意识到，如果权力过于集中在华盛顿特区或纽约这些大多数美国人认为不友好的城市，美国央行可能没有足够的公众支持其有效运作。因此，他们决定建立一个分散系统，由遍布全美的 12 家联邦储备银行组成，以确保国内所有地区都派代表参加了货币政策审议。此外，他们还让联邦储备银行成为准私营机构，由居住在每个地区的私营部门董事监督，这些董事代表各自地区的观点，并与所在地区的联邦储备银行行长保持密切联系。美联储系统不同寻常的结构引起了美联储对地区问题的关注，这在美联储的出版物中是显而易见的。如果没有这种不同寻常的结构，美联储系统可能就不会受到公众的欢迎，从而使该机构的效率大大降低。

9.2　联邦储备系统的结构

《联邦储备法案》的拟定者试图将权力在地区之间、私人部门和政府部门之间，以及银行家、企业家和公众之间分散。最初的分权使得联邦储备系统包括下列实体：**联邦储备银行**（Federal Reserve Bank）、**联邦储备委员会**（Board of Governors of the Federal Reserve System）、**联邦公开市场委员会**（Federal Open Market Committee，FOMC）、联邦咨询委员会以及大约 3 000 家成员商业银行。图 9-1 描绘出了这些实体之间的联系以及我们将在第 10 章中讨论的美联储的三种政策工具（公开市场操作、贴现率和法定存款准备金要求）。

9.2.1　美国联邦储备银行

12 个联邦储备地区分别设有一家主要的联邦储备银行，这些银行在本地区的其他城市可能设有分行。这些联邦储备区域、联邦储备银行及其分行的地理位置如图 9-2 所示。资产规模最大的三家联邦储备银行分别是纽约联邦储备银行、芝加哥联邦储备银行和旧金山联邦储备银行，一共拥有联邦储备系统 50% 以上的资产（贴现贷款、证券以及其他资产）。拥有整个体系总资产大约 1/4 的纽约银行，是最重要的联邦储备银行。

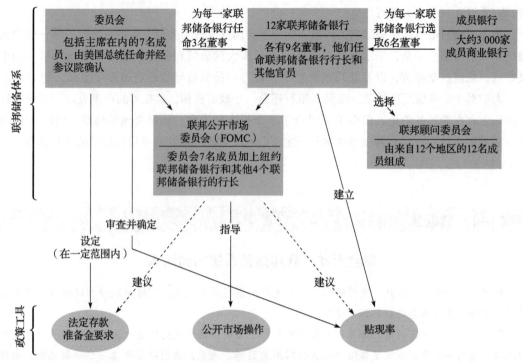

图 9-1　联邦储备系统的结构和政策工具

注：该图说明了联邦储备银行、联邦储备委员会和FOMC与美联储三种政策工具（公开市场操作、贴现率和法定存款准备金要求）的关系。虚线表示FOMC对法定存款准备金要求和贴现率的设置提供建议。

图 9-2　联邦储备系统

注：联邦储备区、联邦储备银行及其分支机构所在地。

资料来源：Federal Reserve *Bulletin*.

各个联邦储备银行都是准公共机构（部分私有，部分政府所有），由各区域的联邦储备系统成员的私人商业银行所拥有。这些成员银行购买本区联邦储备银行的股票（成员资格要求），股票每年支付的股利按照法律规定不超过6%。各成员银行为储备区选取6名银行董事，其他3名董事由联邦储备委员会任命。这9名董事共同决定联邦储备银行的行长（需要经过联邦储备委员会的批准）。银行董事分为3类：A、B和C。3个A类董事（由成员银行选举产生）是职业银行家，3个B类董事（也是由成员银行选举产生）是来自行业、雇工、农业和消费部门的杰出领导者。3个C类董事由治理委员会任命并代表公众利益，不能是政府官员、银行雇员和银行股东。董事监管区域银行的行为，但他们最重要的工作是任命银行的总裁（得到治理委员会的批准）。直到2010年，全部9个董事参加了这个决策，但是2010年7月《多德－弗兰克法案》规定不需要3个A类董事参与银行总裁任命的工作。国会将其视为在选择美联储银行总裁过程中用同一银行进行监管的不恰当安排。

专栏9-2 透视美联储

联邦储备银行纽约分行的作用

联邦储备银行纽约分行在联邦储备系统中发挥着重要作用，原因包括以下几点：第一，它所在的地区有许多美国最大的商业银行，其安全性和稳健性对美国金融体系的健康而言至关重要。联邦储备银行纽约分行对其所在地区的银行控股公司和州特许成员银行进行检查，使其成为金融系统中最重要金融机构的监管机构。鉴于这一职责，银行监管小组是联邦储备银行纽约分行最大的单位之一，也是迄今为止美联储系统中最大的银行监管小组。

联邦储备银行纽约分行发挥特殊作用的第二个原因是它积极参与债券和外汇市场。它设有公开市场服务平台，负责进行公开市场操作（债券的买卖）以决定银行系统的准备金数额。由于它对美国国债市场的参与，以及它到纽约和美国证券交易所步行可至的距离，银行的官员与美国主要的金融市场保持持续的联系。此外，联邦储备银行纽约分行设有代表美联储系统和美国财政部进行外汇干预的外汇柜台，它对这些金融市场的参与意味着该银行是有关国内外金融市场重要信息的来源，特别是2007～2009年金融危机期间，同时它也是美联储系统官员和市场私人参与者之间的联络渠道。

联邦储备银行纽约分行引人注目的第三个原因在于，它是唯一一家成为国际清算银行（BIS）成员的联邦储备银行。因此，联邦储备银行纽约分行的行长和理事会主席代表联邦储备系统，每月与国际清算银行的其他主要央行行长定期举行会议。这种与外国央行行长的密切接触以及与外汇市场的互动，意味着无论是在与其他央行行长的关系还是与私人市场参与者的关系中，联邦储备银行纽约分行在国际关系中都发挥着特殊作用。联邦储备银行纽约分行在国际社会中的地位更加突出，它是全球超过1 000亿美元黄金的存放地，这个数字比诺克斯堡金库⊖的黄金还要多。

最后，联邦储备银行纽约分行行长是FOMC在联邦储备银行行长中唯一有投票权的常任理事，担任委员会副主席。因此，联邦储备银行纽约分行行长以及理事会的主席和副主席是美联储系统中三个最重要的官员。

⊖ 诺克斯堡金库占地约1 180平方米，金库大门重达24吨，据估计，诺克斯堡金库大约有4 570吨金条，还有其他大量未知的国家宝藏。——译者注

12 家联邦储备银行通过以下途径参与货币政策：

- 董事"确定"贴现率（尽管每个地区的贴现率最终都是由联邦储备委员会审查和决定的）。
- 决定能够从联邦储备银行获得贴现贷款的银行（包括成员银行和非成员银行）。
- 董事从各自地区挑选一名商业银行家为联邦顾问委员会服务，为联邦储备委员会提供信息咨询，并为货币政策的操作提供帮助。
- 28 位银行行长中有 5 位在联邦公开市场委员会各有一票表决权，该委员会负责指导**公开市场操作**（open market operations，买卖政府债券，以影响利率和银行体系的准备金规模）。纽约联邦储备银行的行长是联邦公开市场委员会的永久成员，终身拥有公开市场委员会的一票表决权，因而是最重要的银行；其他 4 票表决权每年在余下的地区联邦储备银行的 11 名行长之间轮流分配。

12 家联邦储备银行执行的职能如下：

- 支票清算。
- 发行新的货币。
- 回收流通中损坏的货币。
- 管理并向本地区商业银行发放贴现贷款。
- 评估提出的合并案与银行扩展业务的申请。
- 作为工商业界和联邦储备系统之间的联络人。
- 检查银行控股公司以及州注册的成员银行。
- 收集当地商业状况数据。
- 组织本行的职业经济学家从事关于货币政策操作的研究。

9.2.2 成员银行

所有的国家银行（national banks，在货币监理署注册的商业银行）都必须成为联邦储备系统的成员。由州注册的商业银行不要求成为其成员，但它们可以选择加入。当前，美国38%的商业银行都是联邦储备系统的成员，这与 1947 年达到49%的顶峰状态相比有所下滑。

在 1980 年前，只有成员银行被要求在联邦储备银行以存款的形式保留准备金。非成员银行以各州制定的法定准备金要求为准，而各州通常允许它们以附息证券的形式持有大部分的准备金。由于当时联邦储备银行对准备金存款不支付利息，因而联邦储备系统成员需要承担较高的成本，这样随着利率的提高，成员资格的相对成本增加，联邦储备系统的成员银行也就越来越少。

联邦储备成员的减少成为联邦储备委员会的主要担忧，原因之一是它减少了美联储对货币供给的控制，加大了美联储对货币政策操纵的难度。联邦储备委员会主席一再呼吁颁布新的法案，要求所有商业银行加入联邦储备系统，成为其成员。美联储对国会施压的一个结果是，1980 年颁布了《存款机构放松管制和货币控制法》：所有存款机构都必须服从相同的要求，在美联储保有存款准备金，因此，成员银行和非成员银行就能够在存款准备金要求方面站在同一条起跑线上了。此外，所有存款机构都可以平等地享有美联储的设施和服务，如贴现窗口（将在第 10 章中讨论）和联邦支票结算。这些规定阻止了联邦储备系统成员数目的下降，并减少了成员银行和非成员银行之间的差别。

9.2.3 联邦储备委员会

联邦储备系统的最高层是由 7 名委员组成的委员会，其总部位于华盛顿。各委员都是由美国总统任命，并得到参议员的认可。为限制总统对美联储的控制，并使美联储从其他政治压力中脱离，委员的任期为 14 年，每年 1 月都有一位委员任期届满，不可以连任。[○]委员（许多都是专业的经济学家）要求来自不同的联邦储备区，以防止某一地区的利益被过度夸大。联邦储备委员会的主席是从 7 个委员中挑选出来的，任期为 4 年，可以连任。一旦新主席选出，前任主席即使作为委员的任期未满，也要从联邦储备委员会中辞职。

联邦储备委员会通过以下途径积极参与货币政策的制定：

- 所有 7 位委员都是联邦公开市场委员会的成员，享有对公开市场操作的投票权。由于在这个委员会中只有 12 位成员拥有投票权（7 位委员以及 5 位储备区银行行长），委员会拥有大部分投票权。
- 制定法定准备金（在法律限制范围内），并通过"审查和决定"程序有效控制贴现率，依靠这个程序来批准或否决由联邦储备银行"确定"的贴现率。
- 委员会的主席就经济政策向总统提出建议，参加国会听证，并代表联邦储备系统向媒体发言。

除此之外，委员会还有其他职责如下：

- 设定保证金要求，即证券购买中必须用现金而不是借入资金支付。
- 设定每个联邦储备银行行长和所有官员的工资，并审查每个银行的预算。
- 批准银行合并和新活动申请，规定银行控股公司允许的活动，并监督外国银行在美国的活动。
- 拥有一批专业经济学家（比美联储银行多），他们提供经济分析，供理事会决策时使用（见专栏9-3）。

专栏9-3　透视美联储

研究人员的角色

美联储雇用的经济学家的人数不仅在美国甚至在全世界都是最多的。该系统的研究人员大约有 1 000 人，其中大约一半是经济学家。在这 500 名经济学家中，约有 250 名在董事会，100 名在纽约联邦储备银行，其余在其他联邦储备银行。这些经济学家都做什么呢？

○ 虽然从技术上讲，委员的任期是不可续任的，但是委员可以在任期届满前辞职，然后由总统重新任命，这就解释了为何小威廉·麦克切斯尼·马丁（William McChesney Martin）任职了 28 年。马丁在 1951~1970 年任联邦储备委员会主席，1970 年退休，从他以后，这种委员连任的做法没有再被允许，这也是为什么格林斯潘在 2006 年 14 年的任期届满后不得不从联邦储备委员会退休。

美联储经济学家最重要的任务是跟踪来自政府机构和私营部门组织的经济数据，并就经济走向和货币政策行动对经济的影响向决策者提供指导。在每次联邦公开市场委员会（FOMC）会议之前，每家美联储银行的研究人员都会向其行长和高级管理层简要介绍其对美国经济的预测以及会议可能讨论的问题。研究人员还提供简报材料或关于世行所在地区经济前景的正式简报，这是每位行长在FOMC会议上讨论的内容。与此同时，在理事会中，经济学家维持着一个大型计量经济模型（这个模型的方程式是用统计程序估算的），帮助他们对国民经济进行预测，他们还会向理事会简要介绍国民经济前景。

银行和董事会的研究人员还为银行监管人员提供支持，跟踪银行部门与其他金融市场和机构的发展，并向银行审查员提供他们在审查过程中可能需要的技术建议，因为董事会必须决定是否批准银行合并，董事会和合并所在地区的银行研究人员都要准备有关拟议合并可能对竞争环境产生何种影响的信息。为了确保符合《社区再投资法案》，经济学家还分析了银行在不同社区的贷款活动表现。

由于外国的发展对美国经济的影响越来越大，研究人员特别是纽约联邦储备银行和董事会的成员，会撰写关于主要外国经济的报告。由于外汇市场在货币政策制定过程中的重要性日益增加，他们还对外汇市场的发展进行研究，并支持外汇部门的活动。经济学家通过预测银行储备增长和货币总量增长来帮助支持公开市场平台的运作。

经济学家还从事货币政策对产出和通货膨胀的影响、劳动力市场的发展、国际贸易、国际资本市场、银行和其他金融机构、金融市场和区域经济等主题的基础研究。这些研究的成果被广泛发表在学术期刊和储备银行出版物上（美联储银行评论是金融专业学生补充材料的好来源）。

在储备银行工作的研究人员的另一项重要活动涉及公共教育领域。经济学家经常被要求在他们的银行向董事会做报告，或者在他们所在地区向公众做报告。

9.2.4 联邦公开市场委员会（FOMC）

联邦公开市场委员会通常每年举行8次会议（大约6周一次），为有关公开市场操作的行为制定决策，制定政策利率——**联邦基金利率**（federal funds rate），即银行间隔夜拆放利率（具体讨论见专栏9-4、专栏9-5）。事实上，媒体通常称联邦公开市场委员会为美联储，例如，当媒体报道美联储的会议时，它们通常指的就是联邦公开市场委员会的会议。联邦公开市场委员会由联邦储备委员会的7位委员、纽约联邦储备银行行长以及其他4位联邦储备银行行长组成。联邦储备委员会主席还担任联邦公开市场委员会的主席。虽然只有5位联邦储备银行的行长是联邦公开市场委员会的投票成员，但其他7位联邦储备银行行长也参加联邦公开市场委员会的会议，并参与讨论。因此，他们对委员会的决定也有一定的影响。

专栏9-4　透视美联储

FOMC会议

FOMC会议在华盛顿特区理事会主楼二楼的会议室举行，7位理事和12位储备银行行长，连同FOMC秘书、理事会研究和统计司司长及其副手，以及货币事务和国际金融司司长，围坐在一张巨大的会议桌旁。尽管在任何时候只有5位储备银行行长对FOMC有投票权，但其他人都会积极参与讨论。坐在房间两侧的是各储备银行的研究主管以及其他高级董事会和储备银行官员，按照传统，他们不能在会上发言。

会议首先通过 FOMC 上次会议的记录。第一个实质性议程项目是系统公开市场操作经理关于外币和国内公开市场操作以及与这些主题相关的其他问题的报告。在行长和储备银行行长问完问题并讨论完这些报告后，投票批准这些报告。

会议的下一阶段是理事会研究和统计司司长介绍理事会工作人员的国家经济预测。在行长和储备银行行长就预测向部门主管询问后，会产生一轮循环：每位银行行长概述该地区的经济状况和银行对国家前景的评估，每位行长（包括主席）会给出关于国家前景的看法。按照传统，言论此时将避开货币政策的话题。

然后议程转向当前的货币政策和国内政策指令。理事会对货币事务司的指示首先概述了货币政策行动的不同情景，并可能描述了与货币政策应如何实施有关的问题。经过一段问答时间之后，FOMC 的每个成员以及无投票权的银行行长都表达了自己对货币政策和货币政策声明的看法。然后，主席总结讨论情况，并提出货币政策声明和联邦基金利率目标指令的具体措辞，该指令被传送到公开市场柜台，表明联邦基金目标是上调还是下调（比如 25 个百分点）。FOMC 秘书正式宣读提议的声明，FOMC 成员投票表决。㊀ 下午 2 点 15 分左右发布关于货币政策声明的公告。㊁

专栏 9-5　透视美联储

绿色、蓝色、青色和米色：这些颜色在美联储意味着什么

3 份研究文件在货币政策制定过程和联邦公开市场委员会会议中发挥了重要作用。直到 2010 年，由联邦储备委员会研究和统计部门编制的未来 3 年详细的国家预测被设计成绿色封面，因此被称为"绿皮书"。理事会货币事务司编制的货币总量预测，以及货币政策决策的 3 种典型备选方案（标为 A、B、C），被载于具有蓝色封面的"蓝皮书"中。这两本书都会分发给 FOMC 会议的所有与会者。从 2010 年开始，绿色和蓝色书籍被合并成带有青色封面的"青皮书"（青色是绿色和蓝色的混合色）。㊂ 米色封面的黄皮书是由美联储银行制作的，它详细介绍了从调查或与主要企业和金融机构就美联储各地区经济状况的谈话中收集到的证据。这是唯一一本公开发行的报告，经常受到媒体的广泛关注。

由于在过去公开市场操作是美联储控制货币供给最重要的政策工具，加之 FOMC 决定了美国是实行**紧缩的货币政策**（tightening of monetary policy，提高联邦基金利率）还是**宽松的货币政策**（easing of monetary policy，降低联邦基金利率），因而 FOMC 必然是联邦储备系统决策制定的核心。尽管法定准备金率和贴现率实际上并不是 FOMC 制定的，但与这些政策工具有关的决策是由 FOMC 做出的，这就是图 9-1 中用虚线表示 FOMC 就法定存款准备金要求和贴现率的设定提供"建议"的原因。实际上，FOMC 并不买卖证券，而是向纽约联邦储备银行下达指

㊀ 指令中表达的决定可能不是一致的，不同的意见会被公之于众。然而，除了极少数情况，主席的投票总是站在获胜者一边。

㊁ 半数会议的形式略有不同。它们不是像其他会议一样从星期二早上 9 点开始，而是从星期二下午开始，一直到星期三，通常在下午 2 点 15 分左右宣布。这些较长的会议也考虑长期经济前景和特殊议题。

㊂ 这些 FOMC 文件在 5 年后公布，其内容可以在 http://www.federalreserve.gov/monetarypolicy/fomc.htm 上查阅。

令，在那里负责国内公开市场操作的经理会监督人们购买和卖出政府或机构的证券。经理每日会就交易平台的交易情况，与 FOMC 成员以及其员工进行沟通。

9.2.5　为什么联邦储备委员会主席是真正的操控者

乍看之下，美联储主席只是 FOMC 中 12 个有表决权的成员之一，没有对该机构行使控制权的法律权利。那么，为什么媒体会如此关注主席所说的每一个字？主席在美联储真的能掌控全局吗？为什么主席会拥有如此高的权力？

主席确实是那个主角。主席是美联储的发言人，并与国会和美国总统进行谈判。主席还可以通过设定委员会和 FOMC 会议的议程来行使控制权。主席甚至还会通过个人气场和风格影响委员会。历任美联储主席（包括马里纳·埃克尔斯、小威廉·麦克切斯尼·马丁、阿瑟·伯恩斯、保罗·沃尔克、艾伦·格林斯潘、本·伯南克和珍妮特·耶伦）都是典型的具有强烈个性并拥有巨大权力的人物。

主席还通过监督委员会中专业经济学家和顾问的工作人员来行使权力。由于工作人员为委员会收集信息并进行分析以供委员会在决策中使用，因此在货币政策制定方面有一定的影响。此外，在过去，委员会的很多任免来自其内部专业人员，这使得主席的影响要比其 4 年的任期所产生的影响更深远、更持久。主席的风格很重要，专栏 9-6 表明了这一点。

专栏 9-6　透视美联储

风格迥异的美联储主席：伯南克、耶伦和格林斯潘

每位主席拥有的不同风格都会对美联储的政策决定产生影响。现在有很多关于美联储主席本·伯南克、珍妮特·耶伦与艾伦·格林斯潘不同之处的讨论，格林斯潘在 1987~2006 年担任了 19 年联邦储备委员会主席。

格林斯潘领导美联储的方式与其他联邦储备主席迥然不同。他的背景与伯南克有很大的不同，伯南克职业生涯的大部分时间都是在普林斯顿大学度过的。格林斯潘是艾恩·兰德的徒弟，他支持自由主义，曾领导过一家十分成功的经济咨询公司——陶森-格林斯潘公司。格林斯潘从来都不是一名经济理论家，但他将自己浸泡在数据中（从文字资料上看是这样，因为他每天早上在浴缸里都会思考这些数据），并经常从相当枯燥的数据中得出他的预测。因此，格林斯潘并不单一地依靠联邦储备委员会研究人员的预测来做决策。一个著名的例子就是 1997 年，委员会研究人员预测将有一轮通货膨胀，需要执行紧缩的货币政策。然而格林斯潘坚信通货膨胀不会发生，并说服 FOMC 不实施紧缩的货币政策。事实证明格林斯潘是正确的，因而他被媒体称为"大师"。

相比之下，伯南克在 2002 年以美联储理事的身份前往华盛顿，然后在 2005 年担任人类生态顾问委员会主席，最后在 2006 年回到美联储担任主席。他在整个职业生涯中都在担任教授，先是在斯坦福大学商学院，然后在普林斯顿大学经济系担任系主任。同样，耶伦曾在哈佛大学和加州大学担任教授 20 年，之后于 1994~1997 年在联邦储备系统工作，担任州长委员会成员，2004~2010 年任旧金山联邦储备银行行长，2010~2014 年任美联储副主席。伯南克和耶伦并没有以经济预测家的身份出名，因此董事会成员的预测在 FOMC 的决策中发挥了更大的作用。与格林斯潘的风格不同，伯

南克和耶伦因为自身顶级学术经济学家的背景意味着他们在决策时注重分析，其结果是模型模拟在指导政策讨论中得到了更广泛的应用。

新任主席也改变了政策讨论的风格。格林斯潘对 FOMC 的讨论进行了广泛的控制。在格林斯潘时代，讨论是正式的，每位与会者在被联邦货币委员会秘书列入名单后发言。在伯南克和耶伦的领导下，有更多的意见交换，伯南克鼓励所谓的"举手插话"。当某位与会人员试图打破顺序提问问题，或就其他与会人员的发言发表意见时，他可以举手，这时伯南克就会确认并请他进行发言。

FOMC 会议的讨论顺序也发生了微妙但极其重要的变化。在格林斯潘的领导下，在其他 FOMC 参与者表达了他们对经济的看法之后，格林斯潘将提出他对经济状况的看法，然后就应该采取什么样的货币政策行动提出建议。这要求其他与会者在下一轮货币政策讨论中明确表达同意或不同意主席的建议。相比之下，在其他 FOMC 参与者表达了对经济的看法后，伯南克、耶伦通常不会立即为货币政策提出建议。相反，他们总结从其他参与者那里听到的内容，添加一些自己的意见，然后等到听完所有其他参与者对货币政策的看法后再提出政策建议。格林斯潘领导下的这一过程意味着主席基本上是在决策，而伯南克和耶伦的程序更民主，让参与者对主席的投票有更大的影响力。

主席们在风格上的另一大不同体现在透明度方面。格林斯潘以隐晦著称，他甚至在国会听证会上以讽刺的口吻说："我想我应该警告你，如果我说得特别清楚，你可能误解了我所说的话。"伯南克和耶伦的发言清晰、明确。尽管格林斯潘领导下的透明度有所提高，但他不情愿地采用了更透明的沟通方式。伯南克和耶伦一直是透明度的更强有力的支持者，他们主张美联储应宣布其通胀目标，并在 2006 年发起了研究美联储交流方式的倡议，使得美联储在透明度方面有了很大的改进（详见后面的专栏9-7）。

9.3 联邦储备系统的独立性

在下一章研究美联储如何实施货币政策时，我们会想知道为什么它会决定采取某些政策行动，而不是其他政策行动。要理解美联储的行为，必须理解激励美联储行为的激励因素。美联储脱离总统和国会主席的压力有多大？经济、官僚或政治因素会有导向作用吗？美联储真的独立于外部压力吗？

曾担任麻省理工学院教授的斯坦利·费希尔，现在是以色列银行行长，他将中央银行的独立性分为两种：**工具独立性**（instrument independence，中央银行制定货币政策工具的能力）和**目标独立性**（goal independence，中央银行制定货币政策目标的能力）。联邦储备系统具有上述两种独立性，并且不具有那些影响其他政府机构的政治压力。这不仅表现在委员会成员的任期长达 14 年（并且不能被免职），还表现在委员会不能连任，从而消除了委员巴结总统和国会的动机。

也许，独立于国会的意图更重要的是，联邦储备系统的独立性和大量的收入来源，这些收入来自其所持有的证券，以及少部分对银行的贷款。例如，近年来，联邦储备系统扣除费用后的净收益已达到大约 400 亿美元，这是一笔不小的数目。因为联邦储备系统将大部分收益上交财政部，所以它并没有因为其业务活动而富有，但是这份收入使得联邦储备系统比其他政府机构更有优势：它不必受限于通常由国会控制的拨款程序。事实上，联邦政府的审计机构——审计总署当前不能审计联邦储备系统的货币政策或者外汇市场功能。由于对财政的控制通常就相当于对整体的控制,因此,联邦储备系统的这个特征使得独立性比其他因素更为重要。

然而,联邦储备系统仍然受到国会的影响,这是因为有关联邦储备系统结构的立法是由国会制定的,并且可以随时变更。当立法者对美联储货币政策的实施有所不满时,通常会威胁要削弱它的独立性。例如,2009 年议员代表罗恩·保罗发起了一个由审计总署审计联邦储备系统,以限制其货币政策行为的法案。这样一个强有力的威胁,必定也会防止联邦储备系统过于偏离国会的意愿。

国会也通过立法,要求联邦储备系统对自己的行为承担更多责任。根据 1978 年《汉弗莱-霍金斯法案》,联邦储备系统被要求每半年向国会提交货币政策报告,委员会主席要参加听证会,解释货币政策是否与《联邦储备法案》的目标一致。

总统也可以影响联邦储备系统。首先,国会立法能够直接影响联邦储备系统或影响其实施货币政策的能力,因此总统可以通过影响国会进而对联邦储备系统产生有力影响。其次,虽然从表面上看,总统在其一届任职期间只能任命一名或两名委员会成员,但实际上总统任命委员的数量远不止这些。一个原因是大部分委员没有任满完整的 14 年任期(委员的薪水远低于他们在私人部门甚至大学能够得到的报酬,从而刺激他们在任期未满前返回学术界或从事私人部门工作)。此外,总统每四年可以任命一名新委员会主席,而没有连任的主席通常会从委员会辞职,这样总统可以任命一位新的成员。

然而,总统通过其在理事会的任命所享有的权力是有限的。由于主席的任期不一定与总统的任期一致,总统可能必须与前任政府任命的理事会主席打交道。以艾伦·格林斯潘为例,他于 1987 年被罗纳德·里根总统任命为主席,并于 1992 年被共和党总统乔治·布什再次任命为下一任主席,当时民主党人比尔·克林顿于 1993 年当选总统,格林斯潘还有几年的任期。克林顿面临着重新任命理事会主席的巨大压力。格林斯潘的任期于 1996 年届满,并于 2000 年再次届满,尽管格林斯潘是共和党人。共和党人乔治·布什于 2004 年再次任命格林斯潘,民主党人贝拉克·奥巴马于 2010 年再次任命共和党人本·伯南克。⊖

可以看到美联储对于政府机构来说有着非凡的独立性。尽管如此,美联储并不是没有政治压力。事实上,要理解美联储的行为,我们必须认识到公众对美联储行动的支持起着非常重要的作用。⊖

9.4 美联储应该独立吗

正如我们所见,美联储可能是美国最独立的政府机构,大多数其他国家的央行也是如此。每隔几年,国会就会出现对美联储的独立性是否应该被削弱问题的讨论。强烈反对美联储政策的政客通常希望将其置于自己的监管之下,以实施更合他们心意的政策。美联储是否应该独

⊖ 类似地,小威廉·麦克切斯尼·马丁,1951~1970 年担任主席,由杜鲁门总统(民主党)任命,但被艾森豪威尔总统(共和党)、肯尼迪总统(民主党)、约翰逊总统(民主党)和尼克松总统(共和党)再次任命。此外,保罗·沃尔克,1979~1987 年担任主席,由卡特总统(民主党)任命,但被里根总统(共和党)再次任命。本·伯南克被布什总统(共和党)任命,但被奥巴马总统(民主党)再次任命。

⊖ 关于美联储如何与公众和政治家互动的内部观点可以在 Bob Woodward, *Maestro: Greenspan's Fed and the American Boom* (New York: Simon and Schuster, 2000) 和 David Wessel, *In Fed We Trust* (New York: Random House, 2009) 中找到。

立，还是说中央银行应该在总统或者国会的控制下会比较好？

9.4.1 支持独立的理由

支持独立央行的最强有力的论据是，让央行承受过大的政治压力会使货币政策产生通货膨胀偏差。在许多评论员看来，民主国家的政治家以赢得下次选举为目的，导致其目光短浅，不太可能专注于类似保持稳定的价格水平这样的长期目标。相反，他们将寻求解决高失业率和高利率等问题的短期方案，即使短期方案在长期会产生不良的后果。例如，高货币增长率可能最初导致利率下降，但随后随着通货膨胀加剧，可能导致利率上升。当利率很高时，由国会或总统控制的美联储是否更有可能奉行货币过度增长的政策，即使这最终会导致通货膨胀甚至未来更高的利率？支持美联储独立的倡导者给出了肯定的答案。他们认为，一个政治独立的美联储更有可能关注长期目标，从而捍卫美元的安全和稳定的物价水平。

关于理解此问题的另一个角度是，美国的政治进程可能会导致**政治商业周期**（political business cycle），这个周期指的是在选举之前，人们会采取扩张性政策来降低失业率和利率。选举后，这些政策的负面影响——高通货膨胀和高利率将得到显现，这时就需要紧缩政策，政客希望公众在下次选举前忘记这些政策。有证据表明，美国存在这样一个政治商业周期，若美联储由国会或总统控制，可能会使这一周期更加明显。

将美联储置于财政部控制之下（使其更受总统的影响）也被认为是危险的，因为美联储可以通过购买美国国债来促进财政部为巨额预算赤字融资。财政部对美联储施加的"帮助"压力可能会导致更严重的通货膨胀。独立的美联储更有能力抵御财政部的压力。

支持央行独立的另一个理由是，不能将货币政策的控制权交给政治家。无数的经验表明，这一群体缺乏在降低预算赤字或改革银行体系等重大经济问题上做出决策的专业知识。这一论点的另一种表达方式是根据第7章讨论的委托-代理问题，美联储和政治家都是公众的代理人（负责人），正如我们所见，政治家和美联储都有动机为自己的利益而不是公众的利益行事。对于政治家来说，委托-代理问题比美联储更糟糕，因为政治家没有多少动机为公众的利益而行动，这也是支持美联储独立的另一个论点。

事实上，一些政客可能更喜欢有一个独立的美联储，它可以作为公众的"替罪羊"来减轻他们的压力。一个反对通货膨胀货币政策的政治家可能会因为害怕不能再次当选而被迫公开支持这一政策。独立的美联储可以推行政治上不受欢迎但符合公众利益的政策。

9.4.2 反对独立的理由

支持总统或国会控制美联储的倡导者认为，让一个对任何人都不负责的精英集团控制货币政策（这个政策会影响经济中的每个人）是不民主的。美联储目前缺乏问责的情况会带来严重后果：如果美联储表现不佳，没有可替代它的部门。诚然，美联储需要追求长期目标，但当选的国会官员也会在长期问题上投票（例如外交政策）。如果我们进一步推进政策总是由像美联储这样的精英团体执行得更好的论点，我们最终会得出参谋长联席会议应该决定军事预算或者国税局应该在不受总统或者国会监管的情况下制定税收政策。你认为参谋长联席会议和国税局应该拥有这种程度的独立性吗？

公众普遍认为总统和国会应该对国家的经济福祉负责，但是他们对决定经济健康最重要的机构缺乏控制。此外,为了实现促进经济稳定的统一计划,货币政策必须与财政政策(政府支出和税收管理)相协调。只有让控制财政政策的政客同时控制货币政策,这两项政策才能避免产生相悖的效果。

反对美联储独立的另一个论点是,独立的美联储并不总是能做出正确的决策。在大萧条时期,美联储未能发挥它所宣称的最后贷款人的作用,其独立性显然并没有阻止它在20世纪六七十年代推行过度扩张的货币政策,正是这一政策导致了当时的快速通货膨胀。

我们之前的讨论还表明,美联储并非不受政治压力的影响。它的独立性可能会鼓励它追求自身利益而不是公共利益。

尽管美国国内外公众对央行独立性的支持似乎都在增加,但对于央行独立是不是件好事,还没有达成共识。显而易见,喜欢美联储政策的人更有可能支持其独立,而不喜欢其政策的人则主张降低美联储的独立性。

9.4.3　央行独立性与全球宏观经济表现

我们已经看到,央行独立的倡导者认为,通过提高央行的独立性,宏观经济表现将得到改善。经验证据似乎支持这一猜想:当将各国央行从最不独立到最独立进行排列时,拥有最独立央行的国家的通货膨胀表现是最好的。拥有一个更加独立的中央银行的国家,似乎会拥有较低的通货膨胀率,而这并不是以低迷的经济表现为代价来实现的。拥有独立的中央银行的国家并不会比拥有不够独立的中央银行的国家有更高的失业率或更大的产出波动。

9.4.4　央行行为解析

关于政府官僚行为的一种观点是官僚机构服务于公共利益(公共利益的角度)。然而,一些经济学家发展了官僚行为理论,指出了影响官僚机构运作的其他因素。官僚行为理论表明,官僚机构的目标是最大化自身福利,正如消费者的行为是由个人福利最大化驱动的,企业的行为是由利润最大化驱动的。官僚机构的福利与其权力和威望有关。因此,这一理论表明,影响央行行为的一个重要因素是它试图提高自己的权力和威望。

这种观点对于像美联储这样的央行意味着什么?一个是美联储将大力争取维护其自主权,随着美联储不断与国会对抗以争取对预算的控制权,这一观点一次又一次地被证实。事实上,美联储能够动员银行家和商界人士游说,在受到威胁的时候依旧保持独立性,是非同寻常的。

另外,美联储将努力避免与可能威胁削减其权力和减少其自主权的强大团体发生冲突。美联储的行为可能有几种形式。解释为何它有时加息缓慢,从而缓和其波动的一个可能因素是,在提高利率方面,它希望避免与总统和国会之间的冲突。避免与国会和总统发生冲突的愿望也可以解释为什么美联储在过去一直没有认可透明度(详见专栏 9-7 "美联储沟通策略的演进")。

专栏 9-7　透视美联储

美联储沟通策略的演进

正如官僚行为理论预测的那样,美联储有动机对公众和政治家隐瞒自己的行为,以避免与他们发生冲突。过去，这种动机导致美联储倾向于保密，对此，一名美联储前官员表示，"许多工作人员会承认，秘密委员会旨在保护美联储免受政治监督。"例如，美联储积极为推迟向国会和公众发布 FOMC 指令辩护。然而，1994 年，它在每次 FOMC 会议后立即开始披露 FOMC 指令。1999 年，它也开始立即宣布货币政策可能产生的"偏向"，后来被表述为经济风险的平衡。2002 年，美联储开始报告在 FOMC 会议上就联邦基金利率目标进行的唱名表决。2004 年 12 月，它将 FOMC 会议记录的发布日期从以前的 6 周提前到会议结束后的 3 周。

近年来，美联储大幅提高了透明度，但速度慢于许多其他央行。提高透明度的一个重要趋势是中央银行宣布具体的通货膨胀目标，通常被称为通货膨胀目标，这将在第 10 章中讨论。格林斯潘强烈反对美联储朝这个方向前进，但伯南克主席和耶伦（美联储内部小组委员会主席，该小组委员会提出了新的沟通政策）更受欢迎，主张在他们的著作和演讲中宣布一个具体的通货膨胀目标。

2007 年 11 月，美联储宣布对其传播战略进行重大改进。首先，1978 年《汉弗莱-霍金斯法案》规定，FOMC 在"适当政策"下对通货膨胀、失业率和国内生产总值增长的预测范围从两个日历年延长至三年，2009 年增加了长期预测。2011 年，美联储宣布进一步提高透明度：在 4 月、6 月、11 月和 1 月的 FOMC 会议后，美联储主席将举行新闻发布会，旨在进一步提高美联储货币政策沟通的清晰度和及时性。

从 2011 年 8 月开始，美联储通过 FOMC 声明就联邦基金利率目标提供前瞻性指导，该声明通常规定在特定日历日期可能出现的联邦基金利率水平。从 2012 年 1 月开始，FOMC 通过向 FOMC 参与者提供对联邦基金利率目标的适当水平的预测，提供了更多关于其政策利率未来路径的信息。在同次会议上，FOMC 通过了 2% 的通货膨胀目标，通过更坚定地锚定通货膨胀预期来改善对通货膨胀的控制。

美联储希望拥有尽可能多的权力，这也解释了它为何大力推行一项可以对更多银行进行控制的运动。到 1987 年，立法规定美联储存款准备金要求的管辖权扩大到所有银行（不仅仅是成员商业银行），这场运动达到了高潮。

官僚行为理论似乎适用于美联储的行动，但我们必须认识到，这种认为美联储只关心自身利益的观点过于极端。最大化自己的福利并不排除利他主义（你可能会慷慨地把钱捐给慈善机构，因为它让你自我感觉良好，但在这个过程中，你是在帮助做一项有价值的事业）。美联储当然会考虑它的货币政策是不是有利于公众的利益。然而，人们对于货币政策应该是什么存在许多不确定性和分歧。当不清楚什么符合公共利益时，其他动机可能会影响美联储的行为。在这些情况下，官僚行为理论可能是预测美联储和其他央行动机的有用指南。

9.5 欧洲央行的结构和独立性

直到最近，联邦储备系统作为中央银行的重要性无人能比。然而，1999 年 1 月欧洲中央银行和欧洲中央银行系统的诞生打破了这一状态，对欧洲货币联盟的成员国实施货币政策。这些国家的人口总数超过了美国。欧洲中央银行和欧洲中央银行系统是根据《马斯特里赫特条约》

⊖ Quoted in "Monetary Zeal: How the Federal Reserve Under Volcker Finally Slowed Down Inflation," *Wall Street Journal*, December 7, 1984, p. 23.

成立的，其结构模仿联邦储备系统，各国的中央银行（称为国家中央银行）与联邦储备银行有着相似的作用。坐落在德国法兰克福的欧洲中央银行，有一个结构与联邦储备委员会相类似的执行委员会，由行长、副行长以及4位其他成员组成，任期为8年，不得连任。理事会与联邦公开市场委员会类似，由执行委员会和国家中央银行行长组成，并对货币政策做出决策。国家中央银行的行长由该国政府任命，而执行委员会的成员则由所有国家的元首组成的一个委员会任命，该委员会是欧洲货币联盟的一部分。

9.5.1 欧洲中央银行系统和联邦储备系统的区别

媒体通常将欧洲中央银行系统称为欧洲中央银行，尽管更加准确的说法应该是欧元体系，就像称联邦储备系统比称美联储更准确一样。尽管欧元体系的结构与联邦储备系统相似，但两者之间存在一些重要的区别。第一，联邦储备银行的预算由理事会控制，而欧洲各国央行控制自己的预算和欧洲央行的预算。因此，欧洲央行在欧元体系中的权力远不如美联储理事会。第二，欧洲体系的货币操作由每个国家的国家中央银行进行，因此货币操作不像在联邦储备系统那样集中。

9.5.2 理事会

像美国的FOMC会议一样，欧洲中央银行最高决策机构——理事会的会议也同样得到人们的广泛关注。该会议每月在法兰克福的欧洲央行举行，为欧元区制定货币政策。目前，有17个国家是欧盟成员，17个国家的中央银行行长在理事会中各有一票；6名执行委员会成员也各有一票。与理事会和联邦储备工作人员都参加的FOMC不同的是，只有理事会的23名成员出席会议，而没有其他的工作人员。

虽然各成员拥有投票权，但理事会实际上并没有采取正式投票的形式，而是采取一致性的原则。理事会不采取投票形式的一个原因是担忧个人投票可能导致国家中央银行的首脑赞成有利于自己国家的货币政策，而这些货币政策未必有利于整个欧洲货币联盟的所有国家。这一问题在美联储就不会这么严重：尽管联邦储备银行行长来自美国的不同地区，但是他们都拥有相同的国籍，在日常决策中更可能会站在国家的立场考虑。

美联储会发布联邦公开市场委员会关于利率（联邦基金利率）政策的决策，欧洲中央银行在理事会会议结束后也会采取相同的举动（宣布银行间短期贷款利率目标）。然而，美联储仅仅宣布货币政策工具的设立，而欧洲中央银行做得更多，它会召开媒体会议，欧洲中央银行的主席和副主席将解答媒体提出的问题（联邦储备委员会主席也举行类似的新闻发布会，但频率较低，一年只有4次）。理事会中成员较多，形成了一个特殊的困境。理事会目前的规模（25名有表决权的成员）远远大于FOMC（12名有表决权的成员）。许多评论家都想知道，欧盟理事会是否已经过于笨拙——随着更多国家加入欧盟，这种情况将会变得更加糟糕。为了解决这个潜在的问题，理事会已经制定了一个复杂的轮换制度，有点像FOMC的制度。在这个制度中，大国的国家中央银行比小国的国家中央银行更频繁地投票。

9.5.3 欧洲央行的独立性

尽管联邦储备系统是一个高度独立的中央银行，但《马斯特里赫特条约》创建了欧元体系，并使其成为世界上独立性最强的中央银行。与联邦储备委员会类似，执行委员会的成员任期很长（8年），而国家银行行长的任期则至少为5年。与联邦储备系统类似，欧元体系能够决定自己的预算，并且成员国的政府不得向欧洲中央银行发布指令。《马斯特里赫特条约》的这些规定使得欧洲中央银行具有高度的独立性。

《马斯特里赫特条约》规定欧洲中央银行最重要的长期目标是物价稳定，这意味着欧元体系的目标较联邦储备系统的目标更为明确。然而，《马斯特里赫特条约》没有明确规定物价稳定的具体内容。欧元体系将量化货币政策的目标定义为通货膨胀率略低于2%，所以从这个角度看，欧洲中央银行的目标独立性不及联邦储备系统。然而，欧元体系在其他方面的独立性均高于联邦储备系统：欧元体系的章程不能通过立法更改，只有通过修正《马斯特里赫特条约》才能更改其章程，这将是一个十分困难的程序，因为任何的变动都需要得到条约的所有签署国同意。

9.6 其他国家中央银行的结构和独立性

这一节我们将考察另外三家重要的中央银行——加拿大银行、英格兰银行和日本银行的结构和独立性。

9.6.1 加拿大银行

加拿大很晚才建立中央银行，其中央银行——加拿大银行成立于1934年。该银行董事由政府任命，任期3年，而行长由董事任命，任期为7年。由行长和4位副行长组成的理事会是与联邦公开市场委员会类似的决策机构，负责对货币政策做出决策。

1967年修订的《银行法》赋予政府货币政策的最终决策权。因此，名义上，加拿大银行的工具独立性并不如联邦储备系统，但在实际运行中，加拿大银行实质上控制着货币政策。当银行与政府出现分歧时，银行必须服从财政部部长所发布的指令。然而，由于必须以书面形式在特定时期发布具体的指令，因此这种指令很难下达，并且迄今为止没有出现过。货币政策目标（即通货膨胀目标）是由加拿大银行和政府共同制定的，因此加拿大银行的目标独立性不及联邦储备系统。

9.6.2 英格兰银行

成立于1694年的英格兰银行是最古老的中央银行之一。1946年颁布的《银行法》赋予政府对英格兰银行拥有法定权力。英格兰银行的理事会由任期5年的一位行长和两位副行长，以及任期3年的16位非执行董事组成。

直到1997年，英格兰银行是本章所考察的中央银行中独立性最差的，因为提高或降低利率的决策是由财政大臣（相当于美国财政部部长）来决定的，而不是英格兰银行。1997年5月工党政府执政后，这些情况发生了改变。此时，财政大臣戈登·布朗宣布了一个惊人的消息：英格兰银行今后有权调整利率。然而，英格兰银行并不具备完全的工具独立性：政府可以在"极端经济状态"下和"有限时期"内否决英格兰银行，并决定利率。尽管如此，同加拿大银行一样，否决中央银行必须公开，并且只能发生在不寻常情况的有限期间，因此这种情况的发生也是很罕见的。

由于英国不是欧洲货币联盟的成员国，英格兰银行对货币政策的决策独立于欧洲中央银行。对货币调整的决策取决于货币政策委员会，该委员会由一位行长、两位副行长、两位由行长和财政大臣协商后任命的成员（通常是中央银行的官员），以及四位由财政大臣任命的外部经济专家组成（令人惊讶的是，最初在该委员会任职的四位外部经济专家中有两位不是英国人，一位是荷兰人，另一位是美国人，尽管他们二人都有英国国籍）。英格兰银行的通货膨胀目标是由财政大臣决定的，因此英格兰银行的独立性也不及联邦储备系统。

9.6.3　日本银行

日本银行成立于明治维新时期的1882年。货币政策由政策委员会制定，该委员会由行长、两位副行长，以及由内阁任命并经议会批准的6位外部成员组成，他们的任期均为5年。

直到1998年，日本银行还没有正式独立于政府，财政部拥有最终的权力。然而，《日本银行法》改变了这一状况，这是日本银行55年来权力上的第一次重大改革。除了规定物价稳定是货币政策的目标之外，法律还赋予了日本银行更大的工具独立性和目标独立性。在此之前，政府在货币政策委员会中拥有两位投票成员，一位来自财政部，另一位来自经济计划署。现在，政府可能仍从这些机构中指派两名代表参加委员会的会议，尽管他们可以要求延迟货币政策决策，但不再拥有投票权。此外，财政部还失去了监督日本银行许多业务活动的权力，尤其是解雇高级官员的权力。然而，财政大臣可以继续控制日本银行或与政策无关的一部分预算，安倍政府违背了日本央行现任行长的意愿，对日本央行施加压力，要求其采用2%的通货膨胀目标，这在某种程度上也表明了日本央行的独立性是十分有限的。

9.6.4　中央银行独立性的趋势

正如我们对主要央行的结构和独立性的调查所显示的那样，近年来，我们看到了一个显著的增加独立性的趋势。过去，除了德国和瑞士的央行之外，美联储比几乎所有其他央行都要独立得多。现在，新成立的欧洲中央银行比美联储更加独立，英格兰银行和日本银行等央行也获得了更大的独立性，与美联储以及新西兰、瑞典和欧元国家等不同国家的央行的地位更加平等。理论和经验都表明，更独立的央行会制定更好的货币政策，这一趋势得以推动。

本章小结

成立于1913年的联邦储备系统减少了银行恐慌的发生频率。由于公众对中央银行和中央集权的敌意，联邦储备系统设计了一套制约和平衡的系统来分散权力。

联邦储备系统包括储备区的12家联邦储备银行、约3 000家成员商业银行、联邦储备委员会、联邦公开市场委员会、联邦咨询委员会。

虽然名义上联邦储备系统似乎是分散的，但实际上它已经成为一个由理事会，特别是理事会主席控制的、统一的中央银行。

联邦储备系统比美国政府的大部分机构都要独立，但由于规范其结构的法律是国会制定的，并可以随时调整，它仍受制于政治压力。

支持美联储独立的观点是，如果美联储受制于更多的政治压力，就会导致其实施有通货膨胀倾向的货币政策。一个独立的美联储能够从长期考虑，而不用应对可能导致扩张型货币政策和政治经济周期的短期问题。反对美联储独立的观点是，让一个不对任何人负责的精英团队来控制货币政策（对公众很重要）是不民主的。一个独立的美联储很难将货币政策和财政政策协调一致。

官僚行为的理论表明，驾驭中央银行行为的一个因素是增强权力和声望的企图。这一观点揭示了中央银行的许多行为，尽管中央银行的行为也可能从公众的利益出发。

欧洲中央银行系统与联邦储备系统的结构相类似，每个成员国都有国家中央银行，欧洲中央银行的执行委员会位于德国的法兰克福。由执行委员会中的 6 个成员（其中包括欧洲中央银行行长）和国家中央银行行长组成的管理委员会，对货币政策做出决策。根据《马斯特里赫特条约》成立的欧元体系，其独立性超过了联邦储备系统，这是因为它的章程是不能通过立法会而改变的。实际上，它是世界上独立性最强的中央银行。

全世界中央银行的独立性都出现了显著的增强趋势。近年来，英格兰银行和日本银行以及像新西兰和瑞典的中央银行都要被赋予了更大的独立性。理论和实践都表明，更独立的央行会制定更好的货币政策，在保持低通胀的同时避免高失业率和产出波动。

简答题

1. 联邦储备系统为什么由 12 家地区联邦储备银行组成，而不是和其他国家一样的单一中央银行？
2. 什么政治现实可以解释 1913 年《联邦储备法案》在密苏里州设立两家联邦储备银行的事实？
3. "同美国宪法一样，联邦储备系统反映了许多制约和平衡。"讨论这一观点。
4. 地区联邦储备银行通过哪些途径影响货币政策的实施？
5. 联邦储备系统的哪个部门控制贴现率、法定准备金率、公开市场操作？
6. 你认为委员会委员 14 年不可连任的任期是否可以有效地将委员会与政治压力隔离？
7. 请对联邦储备系统与欧洲中央银行系统的机构和独立性进行比较。
8. 联邦储备系统是美国政府机构中独立性最强的。拥有更大独立性的联邦储备系统与其他政府机构的主要不同之处是什么？
9. 国会用来加强对美联储控制的主要工具是什么？
10. 格林斯潘、伯南克和耶伦担任美联储主席的风格有什么根本上的区别？你认为最近在制定货币政策时越来越多地使用计量经济学分析的趋势是好还是坏？
11. 人们普遍推崇透明度，特别是当涉及公共机构或准公共机构时。为什么更透明的沟通政策可能不利于美联储目标？
12. 为什么取消美联储的独立性会导致更明显的政治经济周期？
13. 威廉对美联储的独立性感到不安。站在威廉的角度，提出反对美联储当前独立性水平的理由。
14. 解释支持当前央行走向独立趋势的理由。
15. 美联储通过不立即向国会或公众公布联邦公开市场委员会的会议记录来促进保密，讨论这项政策的利弊。

网络练习

联邦储备系统和欧洲中央银行系统的结构

1. 访问 http://www.federalreserve.gov/aboutthefed/。点击"联邦储备委员会"，选择"董事会成员"，点击董事会成员名字的链接以查看他们的履历数据。目前是否有 7 名成员被委任，或是否有空缺席位？
2. 访问 https://www.ecb.europa.eu/ecb/orga/escb/html/index.en.html。点击"组织"，选择"独立"。支持欧洲央行政治独立性的主要根据是什么？

第 10 章

货币政策传导

预　览

　　理解货币政策的传导机制很重要，因为它不仅影响货币供给和利率水平，而且还对经济活动以及社会福利产生影响。为探究这一问题，我们首先从美联储的资产负债表以及货币政策工具对货币供给和利率水平的影响入手，然后深入探讨美联储对这些工具的运用以及美联储和其他央行的货币政策目标。在分析货币政策传导战略后，我们会评价过去央行货币政策的传导机制，以期能对未来货币政策的发展趋势提供一些线索。

10.1　美联储如何影响银行体系的准备金

　　所有银行在美联储都有存款账户。**准备金**（reserve）包括银行在美联储的存款以及银行所持有的货币（因其被存放在银行金库中，故被称为备付金）。准备金是银行的资产，却是美联储的负债，银行可在任何时候要求美联储偿付，而美联储也有义务通过支付美元满足其偿付要求。在银行系统中，准备金的数额很重要，因为这些准备金可以被借出，因此美联储可以通过增加准备金来增强银行系统的流动性。

　　准备金分为两类：一类是美联储要求银行持有的，即**存款准备金**（required reserve）；另一类是银行额外持有的，即**超额准备金**（excess reserve）。例如，美联储规定了**法定存款准备金要求**（reserve requirement），要求银行机构必须将一定比例的存款作为准备金存在美联储。又如，美联储可要求存款机构每获得 1 美元存款必须存入一定比例作为准备金（如 10 美分）。这个比例（如 10%）被称为**存款准备金率**（required reserve ratio）。

　　美联储通常以两种方式向银行系统注入准备金，一种是通过**公开市场操作**（open market operation），即央行在公开市场上购买或出售债券；另一种是通过向银行提供贷款，即**贴现贷款**（discount loan）。

10.1.1　公开市场操作

　　公开市场操作是银行体系准备金变化最基本的决定因素。美联储债券的买卖总是由**一级交易商**（primary dealers）完成，即在私人银行机构之外运作的政府证券交易商。为了了解公开市场操作是如何运作的，我们需要看一下美联储的**资产负债表**（balance sheet），通过资产负债情况了解其运作机理。为了更好地理解这些操作如何影响资产负债表，我们借助一种叫作 **T 形账户**（T-account）的工具。T 形账户是一种简化的资产负债表，以 T 的形式排列，仅列出资产负债表某个初始位置开始的资产负债表项目中发生的变化。我们运用 T 形账户说明假设美联储通过公开市场操作从一级交易商手中买入 1 亿美元债券会发生什么。

在一级交易商向美联储出售 1 亿美元债券后，交易商在美联储的存款账户中会增加 1 亿美元，这样银行系统的准备金就会增加 1 亿美元。这时银行系统的 T 形账户（单位：百万美元）为：

银行系统			
资产		负债	
证券	−100		
准备金（存在美联储）	+100		

这对美联储资产负债表的影响是资产栏中增加 1 亿美元的证券收入，负债栏中增加了 1 亿美元的准备金：（单位：百万美元）。

美联储			
资产		负债	
证券	+100	准备金	+100

如你所见，美联储公开市场购买的结果是银行体系内持有证券数量和准备金数量的扩张。银行系统的资产负债表规模没有变化，总资产保持不变。然而，银行系统在美联储的存款增加了，由于这些存款可以借出，银行系统的流动性得以增强。

从另一个角度来看，公开市场购买债券将增加准备金数量，因为中央银行用准备金来购买这些债券。所以，**公开市场购买会导致银行系统内准备金的扩张**。

类似论据表明，当中央银行进行公开市场出售时，银行系统内的准备金数量会下降，因为一级交易商会用其在美联储的存款（准备金）支付这些债券。因此，**公开市场出售会导致银行体系内的准备金数量紧缩**。

10.1.2 贴现贷款

公开市场操作并非美联储影响准备金的唯一途径。

当美联储向银行提供贴现贷款时，准备金数量也会发生变化，贴现贷款也称为从美联储借款，或称为借入准备金。在正常情况下，美联储只向银行机构发放贷款，它向银行收取的贷款利率被称为**贴现率**（discount rate，在后面的章节中我们会讨论到，在金融危机中，美联储向其他金融机构发放了贷款）。

例如，假定美联储向第一国民银行发放 1 亿美元的贴现贷款，则美联储向银行准备金账户贷记 1 亿美元，可通过如下 T 形账户表明该操作对银行系统以及美联储资产负债表的影响（单位：百万美元）：

银行系统			
资产		负债	
准备金	+100	贴现贷款	+100

美联储			
资产		负债	
贴现贷款	+100	准备金	+100

由此可见，贴现贷款导致银行准备金数量扩张，因为其可以作为准备金被借出，因此会导致货币基础和货币供给的扩张。类似论据表明，当银行偿还贴现贷款并使贴现贷款总额减少时，银行准备金数量将会减少，因此货币基础和货币供给也相应减少。

10.2 银行准备金市场与联邦基金利率

我们已考察了公开市场操作和贴现贷款如何影响美联储资产负债表以及银行准备金数量。现在，我们将对银行准备金市场进行分析，并据此了解准备金变化如何影响**联邦基金利率**（federal funds rate）。该利率是指一家银行支付给另一家银行的隔夜贷款利率。联邦基金利率对货币政策的传导机制尤为重要，因为它是美联储试图直接影响的利率。因此，该利率对美联储货币政策具有指示作用。

10.2.1 准备金市场的供求

对准备金市场的分析同第4章中对债券市场的分析类似。我们将推导准备金的供求曲线，以及准备金需求数量与供给数量的市场均衡，并由此确定联邦基金利率，即为准备金贷款收取的利率。

1. 需求曲线

为推导准备金的需求曲线，必须了解当其他条件保持不变时，随着联邦基金利率的变化，准备金需求数量将会有何种变化。准备金数量可被分为两部分：①法定存款准备金，等于法定存款准备金率乘以需缴纳准备金的存款总额；②超额准备金，即银行选择持有的额外准备金。因此，准备金的需求数量等于法定存款准备金加上超额准备金。超额准备金是应对存款流出的保障，而持有超额准备金的成本就是其机会成本，也就是将这些银行准备金借出已经赚取的利率，减去这些准备金赚取的利率 i_{or}。

2008年以前，美联储对准备金不支付利息，但是自2008年秋天后，美联储对联邦基金利率目标之下的固定金额准备金支付利息，利息支付随着目标的变化而变化。当联邦基金利率高于对超额准备金支付的利率 i_{or} 时，随着联邦基金利率的降低，持有超额准备金的成本下降。当其他条件保持不变时，包括法定存款准备金在内的准备金需求数量上升。

结果，当联邦基金利率高于 i_{or} 时（见图10-1），准备金需求曲线 R^d 向下倾斜。然而，当对超额准备金支付的利率低于 i_{or} 时，联邦基金利率开始下降，则银行将不会以较低的利率从隔夜拆借市场中借款。取而代之，它们将无限期地增加对超额准备金的持有。如图10-1所示，在 i_{or} 处，准备金的需求曲线 R^d 变成水平直线（具有完全弹性）。

2. 供给曲线

准备金的供给曲线 R^s，可分为两部分：美联储通过公开市场操作所供给的准备金数量（非借入准备金）以及从美联储借入的准备金数量（借入准备金），从美联储借入准备金的主要成本是美联储对这些贷款收取的利率，即贴现利率（i_d）。由于从其他银行借入的联邦基金是对从美联储借入资金（贴现贷款）的一种替代，所以，如果联邦基金利率 i_{ff} 低于贴现率 i_d，则银行将不会从美联储借入资金，借入准备金为零，因为从联邦基金市场借入资金会更便宜。因此，只要 i_{ff} 低于 i_d，准备金的供给就会等于由美联储提供的非借入准备金（NBR），从而准备金的供给曲线是垂直的（见图10-1）。然而，随着联邦基金利率逐渐高于贴现利率，银行则更想在 i_d 水平上持有更多资金，然后将所获资金在联邦基金市场上以较高的利率 i_{ff} 贷出，获取收益。结果使得供给曲线在 i_d 处变为水平直线（具有完全弹性）（见图10-1）。

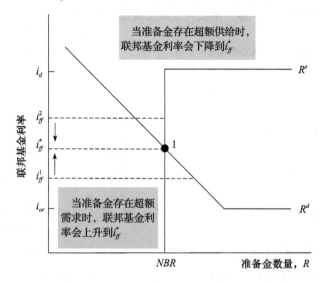

图 10-1　准备金市场的均衡

注：均衡出现在供给曲线 R^s 和需求曲线 R^d 相交处（点1），均衡利率为 i_{ff}^*。

3. 市场均衡

当准备金的需求数量和供给数量相等时，即 $R^s = R^d$，则出现市场均衡。因此，均衡出现在需求曲线 R^d 和供给曲线 R^s 相交处（点1），均衡联邦基金利率为 i_{ff}^*。当联邦基金利率在 i_{ff}^2 处高于均衡利率时，准备金供给数量高于需求数量（超额供给），因此联邦基金利率如向下箭头所示将降至 i_{ff}^*。当联邦基金利率在 i_{ff}^1 处低于均衡利率时，准备金需求数量多于供给数量（超额需求），因此，联邦基金利率如向上箭头所示将会提高（i_d 高于 i_{ff}^* 是因为美联储贴现率远高于联邦基金目标利率）。

10.2.2　影响联邦基金利率的货币政策工具变化

现在，我们已经知道如何确定联邦基金利率，接下来将考察4种货币政策工具——公开市场操作、贴现贷款、法定存款准备金要求、准备金利率的变动如何影响准备金市场以及联邦基金的均衡利率。前两种工具（公开市场操作和贴现贷款）通过改变准备金供给，进而影响联邦基金利率，而第三种工具（法定存款准备金）则通过改变准备金需求，进而对联邦基金利率产生影响。第四种工具通过改变准备金利率来影响联邦基金利率。

1. 公开市场操作

公开市场操作的效应取决于供给曲线最初是相交于需求曲线向下倾斜的部分还是其水平的

部分。图10-2a中展示了供给曲线最初相交于需求曲线向下倾斜部分的情形。我们已经看出公开市场购买会导致准备金供给量增大；在任何给定的联邦基金利率水平下，由于非借入准备金金额较高，从NBR_1升至NBR_2，这种情况是真实存在的。因此，公开市场购买使供给曲线向右移动，从R_1^s移动到R_2^s，均衡点从点1移动到点2，从而使得准备金率从i_{ff}^1降到i_{ff}^2。同样，公开市场出售减少了非借入准备金供给量，供给曲线向左移动，使得联邦基金利率上升。因为这是典型的情况，即美联储通常将联邦基金利率保持在准备金目标利率水平之上，所以结论是：**公开市场购买使得联邦基金利率下降，而公开市场出售使得联邦基金利率上升。**

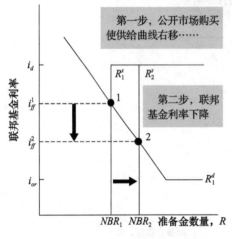
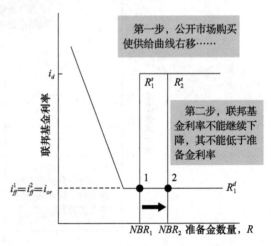

a）供给曲线相交于需求曲线下降部分　　　　b）供给曲线相交于需求曲线水平部分

图10-2　对公开市场操作的反应

注：公开市场操作增加了非借入准备金以及准备金的供给，供给曲线从R_1^s移动到R_2^s，在图a中，均衡点从点1移到点2，联邦基金利率从i_{ff}^1降到i_{ff}^2。在图b中，均衡点从点1移到点2，但联邦基金利率保持不变，即$i_{ff}^1 = i_{ff}^2 = i_{or}$。

然而，如果供给曲线相交于需求曲线水平部分（见图10-2b），则公开市场操作对联邦基金利率无影响。为了理解这点，我们再看一下公开市场购买引起准备金供给量增加，需求曲线从R_1^s移动到R_2^s，但是，现在$i_{ff}^1 = i_{or}$。需求曲线的移动使得均衡点从点1移动到点2，但是联邦基金利率保持在i_{or}不变，因为准备金利率i_{or}是联邦基金利率的基准。

2. 贴现贷款

贴现率的影响主要取决于，需求曲线与供给曲线的交点是位于供给曲线的垂直部分还是水平部分。图10-3a表明当交点位于供给曲线垂直部分的情况，此时没有贴现贷款。借入准备金BR为零。在此种情况下，美联储的贴现率从i_d^1降到i_d^2。供给曲线的水平部分下降到R_2^s，但供求曲线的交点仍保持在点1。因此，在此种情况下，均衡联邦基金利率保持不变，仍是i_{ff}^1。因为这是典型的情况，即美联储将贴现率保持在高于联邦基金目标利率的水平之上，所以结论是：**大部分贴现率的变化对联邦基金利率无影响。**

然而，如果需求曲线与供给曲线的交点位于供给曲线水平部分，就会有贴现贷款产生（即$BR > 0$）。如图10-3b所示，贴现率的变动对联邦基金利率有影响。在此种情况下，贴现贷款为正值，均衡联邦基金利率等于贴现率，$i_{ff}^1 = i_d^1$。当美联储贴现利率从i_d^1降到i_d^2时，供给曲线的

水平部分 R_2^s 下降，均衡点从点 1 移到点 2。在图 10-3b 中均衡联邦基金利率从 i_{ff}^1 下降到 i_{ff}^2。

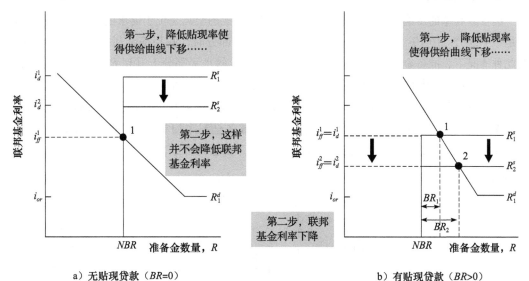

a）无贴现贷款（$BR=0$）　　　　　　　b）有贴现贷款（$BR>0$）

图 10-3　对贴现率变动的反应

注：在图 a 中，当美联储将贴现率从 i_d^1 降到 i_d^2 时，供给曲线的水平部分下降，在 R_2^s 处，均衡联邦基金利率保持不变，仍为 i_{ff}^1。在图 b 中，当美联储的贴现率从 i_d^1 降到 i_d^2 时，供给曲线的水平部分 R_2^s 下降，由于借入准备金增加，均衡联邦基金利率从 i_{ff}^1 下降到 i_{ff}^2。

3. 法定存款准备金要求

当存款准备金率提高，存款准备金数量增加时，在任意利率水平上，对银行准备金的需求数量会增加。因此，存款准备金率的提高使得图 10-4 中的需求曲线向右移动，从 R_1^d 移动到 R_2^d，均衡点从点 1 移动到点 2，并使联邦基金利率从 i_{ff}^1 移到 i_{ff}^2。结论是：**当美联储提高存款准备金需求时，联邦基金利率上升。**

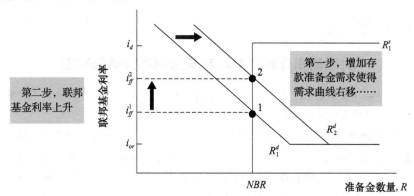

图 10-4　对法定存款准备金要求变化的反应

注：当美联储提高法定存款准备金要求时，存款准备金增加，准备金需求增加。需求曲线从 R_1^d 移动到 R_2^d，均衡点从点 1 移到点 2，并且联邦基金利率从 i_{ff}^1 移到 i_{ff}^2。

相反，存款准备金率下降，减少了法定存款准备金需求量，使得需求曲线左移，联邦基金利率下降。**当美联储减少法定存款准备金要求时，会导致联邦基金利率下降。**

4. 准备金利率

准备金利率的影响主要取决于需求曲线与供给曲线的交点是位于需求曲线向下倾斜的部分还是水平部分。图 10-5a 表明当交点位于向下倾斜的部分时，联邦基金利率高于准备金利率。在此种情况下，准备金利率从 i_{or}^1 上升到 i_{or}^2，需求曲线的水平部分上升到 R_2^d，但供求曲线的交点仍保持在点 1。然而，如果如图 10-5b 所示，交点位于需求曲线的水平部分，即联邦基金利率等于准备金利率时，准备金利率从 i_{or}^1 上升到 i_{or}^2，联邦基金利率的均衡点移动到点 2，联邦基金利率从 $i_{ff}^1 = i_{or}^1$ 上升到 $i_{ff}^2 = i_{or}^2$。当联邦基金利率与准备金利率相等时，准备金利率上升会提高联邦基金利率。反之，在这种情况下，准备金利率下降会降低联邦基金利率。

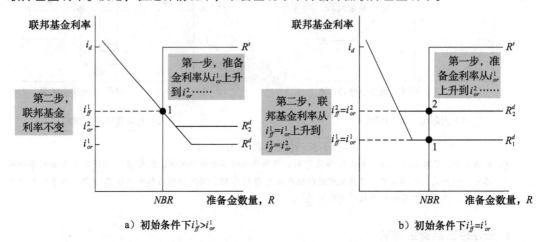

图 10-5 对准备金利率变动的反应

注：图 10-5a 中联邦基金利率高于准备金利率，准备金利率从 i_{or}^1 上升到 i_{or}^2，需求曲线的水平部分上升到 R_2^d，但均衡联邦基金利率仍为 i_{ff}^1。然而，如果如图 10-5b 所示，当联邦基金利率低于准备金利率时，准备金利率从 i_{or}^1 上升到 i_{or}^2，联邦基金利率从 $i_{ff}^1 = i_{or}^1$ 上升到 $i_{ff}^2 = i_{or}^2$。

专栏 10-1 案例

美联储操作程序对联邦基金利率波动的限制

美联储现行的贴现窗口操作和支付准备金利率程序的一个主要优势是其限制了联邦基金利率的浮动。我们将运用市场供求对准备金进行分析，并发现原因。

假设图 10-6 中均衡联邦基金利率是联邦基金利率目标 i_{ff}^*。如果准备金需求大幅增加，需求曲线向右移动至 $R^{d''}$，则现在相交于准备金供给曲线的水平部分，均衡联邦基金利率 i_{ff}'' 等于贴现率 i_d。不管需求曲线向右移动多远，均衡联邦基金利率 i_{ff}'' 正好等于 i_d，因为借入准备金继续增加，同需求的增加一致。同样，如果准备金需求大幅减少，需求曲线向左移至 $R^{d'}$，供给曲线相交于需求曲线的水平部分，此时，均衡联邦利率 i_{ff}' 等于准备金利率 i_{or}。无论需求曲线向左移动多远，均衡联邦基金利率 i_{ff}' 都在 i_{or} 水平上，因为超额准备金持续增加，以至于准备金需求量等于非借入准备金供给量。

因此，我们的分析表明美联储操作程序限制了联邦基金利率在 i_{or} 和 i_d 之间浮动。如果 i_{or} 和 i_d 之间的范围很窄，则在目标利率附近的浮动则很小。

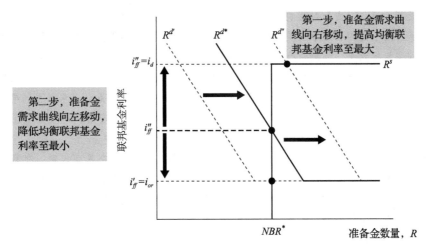

图 10-6 美联储操作程序如何限制联邦基金利率浮动

注：准备金需求曲线向右移动至 $R^{d''}$，将提高均衡联邦基金利率至最大 $i_{ff}'' = i_d$，而当需求曲线向左移至 $R^{d'}$ 时，将使联邦基金利率下降至最小处为 $i_{ff}' = i_{or}$。

10.3 传统货币工具

在正常时期，美联储使用 4 种货币政策工具——公开市场操作、贴现贷款、法定存款准备金要求和准备金利率来控制利率，这些工具被称为传统货币工具。我们将逐一了解美联储在实践中如何运用货币工具以及每种工具的相对效用。

10.3.1 公开市场操作

在 2007～2009 年金融危机之前，公开市场操作是美联储制定利率的主要工具。通常有两种公开市场操作：**动态公开市场操作**（dynamic open market operation）旨在改变准备金水平和货币基础；**防御性公开市场操作**（defensive open market operation）则旨在抵消其他影响准备金和货币基础的因素。美联储通过美国财政部和政府机构证券（特别是美国国库券）实施公开市场操作。美联储大部分的公开市场操作是通过国债实施的，因为这些证券的市场流动性最强，交易量最大。它有能力吸收美联储大量交易而不会因价格过度波动影响市场。

正如我们在第 9 章中所见，公开市场操作的决策当局是联邦公开市场委员会，该委员会制定联邦基金利率目标。然而，真正执行这些操作的是纽约联邦储备银行的交易部。了解如何执行这些操作的最好方法就是观察交易部内典型的一天活动。该交易部位于纽约联邦储备银行 9 楼新建的交易办公室内，该部门的操作详见专栏 10-2。

专栏 10-2 透视美联储

交易部的一天

国内公开市场操作经理监督因执行证券交易买卖而会对联邦基金利率目标产生影响的分析师和交易员。为了掌握当天联邦基金市场的情况，经理及其属下职员一天的工作是从阅读前一天联邦基金市场发展评论以及更新至前一天的银行体系准备金实际金额报告开始的。当天早上稍晚一些，其属下会提交最新的报告，内含对影响银行准备金供求短期因素情况的详细预测。

这些信息有助于国内公开市场操作经理及其属下确定，非借入准备金变动的规模有多大才能达到联邦基金利率目标水平。如果银行体系的准备金数量太大，许多银行将会有超额准备金贷给其他银行，而其他银行持有准备金的欲望则会减少，联邦基金利率下降。如果准备金水平太低，银行要从少数具有超额准备金的银行中借入准备金，从而可能促使基金利率高于合意水平。早上，交易部的职员也将监控联邦基金利率的变动情况，并联系基金市场的主要参与者，这些人都会独立地向美联储提供准备金发生多大的变动才能达到联邦基金利率合意水平的信息。

经理的属下职员将会联系几个与公开市场交易部进行交易的一级交易商代表。交易部职员要了解交易商对市场情况的看法以预测当天证券交易价格的变化情况，还要给美国财政部打电话了解财政部在美联储的预期余额的最新信息，根据这些信息估计准备金的供给量。

然后，管理委员会货币事务署的成员将会碰面，美联储纽约分行将会同委员会对比准备金供求的预测情况。根据这些项目以及对联邦基金市场行为的观测，交易部将制定并提交当天交易的进程，其中可能涉及通过公开市场操作从银行体系增加准备金或者减少准备金的计划。如果打算进行一项操作，则就要探讨该操作的类型、规模和到期日。

早上9点，交易部、管理委员会货币事务署的董事办公室与除美联储纽约分行外，其他四个有投票权的美联储银行分行总裁之一例行召开每日电话会议。在电话会议中，公开市场操作部成员将概述交易部提交的当日准备金管理战略。计划被批准后，将于上午9点30分向市场宣布，交易部立即按指示执行当日计划的临时性公开市场操作。

有时，交易部会发现需要面对银行准备金持续不足或者盈余的情况，因此希望所进行的操作能够对银行准备金的供给具有长期影响。这种操作被称为**直接操作**（outright operation），购买和销售证券的操作不会具有自我逆向抵消的作用。一般而言，这些操作只有在一天中未实施临时性交易的情况下才会被执行。

这些临时的公开市场操作可分为两种基本类型，一种是**回购协议**（repurchase agreement, repo），即美联储购买证券时会与出售者签订的一份协议，约定证券出售者将在短期内重新购回这些证券，回购时间通常在最初购买后的1~15天内。由于回购协议到期时，回购操作对银行准备金产生的影响与最初完全相反，因此，回购协议实际上是一种临时性的公开市场购买，这是执行防御性公开市场购买操作的一种理想方式，其影响将在不久后被抵消。当美联储希望实施临时性公开市场操作时，会执行**逆回购协议**（matched sale-purchase transaction，也叫reserve repo）。在此操作中，美联储售出证券，购买者承诺会在短期内将证券回售给美联储。

10.3.2 贴现政策和最后贷款人

美联储向银行借出准备金的业务被称为**贴现窗口**（discount window）。理解美联储影响借出准备金规模最简单的方法就是考察贴现窗口的操作。

1. 贴现窗口操作

美联储供给银行贴现贷款的类型有三种：一级贷款、二级贷款和季节性贷款。㊀其中，一

㊀ 管理贴现窗口的程序已于2003年1月更改。初级信贷工具取代了调整信贷工具，调整信贷工具的贴现率通常低于市场利率，因此银行获得这种信贷受到限制。相比之下，现在健康的银行可以从初级信贷工具中获得所有它们想要的贷款。次级信贷安排取代了延长信贷安排，后者更侧重于较长期的信贷延长。季节性信贷安排基本保持不变。

级贷款在货币政策中的作用最大。运营良好的银行可以通过短期内（通常为隔夜）一级贷款业务借入任意需要的资金，因此被称为**经常性贷款业务**（standing lending facility）。这种贷款的利率就是贴现率。如上所述，该利率高于联邦基金目标利率的水平，通常高出 100 个基点（1 个百分点）。因此，在大多数情况下，通过一级贷款业务发放的贴现贷款额度很小。如果金额发放很小，为什么美联储还要开展此项业务？

答案就是一级贷款可以作为健全银行流动性的后备来源，使得联邦基金利率不会过度高于联邦公开市场委员会制定的联邦基金利率目标。为了理解一级贷款业务怎样运作，我们可以观察若准备金需求大幅提高将会发生什么。假设存款在预期之外大幅升高，导致准备金需求增加（见图 10-6），不管需求曲线向右移动多少，由于借入准备金只会继续增加，因此联邦基金利率 i_{ff}'' 增加至 i_d，并且不能继续上升。这样，一级贷款业务为联邦基金利率设置了一个上限 i_d。

二级贷款（secondary credit）发放的对象是那些陷入财务困境或者面临严重流动性问题的银行。二级贷款的利率高于贴现利率 50 个基点（0.5 个百分点）。由于这些贷款的对象是陷入财务困境的银行，因此利率是具有惩罚性的高利率。**季节性贷款**（seasonal credit）是为了满足位于度假区或者农业区、存款具有季节性特征的少数银行的需求。季节性贷款的利率与联邦基金利率和定期存款利率的平均值挂钩。由于信贷市场的完善，联邦储备系统曾对季节性贷款业务存在质疑，并考虑在未来取消这一业务。

2. 最后贷款人

贴现贷款不仅是影响准备金、货币基础和货币供应的工具，而且对防止金融业恐慌也相当重要。在联邦储备系统设立时，其最重要的角色是**最后贷款人**（lender of last resort）；为防止银行的破产脱离控制，它将向没有其他资金来源的银行提供准备金，以防止银行业和金融业恐慌。贴现贷款可以将资金立即注入最需要资金的银行，因而在银行业危机期间，它是向银行体系提供准备金最有效的途径。

作为最后贷款人，利用贴现工具避免金融危机是对成功的货币政策决策最重要的要求。由于金融危机会影响金融机构和市场转移资金到具有投资性机会上的能力，因而会对经济造成严重的破坏（正如第 8 章所述的）。

不幸的是，美联储并不能总是利用贴现工具成功地防止金融危机的发生，大萧条期间大量银行倒闭的事实就说明了这一点。美联储从中吸取教训，在第二次世界大战期间成功履行了最后贷款人的职责。美联储已经多次利用贴现工具，向陷入困境的银行机构发放贷款，防止银行进一步破产，避免了银行业恐慌。

联邦存款保险公司为银行倒闭而引起的损失提供保险，每户的限额为 25 万美元。乍一看，联邦存款保险公司的存在似乎使得美联储的最后贷款人角色变得多余，但事实并非如此。第一，联邦存款保险公司的保险基金是现有存款总额的 1% 左右。若大量银行破产，联邦存款保险公司无力弥补所有存款者的损失，事实上，20 世纪 80 年代和 90 年代初期大范围的银行破产事件导致联邦存款保险公司的保险基金巨额损失并严重萎缩，削弱了其弥补存款者损失的能力。这一情况并没有削弱银行体系小额存款者的信心，因为美联储是银行的强大后盾，会向银行提供所需的准备金防止银行业恐慌。第二，银行体系中有 1.7 万亿美元的大额存款由于超过了 25 万美元的限额，被排除在联邦存款保险公司的保险范围之外。大额存款者对银行体系丧失信心同样会造成挤兑现象，即使存在联邦存款保险公司，同样会出现银行业恐慌。由于在20世纪80年代和90年代初期以及2007~2009年金融危机期间大量银行破产，美联储作为最后贷款人的重要性进一步显现出来。美联储不仅是银行的最后贷款人，对于整个金融体系也发挥着重要的作用。美联储的贴现窗口有助于防止非银行破产引发的金融危机，正如2007~2009年金融危机期间一样。

虽然美联储的最后贷款人职责有助于防止银行业恐慌和金融危机，但需要付出成本。如果银行认为美联储在其陷入困境时会提供贴现贷款，就会寄希望于美联储的救助而敢于冒更大的风险。和存款保险一样，美联储的最后贷款人职责导致了道德风险问题（如第18章所述）：银行过度冒险，导致存款保险机构和纳税人遭受更大的损失。对于大银行而言，道德风险问题更为严重，因为它们会认为美联储和联邦存款保险公司将其视为"大而不倒"的机构，也就是说，它们一旦陷入财务困境，其破产可能会引发银行业恐慌，美联储必然会提供贷款救助。

相似地，美联储防止金融危机的举动，可能会鼓励除银行以外的其他金融机构冒更大的风险。它们同样会认为美联储在金融危机一触即发时会向其提供贷款。因此，如果美联储考虑用贴现工具来防止危机，应当在最后贷款人角色引发道德风险成本和防止金融危机所产生的收益之间进行权衡。这种权衡说明美联储为何十分谨慎，而不是频繁地发挥最后贷款人的作用。

10.3.3 法定存款准备金

法定存款准备金要求的变化会导致准备金需求的变化：法定存款准备金要求的提高意味着银行必须持有更多的准备金，而法定存款准备金要求的降低则意味着银行可以持有较少的准备金。1980年《存款机构放松管制和货币控制法》为制定法定存款准备金要求提供了一个较为简单的方案。所有存款机构（包括商业银行、储蓄贷款协会、互助储蓄银行和信用合作社）都遵循相同的法定存款准备金要求，包括非付息支票账户、NOW账户、超级NOW账户和自动转账服务在内的所有支票存款的法定存款准备金率，低于1 520万美元的部分为0，1 520万~1.102亿美元的部分为3%，高于1.102亿美元的部分为10%，⊖并且根据美联储的判断，最初设定的10%可在8%~14%调整。在特殊情况下，这一比例甚至可以提高至18%。

法定存款准备金要求很少被用作货币市场工具，原因是提高法定存款准备金要求会立即导致那些超额准备金较少的银行出现流动性问题。过去，如果美联储提高法定存款准备金要求，往往会实施公开市场购买或者放宽贴现窗口（借入准备金），为有需求的银行提供准备金，从而削弱其力度。法定存款准备金要求频繁的波动还可能增大银行经营的不确定性，使得银行管理流动性变得更加困难。

10.3.4 准备金利率

美联储从2008年才开始支付准备金利息，这种货币政策工具的历史并不长。美联储鼓励在联邦基金市场上借贷，以便银行相互监督，所以美联储通常将准备金利率设定在联邦基金目标之下。出于同样的原因，美联储将贴现率设定在联邦基金目标之上。在这种情况下，准备金

⊖ 1 520万美元和1.102亿美元是2016年的标准，这一标准每年都要按照相当于美国支票存款增长（下降）率80%的幅度向上（向下）调整，见www.federalreserve.gov/pubs/supplement/2007/02/200702statsup.pdf。

利率不会被用作货币政策的工具，而只会为联邦基金利率提供一个下限。然而，在全球金融危机之后，银行积累了大量超额准备金，在这种情况下，提高联邦基金利率将需要大量公开市场操作来将这些准备金从银行系统中移除。准备金利率工具可以发挥其作用，因为提高这一利率可以用来提高联邦基金利率，如图 10-5b 所示。事实上，当美联储希望提高联邦基金利率并在 2015 年 12 月退出维持在零利率时，这一货币政策工具被广泛使用。

10.4 非传统货币政策工具和量化宽松政策

尽管在常规情况下，当经济经历近期发生的全面金融危机时，通过提高或降低利率等传统货币政策工具的方式足以稳定经济，但传统货币政策工具在非常规情况下做不到这一点。原因有两个：首先，金融体系的垄断已经达到了无法将资本分配给生产性用途的程度，因此，投资支出和经济按照第 8 章中讨论的思路行不通；其次，对经济的负面冲击可能会导致**零利率下限约束问题**（zero-lower-bound problem），即央行无法进一步降低政策利率，因为它已经触及零利率下限，就像 2008 年年底发生的那样。出现零利率下限问题是因为人们持有债券总比持有现金挣得多，因此名义利率不能远低于零。出于这两个原因，央行需要**非传统货币政策工具**（nonconventional monetary policy tool）的非利率工具来刺激经济。这些非传统货币政策工具有 5 种形式：①流动性准备金；②大规模资产购买；③量化宽松与信用宽松；④前瞻性指引；⑤银行存款负利率。

10.4.1 流动性准备金

由于传统的货币政策无法灵活地调节金融市场和遏制金融危机，美联储史无前例地增加了贷款额度，为金融市场提供流动性。

1. 贴现窗口扩张

2007 年 8 月中旬危机爆发之初，美联储将贴现率（银行贷款利率）从正常的 100 个基点下调至联邦基金利率目标之上 50 个基点（0.50 个百分点）。随后 2008 年 3 月，美联储进一步将其下调至仅比联邦基金利率目标高出 25 个基点。然而，由于从贴现窗口借款会有"污点"效应，这表明借款银行可能急需资金，并且陷入困境，因此，在危机期间该工具的使用是受限的。

2. 定期拍卖机制

为了鼓励更多的借贷，2007 年 12 月，美联储设立了一个临时定期拍卖机制（term auction facility，TAF），通过竞争性拍卖确定的利率来发放贷款。它比贴现窗口工具被使用得更广泛，因为它使银行能够以低于贴现率的利率借款，而且这一机制是通过竞争性方式确定的，而不是以惩罚性利率设定的。TAF 拍卖从 200 亿美元开始，但随着危机恶化，美联储大幅提高了拍卖金额，未偿总额超过 4 000 亿美元（欧洲央行也进行了类似的操作，2008 年 6 月的一次拍卖价值超过 4 000 亿欧元）。

3. 新贷款项目

美联储扩大了面向金融系统的流动性储备金，远远超出了面向银行机构的传统贷款。这些行动包括贷款给投资银行，以及通过贷款促进其购买商业票据、抵押贷款支持证券和其他资产支持证券。此外，美联储还向摩根大通提供贷款，帮助其收购贝尔斯登，并向美国国际集团提供贷款，以防止其破产。在2007～2009年金融危机期间，美联储贷款计划的扩大确实引人注目，到2008年年底，美联储的资产负债表扩大了1万多亿美元，随后资产负债表继续扩大。危机期间新项目的数量催生了一整套新的缩写，包括TAF、TSLF、PDCF、AMLF、CPFF、MMIFF和TALF。对于这些贷款，专栏10-3中有更详细的描述。

专栏 10-3　透视美联储

全球金融危机期间的美联储贷款工具

在全球金融危机期间，美联储非常有创意地推出了一系列新的贷款工具，以帮助恢复金融系统的一部分流动性。下表列出了新的贷款机制、创建日期及其功能。

贷款机制	创建日期	功能
定期拍卖机制（TAF）	2007-12-12	美联储借款被更广泛地用于向银行发放固定金额的长期贷款，利率由竞争性拍卖决定，而不是像正常的贴现贷款那样由美联储设定
定期证券借贷工具（TSLF）	2008-03-11	提供足够的国库券作为信贷市场的抵押品；针对各种抵押品，以比隔夜更长的期限将国库券借给一级交易商
互换额度	2008-03-11	把美元借给外国中央银行以换取外汇，以便各中央银行反过来向本国银行发放美元贷款
摩根大通收购贝尔斯登的贷款	2008-03-14	通过对摩根大通的无追索权贷款购买了300亿美元的贝尔斯登资产，以促进其对贝尔斯登的收购
一级经销商信贷服务（PDCF）	2008-03-16	借给一级交易商（包括投资银行），以便其以类似于银行的条件进行传统贴现窗口贷款
给美国国际集团的贷款	2008-09-16	向美国国际集团贷款850亿美元
资产支持商业票据货币市场共同基金流动性工具（AMLF）	2008-09-19	借给一级交易商，以便他们可以从货币市场共同基金购买资产支持的商业票据，这样这些基金就可以出售这种票据，以满足投资者的赎回需求
商业票据融资机制（CPFF）	2008-10-7	从发行者处融资购买商业票据
货币市场投资者融资机制（MMIFF）	2008-10-21	借予其特殊融资工具，以便它们可以购买更广泛的货币市场共同基金资产
定期资产支持证券贷款工具（TALF）	2008-11-25	借给资产支持证券发行人作为抵押品，以完善该市场的功能

10.4.2　大规模资产购买

美联储的公开市场操作通常只涉及购买政府债券，尤其是短期债券。然而，在危机期间，美联储启动了三个新的大规模资产购买计划（large-scale asset purchase program，LSAP），以降低特定类型信贷的利率。正如我们在本章前面看到的，因为美联储的资产购买导致其资产负债表的扩张，这些资产购买计划被命名为**量化宽松**（quantitative easing，QE）。

(1) 2008年11月，美联储建立了一个政府担保实体购买计划，通常被称为QE1。在该计划中，美联储最终购买了由房利美和房地美担保的1.25万亿美元抵押贷款支持证券。通过这些购买，美联储希望支撑住房抵押贷款市场，降低住房抵押贷款利率，以刺激住房市场。

(2) 2010年11月，美联储宣布将以每月750亿美元的速度购买6 000亿美元的长期国债。这项被称为QE2的购买计划旨在降低长期利率。尽管在全球金融危机期间，美国国债的短期利率跌至零，但长期利率没有。由于投资项目有很长的寿命，长期利率比短期利率更适合投资决策。因此，美联储购买长期国债以降低长期利率可能有助于刺激投资支出和经济增长。

(3) 2012年9月，美联储宣布了第三个资产购买计划，被称为QE3，购买400亿美元抵押贷款支持证券和450亿美元长期国债，这个计划结合了QE1和QE2的元素。然而，QE3有一个不同之处，它不是针对某个固定的美元数额，而是开放式的。如果劳动力市场前景没有实质性改善的话，购买计划仍可继续。

流动性供应和资产购买计划的结果是，美联储资产负债表前所未有地翻了两番多（见图10-7）。

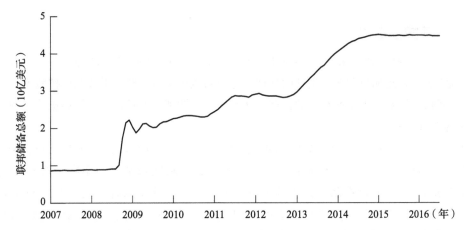

图10-7　全球金融危机前后美联储资产负债表的扩张：2007～2016年联邦储备总额
注：全球金融危机后，美联储的资产负债表规模翻了两番多。
资料来源：Federal Reserve Bank of St. Louis, FRED database：https://fred.stlouisfed.org/series/WALCL#0.

10.4.3　量化宽松与信用宽松

这些量化宽松计划导致美联储的资产负债表在2016年前从大约9 000亿美元扩大到超过4万亿美元。外汇储备的增加促进了银行系统的流动性，使银行能够发放更多贷款，这可能是刺激经济的强大力量，也可能导致未来的通货膨胀。

值得怀疑的是，首先，由于联邦基金利率在降至零时已经触及零下限，资产负债表和货币基础的扩张无法进一步降低短期利率，从而刺激经济。其次，准备金的增加并没有导致贷款的增加，因为银行只是增加了其持有的超额储备而不是贷款。当日本银行在股票和房地产市场泡沫破裂后进行量化宽松时，类似的现象似乎也发生了。然而，日本经济不仅没有复苏，通货膨胀也没有得到改善。

对量化宽松的质疑是否意味着美联储的非传统货币政策行动并不会有效刺激经济？当时

的美联储主席本·伯南克认为答案是否定的，因为美联储的政策不是针对扩大美联储的资产负债表，而是针对**信贷宽松**（credit easing），即改变美联储资产负债表的构成，以改善信贷市场特定部分的功能。事实上，伯南克主席坚持认为，美联储的政策不应被定性为量化宽松。

改变美联储资产负债表的组成可以在几个方面刺激经济。首先，当美联储向陷入困境的特定信贷市场提供流动性时，它可以帮助解冻市场，从而使其能够将资本分配给生产性用途，进而刺激经济。其次，当美联储购买特定证券时，它会增加对这些证券的需求，正如我们在第5章中看到的，它可以相对于其他证券降低这些证券的利率。因此，即使短期利率降至零，资产购买也能降低特定信贷市场借款人的利率，从而刺激支出。例如，购买抵押贷款支持证券似乎降低了这些证券的利率，导致住宅抵押贷款利率大幅下降。购买长期政府证券也可以降低其相对于短期利率的利率，因为长期利率可能与投资决策更相关，这些资产市场购买可能会刺激投资支出。最近的研究似乎支持这一观点，美联储资产购买计划的长期利率估计下降了100个基点（1个百分点）。⊖

10.4.4 前瞻性指引

尽管全球金融危机后短期利率不可能降至零以下，但美联储可以采取另一种方式降低长期利率以刺激经济，正如我们前面提到的那样。这条路线包括美联储承诺长期保持联邦基金利率为零，以降低市场对未来短期利率的预期，从而导致长期利率下降，这一策略被称为**前瞻性指引**（forward guidance）。

2008年12月16日，美联储在FOMC会议后宣布，不仅将联邦基金利率目标降至0~0.25%，而且委员会预计："疲软的经济状况可能会导致联邦基金利率在一段时间内处于异常低的水平。"美联储在随后几年的FOMC声明中继续保持这种态度，又宣布了具体日期："联邦基金利率极低的水平可能会维持到2015年年中。"尽管美国国债的长期利率随后随着这些声明而下降，但尚不清楚这种下降在多大程度上受到美联储的前瞻性指引方针作用影响。

对未来政策行动的承诺有两种：有条件的和无条件的。从2008年开始，联邦基金利率长期保持在零的承诺是有条件的，因为美联储提到这一决定是基于未来疲软的经济。如果经济形势发生变化，FOMC表示可能会放弃承诺。或者，美联储本可以做出无条件承诺，只需声明将长期保持联邦基金利率为零，而无须表明这一决定是基于经济状况。无条件承诺比有条件承诺更有优势，因为它在任何情况下都不会被放弃，因此可能对长期利率产生更大的影响。但无条件承诺的缺点是，有些时候情况发生变化，放弃承诺结果会更好。美联储也可能觉得自己不能食言，于是选择了有条件承诺。

2003~2006年，美联储的经验说明了无条件承诺存在问题。2003年，美联储开始担心通货膨胀率过低，通货紧缩的可能性很大。在2003年8月12日举行的联邦监管委员会会议上，

⊖ See, for example, Joseph Gagnon, Mathew Raskin, Julie Remache, and Brian Sack, "Large Scale Asset Purchases by the Federal Reserve: Did They Work?" *Federal Reserve Bank of New York Economic Policy Review*, 17, no. 1 (May 2011): 41-59.

FOMC 指出:"在这种情况下,委员会认为政策便利可以维持相当长的时间。"然后,2004 年 6 月 30 日,当美联储在 FOMC 会议上开始收紧政策时,声明改为"政策便利正在消失"。2006 年 6 月,在接下来的 10 次 FOMC 会议上,美联储将联邦基金利率目标提高了整整 0.25 个百分点。市场认为 FOMC 的声明显示了无条件承诺,这也是美联储在每次 FOMC 会议上被约束利率调整不得高于 0.25 个百分点的原因。回顾过去,这一承诺导致货币政策过于宽松,且持续时间过长,随后通货膨胀率升至远高于预期水平,正如第 8 章所讨论的那样,这可能导致房地产泡沫,而房地产泡沫的破裂对经济造成了毁灭性的影响。

当美联储宣布放弃极低利率的具体日期时,许多市场参与者认为这一宣布是无条件的承诺,尽管美联储不这么认为。为了避免无条件承诺带来的问题,2012 年 12 月,美联储将其声明改为更明确的有条件承诺声明,并表示:"联邦基金利率的极低区间将是合适的,只要失业率保持在 6.5% 以上,未来一至两年的通货膨胀率预计不会超过委员会 2% 的长期目标的 0.5 个百分点,长期通货膨胀预期将继续保持稳定。"随着失业率接近 6.5%,FOMC 在 2014 年 3 月的会议上放弃了基于失业率和通货膨胀阈值的前瞻性指引。随后,它宣布联邦基金利率目标变化的时机和规模将同时考虑很多因素,包括劳动力市场状况、通货膨胀压力和通货膨胀预期的指标,以及金融和国际发展情况。

10.4.5 银行存款负利率

自全球金融危机以来,经济疲软,通货膨胀率较低。欧洲和日本央行近期开始试验一种新的非传统货币政策工具,将央行存款利率设定为负值。换句话说,银行如果有存款在中央银行,则必须向中央银行支付费用。瑞典中央银行在 2009 年 7 月率先对银行存款设定负利率,随后,2012 年 7 月的丹麦中央银行、2014 年 6 月的欧洲央行、2014 年 12 月的瑞士中央银行和 2016 年 1 月的日本银行相继实施这一政策。

设定银行存款负利率能够达到刺激经济的效果,通过鼓励银行将它们在央行的存款贷出去,从而鼓励家庭和企业增加支出。然而,有人怀疑存款负利率是否会产生预期的扩张效果。

首先,商业银行不会贷出其在央行的存款,而是将存款转为现金。这样做会付出一些成本,因为银行将不得不建造更多的金库并雇用保安来保护现金。尽管如此,它们还是会愿意这样做,而不是把钱借给别人。

其次,如果银行仍然必须向储户支付正利率,央行向银行收取存款利息的做法对银行来说可能成本很高。在这种情况下,银行盈利能力会下降。这样可能会降低银行放贷的可能性。因此,银行存款的负利率非但不会扩张,反而会导致银行减少放贷,从而导致收缩。

对于银行存款负利率是否会如预期那样刺激经济,目前还没有定论。事实上,对这一非传统货币政策工具有效性的质疑导致美国联邦储备委员会主席珍妮特·耶伦在 2016 年宣布,美联储不考虑使用这一工具刺激经济。然而,如果美国经济变得更加疲软,其他国家的存款负利率经验如果能证明该工具能够有效刺激消费,美联储的观点可能会因此改变。

10.5 欧洲央行货币政策工具

同美联储一样,欧洲中央银行系统(通常称为欧洲中央银行)通过制定**目标融资率**(target financing rate），可以进一步确定**隔夜现金利率**（overnight cash rate）以表明自己的货币政策立场。如同联邦基金利率一样，隔夜现金利率是期限非常短的银行间贷款利率。欧洲中央银行使用的货币政策工具与美联储十分类似，包括公开市场操作、向银行发放贷款设定准备金率、法定存款准备金要求。

10.5.1 公开市场操作

同美联储一样，欧洲中央银行使用公开市场操作作为实施货币政策和根据目标融资率确定隔夜现金利率的首要工具。**主要再融资操作**（main refinancing operation）类似于美联储的回购交易，是公开市场操作最为主要的形式，包括每周**逆向交易**（reverse transaction，以合格的资产作为抵押品，按照回购或者信用操作的方式买卖合格资产），并且两周后进行反向操作。信贷机构提交报价，欧洲中央银行决定可以接受的报价。欧洲中央银行与联邦储备系统一样，接受最具有吸引力的报价，实施购买或者售出操作直至达到合理的准备金供应量。美联储在纽约联邦储备银行实施公开市场操作，但欧洲中央银行将其公开市场操作分散到若干个国家的中央银行进行。

第二类公开市场操作是与美联储直接交易类似的**较长期限的再融资操作**（longer-term refinancing operation），是欧元区银行体系流动性的较小来源。这些操作每月实施，通常是买入或者卖出 3 个月期限的证券。这些操作的目的不是用于表明货币政策立场，而是旨在作为欧元区银行提供长期资金。

10.5.2 向银行发放贷款

与美联储相似，欧洲中央银行第二大重要的货币市场工具是向银行机构发放贷款，这是由各国中央银行具体操作的，正如在美国贴现贷款是由各个联邦储备银行发放的一样。这种贷款是通过一种被称为**边际贷款便利**（marginal lending facility）的常备贷款便利提供的。借助该便利，银行可以按照**边际贷款利率**（marginal lending rate）从国内中央银行借入隔夜贷款，而边际贷款利率高于目标融资率 100 个基点。边际贷款利率为欧洲货币联盟的隔夜市场利率提供了上限，其作用与美国的贴现率类似。

10.5.3 设定准备金利率

与美国、加拿大、澳大利亚、新西兰的体系相同，欧元体系有另外一个便利，即**存款便利**（deposit facility），是指银行可以得到低于目标融资率 100 个基点的固定利率。在存款便利下，这一项先设定的利率为隔夜市场利率提供了下限，而边际贷款利率则是上限。欧洲央行设定的准备金利率并不总是正数。如前所述，欧洲央行自 2014 年 6 月起将准备金利率设定为负值。

10.5.4 法定存款准备金要求

与美联储一样，欧洲中央银行针对吸收存款的机构制定了存款准备金的要求，这些机构所吸收的支票存款和其他短期存款需要保有 2% 的准备金，将其存入国内中央银行的准备金账户中。遵循最低准备金要求的所有机构都可以享受到欧洲中央银行常备贷款便利，并能够参与公开市场操作。

10.6 物价稳定性目标与名义锚

在过去的几十年中，全世界的政策决策者都越来越关注通货膨胀的社会和经济成本，并更加致力于将价格水平稳定作为经济政策的目标。事实上，**物价稳定**（price stability，中央银行将其定义为较低且稳定的通货膨胀）越来越被视为货币政策最重要的目标。事实上，价格水平上升（通货膨胀）会增加经济体系的不确定性，进而危害经济增长。例如，随着价格水平总体发生变化，产品和服务价格所传递出的信息会难以解读，使得消费者、企业、政府的决策变得更加复杂，从而降低金融体系的效率。

民意调查的结果证明公众对通货膨胀十分厌恶，并且越来越多的证据证明通货膨胀会降低经济增长。⊖价格不稳定的最极端情况是恶性通货膨胀，如阿根廷、巴西、俄罗斯都经历过恶性通货膨胀。恶性通货膨胀已经被证实对经济运行具有十分巨大的破坏作用。

通货膨胀还加大了规划未来的难度。例如，在通货膨胀环境下，我们很难决定该为孩子的大学教育储蓄多少资金。而且，通货膨胀还使一国社会结构紧张，因为社会中的每个集团都可能和其他集团竞争，以确保收入增长和物价上涨保持一致，从而引发冲突。

10.6.1 名义锚的作用

因为物价稳定对于保持经济体系的长期健康十分关键，使用名义锚就成为成功的货币政策的核心要素。**名义锚**（nominal anchor）是锁定物价水平以实现物价稳定目标的名义变量，如通货膨胀或者货币供给。钉住名义锚，保证名义变量在一个较窄的幅度内波动，可以直接将通货膨胀预期维持在一个稳定的低水平上，进而实现物价稳定的目标。名义锚十分重要的一个微妙原因是，其能限制**时间不一致问题**（time-inconsistency problem），即建立在自由放任和频繁调整基础上的货币政策实施会导致长期的不良后果。⊜

10.6.2 时间不一致问题

我们每天都要面对时间不一致问题。我们通常会有一些计划，并且知道在长期内会产生好的结果，但到了第二天，为了追求短期的利益，我们可能会不由自主地放弃这个计划。例如，在新的一年，我们制订了减肥计划，但很快我们就可能无法抑制自己，大口地吃起冰激凌，体重也开始反弹。换句话说，我们发现自己在执行好的计划时，不能在长期内保持一致，并且很快会放弃这个计划。

货币政策制定者同样面临着时间不一致问题。他们通常乐意追求自由放任的货币政策，其扩张程度超出公司和个人的预期。原因是这样的政策可以在短期内迅速刺激经济的增长（或者

⊖ For example, see Stanley Fischer, "The Role Macroeconomic Factors in Growth," *Journal of Monetary Economics* 32 (1993): 485-512.

⊜ 时间不一致问题首次在诺贝尔经济学奖得主 Finn Kydland 和 Edward Prescott 的论文中提出， "Rules Rather Than Discretion: The Inconsistency of Optimal Plans," *Journal of Political Economy* 85 (1977): 473-491; Guillermo Calvo, "On the Time Consistency of Optimal Policy in the Monetary Economy," *Econometrica* 46 (November 1978): 1411-1428; and Robert J. Barro and David Gordon, "A Positive Theory of Monetary Policy in a Natural Rate Model," *Journal of Political Economy* 91 (August 1983): 589-610。

降低失业率）。然而，由于有关工资和价格的决定反映了对政策的预期，因此最好的政策取向是不应追求扩张性政策；如果工人和企业发现中央银行实施的是扩张性的政策，他们会提高通货膨胀预期，从而推高工资和价格，进而导致通货膨胀率升高，但总体产出水平不会上升。

如果中央银行不试图采取出人意料的扩张性政策，而是始终保持对通货膨胀形势的控制，在长期内，会对通货膨胀产生更为理想的效果。然而，即使中央银行意识到，自由放任的政策会导致不良的后果（产出没有增加，通货膨胀率反而上升），其依然可能不会实施更好的控制通货膨胀的政策，这是因为政治家会向中央银行施加压力，迫使其采取过度扩张的货币政策来推动产出增长。

从父母指南类书籍中我们可能会得到应该如何应对时间不一致问题的答案。父母都知道，为了不让孩子淘气而做出让步，就会过分娇纵孩子。因为父母没有坚守"不让步"的计划，孩子预料到只要做出非常恶劣的举止，就会得到想要的东西。于是孩子就会一次一次地哭闹。因此，父母指南通常会建议父母给孩子制定规则，并且自己也要严格遵守，以解决时间不一致问题（虽然他们不把它叫作这个名称）。

名义锚就像行为规则。规则可以制止成人采取让步的自由放任政策，从而有助于解决育儿过程中的时间不一致问题。与此类似，名义锚通过对自由放任政策的预期约束，有助于避免货币政策中的时间不一致性问题。

10.7 货币政策的其他目标

物价稳定是多数中央银行的主要目标，中央银行官员在讨论货币政策目标时还会提及以下五个目标：①高就业；②经济增长；③金融市场稳定；④利率稳定；⑤外汇市场稳定。

10.7.1 高就业

高就业之所以是一个十分有价值的政策目标，原因有两个：①相反的情况——高失业率会导致很多人的生活更糟糕；②如果失业率很高，经济社会不仅有闲置工人，而且还有很多闲置的资源（关闭的工厂和闲置的设备），导致产出损失（低 GDP）。

虽然高就业令人向往，但其应该达到什么水平？达到什么水平就可以说经济处于充分就业的状态？首先，充分就业似乎应当是没有工人失业的状态，也就是说，失业率为零。但是，这种界定忽视了一个事实，即有些失业对经济是有利的，这就是所谓的"摩擦性失业"，包括工人和公司相互寻找合适的对象的过程。例如，某个工人决定找一份更好的工作，在找到新工作之前，他可能会失业一段时间。工人常常暂时离开工作岗位从事其他活动（抚养家庭、旅游、重返学校学习），当他们重新回到劳动力市场时，可能需要一段时间才能找到合适的工作。

在充分就业状态下失业率不为零的另外一个原因是，存在所谓的"结构性失业"，即职位要求与当地工人的技能和可得性不匹配。显然，这种失业不受欢迎，但货币政策对此无能为力。

高就业的目标不是要追求失业率为零，而是追求和充分就业相适应的高于零的失业率水平，在这个水平上，劳动力的供求相等。这个水平被称作**自然失业率**（natural rate of unemployment）。

虽然这种定义听起来简洁而权威，但是还存在一个麻烦的问题需要回答：什么样的失业率符合充分就业的标准？一方面，在一些情况下，失业率显然过高。例如，大萧条时期，失业率在20%以上，无疑这个数字太大了。另一方面，20世纪60年代初期，政策制定者认为合理的目标应当是4%，而该水平可能太低了，因为其加速了通货膨胀。目前，所估计的自然失业率水平为4.5%~6%，但即使是这样的估计也存在很大的不确定性和争议。例如，政府恰当的政策，如提供更多职位空缺的信息或者工作培训计划等，可能会降低自然失业率。

对于高就业目标，我们可以用另一种方式来看待。因为失业水平与经济活动水平相关联，所以产出水平由自然失业率决定，自然失业率被称为**自然产出率**（natural rate of output），更经常地，被称为**潜在产出**（potential output）。

因此，试图实现高就业率的目标意味着，央行应该努力将产出水平向自然产出水平转移。换句话说，它们应该努力稳定自然增长率附近的产出水平。

10.7.2 经济增长

稳定的经济增长目标与高就业目标密切相关，因为在失业率较低的时期，企业更愿意投资于资本设备，从而提高生产力，加快经济的增长；相反，如果失业率很高，工厂处于闲置的状态，企业就不愿意增加对厂房和设备的投资。这两个目标密切相关，制定政策时可以特别针对促进经济增长，通过直接鼓励企业投资或者鼓励居民储蓄，为企业提供更多的投资资金。事实上，这就是所谓的供给经济学的政策主张，旨在通过提供税收优惠，鼓励企业投资于机器设备，刺激纳税人增加储蓄，来促进经济增长。货币政策在促进经济增长方面的作用同样引起了广泛的争议。

10.7.3 金融市场稳定

金融危机会干扰金融市场向具有生产性投资机会的人输送资金的能力，从而导致经济活动的急剧萎缩。因此，维持稳定的金融体系、避免金融危机爆发就成为中央银行的一个重要目标。事实上，本章将会介绍，美联储就是由于美国1907年发生了银行业恐慌，为了促进金融稳定而建立的。

10.7.4 利率稳定

利率稳定是受欢迎的，因为利率的波动会加大经济生活的不确定性，使得未来规划变得更为困难，比如影响消费者购房意愿的利率波动，使得消费者难以确定购房时机，建筑公司则很难计划建造多少房屋。中央银行可能也希望减少利率的向上波动，其中的原因我们在第9章中讨论过：利率向上的波动会引发人们对像美联储这样的中央银行的敌视，从而导致要求削减中央银行权力的呼声高涨。

利率的稳定也有助于金融市场的稳定，因为利率的波动会加大金融机构所面临的不确定性。利率上升导致长期债券和抵押贷款出现严重的资本损失，使得拥有这些资产的金融机构面临破产危机。近年来，越来越频繁的利率波动给储蓄贷款协会以及互助储蓄银行带来了严重的问题。20世纪80年代和90年代初期，很多机构都陷入了严重的财务困境。

10.7.5 外汇市场稳定

随着国际贸易在美国经济中重要性的不断增强，美元相对于其他国家货币的价值成为美联储主要关注的问题。美元价值的上升会削弱美国企业相对于外国企业的竞争力，而美元价值的下跌又会加剧美国国内的通货膨胀问题。另外，防止美元价值过度波动还可以使公司和个人提前规划向国外买卖商品。因此，稳定外汇市场上的美元价值过分波动就成为货币政策的一个重要目标。在其他对外贸易依赖性更大的国家中，外汇市场稳定就显得尤为重要。

10.8 物价稳定是否为货币政策的首要目标

从长远看，物价稳定目标与其他目标之间并不存在不一致的问题。高通货膨胀不会有助于降低自然失业率，因此，在长期内，高通货膨胀不能降低失业率或者增加就业。换句话说，通货膨胀和就业在长期不存在此消彼长的关系。物价稳定、金融市场稳定和利率稳定从长期来看有利于促进经济增长。虽然物价稳定在长期内与其他目标一致，但在短期内，它常常与高就业和利率稳定等目标发生冲突。例如，如果经济处于扩张期，失业率正在下降，经济可能会出现过热的现象，导致通货膨胀率上升。为了实现物价稳定的目标，中央银行会通过提高利率的方式，防止经济过热，这样的措施起初会减少就业和加剧利率不稳定性。中央银行如何解决这些目标之间的冲突呢？

10.8.1 分层目标与双重目标

由于物价稳定对于经济的长期健康发展至关重要，许多国家将物价稳定视为首要目标和中央银行的长期目标。例如，创立了欧洲中央银行的《马斯特里赫特条约》中有这样的表述："欧洲中央银行系统首要的目标是保持物价稳定。欧洲联盟的总体经济政策只有在不与物价稳定相冲突的前提下，才能获得支持。"这些政策目标将物价稳定置于优先地位，之后才说明只有在实现物价稳定的情况下才能追求其他目标，这被称作**分层目标**（hierarchical mandate）。这种目标支配了英格兰银行、加拿大银行、新西兰储备银行以及欧洲中央银行等中央银行的行为。

与此相比，法律对联邦储备系统的使命是这样规定的，"联邦储备委员会与联邦公开市场委员会应当追求货币和信贷总量的长期增长，以及发挥经济长期潜力以增加产出，目的是实现就业最大化、物价稳定和适当的长期利率"。我们在第4章中学习到，如果通货膨胀严重，长期利率将较高，因此，在实践中这样的表述被称作**双重目标**（dual mandate），即将物价稳定和就业率最大化两个目标放到平等的位置上。

对于一个经济体，采用分层目标更好还是双重目标更好呢？

10.8.2 物价稳定作为货币政策的首要和长期目标

追求物价长期条件下的稳定和自然失业率并不存在不一致问题，因此，如果将就业率最大化目标定义为自然失业率，这两种类型的目标并没有很大的差异。然而，在实践中，它们之间存在着很大的差异，这是因为公众和政治家可能会认为分层目标过分强调控制通货膨胀，对降低经济周期波动的关注不够。

因为较低且稳定的通货膨胀率可以促进经济增长，故中央银行意识到物价稳定应当作为货币政策首要的长期目标。即便如此，由于货币政策同样会关注产出波动，物价稳定的目标只有在长期条件下才被作为首要目标。无论如何，中央银行试图在短期内将通货膨胀率保持在相同的水平，会导致产出的过分波动。

只要物价稳定作为长期目标而不是短期目标，中央银行就可以通过允许通货膨胀率在短期内偏离长期目标，实现减少产出波动的目的，即可以采取双层目标。然而，如果在双层目标的情况下，中央银行可以不必担心对通货膨胀的长期影响，为增加产出和就业而实施短期扩张性政策，时间不一致问题就会重新出现。对双层目标的追求可能会引发过度扩张性的政策担忧，是中央银行通常支持分层目标的关键原因，这样就可以优先追求物价稳定目标了。但分层目标也存在一个问题，它可能使得中央银行看上去像英格兰银行行长默文·金所说的"通货膨胀偏执狂"，也就是说，即使在短期条件下，中央银行选择哪种类型的目标更为合适，取决于其在实践中是如何实施的。只要在实施过程中将物价稳定作为长期而非短期的首要目标，任何一种类型的目标就都是可以接受的。

在下面的内容中，我们将了解当前货币政策决策者应用的最主要的货币政策：通货膨胀目标。这项政策的特点是应用名义锚并且以物价稳定作为货币政策的首要长期目标。

10.9 通货膨胀目标

人们认识到物价稳定应该是货币政策的首要长期目标，并且认识到应该拥有一个名义锚来实现这一目标，这使得以通货膨胀为目标已经成为想要保持物价稳定的国家通用的货币政策制度。**通货膨胀目标**（inflation target）包括以下几个组成部分：①公布中期通货膨胀目标的数值；②制度上承诺物价稳定是货币政策的首要和长期目标，以及承诺实现通货膨胀目标；③在这个集合了各种信息的货币政策制度中，不止货币总量，多个变量被用于货币政策决策；④通过向公众和市场传递货币政策制定者的计划与目标来提高货币政策制度的透明度；⑤增强中央银行实现通货膨胀目标的负责力。1990年，新西兰第一个正式采用了通货膨胀目标，1991年加拿大、1992年英国、1993年瑞典和芬兰、1994年澳大利亚和西班牙以及后来的以色列、智利、巴西等国都采用了通货膨胀目标的形式。⊖

正如专栏10-4所示，欧洲央行也遵循了某种通货膨胀目标制。美国曾经在通货膨胀目标制度上落后，但这种情况在2012年1月发生了变化，详见专栏10-5。

专栏10-4 全球视角

欧洲央行货币政策战略

欧洲央行实施了一种混合货币政策战略，这一战略与德国央行以前实施的货币目标政策有许多

⊖ 如果有兴趣更详细地讨论这些国家和其他国家的通货膨胀目标的经验，见 Ben S. Bernanke, Thomas Laubach, Frederic S. Mishkin, and Adam S. Posen, *Inflation Targeting: Lessons from the International Experience* (Princeton, N. J.: Princeton University Press, 1999)。

相同点，并且也包括一些通货膨胀目标的因素。⊖与通货膨胀目标类似，欧洲央行公布了中期"低于，但接近2%"的通货膨胀目标。欧洲央行的战略有两个关键的"支柱"。第一，货币和信贷总量对于"未来的通货膨胀和经济增长有着重要意义"。第二，使用了许多其他的经济变量来评估未来的经济前景。

欧洲央行的战略有点不明确，也因此遭到了批评。尽管对于通货膨胀"低于，但接近2%"的这一目标听起来像通货膨胀目标，但欧洲央行一再声明其没有通货膨胀目标。中央银行似乎已经决定尝试通过不明确承诺货币目标战略还是通货膨胀目标战略的方法，"一举两得"。由此产生的对欧洲央行战略评估的困难有可能减少该机构的责任。

专栏10-5　透视美联储

伯南克主席与通货膨胀目标

普林斯顿大学前教授本·伯南克在2002～2005年担任美国联邦储备委员会成员，而后担任总统经济顾问委员会主席，2006年2月成为美联储主席。伯南克是一位享誉国际的货币政策专家，在通货膨胀目标制度领域著作广泛，包括与本书作者合作了多篇论文以及一本著作。⊜

伯南克的著作表明他坚定地支持通货膨胀目标，以及提高中央银行的透明度。2004年，在联邦储备银行圣路易斯分行的一次重要会议演讲中，他阐述了联邦储备系统应该如何向通货膨胀目标靠近：美联储应该宣布长期通货膨胀目标的具体数值。⊜伯南克强调，宣布通货膨胀目标与美联储实现物价稳定和就业最大化的双重目标是完全一致的，这是因为通货膨胀目标可以被设定在高于零的水平上，避免产生冲击就业的通货紧缩，因此它被称为使命一致性通货膨胀目标。此外，它将不会成为一个可能导致以高就业波动为代价，对通货膨胀实施过渡控制的短期目标。

自从就任美联储主席以来，伯南克明确了任何向通货膨胀目标的推进必须是联邦公开市场委员会的共识，并符合国会赋予美联储的双重使命。伯南克主席成立了一个探讨联邦储备系统的沟通委员会，涉及对宣布通货膨胀目标的讨论。2007年11月，联邦公开市场委员会推出了新的沟通战略（2009年1月进行了修订），为FOMC参与者提供了未来一年、两年和三年以及更长期的通货膨胀预测，从而朝着通货膨胀目标靠近。在"适度政策"下的长期预测将反映每个参与者的通货膨胀目标。由于所有FOMC参与者的长期通胀预测最终接近2%，FOMC最终在2012年1月转向通货膨胀目标，同意通货膨胀目标的单一数值，即PCE平减指数的2%。然而，FOMC也明确表示，它将奉行符合其双重目标要求的灵活的通货膨胀目标制，因为它不仅将寻求实现其通货膨胀目标，而且还将注重促进最大限度的可持续就业。

⊖ 对于欧洲央行货币政策战略的描述，参见欧洲央行网站（www.ecb.int）。

⊜ Ben S. Bernanke and Frederic S. Mishkin, "Inflation Targeting: A New Framework for Monetary Policy," *Journal of Economic Perspectives*, 11, no. 2 (1997); Ben S. Bernanke, Frederic S. Mishkin, and Adam S. Posen, "Inflation Targeting: Fed Policy After Greenspan," *Milken Institute Review* (Fourth Quarter, 1999): 48-56; Ben S. Bernanke, Frederic S. Mishkin, and Adam S. Posen, "What Happens When Greenspan Is Gone," *Wall Street Journal* (January 5, 2000): A22; and Ben S. Bernanke, Thomas Laubach, Frederic S. Mishkin, and Adam S. Posen, *Inflation Targeting: Lessons from the International Experience* (Princeton, N. J.: Princeton University Press, 1999).

⊜ Ben S. Bernanke, "Inflation Targeting," Federal Reserve Bank of St. Louis, *Review*, 86, no. 4 (July/August 2004): 165-168.

10.9.1 通货膨胀目标的优点

通货膨胀目标的一个关键优点是，易于为公众所理解，因而它是高度透明的。因为明确的通货膨胀目标数值增强了中央银行的责任度，通货膨胀目标在很大程度上可以防止中央银行为了在短期内增加产出和就业而推行过分扩张的货币政策，从而降低了中央银行陷入时间不一致性问题的概率。通货膨胀目标的一个重要优点是，其有助于将政治辩论引入探讨中央银行在长期内能够解决的问题上，即控制通货膨胀，而不是探讨其在长期内不能解决的问题——通过扩张性货币政策永久提高经济增长率和就业率。这样，通货膨胀目标具有减少迫使中央银行实行通货膨胀性货币政策的政治压力的潜在可能性，进而降低时间不一致问题出现的可能性。

通货膨胀目标的制度取得了相当好的效果。通货膨胀目标的国家看上去都降低了通货膨胀率和通货膨胀预期，使二者大大低于缺乏通货膨胀目标的情况下可能有的水平。而且，这些国家的通货膨胀率一旦降低，就会保持在较低水平上；在制止通货膨胀之后，在随后的经济周期扩张期间，这些国家的通货膨胀率也没有反弹。

10.9.2 通货膨胀目标的缺点

对通货膨胀目标的批评，我们可以引用四条关于这一货币政策战略的缺点加以说明：信号延迟、过于僵化、增加产出波动的可能性以及低经济增长。我们将逐条考察这些缺点，并分析其有效性。

1. 信号延迟

货币当局不容易控制通货膨胀，并且由于货币政策效应的滞后性，通货膨胀的结果只有在很长时间的时滞后才能显露出来。因此，通货膨胀目标无法及时向公众和市场发送关于货币政策动向的信号。

2. 过于僵化

一些经济学家批评通货膨胀目标，因为他们相信这给货币政策制定者规定了严格的规则，限制了他们应对无法预见情况的能力。然而，有用的政策战略是那些"类规则"，因为它们涉及前瞻性的行为，该行为限制了政策制定者系统参与会导致长期不良影响的政策。这样的政策避免了时间不一致性问题，被描述为"受限制的判断力"。

实际上，通货膨胀目标可以准确地以这种方式来描述。在实践中，通货膨胀目标并不是僵化的，被更好地描述为"灵活的通货膨胀目标"。首先，通货膨胀目标没有简单和机械地指定中央银行应该如何实施货币政策。相反，它要求中央银行使用所有可用的信息来确定哪些政策措施有助于实现通货膨胀目标。与简单的政策规则不同，通货膨胀目标从来没有要求中央银行只关注一个关键变量。其次，实践中通货膨胀目标包含一定程度的政策判断力。正如我们所看到的，通货膨胀目标已经根据经济情况的变动来修订。此外，在通货膨胀目标制度下的中央银行通过多个制度来应对产出增长和波动。

3. 增加产出波动的可能性

对于通货膨胀目标的一条重要批评意见是，当通货膨胀率高于目标时，只关注通货膨胀可能导致过分紧缩的货币政策，从而可能导致更大的产出波动。然而，以通货膨胀为目标，并没有要求只关注通货膨胀，经验表明通货膨胀目标对产出波动显示出相当大的关注。

通货膨胀目标制定者通常将通货膨胀率目标设定在零以上（大多数情况是2%左右），反映了货币政策制定者考虑到特别低的通货膨胀率可能对实际经济活动产生非常大的负面影响（见第8章）。近年来日本的通货紧缩是削弱日本金融体系和经济的一个重要因素。设定大于零的通货膨胀目标降低了通货紧缩发生的可能性，这是日本国内和国外的一些经济学家一直在呼吁日本银行采取2%或更高的通货膨胀目标的原因之一，这一目标最终在2013年得以实现。

通货膨胀目标也没有忽视传统的稳定目标。采用通货膨胀目标的中央银行家持续表达了他们对产出和就业率波动的关注，并认为在一定程度上实现短期稳定目标的能力建立在所有通货膨胀目标制度之上。所有的通货膨胀目标制度国家都愿意通过朝着长期目标逐渐降低中期通货膨胀目标，最大限度地减少产出下降。

4. 低经济增长

另一个对通货膨胀目标的常见担忧是，它会导致产出和就业的低增长。虽然在通货膨胀目标制下，通货膨胀降低是与低于正常水平的产出联系在一起的，但是一旦实现了低水平的通货膨胀率，产出和就业至少可以回到和以前一样的水平。一个保守的结论是，一旦实现低通货膨胀，通货膨胀目标就不会对实体经济造成伤害。许多采用通货膨胀目标的国家（如新西兰）在制止通货膨胀之后经济增长强劲，事实证明，通货膨胀目标不仅控制了通货膨胀，而且促进了实体经济增长。

10.10 央行是否应对资产价格泡沫做出反应：全球金融危机的教训

几个世纪以来，经济会定期遭遇**资产价格泡沫**（asset-price bubble），即资产价格的上涨脱离了其基本价值，最终泡沫会轰然破裂。第8章所讨论的2007~2009年经济危机说明了这些泡沫所造成的严重后果。房地产市场的资产价格泡沫的破裂使金融系统崩溃，导致经济下滑、失业率上升、社会混乱，许多困难家庭被剥夺了抵押品赎回权，离开了家园。

资产价格泡沫的高成本对于货币政策战略提出了一个关键问题：中央银行应该如何应对？中央银行是否应该试用货币政策尝试消除泡沫？它们所使用的监管措施是否能够抑制资产价格泡沫？要回答这些问题，我们需要讨论是否存在不同类型的泡沫，需要我们做出不同的反应。

由于资产价格影响企业和家庭支出，进而影响经济活动，货币政策当然需要对资产价格做出反应，以稳定经济。因此，我们探讨的货币政策应该如何应对资产价格变动的问题不是它是否应该做出反应，而是它是否应该以高于稳定通货膨胀和就业目标所要求的水平做出反应。定义这一问题的另一种方法是货币政策应该试图抑制或者减缓可能发展的资产价格泡沫，以在泡沫破裂时将对经济的损害降至最低，还是货币当局应该在泡沫破裂后才应对资产价格下跌，以稳定产出和通货膨胀，而不是直接应对可能的资产价格泡沫？这两种对立的观点被描述为倾向于在资产价格泡沫破裂之前还是在泡沫破裂后处理，因此关于如何应对资产价格泡沫的辩论通常被称为"事前逆行 vs. 事后清理"的辩论。

10.10.1 两种资产价格泡沫

资产价格泡沫的类型有两种：一种由信贷所驱动，另一种完全来自过度乐观的预期（美联储前任主席艾伦·格林斯潘将其称为"非理性繁荣")。

1. 信贷驱动型泡沫

信贷繁荣可以演变成为资产价格泡沫：宽松环境下的信贷可以被用于购买特定的资产，从而提高该资产的价格。反过来，资产价值的上升使借款更容易，一个原因是抵押品的价值增加，另一个原因是金融机构资本价值的增加使放贷能力提高。由这些资产产生的贷款会进一步增加资产需求，因此其价格不断上升。这个反馈回路（即信贷繁荣推动资产价格，从而推动信贷繁荣，导致资产价格进一步升高，如此周而复始）会导致资产价格上升超过其基本价值，从而产生泡沫。

金融危机说明，信贷驱动型泡沫十分危险。当资产价格返回其正常水平时，泡沫破裂，资产价格崩溃后会导致反馈回路逆向运转，贷款损失，贷款人削减信贷供给，资产需求进一步萎缩，导致更严重的价格下跌。在2007~2009年金融危机期间，房地产市场就上演了这样一幕。在次级抵押贷款的信贷繁荣驱动下，房地产价格的上涨远超过其基本价值，但随着房地产价格崩溃，信贷萎缩，房地产价格暴跌。

由此产生的次级抵押贷款和次级抵押证券的损失，侵蚀了金融机构的资产负债表，导致信贷水平下降（去杠杆化）以及企业和家庭支出的大幅下降，进一步导致经济活动萎缩。在2007~2009年经济危机期间，正如我们所见，房地产价格泡沫崩溃后，房地产价格和金融机构健康之间相互影响，从而危害了整个金融体系的运作，对经济体系产生了严重的影响。

2. 单纯由非理性繁荣所驱使的泡沫

这类**泡沫**（bubbles）完全来自过度乐观的预期，与信贷繁荣无关，对金融体系的危害要小得多。例如，第6章所介绍的20世纪90年代晚期的科技股泡沫，不存在信贷驱动的情况，科技股泡沫崩溃后没有出现金融机构资产负债表的明显恶化。因此，科技股泡沫的破裂对经济没有产生非常严重的影响，随之而来的衰退并不严重。因此，单纯由非理性繁荣所驱动的泡沫，其危险远远小于信贷繁荣驱动型泡沫。

10.10.2 关于央行是否应该戳破泡沫的辩论

在危机爆发前，各国央行关于是否应该试图戳破资产价格泡沫一直存在争议。艾伦·格林斯潘持反对意见，在全球金融危机之前，他的立场在中央银行界具有很大的影响力。然而，这场危机导致了人们对这一观点的重新评估，我们来看看下面给出的正反两方面的观点。

1. 反对的观点：为什么中央银行不应该试图戳破泡沫

艾伦·格林斯潘关于中央银行不应该采取行动戳破泡沫的论点被称为"格林斯潘学说"，他提出了以下五个论点。

（1）资产价格泡沫几乎无法被识别。如果央行或者政府官员知道泡沫的存在，为什么市场参与者不知道？如果是这样，那么泡沫就不可能产生，因为市场参与者会发现价格越来越脱离其基本价值。除非央行或者政府官员比市场参与者精明（如果市场参与者不精明，就不可能拿到那么高的工资），否则他们就不可能确定这种类型的泡沫何时发生。

（2）虽然一些经济分析师认为提高利率可以减缓资产价格的上涨，但提高利率无法抑制泡沫，这是因为市场参与者预料到通过购买泡沫型资产可以获取非常高的收益率。此外，分析人士经常发现提高利率会导致泡沫严重破裂，从而加重对经济的危害。另一种说法是，泡沫脱离了正常的行为，指望货币政策的常规手段可以用来应对异常状况的想法是不现实的。

（3）有许多种不同的资产价格，在某一段时期，泡沫可能只出现在一小部分资产中。在这种情况下，货币政策行为可能影响所有资产的价格，而不仅是存在泡沫的特定资产的价格，因此在这种情况下该手段过于生硬。

（4）戳破泡沫的货币政策行为会危害整体经济。如果为戳破泡沫而大幅度提高利率，经济将会放缓增长，人们将会失业，通货膨胀率会低于其可接受水平。事实上，正如上述两个理由所表明的，戳破泡沫的利率提高幅度相当大，工人和经济将为此付出沉重的代价。这并不是说货币政策不应对资产价格本身做出反应。资产价格的水平会影响总需求以及经济的运行。货币政策应该对资产价格波动做出相应反应，从而影响通货膨胀和经济活动。

（5）只要央行及时做出反应，在资产泡沫破裂后积极放松货币政策，破裂泡沫的有害影响就可以保持在可控水平。事实上，在 1987 年股市崩盘和 2000 年股市科技泡沫破裂后，格林斯潘领导下的美联储正是这样做的。1987 年和 2000 年股市泡沫破裂后，激进的宽松政策非常成功。1987 年股市崩盘后，经济没有陷入衰退，而 2000 年科技泡沫破裂后，经济衰退非常轻微。

2. 支持的观点：为什么中央银行应该试图戳破泡沫

与格林斯潘的理论相反，最近的危机清楚地表明，信贷驱动的泡沫的破灭不仅代价极高，而且很难在事后清除。因此，全球金融危机为试图戳破潜在泡沫提供了一个更强有力的理由。

然而，两种不同类型的泡沫的区别在于，其中一种泡沫（信用驱动的）比另一种泡沫成本高得多，这表明关于事前逆行与事后清理的争论可能被误判了。这一理论不是说事前戳破资产价格泡沫（包括信贷驱动型和非理性繁荣型泡沫），而应该是说事前戳破资产价格泡沫，包括信贷驱动型资产价格泡沫，而非非理性繁荣型资产价格泡沫。此外，识别信贷泡沫比资产价格泡沫容易得多。当资产价格泡沫在信贷繁荣的同时迅速增加时，资产价格偏离基本面的可能性更大，因为宽松的信贷标准正在推动资产价格上涨。在这种情况下，央行或政府官员更有可能发现泡沫正在形成；在美国房地产市场泡沫时期确实是这样，因为这些官员确实有信息表明，贷款人已经削弱了贷款标准，抵押贷款市场的信贷扩张正以异常高的速度增长。

反对信贷泡沫的理由似乎很充分，但是什么政策对抑制信贷泡沫最有效呢？

3. 宏观审慎政策

首先，重要的是要认识到，在设计有效的政策来对抗信贷泡沫时，要考虑的关键原则是抑制过度冒险。只有当这种冒险过度时，信贷泡沫才有可能形成，因此寻求审慎的监管措施来抑制信贷泡沫是很自然的。可以影响信贷市场总体状况的监管政策被称为**宏观审慎监管**（macro-prudential regulation），这似乎是控制信贷驱动型泡沫的有效工具。

央行或者其他政府机构所实施的金融监管通常都应具备第 18 章所述的有效运作的审慎监管体系，可以防止过度冒险行为引发信贷繁荣，进而导致资产价格泡沫。这些要素包括充分的信息披露、资本需求、及时纠正行动、密切监管金融机构的风险管理程序，并密切监督合规行为。更普遍的是，监管应该把重点放在杠杆周期上。全球金融危机证明，伴随着信贷繁荣而出现的资产价格上升导致金融机构资本金增加，在保持资本要求不变的条件下，可以支持更多的信贷；在泡沫破裂后，资本的价值急剧下降，导致信贷紧缩。资本要求是逆周期的，即在市场繁荣时向上调整，在市场衰退期间则向下调整，才能有助于消除促进信贷驱动型泡沫的反馈回路。

伴随着信贷繁荣出现的资产价格迅速上升，表明市场失灵或者金融监管不利会导致泡沫产生。央行和其他的政府监管机构应该考虑实施直接控制信贷增长的政策，或者采取一些政策工具，保证信贷标准足够高。

4. 货币政策

2002~2005年美联储实施的低利率政策引发了高风险，正如第8章所讨论的那样，这一事实说明过于宽松的货币政策可能会加剧金融不稳定。尽管尚不清楚美联储是不是房地产泡沫的罪魁祸首，但研究确实表明，低利率会鼓励人们在所谓的"货币政策的风险承担渠道"中过度冒险。低利率可能会增加金融机构资产经理寻求收益的动机，从而增加风险承担。低利率也可能增加对资产的需求，提高其价格，并导致抵押品价值的增加，这反过来又鼓励贷款人向风险较高的借款人放贷。

货币政策的风险承担渠道表明，货币政策应该用来抵御信贷泡沫。然而，许多格林斯潘理论中反对使用货币政策戳破泡沫的观点仍然有效，那么是不是说使用宏观审慎监管抑制信贷泡沫，让货币政策致力于稳定价格和产出会更好呢？

如果宏观审慎政策能够胜任这项工作，这一论点将会非常有力。然而，在这一点上仍有不确定性。审慎监管比货币政策更容易受到政治压力，因为它更直接地影响金融机构的底线。因此，它们有更大的动机游说政治家，阻止实施控制信贷泡沫的宏观审慎政策，尤其是在它们最能实现盈利的信贷泡沫期间。此外，金融机构通常非常善于发现漏洞以避免监管，因此宏观审慎监管可能不会有效。宏观审慎政策的实施可能不足以抑制信贷泡沫，这表明货币政策可能不得不被替代。

从全球金融危机中可以得到的一个重要教训是，央行和其他监管机构不应该采取自由放任的政策，对信贷驱动型泡沫的继续不作为。然而，如何做好这一点确实是一项艰巨的任务。

专栏10-6 执业经理

聘用美联储观察员

正如我们所看到的，美国货币供给和利率最重要的决定因素是美联储。若美联储想要向银行系统注入准备金，它就会进行公开市场业务，购买债券，使债券至少在短期内价格上升而利率下降。如果美联储想要从银行体系中撤出准备金，就会出售债券，使得债券价格降低而利率提高。从长远来看，如果美联储通过高货币增长率来实施扩张性货币政策，通货膨胀率将会升高，利率也会升高。紧缩性货币政策就可能在长期过程中降低通货膨胀率并且导致较低的利率。

了解美联储可能采取的措施可以帮助金融机构更加准确地预测利率的变动。这是因为，正如我们所看到的，利率的变动对金融机构的盈利能力有着很强的冲击力，这些金融机构的经理特别注重观察美联储的行为。为了有助于自己的这项工作，经理聘用所谓的美联储观察员，也就是观察美联储行为方面的专家，他们可能在美联储系统中工作过，因此他们可能拥有一些内部人士的见解。

预测美联储的行为并不是一件简单的事。美联储直到在每次决定货币政策的联邦公开市场委员会会议召开后的三周时间才会公开会议内容。另外，美联储不会提供关于某种交易数量的信息，而且总是试图通过同时进行公开市场的买入和卖出，使得市场看不清美联储是否在向银行注入准备金。

美联储观察员通过他们对美联储内外的专业知识，观察美联储官员的公开发言，从中获得货币政策走向的信息。他们也认真研究美联储过去的行为数据和目前债券市场发生的事件，从而判断美联储的行动。

如果美联储观察员告诉金融机构经理美联储认为通货膨胀率较高，并且将会在不久的将来采取紧缩的货币政策从而来提高短期利率，金融机构经理就会立即决定以目前较低的利率来吸收资金，以防止将来利率上升导致筹资成本上升。如果金融机构从事外汇交易，利率的上升和美联储为了降低通货膨胀率所做的努力可能会使经理指示交易员在外汇市场上买入美元。我们将会在第15章中看到，美联储的这些行为可能会引起美元的升值，因此金融机构买入美元将会获得丰厚的利润。

相反，如果美联储观察员认为美联储担心经济疲软，将会采取扩张性的货币政策，降低利率，金融机构经理将会采取截然不同的行动。这样经理可能会要求信贷员尽可能地去发放贷款，这样就可以锁定较高的利率从而使金融机构获得更高的收益。或者经理可能会买入债券，预期收益会下降，债券价格将会上升，使得金融机构获得不错的收益。更加扩张性的货币政策也可能导致外币交易市场上美元价值的降低，因此金融机构经理可能会告诉外币市场交易员买入外币出售美元，以在未来美元贬值的时候获利。

一个合格的美联储观察员对金融机构是非常有价值的。成功的美联储观察员会被金融机构争相高薪聘用，他们的工资甚至会达到六位数。

本章小结

中央银行通过公开市场操作或贴现贷款来影响银行系统的外汇储备数量。货币政策的实施会影响美联储的资产负债表。公开市场购买会导致银行系统内准备金和流动性的扩张。贴现贷款的增加导致银行准备金和流动性的扩张。

对准备金市场的供给-需求分析得出以下结论：公开市场购买或降低法定存款准备金要求会导致联邦基金利率下降，而公开市场出售或提高法定存款准备金要求会导致联邦基金利率上升。贴现率的变化也可能影响联邦基金利率。

传统的货币政策工具包括公开市场操作、贴现政策、法定存款准备金要求以及准备金利率。在全球金融危机爆发之前，公开市场操作是美联储实施货币政策的主要工具。贴现政策的优势在于，它使美联储能够发挥最后贷款人的作用。法定存款准备金要求很少被用作货币市场工具。提高准备金利率以提高联邦基金利率的好处是，它避免了当银行累积大量的超额准备金时进行大规模公开市场操作以降低准备金的必要性。

当零利率下限问题发生时，传统的货币政策工具是无效的。在这种情况下，央行无法降低利率，因为利率已经触底为零。在这种情况下，央行应该使用非常规的货币政策工具，包括流动性准备金、大规模资产收购、量化宽松与信用宽松、前瞻性指引和银行存款负利率。流动性准备金和大规模资产收购导致央行资产负债表的扩张，这被称为量化宽松。央行资产负债表的扩张本身不太可能对经济有很大的影响，但是改变了资产负债表的成分，这被称为信贷宽松政策。信贷宽松政策对改善信贷市场功能有很大的影响。央行对银行存款的负利率可能会通过鼓励银行出借准备金来刺激经济。然而，这种扩张效应可能不会发生，因为银行选择将存放在央行的存款转为现金，或者负利率可能损坏银行的盈利能力，从而抑制银行放贷。

同美联储一样，欧洲中央银行所使用的货币政策工具包括公开市场操作、向银行发放贷款以及法定存款准备金要求。主要融资操作（公开市场回购通常在两周内进行操作）是在目标融资率的基础上设立隔夜现金率的重要工具。欧洲央行同样操作贷款便利以确保隔夜现金率保持在目标融资率的100个基点内。

货币政策的六个基本目标是：物价稳定（主要目标）、高就业率、经济增长、金融市场稳定、利率稳定以及外汇市场稳定。

名义锚是货币政策战略的主要因素，通过降低通货膨胀预期以及限制时间不一致性问题来促进物价稳定。

通货膨胀目标有一些优点：①能够使货币政策关注国内事务；②货币和通货膨胀之间的联系稳定与否并不是其成功的关键因素；③容易被公众理解且具有高透明度；④增强了中央银行的责任；⑤似乎能够改善通货膨胀冲击的影响。然而，它也有一些缺点：①通货膨胀不容易被货币当局控制，因此通货膨胀目标不能及时向公众和市场发送信号；②它可能给政策制定者设定严格的规则，尽管在实际中并非如此；③只关注通货膨胀可能导致较大的产出波动，尽管在现实中也并非如此。

全球金融危机的教训表明，货币政策应该依靠信贷繁荣而不是资产价格泡沫。

简答题

1. 在2008~2012年的量化宽松计划实施过程中，许多预测者宣称这些计划在未来可能会导致高的通货膨胀率。鉴于美国通货膨胀的演变，这些预测是正确的还是错误的？
2. 在何种经济状况下，央行希望使用"前瞻性指引"策略？基于你之前的回答，我们是否可以轻松地衡量这种策略的效果？
3. "因为联邦存款保险公司的存在消除了银行业恐慌的可能性，所以贴现贷款不再需要了。"这种观点是正确的、错误的还是不确定的？解释你的答案。
4. 随着全球金融危机的爆发，美联储资产负债表上的资产从2007年的约9 000亿美元大幅增加到2016年的逾4万亿美元。许多持有的资产都是较长期的证券，这些证券是通过危机导致的各种贷款计划获得的。在这种情况下，反向回购（匹配的买卖交易）如何帮助美联储在减少通货膨胀问题的同时有序地减少其持有的资产？
5. 为什么在全球金融危机期间，定期拍卖工具比贴现窗口更被金融机构广泛使用？
6. 在零利率下限的情况下，作为传统货币政策的替代品，量化宽松有哪些优缺点？
7. 在金融危机期间，为什么美联储的资产负债表的构成对货币政策的制定很重要？
8. 欧洲中央银行系统的货币政策与美联储的货币政策相比如何？欧洲央行有贴现贷款工具吗？欧洲央行是否向银行支付存款利息？
9. 美联储用以阻止银行业恐慌的贴现操作的好处是显而易见的。成本是什么？
10. 将存款存放在瑞典、瑞士和日本的中央银行而支付负利率的主要理由是什么？如果银行决定发放超额准备金贷款，但是没有好的投资机会，这些经济体会发生什么变化？
11. 举一个日常生活中碰到的时间不一致性问题的例子。
12. 中央银行出于什么动机实施过分扩张的货币政策，从而陷入时间不一致性陷阱？
13. 假设你的老板让你写一份报告，有两个条件：它必须是清晰的而且必须在当天结束前完成，这些指示是双重目标还是分层目标？如果在短期内（第一个月）你没有满足其中一个条件（你要么写一份适当的报告，要么逾期，或者相反）。从长远来看，你认为这两种情况会有冲突吗？
14. 为什么使用通货膨胀目标可能加强对中央银行独立实施货币政策的支持？
15. "由于通货膨胀目标关注实现通货膨胀目标，因此它会导致过度的产出波动。"这种观点是正确的、错误的还是不确定的？解释你的答案。
16. "与优先关注物价稳定的中央银行相比，具有双重目标的中央银行在长期内可以实现更低的失业率。"这种观点是正确的、错误的还是不确定的？

17. 中央银行决定发布一份声明，宣布它不会试图消除资产价格泡沫。你认为这会对中央银行实施货币政策带来消极的后果吗？

18. 如果高通货膨胀是坏事，那么为什么设定一个较高的通货膨胀目标可能比设定一个接近于零的较低的目标更有利呢？

19. 为什么大多数中央银行没有更积极地尝试使用货币政策来消除资产价格泡沫？

20. 为什么在其他类型的泡沫破裂后清除信贷驱动的泡沫会更好呢？

21. 用自己的话描述宏观审慎监管。为什么这种方法可能是防止信贷泡沫的一个重要因素？

计算题

1. 假定银行政策将存款的准备金率保持在12%。当前银行拥有1 000万美元存款，并持有40万美元超额准备金。如果有一笔5万美元的新存款，法定准备金应该是多少？

2. 下一年失业情况的估计如下所示。

经济	概率	失业率（%）
萧条	0.15	20
均值	0.50	10
良好	0.20	5
繁荣	0.15	1

预期失业率为多少？标准偏差为多少？

3. 假设一家银行目前有15万美元的存款和1.5万美元的存款准备金。存款准备金率为10%（这家银行没有超额准备金）。如果存款外流5 000美元（例如某人从他的账户中取出资金），这家银行还会遵循美联储10%的存款准备金率的要求吗？如果这家银行决定从另一家银行借款以消除其准备金短缺，那么这家银行遵循这项规定的成本是多少？假设联邦基金利率为0.25%。

4. 参考前面的习题。如果这家银行决定以0.75%的贴现率向美联储借款，那么这家银行履行法定存款准备金要求的成本是多少？你能解释一下为什么超额准备金能够作为防范存款外流的保险吗？

5. 短期名义利率为5%，预期通货膨胀率为2%。经济学家预测，明年名义利率将上升100个基点，通货膨胀率将下降至1.5%。实际利率的预期变化为多少？

网络练习

货币政策的传导：工具、目标、策略和机制

1. 访问www.federalreserve.gov/releases/h15/update/。当前联邦基金利率是多少？当前美联储的贴现率是多少？从2005年年底至今短期利率是上涨还是下跌了？

2. 大约每6周召开一次的联邦公开市场委员会会议会评估经济状况，确定中央银行应该采取的行动。3周后才会公布会议的会议记录，会议结束后会有一个简单的新闻稿。在www.federalreserve.gov/fomc/上找到会议记录以及新闻稿。

    a. 最近一次联邦公开市场委员会会议是什么时候举行的？下次会在什么时候举行？

    b. 回顾上一次会议的新闻稿。委员会决定对短期利率采取什么行动？

    c. 回顾最近一次公布的会议记录。委员会成员最关注经济的哪个领域？

3. 访问其他国家的中央银行网站，了解其结构，欧洲央行就是一个例子。访问www.ecb.int。在欧洲央行的主页上，了解有关欧洲央行货币政策战略的信息。

4. 许多国家的中央银行负责本国的货币政策。访问www.bis.org/cbanks.htm并选择一家中央银行（例如挪威）。浏览该中央银行的网站，了解它实施货币政策的措施。比较该中央银行与美国中央银行的政策有何不同。

PART 5

第五部分

金融市场

第 11 章

货币市场

预 览

如果查看 Alphabet（谷歌控股公司）2016 年的年报，你会发现公司有超过 140 亿美元的现金及等价物。另外，该公司还持有 580 亿美元的短期证券。为了随时利用市场上的投资机会以及规避与其他投资相关的风险，Alphabet 选择持有超过 720 亿美元、具有高度流动性的短期资产。Alphabet 将把这些资金大部分投资于货币市场。让我们回顾一下，货币市场证券具有三个特性，即短期、低风险以及高流动性。由于安全性高及流动性好，很接近于货币的特性，因此这些证券被称为货币市场证券。自 19 世纪初以来，货币市场开始活跃，但 1970 年以后，其重要性逐渐凸显，当时，利率超过了历史水平。事实上，20 世纪 70 代末到 80 年代初，伴随着对银行存款利率的最高限制，短期利率上涨导致了金融机构资金的迅速外流，而这一资金外流使许多银行及储蓄贷款机构倒闭。直到与货币市场利率相关的银行监管大幅度改制后，银行才重新获得健康发展。

本章详细论述了货币市场及在该市场上交易的证券。另外，本章还讨论了货币市场对金融机构如此重要的原因。

11.1 货币市场的界定

"货币市场"（money market）这一名称实际上是用词不当。货币并不在货币市场上交易。但是，由于货币市场上交易的证券都是短期的且具有高度流动性，所以它们非常接近货币。本章会详细讨论货币市场证券 3 个共同的基本特征：

- 通常以大额出售。
- 违约风险低。
- 期限短于或等于一年。大多数货币市场工具的期限小于 120 天。

货币市场的交易并不是在一个特定地点或建筑物里进行的。相反，交易商通常通过电话为当事人安排买卖事宜，继而通过电子方式完成交易。由于这个特点，货币市场证券通常有一个活跃的**二级市场**（secondary market）。这意味着证券首次售出后，将来要找到购买者相对比较容易。活跃的二级市场使得货币市场证券成为满足短期融资需求很灵活的工具。例如，微软的年报上有这样一句话，"我们将所有距离到期日时间短于或等于3个月、具有高度流动性且赚取利息的投资工具都视为现金等价物"。

货币市场的另外一个特征是它是**批发市场**（wholesale market）。这意味着大部分交易都是大规模的，通常超过了100万美元。这些交易的规模使得大多数个人投资者不能直接参与到货币市场中。相反，交易商和经纪商通过在大银行与交易所的交易室里操作将顾客聚集在一起。这些交易者在几秒内可能进行5 000万美元或1亿美元的买卖——这当然不是心理素质差的人可以从事的工作！

回顾第2章，灵活性和创新性是金融市场具有的两大重要特征，货币市场也不例外。尽管具有"批发"的性质，但为了使小投资者能够进入，货币市场逐渐发展了一些创新性的证券和交易方法。本章将讨论这些证券及其特征，我们将在第20章讲解其在共同基金行业的应用。

11.1.1 为什么需要货币市场

若完全无监管，那么就不需要货币市场了。银行业的存在主要就是为了提供短期贷款以及接受短期存款。银行在收集信息上本应该是有效率上的优势，这一优势使得货币市场没有存在的必要。由于能够一直与顾客保持联系，银行能够比其他各种市场提供更便宜的贷款，因为其他市场每次发行新证券时都必须对每位借款者进行评估。另外，相比银行和储蓄机构的存款而言，货币市场上出售的短期证券的流动性和安全性更差。既然银行有这些优势，为什么货币市场还会存在呢？

银行主要是协调借款人和贷款人信息不对称的问题，并且银行通过提供这种服务实现规模经济并由此产生利润。但是，银行业要比货币市场接受更多的监管，管理成本也更高。在信息不对称问题不严重的情况下，相对银行来说，货币市场在提供短期资金方面有显著的成本优势。

11.1.2 货币市场的成本优势

利率管制是银行参与竞争的障碍。20世纪30年代，银行监管的主要目的之一就是降低银行间的竞争。监管者认为减少竞争可以降低银行倒闭的可能性。当然，缺乏自由的市场竞争，银行会获得更多的利润，而消费者也会为此付出代价，但健康的银行体系会带来更大的经济稳定，消费者的成本也就为之抵消。

保证银行利润的一种方法是对银行的存款利率设定最高限制。1933年的《格拉斯-斯蒂格尔法案》禁止银行对支票账户支付利息，另外还限制了定期存款的利率。直到20世纪50年代末期对各种利率的限制才得以放松。图11-1显示从20世纪70年代末80年代初，利率限制对银行造成的困境特别明显，当时通货膨胀使得短期利率超过了银行能够支付的法定水平。投资者从银行取出他们的资金投资于经纪公司的货币市场证券账户中。这些新的投资者使得货币市场得到迅速发展。商业银行利率上限在1986年3月被废除，但那时"零售"的货币市场已经发展起来了。在接下来的章节中我们会看到，银行继续发挥有价值的中介作用。但是在有些情况下，银行业的成本结构使它在短期资金市场上无法同限制更少的货币市场竞争。

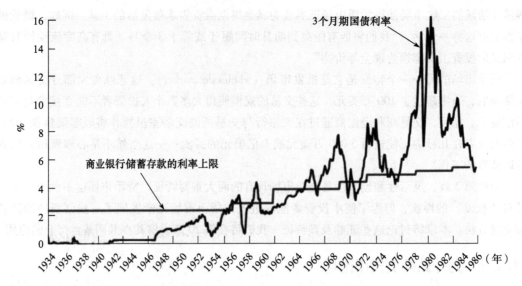

图 11-1　3 个月期国债利率及商业银行存款利率上限（1933～1986 年）
资料来源：http://www.stlouisfed.org/default.cfm.

11.2　货币市场的目标

发展完善的二级市场使货币市场成为公司或金融机构"贮藏"短期剩余资金的理想场所。类似地，货币市场也为需要短期资金注入的公司、政府以及中介机构提供了低成本的资金来源。

大多数投资者投资于货币市场并不是为了赚取超额收益。相反，他们将货币市场作为临时的投资场所，相对持有现金或银行存款来说这样能够提供更高的收益。投资者可能觉得市场条件不适合追加股票投资，或者是投资者预期利率将上升从而不想购买债券。投资者需记住的很重要的一点就是，持有闲散资金是有代价的，因为现金余额不能为持有者赚取收入。从失去利息收入的角度来说，闲散的现金代表了**机会成本**（opportunity cost）。回顾第 4 章的内容，一项资产的机会成本等于由于持有该资产而不持有其他资产所牺牲的利息。货币市场为这些闲散资金提供了一个投资场所，从而降低了这种机会成本。

投资顾问常常在货币市场上持有一部分资金，以便他们迅速抓住一些有利的市场投资机会。大部分投资基金和金融机构也持有货币市场的证券，以满足投资需要和存款所引起的资金外流。

货币市场证券的出售者发现货币市场提供了一个低成本的短期资金来源。表 11-1 列出了由不同公司和金融机构出售的各种货币市场工具的利率。例如，为了满足短期内准备金短缺需求，银行可能发行联邦基金（本章随后会给出货币市场证券的定义），以便从货币市场上获取资金。政府通过发行国库券为美国大部分债务进行融资。金融公司如通用汽车承兑公司（通用汽车公司的金融分支机构）可能为了汽车贷款进入货币市场进行融资。⊖

⊖ 通用汽车承兑公司曾是通用汽车的全资子公司，专门为通用汽车的买家提供融资选择。2008 年 12 月，它成为一家独立的银行控股公司。

表 11-1 2016 年 5 月 13 日货币市场利率示例表

工具	利率（%）
基础利率	3.50
联邦基金	0.37
商业票据	0.55
伦敦银行间同业拆放利率	0.44
欧洲美元	0.48
国库券（4 周）	0.24

资料来源：*Federal Reserve Statistical Bulletin*，http://www.federalreserve.gov/releases/h15/data.htm and Libor：http://www.fedprimerate.com/libor/libor_rates_history.htm.

为什么公司和美国政府有时候需要迅速获得资金呢？主要原因在于现金流入和流出很少是同步的。例如，政府税收收入通常在一年的几个特定时间里流入，但是支出在全年内都有发生。政府可以借入短期资金，而在收到税收收入以后归还。企业也面临收入和支出时间不同步的问题。货币市场为解决这些问题提供了一种有效的、较低成本的方法。

11.3 货币市场的参与者

讨论货币市场参与者的一种简单明了的方法是列出谁借入了资金，以及谁借出了资金。这种方法的问题在于大多数货币市场参与者在市场上既借入资金又借出资金。例如，任何大银行都会通过出售可转让大额定期存单在货币市场上大规模借入资金。同时它又会通过其商业信贷部门向企业贷出短期资金。然而，我们还是可以区分货币市场的主要参与者（美国财政部、美联储、商业银行、企业、投资公司与证券公司、个人）并讨论它们各自的职能（见表 11-2）。

表 11-2 货币市场参与者

参与者	作用
美国财政部	出售美国财政部债券为国内债务融资
美联储	买卖美国财政部债券作为控制货币供给的主要工具
商业银行	购买美国财政部债券；出售存单及发放短期贷款；为个人投资货币市场证券提供账户
企业	买卖各种短期证券作为现金管理的常规部分
投资公司（经纪公司）	代表企业进行交易
财务公司（商业租赁公司）	向个人贷出资金
保险公司（财产和人身意外保险公司）	保持流动性以满足意外需要
养老基金	将资金投在货币市场工具上以便随时投资于股票和债券
个人	购买货币市场共同基金
货币市场共同基金	通过集聚资金，允许小投资者参与货币市场，投资大额的货币市场工具

11.3.1 美国财政部

美国财政部的独特性在于它永远是货币市场上的资金需求者而从来不会是供给者。美国财政部是全世界货币市场上最大的资金借入者。它发行国库券以及其他货币市场参与者熟悉的证券。短期债券能保证政府在取得税收收入之前筹集到资金。财政部有时也通过发行国债来偿还已到期的证券。

11.3.2 美联储

美联储是分销财政部所有政府证券的代理机构。如果认为应减少货币供给，美联储会售出所持有的大量国债。类似地，若认为应该扩大货币供给，美联储则会购入国债。美联储控制货币供给的职责使其成为美国货币市场上最有影响力的参与者。美联储通过公开市场操作从而控制经济的职能已经在第 9 章和第 10 章中讨论过了。

11.3.3 商业银行

商业银行是继养老基金之后持有美国政府债券最多的金融机构。这部分是因为法规限制了银行的投资机会，特别地，银行不允许持有风险证券（如股票或公司债券）。由于政府证券具有低风险及高流动性，所以对银行持有此类证券没有限制。

银行还是可转让大额定期存单、银行承兑汇票、联邦基金以及回购协议的主要发行者（我们将在下一节中讨论这些证券）。除了利用货币市场来管理自身的流动性以外，许多银行还代表客户执行交易。

并非所有商业银行都代表顾客在货币市场的二级市场上执行交易。那些进行交易的都是全国性的大型商业银行，被称为**货币中心银行**（money center banks）。最大的几家货币中心银行包括花旗集团、美国银行、J. P. 摩根和富国银行。

11.3.4 企业

许多企业在货币市场上买卖证券。由于这些买卖涉及的金额很大，所以通常只有主要的公司能够参与进来。前面讨论过，企业使用货币市场不仅仅是储藏限制资金，而且还筹集短期资金。我们将会在本章后面部分具体讨论企业发行的货币市场证券。

11.3.5 投资公司与证券公司

1. 投资公司

各种大的证券经纪公司活跃于货币市场。最大的经纪公司包括美洲银行、美林证券、巴克莱集团、瑞士信贷银行、高盛集团。这些交易商的主要职能在于通过保存一定的证券存货用于买卖，为货币市场证券营造出一个市场（即"做市"）。这些公司对于货币市场的流动性非常重要，因为它们确保了买方和卖方都能随时交易自己的证券。我们将在第 22 章中讨论此类投资公司。

2. 财务公司

财务公司主要通过出售商业票据在货币市场上筹集资金。它们将资金借给需要购买耐用商品（如轿车、游艇或者住宅装饰品）的消费者。我们将在第 27 章中主要讨论财务公司（参见网页 www.pearsonhighered.com/mishkin_eakins）。

3. 保险公司

财产和意外保险公司必须保持流动性，因为它们会有不确定的资金需求。例如，2015 年 12 月，当龙卷风和洪水袭击美国中西部时，1 000 多所房屋被毁，50 人丧生。保险公司向投保人赔付了超过 10 亿美元的金额。为了满足这种资金需求，保险公司出售部分货币市场证券来筹集资金。我们将在第 21 章中探讨保险公司。

4. 养老基金

养老基金将一部分资金投资于货币市场，以便抓住股票或债券市场上一些有利的投资机会。和保险公司类似，养老基金必须保持充足的流动性来满足其债务需要。但是，由于它们对资金的要求是可预测的，所以也不需要持有大量的货币市场证券。我们将会在第 21 章中讨论养老基金。

11.3.6 个人

20 世纪 70 年代通货膨胀率上升，银行提供的存款利率对个人投资者也变得不再有吸引力。同时，交易所开始推出能支付更高利率的货币市场共同基金。

银行无法阻止大量的资金流向共同基金，因为法规限制了它们可以支付的存款利率上限。为了避免这种现象持续下去，监管当局修改了法规条款。为了夺回个人投资者的资金，银行迅速提高了利率。这阻止了资金的迅速流动，但货币市场共同基金仍然是广受投资者欢迎的一种投资选择。共同基金的优势在于它使得投资者可以用较少的资金进行大额证券投资。

11.4 货币市场工具

为满足市场参与者的各种需求，存在多种货币市场工具。对于某一投资者来说很完美的一种证券可能并不适合另一个投资者。这一节我们将更进一步了解货币市场证券的特征，以及货币市场参与者如何使用这些证券来管理自己的现金。

11.4.1 国库券

为了给国家债务融资，美国财政部发行各种不同的债券。国库券是最为广泛持有以及流动性最强的证券，期限分别有 4 周、13 周、26 周和 52 周四种。国库券的最低面额为 1 000 美元，直到 2008 年才出现了 100 美元的面额。美联储为个人投资者提供了一种通过互联网直接购买国库券的途径。这一方法于 1998 年 9 月最先被采用，体现了让更多人能够投资国债的努力。

政府实际上并未对国库券支付利息，而是贴现发行国库券，投资者的收益来源于债券购买时与到期日之间的价差。

专栏 11-1　案例

国债利息的贴现价格

大部分的货币市场证券并不支付利息。相反，投资者购买证券的价格低于证券到期日的价值，价格的增值构成了收益。这也被称为**贴现**（discounting），普遍用于短期证券，因为它们常常在发行者寄出利息支票前就已经到期（我们在第 3 章中已经讨论过贴现）。

表 11-3 给出了一次典型的国库券拍卖结果，显示在财政部直属网站上。参见第一行，28 天的国

库券每100美元的售价为99.981 333美元。这意味着1 000美元的国债会贴现至999.81美元。此表也说明了贴现率以及投资率。贴现率的计算如下：

$$i_{贴现} = \frac{F - P}{F} \times \frac{360}{n} \tag{11-1}$$

其中，$i_{贴现}$为年贴现率；P为购买价格；F为面值或到期日价值；n为距到期日天数。

表11-3 最新国债拍卖结果列表

债券期限	发行日	到期日	贴现率（%）	投资率（%）	价格（每100美元）	CUSIP
28天	2016年5月19日	2016年6月16日	0.240	0.243	99.981 333	912796HX0
91天	2016年5月19日	2016年8月18日	0.275	0.279	99.930 486	912796HA0
182天	2016年5月19日	2016年11月17日	0.370	0.376	99.812 944	912796JU4
28天	2016年5月12日	2016年6月9日	0.245	0.248	99.980 944	912796HW2
91天	2016年5月12日	2016年8月11日	0.240	0.243	99.939 333	912796JF7

资料来源：http://www.treasurydirect.gov/RI/OFBills。

注意这一等式的几个特征。第一，计算收益时分母数值用的是债券面值。实际上投资者支付时是低于面值的，因为是贴现出售，所以收益被低估了。第二，在计算年收益率时用的是360（=30×12）天。相对于使用365天一年来说，这也低估了收益率。投资率计算如下：

$$i_{投资} = \frac{F - P}{P} \times \frac{365}{n} \tag{11-2}$$

投资率更准确地衡量了投资者的收益情况，因为在计算中它使用的是一年的精确天数以及真实的初始投资额。注意在计算投资收益率时，财政部在接下来的年限中都使用实际天数，这意味着在闰年有366天。

例11-1 贴现率及投资率的计算

假如你呈交了一个非竞争性、竞标购买价值为1 000美元、期限为28天的国库券，购买债券价格为999.813 33美元。那么此债券的贴现率和投资率分别为多少？

解答：

$$i_{贴现} = \frac{1\,000 - 999.813\,33}{1\,000} \times \frac{360}{28} = 0.002\,40 = 0.240\%$$

$$i_{投资} = \frac{1\,000 - 999.813\,33}{1\,000} \times \frac{365}{28} = 0.002\,43 = 0.243\%$$

这里计算的贴现率和投资率与表11-3中列出来的一致。

1. 风险

国库券几乎没有违约风险，因为即使政府花光了钱，它也可以印发更多的钞票来清偿到期的国库券。由于期限很短，所以无法预期的通货膨胀风险也很低。国库券市场是极富深度和流动性的。**深度市场**（deep market）是指同时拥有很多不同买方和卖方的市场，**流动市场**（liquid market）是指证券可以迅速以低交易成本买卖的市场。在深度市场和流动市场中，投资者面临很低的风险，因而不能随便出售证券。

尽管都认为政府不会违约，但1978年、1996年以及2013年政府的预算之争导致政府暂时关闭，并几乎导致政府债务违约。如果僵局持续太长的时间，我们会看到美国政府将破天荒地陷入债务危机。如果市场决定给所有政府债券加入违约风险贴水，我们仅能推测利率的长期效果可能是什么。

2. 国库券拍卖

财政部每周都会公布所要发行的国库券的数量和种类。财政部接受出价最高的投标，出价最高的购买者首先被满足。然后按照出价高低的顺序，购买者依次购得国库券，直到所有的国库券出售完为止。

除上面所说的**竞争性竞价**（competitive bidding）外，财政部还允许**非竞争性竞价**（noncompetitive bidding）。如果使用竞争性竞价，投资者会报出想要购入债券的数量及愿意支付的价格。与之相反，非竞争性竞价则只包含投资者想要购买证券的数量。财政部接受所有非竞争性竞价。价格根据已接受的竞争性竞价的最高收益率制定。因此，非竞争性竞价者支付与竞争性竞价者相同的价格。这两种方法的最大区别在于竞争性竞价者有可能购买不到证券，但是非竞争性竞价者肯定能买到证券。

1976年，财政部将全部可交易的联邦债务转换成**记账式**（book entry）债券，以代替纸质印刷类债券。在记账体系中，国债所有权只在联邦的计算机中有记录。实质上，电子账簿代替了实际的债券。这一过程降低了财政部发行债券的成本，也降低了债券在二级市场上买卖时的转让成本。

财政部证券的拍卖本应该具有高度竞争性和公平性。为了保证竞争的合理性，不允许任何交易者购买的债券数量超过发行量的35%。大约40个一级交易商定期参与拍卖。所罗门美邦曾经违反了这一规定，招致了很严重的后果（见专栏11-2）。

专栏11-2 小案例

失控的国库券拍卖

每个周四，财政部会宣布有多少28天、91天和182天的国库券将要出售。购买者必须在下周一之前递交订单，然后第二天上午即可获得所认购的国库券。

财政部证券的拍卖本应该是极富竞争性和公平性的。为了保证合理的竞争水平，任何交易商允许购买的证券不能超过发行量的35%。大约有40家一级交易商会定期参与拍卖。

1991年，所罗门美邦违规事件引起了对拍卖公平性的怀疑，使市场陷入了窘境。所罗门美邦以自己的名义，用相对较高的价格购买了财政部证券发行量的35%。接下来又以自己客户的名义购买了更多的债券，通常不让客户知道，也不经客户同意。之后，所罗门美邦再从客户手中买回债券。结果，这些交易使市场陷入了窘境，而所罗门美邦则能够从中获取垄断的收益。对所罗门美邦的调查揭露了其在1991年5月一次110亿美元的国库券发行中控制了大概94%的债券。丑闻曝光后，公司董事长约翰·古弗兰（John Gutfreund）和其他几位高层主管离职。从那以后，财政部制定了新的规则以保证市场的竞争性。

3. 国库券利率

国库券几乎无风险。由于被视作无风险证券，国库券利率是整个经济中最低的。很多国库券的投资者发现，几年后，他们的收益甚至还不够补偿由通货膨胀导致的购买力损失。图11-2显示了1973～2016年的国库券利率以及通货膨胀率。我们在第3章中讨论过实际利率有时会低于零。自1973年以来，通货膨胀率多次等于或超过了国库券的收益率。显然，国库券并不是可以任意使用的投资工具，而是适合短期剩余资金进行投资，因为它甚至跟不上通货膨胀。

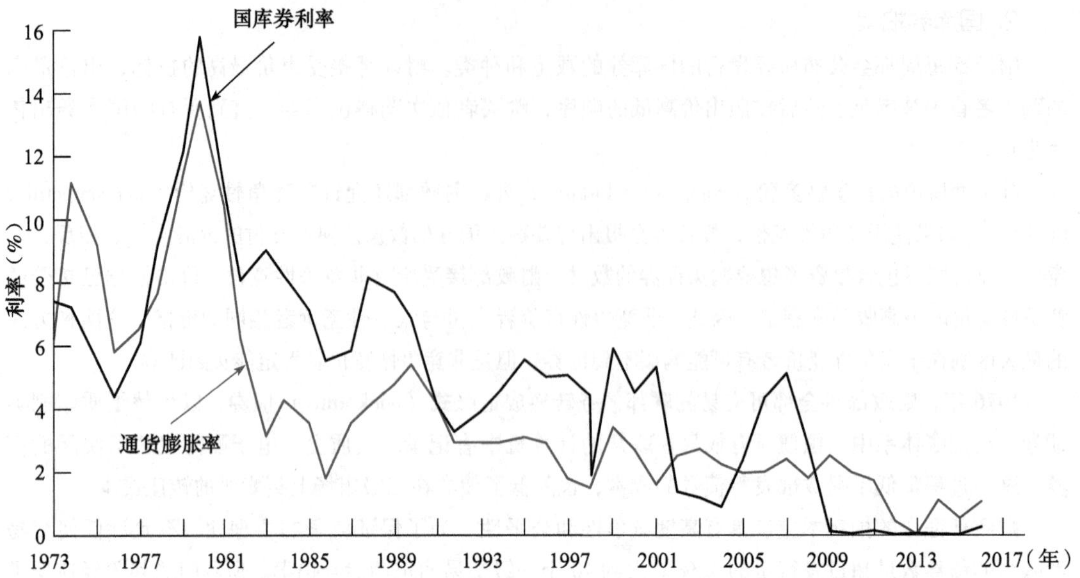

图 11-2　1973 年 1 月～2016 年 1 月国库券利率及通货膨胀率列表

资料来源：http://www.federalreserve.gov/releases and CPI: ftp://ftp.bls.gov/pub/special.requests/cpi/cpiai.txt。

11.4.2　联邦基金

联邦基金是金融机构间相互转让（借入与贷出）的短期资金，期限通常是一天。"联邦基金"（federal funds）这个词容易引起误解。联邦基金实际上与联邦政府没有关系。由于这些资金是由联邦储备银行持有的，所以才产生了"联邦基金"这个词。联邦基金市场始于 20 世纪 20 年代，当时有超额准备金的银行将资金借给需要准备金的银行。这些资金的借款利率接近于美联储的贴现利率。

1. 联邦基金的宗旨

美联储为所有银行设定了需要交纳的最低准备金。为了达到准备金要求，银行必须将其存款的一定比例存放在美联储。联邦基金的主要目的就是为准备金短缺的银行提供及时的资金。银行可以直接从美联储借款，但是美联储并不鼓励银行频繁向其借款。所以即使联邦基金的利率很低，银行也不会向美联储借款（银行也不会把过剩资金存在美联储）。联邦基金广受欢迎，一天内有数以亿计的资金易手。

2. 联邦基金的期限

联邦基金通常是隔夜投资。银行每天都会分析自己的准备金头寸，看准备金是有盈余还是处于短缺。假如一家银行发现自己有 5 000 万美元的准备金盈余，它可以给自己的对口银行（相互设立账户的银行）打电话询问它们当天是否需要准备金。准备金盈余的银行会将剩余的资金借给报价最高的银行。一旦达成协议，准备金盈余的银行会向联邦储备银行发出指令，从自己在美联储的账户中提取资金，继而存放到借款者的账户中。第二天，资金即会被转回来，然后又开始同样的过程。

大多数的联邦基金贷款是没有担保的。通常来说，整个协议都是由买卖双方直接沟通后确定的。

3. 联邦基金利率

资金供求的力量决定了联邦基金利率。分析家紧盯着这个竞争性的市场（联邦基金市场），以判断其对短期利率的影响。媒体发布的联邦基金利率被称为"有效利率"（effective rate），在美联储公告栏（Federal Reserve Bulletin）中被定义为全纽约经纪商交易利率的加权平均值。

美联储无法直接控制联邦基金利率，而是通过调整银行系统的准备金水平来间接影响联邦基金利率。美联储可以通过购入证券增加金融体系的货币数量，第10章论证了这一点。当投资者向美联储出售债券时，其收入被存在了美联储的银行账户上。这些存款增加了金融体系准备金的供给，从而降低了利率。相反，如果美联储出售债券减少准备金供给，联邦基金利率会上升。美联储常会提前宣布提高或降低联邦基金利率的意图。尽管联邦基金利率很少直接影响企业或消费者，但是分析家将其视为表现美联储希望经济走势的重要指标。图11-3对比了1990年1月~2016年4月的联邦基金利率和国库券利率。很明显，这两个利率的轨迹是一致的。

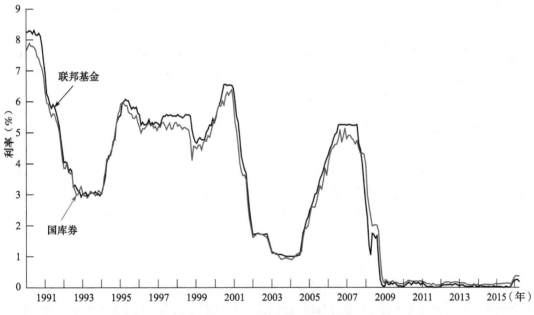

图11-3　1990年1月~2016年4月联邦基金利率和国库券利率

资料来源：http://www.federalreserve.gov/releases/h15/data.htm.

11.4.3　回购协议

回购协议与联邦基金的作用很像，不同之处在于非银行机构也能参与回购协议。在一个回购协议中，一家公司卖出国债，同时协定在将来的某个具体时间购回这些证券。大多数的回购协议期限很短，最常见的为3~14天，但也存在1~3个月期限的回购协议。

1. 回购协议的用途

政府债券的交易商经常参与回购协议的业务。交易商可能将证券出售给一家银行，同时承诺第二天购回证券。这使得回购协议实质上成为一种短期的抵押贷款。证券交易商使用回购协议来管理自身的流动性，并利用利率变动来获利。

美联储也使用回购协议来实施货币政策。我们在第 10 章中详细阐述了货币政策。回忆一下，货币政策的实施通常要求美联储暂时调整银行准备金。为了进行这种调整，美联储会在回购协议市场上买卖政府债券。联邦储备回购协议的期限不会超过 15 天。

2. 回购协议的利率

由于回购协议有政府债券作抵押，所以它们通常是低风险、低利率的投资，但是这样的市场中也偶尔有亏损的时候。例如，在 1985 年，ESM Government Securities 与 Bevill，Bresler & Schulman 宣布破产。这两家公司曾用相同的一些证券为不止一项贷款做抵押，使购买该回购协议的政府遭受了超过 5 亿美元的损失，同时这一损失也造成了俄亥俄州政府担保的储蓄保险系统的倒闭。

2007～2008 年的金融危机影响了回购市场，证券化抵押品的价值受到审查。借款人发行短期债务的能力被迅速削弱，一度导致了市场崩溃。

11.4.4 可转让大额定期存单

可转让大额定期存单是银行发行的一种证券，上面标明存款、利率和到期日。由于有确定的到期日，可转让大额定期存单是一种定期证券而非活期存款：**定期证券**（term security）有指定的到期日，而**活期存款**（demand deposit）可以随时被提取。可转让大额定期存单也被称为**无记名工具**（bearer instrument），这意味着任何持有该证券的人在到期日都可以获得本金和利息。可转让大额定期存单可以在到期日前任意买卖。

1. 可转让大额定期存单的期限

可转让大额定期存单的面额在 10 万美元和 1 000 万美元之间，很少有面额低于 100 万美元的可转让大额定期存单。这种可转让大额定期存单面额如此之大的原因在于，交易商规定的整批规模为 100 万美元。整批规模指的是在不超过正常的交易费用下所能交易的最小数量。

可转让大额定期存单的期限通常为 1～4 个月。也存在 6 个月期的可转让大额定期存单，但是很少有人需要期限更长的存单。

2. 可转让大额定期存单的历史

花旗银行 1961 年发行了第一张可转让大额定期存单，以应对大银行活期存款长期利率下降的趋势。公司的财务主管尽可能地降低现金余额，而将剩余资金投资于安全而又有收益的货币市场工具，如国库券。可转让大额定期存单的吸引力在于它可以支付市场利率。但也存在一个问题，银行为可转让大额定期存单支付的利率要受《Q 条例》的限制。只要大多数证券的利率都处于低水平，那么这一条例就不会影响其需求。但是一旦利率上升至超过《Q 条例》规定的水平，可转让大额定期存单市场就会蒸发了。为解决这一问题，银行开始在海外发行可转让大额定期存单，因为海外不受《Q 条例》的管制。1970 年，国会修改了《Q 条例》，免除对面额超过 10 万美元的存单的利率限制。到 1972 年，可转让大额定期存单大概占所有银行存款的 40%。可转让大额定期存单目前是第二受欢迎的货币市场工具，仅次于国库券。

3. 可转让大额定期存单的利率

可转让大额定期存单的利率是银行和客户协商的结果。可转让大额定期存单的利率与其他货币市场工具的利率类似，因为它的风险相对较低。大型货币中心银行可以发行比其他银行利率更低的可转让大额定期存单，因为市场中的投资者认为政府是不会让国内最大的银行倒闭的。这也使得这些银行的债券风险更低。

11.4.5 商业票据

商业票据证券（commercial paper securities）是公司发行的无担保的商业期票，期限不超过270天。由于这些证券是无担保的，所以只有最大及信誉最高的公司才发行商业票据。公司承担的利率反映了该公司的风险水平。

1. 期限和发行

商业票据的初始期限通常低于270天，这是为了避免在美国证券交易委员会进行证券发行登记。大部分的商业票据期限为20~45天。同国库券一样，大部分商业票据贴现发行。

约60%的商业票据直接由发行商出售给购买方，其余部分由商业票据市场中的交易商出售。商业票据不存在成熟的二级市场。如果买方迫切需要获得现金的话，交易商会赎回商业票据，尽管通常没有必要这样做。

2. 商业票据的历史

自20世纪20年代以来，商业票据以各种形式被广为使用。1969年，银根紧缩的环境使得银行控股公司发行商业票据来为新增贷款筹资。相应地，为控制货币供给，美联储1970年对银行发行的商业票据规定了准备金制度。这些准备金要求使得商业票据丧失了其主要优势。银行控股公司仍然利用商业票据来为租赁及消费者贷款融资。

由于银行贷款成本的上升，商业票据的使用在20世纪80年代得到迅速扩张。图11-4描绘了1990年1月~2016年4月的商业票据利率及银行基准利率。由于其成本较低，商业票据成为银行贷款重要的替代品。

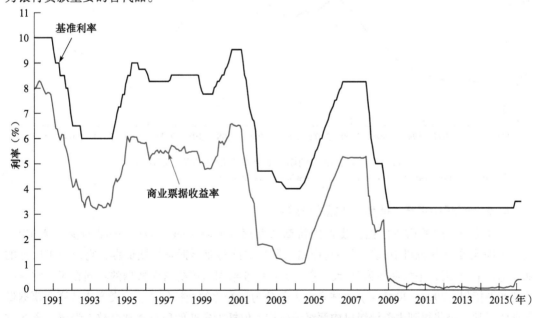

图11-4　1990年1月~2016年4月商业票据收益率及基准利率

资料来源：http://www.federalreserve.gov/releases/h15/data/Monthly/H15_PRIME_NA.txt。

3. 商业票据市场

非银行机构广泛利用商业票据为发放给客户的贷款融资。例如，通用汽车承兑公司通过发行商业票据借入资金，继而将该资金向消费者发放贷款。类似地，通用电气资本公司和克莱斯勒信贷公司也利用商业票据为消费者贷款融资。发行商业票据的公司总数随利率水平的不同有所变化，在 600~800 家。这些公司大部分通过 30 家商业票据交易商来撮合买方和卖方。巨大的纽约市货币中心银行在该市场中非常活跃。有些商业票据的发行者选择通过**直接募集**（direct placement）的方式出售证券。在直接募集中，发行者绕过交易商直接将商业票据出售给最终投资者。这一方法的优点在于发行者节省了付给交易商的 0.125% 的佣金。

大部分商业票据的发行方还用银行信用额度支持自己的票据。这意味着一旦发行者在票据到期时无法清偿，银行会贷款给该公司。信用额度降低了票据购买者的风险，因此也降低了票据的利率水平。提供信用额度支持的银行事先同意在发行方需要清偿未到期票据时向其提供贷款，银行对此贷款承诺收取 0.5%~1% 的费用。发行者支付这笔费用是因为借此节省了更多的利息成本。

最初只有商业银行是商业票据的购买者。如今这一市场已经极大地扩张了，包括大型保险公司、非金融企业、银行信托部门以及政府的养老基金。商业票据所具有的违约风险低、短期性以及高收益等特点吸引了这些公司。2016 年，已发行的未到期商业票据约 1 万亿美元（见图 11-5）。

图 11-5 已发行的未到期商业票据总量（1990~2016 年）

资料来源：http://www.federalreserve.gov/releases/cp/yrend.htm.

4. 金融危机中资产支持商业票据的作用

一种特殊形式的商业票据为**资产支持商业票据**（asset-backed commercial paper, ABCP），它在 2008 年的次贷危机中起到了一定作用。资产支持商业票据是短期证券，它们一半以上的期限都在 1~4 天，平均期限为 30 天。资产支持商业票据与传统商业票据的不同在于，它有一些资产做担保。2004~2007 年，这些资产大部分为证券化的抵押贷款。为资产支持商业票据做保证的通常是一些得到主要评级机构评级的机构，但抵押资产的质量常常会被人误解。资产支持商业票据市场的规模在 2004~2007 年几乎扩张了两倍，达到了 1 万亿美元，当时证券化抵押市场膨胀了。

2007～2008年用来为资产支持商业票据做担保的次级抵押贷款的质量被曝光，资产支持商业票据挤兑开始了。不像商业银行存款，不存在支持这些投资工具的存款保险。投资者试图将它们卖出，然而市场已经饱和。问题蔓延至货币市场共同基金，资产支持商业票据的发行者行使了其在低利率条件下延期的权利。从货币市场共同基金提取资金使得货币市场共同基金面临跌破净值的威胁，因为持有基金中的1美元只能赎回少于1美元的价值，比如说90美分。2008年9月，为了防止货币市场共同基金市场的崩溃，以及其持有的资产支持商业票据（ABCP）的有序清偿，政府不得不设立了一个担保计划。○

11.4.6 银行承兑汇票

银行承兑汇票是在给定日期支付持票人指定金额的支付指令。银行承兑汇票从12世纪就开始使用了，但是直到20世纪60年代国际贸易额飞速增长的时候，它们才成为货币市场上的主要证券。银行承兑汇票被用来为商品融资，这些商品尚未由卖方交付给买方。例如，假设比特维尔建筑公司想要从日本的小松公司购买推土机，而小松公司不想在收到货款之前就发货，因为小松公司从未听说过比特维尔建筑公司，并且觉得如果款项未到的话将来会很难收回。同样，比特维尔建筑公司也不愿意在收到这一设备之前就支付货款。银行通过发行银行承兑汇票来打破这个僵局，实质上银行为购买者提供了信用保证。

由于银行承兑汇票是向持有者支付款项，所以可以在到期前进行买卖。如同商业票据和国库券，银行承兑汇票贴现出售。这一市场的交易者将想要把银行承兑汇票进行贴现的公司和欲投资于银行承兑汇票的公司撮合到一起。银行承兑汇票的利率很低，因为其违约风险很低。

11.4.7 欧洲美元

由于美元的稳定性，世界上很多合同都要求用美元支付。出于以上原因，很多企业和政府多选择持有美元。在第二次世界大战前，这些存款大多数被存放在纽约货币中心银行。但是由于接下来的冷战，人们担心存放在美国的存款会被没收，一些大型伦敦银行抓住了这个机会，通过在英国银行向人们提供以美元计价的存款。这些存款就被称为欧洲美元（见专栏11-3）。欧洲美元市场获得了持续快速的发展，主要原因在于储户能够获得比在国内市场更高的存款利率。同时，借款者也能获得更优惠的贷款利率。这是因为跨国银行不受限于约束美国银行的法规，另外这些跨国银行也愿意并且能够接受较小的存贷款利差。

专栏 11-3　全球视角

欧洲美元市场的诞生

在20世纪50年代早期冷战最紧张的时期，苏联在美国的银行积攒了大量的美元存款。由于苏

○ 有关ABCP的更多介绍及它在次贷危机中的作用请参见："The Evolution of a Financial Crisis: Panic in the Asset-Backed Commercial Paper Market," by Daniel Covitz, Nellie Liang, and Gustavo Suarez, working paper from the Federal Reserve Board。

联人担心美国政府会将这些资产冻结在美国，他们就希望将这些存款转移到欧洲以免遭没收的厄运（这种担心也并非毫无道理，美国在 1979 年冻结了伊朗资产，1990 年冻结了伊拉克的资产）。但是，他们还希望持有这些美元存款以方便其国际贸易。解决方法是将存款转移到欧洲银行，但仍以美元计价。苏联按这种方法做了，于是欧洲美元就诞生了。

1. 伦敦银行同业拆借市场

伦敦一些大银行在欧洲美元的银行同业拆借市场上充当经纪商。回顾一下，银行利用联邦基金来弥补准备金短缺。欧洲美元是联邦基金的一个替代品。世界各地的银行都在这个市场上买卖隔夜资金。银行买入资金的利率被称为**伦敦银行间同业借款利率**（London interbank bid rate，LIBID），该市场中卖出资金的利率被称为**伦敦银行间同业拆放利率**（London interbank offer rate，LIBOR，即贷款利率）。由于有很多银行的参与，所以这个市场极富竞争性。借贷款利差很少超过 0.125%。欧洲美元存款是定期存款，这意味着它们在指定日期前不能被提取。尽管最常见的期限为隔夜，但也存在其他期限的欧洲美元存款。不同期限有不同的利率。

隔夜的伦敦银行间同业拆放利率和联邦基金利率趋向于彼此接近，这是因为它们近乎是完全的替代品。假如联邦基金利率超过了隔夜的伦敦银行间同业拆放利率，需要借款的银行就会借入隔夜的欧洲美元，从而欧洲美元的利率趋向于升高，而要贷出资金的银行则会向联邦基金提供资金，从而压低联邦基金利率。这种需求和供给的压力会引起利率的迅速调整，使得两种利率趋向一致。

以前，大部分短期贷款利率调整都是与国库券利率挂钩。但是由于欧洲美元市场的广度和深度，其利率与其他市场相比已经成为标准利率。例如，美国商业票据市场目前就基于伦敦银行间同业拆放利率而不是国库券利率进行报价。

欧洲美元市场并非仅限于伦敦的银行。这一市场中的主要经纪商在全世界主要的金融中心都有办事机构。

2. 欧洲美元存单

由于欧洲美元是期限固定的定期存款，所以它具有一定程度的非流动性。通常，金融市场会通过创造新的证券来克服这个问题。这些新型证券就是可转让大额定期存单。由于大部分欧洲美元存款期限较短，欧洲美元可转让大额定期存单的市场相对比较受限，占欧洲美元存款的百分比还不到 10%。可转让大额定期存单市场仍然很狭小。

3. 其他欧洲货币

欧洲美元市场是目前世界上最大的短期证券市场，这是由于美元在国际贸易中被广泛接受和欢迎。但是，这一市场并不只限于美元。在伦敦或纽约的银行中也可以有以日元计价的账户，这一账户就称为欧洲日元账户。类似地，大家也可以持有存放在世界各地银行的欧洲马克或者欧洲比索账户。要记住，如果市场参与者对某种特殊证券有需求并且愿意为此支付，金融市场就会随时准备创造出这种证券。

11.5 货币市场证券的比较

尽管货币市场证券有很多共同特征，如流动性强、安全性好以及期限短，但是它们在一些方面还是有各自的不同点。

11.5.1 利率

图 11-6 比较了我们讨论过的众多货币市场工具的利率，其最明显的特征是所有的货币市场工具利率随时间变动幅度不大。这是因为这些工具都风险低及期限短，它们都有发展完善的市场从而实现的是竞争性定价。另外，由于很多工具具有同样的风险以及期限特征，它们是近似的替代物。因此，如果其中一个利率暂时偏离了其他利率，市场供给和需求的力量会很快把它们调整过来。同样值得注意的是，这些利率对 2007~2008 年金融危机后的全球经济大衰退的反应极其迅速。多年后，货币市场证券利率仍处于历史低点。

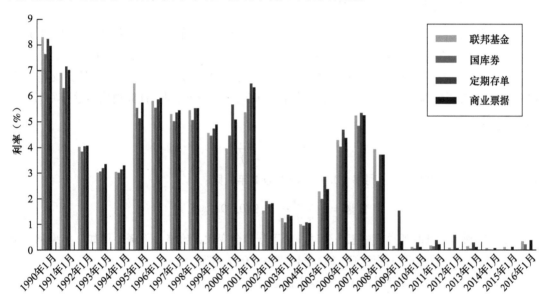

图 11-6　货币市场证券利率（1990~2016 年）

资料来源：http://www.federalreserve.gov/releases/h15/data.htm.

11.5.2 流动性

正如我们在第 4 章中论述的，证券的流动性（liquidity）指的是该证券变现的速度、容易程度及成本。通常来说，某个证券二级市场的深度决定了其流动性。例如，国库券的二级市场发展非常完善，因此国债可以在低成本下迅速变现。相反，商业票据则没有发展良好的二级市场。商业票据的大多数持有者只能将票据持有至到期日。如果商业票据的投资者需要出售证券获取现金的话，经纪人可能要收取较高费用。

相对于长期证券（如股票或债券）来说，在有些方面货币市场证券二级市场的深度则没那么关键，这是因为货币市场证券本来就是短期的。然而，许多投资者会寻找中介提供前所未有的流动性，这是货币市场共同基金的一个功能（第 20 章会对此进行讨论）。

表 11-4 总结了货币市场证券的类型以及各证券二级市场的深度。

表 11-4 货币市场证券及相应市场

货币市场工具	发行者	购买者	通常期限	二级市场
国库券	美国政府	消费者及公司	4 周、13 周、26 周、52 周	优
联邦基金	银行	银行	1～7 天	无
回购协议	企业及银行	企业及银行	1～15 天	良
可转让大额定期存单	大货币中心银行	企业	14～120 天	良
商业票据	财务公司及企业	企业	1～270 天	差
银行承兑汇票	银行	企业	30～180 天	良
欧洲美元存款	非美国银行	企业、政府及银行	1 天～1 年	差

11.5.3 货币市场证券的定价

假设你在美林工作，而这周为国债竞标是你的工作。那么你如何知道要申报的价格？第一步是确定要求的收益率。基于第 3 章和第 4 章对利率的阐述，我们假设你要求 2% 的收益率。为了简化计算，我们还假设所竞标的都是 1 年期证券。我们知道国债在到期日会支付本金 1 000 美元，为了计算今天支付的价格，我们将 1 000 美元进行贴现。计算现值的过程见第 3 章例 3-1。公式为：

$$PV = \frac{FV}{(1+i)^n}$$

在本例中，$FV = 1\,000$ 美元，利率 $= 0.02$，期限为 1 年，则：

$$价格 = \frac{1\,000}{1 + 0.02} = 980.39(美元)$$

注意当利率上升时证券价格怎么变动。由于分母会变大，价格会下降。例如，如果利率上升至 3%，证券的价值会下降至 970.87（$= 1\,000 \div 1.03$）美元。

大多数货币市场证券都采用这一贴现方法进行定价。

本章小结

货币市场证券是初始到期期限不超过一年的短期工具，包括国库券、商业票据、联邦基金、回购协议、可转让大额定期存单、银行承兑汇票及欧洲美元。

货币市场工具用来"贮藏"资金以备不时之需。这些工具的收益较低，因为它们风险低且流动性好。

许多货币市场参与者同时购买和出售货币市场工具。美国财政部、商业银行、企业以及个人都可以从低风险的短期投资中获益。

所有的货币市场证券利率随时间趋向于彼此接近。国库券的收益是最低的，因为它们几乎没有违约风险。银行承兑汇票以及可转让大额定期存单的收益次低，因为它们有大型货币中心银行的信誉做保证。

简答题

1. 货币市场有哪些特征？
2. 请描述至少两种货币市场对其参与者带来的好处。
3. 为什么银行未能消除对货币市场的需求？

4. 解释为什么信息不对称并没有阻止货币市场参与者买卖货币市场工具？
5. 是什么激励监管者对银行存款账户征收利息上限？这项措施最终会对货币市场产生什么影响？
6. 为什么美国财政部尽一切努力保持国库券的竞争性？
7. 为什么企业要利用货币市场？
8. 美林向自己的客户提供货币市场共同基金的最初目的是什么？
9. 为什么财产和意外保险公司对货币市场的投资要多于人寿保险公司？
10. 可转让大额定期存单的利率通常很接近国库券利率，但是在 2008 年 3 月到 2009 年年中，两者之间的差距大幅度增加。你认为为什么会出现这种情况？
11. 区别财政部证券的竞争性竞价及非竞争性竞价。
12. 联邦基金是由谁发行的？这些基金的目的是什么？
13. 联邦基金利率是由联邦储备直接设定的吗？联邦储备如何对利率施加影响？
14. 如果美国政府违约偿付（例如在到期日无法偿付国库券），这会对国库券的利率产生什么影响？这会对其他货币市场工具的利率产生什么影响？
15. 为什么银行承兑汇票在国际支付中如此流行？

计算题

1. 如果你用贴现率而不是投资率来衡量你以 4 999.55 美元购买的 5 000 美元 91 天到期的美国国库券的投资回报，那么你的收益会被低估多少？
2. 如果你以 9 940 美元的价格购买了 91 天后到期的国库券，到期日价值为 10 000 美元，那么年贴现率和年投资率是多少？
3. 如果想获得 3.5% 的年贴现率，那么对于 91 天且到期日价值为 5 000 美元的债券来说，你能支付的最高价格是多少？
4. 如果想获得至少 0.25% 的年投资率，那么对于 182 天到期且到期日价值为 1 000 美元的国库券而言，你能接受的最低贴现率是多少？
5. 假设 182 天的商业票据价格为 7 840 美元，年投资率为 4.093%，那么商业票据到期日的价值为多少？
6. 如果你已经接受 10 000 美元 91 天后到期的国债的最低贴现率 0.35% 的出价，计算你的年投资率。
7. 面值为 8 000 美元的商业票据的价格为 7 930 美元，若年贴现率为 4%，票据什么时候到期？若年投资率为 4%，票据什么时候到期？
8. CMF 公司发行的面值为 5 000 美元的商业票据的价格为 4 995 美元，期限为 182 天。同一期限的国库券的投资率为 0.1%，你能说 CMF 公司发行的商业票据没有违约风险吗？
9. 假设一种特殊货币市场工具的年贴现率为 3.75%，面值为 200 000 美元，51 天后到期。它的价格是多少？如果是 71 天后到期，价格又是多少？
10. 期限为 91 天的商业票据年收益率为 3%，期限为 182 天的则为 3.5%。那么 91 天后预期期限为 91 天的商业票据利率是多少？
11. 财政部平价发行价值 21 亿美元期限为 91 天的国库券，下表为提交的订单：

竞标者	竞标额（百万美元）	价格（每100美元）
1	500.0	99.40
2	750.0	99.01
3	1.5	99.25
4	1.0	99.36
5	600.0	99.39

若财政部仅接受了以上竞争性竞标，那么谁会获得国库券？获得多少？获得的价格又是多少？

12. 如果财政部还接受了7.5亿美元的非竞争性竞标,那么谁会获得国库券?获得多少?获得的价格又是多少?(参考上题表格。)

网络练习

货币市场

1. 在美联储的网站 http://www.federalreserve.gov/releases 上有最新的利率资料。找出以下证券的最新利率:
   (1) 基准利率
   (2) 联邦基金利率
   (3) 商业票据利率
   (4) 定期存单利率
   (5) 贴现率
   (6) 1个月期欧洲美元存款利率

   比较(1)~(3)三项利率和表 11-1 中列出的利率。短期利率是下降了还是上升了?

2. 财政部定期进行国债拍卖。访问以下网站并找出拍卖的时间表: http://www.treasurydirect.gov/instit/instit.htm?upcoming。下一次拍卖4周国债是在什么时候?13周和26周的呢?这些证券拍卖的频率是怎样的?

第 12 章

债券市场

预 览

第 11 章讨论了在货币市场中进行交易的短期有价证券,本章将讨论在资本市场中进行交易的几种主要的有价证券。资本市场中有价证券的原始到期期限在一年以上,这些有价证券包括债券、股票以及抵押贷款。我们将从其对投资者、企业以及整体经济的重要性,来学习资本市场中有价证券的主要类型。本章首先简单介绍资本市场是如何运作的,然后对债券进行介绍。第 13 章将介绍股票以及股票市场,在第 14 章中,我们将讨论抵押贷款,并以此作为对资本市场相关内容的总结。

12.1 资本市场的目标

在资本市场上,公司发行有价证券和投资者购买有价证券的动机与在货币市场上进行操作有很大的不同。公司与个人主要利用货币市场来存储短期资金,等到出现更紧急的需求或能更有效地加以利用时再将这笔资金取出。相反,公司与个人利用资本市场进行长期投资。

假设经过仔细的财务分析之后,你的公司认为需要建立一家新厂以满足其产品不断增长的需求。在这份财务分析中会用到利率,因为利率反映了公司**当前**使用资金的长期成本。现在假设你的公司选择通过发行商业票据这种货币市场有价证券来融资建厂。只要利率保持不变,一切都不会有问题。当这些短期有价证券到期时,它们可以以相同利率再次发行。然而,如果利率提高,正如 1980 年那样,当短期有价证券到期时,公司可能会发现其没有现金流或收入来建厂,从而只能以更高的利率来再次发行有价证券。如果选择利用诸如债券或股票这样的长期有价证券,利率提高带来的影响不会那么明显。个人和企业选择发行长期有价证券的主要原因是,在偿还债务之前,能够降低因利率提高而产生的风险。然而,这种风险的降低也需要付出成本。正如你在第 5 章中学习的,由于风险溢价的存在,大部分长期利率都高于短期利率。尽管在资本市场上融资需要支付更高的利率,但资本市场仍然非常活跃。

12.2 资本市场的参与者

资本市场有价证券的主要发行人通常是联邦政府、当地政府以及公司。联邦政府通过发行中长期国债来为国债融资。州政府和市政府也通过发行长期票据和债券为资本项目融资，如学校和监狱的建设。政府从来不发行股票，因为它们不能出售所有者权益。

公司既发行债券，也发行股票。公司所面临的最艰难的决策之一是，应该通过发行债券还是发行股票来为公司的增长融资。公司资金中债务和权益的分配就是其资本结构。公司之所以会进入资本市场，是因为它们没有足够的资金来抓住每一个投资机会。此外，公司还可以选择为了储备资金以备不测之需而进入资本市场。在任何一种情况下，资本市场有效运作的能力对商业领域的持续健康发展都至关重要。这一点可以在2008～2009年的金融危机中得到证明。随着债券市场和股票市场衰竭的临近，为公司扩张而融资也随之枯竭。这一现象导致了业务活动减少、失业率升高以及经济增长缓慢。只有在市场重新恢复信心之后，经济才能开始复苏。

资本市场证券的最大买家是家庭。个人和家庭将资金存入金融机构，金融机构用这些资金购买债券或股票等资本市场工具。

12.3　资本市场的交易

资本市场的交易发生在一级市场或二级市场上。一级市场是股票与债券首次发行的市场。投资基金、公司以及个人投资者可以购买在一级市场上发行的全部有价证券。你可以将一级市场交易视为有价证券的发行人实际得到销售收入的交易。公司第一次出售有价证券时，这次发行被称为**首次公开募股**（initial public offering，IPO）。公司后来将新股票和新债券出售给公众只是简单的一级市场交易（相对于第一次发行）。

资本市场拥有非常成熟的二级市场。二级市场是先前发行的有价证券进行交易的场所，由于大部分投资者计划在长期债券到期前将其卖出，因此它非常重要。二级市场的资本证券有两种交易方式：交易所交易（organized exchanges）和场外交易（over-the-counter exchanges）。大部分货币市场的交易通过电话进行，然而，大部分资本市场交易按规模大小在交易所进行。一个有组织的交易所拥有交易证券（包括股票、债券、期权以及期货）的办公楼。交易规则制约着交易以确保交易的有效性和合法性，交易所董事会不断检验这些规则以确保交易的竞争性。

12.4　债券的类型

债券（bonds）是一种代表发行人对投资者负有债务的有价证券。债券要求其发行人在指定日期支付一笔规定数额的款项，以及定期支付利息。债券的票面价值或到期价值，是指债券到期时，发行人必须支付的款项。**票面利率**（coupon rate）是指发行人必须支付利息的利率，这种定期支付利息的支付方式被称为息票支付。这种利率在债券的久期内通常是固定利率，并且不随着市场利率而波动。如果债券的支付条款没有得到满足，那么债券的持有人对发行人的资产拥有索取权。如图12-1所示，债券的面值在右上角，8.625%的利率以及到期期限在债券的票面上多次出现。

在资本市场上进行交易的长期债券包括长期政府债券、市政债券以及公司债券。

图 12-1　Hamilton/BP 公司债券

12.5　中长期国债

美国财政部发行中期国债和长期国债为国家债务融资。中期国债与长期国债的区别在于：中期国债的原始到期期限为 1~10 年，而长期国债的原始到期期限为 10~30 年（回想我们在第 11 章中学习的，短期国库券的期限在 1 年以内）。美国财政部目前发行到期期限为 2 年、3 年、5 年、7 年以及 10 年的中期国债，2006 年 2 月开始重新发行了到期期限为 30 年的国债。表 12-1 总结了各种国债的不同到期期限。长期国债、中期国债以及短期国库券都按照每 100 美元面值的百分比报价。

表 12-1　国债

类　型	到期期限
短期国库券	1 年以内
中期国债	1~10 年
长期国债	10~30 年

联邦政府中长期国债没有违约风险，这是因为政府能够在需要的时候通过印钞票来偿还债务。这并不意味着这些有价证券是无风险的，我们将在本章后面的学习中讨论债券的利率风险。

12.5.1　国债利率

国债的利率很低，因为它们没有违约风险。⊖尽管国债投资者已经发现，20 世纪 70 年代和 80 年代初，国债的收益低于通货膨胀率（见图 12-2），自那以后，由于利率风险的存在，中长期国债的利率既高于通货膨胀率，也高于货币市场有价证券的利率。

图 12-3 描绘了 20 年期国债的收益率与 90 天国库券的收益率。在本图中有两点值得注意。

⊖　我们在第 11 章中指出，除了 1996 年、2011 年和 2013 年的预算导致违约之外，美国短期国库券被认为几乎无违约风险。美国长期国债的违约概率也很低。

第一，在大多数年份里，短期国库券的收益率低于20年期国债的收益率；第二，短期利率不如长期利率稳定。短期利率更容易受预期通货膨胀率的影响。长期证券的投资者预期过高或过低的通货膨胀率都能回归到一个正常水平上，因此，长期利率不会像短期利率那样经常波动。

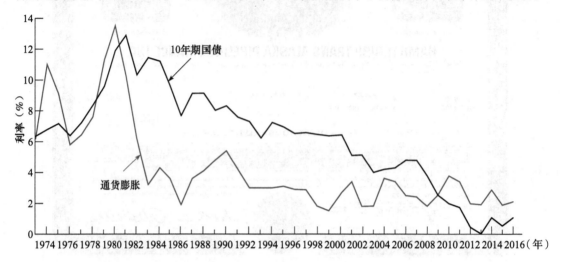

图 12-2　中长期国债利率与通货膨胀率（1973～2016年，每年1月）

资料来源：http://www.federalreserve.gov/releases and https://www.treasury.gov/resource-center/data-chart-center/interest-rates/Pages/TextView.aspx?data=reallongtermrate.

图 12-3　短期国库券与长期国债的利率（1974～2016年，每年1月）

资料来源：http://www.federalreserve.gov/releases/h15/data.htm.

12.5.2　通胀保值国债

1997年，美国财政部开始提供一种创新债券，旨在消除所持有国债的通货膨胀风险。通胀指数国债的利率在债券的持有期内不会改变。然而，计算利息的本金却随着消费者的物价指数发生改变。通胀指数国债到期时，通常以根据通货膨胀率调整后的本金与发行时的面值中较高的那个价格赎回。

通胀指数国债（也被称为通胀保值国债）的优点在于，它为个人和机构投资者提供了一个购买不会因为通货膨胀而贬值的证券的机会。那些希望持有较低风险的投资组合的退休人士可以购买这类证券。这些债券由美国财政部发行，期限分别为5年、10年和30年。

12.5.3 零息债券

除了长期、中期和短期国债之外，1985年美国财政部开始向存款机构发行记账式债券，其本金和利息分离，称为**本息分离证券**（Separate Trading of Registered Interest and Principal Security，STRIPS）。回想我们在第11章中学习的，记账式销售意味着没有可见的票据，而是通过电子系统发行有价证券。这推动了新型证券的出现。本息分离证券将定期的利息支付与最终的本金返还分离开来。当固定本金国债或通胀保值国债的本息被"分离"时，每一次的利息支付和本金返还都成为一份单独的零息证券。每一部分都拥有自己的识别编码，并可以单独持有或单独交易。例如，5年期的中期国债到期时于到期日进行一次性本金支付，利息则分10次进行支付，6个月付一次，持续5年。当该中期国债被本息分离时，这10次的利息支付与最终的本金返还都成为一份独立的证券。从而，一份中期国债变成了11份可以单独交易的证券。本息分离证券也被称为**零息证券**（zero-coupon security），这是因为投资者在本息分离证券期限内收到支付的唯一时间，就是其到期期限。

在政府引入这类证券前，私营部门已经间接地创造了这类证券。在20世纪80年代初，美林公司创建了国债投资增长基金（Treasury Investment Growth Fund，TIGR，发音同"tiger"）；这种基金购买国债，然后将其分离成为只偿还本金和只支付利息的证券。目前，已发行的本息分离证券有超过500亿美元尚未偿付。

12.5.4 机构债券

美国国会已经授权一些美国机构发行债券，这些机构也被称为政府担保企业（government sponsored enterprises，GSE）。政府并未明确地担保这些机构的债券，虽然大部分投资者认为政府不允许这些机构违约。机构债券的发行人包括学生贷款市场协会、农民住宅管理局、联邦住宅管理局、退伍军人管理局以及联邦土地银行。这些机构以国会认为的国家利益为出发点，发行债券来筹集资金。例如，学生贷款市场协会为帮助学生进入大学，向学生提供贷款。

机构债券的风险实际上很低。它们通常通过出售债券筹集的资金来为贷款提供担保。此外，联邦机构可以在债务遇到麻烦时，利用它们在财政部的信贷额度取得贷款。最终，联邦政府不可能允许它的机构存在债务违约问题。这点可以在2008年对房利美和房地美的救助中得到证明。在政府插手干预担保之前，面对次级抵押贷款的投资组合，这两家公司的债券面临着违约风险。专栏12-1将对此次救助展开讨论。

专栏12-1 案例

2007~2009年金融危机与房地美和房利美的补救措施

由于政府鼓励过度的冒险，从而使房利美和房地美成为该事件发生的导火索。许多经济学家精确地预测到了将要发生的事情：政府对两家公司的救助将伴随着美国纳税人巨大的潜在损失。

正如我们将在第18章中讨论的，当金融机构存在一个政府安全网络时，就需要政府进行适当的管理与监督，来确保这些机构不会从事风险过高的业务活动。由于1992年的立法，联邦住房企业监察办公室成为房利美和房地美的联邦管理者与监督人，但是这个管理者只有有限的能力来控制它们。这样的结果不足为奇：这些公司对有效的管理和监督拥有较强的抵抗动机，因为这可能影响到它们的利润。这正是它们的所作所为：在国会，房利美和房地美是传奇的游说机器，并且它们不会为此道歉。1999年，房利美的总裁富兰克林·雷恩斯说过："我们用与管理信用和利率风险同样的强度来管理我们的政治风险。"⊖1998~2008年，房利美和房地美总共在说客身上花费了超过1.7亿美元；2000~2008年，它们和它们的员工在政治运动中创造出超过1 400万美元的贡献。

游说努力得到了回报：克林顿政府和布什政府的联邦住房企业监察办公室对它们加强监管的尝试都化为泡影，在2003年和2004年它们做假账来消除收益的重大会计丑闻被揭露后，这一现状变得更加真实（正是在2008年7月，当秘密泄露，房利美和房地美都陷入严重的困境后，通过立法成立了一个更强的监管机构来取代联邦住房企业监察办公室，这就是联邦住房金融机构）。

利用较弱的管理和较强的动机来承担风险，房利美和房地美快速成长，到2008年，它们总共购买或担保了超过5万亿美元的抵押贷款或按揭证券。会计丑闻可能会让它们承担更大的风险。在1992年的立法中，房利美和房地美被赋予一个促进购房的使命。还有什么方式能比购买次级抵押贷款或按揭证券更好（在第8章中讨论过）？会计丑闻使得这一动机更强大，因为这些丑闻削弱了对房利美和房地美的政治支持，并给予它们更多购买这些资产来使国会满意并支持购房的激励。次贷危机爆发时，它们账面上拥有超过1万亿美元的次级贷款和次级资产。此外，相对于它们的资产而言，它们的资本充足率极低，事实上，它们的资本充足率远远低于商业银行等其他金融机构。

2008年许多次级抵押贷款出现违约之后，房利美和房地美也遭受了巨大的损失。它们的小资本缓冲意味着它们没有能力承担这些损失，因而投资者开始撤出资金。由于房利美和房地美在抵押贷款市场发挥着主导作用，如果它们破产，美国政府可能负担不起，因为这对抵押信贷的有效性有着灾难性的影响，从而会进一步对住房市场产生毁灭性影响。随着破产在即，财政部介入，承诺在必要时向需要钱的公司提供2 000亿美元的担保。这一担保并不是免费的。实际上，联邦政府接管了这些公司，让它们新设管理委员的职位，要求它们的总裁下台，让它们的管理者（联邦住房金融机构）负责公司的日常运营。此外，如果公司可以恢复经营，政府还可以得到大约10亿美元的高级优先股和80%的普通股购买权。救市之后，两家公司的普通股价格不到一年前价值的2%。

房利美和房地美的悲惨故事表明，政府设立暴露在利益冲突中的政府担保企业（GSE）是多么危险，因为它们要为两个主人服务：作为公开上市的公司，它们要为股东利益最大化服务，但是作为政府机构，它们被迫为公众利益服务。最终，无论是公众还是股东都没有得到满意的服务。随着房地产市场的复苏，房利美和房地美已经能够向政府投资的1 870亿美元支付股息。到2016年10月，这两家机构已经向财政部支付了2 500亿美元的股息。

⊖ 引自 Nile Stephen Campbell, "Fannie Mae Officials Try to Assuage Worried Investors," *Real Estate Finance Today*, May 10, 1999.

12.6 市政债券

市政债券是由当地政府、县政府以及州政府发行的有价证券。这些债券所筹集的资金被用来投资像学校、公用事业和运输系统这样的公共利益项目。为基础性公共项目筹资而发行的市政债券可以被免除联邦税。正如我们在第5章中看到的，由于投资者可以接受较低利率的免税债券，因此，这可以使市政府以较低的成本筹集资金。你可以试用下面的方程式来计算一个应税利率相当于多少免税利率：

$$免税利率 = 应税利率 \times (1 - 边际利率)$$

例 12-1 市政债券

假设某应税公司的债券利率是5%，边际利率是28%，而免税的市政债券利率则为3.75%。你将会选择哪一种债券？

解答：

免税公司债券的利率是3.6%。

$$免税利率 = 应税利率 \times (1 - 边际利率)$$

其中，应税利率=5%，边际利率=28%，因此：

$$免税公司债券利率 = 5\% \times (1 - 28\%) = 0.036 = 3.6\%$$

由于市政债券的利率（3.75%）高于免税公司债券利率（3.6%），因此，应该选择市政债券。

市政债券分为两种类型：一般责任债券和收入债券。**一般责任债券**（general obligation bond）没有为该证券提供担保的特定资产，也没有特定的收入来源偿还债务。相反，它们以发行人"充分的信任和信用"来做保证。这意味着发行人承诺要利用一切可利用的资源，按照承诺来清偿债务。大部分一般责任债券必须经过纳税人的同意才可以发行，因为政府的税务机构为债券的清偿提供了担保。

相反，**收入债券**（revenue bond）由特定收益项目的现金流做担保。例如，发行收入债券可以为修建桥梁筹集资金，而过桥费用则可以作为偿付担保。如果收入不够偿还债务，就有可能出现违约，从而投资者也会遭受损失。1983年发生了一场大规模的投资损失，华盛顿公共电力供应系统（Washington Public Power Supply System，又被称为"WHOOPS"）利用收入债券为两个核电站建设融资。由于电费不断下降同时营运成本超支巨大，该核电站一直没有投入运行，因而这些债券的购买者损失了22.5亿美元。这一事件仍保持着最大公共债务违约的记录。收入债券比一般责任债券的发行更为频繁（见图12-4）。需要注意的是，近几年的低利率促进了市政当局发行创纪录的债券数量。

市政债券市场上的风险

市政债券不是没有违约风险。例如，惠誉评级公司的一项研究报告显示，市政债券存在0.63%的违约率。当经济衰退时，违约率会较高，这说明政府也不能免于财政困境。与联邦政府不同，当地政府不能印刷钞票，并且对于征收的税率也有明确的限制，以避免当地居民迁移。

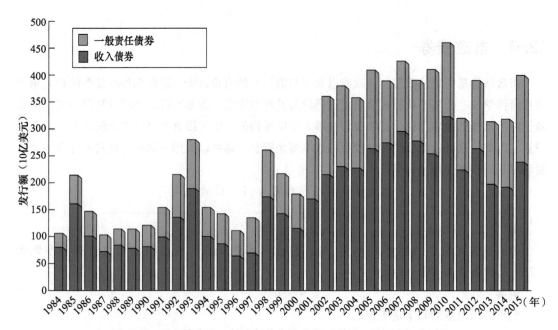

图 12-4 收入债券和一般责任债券的发行（1984～2015年，年底）
资料来源：http://www.federalreserve.gov/econresdata/releases/govsecure/current.htm.

12.7 公司债券

当大公司需要筹集长期资金时，它们就可能发行债券。大多数公司债券的面值是1 000美元，并且每半年付息一次（一年两次）。大多数公司债券也是可以随时赎回的，也就是说，发行人在指定日期后、债券到期前可以随时赎回债券。

债券契约（bond indenture）是一份说明贷款人权益和借款人义务的合同。任何向债券持有人提供的抵押担保都要写入该债券契约。

不同债券的风险程度也有很大的不同，这是因为违约风险取决于公司的状况，而公司的状况又受到许多变量的影响。正如我们在第5章中讨论的，公司债券的利率随着风险水平的变化而变化。图12-5表明，风险较低且评级较高（AAA是最高级）债券的利率低于风险较高（BBB）债券的利率。不同等级债券之间的利差随着时间的变化而变化。AAA级债券与BBB级债券的利差平均为1%。随着金融危机的爆发，投资者寻求安全的投资导致这一利差在2008年12月达到了3.38%。债券的利率也将取决于其自身的特点和特征，下面将对其做具体介绍。

12.7.1 公司债券的特点

曾经有一段时间，债券被出售时会附有息票，债券持有人将息票寄至公司就可以得到利息。这被称为无记名债券（bearer bonds），因为只要持有债券就可以获得利息支付。然而，美国国税局不喜欢这种支付方式，因为这使得利息收入难以追踪。如今，无记名债券已经在很大程度上被不附带息票的记名债券取代。与无记名债券不同，**记名债券**（registered bond）的持有者必须向公司登记才能获取利息。公司需要向美国国税局报告获得利息收入的人的名单。尽管附带息票的无记名债券正逐渐被淘汰已成为事实，但债券所支付的利息仍被称为"息票利息",支付的利息除以债券的面值就是息票率。

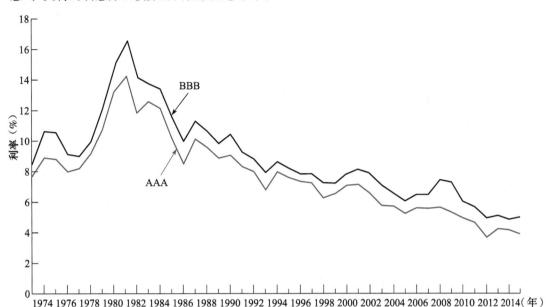

图 12-5 公司债券利率（1973~2015 年，年底）
资料来源：http://www.federalreserve.gov/releases/h15/data.htm。

1. 限制性条款

公司的董事会代表公司的股东来雇用、解聘财务经理，并向其支付报酬。这样的安排说明经理更注重维护股东的利益，而不是债权人的利益。大家应该认识到这是第 2 章道德风险问题的一个例子，我们在第 7 章中已经详细讨论过。经理可能不使用通过发行债券所筹集的资金，尽管债券持有人可能更喜欢这样。由于当公司陷入财务困境时，债券持有人不能向经理寻求保护，因此，债券发行的条款中必须包括针对经理而设计的规则和限制来保护债券持有人的利益。这些被称为**限制性条款**（restrictive covenants）。它们通常限制公司分红派息（保护支付给债券持有者的现金利息）以及公司发行新债券的能力。其他的财务政策，诸如公司的兼并，也可能受到限制。限制性条款被包括在债券契约之中。通常情况下，通过限制性条款对经理设置的限制越多，债券的利率就会越低，因为债券的投资者会认为该债券更安全。

2. 赎回条款

大部分公司的债券契约都包括**赎回条款**（call provision），该条款规定发行人有权要求债券持有人出售所持有的债券。赎回条款通常还要求债券在首次发行与可以被赎回之间，留有一定时间间隔。债券持有人得到偿付的价格通常为债券的票面价格或略高于票面价格（通常是加上一年的利息成本）。例如，面值为 1 000 美元、票面利率为 10% 的债券，其赎回价格可能是 1 100 美元。

如果利率下降，债券的价格会上升。如果利率下降得足够多，债券的价格将会高于赎回价格，这样公司就会赎回债券。由于赎回条款对债券持有人可以赚取的债券溢价有金额限制，因此投资者并不喜欢赎回条款。

债券发行人制定赎回条款的第二个原因是，这使他们可以根据偿债基金条款购回他们的债券。**偿债基金**（sinking fund）条款是债券契约中的一个规定，要求公司每年偿付所发行债券的一部分。这一规定对债券持有人有着很强的吸引力，因为它降低了债券到期时违约的可能性。由于偿债基金条款使得发行债券更具有吸引力，因此，公司可以降低债券的利率。

公司通常只发行可赎回债券的第三个原因是，如果公司认为债券契约限制了公司为股东利益最大化而从事的一些活动，也可能提前赎回债券。假设一家公司需要借入一笔额外的资金来扩大其仓库设施，如果公司债券契约对增加的债务进行限制，那么公司将会在发行新债券之前赎回现有债券，或者申请贷款来建造新的厂房。

最后，如果公司希望改变其资本结构，就可以选择提前赎回债券。拥有超额现金流的成熟企业如果没有吸引人的投资机会，也可以减少其负债负担，赎回债券。

由于债券持有人一般不喜欢赎回条款，与不可赎回债券相比，可赎回债券拥有更高的收益率。尽管成本较高，公司仍然喜欢发行可赎回债券，因为这可以为公司提供更多的灵活性。

3. 可转换性

有些债券可以转换成为普通股。这一特性允许债券持有人在股票价格上涨时，分享公司的财富。大多数可转换债券规定债券可以根据其持有人的喜好转换为一定数量的普通股。转换比率的设定要使股票价格必须在转换可能发生之前就大幅上涨。

发行可转换债券是公司避免向市场发送消极信号的一种方式。由于公司内部与投资者之间存在信息不对称，当一家公司选择增发股票时，市场通常会将这一行为解读为股票价格相对较高或未来将要下降。市场认同这一解释是因为它相信经理最关心现有股东的利益，不会在股票价格下跌时发行股票。如果经理认为公司的未来会不错，他们就会发行可转换债券。如果经理是正确的并且股票价格上涨了，债券持有人就可以在一个相对较高的价格将债券转换成股票，经理也会认为这很公平。此外，如果经理对公司未来的预测不正确，那么债券持有人有权不进行转换。

债券持有人喜欢可转换债券的这种特征。购买这样一份债券相当于既持有一份债券，又持有一份股票期权（对于股票期权，我们将在第 24 章中讨论）。可转换债券的价格反映该期权的价值，因而价格比不可转换债券高。公司所接受的债券价格越高，意味着利率越低。

12.7.2 公司债券的类型

公司债券通常根据抵押的类型以及公司破产时清偿债务的顺序来分类。

1. 担保债券

担保债券（mortgage bonds）是有抵押的债券。抵押债券通常用来为特定的项目筹集资金。例如，为建楼房而发行的债券，其抵押品就是这栋楼房。当公司不能按照承诺清偿债权的时候，抵押债券的持有者有权清算财产。由于这些债券有特定的财产作为抵押品，因而它们的风险要比无担保债券小。因此，它们的利率较低。

设备信托债券（equipment trust certificates）是由诸如重型设备或飞机等非房地产的有形资产做担保的债券。通常情况下，以这些抵押品做担保的债券比那些以不动产做担保的债券更容易被出售。同抵押债券一样，抵押品的出现减少了债券的风险，也降低了债券的利率。

2. 无担保债券

信用债券（debentures）是只以发行人综合信用度为基础的长期无担保债券，没有特定的抵押品作为担保来清偿债务。如果发生违约事件，债券持有人必须通过起诉才能得到资产。已向其他债务人担保的抵押品不得被用于信用债券持有人的债务清偿。信用债券通常有一个附加合同，来说明债券的条款以及管理部门的责任。信用债券所附带的合同被称为债券契约（indenture，注意不要混淆信用债券的条款和债券契约的条款）。当公司破产时，信用债券的优先权低于担保债券。因此，它的利率比担保债券高。

次级信用债券（subordinated debentures）与信用债券类似，只是优先权比信用债券低。这意味着，当发生违约时，次级信用债券的持有人只能在非次级信用债券的持有人清偿完后，才可以得到清偿。因此，次级信用债券的持有人面临着更大的损失风险。

可变利率债券（variable-rate bonds，可以是有担保的，也可以是无担保的）是20世纪八九十年代由于利率波动而产生的金融创新。这些有价证券的利率与其他市场利率（如国债利率）相关联，并定期进行调整。该类债券的利率会随市场利率的变化而变化。

3. 垃圾债券

回想第5章曾学过的内容，各公司根据违约风险的大小将债券分为不同等级。这些公司研究发行人的财务状况，并对发行人违约的可能性做出判断。AAA级的债券是最高级别的债券。穆迪的Baa级债券或标准普尔的BBB级及以上的债券都被认为是投资级的债券。这些级别以下的债券通常被认为是投机级债券（见表12-2）。投机级债券通常被称为**垃圾债券**（junk bond）。20世纪70年代末之前，投机级债券的发行很罕见，几乎所有新发行的债券都是投资级的债券。当公司出现财务困难时，它们债券的评级将下降。由于不存在一个发展良好的二级市场，这些降级债券的持有者发现这些债券很难被卖出。我们很容易理解为什么投资者对这些债券持怀疑态度，因为它们通常是没有担保的。

表12-2 债券评级

标准普尔	穆迪	定义
AAA	Aaa	最高质量和最高等级。支付利息和偿还本金的能力极强，投资风险最低
AA	Aa	高质量。支付利息和偿还本金的能力很强，略低于AAA级或Aaa级
A	A	支付利息和偿还本金的能力强。具有许多投资机会，被认为是中上级债务，对外界形势和经济情况的不利影响更敏感
BBB	Baa	中级债务。既没有高度保护也没有不良担保，有足够的能力支付利息和偿还本金，对支付利息和偿还本金可能缺乏长期的可靠性和安全因素
BB	Ba	支付利息和偿还本金的能力中等。具有投机性成分，未来不能得到良好的保证；不利的商业、经济以及财务状况可能导致其无法履行偿债职责
B	B	缺乏理想的投资特征。长期支付利息和偿还本金的确定性小，不利的条件可能削弱其偿债能力
CCC	Caa	较差的地位。违约的脆弱性明显，依赖有利的商业、经济以及金融环境，适时支付利息和偿还本金
CC	Ca	代表投机程度很高的债务。经常出现违约问题，并有其他明显不足
C	C	最低等级的债券。实现任何真正投资标准的前景极差，可能用于已经申请破产但还继续偿还债务的情况
CI		没有利息的收益债券
D		偿付违约
NR		没有要求公开评级
（+）或（-）		从AA到CCC的各级附加加号或减号，表示在主要评级中的相对位置

资料来源：*Federal Reserve Bulletin*.

1977 年，德崇证券的迈克尔·米尔肯认识到，如果能得到更多的收益，会有许多投资者愿意承担更大的风险。然而，米尔肯必须先解决两个阻碍低等级债券市场发展的问题。第一个是它们的流动性较差。投资级债券的承销商在发行债券后会继续进行做市交易，然而垃圾债券却没有这样的造市商。德崇证券愿意为垃圾债券做市，这可以确保存在一个二级市场，对那些很少将债券持有至到期的投资者来说这是一个重要的考虑因素。

垃圾债券市场的第二个问题是，发行公司确实存在拖欠债券支付的机会。相比之下，投资级债券的违约风险是微不足道的。为了减少损失的可能性，米尔肯为垃圾债券的发行者行使商业银行的职能。当需要防止公司违约时，他会对公司债务进行谈判或为公司提供更多资金。米尔肯的努力大大降低了债券的违约风险，使垃圾债券的需求猛增。

20 世纪 80 年代早期和中期，许多公司利用垃圾债券为收购其他公司融资。当一家公司为购买其他公司的股票而增大其债务水平（通过发行垃圾债券）时，财务杠杆的增加使得债券的风险提高。通常情况下，被收购公司的部分资产最终被卖掉，以清偿由发行垃圾债券而产生的债务。20 世纪 80 年代，有大约 1 800 家公司进入了垃圾债券市场。

米尔肯和德崇证券的努力得到了很好的回报。每次发行垃圾债券，米尔肯都会得到 2%～3% 的手续费，这使得德崇证券在 1987 年成为华尔街最赚钱的公司。米尔肯在 1983～1987 年的个人收入超过了 10 亿美元。

不幸的是，对垃圾债券持有人而言，米尔肯和德崇证券被指控进行内幕交易。由于德崇证券无法支持垃圾债券市场，导致 1989～1991 年有 250 家公司破产。而德崇证券因为其自身持有的垃圾债券亏损于 1990 年提出破产，米尔肯也因为其违法行为被判入狱 3 年。《财富》杂志曾报道，米尔肯的个人资产仍超过 4 亿美元。⊖

尽管垃圾债券市场已从 1990 年的低谷恢复，但是 2008 年的金融危机再次减少了对风险债券的需求。考虑到 2008 年投机级债券的违约率是投资级债券的 3 倍，这种市场行为是合理的。

12.8 债券的财务担保

财务状况欠佳的证券发行人常常购买财务担保以降低其债券的风险。**财务担保**（financial guarantee）保证了债权人（债券购买者）在发行人违约时也能够得到本金和利息。著名的大保险公司写明保单的实际情况，以支持债券的发行。拥有这样一份财务担保，债券的购买者就不必再担心债券发行人的财务健康状况了。相反，他们只对保险公司的实力感兴趣。从本质上讲，保险公司的信用等级代替了发行人的信用等级。风险的降低使得债券购买者对利率的要求也降低了。当然，发行人必须为其财务担保向保险公司支付一笔费用。只有保险费用低于因此节省的利息时，财务担保才有意义。

1995 年，J. P. 摩根以一种新的方式发行了被称为信用违约互换的债券。在**信用违约互换**（credit default swap，CDS）最简单的形式中，它为拖欠信用工具的本金以及利息支付提供保险。假设你决定购买通用电气的债券，并希望确保通用电气出现问题时自己能够不遭受任何损失。你可以通过多种渠道购买一份信用违约互换来保护你的财产。

⊖ 关于米尔肯的完整事迹报道，见 *Fortune*（September 30, 1996）: 80-105。

2000年，美国国会通过的《商品期货现代化法案》将诸如信用违约互换等衍生证券从监管中移除。此外，它还优先于各州对这些证券类型实施法律条例。这一法规是为了使投资者可以对那些他们没有持有且有违约可能的证券进行投机。设想一下，你可以为任何一位你认为不健康的人买人寿保险。保险法阻止这种类型的投机，它要求你必须在购买保险之前做好承受损失的心理准备。《商品期货现代化法案》将这一要求从衍生证券中删除了。因此，在本质上，投机者能够合法地就公司或证券未来是否会贬值打赌。

2000~2008年，主要的信用违约互换玩家包括美国国际集团、雷曼兄弟以及贝尔斯登。2008年，信用违约互换的数量增至顶峰，超过了62万亿美元。而当年，全世界的国民生产总值为50万亿美元左右。2008年，雷曼兄弟破产，贝尔斯登被 J. P. 摩根低价收购，而美国国际集团需要1 820亿美元的政府救助。这一话题将在第21章中详细讨论。

12.9 债券市场的监管

与在公开市场上出售、买价和卖价都可得且透明的股票不同，债券通常在柜台交易，交易细节很容易对公众隐藏。为了对这一市场进行监管，2002年美国证券交易委员会创建了贸易报告和合规引擎（TRACE）。TRACE 有两项重要的任务。

(1) 规定哪些债券交易必须公开报告。

(2) 建立一个交易平台，使交易数据随时可供公众使用。

TRACE 隶属于美国金融监管局。所有从事证券交易的公司都必须是金融监管局的成员。金融监管局以前是全美证券交易商协会（NASD），于2007年成立，目的是将 NASD 的监管和监督职能与纽约证券交易所的监管和监督职能合并。

导致罚款的最常见的违规行为涉及洗钱、证券分销、市场质量、报告和记录保存、销售实践和监管。表12-3显示了违规样本和罚金规定。

表12-3 债券市场违规行为及罚金规定

违规行为	罚金（美元）
过度交易	5 000~110 000
过度加价	5 000~146 000
监管不力	5 000~73 000
欺诈、虚假陈述	2 500~146 000
延迟报告	5 000~146 000
净资本不足	1 000~73 000
外部商业活动	2 500~73 000
违法行为记录	1 000~146 000
出售未注册证券	2 500~73 000
不合适的建议	2 500~110 000

12.10 当期收益率的计算

第3章介绍了利率，并描述了到期收益率的概念。如果你购买一份债券并持有至到期，你将获得到期收益。这是对所持债券收益的最准确测算。

当期收益率

当期收益率（current yield）是息票债券到期收益率的一个近似值，由于计算简便，因而经常被公布。当期收益率是债券的年息除以债券当前的市场价格所计算出的收益率：

$$i_c = \frac{C}{P} \tag{12-1}$$

式中，i_c 为当期收益率；P 为息票债券的价格；C 为年息票利息。

这一公式与第 3 章中永久债券到期收益率的计算公式即式（3-5）是一致的。因此，对于永久债券来说，当期收益率等于到期收益率。到期期限很长的息票债券（假设 20 年或 20 年以上），类似于无限期支付息票利息的永久债券。因此，你会认为长期债券的当期收益率与到期收益率非常接近，并可以放心地用当期收益率来替代到期收益率。然而，随着息票债券到期期限的缩短（假设变为不足 5 年），它与永久债券越来越不同，因而当期收益率与永久债券到期收益率的近似值差距也越来越大。

我们也看到，当债券的价格等于其票面价值时，到期收益率就等于票面利率（债券的息票利息除以其票面价值）。由于当期收益率等于息票利息除以债券价格，因此当债券价格等于其面值时，当期收益率也等于票面利率。根据这一推理我们可以得出结论：当债券价格等于其面值时，当期收益率等于到期收益率。这意味着债券价格越接近债券面值，当期收益率也会越接近到期收益率。

当期收益率与债券的价格呈负相关。就债券的票面利率为 10% 来说，当债券价格从 1 000 美元上涨至 1 100 美元时，当期收益率将从 10%（=100/1 000）跌至 9.09%（=100/1 100）。第 3 章中的表 3-1 表明，到期收益率与债券价格也呈负相关；当价格从 1 000 美元上涨至 1 100 美元时，到期收益率从 10% 跌至 8.48%。由此我们看到一个重要的事实：当期收益率与到期收益率总是同方向变动，当期收益率的提高总意味着到期收益率也同样提高。

例 12-2　当期收益率

面值为 1 000 美元的债券，票面利率为 10.95%，则该债券的当期收益率是多少？当前债券的市场价格是 921.01 美元。

解答

当期收益率为 11.89%。

$$i_c = \frac{C}{P}$$

式中，$C = 10.95\% \times 1\,000 = 109.50$，$P = 921.01$。因此：

$$i_c = \frac{109.50}{921.01} = 0.118\,9 = 11.89\%$$

债券当期收益率（债券的年息除以债券当前的市场价格）的一般特点可以概括如下：**债券价格越接近债券的票面价值，且债券的到期期限越长，其当期收益率就越接近到期收益率。债券价格越偏离其票面价值，且债券到期期限越短，其当期收益率也就越偏离到期收益率。**但无论当期收益率与到期收益率的近似程度如何，当期收益率的变动总是预示着到期收益率的同向变动。

12.11　息票债券的价值

在具体学习如何为债券定价前，让我们先来看看计算任意商业资产价格的一般原理。幸运的是，所有金融资产都可以用同样的方式定价。金融资产的当前价格等于未来所有现金流的现值。回想第 3 章中关于现值的讨论。如果已知未来现金流的现值，你可以将现值以贴现率进行投资，复制出未来现金流。例如，如果贴现率为 10%，1 年后 100 美元的债券现值为 90.90 美元。投资者今天持有 90.90 美元和 1 年后持有 100 美元是没有区别的。这是因为如果以 10% 的利率进行投资，今天的 90.90 美元在 1 年后也能够变成 100 美元，这表现出了价值的本质。当期价格必须是这样的，即卖方认为继续获得由资产提供的现金流还是获得卖出价是没有差别的。

我们可能会问这样一个问题：如果每个人都知道价值是如何建立的，为什么价格会波动呢？这是因为，不是每个人都认同未来现金流的趋势。让我们总结一下如何确定有价证券的价值：

（1）确定持有有价证券所产生的现金流。
（2）确定贴现率，这是投资者持有有价证券的补偿。
（3）利用第（2）步所确定的贴现率来确定第（1）步所估计的现金流的现值。

本章剩下的内容将集中讨论债券是如何定价的，第 13 章将讨论股票估值。一个共同的主题是价格（价值）总是以同样的方式被决定，它们是未来现金流的现值，这一概念适用于债券、股票、企业、建筑和其他任何投资。

半年债券的价格

债券通常都是每半年付息一次，支付金额等于票面利率乘以债券票面金额（或面值）。当债券到期时，持有人将获得一笔等于票面金额的一次性付款。大部分公司债券的票面金额都是 1 000 美元。表 12-4 总结了基本的债券术语。

表 12-4 债券术语

票面利率	债券所规定的年利率；在债券生命期内，它通常保持不变
当期收益率	所支付的票面利息除以债券当前的市场价格
票面金额	债券到期时的价值；债券到期时，债券持有人将从发行人手中得到票面金额；票面金额就是票面价值
债券契约	债券附带的合同，规定了贷款协议的条款；还包括对公司管理的约束，称为合同契约
市场利率	当前市场上具有相似风险和到期期限的有价证券的有效利率；利用市场利率为债券定价
到期期限	债券到期或持有者获得票面金额之前的年数或期间
票面价值	同票面金额，债券到期时的价值
到期收益率	如果以当前市场价格购买债券并持有至到期日，投资者所能获得的收益率

发行债券的公司通常会将票面利率设置为与债券发行时其他类似的未到期债券相近的利率。除非债券是可变利率的，否则在债券的存续期内，利息的支付是不变的。

确定债券价值的第一步是确定债券持有人能够获得的现金流。债券的价值正是这些现金流的现值，而现金流包括所支付的利息以及最后一次性的偿付。

第二步是利用相似风险和到期期限的其他债券收益率所表示的利率，将这些现金流贴现。

我们在第 3 章中详细讨论过如何通过计算已知年现金流来求一个简单债券的价格，现在让我们来看一个更实际的例子。大多数债券都是每半年支付一次利息的。为了将现金流调整为半年支付，将息票支付除以 2，因为每 6 个月只会支付年利息的一半。同样，为了确定半年的有效利率，须将市场利率除以 2。最后还要将所有周期数乘以 2，因为每年有两期支付。

式（12-2）表明了如何计算半年付息债券的价格。[⊖]

$$P_{\text{半年付息}} = \frac{C/2}{(1+i/2)} + \frac{C/2}{(1+i/2)^2} + \frac{C/2}{(1+i/2)^3} + \cdots + \frac{C/2}{(1+i/2)^{2n}} + \frac{F}{(1+i/2)^{2n}} \quad (12\text{-}2)$$

式中，$P_{\text{半年付息}}$ 为半年付息债券的价格；C 为年息票利息；F 为债券的票面价值；n 为距离到期日的年数；i 为半年市场利率。

例 12-3　半年付息债券定价

计算如下介绍的债券的价格。债券的票面利率为 10%，票面价值（到期价值）为 1 000 美元，2 年后到期。假设债券半年付息一次，市场利率为 12%。

解答

（1）首先确定现金流。通过用 1 000 乘以 10% 得到 100 美元计算出需要支付的票面利息。由于每 6 个月付息一次，每次应付息 50 美元。最后的一笔现金流是偿还债券 1 000 美元的票面金额。这不会因为半年付息而发生改变。

（2）我们需要知道什么样的市场利率适用于计算债券的现值。我们被告知今天所发行的具有相似风险的债券票面利率为 12%。将这一数值除以 2 得到 6 个月的利率。所得的利率为 6%。

（3）确定现金流的现值。注意由于是半年付息一次，付息期数须乘以 2。这意味着我们要对该付息债券进行 4 期贴现。

$$PV = \frac{100/2}{(1+6\%)} + \frac{100/2}{(1+6\%)^2} + \frac{100/2}{(1+6\%)^3} + \frac{100/2}{(1+6\%)^4} + \frac{1\,000}{(1+6\%)^4}$$

$$P = 47.17 + 44.50 + 41.98 + 39.60 + 792.10 = 965.35 (\text{美元})$$

利用财务计算器，由：

$N = 4$

$FV = 1\,000$

$I = 6\%$

$PMT = 50$

得债券价格 $PV = 965.35$ 美元。

请注意，学生最常犯的错误是混淆何时使用票面利率和何时使用市场利率。票面利率仅用于计算将收到的利息，市场利率则用来贴现利息。

注意，例 12-3 中债券的市场价格低于债券的票面价值。当债券以低于票面价值的价格出售时，就是**折价**（discount）发行。当市场价格超过其票面价值时，就是**溢价**（premium）发行。

一种债券将以溢价发行还是折价发行是由什么决定的呢？假设你对一个票面利率为 10%、票面价值为 1 000 美元的已发行债券进行投资。如果具有相似风险的新发行债券收益率为 12%，你不会愿意用 1 000 美元购买原来的已发行债券。原来债券的卖方只能在 10% 的收益率上降低价格，使其成为一种有吸引力的投资。事实上，卖方将不得不降低价格直到债券购买者从原来的债券所得

[⊖] 对于使用原始期数的全年利率对最后一笔现金流进行贴现，这一方法在理论上存在争议。衍生证券被出售时，本金与利息现金流是分别被卖给不同投资者的。实际上，获得半年利息支付的投资者不会影响债券本金的现金流。然而，几乎所有课本、计算器以及电子数据表都使用与计算利息支付现值相同的利率和期数，通过对最终现金流进行贴现来计算债券价值。为了保持一致，我们也将在本书中采用这种方法。

到的收益率与从新债券所得到的收益率相等。这意味着，当市场利率提高时，拥有固定利率债券的价值将会降低。同样，当新发行债券的市场利率降低时，原有固定利率债券的价值将会提高。

12.12 债券投资

债券是最受欢迎的替代股票投资的长期证券之一（见图12-6）。债券的风险比股票低，因为它们拥有优先偿付权。这意味着当公司履行义务遇到困难时，债券持有人将先于股东得到偿付。此外，当公司不得不清算时，债券持有人必须先于股东得到偿付。

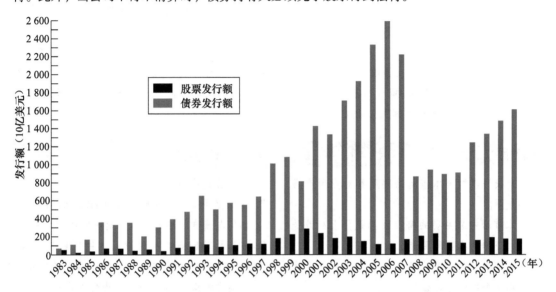

图12-6　1983~2015年债券与股票的发行情况

资料来源：http://www.federalreserve.gov/econresdata/releases/corpsecure/current.htm。

即使拥有足够的现金流支付给债券持有人和股东的经营状况良好的公司，其股票价格也非常不稳定。这种波动使得股市外的许多投资者担心，因而债券成为最受欢迎的替代品。债券提供相对可靠的现金支付，使得它们对退休的投资者和那些靠投资生活的人来说更加理想。

许多投资者认为债券拥有相对稳定的现金流，因而它的投资风险很低。等级高的债券确实极少发生违约问题，然而，债券投资者却要面对由经济中市场利率走势而产生的价格波动。随着市场利率的上升和下降，债券的价值会出现反向变化。正如在第3章中讨论的，由利率变化导致遭受损失的可能性被称为**利率风险**（interest-rate risk）。债券的到期期限越长，其价格变化就会越大。这不会对那些不出售债券的投资者造成损失，然而，许多投资者不会持有其债券至到期。如果投资者试图在利率升高时出售其债券，那么他们所得到的资金将比之前所付出的少。在决定是否投资债券时，利率风险是一个重要的考虑因素。

本章小结

资本市场的存在为长期资本资产提供了融资。通过养老基金和共同基金进行投资的家庭，往往是资本市场的净投资者，而企业、联邦政府和州政府是这些资金的净使用者。

资本市场上三种主要的工具是债券、股票和抵押贷款。债券代表了发行公司的负债。股票代表了对发行公司的所有权。抵押贷款是以不动产作为担保的长期贷款。只有企业才可以发行股票。企业和政府都可以发行债券。在任何一年中，债券所筹集的资金都比股票所筹集的资金多。

股东雇用公司经理来保护和增加他们的财富。债券持有人必须依赖债券契约来保护自身的利益。债券契约包含了限制公司从事高风险活动而对债券产生违约机会的条款。债券契约还包含许多增加或减少对投资者吸引程度的条款，如看涨期权、可转换性或偿债基金。

任何企业资产的价值都可以用相同方法，通过流向资产所有者能够获得的现金流的现值来计算。例如，通过计算所有者将获得的净现金流的现值，来确定一座商业大厦的价值。我们通过确定现金流的现值来计算债券的价值，这些现金流包括定期支付的利息以及最后偿还的本金。

债券的价值随着当期市场价格的波动而波动。如果一种债券以5%的票面利率支付利息，另一种新发行的债券以8%的票面利率支付利息，那么没有投资者愿意以相同价格购买票面利率为5%的债券。为了出售债券，持有人会将债券价格进行贴现，直到持有其能获得8%的收益为止。距离到期期限越长，贴现金额就越大。

简答题

1. 对比投资者对资本市场的使用和对货币市场的使用。
2. 资本市场中最主要的有价证券是什么？谁是这些证券的主要购买者？
3. 从长期投资的角度来看，债券比股票更受欢迎的两个特性是什么？
4. "人们可以为任何看起来不健康的人买保险"，这种说法对吗？为什么？
5. 美国财政部发行短期国库券、中期国债以及长期国债。如何区分这三种证券？
6. 市场利率随时间变动时，债券的市场价格会上升或下降。由于利率波动所导致债券价值的变化是债券投资者所承担的一种风险。这种风险被称为什么？
7. 解释贸易报告和合规引擎（TRACE）的创建如何与债券市场的信息不对称问题相关联？
8. 债券的赎回条款允许发行人随时赎回债券。投资者不喜欢赎回条款，因此对可随时赎回的债券要求更高的利率。为什么发行人还是继续发行可赎回债券？
9. 什么是偿债基金？投资者喜欢具有这种特征的债券吗？为什么？
10. 为什么你认为交易证券的公司都必须成为美国金融业监管局的成员？
11. 介绍资本市场有价证券从发行人手中转移到公众手中的两种方法。

计算题

1. 一种债券每年支付80美元利息（票面利率为8%）。该债券还有5年到期，到期日将支付1 000美元。假设贴现率为10%，债券价格是多少？（回顾第3章和第12章的内容。）
2. 一种债券还有8年到期，其面值为5 000美元，票面利率为2%（半年支付一次）。假设市场利率为1%，计算债券的价格。如果市场利率降到0.5%呢？
3. 考虑下面描述的两种债券：

	债券A	债券B
到期期限（年）	15	20
票面利率（%，半年支付一次）	10	6
票面价值（美元）	1 000	1 000

（1）如果两种债券要求的收益率都为8%，

债券的价格应该是多少?

(2) 试说明债券折价出售、溢价出售或按照票面价值出售各意味着什么?这两种债券是折价出售、溢价出售还是按照票面价值出售?

(3) 如果两种债券要求的收益率提至10%,债券的价格将分别为多少?

4. 一种2年期、票面价值为1 000美元的零息债券,当期价格为819.00美元。一种2年期面值为1 000美元的年金当期价格为1 712.52美元。如果你拥有50 000美元,想投资于这两种债券的其中一种,哪种更好?(提示:计算每种有价证券的收益率。)

5. 考虑下面的现金流,所有的市场利率都为12%。

年	0	1	2	3	4
现金流		160	170	180	230

(1) 你会为这些现金流支付什么样的价格?如果2.5年后你卖出剩下的现金流,你能够得到的总财富是多少?假设利率保持不变。

(2) 在你购买这些现金流后,所有市场利率都跌至11%。这对2.5年后你的总财富有什么影响?

6. 一种公司债券的收益率为10%,当前正以票面价值出售。边际税率为20%。此外,还存在一种票面利率为8.50%的市政债券。哪一种债券更适合投资?

7. 如果市政债券的到期收益率为5%,相同期限的公司债券的收益率为4%。当边际税率为多少时,投资者更愿意购买公司债券?

8. M&E公司拥有一种流通中的可转换债券。该债券可以转换成20股普通股(当前交易价格为52美元/股)。该债券还有5年到期,票面价值为1 000美元,年利率为6%。M&E公司的直接负债正以5%的收益率进行交易。则该债券的最低价格是多少?

9. 假设上题中的负债正以1 035美元进行交易。你将如何利用这一情况获得无风险收益(套利)?

10. 考虑两种面值为10 000美元的公司债券。一种目前售价为9 980美元,15年后到期;另一种目前售价为9 350美元,3年后到期。如果两种债券的票面利率都为5%,计算债券的当前收益率。哪一种当前收益率更接近到期收益率?(假设利息每年交付一次。)

11. 票面价值为5 000美元、票面利率为8.625%的债券溢价出售。当前收益率是高于、低于还是等于票面利率?当前收益率是高于、低于还是等于到期收益率?

12. 1年期贴现债券票面价值为1 000美元,并以900美元购买。该债券的到期收益率是多少?贴现基础上的收益率又是多少?(见第3章和第12章。)

13. 一种债券按面值出售,当期收益率为5.625%。另一种债券票面价值为10 000美元,售价为10 075美元,其票面利率为5.5%。哪一种债券有更高的到期收益率?

14. 你的公司拥有以下债券:

债券	市场价值(百万美元)	久期
A	13	2
B	18	4
C	20	3

如果利率从8%提高至8.5%,那么公司资产组合的价值变动大约是多少?(回顾第3章。)

网络练习

债券市场

股票往往比债券更公开,但许多投资者,特别是那些临近退休或已退休的投资者认为债券更符合他们的风险偏好。访问http://finance.yahoo.com/calculator/index。在"Retirement"下面找到"How should I allocate my assets?"。在回答完问卷调查后,讨论你是否同意该资产目标建议。

第 13 章

股票市场

预 览

在第 12 章中，我们将资本市场定义为长期证券交易的场所，并分析了债券市场及其定价。本章我们将继续探讨资本市场中的股票市场。股票市场无疑是金融市场中最受关注、监管最严的一个市场。试图预测市场起落的投资者可能会获得巨大收益，也有可能会遭受很大损失。在过去的 10 年里，股票市场经历了前所未有的波动。股票指数在高科技公司的带领下，20 世纪 90 年代达到历史高点，继而在 2000 年大幅下跌，然后 2007 年再一次回到历史高点，直到 2009 年回落到 1997 年的水平。自那以后，市场已经完全复苏，并达到了新的历史高点。在本章中，我们将讨论这一重要市场是如何运作的。

我们首先讨论股票交易的市场，接下来分析股票估值的基本理论。这些理论对于理解股票价值为何时刻波动非常重要。我们将了解到要确定普通股的价值是十分困难的，也正是因为这种困难导致了股票市场的巨幅波动。

13.1 股票投资

股票代表对公司的所有权，股东对公司的利润分配权与其所持有的股票占公司发行股票总额的比例相一致。

投资者通过以下两种途径获得收益：股票价格随时间上涨，或者是公司给股东发放红利。通常来说股东可以同时以这两种方式获取回报。股票比债券的风险更高，因为在公司陷入困境时股东的索取权位于债券持有者之后；由于股利发放安排很容易被改变，再加上股票价格的增长也无法得到保证，股东获得收益相对来说不确定性较高。尽管存在这些风险，投资股票也可能带来巨额收益，这是投资债券无法实现的。股票和债券的另外一个区别在于股票没有到期日。

股票所有权也赋予了股东对公司的某些权利，其中一个权利为剩余索取权（residual claimant）：在所有其他债权人得到满足后，股东对剩余资产和收入具有索取权。如果没有剩余资产和收入，股东将不会得到任何东西。但值得注意的是，如果公司运营非常好的话，股东也可能变得很富有。

大部分股东拥有对董事会和某些事务的投票权，比如说修改公司章程、发行新股等。

注意图13-1中的股票没有列示到期日、面值和利率，而这些因素在第12章列示的债券上都有标明。

图13-1　Sapir Consolidated Airlines公司股票

13.1.1　普通股和优先股

存在两种类型的股票——普通股和优先股，普通股代表的是对公司利益的所有权，**普通股股东**（common stockholders）拥有投票权，能够获得股利并且希望股票价格会上涨。普通股有多种类型，通常被命名为A股、B股等，遗憾的是，不存在对所有公司通用的分类标准，这些不同股票类型的区别通常涉及股利的分配或者投票权利，对股票投资者来说，确切了解所要购买股票的权利是很重要的。

从法律和税收角度上看，**优先股**（preferred stock）是一种权益资本，但是它与普通股有以下几个重要的不同点。第一，优先股股东获得的红利是固定的，相对普通股来说，优先股更像债券。第二，由于红利支付不变，优先股的价格相对稳定。第三，优先股股东通常不参与投票，除非公司无法支付承诺的红利。第四，优先股股东的索取权位于普通股股东之前、债券持有者之后。

在新发行的权益股票中，只有不到25%的股票是优先股，所有公司资本中仅5%是用优先股筹得的，这可能是因为优先股红利对公司来说不能免税，而债券利息支付则免税，因此，尽管优先股与债券有很多共同特征，但对公司来说，发行优先股通常比发行债券成本更高。

13.1.2　股票的销售

在美国，每天几乎有数十亿的股票被出售。信息、股票所有权以及资金的有序流动是发展良好、有效的股票市场的一个重要特征。这也鼓励投资者购买股票，为具有价值增值机会的企业提供权益资本。传统上所讨论的股票交易以在有组织的股票交易所还是在场外进行加以区分。随着电子交易方式在规模及影响力上的不断扩大和增强，两者之间的区别逐渐变得模糊。

1. 有组织的证券交易所

纽约证券交易所一直是历史上最知名的证券交易所。1792 年，纽约证券交易所首次进行交易，当时 24 名经纪商在华尔街交易为数不多的几只股票。纽约证券交易所目前仍然是世界上最大、流动性最强的股票交易所。对有组织的证券交易所的传统定义是存在一个指定的地点，在那里买家和卖家采用一种公开喊价的拍卖模式定期进行证券交易。由于越来越多的复杂技术被运用于证券交易，这一模式的使用逐渐没有那么频繁了。纽约证券交易所现在对外宣传为一个混合市场，即电子交易和传统拍卖市场交易的结合体。2006 年 3 月，纽约证券交易所与 Archipelago 公司合并，成立了纽交所－泛欧证交所。2009 年，纽交所－泛欧证交所完成了对美国股票交易所的收购。2013 年 11 月，洲际交易所以 82 亿美元收购了纽交所－泛欧证交所。

世界上还有几家主要的有组织的股票交易所，其中最活跃的是日本东京证券交易所。其他还包括英国的伦敦股票交易所、德国的法兰克福证券交易所和加拿大的多伦多股票交易所。

要想股票在有组织的交易所挂牌交易，公司必须提交申请表并且达到交易所为便于交易制定的各种标准。例如，为使交易规模更大，纽约证券交易所只鼓励大公司上市。有几种达到交易所最低上市要求的方法，通常来说公司必须有足够的收入和市场价值（年收入超过 1 000 万美元，市值超过 1 亿美元）。

在纽交所－泛欧证交所挂牌交易的公司来自世界各地，数量超过 8 000 家。该交易所上市公司的平均市值为 196 亿美元。1998 年 10 月 28 日，纽约证券交易所的日交易量首次达到了 10 亿股。⊖ 到 2016 年，日交易量通常超过 40 亿股，高峰日交易量甚至超过 100 亿股。

在地方性的交易所（如费城股票交易所）上市会更加容易。有些公司选择同时在几家交易所上市，认为更多的信息披露会增加其股票的需求继而提高股票价格。许多公司还认为在主要的交易所上市意味着获得一定的声誉。它们甚至会在对外的广告宣传中提到这一点，但是很少有研究支持这一观点。例如，微软公司没有在任何一家有组织的交易所上市，但是截至 2016 年，其股票市值达到了 4 000 亿美元。

2. 场外交易市场

如果微软公司的股票不在任何一家有组织的股票交易所上市，那么它在哪里出售公司股票呢？不在交易所上市的股票将在场外交易市场进行交易。场外交易市场没有组织交易的办公大楼，交易通过复杂的电子通信网络进行，其中之一就是**纳斯达克**（National Association of Securities Dealers Automated Quotation System，NASDAQ），这一系统于 1971 年被引入，提供大约 3 000 只交易活跃的证券的当前买入价和卖出价。交易商对这些股票做市，从想要卖出股票的投资者手中买入股票，从想要买入股票的投资者售出股票。这些交易商为小股票提供了流动性，这对小股票在市场上被接受的程度非常重要。纳斯达克的总交易量通常略低于纽约证券交易所的交易量，但纳斯达克的交易量一直在增长，有时还会超过纽约证券交易所。

⊖ *NYSE Fact Book*，www.nyse.com.

并非所有公开交易的股票都在有组织的交易所或纳斯达克挂牌上市。有些交易不频繁或者主要在国内某个区域交易的证券通常由各种经纪行的区域办事处来进行处理。这些办事处通常只持有较少的在该地区比较受欢迎的证券存货。交易商为这些交易量很低的股票做市对场外交易市场的成功非常重要。如果没有这些交易商随时准备买卖股票，投资者就不会愿意购买这种由地方性公司或不知名公司发行的股票，对刚成立的公司来说筹资也变得很困难。回顾第 4 章所学的内容，一项资产的流动性越强，对它的需求量就越大。通过为这些股票提供流动性，交易商提高了对这种交易量很小的股票的需求。

3. 交易所交易和场外交易

交易所交易和场外交易在操作上有一个很大的不同点。有组织的交易所具有拍卖市场的特征，它利用的是专门从事特定股票买卖的场内交易商，这些专家监督和协助一系列股票交易。场内交易商代表各种经纪行发布买卖指令，他们在交易所的交易区碰头，了解当前的买卖价格，并大声喊出这些报价。在大约 90% 的交易中，专家都能够准确撮合买家和卖家。在剩下 10% 的交易中，专家可能通过自己购买股票或者将股票存货卖出进行介入。专家的责任就在于维持一个有序的股票市场，即使这意味着有时在熊市时也得买入股票。

纽约证券交易所的订单很少由场内交易者亲自交由交易所的专家完成。大多数订单都是通过**超级显示簿**（super display book，SDBK）以电子方式填写的。该系统绕过场内交易者，直接将订单发送给专家。它将自动匹配购买订单和销售订单，无须干预，只有复杂的机构指令继续由交易所的场内交易者执行。它允许快速执行每天进行的大量交易。

有组织的交易所有专家协助交易，场外交易市场也有造市商的存在。场外交易市场通过电子网络进行交易，交易价格由造市商确定，而不是以拍卖的模式来交易股票。对于某种特殊的股票，通常都有好几个造市商。每个造市商都会提交买卖报价。一旦输入报价，造市商就有义务以该价格至少买卖 1 000 股。交易执行后，他们再次输入新的买卖报价。造市商对经济非常重要，因为他们能够确保每只股票都具有持续的流动性，即使是那些交易量很小的股票。造市商通过**买入价**（bid price，为股票支付的价格）和**卖出价**（ask price，出售股票的价格）之间的价差得到补偿，另外还从交易中收取佣金。

尽管纳斯达克、纽约证券交易所和其他交易所都受到严格的监管，但它们仍然是以营利为目的的公立企业。它们也有股东、董事以及官员，这些人都会关注交易所的市场份额以及获利能力。这意味着纽约证券交易所和纳斯达克之间的竞争非常激烈，因为大规模的股票交易能够为交易所带来巨额交易费。例如，多年来纽约证券交易所都一直试图说服微软离开纳斯达克到纽约证券交易所挂牌上市。

4. 另类交易系统（ATS）和多边交易机制（MTF）

ATS 是绕过传统交易所，允许证券买卖双方直接交易的交易系统。ATS 和 MTF 通常用于机构投资者之间的大额交易。一种完全电子化的 ATS 为电子通信网络（ECN）。最近几年来，电子通信网络一直在对纳斯达克和有组织的交易所的地位发起挑战。电子通信网络是一个电子网络，它将主要的经纪人和交易商联结在一起，以便他们能够避开中间人进行交易。电子通信网络有一系列的优点，这些优点使它得以快速发展。

- 透明性。使用电子通信网络的交易商可以审查所有的未填订单。这为交易商设定战略提供了有关供给和需求方面非常有价值的信息。尽管有些交易所也提供这方面的信息，但是不如电子通信网络提供得那么及时和完整。
- 降低成本。由于电子通信网络省去了中间人和佣金的环节，通过电子通信网络执行交易的成本得以降低。交易价差通常可以降低，有时甚至可以完全消除。
- 执行更迅速。由于电子通信网络是完全自动化的网络系统，交易的匹配和确认要比人工操作快捷得多。尽管对于很多交易来说，这并不是很重要，但是对于那些试图对价格的小幅波动进行交易的人来说，这个优点至关重要。
- 闭市之后也能交易。在电子通信网络出现之前，只有机构交易商才能在交易所闭市后继续交易。许多新闻报道和信息都是在主要交易所闭市后才出炉，这使得小投资者无法将这些数据作为交易参考。由于电子通信网络从不"下班"，所以交易可以连续不间断地进行。

尽管存在以上优点，电子通信网络也有缺点，其中最主要的缺点在于它们只对大额的股票交易提供良好的服务。由于电子通信网络要求每一位卖家都有相应的买家与之匹配，反之亦然，因此交易量很小的股票很可能在很长一段时间内都不会被交易。Instinet 是最大的通信网络公司之一，主要为机构交易商服务。Instinet 旗下还拥有 Island，主要为交易活跃的个人交易者服务。

几家主要的交易所都在通过拓展自己拥有的自动交易系统来和电子通信网络竞争。例如，纽约证券交易所宣布要对它的"指示 + 订单安排系统"进行改革，并与 Archipelago 联合，以使该系统在市场上更具竞争力。尽管从交易的股票总量和美元价值上来看，纽约证券交易所仍然主导着美国股票市场，但是面对技术挑战的压力，它的现场拍卖模式可能无法再长久存在下去。

5. 交易所交易基金

交易所交易基金是最近市场上很受投资者欢迎的一种创新产品。它们最早于 1990 年推出，到 2015 年，有超过 1 500 只交易所交易的基金在市场上被交易。最简单的交易所交易基金是购买一揽子股票，基于这一揽子股票形成一只在交易所进行交易的新股。交易所交易基金的构成和结构仍然在不断发展中，但是交易所交易基金有以下共同特征。

- 交易所交易基金在股票交易所挂牌上市，且单独作为一只股票进行交易。目前，美国所有交易所交易基金都在美国股票交易所进行交易。
- 交易所交易基金通常是指数化的，而不是主动管理型的股票。
- 交易所交易基金的价值基于指数篮子所包含的股票的潜在净资产价值。这一指数篮子的具体内容是公开的，因此交易所交易基金的价格很接近潜在的净资产价值。

交易所交易基金在很多方面与股票指数共同基金类似，因为它们都追踪某个指数的表现，如标准普尔 500 指数或道琼斯工业平均指数。两者之间的不同点在于交易所交易基金交易类似于股票交易，因此允许限价委托、卖空、止损指令以及保证金买卖。交易所交易基金相对于指数共同基金来说管理费用更低。例如，先锋扩展交易所交易基金报告的费率为 0.08%，而先锋扩展市场指数共同基金的费率则为0.25%。交易所交易基金的另外一个优势在于它们通常没有限定最低的投资量,而共同基金规定的最低投资为3 000~5 000美元。

交易所交易基金的主要缺点是由于类似于股票交易,所以投资者每次买卖都需要支付中间人佣金。相对于共同基金来说,这对那些想要频繁进行小额交易的投资者(如美国401k计划)形成了成本劣势。

交易所交易基金的名字都很奇特,包括Vipers、Diamonds、Spiders、Qubes。这些名字或者是源于所追踪的指数,或者是发行公司的名字。例如,Diamonds追踪的是道琼斯工业平均指数,Spiders追踪的是标准普尔500指数,Qubes追踪的是纳斯达克指数,而Vipers是先锋集团发行的交易所交易基金。交易所交易基金所追踪的指数目前仍在迅速扩展,几乎涵盖了每一个部门、商品和投资风格(价值、增长、资本化等)。这些交易所交易基金能在低成本的基础上使投资组合多元化,随着投资者逐渐认识到这一点,它们会越来越受市场欢迎。

13.2 普通股的价格计算

金融学中的一个基本原则是,任何投资的价值都可以通过将该投资在整个生命周期内产生的全部现金流计算成现值来得到。例如,一栋商业建筑的售价就反映了它在整个使用期内产生的所有净现金流(租金减去费用)。同样,我们用股票未来全部现金流的现值来度量股票的价值。一个股东可能通过两种方式获取现金流:一是公司派发股利,二是出售股票获得买卖价差。

为了推导出股票估值理论,设想一种最简单的情况:假设你购买一只股票,持有一定期限并获得一次股利后就将股票售出。这种情况称为单期估值模型(one-period valuation model),对理解股票价值很有帮助。

13.2.1 单期估值模型

假设你有多余的资金可以进行一年期的投资,一年后你要将这笔投资出售以支付学费。在看了《华尔街周报》(*Wall Street Week*)的电视节目后你决定购买英特尔公司的股票。你致电你的经纪人得知英特尔公司现行股价为50美元,每年支付股利0.16美元。《华尔街周报》的分析人员预测该股价一年后的价格为60美元。你应该购买该股票吗?

要回答这个问题,你需要判断该股票目前的价格是否准确反映了分析人员的预测结果。为了估计股票的现值,你需要运用第3章中的式(3-1)对预期的现金流进行贴现,其中用来贴现现金流的贴现因子为投资股票的要求收益率(也称"要求回报率")。现金流包括一期股利以及最后的股票售出价格,然后贴现到现值就得到下面的股票价格计算公式:

$$P_0 = \frac{D_1}{1+k_e} + \frac{P_1}{1+k_e} \tag{13-1}$$

式中,P_0为股票的当期价格,下标0表示当期;D_1为第一年年底支付的股利;k_e为投资股票的要求收益率;P_1为第一期期末的股票价格,假设是股票的售价。

例13-1 股票估值:单期模型

根据前面介绍的数据确定英特尔公司的股价,为了确定这些现金流的现值,你需要知道股票投资的要求收益率。因为股票比债券风险更高，需要获得的收益率应该高于债券市场所提供的收益率。假设经过仔细考虑后你决定的要求收益率为12%。

解答

将这些数字代入式（13-1）得到：

$$P_0 = \frac{0.16}{1+0.12} + \frac{60}{1+0.12} = 0.14 + 53.57 = 53.71(美元)$$

根据分析，你发现股票价值应该为53.71美元。由于股票现价为50美元，所以你会选择购买股票。为什么股票会以低于53.71美元的价格出售呢？可能是因为其他投资者对于股票现金流的风险预期与你不同，或是估计由该股票带来的现金流比你预期的要少。

13.2.2 一般股利估值模型

单期股利估值模型可以扩展到任意期限，基本原理是相同的。股票价格是所有未来现金流的现值。股票持有者能够获得的现金流仅仅是未来的股利以及股票的最终售价。推广的股票价格公式如下所示。

$$P_0 = \frac{D_1}{(1+k_e)^1} + \frac{D_2}{(1+k_e)^2} + \cdots + \frac{D_n}{(1+k_e)^n} + \frac{P_n}{(1+k_e)^n} \tag{13-2}$$

如果你想使用式（13-2）来确定股票的价值，你会很快意识到你必须首先估计在未来某些时点股票的价值。也就是说，为了计算 P_0，你首先必须确定 P_e。但是，如果 P_e 距离现在的时限还很长，则不会对 P_0 产生影响。例如，75年后卖50美元的股票的现值（假设贴现率为12%）仅仅为1美分（$50/1.12^{75} = 0.01$ 美元），这意味着股票的现值可以通过计算未来股利的现值得到。**一般股利估值模型**（generalized divided model）的公式如下所示，式中没有包括股票的最终售价。

$$P_0 = \sum_{t=1}^{\infty} \frac{D_t}{(1+k_e)^t} \tag{13-3}$$

考虑一下式（13-3）的含义。一般股利估值模型指股票的价格仅由股利的现值决定，和其他因素都没有关系。很多股票不支付股利，那么如何为这些股票估值呢？股票购买者预期公司将会在未来某一天为股票支付股利，大多数时候公司在度过生命周期中的快速增长阶段后就会派发股利，股票价格随着股利派发时间的接近而上涨。

一般股利估值模型要求我们计算无限期的股利现值，而该计算过程可能很困难。因此，为了使计算更简单，人们推导出了简化的模型，其中的一种模型就是**戈登增长模型**（Gordon growth model），该模型假设股利增长率是固定不变的。

13.2.3 戈登增长模型

很多公司都竭力保持年股利以一个固定的比例增长。式（13-4）是在式（13-3）的基础上进行改写而成的，旨在反映这种固定的股利增长率。

$$P_0 = \frac{D_0 \times (1+g)^1}{(1+k_e)^1} + \frac{D_0 \times (1+g)^2}{(1+k_e)^2} + \cdots + \frac{D_0 \times (1+g)^{\infty}}{(1+k_e)^{\infty}} \tag{13-4}$$

式中，D_0 为最近一期支付的股利；g 为股利的预期固定增长率；k_e 为投资股票的要求收益率。

运用代数知识简化式（13-4）可以得到式（13-5）。⊖

$$P_0 = \frac{D_0 \times (1+g)}{k_e - g} = \frac{D_1}{k_e - g} \tag{13-5}$$

给定如下假设条件，这一模型对于确定股票价值非常有用。

- 假定股利持续以固定水平增长。实际上，只要预计股利在延展期内都会以固定水平增长，这个模型就能得出合理的结论。这是因为远期的现金流误差经贴现后变得很小了。
- 假设股利增长率小于股票的必要回报率（即 $g < k_e$）。迈伦·戈登在推导模型的过程中证明这是一个合理的假设。从理论上来说，如果股利增长率比公司股权持有人的要求收益率还要高的话，那么从长期来看，公司将会发展得异常庞大，而这是不可能的。

例 13-2 股票估值：戈登增长模型

假设可口可乐公司支付的股利以 10.95% 的固定比率增长，$D_0 = 1.00$ 美元，要求收益率为 13%，求可口可乐公司股票当期的市场价格。

解答

$$P_0 = \frac{D_0 \times (1+g)}{k_e - g} = \frac{1.00 \times (1.1095)}{0.13 - 0.1095} = \frac{1.1095}{0.0205} = 54.12 (\text{美元})$$

如果关于股利固定增长率及要求收益率的假设是正确的，那么可口可乐公司的股票应该以 54.12 美元的价格出售。

13.2.4 市盈率法

从理论上来说，股票估值最好的方法是股利估值法，但这种方法有时候应用起来有一定难度。如果一家公司不支付股利或者股利支付不稳定，模型结果可能就不太令人满意。还存在其他几种股票估值的方法，其中最常见的一种是市盈率法。

市盈率（price earning ratio，PE）是一种受到广泛关注的指标，衡量的是市场愿意为一家公司 1 美元盈利支付的价格。对于较高的市盈率有以下两种理解：

⊖ 为了从式（13-4）中获得式（13-5），首先在式（13-4）两端都乘以 $(1+k_e)/(1+g)$，并从得到的结果中减去式（13-4），将得到以下等式：

$$\frac{P_0 \times (1+k_e)}{1+g} - P_0 = D_0 - \frac{D_0 \times (1+g)^\infty}{(1+k_e)^\infty}$$

假设 k_e 比 g 大，方程右侧的第 2 项将会趋于 0，因此可以被去掉。因此，将 P_0 从左侧提出，得到：

$$P_0 \times \left(\frac{1+k_e}{1+g} - 1 \right) = D_0$$

然后通过合并项简化方程，得到：

$$P_0 \times \frac{(1+k_e) - (1+g)}{1+g} = D_0$$

$$P_0 = \frac{D_0 \times (1+g)}{k_e - g} = \frac{D_1}{k_e - g}$$

- 高于市场平均水平的市盈率可能意味着市场预期收益率将在未来提高。这会使市盈率回归至更加正常的水平上来。
- 高市盈率也可能表示市场觉得公司盈利所承担的风险很低,因此愿意为其支付一定的风险贴水。

市盈率可以被用来估计公司股票的价值。市盈率与预期收益的乘积就等于公司股票的价格。

$$\frac{P}{E} \times E = P \tag{13-6}$$

从长期来看,处于同一行业的公司应该具有相似的市盈率水平。公司股票的价值可以通过用行业的平均市盈率乘以该公司的每股预期收益得到。

例 13-3 股票估值:市盈率法

Applebee 餐馆所在餐馆行业的平均行业市盈率为 23。如果预计 Applebee 的每股盈利为 1.13 美元,那么 Applebee 公司股票的当前价格应为多少?

解答

运用式(13-6)和上面给定的数据,可以得到:

$$P_0 = P/E \times E = 23 \times 1.13 = 26(美元)$$

对于私有公司及不支付股利的公司来说,市盈率法尤为有效。使用市盈率法估值的缺点在于,使用行业平均市盈率忽视了使一些公司的长期市盈率高于或低于行业平均的公司特有因素。在估算某公司的股价时,有经验的分析人员会上调或下调行业平均市盈率来反映公司所特有的特点。

13.3 证券价格的市场决定

假设你去参加一个汽车拍卖会,拍卖会开始前可以对汽车进行检查,你发现了一辆心仪的小型马自达 Miata 汽车。在停车场试驾后你注意到车子会发出一些奇怪的噪声,但你仍然很喜欢这辆车。你觉得 5 000 美元是合理的价格,因为就算汽车噪声变得很严重的话,你自己也能够花一些维修费来应付。由于拍卖会马上开始,你走进会场等待 Miata 的拍卖。

假设有另外一个买家也看中了这辆 Miata,在试驾后他发现车子的噪声仅仅是因为刹车轴磨损而导致的,他自己可以以低成本修好。他判断汽车的价值为 7 000 美元,他也走进会场等待 Miata 的拍卖。

谁会购得这辆汽车,以什么价位?假设只有你们两位对这辆 Miata 感兴趣。你首先出价 4 000 美元,他加价到 4 500 美元,你报出你的最高价 5 000 美元,他加到 5 100 美元。现在的价格高于你所愿意支付的价格,所以你停止了竞标。这辆汽车以 5 100 美元卖给了更加懂行的买主。

这一简单的例子说明了几个道理。第一,价格是由愿意支付最高价格的买主决定的。最终成交价格不一定是商品能够达到的最高售价,却比其他买家愿意付出的价格高一些。

第二，市场价格将由那些能够最好利用该资产的买主决定。上面拍下汽车的买主知道他自己就能以低成本解决噪声问题，因此他愿意支付的价格比你高。对其他资产来说道理也是一样的。例如，一处房产或一幢建筑将被出售给能将该资产用于最具生产性用途的买方。考虑为什么一家公司为获得另一家公司的所有权常常支付比当前市场价格高出很多的溢价。收购其他公司股权的公司可能认为它能够更好地利用目标公司的资产，这就值得它为此支付一笔溢价。

第三，上述例子说明了信息在资产定价中的作用。拥有对某项资产的信息优势能够降低其风险，从而提高它的价值。当你购买股票时，存在诸多关于未来现金流的不确定性因素。相对不确定性很高的买方来说，对这些现金流拥有更好信息的买方使用的贴现率要低一些。

现在我们将这些概念运用到股票估值中去。假设你正在考虑购买的股票预期第二年会支付的股利为2美元（$D_1 = 2$），该公司预期会无限期地以3%的速度增长。你对于股利发放的稳定性以及预期增长速率的准确性都非常不确定，为了补偿自己面临的这种风险，你要求的收益率为15%。

现在假设另外一位投资者詹妮弗在同该行业的内部人士交谈之后，对预期的现金流更有信心。由于詹妮弗感知到的风险比你的低，所以她仅要求12%的收益率。另外，博德正与该公司的首席运营官面谈。他几乎明确地知道公司未来实际会是什么样子。他认为对增长率和现金流的估计都会比未来实际结果低。由于他认为这项投资几乎没有风险，所以仅要求7%的收益率。

每一位投资者给股票的估值是多少呢？运用戈登增长模型可以得到下面的股票价格。

投资者	贴现率（%）	股票价格（美元）
你自己	15	16.67
詹妮弗	12	22.22
博德	7	50.00

你愿意为该股票支付16.67美元的价格，詹妮弗愿意支付22.22美元，而博德则会支付50.00美元。感觉风险最低的投资者愿意支付的价格最高。如果不存在其他交易者的话，市场价格将会稍高于22.22美元。如果你持有股票的话，你会将它卖给博德。

这一部分的要点在于，市场上的参与者通过相互竞价建立了市场价格。当公司有新的信息披露的时候，市场预期会发生变化，股票价格也将随之改变。新的信息会引起市场参与者对该公司未来股利水平或者股利派发风险的预期的改变。由于市场参与者在不断地接收新信息并且修改他们的预期，股票价格不断变动也就很合理了。

13.4 估值误差

本章我们学习了几种资产估值模型。将这些模型运用到现实的公司中是一个很有意思的实践。读者在做这种练习的时候会发现多数情况下计算出来的股票价格与市场价格不符。读者常常质疑这些模型是否正确或完整，或者模型的运用是否正确。在模型的运用过程中可能会出现多种错误，包括估计增长率、估计风险以及预测股利方面出现的问题。

13.4.1 增长估值问题

固定增长率模型要求分析人员对公司的固定增长率进行估计。你可以通过计算股利、销售额或者净利润的历史增长率来估计公司的未来增长率,但这一方法未考虑公司或整体经济变化对增长率的影响。罗伯特·豪根是加利福尼亚大学的一名金融学教授,他在自己所著的《新金融学》(*The New Finance*)中写道,竞争会阻碍高增长率的公司继续保持这种历史增长率。但是,即便如此,他证明了历史上具有高增长率的公司的股票价格趋于反映这种持续的高增长率水平。结果就是投资这些公司的投资者相对于投资成熟公司来说所获得的收益要低一些。这说明了就算是专家,在估计未来增长率时也存在困难。表13-1给出了要求收益率为 (k_e) 15%、股利 (D_0) 为2美元的公司在不同增长率水平下的股票价格。股票价格从增长率为1%时的14.43美元变动到增长率为14%时的228.00美元。用13%的增长率代替12%会导致计算出的股票价格差为38.33美元。

表 13-1 $D_0=2$、$k_e=15\%$ 时的某股票的价格

增长率(%)	股票价格(美元)
1	14.43
3	17.17
5	21.00
10	44.00
11	55.50
12	74.67
13	113.00
14	228.00

13.4.2 风险估值问题

股利估值模型要求分析人员估计公司权益的要求收益率。表13-2显示了股利 (D_0) 为2美元、增长率 (k_e) 为5%的公司在不同的要求收益率估计结果下股票价格的变动。很显然,股票价格与要求收益率高度相关,尽管我们还不肯定该如何确定要求收益率。

表 13-2 $D_0=2$、$g=5\%$ 时的某股票的价格

要求收益率(%)	股票价格(美元)
10	42.00
11	35.00
12	30.00
13	26.25
14	23.33
15	21.00

13.4.3 股利预测问题

即使我们能准确地估计公司的增长率以及要求收益率,我们仍然面临该如何确定公司将多少盈利用于分红的问题。很显然,许多因素会影响股利支付率,包括公司未来的增长机会以及管理层对未来现金流的考虑等。

将所有这些考虑因素放在一起,我们会发现股票分析人员很少能确定其股价预测的准确性。这也是股票价格会产生剧烈波动的原因所在。例如,如果有信息显示经济减速,分析人员将会修改他们对增长率的预期。而如果这种变动涉及大量股票时,主要的市场指数就会发生变动。

这是否就意味着你不应该投资于股市呢?并非如此,这仅仅意味着短期股价的波动,而且也是很正常的。从长期来看,股票价格会调整以反映公司的真实收益情况。如果你的投资组合中选择了蓝筹股,随着时间的推移,它们应该会为你提供合理的收益率。

专栏13-1 案例

2007~2009年金融危机与股票市场

2007年8月开始爆发的次贷危机导致了50年以来股票市场最大的熊市。使用股价估值模型分析中的戈登增长模型有助于我们理解这一事件是如何影响股票价格的。

次贷危机对经济主要造成了负面的影响，引起外界对美国公司的发展前景做出了向下调整，使戈登增长模型中的股利增长率g降低，因此式（13-5）中的分母变大，P_0降低，股票价格随之下降。

次贷危机引起的美国经济不确定性的加大以及信贷利差的扩大都使投资者的要求收益率提高。较高的k_e也会使式（13-5）的分母变大，P_0降低，从而使股票价格普遍下降。

在金融危机早期，公司发展前景下行以及信贷利差的扩大都不是很严重，正如戈登增长模型所预测的那样，股价的下跌幅度也较小。但是随着危机加剧，信贷利差急剧扩大，经济动荡，正如戈登增长模型所预测的，股票市场崩溃了。2009年1月6日~2009年3月6日，道琼斯工业平均指数从9 015点跌落到6 547点。2007年10月（当时达到14 066点）~2009年3月，股市损失了53%的价值。不到一年指数又重新回归至10 000点以上。

专栏13-2 案例

"9·11"恐怖袭击事件、安然公司丑闻与股票市场

2001年，两件大事震动了美国股市："9·11"恐怖袭击事件和安然公司丑闻。使用股价估值模型分析中的戈登增长模型有助于我们理解这些事件是如何影响股票价格的。

"9·11"恐怖袭击事件的发生，使恐怖分子袭击美国并致使美国经济瘫痪的可能性增大。这些担忧使得外界对美国公司的发展前景向下调整，使戈登模型中的股利增长率g降低，因此式（13-5）中的分母变大，P_0降低，股票价格随之下降。

美国经济不确定性的加大还会使投资者的要求收益率提高。较高的k_e也会使式（13-5）的分母变大，P_0降低，从而使股票价格普遍下降。正如戈登增长模型所预测的那样，"9·11"事件后美国股市下跌幅度超过了10%。

随后，美国成功地击溃了阿富汗塔利班组织，消除了未来恐怖袭击发生的可能性，使市场上的忧虑情绪和不确定性都相应减少，g逐步回升而k_e下降，式（13-5）中的分母变小，P_0上升，股市也在随后的10月和11月逐步复苏。但是到2002年年初，安然公司丑闻以及对很多公司都夸大其收益情况内幕的揭露，使很多投资者怀疑以往对公司收益情况及股利增长率的乐观估计。由于公司会计信息的不确定性加大，投资者将g向下调整，并提高k_e，这使戈登增长模型中的分母变大，降低了很多公司的P_0，股市的整体价格水平也因此降低。和我们的预测结果一样，这些情况确实发生了，股票市场的复苏被搁置，市场又进入一个下行周期。

13.5 股票市场指数

股票市场指数用于监测一组股票的表现。通过考察一组股票的平均表现，投资者能够获得

对范围更广的一组股票表现的认识。各种股票市场指数向投资者展示了各类股票的业绩。最常引用的指数是道琼斯工业平均指数,这一指数是基于30家大型公司的股票制定出来的。表13-3列出了2013年6月组成这一指数的30只股票。专栏13-3提供了这一著名指数的背景知识。

表13-3　组成道琼斯工业平均指数的30家公司列表

公司名称	股票代码	公司名称	股票代码
3M	MMM	强生	JNJ
苹果	AAPL	摩根大通	JPM
美国运通	AXP	麦当劳	MCD
波音	BA	默克	MRK
卡特彼勒	CAT	微软	MSFT
雪佛龙	CVX	耐克	NKE
思科系统	CSCO	辉瑞	PFE
可口可乐	KO	宝洁	PG
杜邦	DD	旅行者集团	TRV
埃克森美孚	XOM	联合技术	UTX
通用电气	GE	联合健康集团	UNH
高盛	GS	Verizon通信	VZ
家得宝	HD	威士	V
IBM	IBM	沃尔玛	WMT
英特尔	INTC	迪士尼	DIS

专栏13-3　小案例

道琼斯工业平均指数的发展历程

道琼斯工业平均指数是由30家"蓝筹"工业公司的股价组成的一种指数。1896年5月26日,查尔斯·H.道将12只最有名的股票价格相加,然后再除以股票数量,创造出一种新的平均指数。1916年在此基础上又加入了8只股票,1928年由30只股票所组成的平均指数首次推向市场。

现在是由《华尔街日报》的编辑来挑选组成道琼斯工业平均指数的公司。他们所选择的是广义上的"工业"公司:从本质上讲,只要不属于运输业或公用事业(因为这些行业有其自身的道琼斯平均指数)的任何公司都可被视为工业公司。能够被入选组成道琼斯工业平均指数的公司,必然有着成功的发展历史,并且投资者对该公司有着广泛的兴趣。道琼斯工业平均指数的成员公司会周期性地进行调整。例如,美国电话电报公司和美国银行就被苹果公司和耐克取代了。

大部分市场观察者一致认为,道琼斯工业平均指数并非反映市场每天整体表现的最优指标。事实上,这种指数在短期内与广义股票指数差别很大。它之所以仍然受到广泛关注,主要是因为它是历史最悠久的指数,也是第一种公开发布的指数。从长期来看,这种指数能够很好地考察市场的表现。

在追踪不同种类股票的表现方面,其他指数可能更加有用,如标准普尔500指数、纳斯达克综合指数、纽约证券交易所综合指数。图13-2展示了1980年后的道琼斯工业平均指数的变化情况。

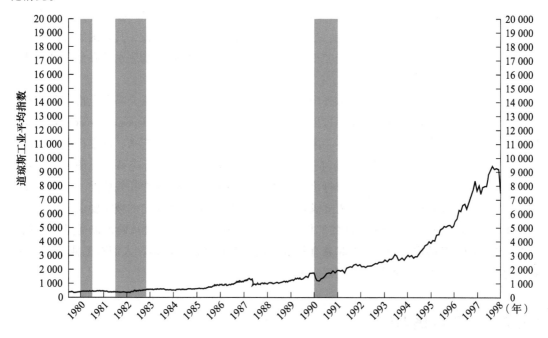

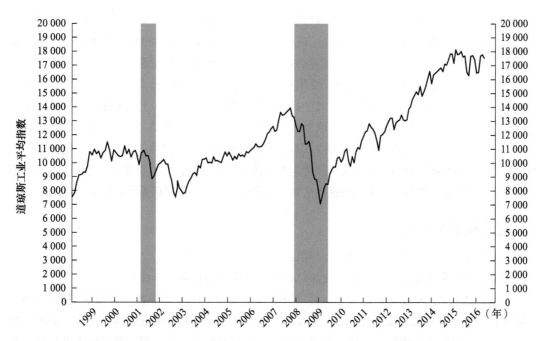

图13-2 道琼斯工业平均指数,1980~2016年(灰色阴影部分为经济衰退期)

资料来源:http://finance.yahoo.com/q/hp?s=%5EDJI&a=09&b=1&c=2007&d=03&e=13&f=2010&g=m.

13.6 购买国外股票

在第4章中,我们了解了资产组合的多样化可以降低风险。近几年,投资者开始意识到有些风险也可以通过国家的多样化消除。当一个国家处于经济萧条的时候,其他国家可能处于繁荣时期,如美国的通货膨胀问题可能使得股价下跌了,但日本的通货膨胀水平降低则可能使股价上涨。

购买国外股票的问题在于大多数外国公司并未在美国任何一家股票交易所上市,所以购买这些公司的股票很困难。中介机构通过出售**美国存托凭证**(American depository receipts,ADR)解决这个问题。一家美国的银行购买一家外国公司的股票并将其保存起来,该银行继而发行以这些股票作为支持的可以在美国市场(通常在纳斯达克市场)上进行交易的凭证。美国存托凭证的交易全部是用美元进行的,银行将股利转换成美国货币。美国存托凭证的一个优点在于它允许外国公司在美国交易,而不需要满足美国证券交易委员会所规定的披露要求。

正如2008年的全球衰退所证明的那样,尽管一个国家特有的波动风险可以通过多样化降低,但国家间经济的内在相关性意味着有些风险是一直存在的。然而,人们对墨西哥、巴西、韩国等新兴经济体的公司的股票特别感兴趣。

13.7 股票市场监管

经济发展进入高级阶段的一大标志就是有一个运行良好的资本市场。一个经济体要繁荣发展,公司必须能筹集资金以在投资机会出现时加以利用。公司在资本市场上筹集资金,想要这些资本市场恰当地发挥这一职能,投资者必须能够相信筹资公司所披露的信息。如果没有这种信任的话,市场可能会崩溃。在美国,最著名的例子就是经济大萧条。20世纪20年代,大概有500亿美元的新证券发行,到1932年,其中的一半都变得一文不值了。公众对资本市场的信心因此急剧下挫,立法者也认为要使经济体恢复的话必须首先挽回公众的信心。继一系列的调查听证会后,美国国会通过了《1933年证券法》,不久之后又通过了《1934年证券法》。这些法案的主要目的在于:一是要求公司告知公众所经营企业业务的真实信息,二是要求证券经纪人、经销商以及交易所公平对待投资者。为实施这些法案,美国国会设立了美国证券交易所委员会。

美国证券交易委员会

美国证券交易委员会网站上有如下声明:

美国证券交易委员会的基本使命是保护投资者以及保持证券市场的完整性。

为完成这项令人望而生畏的任务,美国证券交易委员会主要确保投资者能够定期、及时、准确地获得信息,由此投资者能够判断某家公司的证券是不是好的投资选择。因此,美国证券交易委员会主要集中于促进信息的披露以及减少信息不对称情况的出现,而不是决定某具体公司的优势或福利情况。为保证提供给投资者信息的质量,美国证券交易委员会每年都会处理400~500宗对个人或公司发起的民事诉讼案。

美国证券交易委员会分为5个部门、12个办事处,大约有4 600名雇员。要更好地理解美国证券交易委员会是如何实现其目标的，其中一种方法就是考察分配给每个部门的职责。

- 公司融资部负责收集许多上市公司需要提交的文件，包括公司年报、申请上市登记表、季度报表和众多其他文件。该部门对这些文件审查以核实它们是否符合各项规定，而不会核实文件的真实性或准确性。
- 证券市场管理部通过规范主要的证券市场参与者，来建议并维持一个有序和有效的市场所需的各种标准。该部门审核和通过新规则，并对现行的各种规则进行修正。
- 投资管理部监督和规范投资管理行业，包括共同基金行业。类似于市场管理部门设立管理市场的规则，投资管理部门设立管理投资公司的规则。
- 调查执行部负责对任何违反其他部门制定的规定和管制条例的行为进行调查。该部门还调查各种证券欺诈行为以及根据美国证券交易委员会其他部门提供的内幕消息进行的各种交易。
- 经济风险和分析部根据需要向所有部门提供数据和分析。其职责是就拟议规则的经济影响向各部门提供咨询建议。

在第20章中，我们将会讨论美国证券交易委员会处理欺诈行为以及违反伦理标准情况的一些具体案例。

本章小结

市场上存在有组织的交易所和场外交易所。有组织的交易所拥有一栋大楼，交易商在里面进行交易，而场外交易市场主要通过电话和计算机进行操作。虽然也存在一些例外情况，但通常来说，规模较大的公司在有组织的交易所进行交易，而较小的公司则在场外交易市场交易。近年来，电子通信网络开始逐渐抢占原本属于股票交易所的市场份额。这些电子网络在未来很可能成为股票市场非常重要的参与者。

股票的价值等于未来股利的现值，但遗憾的是，我们无法准确得知未来的股利情况，这导致在估值过程中产生大量误差。戈登增长模型是计算股票价值的一种简化方法，它假设股利一直以固定比率永续增长。由于对未来股利的不确定性，因此这通常是我们能给出的最优假设条件。

另外一种估计股票价格的方法是用公司的每股盈利乘以行业的平均市盈率。可以适当上调或下调市盈率以反映公司的具体情况。

市场上交易商之间相互作用能够确定出各种证券的价格。对证券估值最高的那些交易商要么是对未来现金流的不确定性较低，要么是估计的未来现金流更多，所以愿意支付最高的价格。随着新信息的发布，投资者会修改他们对证券真实价值的估值结果，然后比较股票的市场价格和他们所估计的结果，再做出买卖证券的决策。由于估计的增长率或要求收益率的微小变动都会导致股票价格的大幅波动，因此股票市场价格经常有很大的波动也就不足为奇了。

简答题

1. 金融学中能用于对任何投资资产进行估值的基本原则是什么？
2. 确定股票投资者可以利用的现金流。这些现金流被估计的可靠性如何？比较一下估计股票现金流和债券现金流遇到的困难，你认为哪种证券的波动性更大？

3. 讨论有组织的交易所使用 SDBK 系统的好处和潜在风险。
4. 纳斯达克指的是什么？
5. 世界各地的天气状况对收成的影响各不相同并不罕见。如果你是食品制造公司的股票交易专家，你如何把这些信息整合起来？
6. 回顾表 13-3 列出的组成道琼斯工业平均指数的公司。有多少是技术公司？从风险的角度看这意味着什么？

计算题

eBay 于 1998 年 9 月公开上市，在其向美国证券交易委员会提交的招股说明书中列出了下列关于公司在外流通股的信息。○

在首次公开募股中，eBay 发行了 350 万股新股。面向公众的最初价格为 18 美元，发行第一天的收盘价为 44.88 美元。

1. 如果投资银行家每股收取 1.26 美元的费用，那么 eBay 获得的净收益是多少？eBay 发行新股的市场资本总额是多少？
2. 首次公开募股中有两种常见的统计指标：抑价（underpricng）和公司上市损失总额（money left on the table）。抑价被定义为发行价和首日收盘价的百分比变动率。而公司上市损失总额等于首日收盘价和股票发行价的差额乘以发行总股数。计算 eBay 的抑价和公司上市损失总额。这两个指标说明 eBay 上市的效率如何？
3. Misheak 公司的股票未来 12 个月的收益情况预期如下：

收益率（%）	概率
−5	0.10
5	0.25
10	0.30
15	0.25
25	0.10

如果股票当前交易价格为 25 美元，则一年后的预期价格为多少？假设该股不派发股利。
4. Corp 公司的股票售价为 75 美元，目前的年度利息为每股 2.5 美元。如果预期一年的回报率为 3%，那么从今天开始计算一年后分析师预计价格为多少？
5. 假设微软公司目前股价为 27.29 美元，每股派发 0.32 美元的年股利，而分析人员设定一年后的目标价格为 33.30 美元左右，则该股票的预期收益率为多少？
6. LaserAce 公司目前股价为 22 美元，最近一次派发的年股利为每股 0.80 美元。如果市场的要求收益率为 11%，应用戈登增长模型计算 LaserAce 公司的预期股利增长率。
7. ANGAP Oil 公司的股票市盈率为 22，而 VRC Oil 公司的股票市盈率为 20。两家公司的每股收益均为 1.12 美元。计算两家公司的股票价格。
8. 参考前面的习题。计算投资者为持有 ANGAP Oil 公司的股票而不是 VRC Oil 公司的股票所支付的溢价为多少？
9. 戈登公司刚派发给股东每股 1.10 美元的年股利。分析人员认为戈登公司会一直保持 3% 的股利增长率，如果要求收益率为 8%，那么预计公司明年的股票价格为多少？
10. 宏观系统公司刚派发给股东每股 0.32 美元的年股利。预计今后 4 年内，公司派发的股利水平将会翻倍（从 D_1 到 D_4），在那之后股利的年增长率将放缓为 1%。如果要求收益率为 13%，那么公司股票的现价为多少？
11. Nat-T-Cat 公司刚刚上市，作为一家处于成长期的公司，Nat-T-Cat 预计在前 5 年都不会派发股利。在那之后投资者预期该公司每年

○ 该信息来自以下网站：http://www.sec.gov/Archives/edgar/data/1065088/0001012870-98-002475.txt。

会派发每股 1.00 美元的股利（即 $D_6 = 1.00$）且一直保持不变。如果要求收益率为 10%，那么股票的现价为多少？

12. 计算 OSE Water 公司的股价。假设这项投资的预期回报率与预期股利增长率的差额为 3.6%，每股股利为 1.728 美元。

13. 参考前面的习题。如果股利以每年 5% 的速率增长，那么潜在要求收益率为多少？

14. 考虑由以下 4 只证券组成的指数的信息：

证券	价格（第 0 期）	价格（第 1 期）	股票发行总数（百万股）
1	8	13	20
2	22	25	50
3	35	30	120
4	50	55	75

若运用价值加权平均法计算指数，从第 0 期到第 1 期指数的价值变动了多少？

15. 一个指数在过去 20 年内的几何平均收益率为 3.886 1%，假如初始值为 100，那么 20 年后指数的最终值为多少？

16. 今天你以每股 55 美元的价格购买股票，你希望一年后售价为 56 美元。如果你期望的年收益率为 3.5%，那么每股股票的股利为多少？

17. 预计风险投资公司的每股盈利为 3.5 美元，由风险投资公司最直接竞争对手所组成的行业的平均市盈率为 21。经过仔细分析，你认为风险投资公司的风险稍高于行业平均水平，所以你觉得 23 的市盈率能更好地反映市场对该公司的预期。估计公司股票的现价。

网络练习

股票市场

1. 访问 http://www.forecasts.org/data/index.htm，点击页面最顶端的 "Stock Index Data"，然后点击 "U.S. Stock Indices-monthly"，查看道琼斯工业平均指数、标准普尔 500 指数以及纳斯达克综合指数的数值。哪种指数的波动性最大？如果投资允许按复利一直计算到今天的话，1985 年你会愿意投资哪个指数？

2. 可以根据多种指数观察股票市场的表现，有趣的是观察这些指数彼此之间如何互相追踪。访问 http://bloomberg.com，点击屏幕上方的 "Charts"，轮流查看道琼斯工业平均指数、标准普尔 500 指数、纳斯达克综合指数以及罗素 2000 的指数数值。将时间设定为 5 年，然后点击 "Get Chart"。

（1）过去 5 年里哪种指数波动性最大？
（2）哪种指数表明过去 5 年内的收益最高？
（3）现在将时间调整为当天。哪种指数在今天表现最好？哪种指数的波动性最大？

第 14 章

抵押贷款市场

预 览

典型的"美国梦"包括拥有自己的房子。现在,美国一般房子的售价已经超过 23.5 万美元㊀,如果我们不能借来这笔购房资金的话,许多人可能直到暮年才能买得起房子。类似地,企业更多的是依靠借入资本的方式而非股权资本来为公司的发展融资。许多小公司无法进入债券市场,所以必须寻找别的资金来源。回顾 100 年前抵押贷款市场的状况,这些市场的出现主要是满足了企业与有钱人的需要,但到现在已经发生了许多变化。本章的目的就是讨论这些变化。

第 11 章讨论了货币市场,即短期资金市场。第 12 章和第 13 章讨论了债券和股票市场。本章则讨论抵押贷款市场,借款人(个人、企业和政府)能够获得长期抵押贷款的市场。从某种角度上讲,抵押贷款市场是资本市场的一个子市场,因为抵押贷款涉及的都是长期资金,但抵押贷款市场又在一些重要的方面区别于股票市场与债券市场。首先,资本市场中通常的借款人是政府机构和企业,而抵押贷款市场中通常的借款人是个人。其次,抵押贷款的金额和还款期限根据借款者的需要各不相同,这也造成了抵押市场发展二级市场的主要问题。

在本章中,我们将分析典型的住房抵押贷款的特征,讨论抵押贷款的一般期限与类型,了解提供抵押贷款的机构。此外,我们还要讨论抵押贷款担保证券市场的发展情况,以及第 8 章所讨论的次级抵押市场的崩溃。

14.1 抵押贷款的定义

抵押贷款(mortgage)是以不动产为担保的长期贷款。一个开发商可以获得抵押贷款来为写字楼的建筑进行融资,或者一个家庭可以获得抵押贷款来购买住房。以上两种情况的贷款都是**分期还款**(amortized):借款人在到期前分期偿还本金与利息的总额。表 14-1 给出了抵押贷款借款人的分布情况。因为超过 81% 的抵押贷款用于购买住房,所以住房抵押贷款是本章讨论的重点。

㊀ National Association of Realtors:https://ycharts.com/indicators/sources/nar.

表 14-1　2016 年抵押贷款借款情况

财产类型	发放的抵押贷款（百万美元）	占总额比例（%）
单户单体到四户联体住宅	9 986	72.38
多户联排住宅	1 099	7.97
商业建筑	2 506	18.16
农场	205	1.49

资料来源：http://www.federalreserve.gov/econresdata/releases/mortoutstand/current.htm。

理解现代抵押贷款的一种方法是回顾它的历史。起初，许多州的法律禁止银行进行抵押融资，以免银行的资金被束缚在长期贷款上。美国 1863 年出台的《国家银行法》进一步限制了抵押贷款。结果，过去大多数抵押合同都是在个人之间签订的，通常在一位律师的帮助下，双方取得联系并签订字据。通常只有有钱人和有广泛人脉关系的人才能获得这种贷款。然而，随着对长期贷款的需求日益增加，市场上出现了越来越多的抵押经纪商。他们经常在发展较快的美国西部地区发放贷款，并将这些贷款出售给东部地区的储蓄银行和保险公司。

到了 1880 年，抵押贷款银行家开始学会出售债券来为所提供的长期贷款融资，从而使其业务得以形成流水线。他们将许多抵押贷款合同组成一个投资组合，并以它们做担保来向公众发行债券。这些贷款中的很大一部分被用于中西部的农业扩张。不幸的是，19 世纪 90 年代农业的不景气造成了许多贷款违约。土地价格下降，大批的抵押贷款银行家破产。此后，获得长期贷款变得非常困难，直到第一次世界大战后，全国性的银行被批准可以发放抵押贷款，情况才发生变化。这项制度变化使得房地产行业一片繁荣，抵押贷款迅速扩张。

到 20 世纪 30 年代，抵押贷款市场在经济大萧条中再一次遭到破坏。数以百万计的借款人失去了工作，没有能力偿还贷款。这导致借款者丧失抵押贷款赎回权，纷纷出售房产，从而引起财产价值猛跌。抵押贷款机构再一次受到沉重的打击，纷纷破产。

造成这么多借款人拖欠还款的一个原因正是他们借入的抵押贷款的类型。当时的大多数抵押贷款都是**气球贷款**（balloon loan）：借款人在最初的 3~5 年里只需支付利息，然后在到期时一次归还贷款。贷款人通常愿意用减少本金的方法为贷款提供展期。然而，如果借款人失业了，贷款人就不愿意再提供展期，这样借款人就只有违约。

作为从大萧条中复苏的计划之一，联邦政府插手重建了抵押贷款市场。政府接管了已违约的气球贷款并允许借款人在更长的期限内偿还贷款。毫不奇怪，这些新型的贷款很受欢迎。幸存下来的储贷机构又开始为住房购买者提供相似的贷款，需求的高涨促进抵押贷款业恢复了健康运行。

14.2　抵押贷款的特点

现代抵押贷款的提供者继续改进长期贷款产品，使其更受借款人欢迎，即使在过去短短的 20 年里，贷款人及其所使用的贷款工具的性质都发生了很大的变化。一个最大的变化就是抵押贷款合同有了活跃的二级市场。我们将考察抵押贷款合同的性质以及它们的二级市场。

20年前，大多数抵押贷款是由储蓄和贷款机构以及大银行内的抵押贷款部门发放的。这些贷款一部分由发放者自己持有，其他则被出售给几家公司。这些公司会密切关注贷款的违约率，如果违约率很高将停止从银行购进抵押贷款。现在，房地产金融行业中有许多贷款机构在竞争。其中一部分是银行的附属部门，另一部分是独立的机构。由于抵押贷款行业的竞争加强，借款人能够选择不同期限的各种贷款。这些抵押贷款机构采用贷款并证券化模式（originate-to-distribute model），在这种模式下，贷款经纪人发放贷款后将其以最快的速度出售给投资者。这一模式增加了委托 - 代理问题，因为贷款发放者并不关心贷款是否得到偿还。

14.2.1 抵押贷款利率

借款人为抵押贷款支付的利率也许是他们选择贷款人及贷款数量时考虑的最重要因素。抵押贷款的利率由三个因素决定：长期市场利率、抵押贷款的期限和贴现点。

1. 长期市场利率

长期市场利率由长期资金的需求与供给决定，而长期资金的供求又受一系列国际、国内及地区因素的影响。如图14-1所示，抵押贷款利率保持高于风险较小的长期国债利率水平，但变化趋势与之相一致。

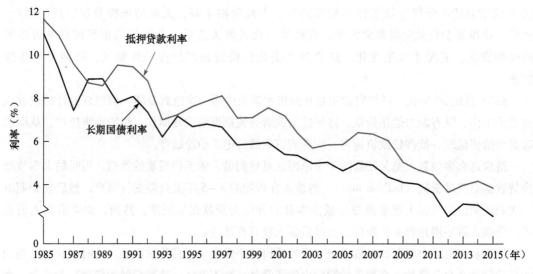

图 14-1　1985～2016年抵押贷款利率及长期国债利率

资料来源：http://www.federalreserve.gov/releases/h15/data.htm.

2. 抵押贷款的期限

抵押贷款的期限越长，利率越高。通常的抵押贷款期限为15年或30年。有些贷款人也提供20年期的贷款，虽然这种贷款不常见。因为距到期日的期限越近利率风险越低，所以15年期贷款的利率比30年期的利率要低。例如，2016年5月，30年期抵押贷款的平均利率是3.79%，而15年期的是2.99%。

3. 贴现点

贴现点（discount point）是最初签订贷款时所需支付的利息。一个贴现点的贷款意味着在贷款交割（即借款人签订借款文件并获得贷款）时，需要向贷款人支付贷款总额的1%。作为这些贴现点的补偿，贷款人会降低贷款的利率。由于贴现点增加了贷款的成本，借款人在考虑是否支付贴现点时，必须确定因为支付贴现点而在贷款期间享受的利率降低，是否足以弥补所增加的前端费用。要做出这种决定，借款人必须考虑自己持有贷款的期限长短。通常来说，如果借款者会在5年内还清贷款就不需要支付贴现点。将5年作为平衡点是因为美国的房产平均5年左右就会被出售。

专栏14-1 案例

贴现点决策

假设有两种贷款可供你选择。在第一种贷款中，你不用支付贴现点，贷款利率为12%。在第二种贷款中，你需要支付两个贴现点，贷款利率稍低，为11.5%。你会选择哪种贷款呢？

要回答这个问题，你必须首先计算不用支付贴现点时的有效年利率。由于贷款按月计算复利，你每月支付的利率为1%。因为复利的缘故，有效年利率比简单的年利率要高。为计算有效年利率，用1加上月利率之和的12次方再减去1，因此得到无贴现点贷款的有效年利率为：

$$\text{有效年利率} = (1 + 1\%)^{12} - 1$$
$$= 0.126\,8 = 12.68\%$$

按照每月计算复利，12%的年利率对应的有效年利率为12.68%。对于一笔30年期、总额为100 000美元的抵押贷款，使用财务计算器计算的每月支付额为1 028.61美元。

现在计算支付两个贴现点时的有效年利率。我们假设贷款总额为100 000美元。如果你支付了两个贴现点，获得的贷款就不是100 000美元，而是98 000（=100 000 - 2 000）美元。你需支付的利息仍然按100 000美元的总额计算，但是所使用的利率水平较低。使用财务计算器进行计算，将会发现每月需支付990.29美元，而月利率为0.980 4%。[⊖]计算复利下的有效年利率为：

$$\text{有效年利率} = (1 + 0.980\,4\%)^{12} - 1$$
$$= 0.124\,2 = 12.42\%$$

由于支付两个贴现点，有效年利率从12.68%下降到12.42%。从表面上看，支付贴现点是一个不错的选择，但问题在于这些计算过程都是在假定你将持有贷款30年的前提下进行的，如果你在贷款到期之前就将房产出售又会怎样呢？

如果提前清偿贷款，借款人从较低的还款利率中受益的时限要短一些，此时贴现点分摊到了较短的期限上。这两个因素影响的结果就是在还款前持有贷款的年限越短，有效年利率越高。表14-2证实了这种关系。如果持有支付两个贴现点的贷款15年（即在第15年还清贷款），有效年利率为12.45%；如果持有10年，有效年利率上升到12.52%。即使是只持有6年，有效年利率为12.65%，支付贴现点也还是可以为借款人节约还款总额的。但是，如果在5年内还清贷款，有效年利率为12.73%，这比在没有支付贴现点时的有效年利率12.68%要高。[⊜]

⊖ 见第3章如何计算抵押贷款的支付金额。
⊜ 例如，如果在2年后提前偿还贷款，为了计算有效年利率，求出当 $I = 11.5\%$、$PV = 100\,000$、$N = 360$ 及 $PMT = 990.29$ 时的 FV。现在设 PV 等于98 000并计算出 I。用算出的 I 除以12，再加上1，然后求其12次方。

表 14-2　贷款利率为 12%、支付两个贴现点时的有效年利率

提前还款年数	有效年利率（%）	提前还款年数	有效年利率（%）
1	14.54	6	12.65
2	13.40	7	12.60
3	13.02	10	12.52
4	12.84	15	12.45
5	12.73	30	12.42

14.2.2　贷款期限

抵押贷款合同包括许多法律条款与财务条款，其中大多数条款保护贷款人免受财务损失。

1. 抵押物

抵押贷款的一个共同特征是要求有抵押物做担保，通常贷款购买的房产本身就是贷款的抵押物。放贷机构通常对抵押物拥有**留置权**（lien），并且这种权利一直保持到贷款全部清偿为止。留置权就是一项关于财产权的公开记录，该记录说明此财产是贷款的抵押物，并赋予贷款人在发生债务违约时出售抵押财产的权力。

不清偿这种留置权，没有人能够购买该项财产并获得明确的产权。例如，你以留置权做担保，取得贷款用以购买一项资产，贷款人会到公开登记办事处对此项财产的留置权进行登记。留置权向世人表明，如果发生债务违约，贷款人有权获得该项资产。如果你没有清偿贷款却想出售该项资产，关于该项财产的产权和契据的留置权仍然保留。无论谁拥有该项资产，贷款人都可以收回，所以，在贷款得到清偿之前，没有人会购买该项财产。房地产留置权的存在说明了为什么产权调查是抵押贷款交易的重要组成部分。在产权调查期间，律师与产权公司会调查所有留置权的公开记录。购买产权保险可以保证购买者的资产没有瑕疵，产权保险负责任何有关产权状况的问题，包括留置权的问题。

2. 首付

要获得抵押贷款，贷款人还要求借款人支付**首付**（down payment），即支付购买价格一定比例的款项。购买价格的余额由贷款支付。首付（和留置权一样）的目的在于减少借款人发生债务违约的可能性。不支付首付的借款人得不到贷款与住房，当然也没有任何损失。而且，即使房价下跌，贷款余额也会超过抵押物的价值。正如我们在第 2 章和第 8 章中讨论过的那样，首付减少了借款人的道德风险问题。首付的金额取决于抵押贷款的类型。从 21 世纪头 10 年中期开始，政府经常通过附加贷款来规避所要求的首付，即在第一次抵押贷款的基础上再加上第二笔贷款，从而提供 100% 的融资。我们从 2006 年的房地产低迷中看到，许多借款人意识到他们的房产价值低于他们所欠贷款，于是违约率飙升。

3. 私人抵押保险

贷款人保护自己免遭违约的另一种方式是要求借款人购买**私人抵押保险**（private mortgage insurance，PMI）。私人抵押保险是一种保险单，在发生债务违约时，它可以补偿贷款额与资产价值间的差额。例如，如果在发生债务违约时你的贷款余额为 12 万美元，但你的资产价值仅为 10 万美元，私人抵押保险就会向贷款机构支付 2 万美元。尽管违约仍然被写入借款人的信誉记录

中，但贷款人避免了遭受损失。要求私人抵押保险的贷款通常是首期付款在 20% 以下的贷款。如果由于贷款偿付或资产价值升高引起贷款价值比下降，借款人可以要求取消有关私人抵押保险的条款。对于 10 万美元的贷款，购买私人抵押保险通常每月要花费借款人 20~30 美元。

从理论上讲，私人抵押保险也应该保护投资者免遭抵押贷款投资的损失，它做到了这一点。正如将在后面讨论的那样，宽松的贷款标准导致了竞争性抵押贷款市场的产生，在这个市场上，贷款人用有争议性的方法吸引客户，其中一种方法是通过贷款重组规避购买私人抵押保险。通常来说只对首次抵押贷款要求购买私人抵押保险，通过贷款重组将首次贷款的贷款价值比设为 80%，剩下的 20% 则用二次贷款获得，这样就避免了购买私人抵押保险。

4. 借款人资格

在发放抵押贷款前，贷款人要先确定借款人是否有资格取得贷款。取得抵押贷款的资格不同于取得银行贷款的资格，因为大多数贷款人在二级市场上将抵押贷款出售给一些联邦机构，这些机构对于接受贷款有严格的要求。如果贷款人将抵押贷款贷给不符合这些要求的借款人，贷款人也许就无法出售这些贷款，这样就束缚了贷款人的资金。

确定借款人资格的规则复杂而多变，但一条经验法则是贷款的月还款额（包括税负和保险）不应超过月收入总额的 25%，而且借款人全部贷款的月还款额（包括汽车贷款与信用卡消费额）不能超过月收入总额的 36%。例如，如果你每年挣 6 万美元（每月 5 000 美元），并且没有任何其他债务，你的月还款额不应超过 5 000 × 25% = 1 250 美元。如果利率为 4%，你有资格获得大约 20 万美元的贷款。

贷款者还会从主要的信用报告机构获取借款人的信用情况报告。借款人的信用分数基于一个模型，该模型赋予能说明借款人信用情况的有效变量不同的权重。最常见的分数为 FICO，因 Fair Isaac Company 开发而得名。**FICO 分数**（FICO scores）范围为 300~850，分数超过 720 被视为信誉良好，分数低于 660 则可能比较难获得贷款。FICO 分数取决于你的历史还款记录、现有债务额、信用历史长短、近期信用申请次数以及信用和贷款种类。有意思的是，仅仅是申请或持有信用卡都可能对你的 FICO 分数造成很大的影响。

21 世纪头十年中期，抵押贷款市场的竞争加强，出现了各种不同的抵押贷款，这些贷款不同于以往的传统贷款。例如，给借款者提供 No Doc 贷款（有时候称为 NINJA 贷款，即无收入、无工作、无资产贷款），这些贷款不要求贷款申请者有收入或资产。但随着贷款者开始寻找更合格的借款者而不是盲目追求贷款数量的增长，以上贷款类型逐渐被摒弃。

14.2.3 抵押贷款分期偿还

抵押贷款的借款人同意每月支付一定数额的本金与利息，并在到期前偿还全部贷款。"分期全部偿还"的意思是在贷款到期前偿还全部未偿还的债务。在贷款期限的最初几年，贷款人把大多数还款算作贷款利息的支付，而将一小部分用于偿还未偿本金余额。许多借款人会很诧异地发现，还款几年后自己的债务余额并没有显著下降。

表 14-3 列出了期限为 30 年、总额为 130 000 美元、利率为 8.5% 的贷款的本金与利息的分配情况。第一笔还款中只有 78.75 美元算作本金的偿付。两年后，应偿还的贷款余额是 127 947 美元，5 年后，应偿还的贷款余额还有 124 137 美元。换一种说法，在开始 5 年里支付的

59 975.40 美元中，只有 5 862.69 美元是用于偿还本金。130 000 美元的贷款在全部期限里需要支付总计 229 850 美元的利息。

表 14-3　30 年期利率为 8.5% 的 130 000 美元抵押贷款的分期还款额　　（美元）

还款期数	期初贷款余额	每月还款额	用于偿还利息金额	用于偿还本金金额	期末贷款余额
1	130 000.00	999.59	920.83	78.75	129 921.24
24	128 040.25	999.59	906.95	92.66	127 947.62
60	124 256.74	999.59	880.15	119.43	124 137.31
120	115 365.63	999.59	817.17	182.41	115 183.22
180	101 786.23	999.59	720.99	278.60	101 507.63
240	81 046.41	999.59	574.08	425.51	80 620.90
360	991.77	999.59	7.82	991.77	0

如果表 14-3 中贷款的期限由 30 年改为 15 年，每月就要多支付 280 美元，共计 1 279.59 美元，但全部贷款期限中的利息节省了将近 130 000 美元。如此看来，这么多的借款人更喜欢短期贷款也就不足为奇了。

14.3　抵押贷款的类型

市场上有许多类型的抵押贷款，不同的借款人有取得不同贷款的资格，有经验的抵押贷款银行家可以帮助人们在各种具体情况下找到最合适的贷款类型。

14.3.1　有担保的抵押贷款和一般抵押贷款

抵押贷款分为有担保的抵押贷款和一般抵押贷款两大类。**有担保的抵押贷款**（insured mortgages）由银行或其他抵押贷款人发放，但由联邦住房管理局或退伍军人管理局担保。向联邦住房管理局或退伍军人管理局申请贷款者必须具备一定的资格，比如在军队服过役或收入低于一定水平，而且借款有一定的上限。联邦住房管理局或退伍军人管理局担保银行发放贷款的任何损失，如果发生债务违约，该机构保证清偿抵押贷款。借款人取得联邦住房管理局或退伍军人管理局贷款资格的一个好处是首付款要求的金额很低甚至为零。

一般抵押贷款（conventional mortgage）的发放者与有担保的抵押贷款发放者相同，但是没有担保。私人抵押公司现在为许多一般抵押贷款提供保险，以防止违约风险。正如我们前面指出的那样，对于贷款价值比超过 80% 的贷款，大多数贷款人要求借款人购买私人抵押保险。

14.3.2　固定利率和浮动利率贷款

在标准的抵押贷款合同中，借款人同意向贷款人定期偿付一定的本金与利息。正如我们前面看到的那样，利率对月还款额有很大影响。在固定利率的抵押贷款中，利率与月还款额在整个抵押期间保持不变。

浮动利率贷款的利率紧盯某种市场利率，因此随时间变化。浮动利率贷款通常对一年内及整个贷款期间内的利率变动（高或低）设定限制，称为封顶利率。一般的浮动利率贷款通常在短期国债的平均利率基础上另加 2%，每年的封顶利率上限为 2%，整个抵押贷款期间的封顶利率上限为6%。封顶利率使浮动利率对借款人的吸引力更大一些。

相对于浮动利率抵押贷款，借款人更偏好固定利率的抵押贷款，因为如果利率升高，浮动利率贷款可能会带来沉重的经济负担。然而，除非固定利率借款人愿意再贷款（以更低的利率获得新贷款，来偿还先前的贷款），否则在利率下降的时候，他们也不能从固定利率贷款中获得好处。事实上，人们通常厌恶风险这一事实意味着：人们对经济负担的恐惧会战胜对盈余的期待。

相反，贷款人则更喜欢浮动利率贷款，因为浮动利率贷款降低了利率风险。回忆第3章的内容，利率风险是利率升高导致债务工具价值降低的风险。债务工具的期限越长，利率变动对债务工具价值的影响越大。由于抵押贷款通常是长期的，它们的价值对利率变动非常敏感。通过发放浮动利率贷款而非标准的固定利率贷款，贷款机构可以降低其投资组合的敏感性。

由于贷款人更喜欢浮动利率贷款而借款人更喜欢固定利率贷款，所以贷款人必须提供比固定利率贷款低的利率，来吸引借款人接受浮动利率贷款。例如，2016年5月，30年期固定利率抵押贷款的利率是3.79%，而当时5年期浮动利率贷款的利率是2.63%。浮动利率贷款的利率需要提高1.16%，才能使浮动利率贷款比固定利率贷款更合算。

14.3.3 其他类型抵押贷款

随着抵押贷款市场的竞争日益激烈，贷款人不断提供更具创新性的抵押贷款合同来吸引借款人。下面我们将讨论一些新型的抵押贷款。

1. 分级偿还抵押贷款

分级偿还抵押贷款对于那些预期收入会增加的房屋买主很有用处。分级偿还抵押贷款在开始的几年内还款额较低，之后还款额逐渐增加。早期的还款额甚至不足以支付利息，在这种情况下，本金的未偿还余额会增加。随着时间的推移，借款人预期收入会增长，因此还款额的增加不会成为负担。

分级偿还抵押贷款的优点是借款人能够获得比一般贷款更大的贷款总额。这可以帮助购买者提前购买足够大的住房，而不必在家庭成员增加后再搬到更贵的住房中。缺点则是无论借款人的收入增加与否，还款额都会逐渐增加。

2. 权益增长型抵押贷款

贷款人设计出权益增长型抵押贷款来帮助借款人在较短的时期内清偿贷款。在权益增长型抵押贷款中，最初的还款额与一般抵押贷款相同。然而，随着时间的推移，每期还款额会增加。这种增加能比一般抵押贷款更迅速地减少贷款的本金数量。例如，典型的权益增长型抵押贷款合同要求在前两年里进行等额还款，在接下来的五年里还款额每年增加5%，之后直到期满为止每期还款额都保持不变，这样最终可以把贷款期限由30年减少到17年。

权益增长型抵押贷款在预期未来收入增加的借款人中很受欢迎。它的好处是既能让借款人在开始阶段偿付较小的数额，又能让他们较早地提前清偿债务。尽管权益增长型抵押贷款要求偿付额递增，但是大多数抵押贷款不对提前偿付给予罚款。这意味着对一份30年期贷款的借款人来说，只要月还款额超过要求的数额，并说明超过的部分全部用于本金的偿付，他就等于设计了权益增长型抵押贷款。

权益增长型抵押贷款类似于偿付递增抵押。差别在于偿付递增抵押的目标是帮助借款人通过减少最初几年的还款额让借款人具有借款资格，贷款仍在 30 年内还清，而权益增长型抵押贷款的目标是让借款人早日提前清偿贷款。

3. 二次抵押贷款

二次抵押贷款是以已经用于第一次抵押的房地产再做担保取得的贷款，其地位低于原始贷款。这意味着如果发生债务违约，只有当原始贷款清偿后，还有足够的资金，二次抵押贷款人才能获得偿付。

二次抵押贷款有两个目的。第一，可以让借款人以自己住房的产权为担保再次申请其他的贷款。二次抵押贷款的替代方式是以比当前所欠贷款额更高的总额重新获得贷款支付购房费用。获得二次抵押贷款的成本通常比再贷款的成本低得多。

第二，充分利用中产阶级的其他几种税收减免优惠政策。抵押房地产的贷款利息是可以减免税收的（税法允许对借款人购买主要住房与一所度假住房所支付的贷款利息减免税收），其他消费贷款都没有这样的税收优惠条件。许多银行现在提供由二次抵押担保的信贷额度。在大多数情况下，担保物的价值对银行而言意义不大。消费者更喜欢有担保的信贷额度，因为这样他们计算个人所得税时能够扣除贷款利息。

正如前面所提到的，导致抵押贷款市场崩溃的一个因素就是使用二次抵押贷款来降低或逃避首付要求。一旦房产价值下跌或其收入下降，对房产没有实际产权的借款人很乐意逃走。二次贷款的合理使用方式应该是借款人拥有多年的住房贷款并且拥有产权，这意味着住房的实际市场价值远高于贷款余额。

4. 逆向年金抵押贷款

逆向年金抵押贷款是一种创新型贷款，能够帮助退休人员依靠其房产权益为生。在逆向年金抵押合同中，银行每月按计划支付一定的资金给借款人。这种余额不断增加的贷款由所抵押的房地产做担保。借款人并不对贷款进行任何偿付。当借款人死后，借款人的继承人将房产出售以偿还债务。

逆向年金抵押贷款的优点是它允许退休人员使用自己的房产权益而不必出售该房产。对于那些需要资金来满足生活开支的退休人士，逆向年金抵押贷款是一项理想的选择。

2004~2008 年，市场上出现了各种抵押贷款选择权，使得几乎每一个借款者都符合贷款条件。当时出现这种现象主要是因为房产价格一直上涨，贷款者认为如果借款人不能继续偿还贷款的话，他们只需将房产出售获得利润。最后房产泡沫破灭及价格下跌，这种选择权失效，很多贷款都出现违约。从 2008 年起，抵押贷款行业开始停止提供这种高风险的贷款选择权。

表 14-4 对各种抵押贷款进行了总结。

表 14-4　各种抵押贷款总结

一般抵押贷款	贷款无担保；通常要求购买私人抵押贷款保险；首付比例为 5%~20%
有担保的抵押贷款	贷款由联邦住房管理局或退伍军人管理局提供担保；首付比例很低或不需要首付
浮动利率抵押贷款	利率与其他证券利率挂钩，并定期调整；每年调整幅度有所限制
分级偿还抵押贷款	初始每期还款额较低，但逐年递增；贷款在 30 年内分期偿还
权益增长型抵押贷款	初始每期还款额逐年递增；贷款在不到 30 年内分期偿还
二次抵押贷款	贷款以房产的第二留置权作抵押；通常用于信贷额度或房屋装修贷款
逆向年金抵押贷款	贷款人每月为借款人提供一定金额的资金，贷款余额递增；当房产被出售时贷款到期

14.4 抵押贷款的机构

起初，美国国会授权建立的储蓄行业为普通家庭提供抵押贷款。国会允许这些储蓄和贷款机构提供稍高一些的储蓄利率来吸引储户。多年以来，储蓄行业的工作做得相当不错。储蓄和贷款机构通过吸收存款来筹集短期资金，并利用这些资金发放长期抵押贷款。房地产产业发展的成功很大程度上要归功于这些机构（对于储蓄行业，我们将在第25章中进一步讨论）。

20世纪70年代以前，利率保持相对稳定，即使发生波动，波幅也不大并且持续时间不长。但在20世纪70年代，利率迅速升高，通货膨胀加剧，储蓄和贷款机构成了利率风险的牺牲品。随着市场利率升高，固定利率抵押贷款组合的价值下降。由于储蓄和贷款机构蒙受了损失，它们不再是抵押贷款的主要来源。

早期抵押市场的另一个严重问题是储蓄和贷款机构在国内受到联邦政府的法律限制，不能在全国范围内设立分支机构；还受到所在州的法律限制，不能将普通的贷款发放到其机构所在地100英里⊖以外的区域。所以，即使某一机构采取多样化经营，有上千种不同类型的贷款，所有的贷款也只能在同一地区发放。如果该地区发生经济困难，许多贷款都会同时违约。例如，得克萨斯州和俄克拉何马州在20世纪80年代中期由于石油价格下降而遭遇经济衰退。房地产价值同时下降，失业率上升，许多抵押贷款违约。尽管当时美国其他地区的经济十分健康，但对该地区的贷款人来说于事无补。

图14-2显示了美国主要的抵押贷款发放机构在抵押贷款市场中所占的份额。目前最大的抵押机构是联邦机构。这与几年前有所不同，当时一揽子抵押贷款和信托占据了50%以上的市场份额。

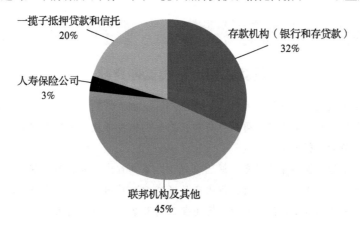

图14-2 主要抵押贷款机构在抵押市场中所占的份额

资料来源：http://www.federalreserve.gov/econresdata/releases/mortoutstand/current.htm。

14.5 贷款服务

许多发放抵押贷款的机构并不希望持有大量的长期证券组合。例如，商业银行都从短期途

⊖ 1英里＝1.6093千米。——译者注

径来取得所需资金。投资于长期贷款会使它们面临无法接受的巨额利率风险。然而，商业银行、储蓄机构和大多数其他贷款机构可以将抵押贷款打包后出售给其他投资者持有，从中收取费用而获得收益。抵押贷款的服务费一般是贷款额的1%，当然也会随市场情况变化。

贷款一经发放，许多贷款人会立刻把贷款出售给其他投资者，借款人甚至可能注意不到原始贷款人已经转移了贷款。通过出售贷款，原始贷款人盘活了资金，可以再贷款给其他借款人，获得更多的收入。

有一些贷款人还提供针对抵押贷款的服务。抵押贷款服务代理人向借款人收取还款，并将其转交给投资者，并保存必要的交易记录，负责维护准备金账户。大部分抵押贷款都要设立**准备金账户**（reserve account），贷款人通过该账户可以为借款人支付税项和保险。贷款人愿意支付这样的费用，因为这种保险支付可以保证贷款的安全。贷款服务的代理人通常每年收取贷款总额的0.5%作为自己的服务费。

综上所述，大多数抵押贷款服务有三个明显的要素：

- 贷款人将贷款打包给投资者。
- 投资者持有贷款。
- 服务代理人处理相关的文件。

完成这些功能的中间人可以是一个、两个或者三个。

越来越多的抵押贷款是通过网络获得的。专栏14-2对这种获得抵押贷款的新途径进行了讨论。

专栏14-2 网络金融

借款人网上选购抵押贷款

抵押贷款是商业领域中深受网络影响的一项业务。以前，借款人只能到当地的银行、储蓄和贷款机构以及抵押贷款银行家去申请取得抵押贷款，这些机构将贷款打包后再出售。近年来出现了大量基于网络的抵押贷款银行公司。

抵押贷款市场很适合提供在线服务，原因有以下几点。首先，其业务是基于信息的，所以不需要实际的发货和库存。其次，不同银行提供的产品（贷款）是同质的。只要贷款人能有效地提供资金，借款人不会在意是由谁提供的。再次，因为住房购买者购买住房的次数有限，因此他们对本地的贷款人没有忠诚度可言。最后，在线借款人一般能以更低的成本提供贷款，因为它们不需要与客户面对面交流，所以能以更低的管理成本经营。

在线抵押市场使得借款人更容易逐个比较贷款利率和期限。只需要填写一份申请，网络服务公司就会提供大量可供选择的贷款。借款人就可以选择最符合自己要求的贷款。

诸如Lending Tree之类的在线抵押贷款公司让抵押贷款行业竞争更加激烈。这为客户提供了更低的贷款利率以及更好的服务，但是它同时也让贷款人经常提供一些令人迷惑的贷款品种，以至于大多数借款人都很难理解。这让购买产品的过程远非比较利率那么简单。

在网上选购贷款的借款人必须注意有些骗子利用这个渠道来非法获得私人信息。他们设立一个假网站，以很低的利率吸引顾客。一旦收集好了侵入你的支票、储蓄以及信用卡账户所需要的所有信息，他们就会关闭网站，再开设一个新网站。

14.6 次级抵押贷款市场

联邦政府为抵押贷款设立了二级市场。如我们前面提到的，抵押市场在大萧条期间陷入崩溃。为了促进美国经济的快速发展，政府成立了几家机构购买抵押贷款。联邦国民抵押贷款协会成立后从储蓄机构购买抵押贷款，从而使这些机构能够发放更多的抵押贷款。这一协会通过向公众出售债券的方式获得购买抵押贷款的资金。

差不多在同一时间，联邦住房管理局成立，为某些抵押贷款合同提供担保。这样，出售抵押贷款就更容易了，因为抵押贷款的购买者不用再为借款人的信用记录或抵押物的价值担忧。第二次世界大战后，退伍军人管理局设立了类似的担保计划，为退伍军人的抵押贷款提供担保。

有担保的抵押贷款的一个优点在于，要签订一份标准化的贷款合同，而贷款合同的这种标准化是抵押贷款二级市场发展的一个重要的因素。

随着抵押贷款二级市场的形成，一种新的中介机构——抵押银行出现了。由于抵押贷款银行家不吸收存款，所以可以在全国设立分支机构。抵押贷款银行家最初使用自己的资本发放贷款。当发放完一组相似的贷款后，就可以将这些贷款打包出售给一家联邦机构、保险或养老基金机构。抵押贷款银行有几个优点。因为规模大，所以它们能够在贷款发放与贷款服务中获得规模经济，还能将不同地区的贷款聚集在一起，这样可以帮助它们降低风险。这些中介机构为争取贷款业务的竞争不断升级，使得借款人能够因此获得较低的利率。

14.7 抵押贷款证券化

中介机构在试图出售贷款时也会遇到几个问题。第一个问题是，通常抵押贷款的金额太小，因此无法形成能够批发的金融工具。目前抵押贷款的平均金额是 25 万美元，这一金额远远低于像商业票据这样每批 50 万美元的规模。许多投资者都不愿意经营这么小额的业务。

二级市场上出售抵押贷款的第二个问题是这些贷款并没有标准化的形式。它们可以有不同的期限、不同的利率和不同的合同条款，这就很难将大批抵押贷款聚集在一起。

第三个问题在于为抵押贷款业务提供服务的成本相对较高。将抵押贷款服务与公司债券相比可以发现，抵押贷款的贷款人必须每月收取还款，通常还要缴纳税款和保险费，而且需要管理准备金账户，而购买公司债券则没有这些要求。

第四个问题是，抵押贷款存在未知的违约风险。抵押贷款的投资者不愿意花费大量时间评估借款人的信用情况。这些问题促使了**抵押贷款担保证券**（mortgage-backed security）的产生。

14.7.1 抵押贷款担保证券的概念

到了 20 世纪 60 年代末期，抵押贷款二级市场开始萎缩，主要是因为获得担保贷款的退伍军人减少。政府重组了联邦国民抵押贷款协会（房利美），并成立了两家新机构——政府国民抵押贷款协会（吉利美）和联邦住房贷款抵押公司（房地美）。这三家机构现在能够提供新的由有担保的抵押贷款以及首次由没有担保的抵押贷款所支持的证券。

将抵押贷款直接出售给投资者的替代方式是发行新的证券，这些新的证券由大量抵押贷款形成抵押贷款池（mortgage pool）作为担保。托管人（如银行或政府机构）持有这个抵押贷款基准组合中的资产，而这些资产是新发行证券的担保物，这个过程称为证券化（securitization）。抵押担保证券最常见的类型是**抵押贷款转手证券**（mortgage pass-through），这种证券将借款人的抵押贷款的还款在支付给此证券的投资者前先转手给托管人。如果借款人提前还贷，投资者会得到高于预期的本金。例如，投资者可以按平均利率6%购买抵押贷款担保证券。如果利率下降，那么借款人可以以较低利率再融资以清偿以前的抵押贷款，这时候抵押贷款担保证券就会提前清偿。抵押贷款提前清偿后，投资者只好再寻找其他的投资机会，这种投资机会的收益率一般较低，由此形成的风险称为提前清偿风险（prepayment risk）。

如图14-3所示，已发行而未到期的抵押贷款基准组合的总金额在1984~2009年稳步增长。抵押贷款基准组合如此受欢迎的原因在于，它们能够创造出新证券（如抵押贷款转手证券），从而使抵押贷款投资变得更有效率。例如，机构投资者能够投资于一种由抵押贷款基准组合做担保的大额抵押贷款转手证券，而不用投资于大量小额且类型不同的抵押合同。2009年后，房地产低迷和抵押贷款投资者的损失导致其受欢迎度急剧下降，这个市场到现在都还没有复苏。

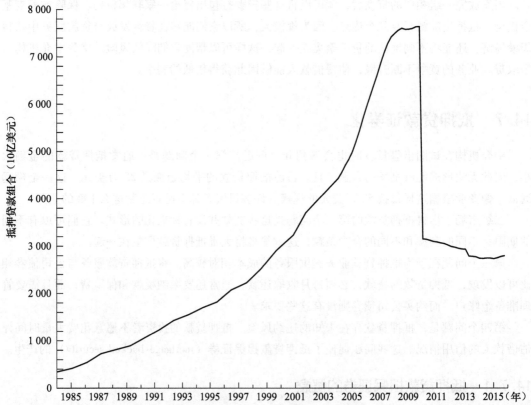

图14-3　抵押贷款基准组合金额，1984~2016年

资料来源：http://www.federalreserve.gov/econresdata/releases/mortoutstand/current.htm.

14.7.2 抵押贷款转手证券的类型

存在多种不同种类的抵押贷款转手证券：政府国民抵押协会转手证券、联邦住房贷款抵押公司转手证券以及私人转手证券。

1. 政府国民抵押贷款协会转手证券

政府国民抵押贷款协会于 1968 年开始为转手证券提供担保。自那时候开始，这些证券就越来越受欢迎。

各种金融机构，包括商业银行和抵押贷款公司，都发放由政府国民抵押贷款协会担保的抵押贷款。政府国民抵押贷款协会将这些抵押贷款集中于基准组合中，并发行以这些抵押贷款的本息偿付作为担保的转手证券，政府国民抵押贷款协会为转手证券的违约提供担保。转手证券通常最小的面值是 2.5 万美元，基准组合的最小规模是 100 万美元，一个基准组合可以为很多证券提供担保。

2. 联邦住房贷款抵押公司转手证券

由于储蓄和贷款机构没有资格发放由政府国民抵押协会担保的贷款，于是美国建立了联邦住宅贷款抵押公司（房地美）来协助它们。联邦住房贷款抵押公司用自己的账户购买抵押贷款，同时也发行与政府国民抵押贷款协会类似的转手证券。由联邦住房贷款抵押公司发行的转手证券称为参与证券（participation certificates，PC）。同政府国民抵押协会基准组合不同，联邦住房贷款抵押公司的基准组合包括一般（没有担保的）抵押贷款，这种基准组合没有联邦机构为之担保，其中包括各种不同利率水平的抵押贷款，规模也大于政府国民抵押协会的基准组合（可能达到上亿美元），这种转手证券的最小面值为 10 万美元。

联邦住房贷款抵押公司转手证券的一个创新是**抵押担保债券**（collateralized mortgage obligation，CMO）。抵押担保债券由联邦住房贷款抵押公司发行，根据提前清偿可能发生的时间，该种证券被分成不同类别。这种债券与传统的抵押贷款担保证券的区别在于，它是按照不同到期期限分组提供给投资者的。这些证券有助于降低其他种类的抵押贷款担保证券所面临的提前清偿的风险。

由某一特殊的基准组合做担保的抵押担保债券被分为不同等级。当本金被提前清偿时，第一级别的投资者首先得到偿付，然后是第二级别得到偿付，依此类推。投资者可以选择与个人的期限要求相匹配的级别。例如，如果投资者几年后就需要从投资中收回资金，他们可以购买第一级别或第二级别的抵押担保债券。如果他们希望进行长期投资，他们可以购买最后一个级别的抵押担保债券。不同级别的债券也有明显的风险差异。最先得到偿付的一定比最后得到偿付的违约概率低很多。

即使投资者购买了一种抵押担保债券，也不能确保投资能够长期持续。如果利率下降很多，许多借款人会通过以更低的利率来重新获得贷款，因此会提前还款。

房地产抵押投资渠道（real estate mortgage investment conduit，REMIC）由《1986 年税收改革法案》授权，贷款发放者在转交所有利息还款时不用对其纳税。房地产抵押投资渠道与抵押担保债券的区别就在于法律和税收的不同。

3. 私人转手证券

除了政府机构提供的转手证券外，私营的中介机构也提供个人发行的转手证券。1977年美洲银行首次发行了私人转手证券。

私有部门在抵押贷款市场上发放比政府发放的最大规模抵押贷款还要大的抵押贷款，这些贷款称为大额抵押贷款（jumbo mortgage）。它们通常被聚集于一个基准组合中，用于为个人转手证券提供担保。

14.7.3 次级抵押贷款和抵押担保债券

次级贷款（subprime loan）指的是，由于借款者信用等级低或贷款金额超过了其收入所能支撑的额度，在正常市场利率水平下不符合要求的贷款。存在次级汽车贷款或信用卡，但由于从2006年就开始下降的房地产价值引起高违约率的发生，次级抵押贷款变得非常流行。

在证券化市场使得捆绑贷款和销售抵押贷款变得可行之前，如果你不能满足一家主要抵押贷款中介的要求，那么你是不可能购买到房子的。这些要求被严格执行，并且每一个要素都必须符合要求。当将贷款捆绑销售给其他投资者变得可能时，出现了不同的贷款规则。这些新规则导致了一种新型抵押贷款的产生，即次级抵押贷款。

根据抵押贷款银行家协会的数据，2000年所有贷款中普通贷款大概占了70%，联邦住房管理局担保贷款占20%，退伍军人管理局担保贷款占8%，而次级贷款仅占2%。到2006年，普通贷款仍占了70%，但现在次级贷款占比上升到了17%，剩下的13%则是联邦住房管理局和退伍军人管理局担保贷款。几乎对每一个借款人都要计算FICO分数，各种信用评级中介用这一分数来作为衡量信用风险的指标。尽管不同机构的算法存在微小的区别，但计算时都包括了借款人还款记录、当前负债水平、信用记录时间长短、持有的信用类型以及被用来作为评级信用度标准的新的信贷要求个数。一级抵押贷款和次级抵押贷款的FICO平均分数分别为742和624。

一些具有创新性的贷款实践推动了次级抵押贷款的发展。首先，2/28ARM贷款广受市场欢迎。这些贷款的利率在前两年保持不变，从第三年起开始上升，常常上升幅度很大。附加贷款、No Doc贷款、NINJA贷款以及分级偿还抵押贷款的各种变化形式，都促使借款者申请比其自身能够负担的贷款额度更大的贷款。

很多人认为次级抵押贷款的发展是一种进步。假如拥有房子是每个美国人的目标的话，那么更宽松的贷款标准使得更多的家庭能够实现自己的目标。但不好的方面在于，市场的竞争性使得抵押贷款销售人员的目标顾客是那些没什么财务观念的借款者，这些人无法合理评估自身偿还贷款的能力。此外，更为放松的贷款标准给投机者提供了不投资于任何股权而获得贷款的机会。

次级抵押贷款的增长部分是由于机构化信贷产品的产生而形成的，如担保债务凭证（CDO）。第8章对这些证券做了初步介绍，为高风险投资提供了一种资金来源。担保债务凭证类似于上面所讨论的担保抵押债券，但不同的是担保抵押债券通过期限对基准组合进行划分，而担保债务凭证则是以风险种类为基础设立不同级别。尽管担保债务凭证可以由公司债券、REIT债券或者其他资产作为担保，但抵押担保证券很常见。

随着房产价值迅速增长，借款者发现自己不能偿还贷款时可以很容易将自己的房产出售。而到 2006~2007 年，房地产市场开始降温，房产出售变得越来越困难，许多借款者被迫违约陷入破产。正如第 8 章所分析的，次级贷款是 2007~2008 年金融危机的主要原因，并最终导致了全球衰退。

14.7.4 房地产泡沫

抵押贷款市场深受 2000~2008 年房地产繁荣和泡沫破灭的影响。2000~2005 年，房产价格每年以 8% 的比例上涨，仅 2005 年就上涨了 17%。这一期间价格的增长主要由以下两个因素推动：第一，上面所讨论的次级贷款数量增长，越来越多的人符合贷款条件，需求同步上涨。这意味着在很短的时间内许多新购买者符合条件购买房子。尽管建设的房产增加了，但仍无法赶上需求的上升速度。

房产投机者是价格泡沫的第二个推动因素。各行各业的人们注意到先购买房产然后再出售是很快捷的一种赚钱方式。由于能够零首付获得抵押贷款，这使得他们能够以很少的资本很容易购得房子。许多房地产项目甚至在启动之前就一售而空。这些购买者通常是投机者，他们并不是真的想要拥有房子。共有产权贷款在当时非常受欢迎，因为在购房者能够对房子进行再出售前，并不要求很多的费用。有时，由于需求能够推高价格，投机者内部还互相买卖房产。

跟大多数投机泡沫一样，在某一点上这一过程会结束。次级贷款违约率上升，投机的消息也开始为公众所知。这使得在市场价格最高点购入房子的人遭受损失，包括贷款机构以及抵押贷款担保证券的投资者。

继抵押贷款引发的金融危机后，贷款政策开始重新偏向于谨慎选择借款者。全球担保债务凭证发行量的下降就说明了这一点。2006 年发行量达到最大，为 5 200 亿美元，到 2009 年下降到 43 亿美元。这个市场在 2013~2015 年有所回升，发行量在 1 000 亿美元左右。⊖

抵押贷款证券化允许贷款人将贷款组合的一部分进行出售，最初是为了降低贷款者的风险。贷款者可以继续提供贷款，而不需要承担相应风险。遗憾的是，这导致了道德风险的上升。由于将贷款者和风险分离了，高风险贷款发行量比不存在证券化抵押贷款时要大为增加。虽然降低了单个公司风险，但是系统风险大大上升。

本章小结

抵押贷款是以房地产做担保的长期贷款，个人与企业都可以获得抵押贷款为自己的房地产购买融资。

由于各种机构为发放抵押贷款而竞争，抵押贷款利率相对较低。除了使利率保持在低水平，竞争还产生了很多不同期限的抵押贷款。例如，借款人可以选择 30 年期固定利率的贷款，也可以选择利率紧盯短期国债利率的浮动利率贷款。

抵押贷款的一些特征旨在降低借款人违约的可能性。例如，一般贷款都要求首付，这样如果贷款人收回资产，借款人就会遭受损失。除非贷款价值比率低于 80%，否则大多数贷款人都会要求借款人购买私人抵押保险。

各种抵押贷款可以满足大多数借款人的需求。分级偿还抵押贷款还款额起初较低，以后

⊖ http://www.sifma.org/research/statistics.aspx.

随时间增加。权益增长型抵押贷款还款额递增，贷款的偿付时间比固定偿付贷款的时间短。升值共享贷款用于利率与通货膨胀率较高的时期，贷款人以低利率为代价分享房产升值的收益。

近年来，随着机构投资者不断寻找具有吸引力的投资机会，证券化抵押贷款越来越受欢迎。证券化抵押贷款是以抵押贷款基准组合为担保的证券。基准组合中抵押贷款的还款将被转交给投资者。政府国民抵押贷款协会、联邦住房贷款抵押公司和私营银行都发行转手证券。

从20世纪90年代到2006年，二次抵押贷款发放数额在抵押贷款中占的比重升至17%。零首付抵押贷款以及低质量的抵押贷款使得房产价格暴涨，而随后在人们了解到违约率以及需求不足这一真实情况时，房地产市场崩溃了。

简答题

1. 解释一下为什么在19世纪70年代从商业银行抵押贷款买房如此困难？
2. 大多数抵押贷款曾经有过气球贷款，现在大多数抵押贷款要求分期全额偿还。气球贷款与分期偿还贷款有什么区别？
3. 基于本章开头对抵押贷款市场的历史回顾，我们是否可以说贷款并证券化的商业模式是最近才出现的商业模式？
4. 什么是贴现点？为什么一些抵押贷款的借款人选择支付贴现点？
5. 如果你想将农场土地作为抵押品进行贷款在城里买房，但是你没有土地的所有权。你的家族在这里生活了将近150年并且每个人都知道这是你的土地。你得到贷款的机会有多大？你认为这是全世界普遍存在的问题吗？
6. 要求借款人在得到贷款前进行首付的目的是什么？
7. 如果贷款价值比低于80%，贷款人通常会要求借款人购买哪种保险？
8. 与其他类型的银行贷款不同，对于抵押贷款的客户，贷款人一般不用对他们的贷款资格了解太多。为什么会这样？
9. 在什么情况下申请第二次抵押贷款是合适的？
10. 假设贷款人标明"随短期国债利率加2浮动，封顶利率为2与6"，解释一下这一贷款条款的含义。
11. 分级偿还抵押贷款与权益递增型抵押贷款的每月还款额都是随时间递增的。虽然在这方面具有相似性，但两种贷款的目的是不同的。两种贷款的目的各是什么？
12. 许多银行提供由房地产二次抵押（或留置权）担保的信用额度。这种贷款在银行客户中很受欢迎。为什么住房所有者愿意将自己的住房作为信用额度的担保？
13. 逆向年金抵押贷款使得退休人员依靠自己住房的产权生活，而不用出售自己的住房。说明逆向年金抵押贷款的运作过程。
14. 如果你是加州大学洛杉矶分校医学院的高年级学生，毕业后有望拿到15万美元的薪水，你会选择哪种类型的抵押贷款？
15. 说明抵押贷款转手证券是如何运作的。

计算题

1. 计算一笔30年期、价值15万美元、名义利率为8%的固定利率抵押贷款的每月还款额。在第一年的还款额中，分别有多少用于支付本金和利息？
2. 参考第1题。在整个贷款期间总共需要支付多少利息？
3. 一笔30年期的固定利率抵押贷款的每月还款额为1 200美元，假设名义利率为6%，计算该贷款的面值。如果该贷款要求首付7%，那么房产的最高价格是多少？

4. 一笔 30 年期的固定利率抵押贷款价值 18 万美元,名义利率为 6%。假设在支付了前 12 个月的还款后,借款者决定她不能每月支付超过 900 美元。还清贷款所需的月数为多少?

5. 考虑一笔 30 年期、价值为 20 万美元、名义利率为 8% 的固定利率抵押贷款。一位抵押贷款经纪人将于 8 月 30 日完成这笔交易。如果该经纪人想在 8 月 31 日将该抵押贷款出售给一家银行,而利率已降至 7.5%,该经纪人会要求多少抵押贷款?

6. 考虑一笔 30 年期、价值 10 万美元、名义利率为 9% 的固定利率抵押贷款。该贷款的存续期是多长时间?如果贷款发放后利率马上上升到 9.5%,那么该贷款对于贷款者的价值是多少?

7. 考虑一笔 5 年期、价值为 25 万美元的气球贷款。银行要求的每月还款额为 1 450 美元,名义利率为 6%。该贷款到期时借款人欠银行多少钱?

8. 一笔 30 年期的浮动利率抵押贷款第一年提供 2% 的"诱惑利率"。此后利率变为 4.5%,并根据实际利率进行调整。在贷款期内利率的最高上限为 10.5%,且每年利率上升不能超过 2%。如果抵押贷款的总额为 25 万美元,那么第一年的每月还款额为多少?第二年呢?截至第四年的最高还款额为多少?在整个贷款期内的最高还款金额又是多少?

9. 考虑一笔 30 年期、价值 50 万美元、名义利率为 6% 的固定利率抵押贷款。每月还款一次和每月还款两次规定的每次还款额相差多少?

10. 抵押贷款借款人可以从以下选择中进行贷款选择:

	贷款总额(美元)	利率(%)	抵押贷款类型	贴现点
选择 1	100 000	6.75	30 年期	无
选择 2	150 000	6.25	30 年期	1
选择 3	125 000	6.00	30 年期	2

每种贷款选择的有效年利率为多少?

11. 有两种贷款计划可供选择:一种是 15 年期、利率为 6% 的固定利率贷款,无贴现点;另一种是 15 年期、利率为 5.75% 的固定利率贷款,贴现点为 1。假设你不会提前偿还贷款,哪种贷款对你来说更合适?假定贷款总额为 10 万美元。

12. 有两种贷款计划可供选择:一种是 30 年期、利率为 6% 的固定利率贷款,无贴现点;另一种是 30 年期、利率为 5.75% 的固定利率贷款,贴现点为 1。假设你不会提前偿还贷款,哪种贷款对你来说更合适?假定贷款总额为 10 万美元。

13. 你有两种贷款计划可供选择:一种是 30 年期、利率为 6% 的固定利率贷款,无贴现点;另一种是 30 年期、利率为 5.75% 的固定利率贷款,需要支付贴现点。假设你打算在此房产里居住 12 年,那么你最愿意支付多少个贴现点?假定贷款总额为 10 万美元。

14. 为了逃避个人抵押保险,价值为 35 万美元的住房抵押贷款要求的首付为多少?

15. 考虑一种分级偿还抵押贷款,期限为 30 年,价值 25 万美元,每年还款一次。贷款利率为 6%,但是第一年的还款金额是根据假设在贷款期内利率为 3% 来进行计算的。此后,每年的还款金额会增长 3.151 222%。制作一个分期还款表,假设初始还款额是根据 30 年算出来的,而贷款会在 15 年内还清。

16. 考虑一种权益增长型抵押贷款,价值为 25 万美元,每年还款一次,贷款利率为 6%,但这只适用于第一次还款时。此后,每年的还款金额将会增加 5.579%。制作一个分期还款表,假设初始还款额是根据 30 年算出来的,而贷款会在 15 年内还清。

17. 尼尔拥有住房的全部产权,该住房现在值 40 万美元。为了保证退休后有收入来源,他从银行获得了一种逆向年金抵押贷款。这种逆向年金抵押贷款提供 5% 的利率水平,在 15 年的期限内根据房屋价值的 70% 以 5% 的利率水平为尼尔每月提供固定的金额。银行每月月初对其进行支付,那么尼尔每月能获得的金额是多少?

18. 你现在管理 1 000 种抵押贷款组成的贷款组合。每种贷款的金额都是 10 万美元，且名义利率为 6%。这些贷款都是固定摊还的 30 年期固定利率抵押贷款。抵押贷款服务费为每年 0.25%。完成以下表格（美元）：

月份	期初余额	要求还款额	利息	本金	预期提前还款额	服务费用	期末余额
1	100 000 000		500 000	99 551	16 665		
2					33 322		99 750 430

网络练习

抵押市场

1. 你可能打算近期购买住房，一个常见的问题是你能承受的最高抵押贷款金额是多少。访问 http://interest.com 并点击"Mortgage"，接下来点击"calculators"，选择"mortgage required income calculator"。输入你将来的预期薪水资料。根据计算器，你能承受的最高抵押贷款金额是多少？增加你的负债，看看它对你能承受的抵押贷款金额的影响。

2. 很多私房屋主面临很多困难的决策，其中之一就是当利率下降的时候是否值得为抵押贷款再融资。访问 http://interest.com 并点击"Refinance interest savings calculator"。计算补偿你为抵押贷款再融资的成本需要的时间。假设 4 年前你取得了一份 30 年期、利率为 7% 的 13 万美元贷款。现在利率下降而且你的收入增加了。如果新的贷款是 15 年期且贷款利率为 6.25%，计算你节省的利息情况。

第 15 章

外汇市场

预 览

20 世纪 80 年代中期,美国企业相对于它们的外国对手竞争力开始下降。随后,美国企业的竞争力有所增加。竞争力的这种波动是 20 世纪 80 年代美国管理失败以及后来采取行动改善的结果吗?并非如此。20 世纪 80 年代美国企业竞争力减弱是因为以外国货币衡量的美元升值,使得美国商品的价格相对于外国商品更为昂贵。此后,美元的价值从 20 世纪 80 年代中期的高点明显下降,使得美国商品价格降低,美国企业也更具有竞争力。

以一种货币衡量的另一种货币的价格称为**汇率**(exchange rate)。如图 15-1 所示,汇率非常不稳定。汇率能够影响经济以及我们的日常生活,因为如果美元相对于外国货币价值更高,

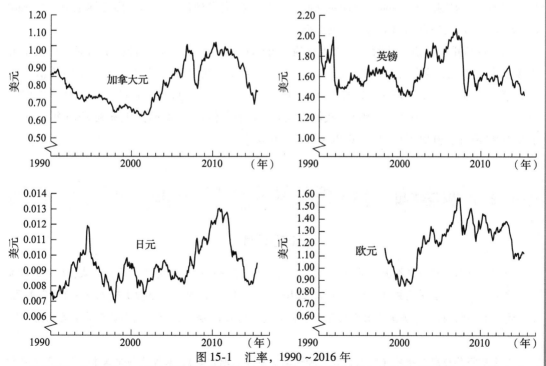

图 15-1 汇率,1990~2016 年

资料来源: Federal Reserve Bank of St. Louis FRED database: https://fred.stlouisfed.org/series/EXCAUS; https://fred.stlouisfed.org/series/EXUSUK; https://fred.stlouisfed.org/series/EXJPUS; https://fred.stlouisfed.org/series/EXUSEU。

对于美国人而言，外国商品就会更为便宜；对于外国人而言，美国商品则变得更加昂贵。如果美元价值降低，对于美国人而言，外国商品就会更为昂贵；对于外国人而言，美国商品则会更为便宜。

我们将通过考察外汇市场（foreign exchange market，决定汇率的金融市场）开始国际金融的学习。

15.1 外汇市场介绍

世界上大部分国家（地区）都拥有自己的货币，比如美国的美元、欧洲货币联盟的欧元、巴西的雷亚尔以及中国的人民币。国家之间的贸易涉及不同的货币（更为普遍的情况是以不同货币计价的银行存款）之间的相互兑换。例如，当一家美国公司购买外国商品、服务或者金融资产时，必须要将美元（通常是以美元计价的银行存款）兑换成外国货币（以外国货币计价的银行存款）。

货币和以特定货币计价的银行存款的交易是在外汇市场中进行的。外汇市场中的交易决定了货币兑换的比率，进而决定了购买外国商品和金融资产的成本。

15.1.1 汇率的定义

外汇交易有两种形式，主要的形式是**即期交易**（spot transaction），是指银行存款当期（两天）兑换的交易形式。**远期交易**（forward transaction）是指银行存款在未来某个特定时间兑换的交易形式。**即期汇率**（spot exchange rate）是指即期交易使用的汇率，而**远期汇率**（forward exchange rate）则是指远期交易使用的汇率。

当某一货币的价值上升时，称之为**升值**（appreciation），而当它的价值下降时，相当于可兑换更少的美元，它就是在**贬值**（depreciation）。例如，在 1999 年年初，1 欧元的价值等于 1.18 美元，如专栏 15-1 所示，2016 年 6 月 16 日，1 欧元的价值等于 1.11 美元，欧元贬值了 6%［=(1.11-1.18)/1.8］。相反，我们会说 1 美元的价值从 0.85 欧元上涨到 2016 年 6 月 16 日的 0.90 欧元，升值了 6%［=(0.90-0.85)/0.85］。

专栏 15-1 财经新闻

外汇汇率

外汇汇率每天都会在报纸和财经网站上公布。欧元等货币的汇率有两种报价方式：1 单位本币兑换美元或者 1 单位美元兑换本币。例如，2016 年 6 月 16 日，欧元汇率为 1 欧元兑 1.113 2 美元，1 美元兑 0.898 3 欧元。美国人通常认为汇率是 1 欧元兑 1.11 美元，而欧洲人认为是 1 美元兑 0.90 欧元。

汇率的报价分即期交易（即期汇率）和远期交易（远期汇率），远期交易包括 1 个月、3 个月和 6 个月期限的。

15.1.2 汇率的重要性

由于汇率影响国内外商品的相对价格，因而非常重要。对于美国人来说，法国商品的美元价格取决于两个因素：法国商品的欧元价格和欧元与美元的汇率。

假定美国品酒家旺达决定购买1瓶1961年（一个很好的年份）的拉菲酒放在自己的酒窖里。如果这瓶酒在法国的价格为1 000欧元，欧元对美元的汇率为1:1.11，旺达购买这瓶酒的成本是1 110美元。现在假定旺达在两个月之后才购买，那时每欧元升值为1.40美元。如果拉菲酒的国内价格仍然为1 000欧元，美元成本就会从1 110美元上升到1 400美元。

然而，同样的货币升值使得外国商品在货币所在国的价格下降。在汇率为1欧元兑换1.11美元的水平下，程序员皮埃尔花费1 802欧元就可以购买标价2 000美元的戴尔计算机；如果汇率上升至1欧元兑换1.40美元，只需花费1 429欧元就可以购买该计算机。

欧元的贬值会降低法国商品在美国的价格，但提高了美国商品在法国的价格。如果欧元价值下跌至1.00美元，旺达只需花费1 000美元就可以购买原来1 110美元的拉菲酒，而皮埃尔购买计算机却要花费2 000欧元，而不是1 802欧元。

这一推理过程可以得到以下结论：**如果一国的货币升值（相对于其他货币价值增加），则该国商品在国外就变得更加昂贵，而外国商品在该国就会更加便宜（两国的商品在国内价值保持不变）。相反，如果一国的货币贬值，则该国商品在国外就变得更加便宜，而外国商品在该国就会更加昂贵。**

货币的贬值有助于国内制造商在国外销售商品，从而使外国商品在国内市场的竞争力下降。2002~2016年，美元的贬值帮助美国企业销售出更多的商品，但由于外国商品变得更加昂贵，以至损害了美国消费者的利益。法国酒和奶酪的价格与海外度假的成本都因美元疲软而上升。

15.1.3 外汇交易

你不可能去一个集中的场所观察汇率的决定情况，因为货币交易不在纽约证券交易所等交易所中进行。相反，外汇市场是以场外交易市场的形式组织起来的，其中数百个交易商（大部分是银行）准备购买和出售以外国货币计价的存款。由于这些交易商可以随时通过电话和计算机联系，市场竞争十分激烈，事实上，它的功能与集中的市场没有差别。

需要注意的是，当银行、公司以及政府谈论在外汇市场上买卖货币时，它们不会拿着一大把美元钞票，卖出后换取英镑钞票。相反，大多数交易是买卖不同货币计价的银行存款。因此，当我们说银行在外汇市场上购买美元时，实际的意思是银行购买以美元计价的存款。这一市场的交易量十分庞大，每天超过5万亿美元。

外汇市场上的交易包括一些金额超过100万美元的大额交易。如专栏15-1所介绍，决定外汇汇率的市场并不是个人出国旅行购买外国货币的地方。相反，我们是在零售市场上从美国运输公司或者银行等交易商手中购买外国货币。由于零售价格高于批发价格，当购买外汇时，单位美元购买的外币要比专栏中的少。

15.2 长期汇率

与自由市场上其他任何商品或资产的价格相同，汇率是由供给和需求共同决定的。为了简化对自由市场上汇率的分析，我们将其分为两部分。首先，我们考察长期汇率是如何被决定的；之后，利用决定长期汇率的知识来理解短期汇率是如何决定的。

15.2.1 一价定律

理解汇率决定的出发点是一个简单的概念，即**一价定律**（law of one price）：如果两国生产相同质量的商品，并且运输成本和交易壁垒非常低，那么，无论商品由哪国生产，其价格在全世界都应该是一样的。假设美国钢材的价格为每吨 100 美元，相同的日本钢材的价格为每吨 10 000 日元。按照一价定律，日元与美元的汇率为 1 美元兑换 100 日元（1 日元兑换 0.01 美元），这样美国钢材在日本的价格为每吨 10 000 日元（等于日本钢材的价格），而日本钢材在美国的价格为每吨 100 美元（等于美国钢材的价格）。如果汇率为 1 美元兑换 200 日元，日本钢材在美国的售价为每吨 50 美元，是美国钢材价格的一半，而美国钢材在日本的售价为每吨 200 日元，其价格是日本钢材的两倍。由于美国钢材在这两个国家都比日本钢材的价格高，而质量与日本钢材是相同的，对美国钢材的需求就会减少为零。如果美国钢材的美元价格不变，只有当汇率下跌至 1 美元兑换 100 日元时，由此产生的美国钢材超额供给才会消除，此时美国钢材和日本钢材在这两个国家的价格是相同的。

例 15-1　一价定律

日本钢材的日元价格相对于美国钢材的美元价格（保持每吨 100 美元不变）上涨了 10%（每吨 11 000 日元）。美元需要升值或贬值多少才能使一价定律成立？

解答

根据一价定律，汇率必须上升至 1 美元兑换 110 日元，即美元升值 10%。

汇率上升至 1 美元兑换 110 日元，日本钢材的美元价格保持每吨 100 美元不变。换句话说，日元贬值 10%（美元升值 10%）正好抵消了日本钢材日元价格上涨的 10%。

15.2.2 购买力平价理论

有关汇率决定的最著名的一个理论就是**购买力平价理论**（theory of purchasing power parity, PPP）。该理论认为两种货币的汇率变动都反映两国物价水平的变化。购买力平价理论是一价定律在国内物价水平上的一个简单应用。

如例 15-1 所示，如果保持一价定律，日本钢材的日元价格上涨 10% 会导致美元升值 10%。将一价定律应用到两国的价格水平上，就会产生购买力平价理论，如果日本的价格水平相对于美国的价格水平上涨了 10%，美元就会升值 10%。正如美国和日本的例子所示：**购买力平价理论表明，如果一个国家的价格水平相对于另一个国家的价格水平上涨，该国的货币就会贬值（另一国的货币就会升值）。**

另一种通过**实际汇率**（real exchange rate），即国内商品与国外商品交换的比率这一概念来理解购买力平价理论。事实上，它是国内商品价格相对于以本国货币计价的外国商品价格的比率。例如，如果纽约的一揽子商品成本为50美元，当汇率为1美元兑换100日元时，在东京同样一揽子商品的成本为75美元，即7 500日元，那么实际汇率就为0.66(＝50/75)。实际汇率低于1.0，表明在美国购买一揽子商品要比在日本便宜。在本书英文版出版之际，美元相对于许多其他货币的实际汇率都很低，这也是许多外国游客喜欢到纽约购物的原因。实际汇率表明了一种货币在相对意义上是否便宜。

描述购买力平价理论的另一种方式是，它预测实际汇率应该总等于1.0，这样美元的购买力才能与日元或者欧元等其他货币的购买力相同。

如图15-2所示，购买力平价理论的这一预测在长期得到了证实：1973~2016年，英国的物价水平相对于美国上涨了69%，按照购买力平价理论的预测，美元相对于英镑应该升值，尽管美元只升值了70%，但与购买力平价理论所预测的增长几乎相同。

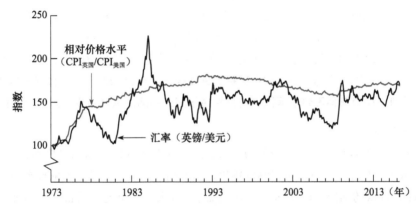

图15-2 美国/英国的购买力平价，1973~2016年（以1973年3月的值为100计算）
注：正如购买力平价所预测的那样，在整个时期内，英国的物价水平相对于美国上涨，美元也相对于英镑升值。但是，购买力平价关系在较短的时间内并不成立。
资料来源：Federal Reserve Bank of St. Louis FRED database: https://fred.stlouisfed.org/series/CP0000GBM086NEST; https://fred.stlouisfed.org/series/CPIAUCNS; https://fred.stlouisfed.org/series/EXUSUK.

然而，同样的数据表明，购买力平价理论在短期的预测能力通常很弱。例如，从1985年年初到1987年年底，英国物价水平相对于美国上升，但美元不仅没有如购买力平价理论预测的那样升值，实际上反而相对于英镑贬值了40%。所以，即使购买力平价理论对汇率的长期变动有一定的指导作用，但它并不是完美的，并且在短期内的预测能力特别差。为什么购买力平价理论无法准确预测汇率呢？

15.2.3 购买力平价理论不能完全解释汇率的原因

购买力平价理论得出汇率只由物价水平的相对变化所决定的结论，是基于两国所有商品质量都相同以及运输成本与贸易壁垒很低的假设。如果这种假设正确，一价定律说明所有这些商品的相对价格（即两国的相对物价水平）将决定汇率。对美国和日本的钢材而言，两国商品质量相同的假设可能较为合理，但对于美国和日本的汽车而言，这还是一个合理的假设吗？丰田汽车与雪佛兰汽车相同吗？

由于丰田汽车和雪佛兰汽车显然是不相同的，它们的价格也不相同。与雪佛兰汽车相比，丰田汽车可能更加昂贵，无论是美国人还是日本人都会购买丰田汽车。由于一价定律并不适用于所有商品，丰田汽车相对于雪佛兰汽车的价格上升并不一定意味着日元必须贬值，且幅度相对于丰田汽车与雪佛兰汽车相比的价格上升。

此外，购买力平价理论没有考虑到，许多商品和服务（其价格被包括在一国的物价水平当中）无法进行跨国交易。住宅、土地以及如餐饮、理发和高尔夫课程等服务都是不能交易的商品。因此，即使这些商品的价格可能上升，导致该国相对于其他国家物价水平上升，也不会直接影响汇率。

15.2.4　影响长期汇率的因素

有四个主要因素会在长期影响汇率：相对物价水平、贸易壁垒、对国内和国外商品的偏好以及生产力。在其他条件不变的前提下，我们将考察每个因素都是如何影响汇率的。

基本的推理过程按照以下思路展开：任何增加国内生产的商品相对于国外商品的需求都可能导致国内货币升值，因为即使当国内货币价值上升时，国内商品也能继续销售。类似地，任何增加国外商品相对于国内商品的需求都可能导致国内货币贬值，因为只有当国内货币价值降低时，国内商品才能继续销售。换句话说，**如果某种因素使得国内商品相对于国外商品的需求增加，国内货币将会升值；如果某种因素使得国内商品相对于国外商品的需求减少，国内货币将会贬值。**

1. 相对物价水平

按照购买力平价理论，当美国商品的价格上升时（假定外国商品的价格不变），对美国商品的需求会减少，为使美国商品可以继续销售，美元趋于贬值。相反，如果日本商品的价格上升，美国商品的相对价格下降，对美国商品的需求会增加，美元趋于升值，因为即使美元价值上升，美国商品也会继续销售良好。从长远来看，一国物价水平的上升（相对于外国的物价水平）会导致其货币贬值，而一国物价水平的下降会导致其货币升值。

2. 贸易壁垒

关税（tariff，对进口商品的征税）和**配额**（quota，对进口外国商品的数量的限制）等贸易壁垒也能够影响汇率。假定美国提高其关税，或给予日本钢材较少的配额，这些贸易壁垒会增加对美国钢材的需求，美元趋于升值，因为即使美元的价值上升，美国钢材仍然销售良好。**从长远来看，增加贸易壁垒会导致一国货币的升值。**

3. 对国内和国外商品的偏好

如果日本人偏好美国商品（如佛罗里达州的橘子或者美国的电影），那么对美国商品需求（出口）的增加会导致美元升值，因为即使美元的价值升高，美国商品的销售仍会非常好。同样，对于美国汽车而言，美国人更偏爱日本汽车，对日本商品需求（进口）的增加会导致美元贬值。对一国商品出口的需求增加会导致其货币在长期内升值；相反，对进口的需求增加会导致其货币贬值。

4. 生产力

当一国的生产力提高时，会增加国内贸易商品（而不是非贸易商品）的生产。因此，生产力提高与国内生产的贸易商品相对于国外贸易商品价格下降有关。因而，国内贸易商品需求增加，国内货币趋于升值。然而，如果一国生产力落后于其他国家，其商品的相对价格就会更加高，其货币趋于贬值。**从长远来看，一国相对于其他国家生产力提高，其货币就会升值。**⊖

表 15-1 总结了长期汇率行为理论。我们使用的惯例是，汇率 E 的报价使得货币的升值与汇率的上升相对应。以美国为例，这意味着我们表示的汇率是每一美元相当于外国货币的数量（比如说，1 美元相当于多少日元）。⊜

表 15-1 影响长期汇率的因素

因　素	因素的变化	汇率 E[2] 的反应	因　素	因素的变化	汇率 E[2] 的反应
国内物价水平[1]	↑	↓	出口需求	↑	↑
贸易壁垒[1]	↑	↑	生产力[1]	↑	↑
进口需求	↑	↓			

[1]表示相对于其他国家的水平。
[2]以 1 美元价值表示的外国货币的数量。↑表示国内货币升值，↓表示贬值。
注：表中只反映了各因素上升（↑）的情况，这些因素作用减弱时对汇率的影响恰好相反。

15.3　短期汇率：供求分析

我们已经学习了汇率长期行为的理论。然而，由于随着时间的推移，长期汇率的影响因素变动缓慢，如果我们想理解为什么汇率每天会呈现如此大的变动（有时是百分之几），必须推导当期汇率（即期汇率）如何在短期内决定的理论。

理解汇率短期行为的关键是要意识到，汇率是以国外资产（以外国货币计价的相似资产）衡量国内资产（以国内货币计价的银行存款、债券、股票等资产）的价格。由于汇率是以另一种资产计价衡量一种资产的价格，考察短期汇率确定的方法自然就是使用第 4 章所介绍的，主要基于资产需求理论的资产市场方法。然而，正如你将要看到的，我们刚才论述的决定长期汇率的影响因素在短期资产市场方法中也发挥了重要的作用。

在过去，决定汇率的供求方法强调了进口和出口需求的作用。此处使用的更加现代的资产市场方法更关注资产的存量，而不是短期内进出口的资金流量，因为在给定时间内，这些交易相对于国内和国外资产的规模而言非常小。例如，美国每年的外汇交易都超过其出口与进口规模的 25 倍。因此，在短期内，决定持有国内资产还是国外资产在汇率决定方面比进出口的需求更为重要。

15.3.1　国内资产的供给曲线

我们从供给曲线开始讨论。在这一分析中，我们将美国作为本国，因此国内资产是以美元计价的资产。为了简单起见，我们使用欧元代表任何外国的货币，因此国外资产就是以欧元计

⊖ 一个国家可能很小，以至于生产力的改变或者对国内或国外商品偏好的改变都不能影响其国内商品相对于外国商品的价格。在这种情况下，生产力的改变或者对国内或国外商品偏好的改变可以影响国家的收入，但不一定影响货币的价值。在我们的分析中，假定这些因素能够影响相对物价水平，进而影响汇率。
⊜ 汇率的报价既可以是每单位国内货币相当于外国货币的数量，也可以是每单位外国货币相当于国内货币的数量。在专业文献中，许多经济学家引用的汇率是每单位外国货币相当于国内货币的数量，因此，国内货币的升值就表示为汇率的下降。这里使用了相反的惯例，因为将国内货币的升值视为汇率的上升更为直观。

价的资产。

美元资产的供给量主要是美国银行存款、债券以及股票的数量，对于汇率而言，我们可以将这个数量看作固定的。供给数量在任何汇率水平上都是不变的，因此供给曲线 S 是垂直的（见图 15-3）。

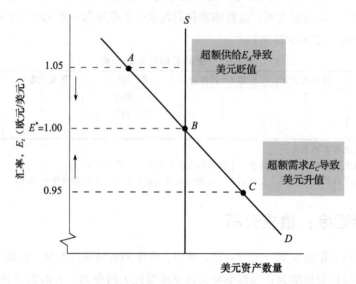

图 15-3　外汇市场上的均衡

注：外汇市场上的均衡点为需求曲线 D 和供给曲线 S 的交点，即 B 点。均衡汇率为 $E^*=1$ 美元兑换 1 欧元。

15.3.2　国内资产的需求曲线

需求曲线是在任何因素不变的情况下，特别是预期未来汇率价值不变的情况下，对应任意即期汇率的需求量。我们将当期汇率（即期汇率）表示为 E_t，下一阶段的预期汇率表示为 E^e_{t+1}。根据资产组合理论，国内（美元）资产需求量最重要的决定因素是国内资产的相对预期收益率。让我们来看看，当即期汇率 E_t 下降时会发生什么情况。

假定起始位置在图 15-3 的 A 点，其即期汇率为 1.05 欧元/美元。未来预期的汇率价值保持不变（为 E^e_{t+1}），较低的汇率水平（如 $E^*=1$）意味着美元价值可能上升，也就是说美元会升值。美元预期上升（升值）的空间越大，美元（国内）资产的相对预期收益率就会越高。资产组合理论还告诉我们，由于现在我们更愿意持有美元，美元资产的需求量就会增加，如图 15-3 中的 B 点所示。如果即期汇率继续下降至 0.95 欧元/美元，美元的预期升值空间会进一步增加，预期收益率会上升，因此，美元资产的需求量进一步扩张，如图 15-3 中的 C 点所示。将这些点连接得到的需求曲线 D 是向下倾斜的，这表明美元的即期价值越低（其他条件保持不变），美元资产的需求量越大。

15.3.3　外汇市场均衡

与通常的供求分析相同，市场在美元资产的需求量等于供给量时达到均衡。在图 15-3 中，需求曲线与供给曲线相交的 B 点即为均衡点。在 B 点的汇率为 $E^*=1$ 欧元/美元。

假定汇率为 1.05 欧元/美元，高于均衡汇率 1 欧元/美元。正如我们在图 15-3 中看到的，美元资产的供给量大于需求量,出现了超额供给。鉴于想要出售美元资产的人比想要购买美元资产的人多,美元的价值会下降。只要汇率仍高于均衡汇率,就会存在美元资产超额供给的情况,美元的价值会下降至汇率达到均衡汇率。

同样,如果汇率为 0.95 欧元/美元,低于均衡汇率 E^*,美元资产的需求量大于供给量,就会出现超额需求。鉴于想要购买美元资产的人比想要出售美元资产的人多,美元的价值会上升,直至超额需求消失,美元的价值重新回到均衡汇率。

15.4 汇率变动解析

外汇市场的供给需求分析可以解释汇率是如何变动的以及变动的原因。这一分析可简化为假定美元资产数量是固定的:供给曲线在给定数量上是垂直的,不会发生位移。在这个假定条件下,我们只要考察那些导致美元资产需求曲线位移的因素,就可以解释汇率是如何变动的。

15.4.1 国内资产需求曲线的移动

我们已经看到,国内(美元)资产的需求量取决于美元资产的相对预期收益率。为了了解需求曲线是如何位移的,我们需要知道在即期汇率 E_t 保持不变的情况下,其他因素的变动会导致需求量如何变动。

为了深入了解需求曲线位移的方向,假定你是一名正在考虑将资金投入国内(美元)资产的投资者。保持其他变量不变,确定在给定的即期汇率水平上,某一因素的改变会增加还是减少美元资产相对于国外资产的预期收益率。这会告诉你应该增持还是减持美元资产,因此可以知道每一汇率水平上需求量会增加还是减少。了解每一汇率水平上需求量的改变方向,就可以知道需求曲线位移的方向。换句话说,如果在即期汇率不变的情况下,美元资产的相对预期收益率增加,则需求曲线向右移动。如果相对预期收益率减少,则需求曲线向左移动。

1. 国内利率 i^D

假定美元资产的利率为 i^D。在即期汇率 E_t 以及其他因素不变的情况下,当美元资产的国内利率 i^D 上升时,美元资产相对于国外资产的回报率会上升,因此人们愿意持有更多的美元资产。对应每一汇率水平的美元资产的需求量增加,如图 15-4 所示,需求曲线从 D_1 向右移动到 D_2。在 D_2 与 S 的交点 2 处达到了新的均衡,均衡汇率从 E_1 上升至 E_2。**国内利率 i^D 的上升推动需求曲线 D 向右移动,导致本国货币升值($E\uparrow$)。**

相反,如果 i^D 下降,美元资产的相对预期收益率就会下降,需求曲线向左移动,汇率下降。**国内利率 i^D 的下降推动需求曲线 D 向左移动,导致国内货币贬值($E\downarrow$)。**

2. 国外利率 i^F

假定国外资产的利率为 i^F。保持即期汇率以及其他条件不变,当国外利率 i^F 上升时,国外资产相对于美国资产的回报率上升。因此,美元资产的相对预期收益率下降。现在人们愿意持有更少的美元资产,对应每一汇率水平的美元资产的需求量减少。这一情况如图 15-5 所示,需求曲线从 D_1 向左移动到 D_2。在点 2 处达到了新的均衡,美元的价值减少。相反,i^F 的下降促使美元资产的相对预期收益率提高，需求曲线向右移动，汇率上升。总结一下：**国外利率 i^F 的上升推动需求曲线 D 向左移动，导致本国货币贬值；国外利率 i^F 的下降推动需求曲线 D 向右移动，导致本国货币升值。**

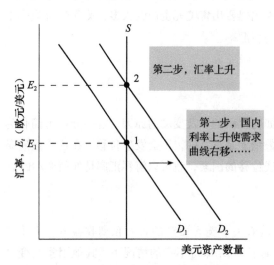

图 15-4 国内利率 i^D 上升的影响

注：当国内利率 i^D 上升时，国内（美元）资产的相对预期收益率会增加，需求曲线向右移动。均衡汇率从 E_1 上升至 E_2。

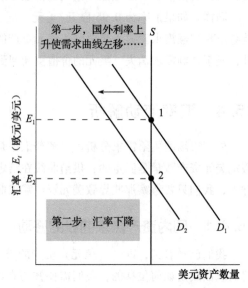

图 15-5 国外利率 i^F 上升的影响

注：当国外利率 i^F 上升时，国内（美元）资产的相对预期收益率会减少，需求曲线向左移动。均衡汇率从 E_1 下降至 E_2。

3. 预期未来汇率 E^e_{t+1} 的变动

由于国内资产的需求（如对某一耐用商品的需求）取决于未来再出售的价格，对未来汇率水平的预期在当前需求曲线的位移中发挥了重要的作用。任何导致预期未来汇率 E^e_{t+1} 上升的因素都会增加美元的预期升值率。结果就是，美元资产的相对预期收益率上升，这增加了任意给定汇率水平下的美元资产需求量，因此需求曲线从图 15-6 中的 D_1 向右移动至 D_2。均衡汇率上升至 D_2 与 S 相交的点 2。**预期未来汇率 E^e_{t+1} 的上升会推动需求曲线向右移动，导致本国货币升值。**同理，预期未来汇率 E^e_{t+1} 的下降会推动需求曲线向左移动，导致本国货币贬值。

在前面几章中我们讨论了长期汇率的决定因素：相对物价水平、相对贸易壁垒、进出口需求以及相对生产力（见表 15-1）。这四个因素也影响预期未来汇率。购买力平价

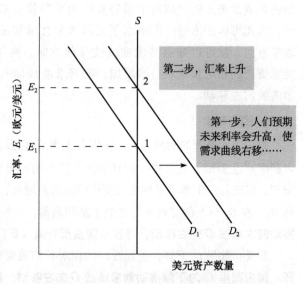

图 15-6 预期未来汇率 E^e_{t+1} 上升的影响

注：当预期未来汇率上升时，国内（美元）资产的相对预期收益率会增加，需求曲线向右移动。均衡汇率从 E_1 上升至 E_2。

理论说明，如果预期美国物价水平相对于其他国家的上升会一直持续，美元将在长期内贬值。从而，美国预期相对物价水平的上升使 E^e_{t+1} 下降，美元资产的相对预期收益率下降，推动需求曲线向左移动，导致即期汇率下降。

同样，其他长期汇率决定因素也能够影响美元资产的相对预期收益率以及即期汇率。简单地说，以下变动都会提高 E^e_{t+1}，增加国内商品相对于国外商品的需求：①美国相对于外国物价水平下降的预期；②美国相对于外国贸易壁垒增加的预期；③美国进口需求减少的预期；④外国对美国出口需求增加的预期；⑤美国相对于外国生产力提高的预期。所有这些变动都会引起 E^e_{t+1} 上升，促使美元资产的相对预期收益率提高，推动需求曲线向右移动，导致本国货币（美元）升值。

15.4.2 汇率变动的影响因素综述

表 15-2 列举了引起国内资产需求曲线位移进而导致汇率变动的所有因素。保持其他条件（包括即期汇率）不变，任何一个因素的改变都会导致需求曲线发生位移。再次强调，资产组合理论说明美元资产相对预期收益率的变动是引起需求曲线位移的根源。

表 15-2 推动国内资产需求曲线位移并影响汇率的因素

因素	因素变动	每一汇率对应的需求量的变动	汇率 E_t 的反应
国内利率，i^D	↑	↑	↑
国外利率，i^F	↑	↓	↓
预期国内物价水平①	↑	↓	↓
预期贸易壁垒①	↑	↑	↑
预期进口需求	↑	↓	↓

(续)

因　素	因素变动	每一汇率对应的需求量的变动	汇率 E_t 的反应	
预期出口需求	↑	↑	↑	
预期生产能力①	↑	↑	↑	

① 相对于其他国家的水平。

注：表中只反映了各个因素上升（↑）的情况，变量下降对汇率的影响则相反。

让我们回顾表15-2中7个因素中任何一个发生改变时的情况。记住理解需求曲线移动的方向，要考虑该因素的变动对美元资产的相对预期收益率的影响。在即期汇率不变的情况下，如果相对预期收益率上升，需求曲线会向右移动。如果相对预期收益率下降，需求曲线会向左移动。

- 如表15-2第1行所示，当国内利率 i^D 上升时，每一汇率水平对应的美元资产的预期收益率提高，从而需求量增加。因此，需求曲线向右移动，均衡汇率上升。
- 如表15-2第2行所示，当国外利率 i^F 上升时，国外资产的回报率上升，从而美元资产的相对预期收益率下降。美元资产的需求量减少，需求曲线向左移动，汇率下降。
- 如表15-2第3行所示，当预期物价水平上升时，对汇率长期决定因素的分析表明，美元的价值未来会下降，从而美元资产的预期收益率下降，需求量减少，需求曲线向左移动，汇率下降。
- 如表15-2第4行所示，随着预期贸易壁垒增加，美元的价值在未来会上升，美元资产的预期收益率提高。美元资产的需求量增加，需求曲线向右移动，汇率上升。
- 如表15-2第5行所示，当预期进口需求增加时，我们预期汇率在长期内会贬值，因此美元资产的预期收益率会下降。任意即期汇率对应的美元资产需求量会减少，需求曲线向左移动，汇率下降。
- 如表15-2第6行所示，当预期出口需求增加时，由于预期汇率在长期内会上升，就会出现相反的情况。美元资产的预期收益率提高，需求曲线向右移动，汇率上升。
- 如表15-2第7行所示，随着预期国内生产力提高，汇率在长期内预期会上升，因此，国内资产的预期收益率提高。任意汇率对应的需求量都会增加，需求曲线向右移动，汇率上升。

专栏 15-2　案例

利率变动对均衡汇率的影响

我们的分析揭示了影响均衡汇率水平的因素。现在我们运用这一分析来详细考察利率变动对汇率的影响。

国内利率 i^D 的变动通常被认为是影响汇率的主要因素。例如，我们会在财经新闻上看到这样的标题："汇率触底回升，美元反弹"。这样的标题所代表的观点正确吗？

并非如此，因为要分析利率变动的影响，我们必须仔细区分各种变动的来源。费雪方程式（第3章）指出，i^D 等名义利率等于实际利率加上预期通货膨胀率：$i = i_r + \pi^e$。费雪方程式表明，有两个原因可以使利率 i^D 变动：实际利率 i_r 的变化，或预期通货膨胀率 π^e 的变化。这两个原因对汇率的影响是完全不同的，具体取决于名义利率变动的来源。

假定国内实际利率上升引起名义利率 i^D 上升，而预期通货膨胀率保持不变。在这种情况下，由于预期通货膨胀率不变，假定美元的预期汇率不变是合理的。i^D 的上升会增加美元资产的预期收益率，因此对于任何给定的汇率水平，美元资产的需求量增加，从而推动需求曲线向右移动。我们可以用图 15-4 描述这种情况，假定其他因素保持不变的基础上，该图分析了 i^D 上升的情况。我们的外汇市场模型可以得到以下结论：**国内货币会随着国内实际利率的上升而升值**。

由于预期通货膨胀率上升引起的名义利率升高，我们会得到与图 15-4 所示不同的结论。预期国内通货膨胀率的上升导致美元的预期升值率降低，且其幅度通常被认为大于国内利率 i^D 上升的幅度。⊖ 结果，对于任意给定的汇率，国内（美元）资产的相对预期收益率下降，需求曲线向左移动，汇率从 E_1 移至 E_2（见图 15-7）。通过分析我们得到结论：**当国内利率的上升是由于预期通货膨胀率的上升时，国内货币会贬值**。

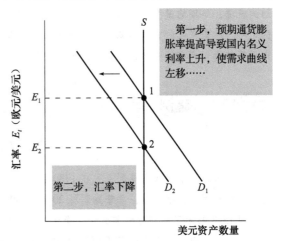

图 15-7　预期通货膨胀率提高导致的国内名义利率上升的影响

注：由于国内预期通货膨胀率上升引起的预期美元升值率下降幅度大于国内利率的上升幅度，国内（美元）资产的相对预期收益率下降，需求曲线向左移动，均衡汇率从 E_1 移至 E_2。

由于这个结论与实际利率升高引起国内利率上升完全不同，我们在分析利率对汇率的影响时，必须区分名义变量和实际变量。

⊖ 这个结论以汇率所决定的资产市场模型为标准，见 Rudiger Dornbusch, "Expectations and Exchange Rate Dynamics," *Journal of Political Economy* 84(1976): 1061-1076。实证证据也可以说明，名义利率与预期通货膨胀率的上升不是一一对应的，见 Frederic S. Mishkin, "The Real Interest Rate: An Empirical Investigation," *Carnegie-Rochester Conference Series on Public Policy* 15 (1981): 151-200; and Lawrence Summers, "The Nonadjustment of Nominal Interest Rates: A Study of the Fisher Effect," in *Macroeconomics, Prices and Quantities*, ed. James Tobin (Washington, DC: Brookings Institution, 1983), pp. 201-240。

专栏 15-3 案例

为什么汇率如此不稳定

汇率的大幅波动令许多人感到震惊。大约40年前,经济学家普遍认为,由自由市场决定的汇率不会经历大幅波动,事实证明他们错了。如果我们回到图15-1,会看到1990~2016年的汇率非常不稳定。

前面概述确定汇率的资产市场方法直接解释了汇率波动。因为国内货币的预期升值影响国内资产的预期收益,所以对价格水平、通货膨胀、贸易壁垒、生产率、进口需求、出口需求和未来货币政策的预期在决定汇率方面发挥着重要作用。当对这些变量中任何一个的预期发生变化时,我们的模型表明,国内资产的预期收益,进而是汇率的预期收益,都会立即受到影响。因为人们对这些变量的预期随着几乎每一条新闻的出现而变化,所以汇率波动并不奇怪。

早期的汇率行为模型关注的是商品市场,而不是资产市场,因而没有强调变化的预期是汇率变动的来源,早期的模型无法预测汇率的大幅波动。无法对波动性进行解释,也是其不再受欢迎的原因之一。后来兴起的方法强调外汇市场就像任何其他资产市场一样,对未来的预期很重要。与股票市场等其他资产市场一样,外汇市场表现出巨大的价格波动,外汇汇率也是出了名的难以预测。

专栏 15-4 案例

美元和利率

在本章预览中,我们提到美元在1980~1985年大幅升值,之后又贬值。我们可以利用对外汇市场的分析来理解汇率变动,并帮助解释20世纪80年代初美元的升值及其后的下跌。

图15-8显示了用来追踪美元价值变化的一些重要信息,该图描绘了实际利率和名义利率以及美元在一揽子外币(称为**有效汇率指数**(effective exchange rate index))中的价值。我们可以看到,美元价值和实际利率的走势往往一致。20世纪70年代末,实际利率处于低位,美元价值也是如此。然而,从1980年开始,美国的实际利率开始急剧攀升,美元汇率也快速上升。1984年以后,实际利率和美元汇率均大幅下降。

汇率决定模型有助于解释20世纪80年代初美元的升值及其后的贬值。如图15-4所示,美国实际利率的上升提高了美元资产的相对预期收益率,这导致对美元资产需求上升,提高了汇率。这正是1980~1984年发生的事情。随后美国实际利率的下降降低了美元资产的相对预期收益率,从而降低了对美元资产的需求,进而降低了汇率。

图15-8中的名义利率曲线表明名义利率和汇率变动之间的对应关系远不如实际利率和汇率变动之间的对应关系密切,这也正是分析预测的结论。20世纪70年代末,名义利率上升并没有反映在美元的相应升值上;事实上,美元在20世纪70年代末反而下跌了。图15-8解释了为什么20世纪70年代末名义利率上升没有导致美元升值。20世纪70年代末实际利率和名义利率的比较表明,名义利率的上升反映了预期通货膨胀率的上升,而不是实际利率的上升。正如图15-7所表明的,由预期通货膨胀率上升引起的名义利率上升会导致美元贬值。

这个故事告诉我们,混淆实际利率和名义利率可能导致对汇率变动的反向预测:20世纪70年代末美元的疲软和80年代初美元的强势可以用实际利率的变动来解释，但不能用名义利率的变动来解释。

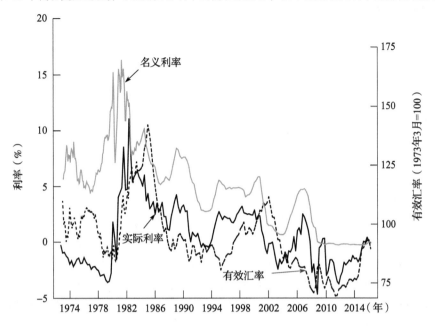

图15-8　1973～2016年美元价值和利率

注：名义利率和汇率变动之间的关系远不如实际利率和汇率变动之间的关系密切。
资料来源：Federal Reserve Bank of St. Louis FRED database：https://fred.stlouisfed.org/series/TWEXMMTH；https://fred.stlouisfed.org/series/TB3MS；real interest rate from Figure 3.1 in Chapter 3.

专栏15-5　案例

全球金融危机和美元

2007年8月，随着全球金融危机的爆发，美元价值开始加速下跌，到2008年7月中旬，美元相对于欧元贬值了9%，对一揽子货币贬值6%。7月11日美元兑欧元汇率创下历史新低后，美元汇率突然飙升，截至10月底，美元兑欧元汇率上涨逾20%，兑一揽子货币汇率上涨15%。全球金融危机和美元价值的大幅波动有什么关系？

2007年，全球金融危机对经济活动的消极影响主要局限于美国。美联储积极采取措施下调利率以对抗紧缩效应，从2007年9月到2008年4月将联邦基金利率降低了325个基点。相比之下，欧洲央行等其他央行认为没有必要降低利率，尤其是因为高能源价格导致通货膨胀水平飙升。因此，美元资产的相对预期收益率下降，使美元资产的需求曲线向左移动（见图15-5），导致均衡汇率下降。因此，我们对外汇市场的分析可以解释早期全球金融危机导致美元贬值的原因。

现在转向美元的升值。从2008年夏天开始，全球金融危机对经济活动的影响开始在全世界范围蔓延。外国央行开始降息，预计随后会进一步降息，事实上也的确如此。国外利率的预期下降随后增加了美元资产的相对预期收益率，导致需求曲线向右移动，美元价值上升，如图15-4所示。推动美元升值的另一个因素是2008年9月和10月全球金融危机达到特别严重阶段时的"安全投资转移"。美国人和外国人现在都想把他们的钱投资在最安全的资产——美国国库券上，导致对美元资产的需求增加，为美元资产需求曲线向右移提供了另一个原因，从而使美元大幅升值。

专栏15-6 执业经理

从汇率预测中获利

金融机构的经理非常关心未来的外汇汇率,因为这些汇率影响他们资产负债表中以外币计价的资产的价值。此外,金融机构通常既为自己也为客户从事外汇交易。因此未来外汇汇率的预测对金融机构从事外汇交易业务的利润有重大影响。

金融机构的经理通过雇用经济学家或者从其他金融机构或经济预测公司购买,获得外汇预测信息。在预测汇率变动的过程中,预测者考察本章提到的因素。例如,如果他们预期国内实际利率将上升,会按照我们的分析思路,预测国内货币将会升值;相反,如果他们预期国内通货膨胀率上升,会预期国内货币将贬值。

金融机构的经理,尤其是那些从事国际银行业务的经理,要依赖外汇预测做出应该持有以哪种外国货币计价的资产的决定。例如,如果一位金融机构经理有一个可靠的预测,欧元在未来将会升值,而日元则会贬值,这位经理就会出售以日元计价的资产并购买以欧元计价的资产。或者,这位经理可能通知信贷员发放更多以欧元计价的贷款,减少发放以日元计价的贷款。同样,如果预测日元升值而欧元贬值,该经理会将以欧元计价的资产换成以日元计价的资产,并发放更多以日元计价的贷款,减少发放以欧元计价的贷款。

如果金融机构从事外汇交易业务,预测日元的升值意味着金融机构经理应该吩咐外汇交易员购买日元。如果预测是正确的,日元的升值意味着交易员可以在未来出售日元而获得一笔可观的利润。如果预测欧元贬值,交易员可以卖出欧元,如果预测正确,交易员就可以在未来以低价将其购回,金融机构会再次获利。

因此,准确的外汇汇率预测能够帮助金融机构经理为机构赚取可观的利润。遗憾的是,外汇汇率的预测者并不比其他经济预测者更准确,他们经常犯下大错。《华尔街日报》以及《欧洲货币》贸易杂志中经常会对这种预测进行报道。

本章小结

外汇汇率(以一国货币表示的另一国货币的价格)非常重要,因为它影响国内生产的商品在国外销售的价格以及在国内购买国外商品的成本。

购买力平价理论说明,两国货币间汇率的长期变动是由两国相对物价水平的变动决定的。影响长期汇率的其他因素有关税和配额、进口需求、出口需求以及生产力。

短期汇率是由国内资产相对预期收益率的变动决定的,它会导致需求曲线的移动。任何影响国内资产相对预期收益率的因素都会导致汇率的变动。这些因素包括国内和国外资产利率的变动,以及任何影响长期汇率以及影响预期未来汇率变动的因素。

汇率决定的资产市场方法可以解释汇率的波动,以及1980~1984年的美元升值和之后突然的贬值,也可以解释全球金融危机中美元价值的变化。

外汇汇率的预测对金融机构的经理十分有价值,因为汇率影响机构持有以何种外国货币计价的资产的决定,以及交易员在外汇市场上应该操作哪种交易。

简答题

1. 假设你正在考虑出国度假,而欧元对美元已经升值15%。你是更愿意还是更不愿意去罗马和巴黎?
2. "如果货币疲软(贬值),该国的情况总是会变坏。"这种表述是正确的、错误的还是不确定的?解释你的答案。
3. 当美元贬值时,美国的进出口会发生什么变化?
4. 如果日本物价水平相对于美国上涨了5%,根据购买力平价理论,以美元计价的日元价值会发生怎样的变动?
5. 如果一国的出口需求减少,同时进口关税增加,该国货币在长期内将升值还是贬值?
6. 在20世纪70年代中期,虽然日本的通货膨胀率比美国高,但日元相对于美元升值。如何用日本行业相对于美国行业生产力的提高来解释这一现象?

预测未来

画出正确的外汇市场简图来回答以下问题。

7. 美国总统宣布他将实施新的反通货膨胀计划来降低通货膨胀率。如果公众信任他,美元汇率未来将如何变动?
8. 如果英国的中央银行通过印刷货币来降低失业率,英镑的价值在短期和长期内分别会发生什么变化?
9. 如果印度政府出乎意料地宣布,从现在开始的一年内,将对外国商品提高关税,印度卢比的价值现在会发生怎样的变动?
10. 世界各地的投资者都决定购买美国国债,因为没有其他投资工具是安全的。预测美国汇率将会发生什么变化?
11. 如果美国汽车公司在汽车技术方面实现了突破,能够生产出每60英里耗油1加仑⊖的汽车,美元的汇率将会如何变动?
12. 如果墨西哥人大肆消费,成倍购买法国香水、日本电视、英国羊毛衫、瑞士手表以及意大利酒,墨西哥比索价值将会如何变动?
13. 如果欧洲的预期通货膨胀率下降,从而利率下降,美元的汇率将会如何变动?
14. 如果欧洲中央银行决定提高利率来应对通货膨胀,美元的价值将会如何变动?
15. 2016年6月23日,英国投票决定是否留在欧盟。从6月16日到6月23日,英镑对美元的汇率从1.407 5美元/英镑增长至1.480 0美元/英镑(资料来源:FRED数据库)。关于公投结果及其对英国经济的影响,你对市场预期有何看法?

计算题

1. 如果美元对日元的汇率从110日元/美元上升到120日元/美元,计算美元的升值和日元的贬值。
2. 一位英国投资者以987.65美元购买一种91天的短期国债。当时,汇率为1英镑兑换1.75美元。在债券到期时,汇率为1英镑兑换1.83美元。投资者在持有期以英镑计价的收益率为多少?
3. 一位加拿大的投资者在1月1日以每股93.00美元的价格购买了100股IBM的股票。12月31日,IBM支付了每股0.72美元的年息,当天投资者以每股100.25美元的价格将其卖出。1月1日的汇率为1加元兑换0.68美元,12月31日的汇率为1加元兑换0.71美元。以加元计价,投资者总收益率为多少?
4. 当期汇率为1美元兑换0.75欧元,但你认为美元将会跌至1美元兑换0.67欧元。如果以欧元计价的债券收益率为2%,你预期以美元计价的收益率是多少?
5. 英镑与美元间的6个月远期汇率为1英镑兑

⊖ 1美制加仑=3.785升,1英制加仑=4.546升。——译者注

换 1.75 美元。如果在美国 6 个月期利率为 3%，而英国 6 个月期利率比其高 150 个基点，当期汇率为多少？

6. 如果加拿大元兑换美元的汇率为 1.28，英镑对美元的汇率为 0.62，那么加元对英镑的汇率是多少？

7. 新西兰元对美元的汇率为 1.36，英镑对美元的汇率为 0.62。如果你发现英镑兑换新西兰元的汇率为 0.49，你应该怎样做才能赚取无风险利润？

8. 一种稀有的法国奶酪每磅⊖售价 60 欧元。假设威斯康星州有一种非常类似的奶酪，每磅售价 55 美元，根据一价定律，欧元对美元的汇率为多少？

9. 阿根廷比索对美元汇率为 0.067 美元/比索。如果你给一个出租车司机 5 美元的小费，相当于多少比索？

10. 委内瑞拉在 2015 年的通货膨胀率为 200%。同年，美国的通货膨胀率为 1%。如果 2015 年委内瑞拉玻利瓦尔的汇率为 0.1 美元/玻利瓦尔，那么 2016 年两种货币的预期汇率为多少？

11. 美国与英国间的当期汇率为 1 英镑兑换 1.825 美元。英镑与美元间的 6 个月远期汇率为 1 英镑兑换 1.79 美元。美国和英国的 6 个月当期利率之间的百分比差额多少？

12. 假设一个巨无霸在挪威的售价为 40.90 挪威克朗，而汇率为 8.18 挪威克朗/美元。如果一个巨无霸在纽约的售价为 4.35 美元，那么一价定律成立吗？

13. 如果近期英国的物价水平提高了 20%，而美国的物价水平下降了 5%。汇率要变动多少才能使购买力平价理论成立？假定当期汇率为 1 美元兑换 0.55 英镑。

14. 欧洲 1 年期存单当前利率为 5%，汇率为 1 美元兑换 0.99 欧元。如果你认为从现在起 1 年，汇率会变至 1 美元兑换 1.04 欧元，以美元计价的预期收益率为多少？

15. 日本的短期利率为 2%，美国的短期利率为 4%。当前汇率为 1 美元兑换 120 日元。预期远期汇率为多少？

16. 日本的短期利率为 2%，美国的短期利率为 4%。当前汇率为 1 美元兑换 120 日元。如果你能够得到 1 美元兑换 115 日元的远期汇率，你将如何套利？

17. 美国的利率为 4%，1 美元可以兑换 1 欧元。预期欧元将会贬值为 1 美元兑换 1.1 欧元。计算德国的利率水平。

网络练习

外汇市场

1. 美联储在网站上提供了美元和许多其他货币的汇率。访问 www.newyorkfed.org/markets/foreignex.html，浏览 2000 年之后的历史数据，找到欧元的相关数据。
   (1) 自欧元产生以来，它与美元的汇率变动的比率是多少？
   (2) 自欧元产生以来，每年欧元/美元汇率变动的比率是多少？

2. 跨境旅游和做生意的人经常需要将一种货币准确地兑换成另一种货币。找到美元和其他货币兑换的比率通常很容易，但要找到美元以外的两种货币之间的汇率就比较困难了。访问 www.oanda.com/convert/classic，这个网站能够让你将任何一种货币兑换成其他货币。你现在用 1 智利比索能够兑换多少立陶宛立特？

⊖ 1 磅 =0.454 千克。——译者注

附录15A　利率平价条件

利用国际金融学中广泛使用的一个概念可以推导出本附录中的所有结论。**利率平价条件**（interest parity condition）反映的是国内利率、国外利率以及本币预期升值之间的联系。为了推导这一结论，我们将比较国内资产与国外资产的预期回报率。

15A.1　国内资产与国外资产的预期回报率比较

在本章中，我们将美国看作母国，因此国内资产是以美元计价的。为简单起见，我们用欧元代表外国货币，因此国外资产是以欧元计价的。为了进一步说明，假定美元资产支付的利率为 i^D，没有任何的资本收益，因此，其预期回报率是以美元支付的 i^D。同理，国外资产的利率为 i^F，其预期回报率是以外国（欧元）货币支付的 i^F。要比较美元资产和国外资产的预期回报率，投资者必须将回报率转换为他们所使用的货币单位。

首先我们考察的是外国人弗朗索瓦对美元资产和以其本国货币（欧元）计价的国外资产的预期回报率的比较，他认为这肯定不等于 i^D；相反，预期回报率必须根据美元的预期升值或贬值进行调整。例如，如果弗朗索瓦预期美元升值3%，以欧元计价的美国资产的预期回报率将比 i^D 高3%，因为以欧元计价的美元价值升高了3%。因此，如果美元资产的利率为4%，美元预期升值3%，以欧元计价的美元资产的预期回报率就为7%，即利率4%加上美元预期升值率3%。相反，如果一年后美元预期贬值3%，以欧元计价的美元资产的预期回报率将只有1%，即利率4%减去美元预期贬值率3%。

将当期汇率（即期汇率）记为 E_t，下一阶段的预期汇率为 E^e_{t+1}，则美元的预期升值率为 $(E^e_{t+1}-E_t)/E_t$。我们的推理表明，以外国货币计价的美元资产的预期回报率 R^D 等于美元资产的利率与美元预期升值率之和。⊖

$$\text{以欧元计价的 } R^D = i^D + \frac{E^e_{t+1} - E_t}{E_t}$$

然而，弗朗索瓦以欧元计价的国外资产的预期回报率 R^F 正是 i^F。因此，以欧元计价，美元资产的相对预期回报率（即美元资产与欧元资产预期回报率的差额）是从上述的收益率中

⊖ 这个表达式实际上近似等于以欧元计价的预期回报率，通过考察外国人对美元资产的投资，得到更为精确的计算结果。假定弗朗索瓦决定将1欧元投资于美元资产。首先，他购买 $1/E_t$ 的美元资产（回想下，美元和欧元资产间的汇率 E_t 是1美元相当于1欧元），期末，他的美元收入为 $(1+i^D)/(1/E_t)$。为了将这个金额转换成他预期在期末可以得到的欧元收入，他用 E^e_{t+1} 乘以这个金额。弗朗索瓦1欧元初始投资的预期回报可以写为 $(1+i^D)(E^e_{t+1}/E_t)$ 减去1欧元的初始投资：

$$(1+i^D)\left(\frac{E^e_{t+1}}{E_t}\right) - 1$$

这个表达式可以写为：

$$i^D\left(\frac{E^e_{t+1}}{E_t}\right) + \frac{E^e_{t+1} - E_t}{E_t}$$

由于 (E^e_{t+1}/E_t) 近似等于1，该表达式与本章中的表达式近似相等。要理解这点，可以考虑本章中的例子，其中，$i^D=0.04$，$(E^e_{t+1}-E_t)/E_t=0.03$，因此，$E^e_{t+1}/E_t=1.03$。弗朗索瓦对美元投资的预期回报为 $0.04 \times 1.03 + 0.03 = 0.0712 = 7.12\%$，而不是本章中的7%。

减去 i^F。

$$\text{相对 } R^D = i^D - i^F + \frac{E_{t+1}^e - E_t}{E_t} \tag{15A-1}$$

随着美元资产相对预期回报率的上升，外国人更愿意持有更多的美元资产和更少的国外资产。

接下来，我们从美国人艾尔的角度来考察持有美元资产还是欧元资产的决定。按照评估弗朗索瓦决定的相同的推理方法，我们知道，以美元表示的国外资产的预期回报率 R^F 等于国外资产的利率 i^F 加上外国货币的预期升值率，即减去美元的预期升值率 $(E_{t+1}^e - E_t)/E_t$。

$$\text{以美元计价的 } R^F = i^F - \frac{E_{t+1}^e - E_t}{E_t}$$

例如，如果欧元资产的利率为5%，美元预期升值3%，则以美元计价的欧元资产的预期回报率为2%。艾尔赚取5%的利率，但由于美元升值，以美元计价的欧元的价值下降了3%，因此他预期会损失3%。

艾尔投资美元资产，以美元计价的预期回报率 R^D 等于 i^D。因此，以美元计价的预期回报率等于用 i^D 减去上述表达式。

$$\text{相对 } R^D = i^D - \left(i^F - \frac{E_{t+1}^e - E_t}{E_t}\right) = i^D - i^F + \frac{E_{t+1}^e - E_t}{E_t}$$

这个等式同弗朗索瓦描述的美元资产相对预期回报率（以欧元计价计算）的式（15A-1）是相同的。这里的关键在于，无论是弗朗索瓦以欧元计算还是艾尔以美元计算，美元资产的相对预期回报率都是相同的。因此，如果美元资产的相对预期回报率上升，外国投资者和国内居民的反应是相同的，都会增加持有美元资产，减少持有国外资产。

15A.2 利率平价条件

我们现在生活的世界具有**资本流动性**（capital mobility），外国人可以很容易地购买美元资产，美国人也可以很容易地购买国外资产。如果资本流动没有阻碍，我们所考察资产（外国银行存款和美国银行存款）的风险和流动性是相同的，可以合理假定它们是完全替代品（它们受欢迎的程度是相同的）。当资本具有流动性以及资产是完全替代品时，如果美元资产的预期回报率高于国外资产，无论外国人还是美国人都只愿意持有美元资产，而不愿意持有国外资产。相反，如果国外资产的预期回报率高于美元资产，美国人和外国人都不愿意持有美元资产，而只愿意持有国外资产。对于所持有的美元资产和国外资产目前的供给情况而言，两者的预期回报率必然没有差别；也就是说，式（15A-1）的相对预期回报率必须等于0。这一条件可以写为：

$$i^D = i^F - \frac{E_{t+1}^e - E_t}{E_t} \tag{15A-2}$$

这个公式被称为利率平价条件，说明国内利率等于国外利率减去国内货币的预期升值率。也就是说，这个条件可以用更直观的方式表达：国内利率等于国外利率加上外国货币的预期升值率。如果国内利率高于国外利率，则外国货币的预期升值率为正，从而可以补偿较低的国外利率。

例 15A-1 利率平价条件

如果美国利率为6%，日本利率为3%，则外国（日本）货币的预期升值率为多少？

解答

外国货币的预期升值率为 3%。

$$i^D = i^F - \frac{E_{t+1}^e - E_t}{E_t}$$

其中，$i^D = 6\%$，$i^F = 3\%$，因此：

$$6\% = 3\% - \frac{E_{t+1}^e - E_t}{E_t}$$

$$-\frac{E_{t+1}^e - E_t}{E_t} = \text{外国货币的预期升值率} = 6\% - 3\% = 3\%$$

考察利率平价条件有几种方式。首先，要意识到利率平价十分简单，意味着美元资产和国外资产的预期回报率是相等的。为了了解这一点，注意利率平价条件即式（15A-2）的左边是美元资产的预期回报率，右边是国外资产的预期回报率，两种回报率都以同一种货币（美元）计价。鉴于我们的假定，国内资产和国外资产是完全替代品（其受欢迎的程度相同），利率平价条件就是外汇市场的均衡条件。只有当汇率使国内资产和国外资产的预期回报率相等时（即当利率平价条件成立时），投资者才会既愿意持有国内资产，也愿意持有国外资产。

通过一些代数运算，我们可以将式（15A-2）的利率平价条件写为：

$$E_t = \frac{E_{t+1}^e}{i^F - i^D + 1}$$

这一等式与我们在本章的供求中分析得出的结论是相同的：i^D 上升，分母减少，从而 E_t 上升。i^F 上升，分母增加，从而 E_t 下降。E_{t+1}^e 上升，分子增加，从而 E_t 上升。

第 16 章

国际金融体系

预 览

由于美国经济与世界经济的相互依赖性日益增强,国际金融体系对美国经济的影响变得更加显著。本章将介绍固定汇率机制和有管理的汇率机制如何运作,以及它们如何为金融机构提供获得高额利润的机会,还将探讨资本管制的作用和国际货币基金组织在国际金融体系中应发挥的作用等问题。

16.1 外汇市场干预

在第 15 章中,我们分析外汇市场时将其视为能够对所有市场压力做出反应的完全自由市场。然而,和其他市场一样,外汇市场也没有摆脱政府干预;中央银行定期进行国际金融交易以改变汇率,称为**外汇干预**(foreign exchange intervention)。在当今的国际环境下,汇率每天都在波动,而中央银行试图通过买卖货币以改变本国汇率。我们可以应用第 15 章对汇率的分析来解释中央银行对外汇市场干预的影响。

16.1.1 外汇干预和银行系统准备金

要理解中央银行怎样干预外汇市场,从而影响汇率,第一步,要了解中央银行在外汇市场上出售部分以外币形式持有的资产对基础货币的影响。这种以外币形式持有的资产被作**国际储备**(international reserve),这与商业银行存在中央银行的储备金不同。假设美联储决定出售 10 亿美元外币资产,通常会出售给银行,这项交易在纽约联邦储备银行外汇交易室进行,详见专栏 16-1。

专栏 16-1 透视美联储

纽约联邦储备银行外汇交易室的一天

虽然美国财政部主要负责外汇政策,但对外汇市场的干预决策是由美国财政部和美联储的联邦公开市场委员会共同制定的。外汇干预的执行由纽约联邦储备银行外汇交易室负责,它就在公开市场交易室的旁边。

纽约联邦储备银行的外汇操作经理监督交易员和分析师（他们负责跟进外汇市场的发展）。每天早上 7:30，在黎明前就到达纽约联邦储备银行的交易员与美国财政部相关人员通话，提供最新国外金融和外汇市场的隔夜活动信息。上午 9:30，经理和员工会与华盛顿联邦储备理事会成员一起召开电话会议。下午 2:30，召开第二次电话会议，理事会和财政部的官员均参加这次会议。虽然法律要求财政部主要负责制定外汇政策，其努力使三方——财政部、联邦储备理事会和纽约联邦储备银行达成共识。如果它们决定某一天有必要进行外汇干预（一年没有美国外汇干预是极不寻常的事情），经理将命令交易员执行一致同意的外币买卖业务。因为汇率干预的资金分别由财政部（在外汇平准基金中）和美联储持有，经理和员工并没有用纽约联邦储备银行的资金进行交易；事实上，他们是财政部和联邦公开市场委员会执行交易的代理人。

作为他们的职责，在每次联邦公开市场委员会会议之前，工作人员会为联邦公开市场委员会成员、其他储备银行行长和财政部官员提供一份冗长的数据文件。文件展示了国内外市场在之前 5 周或 6 周的发展情况，这项工作使得工作人员在每次联邦公开市场委员会会议之前都特别繁忙。

美联储出售外币会产生两方面的影响。第一，美联储减少了 10 亿美元的国际储备；第二，当美联储向银行出售其国际储备时，会从它们在美联储的储备存款中减去其购买的 10 亿美元。换句话说，出售国际储备实际上是购买银行储备账户中的美元，因此通常被为购买美元。这笔交易显示在美联储的 T 形账户中（单位：10 亿美元）。

美联储

资产		负债	
外币资产（国际储备）	-1	准备金（美联储存款）	-1

这样会得出一个重要的结论：**中央银行在外汇市场上购买本国货币并相应地出售外币资产，将使国际储备和准备金等额减少**。我们可以通过更直接的方法得到相同的结论。中央银行出售外币资产与在公开市场上出售政府债券相同。通过第 10 章对货币政策的研究得出，公开市场出售会导致准备金的等额减少，因此，出售外币资产也同样导致准备金的等额减少。

同样的原因，中央银行购买外币资产并出售本国货币，就像公开市场购买，将导致准备金的等额增加。因此，我们可以得出以下结论：**中央银行在外汇市场上出售本国货币并购买外币资产，将导致国际储备和准备金的等额增加**。

我们刚刚阐述的干预，即中央银行允许买卖本国货币以影响准备金，称作**非冲销式外汇干预**（unsterilized foreign exchange rate）。如果中央银行不想让本国货币的买卖影响准备金，情况会是怎样的？中央银行可以通过在政府债券市场上进行对冲性公开市场操作以抵消外汇干预的影响。例如，美联储购买 10 亿美元货币并相应出售 10 亿美元外币资产，我们知道，这将使基础货币减少 10 亿美元；美联储可以进行公开市场操作，购买 10 亿美元的政府债券，这将增加 10 亿美元的基础货币。外汇干预和对冲性公开市场操作使基础货币不变（单位：10 亿美元）。

美联储

资产		负债	
外币资产（国际储备）	-1	准备金	0
政府债券	+1		

外汇干预和对冲性公开市场操作使基础货币不变,称作**冲销式外汇干预**(sterilized foreign exchange rate)。

现在我们了解外汇干预有两种方式——非冲销式和冲销式,让我们看一下每种方式对汇率的影响。

16.1.2 非冲销式干预

直觉可能会告诉你,当中央银行想要提高本国货币价值时,应该在外汇市场上购买本国货币并出售外币资产。事实上,这种直觉在非冲销式干预的情况下是正确的。

回想非冲销式干预的情况,如果美联储决定购买美元并出售外币资产,这项操作就像在公开市场上出售债券以减少基础货币一样。因此,购买美元会导致准备金的减少,从而使本国利率提高,我们分析的情形与第 15 章的图 15-4 类似,这里以图 16-1 再次出现。⊖货币供应的减少导致美元资产的利率上升,并提高了美元资产的预期收益率。需求曲线从 D_1 向右移动至 D_2,汇率升至 E_2。

我们的分析可以得到关于外汇市场上非冲销式干预的结论:**买入本国货币并出售外币资产的非冲销式干预会减少国际储备和储备金,并导致本国利率上升、货币升值**。

非冲销式干预的另一种相反情况,即卖出本国货币并购买外币资产。出售

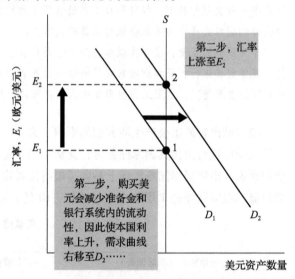

图 16-1 非冲销式购买美元并出售外币资产的影响
注:购买美元并出售外币资产减少了基础货币和货币供应。货币供应的减少导致本国利率上升,并提高了美元资产的预期收益率。需求曲线由 D_1 向右移动至 D_2,均衡汇率由 E_1 移动至 E_2。

本国货币并购买外币资产(国际储备增加)就像公开市场购买会增加基础货币和准备金。货币供应的增加降低了美元资产利率。相应的美元资产的预期收益率也会降低,这意味着人们会减少美元资产的购买,所以需求曲线向左移动,汇率降低。**出售本国货币并购买外币资产的非冲销式干预会增加国际储备和准备金,并导致本国利率下降、货币贬值**。

16.1.3 冲销式干预

冲销式干预的要点是中央银行进行对冲性公开市场操作,使得基础货币和货币供应不变。在这里讨论的汇率决定模型的情况下,我们可以清楚地看到冲销式干预对汇率几乎没有影响。

⊖ 美联储购买美元的非冲销式干预,直接使美元资产减少,因为其导致基础货币减少而政府债券仍在公众手中。曲线描述了美元资产的供应稍微向左移动,就使汇率升高,得到与图 16-1 相同的结论。因为基础货币减少的量只是美元资产的很小一部分,所以供给曲线只是轻微地移动。这是图 16-1 中供给曲线不变的原因。

冲销式干预不对货币供应造成影响，所以也不直接影响利率。[⊖]由于美元资产的相对预期收益率不受影响，需求曲线将保持在 D_1（见图 16-1），汇率也将保持在 E_1。

起初人们可能对中央银行买卖本国货币在冲销后对汇率没有影响感到迷惑。中央银行购买本国货币不会提高汇率，因为其对本国货币供应或利率没有产生影响，任何汇率的升高都意味着将有美元超额供应。随着更多的人想要出售美元资产，汇率将降至其初始平衡水平，即需求和供给曲线相交处。

16.2 国际收支平衡表

因为国际金融交易（如外汇干预）对货币政策具有相当大的影响，所以我们需要了解这些交易是怎样衡量的。**国际收支平衡表**（balance of payments）是记录一国（私人部门和政府）与外国之间具有直接关系的资金移动收支情况的记账系统。这里我们讨论在媒体上经常听到的国际收支平衡表的几个重要项目。

经常账户（current account）涉及资金经常性流入和流出一个国家的国际交易。商品进出口之间的差额，即贸易净收益，称为**贸易差额**（trade balance），更准确地说，称为商品**贸易差额**（merchandise trade balance）。当商品进口大于出口时（2015 年为 7 620 亿美元），称作贸易逆差；当商品出口大于进口时，称作贸易顺差。由于一个国家不仅生产商品，而且还生产服务，因此对一个国家国际贸易状况的更准确的看法是将服务和商品结合起来。商品和服务贸易的这种平衡称为**净出口**（net exports）。美国出口的服务多于进口（相差 2 620 亿美元），净出口赤字为 5 000 亿美元，商品贸易赤字为 7 620 亿美元。经常账户中还包括投资收入和单方面转移（从国外收到的现金流减去流出的现金流）。例如，2015 年美国的净投资收入为 1 820 亿美元，因为美国人从国外获得的投资收入大于对外支出。转移是指国内居民和政府向外国人发送的资金，包括国内工人向外国人（通常是亲戚）的汇款、养老金和对外援助。美国对外国的单方面转移多于外国对美国的单方面转移，净单方面转移为 -1 450 亿美元。这两个项目加上商品贸易差额和服务差额的总和是经常账户余额，2015 年为 -4 630（= -7 620 + 2 620 + 1 820 - 1 450）亿美元赤字。

经常账户余额是一个很重要的数字，因为它表明了美国（包括私人部门和政府）对外国财富的债权是增加了还是减少了。盈余表明美国目前有正的净收益，因此通过持有更多的国外资产增加了对国外财富的债权（对美国而言是好事）；赤字（2015 年的情况）表明美国当前净收益为负，必须通过向国外借款来为其融资，减少了国外资产的持有，并且外国增加了对美国的债权。[⊖]近年来美国经常账户的巨额赤字（现已超过 4 000 亿美元）引起了严重的担忧，这些

⊖ 冲销式干预改变了公众手中外国证券相对于本国证券的数量，称作组合平衡效应（portfolio balance effect）。通过这个效应，中央银行能够改变本国资产和国外资产的利息差额，转而影响本国资产的预期回报率。实证证据还没有显示出这种效应的显著性。然而，冲销式干预可以显示出中央银行对远期汇率的期望，从而提供了未来货币政策的信号。通过这种方式，冲销式干预可以导致本国资产的需求曲线移动，最终影响汇率。然而，汇率变动的根源是未来货币政策的改变，而不是冲销式干预。关于信号与组合平衡效应以及冲销式干预与非冲销式干预的作用差别的进一步讨论，见 Paul Krugman and Obstfeld，*International Economics*, 9th ed.（Boston: Addison-Wesley, 2012）。

⊖ 经常账户余额也可以看作是美国总储蓄超过私人部门和政府投资的数额。美国的总储蓄等于美国私人部门和政府持有的总财富的增加值，总投资等于美国资本存量（有形财富）的增加值，两者的区别在于美国对外国财富的债权的增加值。

巨额赤字可能会对美国经济产生消极的影响（见专栏16-2）。

专栏 16-2　全球视角

为什么经济学家担心美国经常账户的巨额赤字

近年来，美国经常账户的巨额赤字（2015年为4 630亿美元，占GDP的2.6%）令经济学家担忧，原因有如下几点。第一，在当前汇率水平下，外国对美国出口商品的需求远远小于美国对进口的需求。在之前的章节中我们看到，美国出口商品的需求减少加上美国对进口商品的高需求可能会导致未来美元贬值。

第二，经常账户赤字意味着国外对美国资产的要求权增加，而这些要求权在将来的某一时点将要被偿还。美国人正把未来抵押给外国人：等到账单到期，美国人将变得贫穷。此外，如果美国人对美元的偏好大于外国人，那么流向外国人的美元资产将减少。随着时间推移，这种趋势会使美元资产的需求降低，同样会导致美元贬值。

现在人们希望的是当前美国巨额经常账户赤字导致的美元贬值是一个渐进的过程，可以持续几年的时间。然而，如果这种下跌是剧烈的，其可能会破坏金融市场并损害美国经济。

16.3　国际金融体系的汇率机制

国际金融体系的汇率机制分为两种基本类型——固定的和浮动的。在**固定汇率机制**（fixed exchange rate regime）的情况下，货币价值与其他货币价值挂钩（称作**锚货币**（anchor currency）），所以汇率相对于锚货币是固定的。在**浮动汇率机制**（floating exchange rate regime）的情况下，货币相对于其他货币的价值被允许波动。当国家干预外汇市场，试图通过买卖国外资产以改变汇率时，这种机制称作**有管理的浮动机制**（managed float regime）或**肮脏浮动**（dirty float）。

16.3.1　固定汇率机制

自第二次世界大战以来，胜利者建立了固定汇率体系，1944年在新罕布什尔州达成协议，称该体系为**布雷顿森林体系**（Bretton Wood system）。该体系一直持续到1971年。

《布雷顿森林协定》设立了**国际货币基金组织**（International Monetary Fund，IMF），其总部位于华盛顿，1945年有30个创始成员，目前成员已经超过180个。国际货币基金组织的职责是制定维护固定汇率制度的法规并向国际收支困难的国家发放贷款，促进世界贸易的增长。国际货币基金组织还负责监督各成员对法规的履行，所以其还承担收集和标准化国际经济数据的任务。

《布雷顿森林协定》还设立了国际复兴开发银行，通常被称作**世界银行**（World Bank）。其总部位于华盛顿，主要对发展中国家发放长期贷款以帮助它们修建大坝、公路和其他有助于经济发展的实物资本。发放这些贷款的资金主要来自发行世界银行债券，这些债券在发达国家的资本市场上出售。另外，还有关税及贸易总协定（GATT），其总部位于瑞士日内瓦，其主要职责是监督成员间贸易规则（关税和配额）。关税及贸易总协定已经演变为**世界贸易组织**

(World Trade Organization，WTO)。

自第二次世界大战以来，美国成为世界上最大的经济强国，拥有超过一半的世界生产能力和大部分的世界黄金，因此布雷顿森林体系中的固定汇率制建立在每盎司[①]35 美元的兑换比率基础上（仅对外国政府和中央银行）。各国中央银行（包括美国）通过对外汇市场的干预以维持固定汇率，这些国家买卖美元资产，并将其当作国际储备持有。美元被其他国家用来计价国际储备资产，这时美元被称作**储备货币**（reserve currency）。因此，布雷顿森林体系的一个重要特征是确立美国为储备货币国。即使是在布雷顿森林体系崩溃后，美元依旧在多数国际金融交易中保持着储备货币的地位。

1973 年，以固定汇率为特征的布雷顿森林体系被废除。1979~1990 年，欧盟在其成员国之间建立了自己的固定汇率机制，即欧洲货币体系。这个体系的汇率机制要求，任何两个参与国的货币汇率应该在狭小的范围内波动，这种波动被称作"蛇形浮动"。事实上，所有欧洲货币体系国家的货币都钉住德国马克。

16.3.2 固定汇率机制的运作

图 16-2 用我们之前学习的外汇市场供求分析展示了实际的固定汇率机制是怎样运作的。图 16-2a 描述了本国货币与锚货币的汇率固定在 E_{par}，由于国外利率上升导致需求曲线左移至 D_1，从而降低了本国资产的相对预期收益率。在 E_{par} 汇率被高估了：需求曲线 D_1 与供给曲线相交于汇率 E_1 点，该点低于汇率的固定值 E_{par}。为了使汇率保持在 E_{par}，中央银行必须进行外汇市场干预，购买本国货币并出售外币资产。这项操作就像公开市场出售，意味着基础货币和货币供应都减少了，提高了本国资产利率 i^D。本国利率的升高使本国资产的相对预期收益率升高，需求曲线将向右移动。中央银行将继续购买本国货币直到需求曲线移至 D_2，此时均衡汇率为图 16-2a 中的点 2（E_{par}）。

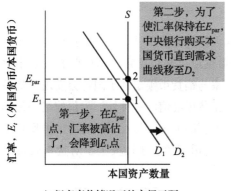
a）汇率高估情况下的市场干预

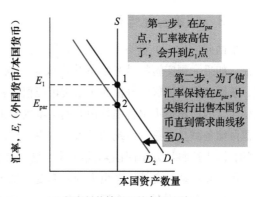
b）汇率低估情况下的市场干预

图 16-2　固定汇率机制下外汇市场的干预

注：图 a 汇率在 E_{par} 是被高估的。为了保持汇率在 E_{par} 水平（点 2），中央银行必须购买本国货币使需求曲线移至 D_2。图 b 汇率在 E_{par} 是被低估的，中央银行必须出售本国货币使需求曲线移至 D_2 并保持汇率在 E_{par} 水平（点 2）。

[①]　1 盎司 = 28.349 5 克。——译者注

我们由此得出结论：**当本国货币被高估时，中央银行必须购买本国货币以保持固定汇率，结果是国际储备减少。**

图 16-2b 描述了由于国内资产的预期收益率升高导致需求曲线右移至 D_1，此时汇率被低估：最初的需求曲线 D_1 与供给曲线相交于 E_1，该点位于 E_{par} 之上。在这种情况下，中央银行必须出售本国货币，购买外币资产。这项操作就像公开市场购买，增加了货币供应并降低了本国资产的利率 i^D。中央银行一直出售本国货币并降低 i^D 直到需求曲线移至 D_2，此时均衡汇率为图 16-2b 中的点 $2(E_{par})$。这样我们的分析可以得出如下结论：**当本国货币被低估时，中央银行必须出售本国货币以保持固定汇率，结果是国际储备增加。**

1. 法定贬值与法定升值

我们看到，如果一国货币被高估，其中央银行会试图阻止货币贬值，从而使国际储备减少。如果一国中央银行最终耗尽了国际储备，便无法阻止货币贬值，最终导致**法定贬值**（devaluation），汇率平价将被重新设定在较低水平。

相反，如果一国货币被低估，其中央银行将进行干预以阻止货币升值，这将导致国际储备增加。我们会看到，中央银行可能不想拥有这些国际储备，因此其可能会重设汇率，将其定在较高水平，即**法定升值**（revaluation）。

2. 完全资本流动

如果在完全资本流动的情况下，即本国居民购买国外资产或外国人购买本国资产没有障碍，则此时冲销式干预不能使汇率保持在 E_{par}，我们在本章前面看到，本国资产的相对预期收益率不受影响。例如，如果汇率被高估，对本国货币的冲销式购买不会改变相对预期收益率和需求曲线，因此本国货币贬值的压力没有去除。如果中央银行一直购买本国货币但继续冲销操作，其将会使国际储备不断减少直到最终耗尽，中央银行将被迫使货币价值处在较低水平。

16.3.3 政策三元悖论

前面分析的一个重要含义是，如果一国将汇率与大国的锚货币挂钩，将失去对货币政策的控制。如果大国实施的是紧缩的货币政策并减少货币供应，这将导致大国预期通货膨胀率降低，从而使得大国货币升值和小国货币贬值。将其汇率与锚货币锁定的小国将会发现其货币被高估了，因此不得不出售锚货币并购买本国货币以阻止货币贬值。这种外汇干预的结果是小国的国际储备减少，银行系统的准备金减少，从而使国内利率上升。外汇干预的冲销操作是不可取的，因为这将导致小国国际储备减少直到其被迫将货币贬值。小国失去了对货币政策的控制，因为其利率的变动完全由大国利率变动决定。

因此，分析表明，一个国家或地区（或像欧元区这样的货币联盟）不能同时奉行以下三项政策：①资本自由流动；②固定汇率；③独立货币政策。经济学家称这一结果为**政策三元悖论**（policy trilemma，或者更形象地说，**不可能三角**（impossible trinity））。图 16-3 说明了政策三元悖论。一个国家或地区只能选择三个选项中的两个，这三个选项由三角形的每一边表示。在方案 1 中，一个国家或地区（或货币联盟）选择资本流动性和独立的货币政策，但不选择固定汇率。欧元区和美国做出了这一选择。中国香港和伯利兹选择了方案 2，在该方案中，资本可以自由流动，汇率是固定的，因此它们没有独立的货币政策。其他国家或地区，如中国内地，选择了方案3，它们有固定的汇率，追求独立的货币政策，但是没有自由的资本流动，因为它们有**资本管制**（capital controls），限制资本的跨境自由流动。

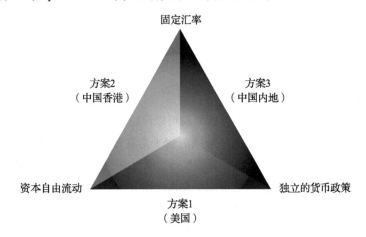

图 16-3　政策三元悖论

注：一个国家或地区（或货币联盟）不能同时推行以下三项政策：①资本自由流动；②固定汇率；③独立的货币政策。相反，它必须在三角形的每一边选择三个策略中的两个。

因此，这一政策的三重困境给各国留下了艰难的选择。它们是接受汇率波动（方案1）、放弃独立货币政策（方案2）还是限制资本流动（方案3）？

16.3.4　货币联盟

固定汇率制度的一种变体是一种**货币联盟**（monetary union，or currency union），在这种货币联盟中，一组国家决定采用共同货币，从而确定彼此之间的汇率。1787年的美国是一个早期货币联盟的例子，13个殖民地放弃了各自的货币，使用统一的美元。最近的货币联盟是欧洲货币联盟，1999年1月11个创始国开始采用新货币——欧元。

货币联盟的主要经济优势在于，它使跨境贸易变得更加容易，因为所有成员的商品和服务现在都以相同的货币定价。然而，正如我们在上面看到的，与任何固定汇率制度和自由资本流动一样，货币联盟意味着每个国家不再有自己独立的货币政策来应对总需求不足问题。货币联盟的这一劣势引发了人们对欧元区是否会解体的疑问，详细讨论见专栏16-3。

专栏 16-3　全球视角

欧盟会存活吗

2007~2009年的全球金融危机导致整个欧洲经济收缩，欧元区南部国家受到的打击尤为严重。受灾严重国家的失业率攀升速度比北方国家快得多，尤其是德国。此外，随着经济收缩，许多南方国家开始经历巨额政府预算赤字和主权债务危机，投资者不再购买这些国家的债券，利率升至极高水平。由此导致的南方国家经济崩溃意味着，它们可以受益于更宽松的货币政策来刺激经济活动，但这一选择是不可行的，因为欧洲央行必须为整个欧元区实施货币政策，而欧元区的整体经济并没有南方国家受灾严重。

欧洲央行收紧的货币政策导致欧洲南部对欧元的支持减弱，越来越多的人讨论退出欧盟。经济发展较强的北方国家对欧盟的支持也有所减弱，因为它们被要求向较弱的成员国提供救助。鉴于强国可能希望退出以减少其向弱国的资金转移，而弱国退出后可以通过扩张性的货币政策和本币贬值来提振其经济，人们怀疑欧洲货币联盟能否存活。然而，建立欧盟被视为建立一个更加团结和强大的欧洲的重要一步，这种政治考虑是货币联盟维持下去的强大力量。

16.3.5 货币发行局和美元化

小国通常希望与大国保持固定汇率，这样就可以跟随大国享受规律的货币政策，从而达到一个较低的通货膨胀率。这种政策的一个极端的例子是**货币发行局**（currency board），即本国货币100%由外国货币（如美元）支持，货币发行当局（中央银行或政府）设立与这种外国货币的固定汇率，当公众要求时，便以这个汇率兑换外国货币。货币发行局在很多国家或地区都有设立，如中国香港（1983年）、阿根廷（1991年）、爱沙尼亚（1992年）、立陶宛（1994年）、保加利亚（1997年）、波斯尼亚（1998年）。阿根廷的货币发行局，从1991年持续至2002年——阿根廷是最吸引人的国家之一，在专栏16-4中会讨论到。另一个更极端的例子是**美元化**（dollarization），即一国完全放弃本国货币并采用另外一国货币，一般来说是美元（见专栏16-5）。

专栏 16-4 全球视角

阿根廷的货币发行局

阿根廷的历史上有很长的一段货币不稳定时期，通货膨胀率剧烈波动，有时波幅甚至超过了每年1 000%的水平。为了制止这种通货膨胀恶性循环，阿根廷决定在1991年4月采用货币发行局制度。阿根廷的货币发行局是这样运作的：按照阿根廷的货币兑换法，比索/美元的汇率固定在1∶1，公众可以在任何时候到阿根廷中央银行，以一比索兑换一美元，反之亦然。

阿根廷的货币发行局早期看似非常成功。通货膨胀率从1990年的800%降至1994年年底的5%，且经济增长迅速，1991～1994年以每年8%的速度增长。然而，在墨西哥金融危机之后，对于阿根廷经济状况的担忧导致公众将存款从银行中提出（银行存款下降了18%），并将比索兑换为美元，从而导致了阿根廷货币供给的紧缩。结果是阿根廷经济剧烈下滑，1995年的实际GDP萎缩超过5%，失业率升至15%以上。到1996年经济才开始恢复。

在货币发行局制度下，由于阿根廷中央银行无法控制货币政策，在抵消公众行为引起的货币政策紧缩时，其无法发挥作用。此外，由于货币发行局不允许中央银行发行比索并向银行贷款，没有能力充当最后贷款人的角色。在国际机构（如国际货币基金组织、世界银行和泛美开发银行）的帮助下，阿根廷在1995年得到50亿美元的贷款以帮助支撑银行系统，货币发行局才渡过了难关。

然而，在1998年阿根廷进入了更加严重和旷日持久的衰退。到2001年年底，失业率达到了将近20%，与20世纪30年代美国大萧条时的水平接近。结果是国内动乱，政府下台，以及银行业危机和1 500亿美元政府债务的违约。由于阿根廷的中央银行在货币发行局制度下无法控制货币政策，其没有能力利用货币政策去发展经济并走出衰退。此外，由于货币发行局制度不允许中央银行发行比索并贷款给银行，其没有能力发挥最后贷款人作用。2002年1月，货币发行局最终崩溃，比索贬值了70%。结果是全面的经济危机（在第8章中讨论过）、严重的通货膨胀和萧条。很明显，阿根廷公众不再像以前那么钟爱货币发行局制度了。㊀

专栏 16-5　全球视角

美元化

美元化，即采用其他国家货币，通常为美元（其他坚挺的货币也可以，如欧元、日元），这种政策是比货币发行局更极端的固定汇率制度。货币发行局可以被放弃，允许货币价值变动，但美元化不允许货币价值变动：1美元钞票的价值就是1美元，无论其是在美国境内还是境外。巴拿马在12世纪早期便采用了美元化政策，萨尔瓦多和厄瓜多尔也采用了美元化。

美元化与货币发行局一样，阻止中央银行创造通货膨胀。另外一个关键的优势是其可以完全避免对本国货币的投机性攻击（因为没有本国货币），这一点在货币发行局制度下也是危险的。然而，与货币发行局一样，美元化不允许该国有自己的货币政策或者最后贷款人。美元化还有另外一个货币发行局不具有的缺点：由于一国采用美元化，没有自己的货币，其就丧失了政府发行货币的收入，即铸币税。因为政府（或者中央银行）不需要对本国货币支付利息，它们可以通过购买收益性资产（如债券）赚取收入（铸币税）。以美联储为例，每年它通常可以赚取超过200亿美元的收入。如果新兴市场国家采取美元化并放弃自己的货币，就需要在其他地方弥补铸币税的收入，这通常对贫穷国家来说是困难的。

16.3.6　投机性攻击

固定汇率机制（如布雷顿森林体系或欧洲货币体系）的一个严重缺点是它可能导致外汇危机，包括对货币的"**投机性攻击**"（speculative attack），即对疲软货币的大量购买或抛售，使汇率剧烈变动。在下面的案例中，用汇率决定模型理解1992年9月撼动欧洲货币体系的汇率危机是怎样发生的。

专栏 16-6　案例

1992年9月的外汇危机

在1990年10月德国统一之后，德国中央银行（即德国联邦银行）面对着日益上升的通货膨胀压力，通货膨胀率从1990年的低于3%升至1992年的将近5%。为了使货币增长得到控制并抑制通货膨胀，德国联邦银行将德国利率提高到将近两位数的水平。图16-4显示了这些操作在外汇市场上对英镑的影响。注意，在图中，英镑为本国货币，德国马克（在1999年欧元出现之前是德国货币）为外国货币。

㊀ 网络章节第25章"新兴市场经济体的金融危机"对阿根廷的金融危机进行了详细阐述，可在本书的网站 www.pearsonhighered.com/mishkin_eakins 上找到。

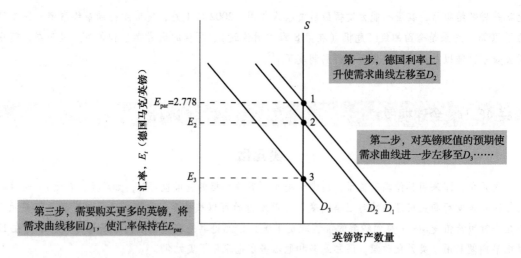

图 16-4　1992 年外汇市场上的英镑

注：投机者意识到英国将使英镑贬值，使得英镑资产的预期收益率降低，导致需求曲线从 D_2 移至 D_3。结果是英国中央银行需要购买更多的英镑以提高利率，以使需求曲线移回 D_1 并将汇率保持在 E_{par} 水平（2.778 德国马克/英镑）。

德国利率 i^F 的升高降低了英镑资产的预期收益率，并使图 16-4 中的需求曲线移至 D_2。现在供给与需求曲线的交点（点 2）低于该时点的汇率下限（2.778 马克/英镑，即 E_{par}）。为了提高英镑相对于马克的价值并使马克/英镑的汇率回到汇率机制范围内，必须要做出选择。英格兰银行需要实行紧缩的货币政策，从而充分提高英国利率，将需求曲线移回 D_1，这样均衡点将保持在点 1，汇率为 E_{par}。另一种办法是，德国联邦银行需要实行扩张的货币政策，从而降低德国资产利率。降低德国利率将提高英国资产的相对预期收益率，使需求曲线移回 D_1，汇率将保持在 E_{par}。

问题是德国联邦银行的主要目标是反通胀，并不愿意实行扩张性货币政策，而正经历着战后萧条时期的英国，也不愿意实行紧缩的货币政策以支撑英镑。在面对来自欧洲货币体系其他成员的巨大压力时，这种僵局更加明显。在斯堪的纳维亚货币遭到投机性攻击后，德国联邦银行在 9 月 16 日表示愿意象征性地降低贷款利率。在不久的某一时点，英镑价值将降到点 2。投机者获知英镑即将贬值。结果，英镑的预期收益率剧烈下跌，需求曲线移至 D_3。

需求曲线的大幅左移使得在汇率平价 E_{par} 水平的英镑资产供给过剩，导致投机者大量低价抛售英镑（买入马克）。此时更加需要英国中央银行干预，以提高英镑价值并提高英国利率。尽管英格兰银行尽量实施干预（包括将利率从 10% 提高至 15%），但还远远不够，英国最后被迫在 9 月 16 日决定永久退出欧洲汇率体系并允许英镑对马克贬值 10%。

对其他货币的攻击导致西班牙比索和意大利里拉分别贬值 5% 和 15%。为了保卫货币，瑞典中央银行被迫将日常贷款利率提高至 500% 的水平。到危机结束时，英国、法国、意大利和瑞典中央银行用于干预的资金数额达 1 000 亿美元，仅德国联邦银行就花费了 500 亿美元用于外汇干预。由于外汇危机导致中央银行持有的国际外汇储备发生很大变动，并显著地影响国际收支平衡表中官方储备资产项目，这些危机也被称作**国际收支危机**（balance-of-payments crises）。

对于中央银行来说，试图支撑欧洲货币体系的代价并不低。据估计，各国在危机期间用于外汇干预的花费为 40 亿～60 亿美元。

16.3.7 有管理的浮动汇率

随着布雷顿森林体系的消亡,目前大多数汇率每天都随着市场力量的变化而变化,很多中央银行不想放弃干预外汇市场的机会。防止汇率大幅变动有益于进出口贸易公司和个人对未来做出计划。此外,国际收支平衡盈余的国家不想让本国货币升值,因为这样会使其商品在国外变得较贵,而外国商品在本国变得便宜。因为升值可能影响本国公司的销售,并使失业率升高,盈余国家通常在外汇市场上出售本国货币并获得国际储备。

国际收支赤字的国家不想其货币贬值,因为这样会使外国商品对于本国消费者变得较贵,从而刺激通货膨胀。为了保持本国货币价值,赤字国家通常在外汇市场上购买本币并卖出国际储备。

当前的国际金融体系是固定汇率和浮动汇率的混合体系。汇率对市场力量做出反应但不只是由市场决定。此外,很多国家仍继续将本国货币价值与其他国家的货币挂钩。

专栏 16-7 执业经理

从外汇危机中获利

大银行和其他金融机构通常从事外汇交易操作,这些交易可以给它们的母公司带来巨额利润。当发生外汇危机(如 1992 年 9 月的危机)时,外汇交易商和投资者都面对着绝妙的机会。刚刚提及的这场危机可以解释原因。

我们在图 16-4 中看到,较高的德国利率导致了英镑被高估,没有英国和德国中央银行的干预,均衡汇率低于汇率下限(2.778 德国马克/英镑)。一旦外汇交易商意识到中央银行不愿意充分干预或更改政策以使英镑的价值保持在 2.778 德国马克/英镑的下限水平,交易商便面对着"正面,我赢;背面,你输"的赌局。他们知道汇率的走向只有一个:下跌,所以他们必定购买马克并出售英镑。图 16-4 的分析反映了态势。可以用另一种方法理解这个不公平的赌局,我们意识到以德国马克计价的存款的预期收益率大幅上升,将图 16-4 中的需求曲线向左移至 D_3。

机智的外汇交易商在 1992 年 9 月初预知大难临头,便出售英镑,购买德国马克。当 9 月 16 日之后英镑对德国马克贬值了 10%,他们赚取了巨额利润,因为他们购买的德国马克现在的售价高了 10%。据报道,花旗银行的外汇交易商在 1992 年 9 月的那一周赚取了 2 亿美元——对于一周的工作来说确实不错。但是这笔利润相对于乔治·索罗斯(投资基金经理)来说简直相形失色,据报道,他的资金在这场危机期间迅速累积至 10 亿美元(然而,索罗斯在 1994 年把这笔利润还回了一部分,他在对日元交易的过程中损失了 6 亿美元)。很明显,外汇交易是可能赚取巨额利润的事业,尤其是在外汇危机期间。

专栏 16-8 案例

中国是如何累积超过 3 万亿美元的国际外汇储备的

2016 年年底中国已经累积超过 2 万亿美元的国际外汇储备。中国是如何累积起如此巨大数额的国外资产呢？毕竟目前中国还不是一个非常富裕的国家。

答案是1994年中国以8.28元人民币/美元的固定汇率钉住美元。由于中国快速提高的生产力和低于美国的通货膨胀率，使得人民币的长期价值增加，人民币资产的相对预期收益率升高，人民币资产的需求曲线向右移动。结果，人民币被低估，如图16-2b所示。为了防止人民币升值到E_{par}水平以上的E_1，中国人民银行不得不大量购买美元资产。现在，中国政府是世界上最大的美国政府债券持有者之一。

人民币钉住美元的汇率政策给中国带来了若干问题。第一，中国持有大量美国资产，尤其是美国国库券，这些债券的收益率非常低；第二，人民币被低估意味着中国商品在国外很便宜，如果中国政府不允许人民币升值，其他国家可能会对中国商品设置贸易壁垒；第三，中国购买美元资产导致中国的基础货币和货币供应大量增加，未来可能会产生高通货膨胀。由于中国限制资本流动，其可以保持汇率钉住政策的同时冲销多数外汇干预。然而，它仍然担忧通货膨胀压力。2005年7月，中国增加了钉住汇率政策的灵活性，允许人民币升值2.1%。中央银行同时宣布其不再对美元保持固定汇率，而是保持人民币对一揽子货币的相对价值。为什么中国不顾各种问题而保持很长时间的钉住政策？第一个解释是它想要通过保持出口商品的低价格使出口部门获益；第二个解释是它想要积累大量国际储备，在将来某一时点遭受投机性攻击时可以出售国际储备以购买人民币。考虑到来自美国和欧洲的政府官员要求对人民币重新估价的压力，中国政府可能会在将来进一步调整中国汇率政策。

16.4 资本管制

新兴市场国家是近期向世界其他地区的商品、服务和资本开放的国家。政治家和一些经济学家主张，新兴市场国家通过限制资本流动来避免金融不稳定。资本控制是个好主意吗？

16.4.1 资本流出管制

资本流出可以提升新兴市场国家的金融稳定性，因为当本国居民和外国人将资金从一国抽出，所造成的资本流出会迫使该国货币贬值。这也是一些新兴市场国家的政治家近来发现资本管制尤其具有吸引力的原因。例如，马来西亚总理马哈蒂尔在东亚危机之后的1998年设置了资本管制。

虽然这些管制听起来像是好主意，但是也有若干缺点。第一，实证证据表明对资本流出的管制在危机期间很难生效，因为私人部门可以通过精明的方式逃避管制，并且轻易将资金移出国内。第二，有证据表明在实施管制后，资本流出可能增加，因为管制弱化了公众对政府的信心。第三，资本流出的管制通常滋生腐败，由于政府官员收受贿赂，当本国居民试图将资金移至国外时，这些官员会帮助其另寻出路。第四，对资本流出的管制可能使政府当局认为它们不需要采取措施改革金融体系以应对危机，结果是该国错失了提高经济运行效率的机会。

16.4.2 资本流入管制

虽然多数经济学家发现反对资本流出管制的证据很有说服力，但资本流入管制得到了更多的支持。支持原因是如果投机资本无法进入，就不会突然被抽出而造成危机。我们在第8章的东亚金融危机的分析中支持了这个观点，认为资本流入可能导致贷款扩张和银行过度冒险，从而引发金融危机。

然而，资本流入管制也有不受欢迎的特点，它阻碍资金流入并用于生产性投资机会。虽然这些管制可能限制了资本流动引起的信贷繁荣，但随着时间推移，也造成了资源的扭曲和分配不当，因为家庭和企业都试图逃避管制。事实上，正如资本流出管制一样，资本流入管制也会滋生腐败。对于资本管制在当前环境中的有效性存在着严重的质疑，当今贸易开放并且存在众多金融机构，使得逃避这些管制变得非常容易。

另外，一个有力的例子证明，提高银行监管和监督可以使资本流入造成信贷繁荣和银行机构过度冒险的可能性减小。例如，限制银行借款的增长速度可以极大地限制资本流入。关注金融脆弱性来源的监督管制（而不是症状）可以提高金融体系的效率，而不是阻碍其运作。

16.5 国际货币基金组织的作用

国际货币基金组织最初在布雷顿森林体系下设立，其目的是帮助各国处理国际收支问题并通过向赤字国家贷款以保持固定汇率。1971 年，当布雷顿森林体系崩溃后，国际货币基金组织承担了新的任务。

虽然国际货币基金组织不再试图鼓励固定汇率，但其作为国际贷款人的角色近来变得更加重要。这个角色第一次发挥作用是在 20 世纪 80 年代第三次世界债务危机时，当时国际货币基金组织协助发展中国家偿还其贷款。在 1994~1995 年墨西哥金融危机和 1997~1998 年东亚金融危机中，国际货币基金组织向这些国家和其他受到影响的国家发放贷款，以帮助它们从危机中复苏并阻止危机向其他国家蔓延。国际货币基金组织作为国际最后贷款人以应对金融不稳定的角色事实上极具争议。

国际货币基金组织是否可以成为最后贷款人

我们已经看到，就像美联储在全球金融危机中所做的那样，当央行进行最后贷款人操作时，可以将金融危机的严重性降至最低，甚至有时可以阻止其发生。当国际货币基金组织作为国际最后贷款人时，也可以产生类似的好处，特别是当被贷款的国家中央银行没有能力应对危机时。

当国际货币基金组织作为国际最后贷款人时，可能导致严重的道德风险问题。首先，可能会鼓励政府挥霍无度，因为它们知道自己可能会得到国际货币基金组织的救助；其次，政府利用国际货币基金组织的资金保护银行机构的储户和其他债权人免受损失。这种安全网产生了道德风险问题，因为当银行陷入困境时，储户和其他债权人不会遭受损失，所以他们就没有太多动力去监管这些银行机构并提取资金。

国际最后贷款人必须想办法限制这种道德风险问题，否则只会使形势更糟。国际最后贷款人可以明确表示只会向那些实施适当措施以防止过度冒险的政府提供流动性救助。此外，可以通过限制政府救助本国金融机构的股东和未保险的大债权人的能力以减少过度冒险激励。然而，一些国际货币基金组织的批评者认为，国际货币基金组织没有对其放贷政府施加足够的压力以促使这些国家控制道德风险问题。因此，他们认为，国际货币基金组织应该放弃其作为国际最后贷款人的角色。国际货币基金组织还因为强加所谓的紧缩计划迫使借款政府削减政府开支、提高税收和利率而遭受指责。这些紧缩计划可能会过度收缩经济，导致高失业率，甚至可能导致政治不稳定。

关于国际货币基金组织作为国际最后贷款人运作是否会让世界变得更好的争论目前是一个热点。许多注意力都集中在让国际货币基金组织更有效地发挥这一作用上，而重新设计国际货币基金组织是建立新的国际金融架构以帮助减少国际金融不稳定的建议的核心。

本章小结

中央银行出售本国货币并购买外币资产的非冲销式干预导致国际储备和货币供应增加，本国货币贬值。然而，有效证据表明，中央银行的冲销式干预对汇率没有长期效果。

国际收支平衡表是记录一国与外国之间具有直接关系的资金转移收支情况的记账系统。经常账户余额是商品贸易余额、服务贸易余额、净收入和转移之和，表示按现时基准计算的净收入总额。它还表明了对外国财富的要求权：盈余表明增加了对国外财富的要求权，赤字表明减少了对国外财富的要求权。

第二次世界大战后，建立了布雷顿森林体系和国际货币基金组织以促进固定汇率机制，美元作为储备货币可以兑换黄金。布雷顿森林体系在1971年崩溃。现在的国际金融体系既含有有管理的浮动汇率机制，也有固定汇率机制。一些汇率每天都在波动，尽管中央银行在外汇市场上进行干预，而其他汇率是固定的。

资本流出管制获得支持是因为它能防止本国居民和外国人在危机期间从该国抽回资金，并使贬值发生的可能性减小。资本流入管制建立在一定的理论之上：投资资本不能流入，因而不会突然抽出以制造危机。然而，资本管制有若干缺点：它们很少有效，会导致腐败，并且可能使政府逃避采取措施改革金融体系以应对危机。

国际货币基金组织近来承担了国际最后贷款人角色。因为新兴市场国家的中央银行可能无法成功担任最后贷款人，像国际货币基金组织一类的国际最后贷款人来防止金融不稳定是必要的。然而，国际货币基金组织作为国际最后贷款人产生了严重的道德风险问题，并激励了过度冒险，使金融危机更可能发生，但拒绝贷款在政治上难以做到。此外，它需要快速提供流动性以保持贷款资金数额的可控性。

简答题

1. 如果美联储在外汇市场上购买美元并实行对冲性公开市场操作的冲销式干预，国际储备、货币供应和汇率将怎样变化？
2. 如果美联储在外汇市场上购买美元但不进行冲销式干预，国际储备、货币供应和汇率怎样变化？
3. 对于下面的每一项，指出它们是增加了还是减少了经常账户余额。
   (1) 美国人从法国航空公司购买机票；
   (2) 日本人购买加利福尼亚的橘子；
   (3) 向洪都拉斯提供5 000万美元的外国援助；
   (4) 寄钱给墨西哥父母的加利福尼亚工人；
   (5) 美国会计师事务所为德国公司提供服务。
4. 假设你去卡利（哥伦比亚）旅行，那里实行的是2 900哥伦比亚比索/美元的固定汇率。当你走进一家麦当劳餐厅时，你意识到你需要17 400哥伦比亚比索才能买到一个巨无霸。假设一个巨无霸在美国卖5美元，那么哥伦比亚比索被高估了还是低估了？
5. 参考前面的习题。哥伦比亚央行必须采取哪种类型的外国市场干预措施，才能将汇率保持在不被低估或高估的水平？

6. 货币贬值对一个国家的进出口有什么影响？如果一个国家进口的大多数商品被包括在一揽子商品和服务中且被用来计算消费者物价指数，你认为这会对这个国家的通货膨胀率产生什么影响？
7. 在布雷顿森林体系的固定汇率机制之下，如果一国汇率平价被低估，该国中央银行将被迫采取哪种干预？其对国际储备和货币供应有什么影响？
8. 如果一个正在遭受经济衰退的国家的货币被高估，为什么它不愿意干预外汇市场呢？假设这个国家实行固定汇率制度。
9. "如果一国想保持其汇率不变，必须放弃对货币供应的一些管制。"这种论述是正确的、错误的还是不确定的？解释你的答案。
10. 为什么国际收支赤字迫使一些国家实行紧缩的货币政策？
11. "国际收支赤字通常会导致一国国际储备的减少。"这种论述是正确的、错误的还是不确定的？解释你的答案。
12. 美国持久的国际收支赤字怎样刺激了世界通货膨胀？
13. 为什么在德国统一时，钉住汇率导致欧洲汇率机制的国家陷入困境？
14. 为什么在完全浮动汇率机制下，外国汇率市场对基础货币和货币供应没有直接影响？这意味着外国汇率市场对货币政策没有影响吗？
15. "在1973年放弃固定汇率机制后，意味着国家间实行更独立的货币政策。"这种论述是正确的、错误的还是不确定的？解释你的答案。
16. 资本流出管制是好主意吗？为什么？
17. 讨论赞成或反对资本流入管制的理由。
18. 为什么新兴市场国家的中央银行认为从事最后贷款人操作可能会事与愿违？这为国际最后贷款人（如国际货币基金组织）的存在提供了理由吗？
19. 国际货币基金组织在承担国际最后贷款人的角色时表现如何？
20. 国际最后贷款人如何做才可以限制道德风险？

计算题

1. 如果能在交易所买到每美元34.6泰铢，但波士顿25美元的午餐在曼谷的售价为948.25泰铢。泰铢被高估或低估了多少？
2. 假设对于一个给定的国家，进口需求可以表示为 $IM = 1\,250 + 0.05E$，出口需求可以表示为 $X = 750 - 0.08E$，其中 E 为汇率（每单位本国货币兑换外国货币的单位）。计算 $E = 200$ 时的贸易差额。如果该国货币贬值20%，计算新的贸易差额。
3. 如果欧元存款利率为4%，美元存款利率为2%，欧元以1.3美元/欧元的价格交易。市场预期一年后的汇率是多少？
4. 如果美元开始以1.3美元/欧元的价格交易，利率如第3题，欧洲银行提高利率使欧元存款利率上升了1个百分点，汇率将发生什么变化（假设预期汇率不变）？

网络练习

国际金融体系

国际货币基金组织时刻准备为陷入货币危机的国家提供帮助。访问 www.imf.org，点击图标 "About the IMF"。国际货币基金组织宣称的目标是什么？多少国家或地区加入了该组织？它是在什么时候建立的？

PART 6

第六部分

金融机构

第 17 章

银行业和金融机构管理

预 览

银行在将资金引导至具有生产性投资机会的借款者的过程中起着重要作用,因此其在确保金融体系和整个经济平稳且有效率地运行方面发挥着重要的作用。在美国,银行(存款机构)每年提供 10 万亿美元的信贷资金。它们为企业提供贷款,资助我们完成大学教育或者购买新车、新房,还为我们提供其他服务,例如支票和存款账户。

在本章中,我们将考察银行如何运营以获得最大可能利润:银行如何以及为什么发放贷款?它们如何获得资金并管理资产和负债(债务)?它们怎样获得收入?我们重点讨论商业银行,因为它是最重要的金融中介,但是许多原理也同样适用于其他类型的金融机构。

17.1 银行的资产负债表

为了理解银行是如何运作的,我们先观察银行**资产负债表**(balance sheet),资产负债表具有如下特征:

$$总资产 = 总负债 + 资本$$

银行的资产负债表是银行资金来源(负债)和资金用途(资产)的列表。银行通过借款和吸收存款等其他负债的形式获得资金,用这些资金取得资产,如证券和贷款。通过对所持有的证券和贷款收取高于其负债成本的利率而获利。2016 年,所有商业银行的资产负债表如表 17-1 所示。

表 17-1 所有商业银行的资产负债表(2016 年 6 月) (%)

资产		负债	
准备金和现金	16	支票存款	10
证券		非交易性存款	
联邦政府及其机构	14	小额定期存款(小于 10 万美元)+储蓄存款	50
州和地方政府及其他证券	6	大额定期存款	10
贷款		借款	19
工商业	13	银行资本	11

(续)

资产		负债	
房地产	25		
消费者	8		
其他	9		
其他资产（如实物资本）	8		
合计	100⊖	合计	100

资料来源：http://www.federalreserve.gov/releases/h8/ and http://www.federalreserve.gov/releases/h6/。

17.1.1 负债

银行通过吸收（售出）存款之类的负债来获得资金，这些资金是银行资金的来源。通过发行负债获得的资金被用来购买具有收益性的资产。

1. 支票存款

支票存款是允许账户所有者向第三方签发支票的银行账户。支票存款包括所有可以签发支票的账户：不计息支票账户（活期存款）、计息可转让支付命令账户以及货币市场存款账户。货币市场存款账户是在1982年的《存款机构法案》中被引入的，具有和货币市场共同基金相似的特征，被归类在支票存款范畴。然而，货币市场存款账户与支票存款不同，它不受存款准备金制度（本章将要讨论）的约束。表17-1表明，支票存款类是银行资金的重要来源，占银行负债的4%。支票存款曾是银行资金的最重要来源（在1960年所占银行负债的比例超过60%），但是随着更具吸引力的新金融工具（如货币市场存款账户）的出现，支票存款占银行总负债的比例不断下降。

支票存款和货币市场存款账户都是见票即付的，如果存款者到银行要求提款，银行必须立刻支付。同样，如果一个人收到银行开出的支票，当他出示支票时，银行必须立刻支付现金（或者将资金划入此人账户中）。

支票存款是存款者的资产，因为这是他财富的一部分。因为存款者可以提取现金，银行有义务支付，所以支票存款是银行的负债。支票存款通常是银行最低成本的资金来源，因为存款者自愿放弃利息收入以获得可以随时实现购买的流动资产。银行持有支票存款的成本包括利息支付和为这些账户服务所产生的费用——处理、准备和发送月结账单，提供有效率的柜员（人员或其他方面），维护办公楼和设施的分支机构，投放广告和进行市场营销以吸引顾客的存款。近年来，对存款（支票存款和非交易性存款）的利息支付大约占银行总营业费用的5%，而涉及服务账户的费用（员工薪酬、房屋租金等）大约占营业费用的50%。

2. 非交易性存款

非交易性存款是银行资金的主要来源（如表17-1所示，它占银行负债的60%）。存款者不能对非交易性存款签发支票，但是银行对于这些存款所支付的利率要高于那些支票存款。非交易性存款有两种基本类型：储蓄存款和定期存款（也称存单）。

储蓄存款曾是非交易性存款最普遍的类型。在这些账户中，可以随时增加或提取资金，交

⊖ 原书为此，疑为四舍五入原因。——译者注

易和利息支付在月结账单或者存款者持有的存折中记录。

定期存款有固定的期限，几个月到 5 年以上不等，并且对提前提取收取罚金（扣除几个月的利息）。小额定期存款（少于 10 万美元的存款）对于存款者来说，流动性小于存折存款，但享受更高的利率，是银行的一种成本较高的资金来源。

大额定期存款的面额在 10 万美元以上，一般由公司和其他银行购买。大额定期存单是可转让的，像债券一样，到期前可以在二级市场上出售。为此，可转让大额定期存单被公司、货币市场共同基金和其他金融机构持有作为国库券与其他短期债券的替代资产。可转让大额定期存单自 1961 年首次出现，就成为银行资金的重要来源（占比 10%）。

3. 借款

银行也通过向美联储、联邦住房贷款银行、其他银行和公司借款以获得资金。来自美联储的借款被称作**贴现贷款**（discount loan，也称**预付款**（advances））。银行也在联邦基金市场上从其他美国银行和金融机构借入隔夜准备金。银行借入隔夜资金以达到美联储要求的放在美联储的存款准备金头寸数量（联邦基金的名称有些令人困惑，因为这些贷款不是由联邦政府或者联邦储备系统发放的，而是由银行借给其他银行的）。其他的借入来源是：银行母公司（银行控股公司）对银行的贷款、公司的贷款安排（如回购协议）和欧洲美元的借款（国外银行或者美国的银行的国外分支的美元存款）。借款逐渐成为银行资金的重要来源：1960 年，其占银行负债的 2%；现在，占银行负债的 19%。

4. 银行资本

银行资产负债表负债方的最后一项是银行资本，即银行的净值，是银行总资产和总负债的差额（在表 17-1 中占银行总资产的 11%）。银行资本是通过出售新股权（股票）或者从留存收益中获得的。银行资本是资产价值下降时的缓冲，银行资产价值的下跌可能会导致银行破产（负债超过资产，意味着银行可能面临破产）。

17.1.2 资产

银行利用发行负债所获得的资金购买收益性资产。这样银行资产自然地被视为资金的用途，从这些资金上获得的利息收入使银行获利。

1. 准备金

所有的银行都将其资金的一部分存到美联储的账户中。**准备金**（reserve）是指这些存款加上银行实际持有的通货（被称作**库存现金**（vault cash），因为它是隔夜存储在银行的）。虽然准备金不能获得任何利息，但银行持有它们出于以下两个原因。第一，一些准备金被称作**法定准备金**（required reserve），银行由于**法定存款准备金要求**（reserve requirement）而持有它们——法律规定，银行必须将每一美元的支票存款的一定比例（如 10%）作为准备金。这个比例被称作**法定准备金率**（required reserve ratio）。银行持有的额外的准备金被称作**超额准备金**（excess reserve），因为它们是银行资产中流动性最强的，当资金被存款者直接提取或者间接通过支票提取时，银行可以用超额准备金来满足需要。

2. 托收中款项

假设由另一家银行账户签发的支票被存在你的银行中，而该支票的资金还没有从其他银行转过来。这种支票称为托收中款项项目，并且这是你银行的资产，因为它是对另一家银行资金的索取权，资金将在几天内被偿付。

3. 银行同业存款

许多小银行将资金存入大银行作为对各种服务的交换，包括支票托收、外汇交易和帮助购买证券。这是所谓代理银行（correspondent banking）体系的一个方面。

总的来说，准备金、托收款项和银行同业存款被统称为现金项目（cash items）。在表 17-1 中，它们占总资产的 16%。

4. 证券

银行持有的证券是一项重要的收益性资产。在表 17-1 中，证券（对于商业银行，证券完全由债务工具组成，因为银行不允许持有股票）占银行资产的 20%，并且其带来的收入占商业银行收入的 10% 左右。这些证券可以被划分为三类：联邦政府及其机构证券、州和地方政府证券、其他证券。联邦政府及其机构证券最具流动性，因为它们可以较容易地交易，并以低交易成本转换为现金。因为其高流动性，短期联邦政府证券被称作**二级准备金**（secondary reserve）。

银行持有州和地方政府证券是因为州和地方政府更可能与持有它们证券的银行做生意。州和地方政府证券以及其他证券的销路较差（流动性低），并且风险（主要是违约风险）比联邦政府证券大：这些证券的发行人有可能无法支付证券利息或者在证券到期时无法偿还其本金。

5. 贷款

银行主要通过发放贷款盈利。在表 17-1 中，大约 56% 的银行资产是以贷款形式存在。近年来，贷款所带来的收入占银行收入的一半以上。贷款对于个人和公司来说是负债，但对于银行来说便是资产，因为贷款能够为银行带来收入。贷款通常比其他资产的流动性低，因为它只能在到期后才能转变为现金。例如，如果银行发放 1 年期的贷款，那么银行只能在 1 年到期后收回资金。贷款也比其他资产具有更大的违约可能性。由于贷款缺乏流动性并具有违约风险，银行在贷款上获得的回报也是最高的。

正如你在表 17-1 中看到的，对于商业银行，贷款的最大种类是发放给企业的工商业贷款和房地产贷款。商业银行也发放消费者贷款和银行同业贷款。大多数这些银行同业贷款都是在联邦基金市场上借入的隔夜贷款。各种存款机构资产负债表的主要差别是它们主要发放的贷款类型不同。例如，存贷款银行和互助储蓄银行专门发放房屋抵押贷款，而信用合作社倾向于发放消费者贷款。

6. 其他资产

这一项包括银行拥有的实物资本（如银行办公楼、计算机和其他设备）。

17.2 银行的基本业务

在进一步详细学习银行如何管理资产和负债以获得最大利润之前，你需要了解银行的基本业务。

概括地说，银行通过出售具有某组特征的负债（流动性、风险、规模和回报的特定组合）

并利用这些资金购买不同特征组合的资产来盈利。这个过程通常被称为资产转换（asset transformation）。例如，储蓄存款可以为银行对其他人发放抵押贷款提供资金。实际上，银行把储蓄存款（存款者的资产）转变为了抵押贷款（银行的资产）。资产转换过程的另一种表述是银行"借短贷长"，因为银行通过吸收短期存款的资金来发放长期贷款。

银行资产转换的过程和提供一整套服务（支票清算、记账、信用分析等）就类似于公司的生产过程。如果银行以低成本提供令人满意的服务并利用其资产赚取可观收入，便会盈利，否则，银行将遭受损失。

我们假设简·布朗听说第一国民银行的服务非常好，所以她用100美元在这家银行开立了一个支票账户。现在她在这家银行拥有100美元的支票存款，这在银行的资产负债表上体现为100美元的负债。银行将她的100美元存入金库，所以银行的资产在库存现金项目上增加了100美元。银行的T形账户如下（单位：美元）：

第一国民银行

资产		负债	
库存现金	+100	支票存款	+100

因为库存现金也是银行准备金的一部分，我们可以将T形账户改写为（单位：美元）：

资产		负债	
准备金	+100	支票存款	+100

注意，简·布朗开立支票账户导致银行准备金的增加等同于支票存款的增加。

如果简用另一家银行（假设是第二国民银行）的账户所签发的支票来开立100美元的账户，我们会得到相同的结果。对第一国民银行T形账户的最初影响如下（单位：美元）：

资产		负债	
托收中款项	+100	支票存款	+100

支票存款同样增加了100美元，但现在第二国民银行欠第一国民银行100美元。对于第一国民银行，这100美元资产被归入T形账户的托收中款项，因为第一国民银行将收取这笔资金。第一国民银行可以直接到第二国民银行要求其支付，但是如果两家银行位于不同的州，这将是一个耗时又花费高的过程。第一国民银行可以将支票存入美联储的账户，由美联储向第二国民银行收取资金。结果是美联储将这100美元的准备金从第二国民银行转移至第一国民银行，两家银行的资产负债表的情况如下（单位：美元）：

第一国民银行

资产		负债	
准备金	+100	支票存款	+100

第二国民银行

资产		负债	
准备金	-100	支票存款	-100

由简·布朗的行动引发的过程可以概述如下：当由一家银行的账户所签发的支票被存入另

一家银行时，接收存款的银行得到等同于支票金额的准备金，而签发支票的银行的准备金账户减少相同的数额。因此，**当一家银行的存款增加时，准备金也会增加相同的数额；当一家银行的存款减少时，准备金也会减少相同的数额。**

在你了解银行准备金怎样增加和减少之后，我们可以考察当存款发生变动时，银行怎样调整资产负债表以获得利润。让我们回到前面的例子中，假设第一国民银行刚刚收到额外的 100 美元支票存款。我们都知道，银行必须保留支票存款的一部分作为法定准备金。如果这个比例（法定存款准备金率）是 10%，第一国民银行的法定准备金增加 10 美元，我们可以将 T 形账户改写为（单位：美元）：

第一国民银行

资产		负债	
法定准备金	+10	支票存款	+100
超额准备金	+90		

让我们来看当支票存款增加时，银行是怎样操作的。为增加的 100 美元服务其实是成本较高的，因为银行必须记账、支付柜员薪水、进行支票结算等。银行实际上遭受了损失。如果银行对存款（像可转让支付命令账户一样）支付利息的话，情况会更糟糕。如果银行想要盈利，必须将 90 美元的超额准备金的全部或者部分用于生产性用途。一种选择是投资证券，另一种选择是发放贷款。正如我们看到的，贷款账户大约占银行总资产（资金运用）价值的2/3。因为贷款者受制于逆向选择和道德风险等信息不对称问题（正如在第 7 章中讨论的），银行会采取措施以减小这些问题的发生率和严重性。银行信贷员在同意放贷之前会利用所谓的"5C"法则对潜在借款者进行评估：品质、还款能力、抵押品、环境（所在地区与国家的经济环境）和资本（净值）（第 23 章将会详细讨论银行用以降低贷款风险的方法）。

我们假设银行选择不持有任何超额准备金，而是全部贷出。T 形账户将会是（单位：美元）：

资产		负债	
法定准备金	+10	支票存款	+100
贷款	+90		

银行现在是盈利的，因为其持有支票存款这样的短期负债并将资金用来购买利息较高的贷款这样的长期资产。正如前面提到的，这种资产转换过程通常被描述为银行从事"借短贷长"。例如，如果贷款年利率为 10%，银行一年从贷款中盈利 9 美元。如果 100 美元的支票存款是以可转让支付命令账户形式存在，年利率为 5%，并且银行每年要花费额外的 3 美元来为这个账户服务，那么这笔存款的年费用为 8 美元。银行每年从这笔存款中赚得的利润为 1 美元，加上法定准备金赚得的一些利息。

17.3 银行管理的一般原则

现在你对银行是怎样操作的有了一些了解，让我们考察一下银行是怎样管理资产和负债以实现利润最大化的。银行管理者主要关注四个问题。第一，确保发生**存款外流**（deposit outflow）（即由于存款者提取现金或要求支付而导致存款减少）时，银行有足够的现金支付给存款者。为了保持手头有足够的现金，银行必须进行**流动性管理**（liquidity management），使其拥有充分的流动资产以履行对存款者支付的义务。第二，银行管理者必须通过购买低违约率的资产或者使持有的资产多样化（**资产管理**，asset management）以降低风险。第三，以低成本取得资金（**负债管理**，liability management）。第四，管理者必须确定银行应当保持的资本规模，并且取得所需资本（**资本充足率管理**，capital adequacy management）。

为了充分理解银行和其他金融机构的管理，我们必须超越将要讨论的银行资产负债管理一般原则的问题，更加详细地探究金融机构是怎样管理其资产的。第23章将深入地讨论金融机构怎样管理其**信用风险**（credit risk，借款者可能违约而带来的风险）和**利率风险**（interest-rate risk，由于利率的变动引起的银行收入和资产回报的风险）。

17.3.1 流动性管理和准备金的作用

让我们观察一家典型的银行（第一国民银行），当存款者从支票或储蓄账户提取现金或者签发支票存入另一家银行时，银行是怎样处理存款外流的。在下面的例子中，我们假设银行持有充足的超额准备金并且所有存款的法定准备金率都是10%（银行必须将定期存款和支票存款的10%作为法定准备金）。假设第一国民银行最初的资产负债表如下（单位：美元）：

资产		负债	
准备金	20 000 000	存款	100 000 000
贷款	80 000 000	银行资本	10 000 000
证券	10 000 000		

银行的法定准备金是1亿美元的10%，也就是1 000万美元。假设银行持有2 000万美元的准备金，那么第一国民银行的超额准备金为1 000万美元。如果发生1 000万美元的存款外流，银行的资产负债表变为（单位：美元）：

资产		负债	
准备金	10 000 000	存款	90 000 000
贷款	80 000 000	银行资本	10 000 000
证券	10 000 000		

银行减少了1 000万美元的存款和1 000万美元的准备金，但因为现在法定准备金是9 000万美元的10%，即900万美元，银行的准备金仍然超出了这个数额100万美元。总而言之，**如果银行持有充足的超额准备金，针对存款外流，银行不需要变动资产负债表的其他部分。**

如果银行的超额准备金不充足，情况就会完全不同。我们假设第一国民银行最初的超额准备金不是1 000万美元，其发放了1 000万美元的贷款，所以银行现在没有任何超额准备金。其最初的资产负债表将变为（单位：美元）：

资产		负债	
准备金	10 000 000	存款	100 000 000
贷款	90 000 000	银行资本	10 000 000
证券	10 000 000		

当银行遇到 1 000 万美元的存款外流情况时，资产负债表变为（单位：美元）：

资产		负债	
准备金	0	存款	90 000 000
贷款	90 000 000	银行资本	10 000 000
证券	10 000 000		

银行存款减少 1 000 万美元，因而准备金也减少 1 000 万美元后，银行面临这样一个问题：它应当持有的法定准备金是 9 000 万美元的 10%，即 900 万美元，但现在没有准备金。为了弥补这个差额，银行有四个选择。一是通过向联邦基金市场中的其他银行借款或者向公司借款以获得准备金应对存款外流。⊖ 如果第一国民银行通过向其他银行或公司借款获得 900 万美元弥补准备金缺口，资产负债表变为（单位：美元）：

资产		负债	
准备金	9 000 000	存款	90 000 000
贷款	90 000 000	向其他银行或公司借款	9 000 000
证券	10 000 000	银行资本	10 000 000

这项活动的成本是借款的利息，例如联邦基金利率。

对银行来说，第二种选择是出售部分证券以应对存款外流。例如，银行可以出售 900 万美元的证券，并将所得资金存入美联储账户中，资产负债表变为（单位：美元）：

资产		负债	
准备金	9 000 000	存款	90 000 000
贷款	90 000 000	银行资本	10 000 000
证券	1 000 000		

当银行出售这些证券时要支付佣金和其他一些交易费用。被归类为二级准备金的美国政府证券的流动性很强，所以出售它们的成本较低。然而，银行持有的其他证券流动性较差，交易成本较高。

第三种选择，银行可以通过向美联储借款以应对存款外流。在我们的例子中，第一国民银行可以保持证券和贷款不变，而向美联储借入 900 万美元的贴现贷款。这时资产负债表变为（单位：美元）：

资产		负债	
准备金	9 000 000	存款	90 000 000
贷款	90 000 000	向美联储借款	9 000 000
证券	1 000 000	银行资本	10 000 000

贴现贷款的成本是支付给美联储的利率（被称作贴现率）。

第四种选择，银行可以通过减少 900 万美元的贷款并将这笔资金存入美联储账户，从而获

⊖ 第一国民银行向其他银行和公司借款的一条途径是出售可转让定期存单，这种获得资金的方法在负债管理的部分将会讨论。

得900万美元的准备金以满足存款外流的需要。这项交易使资产负债表变为（单位：美元）：

资产		负债	
准备金	9 000 000	存款	90 000 000
贷款	81 000 000	银行资本	10 000 000
证券	10 000 000		

第一国民银行又回到了良好的状况，因为900万美元的准备金可以满足法定准备金的要求。

然而，当发生存款外流时，银行缩减贷款是一种最昂贵的获得准备金的方式。如果第一国民银行在短期内有相当数额的短期贷款展期，银行可以通过迅速召回贷款，即对于到期的贷款不予展期，以减少未偿付贷款的数额。不幸的是，对于银行，这种行为可能会遭到贷款未被展期的客户的反对，因为客户没有做任何应得这种待遇的事情。实际上，客户可能会在未来将其业务转向其他银行，这对于第一国民银行来说代价是很高的。

对于银行，减少贷款的第二种方法是将其出售给其他银行。这种方法成本高昂，因为其他银行并不了解贷款客户的情况，所以可能不愿意以贷款的全价购买（这正是第7章所描述的逆向选择问题）。

以上讨论解释了为什么即使发放贷款或投资证券的回报很高，银行仍然会持有超额准备金。当发生存款外流时，持有超额准备金使得银行可以避免一些成本：①向其他银行和公司借款；②出售证券；③向美联储借款；④召回或出售贷款。**超额准备金是对存款外流发生成本的保险。存款外流发生的成本越高，银行想要持有的超额准备金越多。**

正如我们愿意支付保险费以防止汽车被盗之类的意外损失，银行也愿意为持有超额准备金花费一定的成本（即机会成本，舍弃持有贷款或证券之类的收益性资产所产生的收入）以防止存款外流而造成损失。因为超额准备金类似于保险，具有成本，银行也会采取其他措施保护自己。例如，它们可能会把持有的资产转换为更具流动性的证券（二级准备金）。

17.3.2 资产管理

现在你了解了为什么银行需要流动性，接下来可以考察银行管理资产的基本策略。为了实现利润最大化，银行必须同时追求最高回报的贷款和证券、降低风险并且持有流动资产以满足充足的流动性供应。银行达到这三个目标的途径有四种。

第一，银行试图寻找愿意支付高利率同时不太可能违约的借款者。它们通过广告告知借款利率并通过直接与企业接触以推销贷款。银行信贷员判定潜在借款者是不是风险较小的借款者，是否可以按时支付利息和本金（也就是，从事审查工作以降低逆向选择问题）。银行在贷款策略上是保守的，违约率通常低于1%。然而，重要的是银行不能过分保守，否则会错过赚得高利息的贷款机会。

第二，银行试图购买高回报、低风险的证券。

第三，银行在管理资产时，必须尝试多样化以降低风险。它们通过购买许多不同类型的资产（短期和长期债券、美国国库券和市政债券）并且发放多种类型的贷款给许多客户达到这个目的。没有充分实现多样化的银行通常在后来会后悔。例如，过分集中发放贷款给能源公司、房地产开发商或者农业生产的银行，在20世纪80年代能源、房地产和农产品的价格暴跌时遭受了巨额损失。事实上，许多这样的银行破产都是因为它们"把太多的鸡蛋放在一个篮子里"。

第四，银行必须管理其资产的流动性以确保满足准备金要求的同时，避免承受巨额损失。这意味着银行需要持有流动性证券，即使这些证券的收益稍微低于其他资产。例如，银行必须确定持有多少超额准备金，以避免存款外流造成损失。另外，银行也会持有美国政府证券作为二级准备金，这样即使发生存款外流也不会给银行带来很大的损失。再一次说明，银行太过保守是不明智的。如果为了避免所有存款外流的成本而只持有超额准备金，银行也会遭受损失，因为通过准备金不能赚得利息，而银行的负债是有成本的。银行必须在流动性需求和贷款类流动性较差的资产带来的收入之间进行权衡。

17.3.3 负债管理

在20世纪60年代之前，负债管理是一项稳定的事务。在极大程度上，银行将其负债视为固定的，并将它们的注意力放在最优资产组合上面。银行重视资产管理主要出于两个原因。第一，超过60%的银行资金来源是支票（活期）存款，法律规定这些存款不支付利息。这样，银行就不会通过对这些存款支付利息来互相竞争，所以对于单个银行而言，存款数额实际上是既定的。第二，因为银行间隔夜贷款市场还不成熟，银行很少向其他银行借款以满足准备金需要。

然而，从20世纪60年代开始，主要金融中心（如纽约、芝加哥、旧金山）的大银行（称作**货币中心银行**（money center bank））开始探索使资产负债表中的负债产生准备金和流动性的方法。这引致了隔夜贷款市场（如联邦基金市场）的扩张和新的金融工具（如可转让定期存单，最初开始于1961年）的发展，使得货币中心银行可以迅速获得资金。㊀

负债管理新的灵活性意味着银行可以采取不同的途径进行管理。它们再也不需要依赖支票存款作为银行资金的主要来源，因此它们也不再视资金来源（负债）为既定的。相反，它们积极制定资产增长目标并试图通过发行负债来获取需要的资金。

例如，今天当一家货币中心银行发现了一个诱人的贷款机会时，它可以通过出售可转让定期存单来获得资金。或者，如果银行出现准备金缺口，它可以在联邦基金市场上向其他银行借款而不需要遭受高额的交易成本。联邦基金市场同样可以用来筹集贷款。由于负债管理的重要性不断提升，目前多数银行通过资产-负债管理委员会管理其资产负债表的两方面项目。

过去30年，负债管理重要性的提升解释了银行资产负债表构成的一些重要变化。可转让定期存单和银行借款作为银行资金来源的重要性显著提高（从1960年银行负债的2%提升至2016年年底的29%，而支票存款的重要性下降了，从1960年银行负债的61%降至2016年年底的10%）。新出现的负债管理的灵活性和高利润的驱使也刺激银行提高了可以赚得高利润的贷款在资产中的比重（从1960年银行资产的46%升至2016年年底的56%）。

17.3.4 资本充足率管理

银行基于以下三种原因必须确定其所需持有的资本数额。第一，银行资本有助于防止银行

㊀ 因为小银行不如货币中心银行那么知名，所以信用风险较高，它们很难在可转让定期存单市场上筹集资金。因此，小银行在负债管理方面并没有那么积极。

破产,即银行不能履行对存款者和其他债权人的支付义务,从而导致破产。第二,资本数额影响银行所有者(股东)的回报。第三,监管机构对银行持有的最低资本额(银行资本金要求)提出了要求。

1. 有助于防止银行破产

我们假设有两家银行,高资本金银行的资本占资产比率为10%,低资本金银行的资本占资产的比率为4%,除此之外,两家银行的资产负债表相同(单位:美元)。

高资本金银行

资产		负债	
准备金	10 000 000	存款	90 000 000
贷款	90 000 000	银行资本	10 000 000

低资本金银行

资产		负债	
准备金	10 000 000	存款	96 000 000
贷款	90 000 000	银行资本	4 000 000

假设两家银行都陷入了火热的房地产市场,后来却发现500万美元的房地产贷款变得一文不值。当这些坏账被冲销(价值为0)时,总资产价值也下跌了500万美元。结果,银行资本(等于总资产减掉负债)也减少了500万美元。现在两家银行的资产负债表如下所示。

高资本金银行

资产		负债	
准备金	10 000 000	存款	90 000 000
贷款	85 000 000	银行资本	5 000 000

低资本金银行

资产		负债	
准备金	10 000 000	存款	96 000 000
贷款	85 000 000	银行资本	-1 000 000

高资本金银行损失500万美元并不影响正常经营,因为其最初的1 000万美元资本可以作为缓冲,这意味着银行在损失500万美元后净值(银行资本)仍然是正的。然而,低资本金银行却面临很大的麻烦。其资产价值跌落至负债以下,净值是-100万美元。因为银行的净值为负,它面临破产:银行没有充足的资产偿付所有负债的持有人。当银行面临破产,政府监管者关闭银行,廉价出售银行资产时,其管理者也被解雇。由于低资本金银行的所有者发现他们的投资将损失,他们无疑更希望银行拥有足够多的银行资本作为缓冲以吸收损失,就像高资本金银行那样。因此我们可以看到银行保持充足的资本金水平的一个重要原因是,**银行持有银行资本是为了降低破产的可能性**。

2. 影响股东的回报

因为银行所有者必须了解他们的银行是否被很好地管理,所以他们需要好的指标来度量银行盈利性。度量银行盈利能力的一个基本指标是**资产回报率**(return on assets,ROA),即每一美元资产的税后净利润:

$$资产回报率(ROA) = \frac{税后净利润}{资产}$$

因为资产回报率显示了每一美元资产所产生的利润,所以能提供银行运营效率的信息。

然而,银行所有者(股东)最关心的是银行用他们的股权投资取得多少收益。这项信息可以由另一个银行盈利性指标提供,即**股权回报率**(return on equity,ROE),等于每一美元股权(银行)资本的税后净利润:

$$股权回报率(ROE) = \frac{税后净利润}{股权资本}$$

资产回报率(衡量银行运作效率)和股权回报率(衡量银行所有者的投资收益)之间存在直接的关系。这个关系可以表示为**股本乘数**(equity multiplier,EM),即资产总额相当于股权资本的倍数。

$$股本乘数(EM) = \frac{资产}{股权资本}$$

要理解这一关系,我们看到:

$$\frac{税后净利润}{股权资本} = \frac{税后净利润}{资产} \times \frac{资产}{股权资本}$$

用我们的定义,得到:

$$ROE = ROA \times EM \tag{17-1}$$

式(17-1)说明,给定一定数额的资产,当银行持有较小数额的资本(股权)时,股权回报率将怎么变化。正如我们了解的,高资本金银行最初的资产为 1 亿美元,股权资本为 1 000 万美元,从而股本乘数为 10。相比之下,低资本金银行只有 400 万美元的股权资本,所以股本乘数非常高,等于 25。假设这些银行都运行良好,具有相同的资产回报率 1%。高资本金银行股权回报率为 $1\% \times 10 = 10\%$,而低资本金银行的股权回报率为 $1\% \times 25 = 25\%$。低资本金银行的股东显然要比高资本金银行的股东高兴,因为他们的回报是高资本金银行股东的两倍多。我们现在可以理解为什么银行所有者不希望银行持有太多资本金。**在给定资产回报率的情况下,银行资本金越少,银行所有者的回报越高。**

3. 股东在安全性和回报之间的权衡

我们现在了解了银行资本是既有利益又有成本的。银行资本对股东有利是因为它通过降低银行破产的可能性以使股东的投资更安全,但是银行资本也是有代价的,因为银行资本越多,给定资产回报率条件下的股权回报率越低。在确定银行资本数额时,管理者必须考虑他们愿意在多大程度上用高资本金带来的高安全性(利益)弥补低股权回报率(成本)。

4. 银行资本金要求

银行之所以持有资本也是因为监管当局要求它们这样做。由于上面描述的银行持有资本的成本较高,银行管理者通常希望减少管理当局要求持有的银行资本相对于资产的数额。在这种情况下,银行资本的数额由银行资本金要求来确定。我们将在第 18 章中详细讨论银行资本金要求和它在银行监管中发挥的重要作用。

专栏17-1 执业经理

管理银行资本的战略

莫纳是第一国民银行的经理,她需要确定银行资本的适当规模。观察银行的资产负债表,像高资本金银行一样,银行资本占资产的比率为10%(资本为1 000万美元,资产为1亿美元),莫纳考虑到较大数额的银行资本金会使股权回报率过低。她得出结论:银行目前处于资本盈余状态,应当提高股本乘数以提高股权回报率。

为了降低资本相对于资产的规模并提高股本乘数,她可以做三件事:①通过购回部分银行股票以降低银行资本数额;②通过向股东支付高股利,从而降低留存收益以降低银行资本数额;③保持银行资本不变,通过获得新的资金以增加银行资产,假设发行定期存单,然后将这些资金用于发放贷款或购买证券。由于经理想取悦于股东,她决定采取第二种方法,提高第一国民银行股票的股利。

现在假设第一国民银行的处境与低资本金银行类似,银行资本占资产的比率为4%。银行经理现在可能会担心资本相对于资产的规模过小,因为这样不能为防止银行破产提供足够的缓冲资金。为了增加资本相对于资产的规模,她现在有三种选择:①通过发行股票(普通股)为银行资本筹资;②减少对股东支付的股利,从而增加留存收益以纳入资本账户;③保持资本水平不变,通过减少贷款或出售证券以减少银行资产,然后用这些资金减少负债。假设由于资本市场紧张或者股东反对缩减股利,提高银行资本在当时并不容易。莫纳可能不得不选择第三种方式,缩减银行规模。

在过去的几年中,许多银行经历了资本短缺并且被迫限制资产增长,就像第一国民银行面临资本短缺时莫纳的做法一样。这种做法对信贷市场的重要影响将在专栏17-2中讨论。

专栏17-2 案例

全球金融危机期间资本紧缩引发的信用紧缩

在2007年爆发金融危机之后,信贷增速急剧滑落,引发了"信用紧缩",使得贷款难以获得,结果导致2008年和2009年的经济形势非常糟糕。什么原因导致了信用紧缩?

我们对于银行怎样管理其资本的分析表明,导致2008~2009年的信用紧缩的原因(至少是部分原因)是资本紧缩,即银行资本短缺导致的信贷增速放缓。

正如我们在第8章中讨论的,房地产市场的繁荣与崩溃使持有次级抵押支持证券的银行遭受了巨大损失。此外,银行也不得不收回一些它们发起的结构性投资工具放回到资产负债表中。这些损失使银行资本减少,而回归资产负债表的资产需要更多资本支持,这些因素导致了资本短缺:银行不得不筹集新资本或者通过减少贷款以限制资产增长。银行确实筹集了一些资本,但随着经济走弱,筹集新资本变得非常困难,所以银行选择收紧贷款标准,减少贷款。这些因素都造成了2008~2009年经济的疲软。

17.4 表外业务行为

即使传统上银行主要关注的是资产和负债管理,但在更具竞争性的环境中,银行也积极地通过表外业务赚取利润。**表外业务**（off-balance-sheet activity）包括交易金融工具并收取费用、出售贷款，这些业务影响银行利润但并不体现在银行资产负债表上。事实上，表外业务的重要性在不断上升：自1980年以来，来自这些业务的收入占资产的比重几乎翻了一倍。

17.4.1 贷款出售

近年来一种表外业务的重要性不断增加，那就是通过出售贷款取得收入。**贷款出售**（loan sale），也称作二次参与贷款（secondary loan），它是一种合约，将全部或部分来自特定贷款的现金流出售，从而将这些贷款从银行资产负债表中移除。银行出售这些贷款所赚得的利润稍微高于最初贷款的利润。因为这些贷款的高利率非常吸引人，各机构都想要购买，即使高价格意味着它们将赚得比最初贷款利率稍低的利润（通常约为0.15个百分点）。

17.4.2 费用收入

另一种表外业务是银行为客户提供专业化服务而收取费用，例如代客户进行外汇交易、代收抵押担保证券本金和利息、为银行承兑汇票等债务证券担保（银行承诺如果发行证券的一方无法支付利息及本金，银行将保证支付）、提供备用信用额度。备用信用额度有很多种类型，其中最重要的是**贷款承诺**（loan commitment），即银行承诺在一定时期内，应客户要求提供给定额度的贷款，并对此收费。拥有"透支特权"的存款者也可以享有信用额度，这些银行客户可以签发超过其存款余额的支票，实际上，他们为自己签发了一笔贷款。银行可以收取费用的其他信用额度、备用信用证（可以支持商业票据和其他证券）以及为承销欧洲票据（中期欧洲票据）而提供的信用额度（被称作票据发行便利和循环承销便利）。

表外业务涉及证券担保和备用信用额度，增加了银行面临的风险。即使担保证券不体现在资产负债表上，仍然会使银行暴露于违约风险中：如果证券发行人违约，银行将独自承担责任，必须偿还证券所有者。备用信用额度也使银行面临风险，因为当银行不具备充足的流动性或者借款者信用风险很高时，银行也不得不提供贷款。

17.4.3 交易行为和风险管理技术

我们将在第24章中了解到，银行通过交易金融期货、债务工具期权和利率互换来管理利率风险。从事国际银行业务的银行也在外汇市场上进行交易。在这些市场上的所有交易都是表外业务，因为其不直接影响银行资产负债表。虽然银行在这些市场上进行交易通常是为了降低风险或者为其他银行业务提供便利，但银行也在试图看清市场并从事投机。这种投机行为具有很高的风险，事实上也导致了银行破产，最重大的一次是1995年英国巴林银行的破产。

虽然交易活动通常具有高利润，但因为这些交易使金融机构和其员工轻易投下巨额赌注，所以还是具有危险性的。在这些交易活动的管理过程中，委托-代理问题（第7章讨论过）尤其严重。交易者（代理人）被赋予了下大赌注的权力，无论她是在债券市场、外汇市场还是在金融衍生品市场上交易，都有动机去过度冒险：如果交易策略能够带来巨大利润，她可能会得到更高的薪水和奖金，即使造成了巨额损失，金融机构（委托人）也会予以弥补。1995年巴林银行的破产强有力地证明了，受制于委托－代理问题的交易者可以在短时间内将一家原本很健康的机构拖入破产的境地（见专栏17-3）。

专栏17-3　利益冲突

巴林银行、大和银行、住友银行与法国兴业银行：流氓交易员和委托－代理问题

具有100多年历史的英国巴林银行，它的破产是一个道德悲剧。从中我们看到了委托－代理问题是怎样通过流氓交易员使一个月前还处于健康状态的金融机构短时间内转向破产的。

1992年7月，巴林银行新加坡分行的新任首席交易员尼克·里森开始对日经指数（道琼斯股票指数的日本版）进行投机。到1992年年底，里森已经损失了300万美元，而他通过一个秘密账户将损失掩盖，隐瞒上级。他甚至愚弄上级，使他们以为他赚取了巨额利润，由于公司内部控制的失败，使得他可以继续负责新加坡的交易业务并掌管这些交易的账簿（经营酒吧之类现金业务的人都知道，如果多于一个人处理现金业务，发生欺骗事件的可能性通常较低。对于交易管理也是类似的，不可以将后台管理与前台交易管理混在一起。巴林银行的管理严重违背了这项原则）。

里森的情况并没有好转，到1994年年底，他已经损失了超过2.5亿美元。1995年1月和2月，他输掉了整个银行。1995年1月17日，日本神户发生了地震，他损失了7 500万美元，到了那个周末，他的损失超过了1.5亿美元。2月23日，股票市场的下跌使他的损失进一步达到了2.5亿美元，这时他终于叫停并逃离了新加坡。3天后，他出现在法兰克福机场。最后，里森造成的损失总计13亿美元，耗尽了巴林银行的资本，导致银行破产。后来里森在新加坡因为其行为被定罪并被送进监狱，他在1999年获释并为其行为道歉。

我们对委托－代理问题的信息不对称分析可以解释里森的行为和巴林银行管理失效的危险性。令里森一个人管理自己的交易和后台，增加了信息不对称问题，因为这降低了委托人（巴林银行）对里森交易活动的认知。这种管理失效增加了道德风险激励，使他以银行利益为代价冒险，因为他不会立刻被发现。此外，一旦他遭受了巨额损失，他就具有更大的激励去冒更大的风险，因为如果他赌赢了，便可以挽回损失并使公司保持良好声誉，而如果他打赌失败，他的损失也不多，因为无论怎样，他都会失业。事实上，损失得越多，就迫使他下更大的赌注，这也解释了为什么随着他损失的增加，他的交易规模也逐步升级。如果巴林银行的管理者了解委托－代理问题，他们可能会更加警惕地查明里森的活动，银行可能还会持续经营到现在。

实际上，里森不是流氓交易员亿万富翁俱乐部（这些损失超过10亿美元的交易员）中稀有的一个。大和银行纽约分行的高管井口俊英也同时掌管债券交易和后台管理，他在11年中造成了11亿美元的损失。1995年7月，他向上级公开了这笔损失，但是银行管理者并没有向监管者报告。结果是大和银行被处以3.4亿美元的罚款并被美国银行监管当局逐出美国。

滨中泰男是这个亿万富翁俱乐部的成员之一。1996年7月，他打破里森和井口的记录，给其雇主住友商社（日本顶尖的交易公司）造成了26亿美元的损失。杰罗姆·科维尔在2008年为法国兴业银行带来的损失数额是流氓交易员空前的记录，由于他从事未经许可的交易使银行损失高达72亿美元。即使是非常成功的摩根大通银行也在2012年经历了布鲁诺·伊基尔20亿美元的交易损失，布鲁诺·伊基尔被赐予了绰号"伦敦鲸"。

这些事件的教训是，从事交易业务的公司在管理上必须严密监督交易员的活动以减少委托-代理问题，否则流氓交易员的数量会继续增长。

为了减少委托-代理问题，金融机构的管理者必须建立内部控制制度以防止巴林银行这样的事件发生。这些控制制度包括将负责交易活动的人员与负责交易记录的人员完全隔离。此外，管理者必须对交易者的交易总额和机构的风险敞口设定限度。管理者还必须利用最新的计算机技术详细检查风险评估程序。风险价值模型便是这样一种方法，根据这种方法，机构需要开发一个统计模型，计算投资组合在给定的一段时间内可能承担的最大损失，被称作风险价值。例如，一家银行估计在 1/100 的概率下，一天内可能承担的最大损失为 100 万美元，这 100 万美元的数额是银行计算出的风险价值。另一种方法被称作压力测试。在这种方法中，管理者需要通过模型了解如果灾难性事件发生会产生什么后果，即着眼于一系列不利事件的发生使机构承担多大损失。通过风险价值模型和压力测试，金融机构可以评估其风险敞口并采取措施降低风险。

美国银行监管当局也开始关注银行表外业务所产生的不断增加的风险，我们在第 18 章中也会看到，监管部门鼓励银行重视风险管理。另外，国际清算银行正在研究基于银行交易业务风险价值计算的附加银行资本金要求。

17.5 银行绩效的衡量

为了了解银行运作情况，我们首先需要观察银行的利润表，即对影响银行盈利性的收入和支出状况的描述。

17.5.1 银行的利润表

表 17-2 是 2015 年年底所有联邦保险商业银行的利润表。

表 17-2　2015 年所有联邦保险商业银行的利润表

	金额（10 亿美元）	所占营业收入或费用的比例（%）
营业收入		
利息收入	478.5	65.4
贷款利息	382.0	52.2
证券利息	70.5	9.6
其他利息	26.0	3.6
非利息收入	253.3	34.6
存款账户服务佣金	34.6	4.7
其他非利息收入	218.7	29.9
总营业收入	731.8	100.0
营业费用		
利息支出	46.5	9.3
存款利息	29.0	5.8
联邦基金与回购协议利息	1.5	0.3

	金额（10亿美元）	所占营业收入或费用的比例（%）
		（续）
其他	16.0	3.2
非利息支出	417.3	83.3
职工薪酬福利	192.9	38.5
经营场所与设施	45.0	9.0
其他	179.4	35.8
呆账准备金	37.0	7.4
总营业费用	500.8	100.0
净营业利润	231.0	
证券损益	3.6	
非经常项目净值	-0.1	
所得税	-70.6	
净利润	163.9	

1. 营业收入

营业收入（operating income）是银行持续经营取得的收入。大部分银行营业收入是来自资产的利息收入，尤其是贷款利息。正如我们在表17-2中看到的，2015年利息收入占商业银行营业收入的65.4%。利息收入随着利率水平的变化而波动，所以当利率达到顶峰时，利息收入占营业收入的百分比也达到最高峰。这也正是1981年的情况，当利率上升超过15%时，利息收入也升至银行营业收入的93%。

2015年占营业收入34.6%的非利息收入部分来自存款账户的服务佣金，但大部分由上面提及的表外业务产生，这些业务为银行带来服务佣金或营业利润。近年来这些表外业务对于银行利润的重要性一直在增加。1980年来自表外业务的其他非利息收入只占营业收入的5%，而到了2015年已经达到29.9%。

2. 营业费用

营业费用（operating expenses）是银行持续经营过程中发生的费用。银行营业费用的一个重要组成部分是对负债的利息支付，尤其是存款。正如利息收入随着利率水平而变化，利息支出也一样。当利率升至最高点时，利息支出占总营业费用的百分比在1981年达到了74%的峰值，并随着2015年利率下降而降至9.3%。非利息支出包括经营银行的费用：柜员和高管的薪金、银行办公楼的租金、桌子和保管库等器材的购买以及计算机类设备的服务成本。

在营业费用下列出的最后一项是呆账准备金。当银行出现一笔坏账或者预期将来某一笔贷款将会变为坏账时，它就可以将损失作为本期费用记入"呆账准备金"项下。呆账准备金与贷款损失准备金直接相关。假设银行想要使贷款损失准备金账户增加100万美元，可以通过增加100万美元的呆账准备金来完成。这样贷款损失准备金将增加，因为在损失还未发生时计提费用，就会预留出一部分收入以应对未来可能发生的损失。

近年来，呆账准备金已经成为银行利润波动的主要原因。20世纪80年代第三世界爆发债务危机，1986年能源价格的暴跌导致了对能源生产者的贷款大量损失，房地产市场崩溃，带来的结果是20世纪80年代末呆账准备金非常高，所占营业费用的比例在1987年达到了13%

的峰值。在那之后，贷款损失开始平息，但在 2007～2009 年金融危机期间又大幅升高。2009年，呆账准备金占营业费用的比例达到了 32.7% 的新顶峰。2015 年，该比例下降至 7.4%。

3. 利润

从 7 318 亿美元的营业收入中扣减 5 008 亿美元的营业费用，得出 2015 年净营业利润为 2 310 亿美元。银行管理者、银行股东和银行监管者都密切关注净营业利润，因为它体现了银行在持续经营基础上的营运状况。

将银行出售证券的收益（或损失）（36 亿美元）和非经常项目净值（即不经常发生的事件或交易，-1 亿美元）这两项加上净营业利润得到税前净利润 2 345 亿美元。税前净收入通常被称为税前利润。从 2 345 亿美元的税前净利润中减去 706 亿美元的所得税，得出净利润为 1 639 亿美元。净利润更普遍地被称为税后利润，这个数字可以最直接地告诉我们银行的经营状况，因为它是银行现有的可以作为留存收益或向股东支付股利的资金数额。

17.5.2 银行绩效的衡量

虽然净利润使我们对银行运作的情况有所了解，但它仍有一个重要的缺陷：净利润没有根据银行的规模而调整，这样很难比较两家不同银行的运作状况。一个可以纠正银行规模因素、衡量银行盈利性的基本指标是资产回报率（即银行净利润除以资产）。资产回报率是衡量银行经营状况的有用指标，因为它显示了银行资产产生利润的能力。2015 年，所有受联邦保险的商业银行的资产总额为 157 590 亿美元，利用表 17-2 的净利润 1 639 亿美元，得到资产回报率为：

$$资产回报率（ROA） = \frac{净利润}{资产} = \frac{1\ 639}{157\ 590} = 0.010\ 4 = 1.04\%$$

虽然资产回报率为我们提供了银行盈利性的有用信息，但我们知道这不是银行所有者（股东）最关注的。他们更加关心的是银行用他们的股权投资取得多少收益，这个数额由股权回报率衡量，即每一美元股权资本的净利润。2015 年，所有受联邦保险的商业银行的股权资本为 17 620 亿美元，得出股权回报率为：

$$股权回报率（ROE） = \frac{净利润}{股权资本} = \frac{1\ 639}{17\ 620} = 0.093\ 0 = 9.30\%$$

另一个衡量银行绩效的指标被称作**净利息收益率**（net interest margin，NIM），即利息收入与利息支出的差额占总资产的比率：

$$净利息收益率（NIM） = \frac{利息收入 - 利息支出}{资产}$$

在本章的开篇可知，银行作为中介的主要作用是发行负债并将资金用于购买收益性资产。如果银行经理将资产和负债管理得很好，使得资产能够盈利并且负债保持较低成本，那么银行就会赚取高额利润。银行经营状况受到银行资产赚取的利息与其负债花费的利息之间的差额的影响，而这个差额正是净利息收益率所衡量的。如果银行能够以低利率发行负债筹集资金同时取得资产并获得高利息收入，那么净利息收益率将会较高，银行的利润也会很高。如果负债的利息成本相对于资产赚取的利息收入上升，那么净利息收益率将会下降，银行的盈利性也相应降低。

17.5.3 银行绩效衡量的发展趋势

表 17-3 提供了 1980~2015 年所有受联邦保险的商业银行的绩效衡量指标：资产回报率、股权回报率和净利息收益率。20 世纪 80 年代对于所有商业银行而言，银行股权资本和总资产保持着相当稳定的关系，所以衡量银行绩效的资产回报率和股权回报率的变动情况非常接近，并且从 20 世纪 80 年代初到 80 年代末，银行盈利性大幅下降。最右边一栏净利息收益率表明利息收入与利息支出的差幅在整个 20 世纪 80 年代保持着相当稳定的水平，在 20 世纪 80 年代末和 20 世纪 90 年代初有所提高，这本应该有助于提高银行盈利性。净利息收益率这个指标告诉我们在 20 世纪 80 年代末银行业绩较差并不是因为利率变动。

表 17-3 1980~2015 年银行绩效的衡量指标列表

年	资产回报率（ROA）（%）	股权回报率（ROE）（%）	净利息收益率（NIM）（%）
1980	0.77	13.38	3.33
1981	0.79	13.68	3.31
1982	0.73	12.55	3.39
1983	0.68	11.60	3.34
1984	0.66	11.04	3.47
1985	0.72	11.67	3.62
1986	0.64	10.30	3.48
1987	0.09	1.54	3.40
1988	0.82	13.74	3.57
1989	0.50	7.92	3.58
1990	0.49	7.81	3.50
1991	0.53	8.25	3.60
1992	0.94	13.86	3.89
1993	1.23	16.30	3.97
1994	1.20	15.00	3.95
1995	1.17	14.66	4.29
1996	1.19	14.45	4.27
1997	1.23	14.69	4.21
1998	1.18	13.30	3.47
1999	1.31	15.31	4.07
2000	1.19	14.02	3.95
2001	1.15	13.09	3.90
2002	1.30	14.08	3.96
2003	1.38	15.05	3.73
2004	1.28	13.20	3.54
2005	1.30	12.73	3.50
2006	1.28	12.31	3.31
2007	0.81	7.75	3.29
2008	0.03	0.35	3.16
2009	0.08	0.73	3.49

(续)

年	资产回报率（ROA）(%)	股权回报率（ROE）(%)	净利息收益率（NIM）(%)
2010	0.65	5.85	3.76
2011	0.88	7.79	3.60
2012	1.00	8.90	3.42
2013	1.07	9.54	3.26
2014	1.01	9.01	3.14
2015	1.04	9.30	3.07

资料来源：https://fdic.gov/bank/analytical/qbp/2016mar/qbp.pdf.

对于20世纪80年代末商业银行较差的绩效可以解释为，在20世纪80年代初它们发放的许多风险贷款发生了损失。结果导致那一时期呆账准备金大量增加，从而直接降低了净利润，因此导致了资产回报率和股权回报率降低（在第18章和第19章中，我们将讨论银行盈利性恶化的原因及其对经济造成的影响）。

1992年年初，银行绩效大幅提高。股权回报率在1992年升至近14%并且在1993~2006年保持在12%以上的水平。同样，资产回报率从1990~1991年的0.5%升至1993~2006年的1%以上的水平。表17-3的绩效衡量指标表明银行业又回到了健康状态。然而，随着2007~2009年金融危机的冲击，银行盈利性剧烈恶化，2008年股权回报率最低降至0.35%，资产回报率降至0.03%。最近几年，银行绩效又有所回升，不过依旧没有达到金融危机之前的强盛时期，2015年股权回报率为9.3%，资产回报率为1.0%。

本章小结

商业银行资产负债表可以被视为银行资金来源与资金运用的列表。银行负债是其资金的来源，包括支票存款、定期存款、向美联储借入的贴现存款、向其他银行和企业借入的存款和银行资本。银行资产是资金的运用，包括准备金、托收中款项、银行同业存款、证券、贷款和其他资产（主要为实物资本）。

银行通过资产转换过程盈利：它们借短（吸收存款）并且贷长（发放贷款）。当一家银行吸收额外存款时，其准备金增加同等数额；当银行支出存款时，其准备金减少同等数额。

即使增加流动性资产会降低回报率，银行仍然愿意持有。具体而言，银行持有超额准备金和二级准备金是因为这些准备金可以为存款外流成本保险。银行通过追求高回报贷款和证券同时设法降低风险并保持充足流动性以管理资产，使利润最大化。虽然负债管理曾是一项稳定的业务，但现在大银行（货币中心银行）都积极地通过发行可转让定期存单等负债或向其他银行和企业借款的方式来寻求资金来源。银行管理其持有的资本规模以防止银行破产并满足监管当局的资本金要求。然而，它们并不想持有太多资本金，因为这样做将降低股东的回报率。

表外业务包括交易金融工具并收取费用、出售贷款等业务，这些业务都影响银行利润，但不体现在银行资产负债表中。因为这些表外业务增加了银行面对的风险，银行管理者必须特别关注风险评估程序和内部控制制度以限制员工过度冒险。

银行净营业利润等于营业收入减去营业费用。净营业利润加上证券损益和非经常项目净值再减去所得税就得出净利润（税后利润）。另外，衡量银行绩效的指标包括资产回报率、股权回报率和净利息收益率。

简答题

1. 一些央行不为法定准备金支付利息。一些银行家认为这是对他们业务的征税。能解释一下为什么吗？

2. 如果经济中没有出现好的贷款机会，并且央行支付的准备金利率与其他低风险投资类似，你认为银行会愿意持有大量超额准备金吗？

3. 如果你的银行没有超额准备金，而一个好客户这时申请贷款，你会不加思考地拒绝他并解释你没有超额准备金可以放贷吗？你可以选择什么途径得到资金从而放贷给你的客户？

4. 为什么隔夜贷款市场的发展使银行更可能减少持有的超额准备金？

5. 如果你是银行工作者，你预期利率将来会上升，你会愿意发放长期贷款还是短期贷款？

6. "银行管理者应当总是寻求资产的最高回报。"这句话是正确的、错误的还是不确定的？解释你的答案。

7. "由于负债管理变得更加活跃，使得银行业成为更具活力的产业。"这句话是正确的、错误的还是不确定的？解释你的答案。

8. 2010年7月以后，使用借记卡的银行客户必须特别选择加入银行的透支预防计划。解释这项规定对银行的非利息收入的影响。

9. 营业费用的哪一部分波动性最大？为什么？

10. 为什么股东相比资产回报率更关注股权回报率？

11. 解释金融中介行业日益激烈的资金竞争会对净利差产生什么影响。

12. 如果一家银行的资本规模翻倍，而资产回报率保持不变，股权回报率将发生什么变化？

13. 如果一家银行发现由于银行资本过多使得其股权回报率太低，银行可以怎样提高回报率？

14. 当银行决定增加银行资本，对于银行这样做的利益和成本是什么？

15. 如果银行不能达到资本要求，缺口为100万美元，有哪三种途径解决？

计算题

1. Angus银行不持有超额准备金，但符合准备金要求。法定准备金率为9%，目前准备金为2700万美元。存款金额为多少？存款流出500万美元会造成准备金短缺多少？如果Angus银行在联邦基金市场上借款，准备金短缺的成本是多少？（假设联邦基金利率为0.25%。）

2. 超额准备金是防范存款流出的保险。假设按年计算，Malcom银行持有1200万美元的超额准备金和8800万美元的法定准备金。假设Malcom银行可以从贷款中获得3.5%的利息，并且（总）准备金的利息为0.2%。这份保险政策的成本为多少？

3. Nice Horizon银行有以下衡量银行盈利能力的指标：EM = 14，ROA = 1.05%，Gold Coast银行的指标：EM = 12.3，ROA = 1.15%。哪家银行的净资产收益率更高？

4. 参考前面的习题。如果银行的资产都是1.2亿美元，计算两家银行的税后净利润和权益资本。

5. Victory银行报告EM = 25，Batovi银行报告EM = 14。哪家银行在应对贷款的巨额损失方面做得更好？

6. 一家银行正在考虑由政府证券（联邦证券和市政证券）组成的两种投资组合。第一个投资组合的回报率为6%的概率为0.9，回报率为5%和7%的概率为0.05。第二个投资组合的回报率为5%的概率为0.5，回报率为7%的概率为0.5。哪一种投资组合具有最佳的回报、风险和流动性？

7. NewBank银行第一天营业，具有600万美元资本。吸收的支票存款为1亿美元。银行发行2500万美元商业贷款和另外2500万美元抵押贷款，具有以下条款。

- 抵押贷款：100 份标准 30 年期固定利率抵押贷款，每 250 000 美元的名义利率为 5.25%。
- 商业贷款：3 年期贷款，每月单利支付，月利率 0.75%。

如果法定准备金为 8%，银行的资产负债表是怎样的？忽略任何贷款损失准备金。

8. NewBank 银行决定投资 4 500 万美元 30 天短期国债。目前的情况是票面价值为 5 000 美元短期国债的交易价格为 4 986.70 美元（含手续费）。银行可以购买多少？其资产负债表又将如何变化？

9. 在营业的第三天，存款减少了 500 万美元。银行资产负债表怎样变化？会有问题产生吗？

10. 为了满足上一问题的资金缺口，NewBank 银行将在联邦基金市场借入现金。管理者决定借入这个月余下 29 天需要的资金。折价基础上的要求收益率为 2.9%。发生这笔交易后资产负债表如何变化？

11. NewBank 银行迎来了第一个月末，它收到了所有的抵押贷款、商业贷款和短期国债的偿付。银行收到了多少现金？这些交易怎样记录？

12. NewBank 银行同时还清了联邦基金的借款。它欠下多少现金？怎样记录？

13. Newbanky 银行月末资产负债表是怎样的？

14. 计算 NewBank 银行第一个月的资产回报率和净利息收益率。假设净利息等于税前利润，其纳税等级为 34%。

15. 计算 NewBank 银行的股权回报率和最终资产负债表，包括所得税。

16. 如果 NewBank 银行被要求提取商业贷款价值的 0.25% 作为贷款损失准备金，将如何记录？重新计算 NewBank 银行的股权回报率和最终资产负债表，包括所得税。

17. 如果 NewBank 银行的目标股权回报率是 4.5%，需要产生多少净费用收入才能达到这个目标。

18. 在还款三年后，一笔房贷的借款人违约。NewBank 银行立即接管了房屋，并以拍卖形式卖出 175 000 美元。律师费合计 25 000 美元。如果没有计提抵押贷款的贷款损失准备金，这个事件如何记录？

网络练习

银行和金融机构管理

1. 表 17-1 记录了摘自联邦储备公报的所有商业银行资产负债表的综合数据。将这个图表与 BB&T 最近公布的年报（http://www.bbt.com/bbt/about/investorrelations/default.html）中的资产负债表相对比，BB&T 贷款的投资组合相对于一般银行是更多还是更少？哪种类型的贷款更加普遍？

2. 获取银行最近的信息是相对容易的，因为它们普遍被要求提供报告。访问 http://www2.fdic.gov/qbp/，这是联邦存款保险公司发起的网站。你可以找到金融机构的汇总数据。到最近的"Quarterly Banking Profile"，下拉菜单并打开"Table 1-A"。

   （1）在过去的几年中，银行资产回报率上升了还是下降了？
   （2）核心资本是否增加了？如何将它与表 17-1 中的资本比率做比较？
   （3）当前有多少家金融机构向联邦存款保险公司报告？

第 18 章

金融监管

预 览

正如我们在之前章节中看到的，金融体系是经济中被严格监管的部门之一，而银行是受到最严格监管的金融机构之一。在本章中，我们会构建一个框架来了解为什么金融体系的监管是目前这种情况。

然而，近期的全球金融危机以及其他金融危机证明监管并不总是有效的，不仅在美国，在全世界的许多国家都是如此。在此，我们运用金融监管的分析解释全世界的银行业危机，并探讨监管体制应该如何改革以预防未来的灾难。

18.1 金融监管的理论基础：信息不对称

在前面的章节中，我们了解了信息不对称（金融合约中各方拥有的信息量不同）怎样导致了逆向选择和道德风险问题，而这些问题对金融体系产生了重要影响。信息不对称、逆向选择和道德风险非常有助于理解政府为什么选择金融监管。

政府安全网络

我们在第 7 章中看到，金融机构（如银行）非常善于解决逆向选择和道德风险问题，因为它们发放私人贷款，有助于避免搭便车问题。然而，对于搭便车的这种解决方法又带来了另一个信息不对称问题，因为存款者缺少私人贷款质量的信息。这种信息不对称问题导致了一些新问题，影响了金融体系的正常运作。

1. 银行业恐慌和存款保险需求

在 1934 年联邦存款保险公司开始提供存款保险之前，**银行破产**（bank failure，银行无法履行偿还存款者和其他债权人的义务而必须破产的情况）意味着存款者将不得不等到银行清算（直到银行资产转换为现金）才能得到他们的存款基金，其价值只相当于存款价值的一部分。由于无法获知银行管理者是否过度冒险或者是完全的骗子，存款者可能不愿意将钱存入银行，这样影响了银行机构的生存。另外，存款者缺乏对银行资产质量的了解，可能导致**银行业恐慌**（bank panic），许多银行同时倒闭。由于许多银行同时倒闭会导致银行贷款急剧减少，所产生的后果对经济是非常有害的。

为了明白这一点，可以考虑下面的情形：没有存款保险并且经济遭遇了不利冲击。冲击所带来的结果是5%的银行损失巨大，最终破产（因负净值而破产）。由于信息不对称，存款者无法分辨他们的银行是运行良好的还是那5%破产的银行中的一个。无论是好银行还是破产银行的存款者都认识到他们可能无法得到全额存款，所以都想要把存款提取出来。事实上，银行采取"按序服务原则"（先到先服务原则），所以存款者有很强的激励第一个赶到银行，因为如果他们来晚了，银行一旦耗尽资金，他们就什么都得不到。对银行体系总体状况的不确定导致了好银行和破产银行同时遭挤兑，并且一家银行的倒闭将加速其他银行倒闭（称为"传染效应"）。如果没有什么措施可以恢复公众信心，那银行业恐慌会接连发生。

实际上，银行业恐慌是19世纪到20世纪初美国所经历的事实，其间每20年就会发生一次较为严重的银行业恐慌：1819年、1837年、1857年、1873年、1884年、1893年、1907年、1930~1933年。甚至在经济较为繁荣的20世纪20年代，银行破产也是一个严重的问题，平均每年有600家银行破产。

为存款者设置的政府安全网络可以防止银行挤兑和银行业恐慌的出现，通过保护存款者，可以消除存款者不愿将资金存入银行体系的不利情绪。安全网的一种形式是存款保险制度，类似于美国联邦存款保险公司提供的担保，即当银行破产时，存款者最高能得到25万美元的存款偿付。拥有存款的全保险，即使存款者担心银行的健康状况，也不需要赶到银行提款，因为无论怎样，他们的存款价值都不会变。在1930~1933年，平均每年银行破产的数量超过2 000家。在1934年联邦存款保险公司开始提供存款保险之后，到1981年平均每年银行破产的数量少于15家，然而，如图18-1所示，在1982~1993年⊖、2009~2010年，平均每年的破产银行数量上升到150家以上。

联邦存款保险公司主要通过两种方式处理破产银行。第一种方式称作偿付法（payoff method），联邦存款保险公司允许银行破产并清偿25万美元以内的保险限额的存款（偿付资金来自银行购买联邦存款保险公司的保险所付的保险费）。在银行清算之后，联邦存款保险公司将和其他银行债权人一起按比例获得银行清算后的资产。当偿付法被采用时，存款金额超过25万美元的账户持有者可以得到90%的偿付，但是整个过程需要几年时间。

第二种方式称作收购与接管法（purchase and assumption method），联邦存款保险公司将银行进行重组，通常是寻找愿意并购银行并接管破产银行所有债务的合伙人，这样使存款者或其他债权人不会遭受损失。联邦存款保险公司通常会通过向并购合伙人提供补贴贷款或购买破产银行的较差贷款以增加优惠条件。收购与接管法的实际效果是联邦存款保险公司保证了所有的负债和存款，并不只是25万美元以内的限额。与偿付法相比，收购与接管法对于联邦存款保险公司而言成本更高，但是是1991年新银行法出台之前联邦存款保险公司处理破产银行的普遍做法。

政府存款保险制度越来越普及，并被传播到世界上的许多国家。这种趋势是我们想要的吗？参见专栏18-1。

⊖ 原书疑有误，更正为此。——译者注

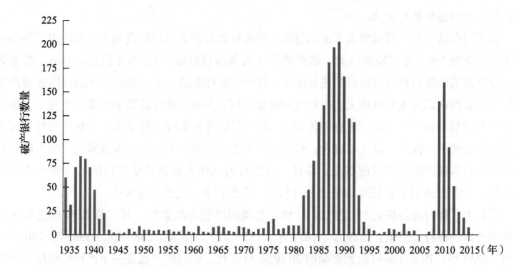

图 18-1　1934～2015 年美国的破产银行数量

注：1934～1980 年，银行破产是罕见的，平均每年不足 15 家，但是在 1982～1993 年和 2009～2010 年，这一数字上升到 10 倍以上。

资料来源：www.fdic.gov/bank/historical/bank/index.html.

专栏 18-1　全球视角

政府存款保险制度在世界范围内的传播：是不是好事

在美国联邦存款保险公司成立的前 30 年，只有 6 个国家效仿美国采取存款保险制度。然而，在 20 世纪 60 年代后期，情况发生了变化，到 20 世纪 90 年代，这种趋势加速，采取存款保险制度的国家最多达到 70 个。对银行系统健康状况的日益担忧促使政府存款保险制度在全世界发展起来，尤其是在近年来银行业危机不断增多之后（本章最后将会介绍）。存款保险制度的传播是件好事情吗？它有助于改善金融体系并防止出现银行业危机吗？

在许多情况下，答案似乎是否定的。世界银行的研究发现，一般明确采用政府存款保险制度都与银行部门稳定性降低和银行业危机发生率升高相关。⊖此外，它一般会阻碍金融发展。然而，存款保险制度的负面效应只在那些制度环境较弱的国家出现，在那里缺乏法律法规、金融部门的监管无效、高度腐败。这正是我们可以预料到的，本章将看到，对于限制由存款保险制度引起的银行部门过度从事冒险行为的道德风险激励，强有力的制度环境是必要的。问题是对于许多新兴市场国家，建立一种强有力的制度环境可能非常困难。我们可以得出结论：对于新兴市场国家，采用存款保险制度不利于提高银行系统的稳定性和效率。

2. 政府安全网络的其他形式

存款保险制度并不是政府安全网络的唯一形式。在其他国家，即使没有明确的存款保险制度，政府也通常会为面临挤兑的国内银行提供支持。此外，银行并不是唯一对金融体系构成系

⊖ See World Bank, *Finance for Growth: Policy Choices in a Volatile World* (Oxford: World Bank and Oxford University Press, 2001).

统性威胁的金融机构。如果金融机构非常庞大或者与其他金融机构或市场的关联性较高，它们的破产可能会对整个金融体系造成冲击。事实上，这正是在2008年的金融危机中，发生在两家投资银行贝尔斯登和雷曼兄弟以及保险公司美国国际集团上的境况。

政府提供支持的一种途径是通过中央银行向处于困境的机构贷款，正如2007~2009年金融危机中美联储的做法（已在第10章中讨论）。这种支持的形式通常被称为中央银行的"最后贷款人"职能。在其他情况下，资金被直接提供给陷入困境的机构，正如2007~2009年金融危机最猛烈的阶段，美国财政部和其他政府的做法。政府也可以接管（国有化）陷入困境的机构并保证所有的债权人可以全额收回借款。

3. 道德风险和政府安全网络

即使政府安全网络有助于保护存款和其他债权人，并且防止或减轻金融危机的不良后果，但其实际作用福祸兼有。政府安全网络最严重的缺点源于道德风险，即交易的一方从事不利于另一方的活动的激励。道德风险一般是保险安排中的一个重要问题，因为保险的存在使冒险的动机增强，这可能会导致保险赔付。例如，购买了较低免赔额汽车碰撞险的一些司机更可能鲁莽地驾驶，因为他们如果发生意外事故，保险公司会支付大部分的损失和维修费用。

道德风险也是政府安排提供安全网络时考虑的一个主要问题。有了安全网络，存款者和债权人知道如果金融机构破产，他们也不会遭受损失，所以当他们怀疑金融机构过度冒险时也不会收回资金以市场纪律限制它们。结果，拥有政府安全网络的金融机构有动机冒更大的风险，如果银行最后破产，纳税人将承担损失。金融机构被赋予这样的赌注："正面，我赢；背面，纳税人输。"

4. 逆向选择和政府安全网络

政府安全网络（像存款保险制度）的另外一个问题源自逆向选择，即最想要利用保险的人正是那些最可能产生保险不利后果（银行破产）的人。例如，坏司机比好司机更可能购买免赔额低的汽车碰撞险。受到政府安全网络保护的存款者和债权人几乎没有理由对金融机构施加约束，偏好风险的企业家可能会发现进入金融业是非常吸引人的——他们可以从事高风险活动。更糟的是，由于被保护的存款者和债权人几乎不对金融机构的活动进行监督，在没有政府干涉的情况下，骗子可能也会发现金融业是具有吸引力的，因为他们可以轻松逃过对欺诈和盗用行为的惩罚。

5. 大而不倒

由政府安全网络引起的道德风险和防止金融机构破产的意图使金融监管机构陷入进退两难的境地。所谓"**大而不倒**"（too-big-to-fail problem），是指金融监管机构不愿让大型金融机构倒闭，并给这些机构的储户和债权人造成损失，因为这样做可能会引发金融危机。1984年5月，美国十大银行之一伊利诺伊大陆银行破产时，出现了"大而不倒"的问题。联邦存款保险公司不仅为10万美元保险限额的存款人担保（当时的最高限额），同时也为超过10万美元的账户担保，甚至担保该银行债券持有者免遭损失。此后不久，美国货币监理署（国家银行的监管者）向国会证实，11家最大的银行将获得与伊利诺伊大陆银行相似的待遇。尽管货币监理署没有使用"大而不倒"这个词（国会议员斯图尔特·麦金尼（Stewart McKinney）在那些国会听证会上使用了这个词），但这个术语现在被应用在一种政策上，即政府为最大银行中未投保的大债权人提供还款担保，这样即使储户和债权人没有自动获得这种担保，也不会有储户或债权人遭受损失。联邦存款保险公司用收购与接管法向破产银行注入大量资本，然后寻找一个愿意并购的合伙人接管银行及其存款。"大而不倒"政策延伸到了甚至不在11家最大银行之列的大银行（请注意，"大而不倒"是一个有点误导性的术语，因为当一家金融机构关闭或合并到另一家金融机构时，经理通常会被解雇，金融机构的股东会失去他们的投资）。

"大而不倒"政策的一个问题是它增加了大银行的道德风险激励。假设联邦存款保险公司想要用偿付法关闭一家银行，仅向存款者支付25万美元的限额，如果银行破产，超过25万美元的大额存款者将遭受损失。这样他们将有动力密切检查银行活动以监督银行，并在银行过度冒险时抽回他们的资金。为了避免损失存款，银行更可能从事风险较小的活动。然而，一旦大额存款者知道银行"大而不倒"的政策，他们不会有激励去监督银行并在银行过度冒险时抽回存款，因为无论银行做什么，大额存款者都不会遭受损失。"大而不倒"政策的结果是银行可能冒更大的风险，因此使银行破产事件更可能发生。

同样，对于政府安全网络所延伸到的非银行金融机构，"大而不倒"政策也增加了其道德风险激励。知道金融机构最后会摆脱困境，存款者几乎没有激励监督金融机构，在机构过度冒险时也不会抽回资金。结果，大的或者互相关联的金融机构更可能从事高风险活动，使金融危机更可能发生。

事实上，被认为大到不能倒的金融机构，包括贝尔斯登、雷曼兄弟和美国国际集团，在应对全球金融危机的过程中确实承担了过多的风险，它们随后的崩溃引发了自大萧条以来最严重的金融危机。

6. 金融整合和政府安全网络

随着金融创新以及1994年《州际银行和分行效率法案》和1999年《金融服务现代化法案》的通过，金融整合飞速发展，引致更大更复杂的金融机构出现。由于政府安全网络的存在，金融整合对金融监管构成两大挑战。第一，由金融整合导致的金融机构规模的扩大增加了"大而不倒"的问题，因为这将导致更多大型金融机构的出现，这些机构的破产将使金融体系遭受系统性（全系统）风险。这样，更多的金融机构获得"大而不倒"的待遇，这增加了这些大型机构的道德风险激励，使得它们承担更大的风险，结果金融体系变得更加脆弱。第二，银行与其他金融服务公司的金融整合意味着政府安全网络可能延伸至新的活动，如证券承销、保险或者房地产活动，正如2008年金融危机期间发生的一样。这增加了这些活动冒更大风险的激励，同时也弱化了金融体系。近年来立法的变动使得大而复杂的金融机构出现，限制这些机构的道德风险激励将是在2007~2009年金融危机之后银行监管当局面临的关键问题。

18.2 金融监管的类型

有九种基本类型的金融监管旨在减少金融系统中的信息不对称问题和过度冒险问题：持有资产的限制、资本要求、立即纠正措施、注册和检查、风险管理评价、信息披露要求、消费者保护、竞争限制以及宏观审慎监管。

18.2.1 持有资产的限制

正如我们看到的,由政府安全网络引起的道德风险激励使金融机构过度冒险。限制持有资产的银行监管旨在减小使纳税人遭受较大损失的道德风险问题。

即使没有政府安全网络,金融机构仍然受到激励过度冒险。如果风险资产得到偿付,金融机构可以获得更高的收益,但如果风险资产没有得到偿付,金融机构倒闭,那么存款者和债权人将承受损失。如果存款者和债权人可以轻松获得银行风险活动的信息以监督银行活动,当金融机构过度冒险时,他们可以立刻撤回资金。为了防止资金损失,金融机构更可能减少其冒险活动。然而,获得金融机构活动的信息从而了解银行的冒险情况是非常困难的。多数存款者和债权人无法约束金融机构从事冒险活动。因此,在联邦存款保险制度之类的政府安全网络建立之前,强有力的政府监管已经存在。

银行业更容易发生恐慌,因此它受制于严格的监管以限制其持有普通股之类的风险资产。银行监管还提倡多元化,通过限制特定种类的贷款或发放个人贷款的数额以降低风险。在2007~2009年金融危机期间政府安全网络再度延伸,非银行金融机构可能会面临对持有风险资产的更严格限制。然而,这也存在威胁,这些限制可能过于繁重,将会损害金融体系的效率。

18.2.2 资本要求

政府强加的资本要求是将金融机构道德风险最小化的另外一条途径。金融机构被要求持有较大数额的权益资本,金融机构破产将会损失巨大,这样它更可能从事风险较小的活动。另外,正如第17章阐述的,资本作为不利冲击发生时的缓冲,可以降低金融机构破产的可能性,从而直接增加了金融机构的安全性和稳定性。

对于银行和投资银行的资本要求有两种形式。第一种类型以**杠杆比率**(leverage ratio)为基础,即资本数额除以银行总资产。资本完善的银行,杠杆比率必须超过5%;若比率较低,尤其是低于3%时,将会引致监管机构的限制。在20世纪80年代的大部分时间,美国对银行的最低资本要求都只通过制定最小杠杆比率设定。

在对伊利诺伊大陆银行以及存贷款进行救助后,美国监管当局和世界其他国家越来越担忧银行持有的风险资产和增加的**表外业务**(off-balance-sheet activities),即不体现在银行资产负债表中但会增加银行风险的业务,涉及交易金融工具和产生费用收入。工业化国家的银行官员之间达成协议,成立了**巴塞尔银行监管委员会**(Basel Committee on Banking Supervision,因瑞士巴塞尔的国际清算银行主办而得名),该委员会执行的**《巴塞尔协议》**(Basel Accord)是对资本要求的第二种类型,即风险基础资本要求。最初的《巴塞尔协议》(仍应用于几乎所有美国大银行)要求银行持有的资本至少占风险加权资产的8%,该协议被包括美国在内的100多个国家采用。资产被分成四种,不同种类的权重反映不同信用风险的程度。第一类的权重为0,包括违约风险很小的资产,如准备金和经济合作与发展组织(简称"经合组织")国家发行的政府证券。第二类的权重为20%,包括在经合组织国家银行的债权。第三类的权重为50%,包括市政债券和住房抵押贷款。第四类的权重为100%,包括消费者和企业贷款。表外业务也以相似的方法,通过设定信用等价百分比将表外业务转换为表内项目,并适用于适当的风险权重。

随着时间推移，《巴塞尔协议》的局限性日益明显，因为协议规定的以风险权重度量的银行风险与银行实际面临的风险大不相同。这导致了**监管套利**（regulatory arbitrage），即实践中银行将账面资产保持在风险基础资本要求水平，但相对而言增加了风险，如给信用评级较低的公司的贷款，并去除低风险账面资产（比如对信用评级较高的公司的贷款）。这样，《巴塞尔协议》导致了冒险的增加，结果完全与最初的目的相反。为了解决这些局限性，巴塞尔银行监管委员会提出了新资本协议，称作《巴塞尔协议Ⅱ》，并且现在开始着手发展一项新协议，称作《巴塞尔协议Ⅲ》。这些协议将在专栏18-2中讨论。

专栏18-2 全球视角

全球金融危机后，《巴塞尔协议》何去何从

从1999年6月开始，巴塞尔银行监管委员会陆续发布若干改革最初的1988年《巴塞尔协议》的提案。这些努力最终达成了银行监管者所称的《巴塞尔协议Ⅱ》，它建立在三大支柱之上。

- 支柱1使大型国际化活跃银行的资本要求与三种实际风险——市场风险、信用风险和操作风险联系得更加紧密。标准法规定了不同风险权重的资产种类。另外，它允许较复杂的银行使用内部评级方法，即允许银行使用自己的评级模型。
- 支柱2强调加强监管过程，尤其是对银行机构风险管理质量的评价，并评价这些机构是否具有恰当的程序来确定资本需求量。
- 支柱3强调加强市场纪律，提高对银行信用敞口、准备金和资本数额、管理银行的高管和内部评级系统的效率等信息的披露。

虽然《巴塞尔协议Ⅱ》在限制国际性活跃银行过度冒险方面有所进步，但它大大增加了协议的复杂性。阐述最初的《巴塞尔协议》的文件有26页，而《巴塞尔协议Ⅱ》的最终文稿超过了500页。最初时间表要求最后一轮磋商定在2001年年底，2004年新制度生效。然而，来自银行、贸易协会和各国监管者的批评导致时间一再延后。最终文稿在2004年6月才公布，欧洲银行在2008年年初开始实施《巴塞尔协议Ⅱ》，而直到2009年美国才全面实施该协议。只有大概12家美国大型银行实施《巴塞尔协议Ⅱ》，其他银行允许使用标准简化版协议。

然而，新协议的许多局限性在2007~2009年金融危机中显现出来。第一，《巴塞尔协议Ⅱ》没有要求银行持有充足的资本以应对这一阶段的金融破坏。第二，标准法中的风险权重严重依赖于信用评级，事实证明这在金融危机加速阶段中是非常不可靠的。第三，具有顺周期性。也就是说，它在经济形势好的时候要求银行持有较少资本，在经济形势不好时要求银行持有较多资本，从而恶化了信用循环。因为在经济形势不好时，不同类别资产违约和预期损失的可能性增大，《巴塞尔协议Ⅱ》恰恰在资本最短缺时要求更多资本。这成为2007~2009年金融危机之后最严重的问题。由于这场危机，银行资本余额受到侵蚀，导致银行削减贷款从而拖累了经济。第四，《巴塞尔协议Ⅱ》没有充分强调流动性枯竭的危险性，从而使金融机构在金融危机期间被击垮。

由于这些局限性，巴塞尔委员会已经开始着手起草新协议《巴塞尔协议Ⅲ》，其目标是加强资本标准，弱化顺周期性，在信用评级的使用方面制定新制度，并要求金融机构备有更多稳定资金，以

更好地应对流动性冲击。达到这些目标所实施的措施颇受争议，因为收紧资本标准可能会导致银行限制贷款，从而使整个经济从深度衰退中复苏变得更加困难。《巴塞尔协议Ⅲ》正在缓慢实施中，全面实施的目标将延续到 2019 年年底。《巴塞尔协议Ⅲ》是否会在该日期前完全到位，并成功抑制风险承担，仍是一个问号。

18.2.3　立即纠正措施

如果金融机构资本数额降到了较低水平，将会出现两个严重的问题。第一，由于资金缓冲作用变小，当银行遭受损失或资产减值时，银行破产的可能性更大。第二，资本变少，金融机构可以损失的资本就越少，因此更可能过度冒险。也就是说，道德风险问题变得更加严重，使得金融机构破产，而纳税人将承担损失。为了防止这些事件发生，1991 年的《联邦存款保险公司促进法案》采取了立即纠正措施，当银行陷入困境时，规定联邦存款保险公司尽早干涉并采取有力措施。

美国的银行按照银行资本分为五类。第一类为"资本完善型"，这些银行的资本显著高于最低资本要求并且被赋予承销一些债券之类的特权。第二类为"资本充足型"，这些银行满足最低资本要求并且不受制于纠正措施，但是没有资本完善银行的特权。第三类为"资本不足型"，不满足资本要求。第四类和第五类分别为"资本显著不足型"和"资本严重不足型"，这些银行不允许以高于平均利率支付存款利息。此外，对于第三类银行，联邦存款保险公司要求其采取立即纠正措施，例如要求这些银行上交资本补足方案，限制资产增长，新设分支机构或发展新业务都需要监管机构的审批。资本严重不足、权益资本数额少于资产 2% 的银行降至第五类，联邦存款保险公司必须采取措施，将它们关闭。

18.2.4　注册和检查

对金融机构的管理者及其管理情况进行监督，称为**金融监管**（financial supervision）或者**审慎监管**（prudential supervision），是减少金融业逆向选择和道德风险问题的重要途径。因为金融机构可能被骗子或野心大的企业家用来从事高风险投机活动，所以这类人更渴望经营金融机构。金融机构注册是防止这种逆向选择问题的一种方法，通过注册，对新机构提案的审查可以防止不合适的人控制金融机构。

通过对金融机构的实地检查，监管者可以监督机构是否遵守资本要求和对资产持有的限制，也有助于抑制道德风险。银行审查者对银行做出骆驼评级，评级名称 CAMELS（"骆驼"）来自其评价的六个方面的首字母组合：资本充足率（capital adequacy）、资产质量（asset quality）、管理（management）、收入（earnings）、流动性（liquidity）以及对市场风险的敏感性（sensitivity to market risk）。拥有这些银行活动的信息，监管者可以通过禁止令等正式措施改变银行行为，从而实施监管。如果银行骆驼评级非常低，监管者甚至可以关闭银行。通过所采取的措施可以限制银行过度冒险，从而降低道德风险，更有助于进一步减少逆向选择问题，因为冒险的机会变少了，银行业偏好风险的企业家变得不那么具有吸引力了。注意，监管者处理逆向选择和道德风险问题的方法在私人金融市场上同样存在（见第 7 章和第 23 章）。注册与潜在借款者的审查类似，限制风险资产的持有与阻止借款公司从事风险投资活动的限制条款类似，资本要求如同借款公司最小净值的限制条款要求，定期检查与贷款机构对借款者的监督类似。

商业银行既可以通过货币监理署（对于国民银行）也可以通过州银行当局（对于州银行）获得注册许可。想要得到营业执照，计划开办银行的人必须提交申请，说明其运营计划。在对申请书进行评估时，监管当局通过检查银行预期管理的质量、银行可能的收入水平、银行初始资本规模判断其是否健全。在 1980 年之前，注册机构通常会对该社区是否需要新银行这一问题进行考察。如果新银行的出现可能使社区现存银行的利益受到侵害，通常新银行不会获得注册许可。现在这种反竞争立场（目的是防止现有银行破产）在注册机构中已经不再作为硬性要求。

一旦银行获得注册许可，就被要求定期（通常按季度）归档财务报告，披露银行资产和负债、收入和股利、所有权、外汇业务和其他细节。银行也要接受监管机构至少每年一次的检查，以确定其财务状况。为了避免重复检查，三家联邦机构联合工作，通常互相接受另一方的检查。这意味着，货币监理署通常检查国民银行，作为美联储成员的州银行由美联储检查，投保的非成员州银行由联邦存款保险公司检查。

银行检查由银行审查者执行，他们有时会突然造访银行（所以银行无法预先掩盖真相）。审查者查看银行账簿，审查其是否遵守限制持有资产的规章制度。如果银行持有的证券或贷款风险过大，审查者可以要求银行将其去除。如果审查者认为某项贷款可能无法偿还，他们可以要求银行宣布该项贷款没有价值（注销贷款，这将降低银行资本）。如果审查者在检查银行之后认为其不具备充足资本或从事欺诈活动，该银行可能会被宣布为"问题银行"并受到更频繁的检查。

18.2.5 风险管理评价

习惯上，实地检查主要强调对金融机构资产负债表在某一时点上的质量的评估，并审察其是否遵守资本要求和对资产持有的限制。虽然传统的方法对于减少金融机构过度冒险行为很重要，但到了今天，这种方法已经不适用了，随着金融创新而产生的新市场和新工具使得金融机构及其雇员可以轻易而迅速地下巨额赌注。在这种新的金融环境下，在某一时点上本是健康的一家金融机构可能非常迅速地被交易损失拖入破产的境地，1995 年巴林银行的破产强有力地说明了这一点（在第 17 章中论述过）。因此，仅仅对金融机构在某一时点上的情况进行检查，可能不会有效地指出它在不久的将来是否会过度冒险。

金融机构所处环境的改变导致全世界对审慎监管过程的思考发生转变。例如，银行审查者更加注重评估银行关于控制风险管理过程的稳定性。这种思考的转变反映在 1993 年美联储制定的审查交易与衍生业务指导准则所强调的风险管理上。这一重点在 1994 年发布的《交易业务手册》中得以扩展和正式化，为银行审查者提供了评估风险管理体系的工具。1995 年年底，美联储和货币监理署宣布它们将对其监管的银行风险管理程序进行评估。现在，银行审查者会给出单独的风险管理评级，分为 1~5 个级别，并将其注入整个风险管理评级中，作为骆驼评级的一部分。风险管理评级主要评估风险管理中的四个因素：①董事会和高级管理层实施监管的质量；②对于重大风险活动的政策和限制的妥善性；③风险度量和监管体系的质量；④防止部分雇员从事欺诈或未经许可活动的内部控制的妥善性。

美国银行监管当局处理利率风险的指导方针也反映出监管重点转向管理程序的趋势。这些指导方针要求银行董事会建立利率风险上限,指派银行管理者管理该项风险,并监督银行风险敞口。指导方针还要求银行高管建立正式风险管理政策和程序,确保董事会的风险上限不被违反并落实内部控制以监督利率风险以及服从董事会指令。尤其重要的是**压力测试**(stress testing),即对极端情况下损失的估计,或者**风险价值计算**(value-at-risk (VaR) calculations),即在 1% 的概率下,度量某一交易的投资组合在一段时间内(如两周)发生损失的规模。除了这些指导方针,银行审查者将继续在确定银行资本要求时考虑利率风险。

18.2.6 信息披露要求

第 7 章讨论的搭便车问题表明个体存款者和债权人没有足够的动机生产关于金融机构资产质量的私人信息。为了确保市场上的信息更准确、充分,监管者可以要求金融机构遵守标准会计准则并披露一系列信息,从而有助于市场评估金融机构投资组合的质量和风险敞口数额。获得更多关于金融机构风险和其投资组合质量的信息,能够使股东、债权人和存款者更好地评估和监督金融机构,从而防止金融机构过度冒险。

信息披露要求是金融监管的关键部分。《巴塞尔协议 II》特别强调信息披露要求,在三大支柱中要求银行机构披露其信用敞口、准备金数额和资本信息以强调市场纪律。1993 年的《证券法》和 1934 年成立的美国证券交易委员会也对公开发行证券的公司(包括金融机构)提出信息披露要求。此外,它们还要求金融机构另外提供表外业务情况和如何对投资组合估价的更多信息。

对加强信息披露的监管是必要的,这可以限制过度冒险的动机并提高市场的信息质量,使投资者做出明智的决策,从而提高金融市场分配资本到最具生产性用途上的能力。上面提到的美国证券交易委员会提出的信息披露要求以及对经纪公司、共同基金、交易所和信用评级机构的监管(目的是确保它们生产可靠的信息并保护投资者)有助于改善市场效率。2002 年的《萨班斯-奥克斯利法案》(第 7 章已讨论过)更进一步要求信息披露,鼓励公司利润表和资产负债表的准确审计,建立上市公司会计监督委员会来监督审计并实施监管以限制金融服务业中的利益冲突。

在 2007~2009 年金融危机之后颇具争议的是所谓的**按市值计价**(mark-to-market accounting),也称作**公允价值记账**(fair-value accounting),即资产负债表中的资产以在市场上的价格被估价(见专栏 18-3)。

专栏 18-3 小案例

按市值计价与全球金融危机

关于按市值计价记账法的争论一直是热门话题。在 1993 年的美国,按市值计价记账法是会计部门通常的惯例。按市值计价的基本原理是,市价是评估公司资产及至资本真实价值的良好基础。在按市值计价记账法出现之前,公司依赖于传统的历史成本(账面价值)原理,即资产的价值按其初始购买价格记账。历史成本记账法的缺点是,由于利率的变化或者违约事件所导致的资产与负债价值的波动,不能反映在公司权益资本的估价中。而资产与负债乃至权益资本的市价变动,可以体现一家公司是处于良好状态还是正陷入困境而易受道德风险的影响。

然而，按市值计价记账法有一个主要的缺点，即它有时会导致停止运转，正如全球金融危机期间所发生的那样。在财务危机期间出售的资产价格不能反映该资产的基本价值。也就是说，一项资产减价出售的清算价值有时低于其未来现金流的现值。许多人（尤其是银行业者）在金融危机期间批评按市值计价记账法，称其是驱动危机的重要因素。他们认为金融市场的失灵导致了市场价格低于基本价值。按市值计价记账法要求金融公司将资产价值减记处理。这种减记处理造成了资本减少，从而导致贷款缩减，进一步恶化了资产价格，这又转而使贷款进一步缩减。这种反馈循环使金融危机更加严重。虽然对按市值计价记账法的批评有其正确性，但一些银行业者的评判是出于自利目的。这些批评只有在资产价格下跌使得银行资产负债表恶化的情况下才出现，而当资产价格上升使银行资产负债表变得很令人满意时，情况就不同了。

对按市值计价记账法的批评引起了美国国会的关注，最终导致了 2008 年《紧急经济稳定法案》的出台，其要求美国证券交易委员会与美联储和美国财政部协商，提交按市值计价记账法在金融机构中的适用性的研究报告。谁知道按市值计价记账法会引起政治家的关注呢！

18.2.7 消费者保护

信息不对称的存在表明消费者不能掌握足够的信息以保护自己。消费者保护管理有几种形式。1969 年的《消费者保护法案》（通常被称为《诚信贷款法》）要求所有的贷款者（不只是银行）向消费者提供贷款成本信息，包括标准利率（被称为年利率）和贷款总融资费用。1974 年的《公平信用交易法案》要求债权人（尤其是信用卡发行人）提供评估财务费用的方法的信息并迅速处理账单投诉问题。

美国国会还通过立法减少信用市场上的歧视。1974 年的《平等信用机会法案》和 1976 年的补充法案禁止贷款者对借款者在种族、性别、婚姻状况、年龄或国籍等方面的歧视。该法案按照《B 条例》由美联储管理。1977 年《社区再投资法案》的颁布是为了防止"贷款歧视"，即贷款者拒绝对某一区域（在地图上以一条假想的红线划出）的借款者贷款。《社区再投资法案》要求银行证明它们在其吸收存款的所有区域发放贷款，如果银行被查出违背法案规定，监管者可以拒绝其合并、开设分支机构或其他新业务的申请。

全球金融危机说明加强消费者保护是必要的，因为许多借款者在还没有理解条款的情况下贷款，这些贷款可能超出了他们的偿还能力。由于对消费者保护的监管较弱，在这场金融危机中"作用突出"，所以加强这项监管变得越来越重要（见专栏 18-4）。

专栏 18-4　小案例

全球金融危机和消费者保护条例

由于贷款并证券化模式的次级抵押贷款所固有的委托-代理问题（第 8 章和第 14 章讨论过），贷款发起人（一般是不受约束的贷款经纪商）没有动机确保次级借款者有能力偿还贷款。毕竟，即使一段时间后借款者违约并失去他们的房子，贷款经纪商还是可以从发起贷款的过程中得到巨额报酬。由于这些因素的激励，贷款经纪商降低了审查标准，导致类似于"无证贷款"（或称"骗子贷款"，借款者无须出示其资产或收入的证明文件）的次级抵押产品的出现。一种特别声名狼藉的"无证贷款"变体被称为"忍者贷款"，这类贷款被发放给无收入、无工作、无资产的借款者。贷款经纪商还具有动机将复杂的抵押产品介绍给不能理解其复杂性并无力偿还的家庭。在某些情况下，贷款经纪商甚至从事欺骗行为，篡改借款者的贷款申请以使其符合贷款标准。

松懈的消费者保护监管是次贷危机产生的重要因素。它没有要求贷款发起人向借款者披露信息，而这些信息本该帮助借款者更好地理解复杂的抵押贷款产品以及他们是否可以承担这些贷款。取消抵押品赎回权的激增引起公众的不满，这也成为新法规出台的重要驱动因素，新法规要求向抵押贷款借款者披露信息并禁止所谓的"不公平和欺骗"行为。2008年7月根据《诚信贷款法》的《Z条例》，美联储公布了次级抵押贷款的最终法规，包括以下四项：①禁止贷款者在不考虑借款者还款能力（除房屋价值以外的收入和资产）的情况下发放贷款；②禁止"无证贷款"；③如果在贷款的前4年利息支付可调，禁止收取提前还款罚金（即对提前归还贷款的惩罚）；④要求贷款者建立托管账户，以便于每月打入财产税和业主保险费。此外，该法规还针对所有抵押贷款规定了以下新条例：①禁止贷款经纪商迫使房屋评估师谎报房屋价值；②禁止连续收取滞纳金并要求在收到还款之前贷记消费者贷款支付；③要求贷款者在收到家庭贷款申请的3天内提供关于贷款成本的诚信评估；④禁止一些误导性广告，包括当支付可调时却给出"固定"利率或支付的介绍。

考虑到需要做的还有很多，奥巴马政府和国会已经介入，将设立新的消费者保护机构纳入2010年金融改革立法，这部分将在本章后面讨论。该机构的使命是进一步加强对次级抵押贷款和其他金融产品的消费者保护条例。

18.2.8 竞争限制

竞争的不断加剧增加了金融机构冒险的道德风险激励。由于竞争加剧导致金融机构的盈利性下降，从而使它们倾向于冒更大的风险，企图保持之前的盈利水平。许多国家都制定法规以保护金融机构，避免竞争的影响。在美国，这些法规过去分为两种类型。第一类是对分支机构的限制（在第19章中将讨论），从而减少银行间的竞争，但这些法规在1994年被取消了。第二类是防止非银行机构在银行业务领域中与银行竞争，具体体现在《格拉斯-斯蒂格尔法案》（1999年被废止）中。

虽然限制竞争有助于保持银行的健康状态，但是它也具有严重的缺点：使消费者的费用变得更高，因为竞争减少，降低了银行机构的效率。因此，虽然信息不对称的存在为反竞争法规提供了基本原理，但这并不意味着它是有益的。事实上，近年来，工业化国家的政府在限制竞争方面的动力一直在减小。电子银行业务引起了监管者新一轮的担忧（见专栏18-5）。

专栏 18-5 网络金融

电子银行：银行监管的新挑战

电子银行业务的出现为银行监管带来了新的担忧，尤其是对于安全和隐私。电子银行和电子货币安全性隐患是其被广泛应用的重要障碍。对于电子银行，你可能会担心别人进入你的银行账户，将账户中的钱转移到其他人账户中。随着更加安全的加密技术的发展，处理这种问题的私人措施有所改进，从而能更好地阻止这种欺诈行为。然而，由于银行消费者对计算机安全问题不了解，政府有必要监管电子银行业务以确保加密技术的适当应用。类似的加密问题也被应用于电子货币，因此，对银行确保防止犯罪分子从事数字伪造的要求是颇具意义的。为了应对这些挑战，美国银行审查者会对银行电子银行业务特殊安全问题的处理方式进行评估，并对提供电子业务平台的第三方进行监督。另外，因为消费者想要了解电子银行交易是否准确进行，银行审查者会对银行电子银行服务的专业技术和处理问题的能力进行评估。银行消费者对安全问题的另一个担忧是数字签章的有效性。2000年的《全球暨全美商业电子签章法》规定，在多数情况下，电子签章与书面签章一样具有法律约束力。

电子银行业务也引起了对隐私问题的严重担忧。由于电子交易被储存在数据库中，银行可以收集大量客户信息（包括资产、信誉度、购买额等），将这些信息销售给其他金融机构和企业。这种对隐私的潜在侵犯无疑使我们感到不安。为了保护消费者隐私，1999年的《格雷姆－里奇－比利雷法案》限制这些数据发布，但是其效力不如《欧洲数据保护指令》，该指令禁止网上交易信息的转移。如何在电子化时代保护消费者隐私是当今社会面临的一项重大挑战，因此电子银行业务的隐私条例可能会随着时间而演变。

18.2.9　宏观审慎监管

全球金融危机之前，监管机构参与**微观审慎监管**（microprudential supervision），重点关注单个金融机构的安全性和稳健性。微观审慎监管分别考察每个机构，评估其活动的风险，以及是否符合披露要求。最重要的是，检查该机构是否满足资本比率，如果不满足，按照之前讨论的思路，要么立即采取纠正措施，提高资本比率，要么监管机构将会关闭该机构。

第8章对全球金融危机的讨论表明，注重微观审慎监管不足以预防金融危机。影子银行系统的运行说明了一家金融机构的问题会如何损害其他原本健康的金融机构。当陷入困境的金融机构被迫进行大甩卖并出售资产以满足目标资本比率或减记要求时，将导致其资产价值下降。资产价值的下跌导致其他机构大举抛售，导致去杠杆化进程的加速和系统性危机。在这种情况下，即使通常健康且资本比率高的机构也可能会陷入困境。

因此，全球金融危机表明，有必要进行重点关注金融体系整体安全性和稳健性的**宏观审慎监管**（macroprudential supervision）。宏观审慎监管关注的不是单个金融机构的安全性和稳健性，而是通过评估金融系统的总体能力，寻求减轻全系统的减价销售和去杠杆化。此外，由于许多资本充足的机构发现它们获得短期资金的渠道被切断而面临流动性短缺的问题，宏观审慎监管将不仅关注整体资本充足率，还关注金融体系是否有足够的流动性。

宏观审慎政策可以有几种形式。全球金融危机的爆发包括一个所谓的**杠杆周期**（leverage cycle），在这个周期中，发行信贷的热潮形成了一个反馈路径，导致资产价格上涨，金融机构的资本缓冲增加，从而在资本需求不变的情况下支持进一步放贷，抬高资产价格等；在周期的萧条阶段，资本价值急剧下降，导致贷款减少。为了缩短这一杠杆周期，宏观审慎政策将使资本需求反周期；也就是说，它们会在繁荣时期向上调整，在萧条时期向下调整。此外，在杠杆周期上升的过程中，宏观审慎政策可能会迫使金融机构收紧信贷标准，甚至直接限制信贷增长。在下行趋势中，可能需要宏观审慎监管来迫使整个银行系统筹集新资本总额，这样银行就不会为了降低资产水平和提高资本比率而减少放贷。为了确保金融机构有足够的流动性，宏观审慎政策可能要求金融机构有足够低的净稳定资金比率（NSFR），即该机构短期资金占总资金的百分比。此处讨论的宏观审慎政策被视为《巴塞尔协议Ⅲ》框架的一部分，但尚未完全被制定出来。

18.2.10 小结

关于信息不对称的分析可以解释何种类型的金融监管是降低金融体系中道德风险和逆向选择问题所必需的。然而，理解监管背后的理论并不意味着在实践中监管和监督金融体系是件容易的事。适当的监管和监督是困难的，原因有如下几点。第一，我们将在第19章中了解到金融创新，为了追求利润，金融机构有很强的动力挖掘漏洞以逃避现存的监管。因此，监管不断调整，监管者一直在和金融机构玩猫捉老鼠的游戏——金融机构设计出很多规避监管的方法，导致监管者修改法规。监管者一直在不断变化的金融体系中应对新挑战，除非他们迅速应对变化，否则将无法阻止金融机构过度冒险。如果监管机构和监督者没有资源与专业知识以应对金融机构中那些聪明的人，问题将更加严重。

造成金融监管和监督困难的原因还有另外两个。在金融监管和监督过程中，细节显得非常重要。细节中微妙的差别可能会产生意外的结果；除非监管者的监管和监督恰到好处，否则他们可能无法阻止过度冒险。此外，被监管的公司可能会游说政治家使得监管和监督有利于他们一方。

由于这些原因，并不能保证监督和监管能成功地促进金融体系健康运行。这些问题不仅使美国的金融监管者苦恼，其他国家也面临同样的困扰（见专栏18-6）。事实上，正如我们看到的，金融监管和监督并不总是有效，进而导致了美国和全世界的银行业危机。

专栏18-6 全球视角

国际金融监管

银行业的信息不对称问题是全球面临的一个事实，其他国家的金融监管也与美国类似，它们也是由政府监管者批准并监督。对于金融机构和发行证券的公司的披露要求在其他发达国家中也是一样的。存款保险也是大多数其他国家监管体系的特征，虽然其范围通常小于美国，并且有意不公示。我们可以看到在类似《巴塞尔协议》之类的协议达成后，各国的资本要求正在规范化。

现在金融机构在许多国家开设业务，这样使得其很容易将业务从一国转移到另一国，此时金融监管就会出现个别问题。金融监管者可以密切审查金融机构的本国业务，但是他们通常不能密切关注国内机构的外国分支或外国机构的本国分支的业务。此外，当金融机构在许多国家经营，通常会使责任不明，分不清哪个国家的监管机构应该对金融机构的过度冒险监管负主要责任。

国际信贷银行的倒闭凸显了国际金融监管的固有困难。国际信贷银行在70多个国家经营（包括美国、英国），由卢森堡负责监管，小国不太可能胜任这项工作。当大量欺诈行为被发现时，英格兰银行关闭了国际信贷银行，但存款者和股东已经遭受了巨额损失。不同的国家合作监管和监管要求标准化可以作为解决国际金融监管问题的方法。《巴塞尔协议》之类的协定和1992年巴塞尔委员会宣布的监管程序（要求在世界范围经营的银行必须由母国单一监管，并增强母国获取银行活动信息的效力）表明，世界正向这一趋势发展。此外，巴塞尔委员会规定其他国家的监管者可以在他们认为缺乏有效监管时限制外国银行的经营。这种类型的协议是否能解决国际金融监管的问题仍是一个问号。

美国颁布了很多监管金融体系的法律，全部记录下来是很困难的。作为辅助学习，表 18-1 列出了 20 世纪以来重要的金融法规及其主要规定。

表 18-1　美国主要金融法规

1913 年《联邦储备法案》
- 建立联邦储备体系

1927 年《麦克法登法案》
- 有效禁止银行跨州开设分支
- 关于分支机构，国民银行和州银行地位平等

1933 年《银行法》（《格拉斯－斯蒂格尔法案》）和 1935 年《银行法》
- 建立联邦存款保险公司
- 将商业银行和证券业隔离
- 禁止对支票存款支付利息并限定商业银行办理支票存款
- 对其他存款利率设定上限

1933 年《证券法》和 1934 年《证券交易法》
- 要求投资者接收可供公开出售的证券信息
- 禁止证券销售过程中的虚报和欺诈行为
- 建立美国证券交易委员会

1940 年《投资公司法》和 1940 年《投资咨询法》
- 监管投资公司，包括共同基金
- 监管投资咨询业

1956 年《银行持股公司法》和《道格拉斯修正案》
- 明确银行持股公司的地位
- 赋予美联储监管银行持股公司的义务

1980 年《存款机构放松管制和货币控制法案》
- 放宽存款机构的业务范围
- 批准可转让支付命令账户和流动账户在全国范围内开设
- 分段取消存款利率上限
- 对存款机构实行统一准备金要求
- 取消贷款利率上限
- 将存款保险金额提高到每个账户 10 万美元

1982 年《存款机构法》（《甘恩－圣杰曼法》）
- 赋予联邦存款保险公司和联邦储蓄贷款保险公司在紧急情况下跨州合并银行与储蓄机构的权力
- 允许存款机构开设货币市场存款账户
- 放宽储蓄机构的企业和消费者借贷业务

1987 年《银行平等竞争法》
- 向联邦储蓄贷款保险公司提供 108 亿美元资金
- 制定萧条地区的监管自制条款

1989 年《金融机构改革、复兴和加强法案》
- 提供资金解决储蓄和贷款机构倒闭问题
- 取消联邦储蓄贷款保险公司和联邦住宅贷款银行理事会
- 设立储蓄机构监理局以监管储蓄机构

(续)

- 设立信托公司以处理破产的储蓄机构
- 提高存款保险金额
- 对储蓄和贷款机构的业务重新设定限制

1991 年《联邦存款保险公司促进法案》
- 调整联邦存款保险公司资本
- 限制委托投资和"大而不倒"政策
- 为立即纠正措施设立条款
- 委派联邦存款保险公司建立风险基础的保险费率制
- 加强审核、资本要求、报告要求
- 包括《外国银行监督促进法案》以加强美联储对外国银行的监督

1994 年《州际银行和分行效率法案》
- 取消跨州设行的禁令
- 允许跨州设立分支机构

1999 年《金融服务现代化法案》
- 废除《格拉斯-斯蒂格尔法案》并取消银行业与证券业的隔离

2002 年《萨班斯-奥克斯利法案》
- 设立上市公司会计监督委员会
- 禁止一些利益冲突
- 要求首席执行官和首席财务官保证财务报表的真实性与审计委员会的独立性

2005 年《联邦存款保险改革法》
- 将银行保险基金和储蓄协会保险基金合并
- 将个人退休金账户的存款保险额度提高到每个账户 25 万美元
- 授权联邦存款保险公司修改风险基础保险费率体制

2010 年《多德-弗兰克法案》
- 设立消费者金融保护局以监管抵押贷款和其他金融产品
- 要求常规衍生工具通过主要的资料交换中心和交易所清除
- 新的政府破产清算授权允许政府收购金融控股公司
- 设立金融稳定监督委员会以系统地监管重要的金融机构
- 禁止银行自营或拥有大比例的对冲基金

18.3 世界范围内的银行业危机

由于同病相怜,你将会感到宽慰,因为美国绝不是唯一遭受 20 世纪 80 年代银行业危机和 2007~2009 年金融危机的国家。事实上,正如表 18-2 所示,银行业危机自 20 世纪 80 年代以后对世界的许多国家都造成了冲击,其中许多国家所遭受的要比我们经历的更加糟糕。

表 18-2 一些国家救助银行业的成本

国家	时期	成本(占 GDP 的百分比,%)
印度尼西亚	1997~2001 年	57
阿根廷	1980~1982 年	55
冰岛	2008 年	44
牙买加	1996~1998 年	44

(续)

国家	时期	成本(占GDP的百分比,%)
泰国	1997~2000年	44
智利	1981~1985年	43
爱尔兰	2008年至今	41①
马其顿	1993~1995年	32
土耳其	2000~2001年	32
韩国	1997~1998年	31
以色列	1977年	30
厄瓜多尔	1998~2002年	22
墨西哥	1994~1996年	19
中国	1998年	18
马来西亚	1997~1999年	16
菲律宾	1997~2001年	13
巴西	1994~1998年	13
芬兰	1991~1995年	13
阿根廷	2001~2003年	10
约旦	1989~1991年	10
匈牙利	1991~1995年	10
捷克	1996~2000年	7
瑞典	1991~1995年	4
美国	1988年	4
挪威	1991~1993年	
卢森堡	2008年至今	8①
荷兰	2008年至今	13①
比利时	2008年至今	6①
英国	2008年至今	8①
美国	2007年	4
德国	2008年至今	1①

注：①表示成本根据2012年前的数据估算。

资料来源：Luc Laeven and Fabian Valencia, "Systemic Banking Crises Database: An Update," IMF Working Paper No. WP/12/163 (June 2012).

"似曾相识"

不同国家银行危机的历史一直在重演。这些国家的银行业危机非常相似，给人造成一种似曾相识的感觉。这些危机都始于金融自由化或者创新，伴随着较弱的银行监管体系和政府安全网络。虽然金融自由化一般是件好事情，因为它可以促进竞争并使金融体系更有效率，但同时它加剧了道德风险问题——如果监管松懈，银行就会过度冒险，结果便是银行业危机。㊀

然而，表18-2中列出的银行业危机也在存款保险制度方面存在差异，在一些经历这些危

㊀ 本章网络附录详细讨论了表18-2中列出的银行危机事件，可在 www.pearsonhighered.com/mishkin_eakins 上找到。

机的国家中，存款保险制度没有发挥重要作用。例如，日本的存款保险公司规模相对于联邦存款保险公司来说太小了，它在银行体系中的作用并不显著，在第一次银行破产后便耗尽了其所有的资源。这个例子表明，有一些银行业危机的发生并不是源于存款保险制度。然而，这些国家的共同点是由于政府安全网络的存在，无论存款保险制度是不是监管环境的重要特征，政府都会救助银行。事实是政府安全网络（而不是存款保险制度）加剧了道德风险激励，使得银行过度冒险。

18.4 《多德－弗兰克法案》和2010年的《消费者保护法案》

《多德－弗兰克法案》

全球金融危机呼吁建立新的监管结构，以降低危机重演的可能性。经过一年多的讨论，美国于2010年7月通过了《多德－弗兰克法案》。这是自大萧条以来最全面的金融改革立法。它涉及五类法规，下面将对其进行讨论。

1. 消费者保护

这项法规要求设立消费者金融保护局，由联邦储备系统资助和管辖，但它是完全独立的机构。该机构有权检查并以法规限制所有从事发行资产100亿美元以上的住宅抵押贷款产品的机构，以及销售给穷人的其他金融产品的发行商。它要求贷款者查看借款者的收入证明、信用记录和工作状态，以确保他们有能力偿还住宅抵押贷款。它还禁止向经纪商付款，令他们说服借款者接受高价位贷款。他们允许州对国民银行施以更严格的消费者保护法，并授予州司法部部长执行该局制定的法规的权力。他们还永久地将联邦存款保险水平提高至25万美元。

2. 破产清算授权

虽然在这项法规之前，联邦存款保险公司有能力接管破产银行并将其关闭，但政府没有这样一个对于最大金融机构（那些控股公司）的破产清算授权。事实上，美国财政部和美联储解释了为什么它们无法拯救雷曼兄弟，只能任其破产，原因是它们没有合法手段接管雷曼兄弟并结束这种局面。现在《多德－弗兰克法案》使美国政府有权处理这些**系统性**（systemic）金融企业（即可以对整个金融体系造成威胁的企业，因为它们的破产将造成广泛的负面影响）。他们还允许监管者向资产大于500亿美元的金融机构征费以弥补任何损失。

3. 系统风险监管

该法案设立了金融稳定监督委员会，该委员会由财政部部长担任主席，监督市场的资产价格泡沫和系统风险。此外，它有权指定系统重要性金融企业，被官方指定为**系统重要性金融机构**（systemically important financial institutions，SIFI）。这些企业将受制于美联储的附加法律，包括更高的资本标准和更严格的流动性要求，同时还包括要求它们草拟一份如果企业陷入金融困境进行有序清算的计划书。

4. 沃尔克法则

银行在**自营**（proprietary trading，即用自己的钱交易）的范围内会受到限制，并只被允许拥有小比例的对冲基金和私募股权。这些条款是以保罗·沃尔克（美联储前主席）的名字命名的，他提议银行在享受联邦存款保险制度的好处时不允许承担太大的交易风险。

5. 衍生工具

一些金融工具的报酬与以前发行的证券有关，称为**金融衍生工具**（financial derivative）。如第8章讨论的，像信用违约一类的衍生工具最后变为"大规模杀伤性武器"，美国国际集团在广泛接触它们后陷入困境，只能等待救助，从而引发了金融危机。为了防止这种情况再次发生，《多德－弗兰克法案》要求一些标准化衍生产品在交易所交易并在清算所清算，这样在衍生产品交易中的一方破产的情况下可以降低损失的风险。一些定制化的衍生产品将受制于更高的资本要求。银行禁止进行衍生产品交易操作，例如具有风险的互换交易。此外，该法案向从事衍生产品交易的公司提出资本和保证金要求，并迫使它们披露更多有关交易的信息。

18.5 "大而不倒"和未来的金融监管

《多德－弗兰克法案》忽略了许多未来监管的细节，人们怀疑它是否已经充分解决了"大而不倒"的问题，我们已经看到，这是导致全球金融危机的一个重要原因。在此，我们将讨论减少"大而不倒"问题的可行措施，以及未来监管可能涉及的几个方面。

18.5.1 如何解决"大而不倒"问题

对于这一问题的探讨主要集中在以下三种方法中。

1. 解散系统重要性大型金融机构

解决"大而不倒"问题的一种方法是确保没有一家金融机构大到足以摧毁金融体系。那么监管者将不再必须救助这些机构，它们将受到市场纪律的约束。缩小这些机构规模的一种方法是重新实施《格拉斯－斯蒂格尔法案》被废除之前的限制，迫使这些大型证券投资机构将其不同的业务拆分成更小、更有凝聚力的公司。或者，监管机构可以规定，任何金融机构的资产都不能超过规定的最大限额，这迫使系统重要性金融机构被拆分成更小的部分。

不出所料，这两种方法都遭到了大型金融机构的强烈反对。尽管拆分系统重要性金融机构可以解决"大而不倒"的问题，但如果存在协同效应，使大型机构能够更好地管理风险或以更低的成本提供金融服务，那么这样做可能会降低金融系统的效率。

2. 更高的资本要求

因为太大而不能倒闭的机构有承担过度风险的动机，另一种降低风险的方法是对它们施加更高的资本要求。有了更高的资本，这些机构不仅会有更大的缓冲空间来承受损失，还会有更多的损失风险共担，降低道德风险，削弱金融机构承担过度风险的动机。描述这种方法的另一种方式是，更高的资本要求减少了对规模太大而不能倒闭的机构承担风险的补贴。此外，由于系统重要性金融机构在繁荣时期承担的风险要大得多，当信贷迅速扩张时，资本要求可能会增加，而当信贷收缩时，资本要求可能会降低。这样使得资本要求具有反周期性，以抑制信贷市场的繁荣－萧条循环。

瑞士央行一直是这种方法的领导者：在发达国家，瑞士央行对其最大银行的资本要求最高,当信贷市场变得特别泡沫化时,瑞士央行会提高资本要求。美国国会已提出立法,将大型金融机构的资本要求提高一倍,这些机构表示强烈反对。

3. 全权交给《多德-弗兰克法案》

另一种观点认为,《多德-弗兰克法案》通过加大美联储救助金融机构的难度、增加对金融机构的监管力度以及运用沃尔克法则,有效地解决了"大而不倒"的问题。事实上,该法案的制定者已经宣布《多德-弗兰克法案》将"如我们所知,解决大而不倒的问题"。尽管《多德-弗兰克法案》中的条款确实消除了一些激励大型系统重要性金融机构过度冒险的因素,但仍有人质疑该法案是否完全解决了"大而不倒"的问题。

18.5.2 未来金融监管的其他相关事宜

《多德-弗兰克法案》忽略了许多未来金融监管的细节,并且根本没有涉及一些重要的监管问题。在这里我们将讨论几个未来金融监管可能涉及的方面。

1. 金融服务行业的补偿

正如第8章所述,较高的收费和管理层报酬使公众愤怒,这也刺激金融业推出了一些比广告宣称的风险更高的证券,这种行为后来被证明是灾难性的。监管者(尤其是美联储)正在考虑出台法规,修改金融服务业的报酬标准以降低风险。例如,监管当局要求只有在公司保持良好状态的情况下才可以连续几年支付奖金。这样的规定会鼓励员工减少冒险活动,这样他们才可以在未来获得这些奖金。

2. 政府扶持企业

《多德-弗兰克法案》的一个主要空白是没有涉及政府扶持的私人企业,如房利美和房地美。正如我们在第8章中看到的,这些公司都陷入了严重的金融困境并被政府接管。最可能的结果就是纳税人将支付几千亿美元的费用。为了防止这种情况再次发生,政府有四种措施可以采用:

- 去除政府扶持,将这些企业完全私有化,从而移除对它们债务的隐含支持。
- 去除私有成分,将这些企业完全国有化,使它们成为政府机构。
- 仍然保持政府扶持的私人企业性质,加强监管以限制它们冒险并对资本标准予以更高的要求。
- 仍然保持政府扶持的私人企业性质,将它们的规模减小,使其在破产时不能对纳税人造成巨大损失或对金融体系构成系统性风险。

3. 信用评级机构

在全球金融危机之后,为限制利益冲突而对评级机构进行的监管已经有所加强,这激励了这些机构提供更值得信赖的评级报告,在未来监管力度可能会加强。信用评级机构出具的不准确评级提高了整个金融体系的风险并导致投资者没有充分的信息以做出正确的投资决策。考虑到近年来信用评级机构的糟糕表现,《巴塞尔协议Ⅱ》资本要求中信用评级的可靠性也应被重新考虑。

4. 过度监管的危害

由于全球金融危机，世界的金融监管将变得完全不同。虽然我们清楚，为了防止这类危机再次发生，需要更大力度的监管，但过度的或者不当的监管可能会妨碍金融体系有效运转。如果新的监管阻止了金融创新，不能使家庭和企业获益，未来的经济增长将受到限制。

本章小结

信息不对称、逆向选择和道德风险有助于解释政府追求金融监管的原因。

金融监管旨在减少金融系统的信息不对称和过度承担风险的问题，它有九个方面的基础措施：①持有资产的限制；②资本要求；③立即纠正措施；④注册和检查；⑤风险管理评价；⑥信息披露要求；⑦消费者保护；⑧竞争限制；⑨宏观审慎监管。

全世界的银行业危机有着明显的相似之处，表明一些相似的动力在起作用。

2010年的《多德-弗兰克法案》是自大萧条以来最全面的金融改革法案。它在五个方面设有条款：①消费者保护；②破产清算授权；③系统风险监管；④沃尔克法则；⑤衍生工具。未来金融监管涉及五个方面：①"大而不倒"问题，要么分拆大型金融机构，要么对它们提出更高的资本要求；②金融行业的补偿；③政府扶持企业；④信用评级机构；⑤过度监管的危害。

简答题

1. 举例说明私人保险中存在的道德风险和逆向选择问题。
2. 如果灾害保险公司没有对火灾保险要求任何限制条款，将会导致哪种逆向选择和道德风险问题？
3. 联邦存款保险公司（FDIC）的成立鼓励了不情愿的储户把钱投入银行系统。除了减少银行挤兑可能性带来的好处以外，这项政策对整体经济的表现还产生了哪些积极的影响？
4. 假设你在银行有30万美元的存款。经过仔细审查后，FDIC认为这家银行现在资不抵债。你希望FDIC对这家银行采取哪种措施？如果你的存款是20万美元呢？
5. "大而不倒"政策的成本和利益是什么？
6. 银行监管者面对的表外业务的特殊问题是什么？他们为此做了什么？
7. 你是否建议在一个机构薄弱、金融部门普遍腐败和监管不力的国家采用如美国联邦存款公司一样的存款保险制度？
8. 银行监督的形式是什么？它怎样有助于银行体系的安全和稳定？
9. 1991年《联邦存款保险公司促进法案》采取了什么措施以提高联邦存款保险制度的作用？
10. 为什么银行监督的重点从资本要求转移到风险管理？
11. 假设在几次合并和收购后，只有一家银行持有美国全部存款的70%。你认为这家银行会被认为是"大而不倒"吗？对于正在进行的金融整合和政府安全网络，这说明了什么？
12. 消费者保护条例以何种方式对金融机构的利润产生负面影响？你能想到这些政策在利润上的积极作用吗？
13. 你认为移除全国银行体系的障碍对经济有益吗？解释你的答案。
14. 对于具有风险资产的银行，更高的存款保险费怎样有益于经济？
15. 鉴于2010年《多德-弗兰克法案》中包含的一系列新规定，你认为这是一项容易通过的法案吗？讨论金融业游说人士反对通过此类法案的理由。

计算题

1. 考虑一家破产银行。联邦存款保险公司在使用偿付法的情况下，35万美元的存款价值多少？如果是收购与接管法呢？对于纳税人来说哪种成本更高？

2. 考虑一家银行，资产负债表如下：

资产		负债	
存款准备金	17 000 000	支票存款	205 000 000
超额准备金	3 000 000	银行资本	10 000 000
市政债券	65 000 000		
住宅抵押贷款	70 000 000		
商业贷款	60 000 000		

计算银行风险加权资产。

3. 参考前面的习题。这家银行是否符合《巴塞尔协议》规定的风险加权资本要求？

4. Oldhat Financial 第一天营业，资本为 900 万美元，吸收了 1.3 亿美元支票存款。银行发行了 2 500 万美元贷款和另外 5 000 万美元抵押贷款，条款如下。

   - 抵押贷款：标准化 200 份，30 年期，固定名义利率，每 25 万美元利率 5.25%。
   - 商业贷款：3 年期贷款，单利按月支付，月利率 0.75%。

   （1）如果存款准备金率为 8%，银行资产负债表是怎样的？忽略贷款损失准备。
   （2）银行的资本充足性如何？

5. 计算 Oldhat Financial 第一天的风险加权资产和风险加权资本比率。

6. 第二天，抵押贷款迎来坏消息，抵押贷款利率升至 13%。Oldhat Financial 的抵押贷款市值是多少？Oldhat Financial 的"市值"资本比率是多少？

7. 银行监管者要求 Oldhat Financial 出售抵押贷款以确认公平市场价值。这项会计交易是什么？它怎样影响资本状况？

8. 国会允许 Oldhat Financial 在贷款剩余期限摊销损失。如果这种方法用于销售，交易将如何记录？怎样进行年度调整？其资产负债表将是怎样的？资本比率是多少？

9. Oldhat Financial 决定将 7 700 万美元的超额准备金投资于商业贷款。这会对资本比率有什么影响？对风险加权资本比率有何影响？

10. Oldhat Financial 在隔夜联邦基金市场借入 550 万美元以满足资金需要。其资产负债表会怎样变化？银行资本充足性如何？

网络练习

银行监管

1. 访问 www.fdic.gov/regulations/laws/，这个网站记录了自 19 世纪以来具有重大意义并影响银行的法律。总结该网站上列出的最近制定的银行监管法律。

2. 货币监理署负责许多影响银行操作的监管条例。访问 www.occ.treas.gov/，点击 "Legal & Licensing" 中的 "Law and Regulations"，选择 "12 CFR" 第 1~199 节。第 1 节的内容是什么？"12 CFR" 有多少部分？打开第 18 节，讲述的是什么话题？总结其意图。

网络附录

访问 www.pearsonhighered.com/mishkin_eakins，阅读第 18 章网络附录：全球银行业危机。

第 19 章

银行业：结构与竞争

预 览

世界各地商业银行的运营（它们是如何获取、使用以及管理资金来赚取利润的）都是大致相似的。在所有国家中，银行都是以营利为目的的金融机构。然而，当你将银行业的结构和运营作为一个整体来考虑时，你就会发现美国是独具一格的。在大多数国家里，一般只有四五家大型银行主导着整个银行业，而美国大约有 6 000 家商业银行。

银行越多越好吗？这种多样性是否意味着美国银行体系更具有竞争力，因而比其他国家银行体系的经济效率更高、更稳健呢？如何解释美国的经济和政治系统中如此大量的银行机构呢？本章我们将通过考察银行的历史趋势及其整体结构来回答这些问题。

我们将首先考察银行体系的发展历史，然后详细介绍银行业。除了考察美国国内的银行体系，我们也会研究推动国际银行增加的潜在力量，以及这些潜在力量是如何影响我们的。最后，我们将考察金融创新是如何加剧银行业的竞争程度，以及如何导致银行业根本变化的。

19.1 银行体系的发展历史

美国现代银行业始于 1782 年费城北美银行的建立。随着北美银行的成功，其他银行也陆续开业，美国银行业开始运行。图 19-1 提供了第二次世界大战前美国银行业历史上最重要的时点。

早期所涉及的银行业中一个主要的争议是，应该由联邦政府还是州政府来为银行颁发执照。联邦主义者（尤其是亚历山大·汉密尔顿），主张对银行实行高度中央集权的控制，并由联邦政府为银行颁发执照。1791 年他们经过努力，终于创建了美国第一银行，该银行同时兼备私人银行与中央银行的特征，是负责整体经济中货币信贷供给的政府机构。然而，农业及其他利益集团对中央集权的管理持怀疑态度，因此主张由州政府为银行颁发执照。此外，它们对大城市金融界的不信任，使得取消美国第一银行面临着巨大的政治压力。1811 年，它们的努力终于获得了成功，美国第一银行的执照不予延期。由于州立银行滥用权力，以及 1812 年战争期间对帮助联邦政府筹集资金的中央银行的强烈需求，国会于 1816 年创建了美国第二银行。在美国第二次尝试建立中央银行期间，中央集权管理的支持者与反对者之间的争斗成为一个经

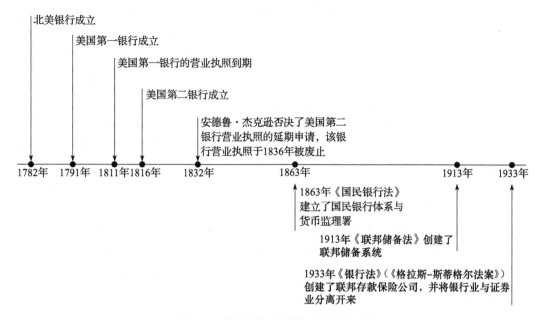

图 19-1 美国银行业早期历史的时间轴

注：第二次世界大战前美国银行业历史上最重要的时点。

常性的主题。随着对州政府权力的强力支持者安德鲁·杰克逊的当选，美国第二银行也结束了它的命运。1832 年选举之后，安德鲁·杰克逊否决了美国第二银行作为国民银行的营业执照延期申请，美国第二银行的营业执照于 1836 年被废止。

在 1863 年之前，美国所有的银行都由其运营所在州的银行委员会颁发营业执照。没有统一的国家货币，银行主要通过发行银行券（由银行发行的能够兑换黄金的可流通货币）来获取资金。由于许多州对银行的监管都极其宽松，因此银行经常因为欺诈或资本金不足而破产，它们发行的银行券也因此变得一文不值。

为了消除州政府特许银行（称为**州立银行**（state banks））的泛滥，1863 年的《国民银行法》（以及之后的补充法案）创建了一种新的联邦特许银行（称为**国民银行**（national banks））的银行体系，这一体系由美国财政部下属的一个部门——货币监理署来监管。这一法案最初是希望通过对州立银行发行的银行券征收寓禁税，而对国民银行的银行券免税，从而切断州立银行的资金来源。然而，州立银行通过吸收存款获取资金，巧妙地逃过了一劫，因此出现了美国今天的**双重银行体系**（dual banking system），即由联邦政府监管的银行以及由各州监管的银行共同运营。

为了促进银行体系更安全地运营，1913 年美国成立了联邦储备系统，而在此之前美国没有出现过中央银行。所有的国民银行都要求加入联邦储备系统成为其成员，并接受由联邦储备系统颁布的一系列新的管理规定。州立银行可以选择（并不要求）成为联邦储备系统的成员，而由于联邦储备系统所规定的会员成本太高，因此大多数州立银行没有加入该系统。

在美国 1930～1933 年的大萧条时期，大约 9 000 家银行的破产使得许多存款人的储蓄荡然无存。为了避免存款人将来再次因为这样的破产而遭受损失，1933 年《银行法》设立了联邦存款保险公司，为银行存款提供联邦保险。联邦储备系统要求其成员银行为它们的存款人购买联邦存款保险公司的保险，联邦储备系统的非成员银行也可以选择购买这种保险（几乎所有的非成员银行都购买了该保险）。购买联邦存款保险公司的保险使得银行必须接受由联邦存款保险公司制定的一系列规章制度。

由于银行的投资银行业务被视为银行破产的根源而受到指责，1933年颁布的《银行法》（也称《格拉斯－斯蒂格尔法案》）中的条款禁止银行从事公司有价证券的承销或交易等业务（但是允许它们销售新发行的政府证券），并且限制银行只能购买由监管机构批准的债务证券。同样，该法案还禁止投资银行从事银行的业务。事实上，《格拉斯－斯蒂格尔法案》将银行的业务与证券行业的业务完全分离开来。

按照《格拉斯－斯蒂格尔法案》（该法案于1999年被废止）的条款，银行不得不出售其投资银行的业务。例如，波士顿第一国民银行将其投资银行业务剥离，成立了第一波士顿公司，该公司现在是美国最重要的投资银行公司之一——瑞士信贷第一波士顿银行的重要组成部分。投资银行公司通常会停止其存款业务，虽然J. P. 摩根停止了它的投资银行业务，并改组为银行，但是J. P. 摩根的一些高层人士又成立了另一家当今最大的投资银行公司之一——摩根士丹利投资公司。

多重监管机构

美国银行的监管体系已经发展成为一个由众多监管机构多重监管的混乱体系。货币监理署主要负责监管1 000家拥有商业银行体系一半以上资产的国民银行、大约400家储蓄和贷款银行以及拥有国家特许的互助储蓄银行。联邦储备系统和州立银行监管当局共同监管联邦储备系统成员中的2 000家州立银行。联邦储备系统还对拥有一家或多家银行的公司（**称为银行持股公司**（bank holding company））负有监管责任，并对国民银行负有次要责任。联邦存款保险公司和州立银行监管当局共同监管2 300家拥有联邦存款保险公司保险而不是联邦储备系统成员的州立银行。州立银行监管当局对没有联邦存款保险公司保险的州立银行进行单独监管（这些银行所持有的存款不到银行体系的0.2%）。

如果你对美国监管体系感到迷惑，想象一下对银行来说不得不应对多重监管机构是多么困惑。美国财政部曾多次提出建议设立一个独立的机构，对所有的存款机构进行集中监管，以整顿这种情况。然而，这些提议在国会上都没有通过，并且将来是否会进行统一监管也具有高度的不确定性。

19.2 金融创新和影子银行体系的发展

虽然银行机构仍然是美国经济中最重要的金融机构，但近几年，吸收存款并发放贷款的传统银行业务正在衰退。这些业务的一部分已经被**影子银行体系**（shadow banking system）替代，在这一体系中，由于许多不同的金融机构参与其中，银行贷款业务被通过证券市场发放的贷款所取代。

想要了解银行业是如何发展的，必须先了解改变了整个金融体系的金融创新过程。像其他行业一样，金融业也是通过销售产品来获取利润的。如果一家肥皂公司认为市场对能够软化织物的洗衣液有需求，将会开发这种产品来满足市场需求。同样，为了使它们的利润最大化，金融机构也会开发新产品来满足自身和客户的需求。换句话说，正是对获取（或留住）财富的欲望推动了创新，这对经济发展是十分有利的。对创新过程的简单分析可以得到下面的简单结论：**金融环境的改变会推动金融机构为了获取利润而进行创新**。

自20世纪60年代开始，金融市场中个人和金融机构的经营面临着经济环境的急剧变化：通货膨胀率和利率大幅攀升，并且越来越难以预测，这种情况改变了金融市场的需求状况。计算机技术的飞速发展改变了供给状况。此外，金融监管对金融机构而言也变得更加繁重。金融机构发现，许多传统的业务方式已经不再有利可图，它们曾经向公众提供的金融服务和产品已停止销售。许多金融机构还发现，它们很难再通过传统金融工具来获取资金，而没有资金将使得它们很快陷入破产的境地。为了在新经济环境下生存，金融机构不得不研究和开发可以满足客户需求并且有利可图的新产品与服务，这一过程称为**金融工程**（financial engineering）。对它们来说，需求是创新的来源。

对金融创新产生原因的分析说明，金融创新有三种基本类型：对需求条件变化的回应、对供给条件变化的回应以及逃避现有管制。在产生金融创新的过程中，这三种动机通常相互作用。既然我们已经理解了金融机构创新的原因，接下来我们将学习金融机构为了获取利润如何进行三种基本类型的金融创新。

19.2.1 对需求条件变化的回应：利率多变性

近年来，经济环境中最大的变化是利率波动性日益增强，这改变了金融产品的需求。20世纪50年代，3个月期国库券利率在1.0%～3.5%波动；20世纪70年代，该利率在4.0%～11.5%波动；20世纪90年代，波动范围扩大至5%～15%。利率的大幅波动导致了巨额的资本收益或损失，投资回报率的不确定性加大。回想一下，由利率变动以及回报率的不确定性引起的风险被称为利率风险，正如我们看到的，20世纪七八十年代，利率的高波动性导致了利率风险水平的上升。

我们可以预测，利率风险的上升增加了对能够降低这种风险的金融产品和服务的需求。经济环境的这种变化能够推动金融机构为满足这种新需求而进行的盈利创新，并促进能够降低利率风险的金融工具的诞生。20世纪70年代出现的两个金融创新的例子证实了这一预测：可变利率抵押贷款和金融衍生工具。

1. 可变利率抵押贷款

同其他投资者一样，金融机构发现利率风险越低，贷款的吸引力就会越大。它们不愿意在以10%的利率发放抵押贷款的两个月后，发现同样的抵押贷款可以得到12%的利率。为了降低利率风险，1975年加利福尼亚州的储蓄和贷款机构开始发放可变利率抵押贷款，抵押贷款的利率随着市场利率（通常是国库券利率）的变化而变化。最初，可变利率抵押贷款的利率可能是5%。6个月后，这一利率随着6个月期国库券利率的上升或下降而同方向变动，抵押贷款的利息支付也随之调整。当利率上升时，由于可变利率抵押贷款允许抵押发放机构通过抵押贷款获得更高的利率，因而在这期间利润仍然很高。

可变利率抵押贷款的这种诱人特征鼓励了抵押贷款发放机构以比传统固定利率抵押贷款更低的利率发放可变利率抵押贷款，这使它们受到很多家庭的欢迎。然而，由于可变利率抵押贷款的利息可能增加，因而也有许多家庭仍然偏爱固定利率抵押贷款。因此，两种类型的抵押贷款都十分普遍。

2. 金融衍生工具

鉴于对降低利率风险的强烈需求，芝加哥交易所等商品交易所意识到，如果它们能够开发一种可以帮助投资者和金融机构预防或**对冲**（hedge）利率风险的产品，那么它们就可以通过销售这种新工具赚取利润。**期货合约**（futures contract）已经出现很长时间了，在这种合约里，卖方承诺在未来某一特定日期按照约定的价格向买方提供某种标准化的商品。芝加哥期货交易所的官员意识到，如果他们在金融工具的基础上创造期货合约（称为金融衍生工具），由于该合约的收益与之前所发行的有价证券是相关联的（收益来源于之前所发行的有价证券），因而投资者可以利用其来对冲风险。因此，1975年金融衍生工具诞生了。

19.2.2 对供给条件变化的回应：信息技术

计算机与通信技术的发展是推动金融创新的最重要的供给条件变化。信息技术对金融创新有两方面的影响。首先，它降低了处理金融交易的成本，使得金融机构为公众创建的金融产品和服务有利可图。其次，它使得投资者更容易获取信息，从而使企业能够更便捷地发行有价证券。信息技术的迅速发展促使了我们在此考察的许多新的金融产品和服务的诞生。

1. 银行信用卡和借记卡

信用卡早在第二次世界大战前就已经遍布各地。许多商户（西尔斯百货、梅西百货等）通过为客户提供信用卡使赊账行为制度化，这些信用卡允许客户在这些店里买东西时不支付现金。第二次世界大战后，全美性的信用卡出现了，Diners Club研制出了一种可用于全美各地（以及国外）餐馆的信用卡。美国运通和Carte Blanche公司研制出了类似的信用卡项目，但由于这些项目的运用成本过高，因此，信用卡只对能够负担得起高档消费的个人和企业发行。

公司发行信用卡的收入来自向持卡人提供的贷款，以及使用信用卡进行支付的商户支付的费用（购买价格的百分比，比如5%）。信用卡项目的成本来自贷款违约、被窃卡以及处理信用卡交易的费用。

看到Diners Club、美国运通以及Carte Blanche公司的成功，银行家决定分享信用卡业务的利润。20世纪60年代，几家银行试图将信用卡业务扩大到更广阔的市场，但运营这些项目的每笔交易成本过高，使得这些项目的早期尝试以失败告终。

20世纪60年代末期，计算机技术的进步降低了提供信用卡服务的交易成本，增加了银行信用卡项目的盈利性。银行试图再次进入这一行业，这次努力创造了两个成功的银行信用卡项目：Bank Americard（最初由美国银行发行，但现在是一个名为Visa的独立组织）以及Master-Charge（即现在由银行间信用卡协会运营的万事达卡）。表面上看这些项目十分成功，已有大约5亿张卡投入使用。事实上，银行信用卡利润确实丰厚，以至于像西尔斯、通用汽车以及美国电话电报公司等非金融机构也涉足了信用卡业务。由于信用卡在支付时比支票更被广泛接受（尤其是在国外），并且消费者可以更容易地获取贷款，因此消费者从中受益匪浅。

银行信用卡的成功使得这些机构想出了一种新的金融创新，即借记卡。借记卡通常表面上看与信用卡相似，并可以以相同的方式来进行购买。然而，信用卡的持卡人消费后不必立即还款，与信用卡不同，使用借记卡消费会立即将钱从持卡人的银行账户中扣除。由于借记卡的利润完全来自支持借记卡在商户内进行消费的商家所支付的费用，因此，借记卡更依赖于其交易处理的低成本。近年来，借记卡已经非常普遍。

2. 电子银行

现代计算机技术的发展使客户可以通过电子银行设施（网上银行）而不是人工服务来进行交易，从而降低了银行的交易成本。电子银行设施的一个重要形式是**自动取款机**（automated teller machine，ATM），这是一个可以允许客户提取现金、存款、转账以及查询余额的电子化机器。自动取款机的优势在于它不需要支付加班工资，也从来不需要休息，它可以 24 小时工作。这一优势不仅降低了银行的交易成本，也为消费者提供了更多便利。由于成本较低，自动取款机可以被放置在银行或其分行以外的地区，进一步为客户提供便利。自动取款机较低的成本使得它们如雨后春笋般出现在各地，当前仅在美国就有 25 万多台自动取款机。而且，当你去欧洲旅游时，你可以像在当地提取现金一样，方便地从自动取款机中提取外币。

随着通信成本的降低，银行开发出另一项金融创新，即家庭银行。借助电子银行设备，让银行客户通过电话或个人计算机与银行计算机相连进行交易，这对银行来说大大降低了成本。现在，银行的客户足不出户就可以进行大部分银行交易。客户可以得到的好处是家庭银行的便利，而银行发现这比让客户来银行办理业务的交易成本低很多。自动取款机和家庭银行的成功创造了另一项金融创新，即**自动银行机**（automated banking machine，ABM），它同与银行网站相连的自动取款机以及电话相结合，为客户提供服务。

随着个人计算机价格的下降以及它们在家庭中数量的增加，家庭银行领域进一步创新，一种新型的银行机构出现了，即**虚拟银行**（virtual bank），这是一种没有实体的位置，只存在于网络空间的银行。1995 年，坐落于亚特兰大而当前隶属于加拿大皇家银行的第一安全网络银行成为第一家虚拟银行，在互联网上提供一系列的银行服务，比如吸收支票和储蓄存款、销售定期存单、发行自动取款机银行卡、提供账单支付设施等。因此，虚拟银行进一步推动了家庭银行的发展，使得客户可以 24 小时在家享受到全套银行服务。1996 年，美国银行和富国银行进入了虚拟银行市场，许多其他银行紧随其后也进入了虚拟银行市场，美国银行已成为美国现今最大的网络银行。专栏 19-1 就虚拟银行是否会成为未来银行的主要形式这一话题展开了讨论。

专栏 19-1 网络金融

"点击式"银行会战胜"实体"银行吗

随着虚拟银行（"点击式"）的出现以及它们所提供的便利，一个关键的问题是，它们能否成为银行业务的主要形式，从而消除对有形银行分支（"实体"）作为银行服务的主要传送机构的需求。独立的网络银行能够成为未来的潮流吗？

答案似乎是否定的。独立的网络银行诸如 Wingspan（隶属于美国第一银行）、First-e（位于都柏林）以及 Egg（隶属于保诚公司的一家英国独立网络银行），其收入增长和利润都令人失望。结果是，纯网络银行并不如倡导者所期望的那样成功。为什么网络银行会让大家失望？

阻碍网络银行发展的因素有以下几方面。第一，银行存款人想知道他们的储蓄是安全的，因此他们不愿意将钱存入没有长期记录的新机构。第二，客户担心他们在线交易的安全性，以及他们的交易是否真的会保留个人隐私。在私人信息保管上，传统银行被认为更安全，并值得信赖。第三，客户可能更喜欢由有形银行提供的服务。例如，银行客户似乎更喜欢面对面地购买长期储蓄产品。第四，网络银行存在一些技术问题，如服务器瘫痪、电话线联网速度慢以及交易操作失误，这些问题可以随着技术的提高而减少。

纯网络银行似乎并不是未来发展的趋势。然而，"点击式和实体"相结合看上去更能成为银行业的主要形式，在线银行被用来补充由传统银行提供的服务。尽管如此，银行服务的方式正在经历着巨大的改变，越来越多的银行服务通过网络进行，有形银行分行的数量在未来将会减少。

3. 电子支付

当今廉价计算机、智能手机的发展以及互联网的传播，使得银行以较低的成本允许其客户进行电子支付。在过去，你不得不通过邮寄支票支付账单，而现今，银行会提供一个网站，你只需要登录，点击几下就可以完成电子支付。这样，你不仅节省了邮票的费用，并且支付账单（几乎）已变为一种乐趣，几乎不需要费力。银行提供的电子支付系统现在甚至可以让你不需要登录就能支付账单，经常性账单可以从你的银行账户中被自动扣除。银行通过两种方式提供这些服务增加其利润。首先，电子账单的支付方式意味着银行不需要个人来处理原来的纸上交易。对银行来说，使用电子账单比使用支票能够节省超过1美元的成本。其次，对顾客来说，额外的方便意味着你可能更愿意在该银行开立账户。因此，电子支付在美国变得更为普遍，然而在使用电子支付方式上，美国人仍远远落后于欧洲人，尤其是斯堪的纳维亚人（见专栏19-2）。

专栏 19-2　网络金融

为什么斯堪的纳维亚地区在使用电子支付系统和网上银行方面远胜于美国

美国是世界上最大的支票使用国。在美国，每年签发接近1 000亿美元的支票，在非现金交易中，超过3/4的交易通过支票进行操作。与此相反，在欧洲的大部分国家，超过2/3的非现金交易是通过电子支付系统完成的，芬兰和瑞典的网上银行客户是世界各国中最多的。事实上，如果你是芬兰人或瑞典人，你将会更倾向于使用个人电脑甚至手机在网上支付你的账单，而不是签发一张支票。为什么欧洲人，尤其是斯堪的纳维亚人，至今在使用电子支付方面一直领先美国人？首先，欧洲人在个人电脑出现之前就不习惯使用支票来进行支付，他们一直使用转账付款，即银行和邮局通过为客户转移资金来支付账单。其次，相对于美国而言，欧洲（尤其是斯堪的纳维亚）拥有更多的移动电话和互联网用户。芬兰是世界上移动电话人均使用率最高的国家，芬兰和瑞典是世界互联网用户的领导者。也许这些使用模式的开发正是源于这些国家较低的人口密度以及该地区寒冷、黑暗的冬天，因而斯堪的纳维亚人喜欢待在家里使用电脑。对于斯堪的纳维亚人来说，他们的教育体系比较先进，他们普遍具有较高的电脑使用能力，此外他们的国家有一些高端技术公司，如芬兰的诺基亚以及瑞典的爱立信等，政府出台的一些政策推动了个人电脑使用的程度，例如瑞典对那些为员工提供家用电脑的公司给予税收补贴。芬兰和瑞典（从百分比来看）成为世界上最大的网上银行使用国。在电子支付方面，美国人明显落后于他们，这给美国经济带来了巨大的成本。如果能使美国的支票支付方式转变为电子支付方式，美国经济成本每年将节约数十亿美元。事实上，美国联邦政府正在努力通过将支付金额直接存入银行账户，将政府所有的支付款项都转为电子支付，来减少政府的费用。美国能否不再使用纸质支票，转而全面使用高科技电子支付方式呢？

4. 电子货币

电子支付技术不仅可以代替支票，而且可以采用**电子货币**（electronic money）的形式，即只以电子形式存在的货币，并且能够代替现金。电子货币的第一种形式是储值卡，为消费者的花费买单是储值卡最简单的形式。而**智能卡**（smart card）则被称为更为复杂的储值卡，它有自己的计算机芯片，因此可以在持卡人需要的时候从银行账户中转入数字现金。智能卡可以通过自动取款机以及拥有智能读卡器的个人计算机，或者通过有专门配置的手机来进行操作。

电子货币的第二种形式通常被称为**电子现金**（e-cash），用于在网上购买商品或服务。消费者通过与互联网连接的银行设置账户而得到电子现金，然后再将电子现金转移至计算机。当消费者想使用电子现金进行购物时，他们会在网上浏览网店，点击（购买）一件商品，于是电子现金将会自动地从消费者的计算机中转移到商家的计算机中。在商家发货前，资金将会从消费者的银行账户中转移至商家的银行账户中。

鉴于电子货币所带来的便利，你可能认为我们会迅速实现无现金化社会，即所有的支付都实现电子化。然而，这并没有发生，正如专栏19-3所讨论的那样。

专栏19-3　网络金融

我们会迈向无现金社会吗

人类对无现金社会的预测已经有几十年的历史了，但仍没有实现。例如，1975年《商业周刊》曾预测电子支付手段"不久将会彻底改变现金本身的概念"，然而几年后并未实现。近几年利用智能卡来促进消费者使用电子货币的试验项目也没有成功。1995年英国推出的电子钱包，是早期被广泛宣传的一种储值卡，只能在一些英国大学校园里使用。在德国和比利时，数百万人随身携带嵌入计算机芯片的银行卡，他们可以使用电子货币，却很少有人使用。为何迈向无现金社会的步伐如此缓慢？

尽管电子货币可能会比纸币支付系统更方便并且更有效率，但一些因素阻碍了纸币系统的消失。首先，对于使用电子货币为主要支付形式所必需的计算机、读卡器以及通信网络，其成本都是非常高昂的。其次，电子支付手段带来了安全性和隐私问题。我们常听媒体报道，未经授权的黑客访问了计算机数据库并能改变数据库所储存的信息。不法人员也许能够访问电子支付系统的银行账户，并通过将资金转入自己账户来盗取资金。更令人担忧的是，使用电子支付手段会留下含有大量个人购买习惯信息的记录。政府、雇主以及营销人员都能够访问到这些数据，从而增加了对个人隐私侵犯的担忧。

综上所述，尽管未来电子货币的使用一定会与日俱增，但正如马克·吐温所言，"货币的死亡报告被极度夸大了"。

5. 垃圾债券

在计算机和先进的通信技术出现之前，投资者很难获得试图发行证券的公司财务状况信息。由于筛选较差的信用风险比较困难，只有那些拥有较高信用评级的公司才能够发行债券。㊀ 20 世纪 80 年代之前，只有那些信用等级等于或高于 Baa 的公司才能通过发行债券来筹集资金。一些之前发行长期公司债券，而在现今经济不好的时期衰落、信用评级降到 11 以下的公司，被称为"堕落天使"（fallen angels），它们发行的债券被称为"垃圾债券"。

20 世纪 70 年代，随着信息技术的改善，投资者能够较容易获取公司的财务信息，筛选较差的信用风险也更容易。由于可以轻松筛选出较差的信用风险，投资者更愿意购买那些信用评级较低、知名度不高的公司的长期债券。由供给条件的这种变化，我们预期，一些聪明人将会提倡一种理念，让那些尚未达到投资级别却也并非堕落天使的公司公开发行垃圾债券。这正是投资银行德崇证券的迈克尔·米尔肯在 1977 年做的事。垃圾债券成为公司债券市场的一个重要组成部分，20 世纪 80 年代末期，未付清余额已超过 2 000 亿美元。米尔肯在 1989 年由于违反证券法被起诉后，尽管垃圾债券市场急剧下跌，但在 20 世纪 90 年代和 21 世纪初，垃圾债券市场又再次升温。

6. 商业票据市场

商业票据是一种由大型银行和公司发行的短期债务证券。自 1970 年以来，商业票据市场经历了巨大的增长，其未付清余额由当时的 330 亿美元上升至 2015 年年底的 1 万亿美元。事实上，商业票据已成为增长速度最快的货币市场工具之一。

信息技术的提高也可以解释商业票据市场的快速崛起。我们已经知道，信息技术的提高使投资者能够更容易地筛选出较差的信用风险，也使公司发行债务证券变得更容易。这不仅使公司在垃圾债券市场上发行长期债务证券更便利，同时也意味着公司可以更容易地通过发行商业票据等短期债务证券来筹集资金。许多过去习惯于向银行短期借款的公司现在则经常在商业票据市场上筹集短期资金。货币市场共同基金的发展是促进商业票据市场快速增长的另一个因素。由于货币市场共同基金需要持有商业票据等流动性强的优质短期资产，这些基金资产增长至 2.6 万亿美元，为商业票据创造了一个良好的市场。投资于商业票据的养老金和其他大型基金的增长也促进了这一市场的增长。

19.2.3 证券化和影子银行体系

由交易和信息技术进步所带来的另一项金融创新是证券化，这是过去 20 年中最重要的金融创新之一。**证券化**（securitization）是本来不具有流动性的金融资产（如住宅抵押贷款、汽车贷款以及信用卡应付款，它们是银行机构主要的利润来源）转化为可流通的资本市场证券的过程。

1. 影子银行运作过程

在传统银行业务中，一个实体参与资产转换的过程，即发行符合一定理想特征的负债（例如，高流动性和低风险的存款），让持有者为购买具有不同特征的资产（例如，低流动性和高

㊀ 第 7 章对逆向选择问题的讨论更详细地分析了为什么只有信用等级较高的上市公司才可以销售证券。

回报的贷款）提供资金。而证券化是一个资产转化的过程，它涉及许多不同的金融机构，这些机构是影子银行体系的一部分。换句话说，证券化和影子银行体系完成的资产转换不像传统银行那样是"在同一个屋檐下"完成的。

例如，抵押经纪人（一般被称为贷款发起人）将安排由金融机构提供住宅抵押贷款，该金融机构将为贷款提供服务（即收取利息和本金）。然后，该服务商将抵押贷款出售给另一家金融机构，该机构将抵押贷款与大量其他住宅抵押贷款捆绑在一起。联邦银行收取抵押贷款组合的利息和本金，然后"将它们交给"（支付给）第三方。债券发行人去找分销商（通常是投资银行），分销商将设计一种证券，将贷款组合分成标准化的金额。然后，经销商将这些利息和本金作为证券出售，主要卖给也是影子银行体系一部分的其他金融机构，如货币市场共同基金或养老基金。证券化过程可以被清晰地描述如下：

$$贷款发放 \Rightarrow 提供服务 \Rightarrow 绑定 \Rightarrow 分销$$

由于证券化过程涉及贷款的发起，然后是证券的分销，因此证券化也是一种贷款并证券化的商业模式。

在证券化过程的每一步，贷款发起者、服务者、捆绑者和发行者都要赚取一笔费用。这四个机构专门负责金融中介过程的每一个环节。因此，如果交易成本和收集信息的成本较低，由参与证券化过程的所有金融机构组成的影子银行体系可能会非常有利可图。因此，信息技术的进步对证券化和影子银行体系的发展至关重要。获取信息的成本降低，使得出售资本市场证券容易得多，而交易成本降低，使得金融机构收取捆绑贷款的利息和本金，然后支付给证券持有人的成本更低。

2. 次级抵押贷款市场

次级抵押贷款（subprime mortgage）是20世纪初证券化和影子银行体系带来的一项特别重要的金融创新，这是一种针对信用记录不佳的借款人的新型住宅抵押贷款。2000年之前，只有信用良好的借款人才能获得住房抵押贷款。然而，计算机技术和被称为数据挖掘的新统计技术的进步导致了对住房抵押贷款信用风险增强的定量评估。有信用记录的家庭现在可以被分配一个数字信用分数，称为FICO分数（以Fair Isaac公司命名，该公司开发了这个分数），可以预测他们拖欠贷款的可能性。因为现在评估次级抵押贷款池的风险变得更加容易，所以有可能将它们捆绑在抵押贷款支持的证券中，为这些抵押贷款提供新的资金来源。其结果是次级抵押贷款激增，正如我们在第8章中所见，这是导致2007~2009年全球金融危机的一个关键因素。

19.2.4 逃避现有监管

到目前为止，我们所讨论的金融创新过程与其他经济领域的创新极为相似：它是对需求和供给条件变动的回应。然而，由于金融行业受到的监管程度高于其他行业，政府监管是促进这一行业进行创新的动力。政府监管通过对公司出台限制它们盈利能力的法规，促进了金融创新。波士顿大学的经济学家爱德华·凯恩，将这一逃避监管的过程描述为"钻空子"。对创新的经济分析表明，当经济环境发生改变时，例如那些监管条件产生的压力增大，使得逃避这些监管条件能够获得巨大利润时，钻空子和创新便更容易发生。

由于银行是美国监管最严格的机构之一，钻空子就更容易发生。20世纪60年代到80年代，通货膨胀和利率的上升加剧了监管条件对这一行业产生的压力，进而促进了金融创新。

两套法规严格地限制了银行的盈利能力：强制银行将一定比例的存款作为准备金（库存现金和在联邦储备系统的存款）的法定准备金制度和对存款利率的限制。由于下述原因，这些法规成为金融创新的主要动力。

（1）法定准备金。理解法定准备金促进金融创新的原因，关键是要意识到法定准备金事实上是对存款的征税。2008年以前，美联储对准备金不支付利息，持有准备金的机会成本就是银行将这些准备金放贷能够获得的利息。对于每一美元的存款，法定准备金强加给银行的成本等于银行将准备金放贷的利率 i 与存款中作为保证金的比率 r 的乘积。银行所承担的成本 $i \times r$，相当于对银行每一美元的存款征税 $i \times r$。在可能的情况下逃税是企业的一个传统，银行也参与其中。正如纳税人为了降低税金账单寻找漏洞一样，银行也要通过钻空子，以及进行能够逃避法定准备金对存款征税的金融创新来增加其利润。

（2）对存款利息支付的限制。1980年之前，大部分州的法规禁止银行向支票账户存款支付利息，通过《Q条例》，美联储对定期存款利率设置了上限。直到今天，银行仍不被允许向公司支票账户支付利息。逃避这些**存款利率上限**（deposit rate ceilings），促进了金融创新的产生。

如果市场利率上升超过了《Q条例》所规定的银行定期存款利率上限，储户将会从银行取出资金，并将它们投入收益率更高的证券上。银行体系存款的减少限制了其能够放贷的资金规模（称为**脱媒**（disintermediation）），这也限制了银行的利润。银行有逃避存款利率上限的动力，因为这样做会使它们获得更多资金来发放贷款，赚取更多利润。

我们现在可以学习，逃避利息支付限制以及法定准备金税收效应的要求如何导致了两个重要的金融创新。

1. 货币市场共同基金

货币市场共同基金发行的股份可以通过签发支票，按照固定价格（通常为1美元）被赎回。例如，如果你用5 000美元购买了5 000股，货币市场共同基金会将这些资金投资于短期货币市场证券（国库券、定期存单、商业票据），并向你支付利息。此外，你可以就在货币市场共同基金所持有的份额，签发最多6美元的支票。尽管货币市场共同基金份额实际上与能够赚取利息的支票账户存款功能相似，在法律上它们不是存款，因此它们不必缴纳法定准备金，也不受利息支付的限制。正是出于这个原因，相对于银行存款而言，货币市场共同基金可以支付更高的利率。

1970年，华尔街两名特立独行的人布鲁斯·本特和亨利·布朗创建了第一个货币市场共同基金。然而，1970~1977年较低的市场利率（略高于《Q条例》所规定的5.25%~5.5%的利率上限）阻碍了它相对于银行存款的独特优势。1978年早期，随着通货膨胀上升形势迅速发生了改变，市场利率上升至10%以上，远高于《Q条例》所规定的储蓄账户和定期存款所支付利率的上限5.5%；1977年，货币市场共同基金所拥有的资产不到40亿美元；1978年，其资产已接近100亿美元；1979年超过400亿美元；1982年达到2 300亿美元。当前，它们的资产已达到28万亿美元左右。至少可以说，货币市场共同基金是一项成功的金融创新，在20世纪70年代末和80年代初，当利率飙升超过了《Q条例》所规定的利率上限时，我们就可以预测到这样的情况。

极具讽刺的是，2008年金融危机期间，正是布鲁斯·本特创建的货币市场共同基金，其高风险投资几乎拖垮了整个货币市场共同基金行业（见专栏19-4）。

专栏19-4 小案例

布鲁斯·本特与2008年货币市场共同基金恐慌

作为货币市场共同基金发起人之一的布鲁斯·本特，在2008年秋天金融危机期间几乎拖垮了整个货币市场共同基金行业。2008年7月，本特先生向其股份持有者致信，称基金管理是以"坚定不移保护您的本金管理"为基础的。2007年9月，他在给美国证券交易委员会的信中写道，"1970年，我第一次创造货币市场共同基金时，就设计了安全性和流动性的原则"。他还说，这些原则已经"在基金经理追求高收益而放弃货币基金完整性的同时，半途而废了"。然而，本特没有遵循自己的原则，他的基金——储备初级基金投资于高风险资产，因而其收益高于行业平均水平。

2008年9月15日，雷曼兄弟破产后，超过600亿美元资产的储备初级基金不得不独自承担7.85亿美元雷曼兄弟的债务，之后这笔债务一文不值。由此造成的损失意味着，9月16日，本特的基金已经不能按照1美元的面值来赎回其份额，这种情况被称为"跌破本金"。本特的基金持有者开始从基金中撤出资金，使其损失了90%的基金资产。

由于担心这种情况可能在其他货币市场共同基金上发生，基金持有者开始以惊人的速度撤回其资金，因而导致了经典的恐慌。整个货币市场共同基金行业看起来可能轰然倒塌。为了防止发生这种情况，美联储与美国财政部于9月19日采取了援救行动。第8章已讨论过，美联储发放贷款向货币市场共同基金购买商业票据，使货币市场共同基金能够满足投资者的赎回要求。后来，财政部为所有货币市场共同基金的赎回提供了一份临时担保，恐慌因此消退。

这并不奇怪，由于政府安全网络向货币市场共同基金的延伸，引发了对这一行业进一步加强监管的要求。货币市场共同基金行业再也回不到从前了。

2. 流动账户

银行逃避法定准备金"纳税"的另一项创新是**流动账户**（sweep account）。在这种方式下，在每个营业日结束时，公司支票账户余额超过一定金额的部分都会被"清除"出账户，并被投资于可以支付利息的隔夜证券上。由于被"清除"的资金不再被列为支票存款，它们不必缴纳法定准备金，因而不需"纳税"。流动账户的优势还在于，它使得银行可以向支票账户支付利息，而这在现有的法规中是不允许的。流动账户已如此受欢迎，它降低了银行需要缴纳的法定准备金，使大部分银行机构不会受到法定准备金的压力，换句话说，大部分银行机构自愿持有多于要求的法定准备金。

流动账户和货币市场共同基金的金融创新特别有趣，因为这些创新的动力不仅来自为了逃避成本较高的监管，而且来自供给条件的变化——在这种情况下，是指信息技术的进步。如果没有低成本的计算机以较低的成本处理这些账户所要求的额外交易，这些创新就无法盈利，因而也就不会被开发出来。技术因素通常会与产生创新的其他动力（如逃避监管的意愿结合）在一起。

专栏 19-5 执业经理

从创新金融产品中获利：零息国库券的案例分析

我们已经知道，高速计算机的出现降低了处理金融交易的成本，带来了银行信用卡和借记卡等金融创新。由于从金融创新中可以赚取利润，因此对于金融机构的经理来说，理解利用计算机技术创新出高利润金融产品的理念是非常重要的。为了说明金融机构经理如何通过金融创新找到增加利润的方法，我们看一下1982年由所罗门兄弟公司和美林证券公司首次研发的金融工具——本息分离国库券（正如在第12章中所讨论的，实际上，这一创新非常成功，当它们在1985年发行本息分离证券时，美国财政部就将其复制了）。

即使投资者的持有期很长，对于再投资风险的收益存在不确定性仍是长期息票债券投资者所要面临的问题。即使一名投资者拥有一个10年期的长期息票债券，债券的收益也是不确定的。问题是息票需要在债券10年到期前支付，而这些息票必须进行再投资。由于再投资的息票其利率是浮动的，因此债券的最终收益也是浮动的。与此相反，长期零息债券没有再投资风险，这是因为它们在债券到期前不支付现金。零息利率的一个有吸引力的特征就是它没有再投资风险，因此，投资者更愿意接受利率略低的零息债券，而不是需要承担一定再投资风险的息票债券。

零息债券利率较低的事实，以及使用计算机创造所谓的混合型证券能力，为所罗门公司和美林证券公司的员工创造了一个以营利为目的的绝妙主意。他们可以用计算机将一份长期息票国债分割（"分离"）为一套零息债券。例如，一份100万美元的10年期国债可以被分割为10份10万美元的零息债券，这些债券被称为本息分离债券。本息分离式零息债券较低的利率意味着这些债券的价值高于长期国债的价格，所罗门兄弟公司和美林证券公司通过购买长期国债，然后将其分割为本息分离债券，并以零息债券的形式销售来赚取利润。

为了更详细地了解其理念是如何运作的，息票利率为10%的100万美元的10年期国债，其到期收益率也是10%，因此它按面值销售。该债券的现金支付在表19-1的第2列中列出。为了让它们简单些，我们假定收益率曲线是绝对平坦的，所以用来贴现所有未来现金支付的利率是相同的。由于没有再投资风险的零息债券比10年期息票国债更有吸引力，因此，零息债券的利率为9.75%，略低于利率为10%的息票债券。

表 19-1　100万美元息票利率为10%的10年期国债本息分离为零息债券的市场价值并按票面价值销售

(1) 年	(2) 现金支付（美元）	(3) 零息债券利率（%）	(4) 零息债券贴现值（美元）
1	100 000	9.75	91 116
2	100 000	9.75	83 022
3	100 000	9.75	75 646
4	100 000	9.75	68 926
5	100 000	9.75	62 802
6	100 000	9.75	57 223
7	100 000	9.75	52 140
8	100 000	9.75	47 508
9	100 000	9.75	43 287
10	100 000	9.75	39 442
10	1 000 000	9.75	394 416
合计			1 015 528

弗兰是一名聪明成熟的金融机构经理,她将如何判断自己是否能通过创造并销售本息分离债券来赚取利润呢?第一步,她要弄清楚想要如何定价零息本息分离国债。如果她读过本书第3章,使用第3章的式(3-1):

$$PV = \frac{CF}{(1+i)^n}$$

她会发现每一份零息本息分离国债将按其贴现值销售:

$$\frac{n\text{年的现金支付}}{(1+0.09752)^n}$$

每年的计算结果在表19-1中第4列中列出。当弗兰将零息本息分离国债价值加总后,她发现自己能够得到1 015 528美元,这远远多于国债100万美元的购买价格。自从计算机技术可以降低操作金融交易的成本之后,从国债中得到支付并将其转让给零息本息分离债券的持有者,这一过程的成本不超过15 528美元,弗兰的金融机构就可以从零息本息分离债券中赚取利润。因此,弗兰建议她的公司继续推行新的金融产品。由于金融机构现在可以通过销售大量本息分离国债来赚取更多利润,弗兰可以得到一辆崭新的红色宝马车和10万美元奖金!

19.2.5 金融创新与传统银行业务的衰退

银行业务的传统金融中介作用是吸收短期存款并将其用来发放长期贷款,这一资产转换的过程通常被称为"借短贷长"。这里我们要学习的是,金融创新如何为银行业创建了一个更具竞争力的环境,导致这一行业产生了巨大的变化,其传统银行业务逐渐衰退。

在美国,对于非金融借款人而言,银行作为资金来源的重要性正在大幅降低。正如我们在图19-2中所看到的,1974年商业银行提供了接近40%的资金;到2016年,它们的市场份额已经下降到20%左右。

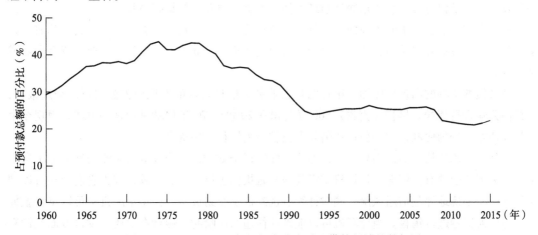

图19-2 1960~2016年银行在非金融业借款领域的份额图

注:1974年银行提供了接近40%的资金;到2016年,它们的市场份额已经下降到20%出头。

资料来源:www2.fdic.gov/hsob/index.asp.

为了理解传统银行业务规模下滑的原因,我们需要知道前面提到的金融创新如何导致银行获取资金的成本优势衰弱(即资产负债表的负债方),同时资产负债表资产方的收入优势也逐步衰退,成本优势和收入优势的同时衰退导致传统银行业务的盈利能力下降,因此银行努力减少传统银行业务，并积极开展盈利性更高的新业务。

1. 获取资金（负债）的成本优势的下降

1980年之前，根据《Q条例》，银行受限于存款利率上限，以致不能对支票存款支付利息，对于定期存款的最大利率水平只能设定为略高于5%。直到20世纪60年代，由于银行的主要资金来源（超过60%）是支票存款，支票存款零利息成本意味着银行的资金成本非常低，因此，这些限制给银行带来了优势。不幸的是，银行的这种成本优势没有持续多久。20世纪60年代末，通货膨胀的上升导致利率上升，投资者对不同资产间收益率的差异更加敏感。这导致了脱媒过程，即人们将资金从低利率的支票存款和定期存款中取出，转而寻求更高收益率的投资。与此同时，逃避存款利率上限以及法定准备金的尝试导致了货币市场共同基金的金融创新。由于货币市场共同基金账户的存款人现在可以得到类似支票账户的服务，同时也可以得到更高的利率，因此银行陷入更加不利的地位。金融体系所发生的这些改变的一种表现形式就是，低成本资金来源（即支票存款）对于银行的重要性急剧下降，从占银行负债的60%以上，下降到今天的10%左右。

银行筹集资金日益艰难，使得美国在20世纪80年代颁布立法，取消了《Q条例》对定期存款利率的上限规定，并允许对支票存款账户支付利息。虽然法律的这些变化增强了银行在获取资金方面的竞争力，但也意味着银行获取资金的成本大幅增加，从而减少了早期相对于其他金融机构的成本优势。

2. 资金（资产）收入优势的下降

美国银行资产负债表中负债方成本优势的损失是其竞争力削弱的一个原因，我们之前讨论过的垃圾债券、证券化和商业票据市场等金融创新，使银行资产方收入优势下降，给银行带来了打击。相对于这些创新产品，银行收入优势的减少导致了市场份额的损失，促使影子银行体系的发展，影子银行正是利用这些创新产品使得借款人绕开传统银行体系。

众所周知，信息技术的提高使公司可以更便利地直接向公众发行有价证券。这意味着，许多银行的优质商业客户认为，与其去银行获取短期信贷，不如去商业票据市场获取资金所需成本更低。

垃圾债券市场的出现也侵蚀了银行的贷款业务。信息技术的发展使得公司可以绕过银行，直接向公众发行债券。尽管《财富》500强公司在20世纪70年代就采用这一方法，而现今由于垃圾债券市场的便利，较差公司的借款人也较少去银行筹集资金。

另外，计算机技术的提高导致了证券化，即银行贷款和抵押贷款等缺乏流动性的金融资产被转化为可流通的有价证券。计算机使得其他金融机构也可以发放贷款，因为它们现在可以利用统计模型准确地评估信用风险，同时计算机也降低了交易成本，使得金融机构可以将贷款捆绑，并作为证券进行销售。当计算机可以准确评估违约风险时，银行在发放贷款这方面就没有了优势。没有上述优势，即使银行自身参与了证券化的过程，也会丧失对其他金融机构的贷款业务。由于大多数住宅抵押贷款已经被证券化，因此对于抵押贷款发放机构，证券化已成为一个尤为重要的问题。

3. 银行的反应

对于任何一个行业，利润的下降通常会导致行业的退出（通常原因是广泛的破产）以及市场份额的萎缩。20 世纪 80 年代，通过合并和银行破产等方式（之前章节讨论过），美国的银行业出现了同样的情况。

为了生存和维持足够的利润水平，许多美国银行面临着两个选择。第一，它们尝试通过将贷款业务扩展到风险更高的新领域来维持传统的贷款业务活动。例如，美国银行将更大比例的资金投入商业不动产贷款中，这在传统上属于风险较高的贷款类型，从而增加了银行的风险承担。此外，它们增加了对企业接管和杠杆收购等高杠杆率交易贷款的发放。银行传统业务利润的下降一定程度上导致了 20 世纪 80 年代和 90 年代初期的银行业危机（我们将在第 20 章中讨论）以及 2007 年爆发的金融危机（已在第 8 章中讨论）。

银行维持先前利润水平的第二种方法是，追求新的高利润表外业务。事实上，表外业务包含了影子银行体系。20 世纪 80 年代初期，美国银行就开始这样做了，非利息收入业务的表外业务占总收入的份额增长了一倍多。然而，这一策略引发了对什么样的活动适合银行以及非传统业务活动风险是否更高从而导致银行过度冒险的关注。

银行传统业务的衰退意味着银行业被迫寻找新业务。这可能是有利的，因为这样做可以使银行保持活力和健康。事实上，2007 年以前，银行的盈利能力很强，传统的表外业务在银行赚取高利润过程中发挥了很重要的作用。然而，银行业的这一新方向导致风险增加，因此传统银行业务的衰退要求监管机构更为警惕。这对银行监管机构提出了新的挑战，它们必须更加关注银行的表外业务活动，正如我们在第 18 章中所讨论的。

4. 其他工业化国家传统银行业务的衰退

与美国类似的原因导致了其他工业化国家传统银行业务的衰退。除了美国以外的其他国家的银行也出现了丧失存款领域垄断力量的情况。世界范围的金融创新和放松监管为存款人与借款人创造了具有吸引力的替代品。例如，日本放松监管为公众开放了一系列新的金融工具，导致了与美国类似的脱媒过程。在欧洲国家，金融创新逐步侵蚀了保护银行免受竞争的传统壁垒。

在其他国家，银行同样面临着证券市场扩张和影子银行体系发展所带来的竞争。其他国家金融放松管制和基本经济因素提高了证券市场信息的可利用性，使公司能够通过发行证券以较低成本筹集资金，而不是去银行贷款。即使在证券市场不发达的国家，由于优质客户可以通过进入外汇市场和欧洲债券市场等离岸资本市场来筹集资金，银行的贷款也遭受了损失。在澳大利亚等国家，没有发达的公司债券市场和商业票据市场，国际化债券市场使得银行的贷款遭受损失。此外，推动美国证券化的力量同样作用于其他国家，并且同样削弱了这些国家传统银行业务的盈利能力。美国并不是唯一面临复杂竞争环境的国家。因此，尽管美国传统银行业务的衰退比其他国家发生得早，但是传统银行业务同样的现状也在其他国家出现了。

19.3 美国银行业结构

目前美国有大约 6 000 家银行，远远多于世界上的任何其他国家。如表 19-2 所示，美国拥有数量众多的小银行，有 32.1% 的银行，其资产少于 1 亿美元。加拿大和英国的规模分布情况比较典型，只有 5 家或者更少的银行主导着整个行业。与此相反，美国最大的 10 家银行共同持有了整个行业 50% 的资产（见表 19-3）。

表 19-2　2016 年 3 月 31 日 FDIC 投保银行机构的规模分布表

资产	银行数目	银行份额（%）	持有资产份额（%）
少于 1 亿美元	1 663	27.2	0.6
1 亿～10 亿美元	3 734	61.0	7.2
10 亿～100 亿美元	616	10.1	10.6
多于 100 亿美元	109	1.7	81.6
总计	6 122	100.00	100.00

资料来源：http://www2.fdic.gov/sdi/main.asp.

表 19-3　2016 年美国十大银行资产列表

银行	资产（10 亿美元）	占全部银行资产的份额（%）
1. 摩根大通银行	1 915	12.2
2. 美国银行	1 639	10.4
3. 富国银行	1 611	10.3
4. 花旗银行	1 300	8.3
5. 美国合众银行	417	2.7
6. PNC 银行	348	2.2
7. 纽约梅隆银行	319	2.0
8. 第一资本	273	1.7
9. 道明银行	246	1.6
10. 道富银行	241	1.5
总计	8 309	52.9⊖

资料来源：http://www.federalreserve.gov/Releases/Lbr/current/default.htm.

美国大多数行业的公司数量都少于银行业；比起银行业，大型公司一般倾向于更大程度地主导这些行业（想想由微软公司垄断的计算机软件行业，由通用汽车、福特、丰田以及本田等公司垄断的汽车行业）。银行业中银行数量较多，却缺少几家垄断性公司，这是否意味着银行业比其他行业更具有竞争力？

19.3.1　设立分行的限制

美国出现如此众多的银行，实际上反映了过去限制这些金融机构设立**分行**（branches）（银行办理业务的其他场所）的能力。每个州都有自己的法规，规定银行可以设立分行的类型和数目。例如，美国东西两岸的法规允许银行在本州范围内设立分行；在国家的中部，设立分行的法规更为严格。美国 1927 年颁布的《麦克法登法案》，将国民银行和州银行置于同等地位，并与 1956 年《道格拉斯修正案》共同有效禁止了银行跨州设立分行，强迫所有国民银行遵守其总部所在州关于设立分行的法规。

《麦克法登法案》和各州分行的法律在银行业中构成了强大的反竞争的力量，禁止大银行在附近设立分行，使得许多小银行留存下来。如果竞争对社会有利，为什么美国会出现限制分行的法规呢？最简单的解释就是，美国公众历来对大银行抱有敌意。对设立分行限制最严厉的

⊖ 原书为 50.9，疑有误，更正为此。——译者注

州通常就是19世纪反银行情绪最强烈的州（这些州通常有较庞大的农业人口，它们与银行的关系会定期变得十分紧张，因为当其无法偿还贷款时，银行会强制关闭农场）。19世纪的政治遗产是一个严格限制分行法规的银行体系，因此产生了大量的小银行。然而，我们将在本章后面看到，限制银行设立分行的法规已经被废除，我们将迎来全美范围的银行业。

19.3.2 对设立分行限制的回应

美国银行业的一个重要特征是，法规可以限制竞争但不可以完全消除竞争。正如我们在本章前面学到的，限制性监管的存在推动银行为追求利润绕过这些法规进行金融创新。限制分行的法规推动了相似的经济力量，促进了两项金融创新的发展：银行控股公司和自动取款机。

1. 银行控股公司

控股公司是拥有几家不同公司的企业。企业所有权的这种形式对银行十分有利。虽然不允许控股公司设立分行，但可以拥有几家银行的控股权，从而绕开限制分行的法规。此外，银行控股公司还可以从事与银行业务相关的其他活动，如提供投资建议、数据处理和传送服务、租赁、信用卡服务以及为其他州贷款提供服务。

过去的30年，银行控股公司的增长十分迅速。今天，银行控股公司几乎拥有了所有的大型银行，90%以上的银行存款由银行控股公司所有。

2. 自动取款机

另一个逃避分行限制的金融创新是自动取款机。银行意识到，如果它们自己不拥有或租借自动取款机，而让其他人拥有，并为每笔交易支付费用，那么这个自动取款机就不会被视为银行的分行，因而不会受到关于分行法规的监管。大部分州的监管机构和法院也都是这么认为的。由于这样可以使银行扩大市场，许多共享设施（如Cirrus和NYCE）在全美建立起来了。并且，即使自动取款机为银行所拥有，各州一般都特别规定允许自动取款机的分布比传统"砖块加水泥"的分行更为广泛。

本章前面学过，逃避监管并不是自动取款机发展的唯一原因。廉价计算机和通信技术的出现，使银行能够以较低成本设立自动取款机，使其成为银行具有盈利性的创新。这个例子进一步说明了，技术因素往往与逃避诸（如对分行等限制性法规）的意愿相结合，从而产生金融创新。

19.4 银行合并和全国性银行

如图19-3所示，经过1934年至20世纪80年代中期的一段稳定时期之后，银行的数量开始大幅减少。为什么银行的数量会突然减少？

20世纪80年代和90年代初期，银行业经历了一段艰难的时期，1985~1992年和2009~2010年，每年破产的银行都以超过100%的速度增加（本章后面会详细介绍，还可参见第18章），但银行破产只是其中一部分。1985~1992年，银行的数量减少了3 000家，是破产银行数量的两倍多。1992~2007年，银行业恢复正常，银行的数量减少了3 800家，其中不到5%为破产的银行，并且这些银行中的大多数为小银行。因此，我们发现银行破产在1985~1992

年银行数量减少的过程中发挥了重要的作用，尽管不是主导作用，而对于 1992~2007 年银行数量的减少，银行破产只发挥了微不足道的作用。然而，全球金融危机期间，银行的破产导致了银行数量的进一步减少。

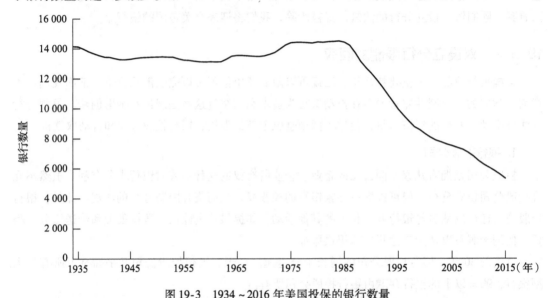

图 19-3　1934~2016 年美国投保的银行数量

注：在 1934 年到 20 世纪 80 年代中期的一段稳定时期之后，银行数量开始急剧下降。

资料来源：https://www5.fdic.gov/hsob/HSOBRpt.asp。

如何解释这一现象？答案是银行合并。银行与其他银行合并或收购其他银行创建更大的实体。这产生了一个新问题：近年来为什么会发生银行合并？

正如我们所看到的，银行通过钻空子降低了分行限制法规的有效性，许多州都认识到，如果允许银行跨州拥有所有权，将会使银行达到最佳的利益状态。1975 年，缅因州颁布了第一部州际银行法案，允许本州外的银行控股公司收购本州银行。1982 年，马萨诸塞州与其他新英格兰各州签订了一份地区协议，允许州际银行存在，之后许多其他地区协议也相继出台。截至 20 世纪 90 年代初期，几乎所有的州都允许州际银行业务形式的存在。

随着 20 世纪 80 年代初期州际银行业壁垒的打破，银行意识到它们可以在许多州，而非只在一个州发放贷款，这样就可以得到多样化的利益。如果一个州的经济疲软，另一个州的经济可能很强劲，从而可以减少不同州贷款同时违约的可能性。此外，允许跨州拥有银行意味着，它们可以通过跨州收购银行或与之合并来扩大规模。合并和收购解释了银行合并的第一个阶段，这在自 1995 年来银行数量的减少过程中起到非常重要的作用。放松州际分行限制的另一个结果是，出现了一种新型银行，即**跨区域银行**（superregional bank），它是指总部不在任何一个货币中心城市（纽约、芝加哥和旧金山），而规模上可以与货币中心银行竞争的银行控股公司。这些跨区域银行有北卡罗来纳州夏洛特的美国银行和俄亥俄州哥伦布的第一银行。

网络的出现和计算机技术的进步毫无疑问是推动银行合并的另一个因素。金融机构在设立信息技术平台方面进行了大量投资，从而产生了规模经济（见专栏 19-6）。银行为了利用这些规模经济，需要扩大规模，因而导致了合并。信息技术还增加了**范围经济**（economy of scope），即利用一种资源提供许多不同产品和服务的能力。例如，有关公司质量和信誉的细节不仅决定了是否能够贷款，而且用来确定其股票价格。同样，一旦将一种金融产品销售给投资者，你就可能知道如何销售其他金融产品了。工商界人士在描述范围经济时，一般指不同业务品种之间存在着"协同效应"，而信息技术促进了这些协同效应。结果是，合并不仅可以使金融机构扩大规模，还提高了所提供的产品和服务之间的联系。第一，不同类型的金融机构正在侵蚀各自的领地，使得它们之间极为相似。第二，合并促进了被美联储称为复杂的大型银行组织的发展。这种发展促进了限制银行和其他金融服务行业联系的《格拉斯－斯蒂格尔法案》的废除，我们将在下一节中讨论。

专栏 19-6　网络金融

信息技术和银行合并

银行业实现低成本需要在信息技术上的巨额投资。反过来，巨额投资也需要一个大规模的业务范围。近年来，信用卡业务就是这样，投入巨额的技术资金为客户提供便捷的网站，以及开发更好的系统来分析并应对信用和欺诈风险。大量合并的结果是：早在 1995 年，五大发行信用卡的银行机构持有信用卡债务的总额不到 40%，而今天这一数字超过了 60%。信息技术推动了银行托管业务的合并。当投资者购买股票或债券时，银行将提供这些有价证券的价值和投资者所面临的风险的一系列数据。由于这项业务也需要大量计算机运作，因此需要大规模投资于为银行提供这些服务的计算机技术。排名前 10 名的托管银行，其资产比例由 1990 年的 40% 上升至今天的 90% 以上。

网络金融的重要性与日俱增，给银行业结构带来了巨大的变化，其中计算机在提供金融服务中发挥了核心作用。尽管银行更愿意向客户提供全方位服务，但它们发现这些服务已经不再盈利。与此相反，它们开始外包业务，这一做法将导致未来技术密集型银行业务的进一步合并。

19.4.1　1994 年《洲际银行和分行效率法案》

1994 年《州际银行和分行效率法案》的出台进一步推动了银行业的合并。这一法案将地区协议扩大至全美范围，废除了禁止州际银行业务的《麦克法登法案》和《道格拉斯修正案》。银行控股公司不仅可以收购其他州的银行（没有任何州的法律反对），还可以将所拥有的银行与不同州的分行合并。各州有权选择州际分行业务，只有得克萨斯州做出了这一选择。

最终，《州际银行和分行效率法案》为建立真正的全国性银行体系奠定了基础。尽管之前通过银行控股公司的州外收购实现了州际银行业务，但在 1994 年之前，由于几乎没有州制定州际分行的法律，真正的州际分行是不存在的。允许银行利用分行操作州际分行业务是非常重要的，因为许多银行家认为，银行控股公司的结构不能充分利用规模经济，只有通过将所有银行经营完全协调的分行网络才能充分利用规模经济。

全国性银行开始出现。1998 年美国银行与国民银行的合并，创造了第一家在东西两岸有分行的银行，银行业合并导致了银行组织的业务遍及几乎所有 50 个州。

19.4.2　美国银行业结构的未来发展

随着真正的全国性银行在美国已成为现实，银行合并对银行业的好处大大增加，推动了合并与收购下一个阶段的到来，加快了银行数量的减少。随着这个行业结构的巨大变化，问题自然而然地出现了：这一行业在未来的10年将会如何发展？

一种观点认为，美国的银行业会变得与其他国家更为相似，最后将只剩几百家银行。一种更极端的观点是，美国的银行业将会与加拿大或者英国相似，仅有几家大型银行主导整个行业。然而，对于这一问题的研究得到了多种不同的答案。美国银行业的结构将仍然是独一无二的，但已不似过去那般独特。大部分专家预测，当合并停止时，美国银行业将有几千家而不是几百家银行。

银行业的合并不仅会导致银行数量的减少，大通曼哈顿银行和汉华银行以及美国银行和国民银行之间的合并说明，银行的合并还会导致小银行的资产向大银行转移。10年内，资产少于1亿美元的银行在银行资产的份额将减半，而那些资产超过1 000亿美元的银行巨头，其份额将会翻番。事实上，美国现在已经有几家资产超万亿的银行（如花旗银行、J. P. 摩根大通银行和美国银行）。

19.4.3　银行合并和全国性银行是好事吗

全国性银行的支持者认为这会提高银行的效率，减少银行破产风险从而产生更加健康的银行体系。然而，银行合并的反对者却担心这会淘汰那些被称为**社区银行**（community bank）的小银行，而这将会减少对小企业的贷款。此外，他们还担心少数银行会主宰整个行业，降低银行业的竞争力。

大部分经济学家对这些银行合并反对者都持怀疑态度。正如我们所看到的，研究表明，即使银行合并完成之后，美国仍然存在大量的银行。银行业仍然保持着高度的竞争力，甚至竞争比现今更加激烈。这是因为考虑到取消了对银行免于州外银行竞争的保护，银行为了维持经营，不得不与其他银行展开激烈竞争。

社区银行看起来也不会消失。1962年，当纽约州放宽分行法律时，有人担心，社区银行会被纽约市的大银行驱逐出市场。这种担忧不仅没发生，而且一些大银行还发现小银行在当地市场上的运营大大超过了它们。同样，加利福尼亚很久以来都不受本州分行法规约束，但其社区银行的数量一直持续增加。

经济学家发现了银行合并和州际银行业务具有一些重要的用处。银行业地理限制的取消将提高竞争力，将效率低下的银行驱逐出市场，从而提高整个银行部门的效率。大银行机构的发展也意味着效率的提高，这是因为它们可以利用规模经济和范围经济的优势。银行贷款组合的多元化可以降低未来银行业危机的可能性。20世纪80年代和90年代初期，银行破产往往发生在经济薄弱的州。例如，1986年，石油价格下降后，得克萨斯州曾经盈利能力很强的主要银行都陷入了困境，而当时，新英格兰地区的银行运转良好。然而，当1990～1991年新英格兰经济衰退时，当地的一些银行也开始破产。在全国性银行业体系下，银行在新英格兰和得克萨斯州都可以发放贷款，从而破产的可能性减少了，这是因为一个地区的贷款损失时，另一个地区的贷款可能盈利。因此，全国性银行被视为朝着不容易出现银行业危机的银行体系迈出了重要的一步。

关于银行合并的影响仍存在着两个担忧——可能导致减少对小企业的贷款，以及银行急于向新市场扩张可能增加风险，导致银行破产。对于这些担忧目前尚无定论，但大多数经济学家认为银行合并和全国性银行所带来的利益胜过其成本。

19.5 银行业和其他金融服务业的分业经营

美国银行业结构的另一个重要特征是，1933 年颁布的《格拉斯－斯蒂格尔法案》将银行业和其他金融服务机构（证券、保险和不动产）拆分开。本章前面指出，《格拉斯－斯蒂格尔法案》允许银行销售新发行的政府债券，但禁止其承销公司债券或从事经济业务。该法案还禁止银行从事保险和不动产业务，同时还禁止投资银行和保险公司从事商业银行业务，从而保护银行免于竞争。

19.5.1 《格拉斯－斯蒂格尔法案》的渐逝

尽管《格拉斯－斯蒂格尔法案》将银行业和其他金融机构拆分，但对利润的追求和金融创新推动银行和其他金融机构为了逃避《格拉斯－斯蒂格尔法案》的监管，进入对方的传统领域。随着货币市场共同基金和现金管理账户的发展，经纪公司通过发行存款工具，从事传统银行业务。1987 年，美联储利用《格拉斯－斯蒂格尔法案》第 20 条的一个漏洞，允许银行控股公司承销之前被禁止的证券种类，银行开始进入这一行业。这个漏洞允许被批准的银行从事承销业务，但其收入不得超过附属公司总收入的一定比例，开始是 10%，后来提高到 25%。1988 年 7 月，美国最高法院确认了美联储的这一行为合法。随后，美联储允许银行控股公司 J. P. 摩根承销公司债券（1980 年 1 月）和股票（1990 年 9 月），这一特权之后扩展到其他银行控股公司。监管机构还允许银行从事一些不动产和保险业务。

19.5.2 1999 年《金融服务现代化法案》

由于对银行证券和保险业务的限制，美国的银行在与外国银行的竞争中处于劣势。20 世纪 90 年代，几乎每次国会会议都有要求推翻《格拉斯－斯蒂格尔法案》的提案。1988 年，花旗银行（美国第二大银行）和旅行者集团（拥有美国第三大证券公司所罗门美邦的一家保险公司）合并之后，要求废除《格拉斯－斯蒂格尔法案》的压力势不可当。废除《格拉斯－斯蒂格尔法案》的法案于 1999 年出台。该法案（《金融服务现代化法案》）允许证券公司和保险公司收购银行，也允许银行承销保险和证券，以及从事不动产业务。根据该法案，各州保留对保险业务的监管机构，而美国证券交易委员会仍继续监管证券业务。货币监理署有权监管从事证券承销的银行附属公司，但美联储仍有权监管从事不动产、保险业务以及大额证券运作的银行控股公司。

19.5.3 金融合并的含义

正如我们所知，1994 年，《州际银行和分行效率法案》推动了银行业的合并。1999 年，《州际银行和分行效率法案》进一步加速了金融合并，这是因为开放的合并方式不仅可以在银行机构间展开，而且可以跨越金融服务业进行。由于信息技术增强了规模经济，银行与其他金融服务公司的合并（如花旗银行和旅行者集团的合并）已经变得越来越普遍。银行机构不仅在规模上变得更大，而且成为从事各种金融服务业的复杂组织。2007~2008 年的金融危机加速了银行机构规模扩大和日趋复杂的趋势（见专栏 19-7）。

专栏 19-7 小案例

全球金融危机和大型独立投资银行的消亡

尽管《格拉斯-斯蒂格尔法》废除后，金融服务业转向大型、复杂的银行机构是不可避免的，但是没有人预料到它在 2008 年的发展如此迅速。在 2008 年 3～9 月的 6 个月期间，所有前五大独立投资银行都脱离了原有形式。当第五大投资银行贝尔斯登透漏其在次级抵押债券上的巨额亏损时，它不得不在 2008 年 3 月接受美联储的救助，为此所付出的代价是被 J. P. 摩根以不到一年前 1/10 的价格收购。贝尔斯登的状况表明政府安全网络已经扩大到投资银行了。作为交换，投资银行未来将同商业银行一样，接受更为严格的监管。

接下来就是第四大投资银行雷曼兄弟，它于 9 月 15 日宣布破产。仅仅一天前，第三大投资银行美林也因持有次级证券而遭受巨额损失，宣布被美国银行以不到一年前一半的价格收购。一周内，第一大投资银行高盛和第二大投资银行摩根士丹利虽然持有较少的次级证券，但也出现了危机的征兆。它们意识到自己将很快面临相似的监管，于是决定转型为银行控股公司，这样它们可以吸收保险存款，资金基础将更稳定。

这是一个时代的终结。大型独立投资银行公司已成为历史。

19.5.4 世界范围内银行业和其他金融服务业的分业经营

大萧条之后，没有多少国家学习美国将银行业和其他金融服务业拆分开。事实上，以前这种拆分是美国与其他国家银行制度最主要的差异。对于银行业和证券业，全世界有三种基本框架。

第一种框架是德国、芬兰和瑞士的全能银行业，银行业与证券业之间不存在拆分。在全能银行业体系下，商业银行在一个法律实体内提供全方位的银行、证券、不动产和保险服务。银行可以拥有商业公司相当大规模的股份，事实上常常也是这么做的。

第二种框架是英格兰式全能银行体系，存在于英国、加拿大、澳大利亚等与英国有密切联系的国家以及现在的美国。英格兰式全能银行从事证券承销业务，但它与德国式全能银行有以下三点不同：①独立的法律附属公司更为普遍；②银行通常不持有商业公司的股份；③银行与保险公司的联系不普遍。

第三种框架以日本等国的银行与其他金融服务业之间的法律拆分为特点。美国与日本银行体系的主要区别在于，日本的银行可以持有商业公司的大量股票，而美国的银行则不可以。尽管日本银行业和证券业在法律上是分开的，但银行越来越多地被允许从事证券业务，与美国的银行一样，越来越趋近于英格兰式全能银行。

19.6 储蓄行业

毫无疑问，储蓄行业（储蓄贷款协会、互助储蓄银行以及信用合作社）与商业银行业的监管和结构是非常相似的。㊀

㊀ 见本书网上第 26 章，这一章更加深入地讨论了储蓄行业的监管和结构。

19.6.1 储蓄贷款协会（储贷协会）

正如商业银行存在着双重银行体系一样，储蓄贷款协会既可以在联邦政府注册成立，也可以在州政府注册成立。无论由联邦政府还是由州政府批准成立，大多数储蓄贷款协会都是联邦住宅贷款银行体系的成员。成立于1932年的联邦住宅贷款银行体系的模式与联邦储备系统类似。它拥有12家区域联邦住宅贷款银行，由储蓄监管局对其进行监管。

联邦存款保险公司为储蓄贷款协会的每个账户提供25万美元的联邦存款保险。货币监理署对储蓄贷款协会的监管途径包括：设置最低资本金要求；定期提交报告；对储蓄贷款协会进行检查。它也是储蓄贷款协会的联邦注册机构，审查这些机构的合并，以及为分行制定法规。

与美联储一样，联邦住宅贷款银行体系向系统内成员发放贷款（通过发行债券获取资金）。然而，与美联储要求迅速偿还的贴现贷款不同，联邦住宅贷款银行体系发放的贷款，往往偿还期限较长。此外，联邦住宅贷款银行体系的利率通常低于储蓄贷款协会在公开市场上借款的利率。通过这种方式，联邦住宅贷款银行体系贷款计划为储蓄贷款协会提供补贴（由于储蓄贷款协会发放的大部分贷款都是住宅业贷款，因此这也是对住宅业的补贴）。

20世纪80年代，储蓄贷款协会遇到了十分严重的困难（在本书网上第26章中进行了讨论）。由于储蓄贷款协会现在从事许多与商业银行相同的业务，许多专家认为对储蓄贷款协会单独注册与设置监管不再有意义。

19.6.2 互助储蓄银行

互助储蓄银行与储蓄贷款协会类似，但由储户共同拥有，在400家左右的互助储蓄银行中，大约有一半是在州政府注册的。尽管互助储蓄银行主要由所在地的州进行监管，但大部分都在联邦存款保险公司投保，每个账户的限额为25万美元，这些银行也要接受联邦存款保险公司对州注册银行的监管。按规定，没有在联邦存款保险公司投保的互助储蓄银行需要在州保险基金投保。

19.6.3 信用合作社

信用合作社是由具有共同联系的特定群体组成的小型合作贷款机构（例如，某公司成员或员工）。信用合作社是唯一免税的存款机构，既可以在州政府注册，也可以在联邦政府注册，一半以上的信用合作社是由联邦政府批准成立的。国家信用合作社管理局为联邦注册的信用合作社颁发联邦执照，并通过设置最低资本金要求、定期提交报告以及对信用合作社进行检查等方式对其进行监管。国家信用合作社管理局附属机构——国家信用合作社股份保险基金为联邦注册和州注册的信用合作社提供联邦存款保险（每个账户限额为25万美元）。由于大多数信用合作社贷款是期限很短的消费者贷款，因此这些机构不会遭受储蓄贷款协会以及互助储蓄银行那样的财务危机。

由于信用合作社成员有某种特定关系，因此信用合作社的规模通常较小，大部分的资产规模低于1 000万美元。此外，信用合作社与某一特定行业或公司有联系，这使得当该行业或公司大量员工被解雇，以致无法偿还贷款时，信用合作社破产的风险就大大增加了。近期的监管变化放松了对某种特定联系的要求，允许信用合作社的客户群体更为多元化，从而鼓励信用合作社规模的扩张，减少信用合作社未来破产的可能。

19.7 国际银行业

1960年，只有8家美国银行在外国设有分行，它们的总资产不到40亿美元。现在，大约有100家美国银行拥有海外分行，总资产超过1.5万亿美元。国际银行业务的迅速发展可以由以下三个因素来解释。

第一，1960年以来国际贸易和跨国（全球）公司迅速发展。在海外经营的美国公司需要国外银行服务来帮助其进行国际贸易融资。例如，它们可能需要一笔外汇贷款建设海外工厂。当在海外销售商品时，它们需要银行将其所收外币兑换成美元。虽然外国银行也可以为这些公司提供国际银行服务，但是大部分公司更喜欢与已经建立长期关系并了解美国商业惯例的美国银行进行交易。国际银行业随着国际贸易的发展而不断发展。

第二，美国银行通过积极从事承销外国证券等全球投资银行业务，已经能够赚取相当可观的利润。它们还可以在海外销售保险，从这些投资银行业务和保险业务中赚取可观利润。

第三，美国银行希望在外国引入大量的美元存款，即欧洲美元。为了理解美国银行业的海外结构，我们先来了解欧洲美元市场，它是国际银行业迅速发展的一个重要来源。

19.7.1 欧洲美元市场

当美国账户的存款被转移到国外的一家银行，并以美元形式存在时，就产生了欧洲美元。例如，如果劳斯莱斯股份有限公司将一张100万美元的美国银行账户支票存入伦敦的一家银行，并指定该存款以美元支付，就产生了100万的欧洲美元。⊖超过90%的欧洲美元存款是定期存款，其中超过一半是期限为30天或更长的定期存款。未偿付的欧洲美元的总额大约有5万亿美元，这使得欧洲美元市场成为全球经济最重要的金融市场之一。

为什么像劳斯莱斯这样的公司愿意在美国之外持有美元存款呢？首先，美元是国际贸易中应用最广泛的货币，因此劳斯莱斯公司愿意持有美元存款来进行国际交易。其次，欧洲美元是"离岸"存款，它们不受所在国家法定准备金要求或不得将存款转移至国外（资本管制）等监管限制。⊜

欧洲美元市场的中心是具有百年历史的主要国际金融中心——伦敦。欧洲美元也在能够为这些存款提供离岸待遇的欧洲之外的地区被持有，如新加坡、巴哈马群岛以及开曼群岛。

欧洲美元市场最小的交易额通常为100万美元，大约75%的欧洲美元存款由银行持有。显然，你我都不可能与欧洲美元有直接联系。然而，欧洲美元市场是美国银行资金的一个重要来源，美国银行借入的欧洲美元存款已经超过7 000亿美元。美国银行认为它们可以通过在海外设立分行，吸收欧洲美元存款来赚取高额利润，而不是利用中介和从外国银行借入欧洲美元存款。因此，欧洲美元市场是美国海外银行业务发展的一个重要动力。

⊖ 请注意，伦敦银行持有美国银行100万美元存款，因此欧洲美元的创造并没有减少美国银行存款的数量。
⊜ 虽然大多数离岸存款是以美元计价的，但仍有一些是以其他货币计价的。这些离岸存款被总称为欧洲货币。例如，伦敦银行持有的以日元计价的存款被称为欧洲日元。

19.7.2 美国的海外银行机构

美国银行大部分的分行位于拉丁美洲、远东、加勒比海和伦敦。伦敦分行持有的资产规模最大，这是因为伦敦是主要的国际金融中心和欧洲美元市场的中心。而拉丁美洲和远东拥有许多分行，是因为美国与这些地区在贸易方面有着重要的联系。加勒比海部分地区（尤其是巴哈马和开曼群岛）成为主要避税天堂，税赋非常低并且几乎没有监管。事实上，银行在巴哈马和开曼群岛的分行属于"空壳公司"，这是因为它们的功能主要是账簿中心，并不提供普通的银行服务。

美国银行在海外经营的另一种公司结构是**《埃奇法案》公司**（Edge Act corporation），它们是主要从事国际银行业务的特殊附属公司。美国银行（通过其控股公司）也可以拥有对外国银行和提供金融服务的外国公司（如财务公司）的控股权。美国银行业组织的国际业务主要由美联储的《K条例》进行管理。

1981年年底，美联储批准在美国设立**国际银行设施**（international banking facilities，IBF），它可以接受来自外国居民的定期存款，而不受法定准备金和有关利息支付的约束。国际银行设施还可以向外国居民发放贷款，但不得向本国居民发放贷款。各州通过豁免州和地方税的方式，鼓励国际银行设施的设立。事实上，国际银行设施与美国银行的海外分行待遇一样，不受国内监管和税收的制约。设立国际银行设施是为了鼓励美国和外国银行多在美国国内开展业务，而不是在海外开展业务。从这个角度来看，国际银行设施是成功的：它们的资产在最初的两年里上升至大约2 000亿美元，到现在已经超过1万亿美元。

19.7.3 美国的外资银行

国际贸易的增长不仅推动了美国银行在海外开办分行，而且推动了外国银行在美国设立分行。外国银行在美国的发展十分成功。目前，它们持有美国银行总资产的25%以上，在美国银行贷款中占了很大的比例，在美国商业和工业贷款市场的份额超过20%。

外国银行在美国从事银行业务的方式主要有：外国银行的代理行、美国银行子银行或外国银行的分行。代理行可以在美国贷款和转让资金，但不能接受国内居民的存款。代理行的优势在于不受那些应用于全面服务银行机构的监管（如联邦存款保险公司的要求）。美国银行子银行与其他美国银行相似（甚至可能名称都像美国银行），受到相同的监管，但为外国银行所有。外国银行的分行有外国银行的名称，通常可以提供全面的服务。外国银行也可以设立《埃奇法案》公司和国际银行设施。

无论是美国银行在海外设立分行还是外国银行进入美国的国际银行业务，都意味着全球金融市场一体化的程度加深了。结果，银行监管的国际协调趋势进一步加强，一个例子就是，1988年《巴塞尔协议》规范了工业化国家的最低资本金要求（在第18章中讨论过）。金融市场一体化还鼓励了银行的跨国合并，其中以1999年8月宣告日本工业银行、第一劝业银行以及富士银行合并，于2002年产生了第一家万亿美元银行为顶峰。外国银行在国际银行业的重要性是另一个发展趋势。如表19-4所示，2015年在世界前十大银行集团中，有8家是非美国银行。

表 19-4　2015 年世界十大银行

银行	资产（10 亿美元）
1. 中国工商银行（中国）	3 545
2. 中国建设银行（中国）	2 966
3. 中国农业银行（中国）	2 853
4. 三菱 UFK 金融集团（日本）	2 655
5. 中国银行（中国）	2 640
6. 汇丰控股（英国）	2 596
7. 摩根大通银行（美国）	2 424
8. 法国巴黎银行（法国）	2 404
9. 美国银行（美国）	2 186
10. 德意志银行（德国）	1 973

资料来源：http://www.relbanks.com/worlds-top-banks/assets.

本章小结

美国银行的历史留给我们一个双重银行体系，即银行既可以在州政府注册，也可以在联邦政府注册。存在多个监管银行的机构：货币监理署、美联储、联邦存款保险公司以及州银行监管当局。

经济环境的改变将推动金融机构寻求金融创新。金融创新的主要推动力量有：需求条件的变化，尤其是利率风险的上升；供给条件的变化，尤其是信息技术的发展；逃避监管成本的动力。金融创新导致银行遭受获取资金成本优势的下降以及资金收入优势的下降。结果是银行传统业务盈利能力下降，并且传统银行业务开始衰退。

限制各州设立分行的法规和禁止跨州设立分行的《麦克法登法案》导致了大量小银行的存在。美国银行数量众多，这反映了它们过去缺乏竞争，而不是激烈竞争的结果。银行控股公司和自动提款机都是对限制设立分行的反映，削弱了限制的反竞争效应。

自 20 世纪 80 年代中期以来，银行合并发展迅速。银行合并的第一阶段是银行破产和限制设立分行法规有效性减少的结果。第二阶段是由信息技术推动的，以及 1994 年出台的《州际银行和分行效率法案》为建立全国性银行体系奠定了基础。当银行合并停止时，美国银行体系可能存在几千家银行。大部分经济学家认为银行合并和全国性银行的好处将超过成本。

《格拉斯－斯蒂格尔法案》将银行和证券业分离开来。然而，1999 年的立法废除了《格拉斯－斯蒂格尔法案》，取消了这些行业分离的法律。

储蓄业（储蓄贷款协会、互助储蓄银行和信用合作社）的监管和结构与商业银行十分相似。储蓄贷款协会主要由储蓄监管局监管，由联邦存款保险公司提供存款保险。互助储蓄银行由各州监管，也由联邦存款保险公司为其提供联邦存款保险。信用合作社由美国国家信用合作社管理局监管，由国家信用合作社股份保险基金提供存款保险。

随着 1960 年以来国际贸易的迅速发展，国际银行业务急速增加。美国银行通过在海外设立分行、拥有外国银行控股权、设立《埃奇法案》公司以及经营位于美国的国际银行设施等途径从事国际银行业务。外国银行通过拥有美国银行子银行以及在美国设立分行或代理行等方式开展业务。

简答题

1. 你认为在1863年《国民银行法案》颁布之前银行业的普遍状况是促进还是阻碍了美国各州之间的贸易?
2. 哪个机构主要负责监管以下银行种类?
   (1) 国民银行
   (2) 银行控股公司
   (3) 非美联储成员的州银行
   (4) 美联储成员的州银行
3. "加拿大银行业的竞争力不如美国银行业,因为在加拿大只有少数几家大银行主导着银行业,而美国大约有6 000家银行。"这种说法是对的、错的还是不确定的?
4. 鉴于2007~2009年的金融危机,你认为1993年《格拉斯-斯蒂格尔法案》在商业银行和证券业之间建立的防火墙是好还是坏?
5. 为什么银行控股公司发展如此迅速?
6. 监管机构鼓励国际银行业务的措施是什么?为什么这样做?
7. 1981年美联储批准的国际银行设施是如何减少欧洲银行业的就业的?
8. 阐述银行合并过程与"大而不倒"政策之间的关系。
9. 如果按照一些经济学家所提倡的,未来取消法定准备金要求,这会对货币市场共同基金的规模造成怎样的影响?
10. 为什么银行近年来失去了获取资金的成本优势?
11. "如果20世纪六七十年代没有通货膨胀的上升,银行业的今天可能会更加健康。"这种表述是正确的、错误的还是不确定的?解释你的答案。
12. 考虑贷款发起者在抵押贷款的担保过程中所扮演的角色,你认为贷款发起者会担心一个家庭是否有能力偿还每月的抵押贷款吗?
13. "计算机的发明是银行业衰退的主要原因。"这种表述是正确的、错误的还是不确定的?解释你的答案。
14. 竞争力是如何导致将银行业与证券业分离的《格拉斯-斯蒂格尔法案》被废除的?
15. 比较2010年的《多德-弗兰克法案》与1930年的《格拉斯-斯蒂格尔法案》。

网络练习

银行业:结构和竞争

1. 访问 www2.fdic.gov/SDI/SOB。点击"Historical Statistics on Banking" → "Commercial Bank Reports" → "Number of Institutions, Branches and Total Offices"。查看银行分行的趋势,公众使用银行设施多了还是少了?1934年有多少家银行?现在有多少家银行?根据图表所示,合并的趋势是否还在持续?

2. 尽管有许多法规保护银行免于破产,但仍有一些银行破产了。访问 www2.fdic.gov/hsob/,点击"Bank Failures"。在刚刚过去的一年,有多少家银行破产了?破产银行的总资产是多少?1937年有多少家银行破产?

第 20 章

共同基金行业

预　览

假设你决定开始为退休投资。你可能会将一部分钱投资于多样化的股票组合，也可能会用一部分钱投资债券，你甚至可能会选择持有一些外国公司的股票。现在假设你的预算每周只允许你投资 25 美元。你打算如何进行退休基金投资？你可能不会购买单只股票，在一次只花 25 美元的前提下，也不能购买债券。解决这一问题的方法是投资共同基金。

共同基金通过向许多小投资者销售基金份额，将他们的资源汇集到一起，并使用这笔资金购买股票。通过发行小面额的股票以及购买大量有价证券这一资产转移过程，共同基金可以利用经纪佣金的折扣，并可以购买多样化的有价证券组合。共同基金允许小投资者在购买有价证券时获得较低交易成本的好处，并通过多样化证券组合来降低风险。

本章我们将学习近年来共同基金为什么变得如此受欢迎，共同基金的类型，如何监管共同基金，共同基金行业中的利益冲突如何导致了许多丑闻、罚款和自 2001 年以来的诉讼。

20.1　共同基金的成长

共同基金已经成为许多投资者的投资工具。2016 年年初，近 54% 的养老金被共同基金持有。2016 年年初，整个股票市场的 31% 投资于共同基金，43% 的美国家庭持有共同基金的股票。了解了这些金融机构的普遍性质，我们应该想知道到底它们可以提供什么服务，使得在过去的 25 年，其资产从 2 920 亿美元增长至接近 16 万亿美元。

第一共同基金

共同基金的起源可以追溯到 19 世纪中期和末期的英格兰与苏格兰。将投资者的有限资金汇集，并使用这笔资金投资于大量不同的有价证券，从而形成了投资公司。当这些投资公司开始对美国经济增长进行投资时（主要是购买美国铁路债券），使得这些公司更加受欢迎。

1824 年，第一只共同基金在波士顿发行，在该基金中，随着新资金的投入，再发行新的基金份额，这也是现今占主导地位的结构。该基金允许份额持续扩充，可以在任何时间将基金份额变现，并针对投资制定了一套旨在保护投资者免受损失的限制条款。

1929 年的股票市场崩溃使中小投资者普遍对股票投资（特别是共同基金）不信任，导致共同基金的增长规模退回到了几十年前。1940 年颁布的《投资公司法案》对收费情况以及投资政策的信息披露提出了更多要求，使该行业复兴，共同基金开始稳步增长。

20.2 共同基金的收益

共同基金吸引投资者的五个主要的优点是：

- 流动性中介；
- 小额资金中介；
- 投资多样化；
- 成本优势；
- 专业化管理。

流动性中介意味着投资者可以以低成本将其投资迅速转换为现金。如果你购买了一份存单或者债券，想要在到期前兑现需要支付提前赎回的罚金或交易费用。另外，如果你购买了一份 1 万美元的存单，就必须赎回整个存单，即使你只需要 5 000 美元来满足现在的需求。共同基金允许投资者在任何时间购买和赎回任意金额的基金份额。一些基金特别为满足短期交易需求而设计，并且没有赎回罚金，其他基金则是为长期投资而设计的，如果投资者仅持有很短时间，就需要缴纳赎回罚金。

小额资金中介允许小投资者购买证券，但如果没有共同基金，他们将不能购买。例如，在第 11 章中我们学过，大多数货币市场证券的面额都很大，通常超过 10 万美元。通过筹集资金，共同基金可以代表投资者来购买这些证券。

投资多样化（diversification）是投资于共同基金的一个重要优势。正如我们在第 4 章中学习过的，通过持有多样化的投资组合而不是只持有有限数量的股票，可以降低投资风险。购买股票的小投资者很难在如此众多的行业中得到足够的证券从而获取收益。此外，共同基金提供了一种低成本的方式分散投资外国股票。对没有在美国交易所挂牌上市的国外证券的投资十分困难。

共同基金的投资者有显著的成本优势。机构投资者可以协商获得比个人投资者更低的交易费用。此外，10 万份额的大宗交易或更大规模交易的收费结构将与小宗交易不同。通过使用共同基金购买证券，投资者可以分享较低的费用成本。

获得专业化的管理是推动共同基金增长的一个主要因素。尽管第 6 章讨论过的研究结果一致表明，共同基金不比从市场中随机挑选的股票表现好，但许多投资者更喜欢依赖专业的基金管理者来为他们挑选股票。鉴于我们讨论过的市场有效性理论，共同基金的收益率不能超越平均收益率不应该令人吃惊。不过，金融市场对很大一部分投资者而言仍然有一些神秘性。这些投资者愿意支付费用，让专业人士来帮他们挑选股票。

越来越多的固定缴款养老金计划数量也成为推动共同基金增长的一个因素。在过去，大多数养老金计划要么代表员工进行投资并担保回报率，要么要求员工对本公司的股票进行投资。现在，大多数养老金计划要求员工对自己的养老金进行投资。在每个薪水支付日都有养老金投资，共同基金提供了一套完美的养老金投资渠道。目前，超过57%的养老金都被投资于共同基金。这个数字很可能会随着更多的养老金计划转向固定缴款结构而继续增加。

表20-1显示了自1970年以来总净资产、基金数量以及共同基金账户数量的变化情况。目前有大约7 500只独立的共同基金可供投资者选择。有趣的是，要注意这意味着独立的共同基金的数量已经超过了纽约证券交易所、美国股票交易所和纳斯达克所有上市股票的数量之和。

表20-1　行业净资产和基金数量

年	净资产（百万美元）	基金数量	年	净资产（百万美元）	基金数量
1970	47 618	361	1993	2 069 960	4 534
1971	55 045	392	1994	2 155 320	5 325
1972	59 830	410	1995	2 811 290	5 725
1973	46 518	421	1996	3 525 800	6 248
1974	35 776	431	1997	4 468 200	6 684
1975	45 874	426	1998	5 525 209	7 314
1976	51 276	452	1999	6 846 339	7 791
1977	48 936	477	2000	6 964 630	8 155
1978	55 837	505	2001	6 974 910	8 305
1979	94 511	526	2002	6 383 480	8 243
1980	134 760	564	2003	7 402 420	8 125
1981	241 365	665	2004	8 095 080	8 040
1982	296 678	857	2005	8 891 110	7 974
1983	292 985	1 026	2006	10 396 510	8 117
1984	370 680	1 243	2007	12 000 640	8 026
1985	495 385	1 528	2008	9 602 600	8 022
1986	715 667	1 835	2009	11 120 730	7 691
1987	769 171	2 312	2010	11 831 880	8 022
1988	809 370	2 737	2011	11 627 360	7 588
1989	980 671	2 935	2012	13 045 220	7 590
1990	1 065 194	3 079	2013	15 050 820	7 715
1991	1 393 189	3 403	2014	15 875 270	7 928
1992	1 642 543	3 824	2015	15 651 960	8 116

资料来源：https://www.ici.org/pdf/2016_factbook.pdf.

最近40多年内，投资于共同基金的资金从470亿美元增加到将近15万亿美元。为了使这个数字更为直观，该数量相当于美国所有商业银行的存款总额。

共同基金的所有者

大约有5 300万美国家庭（大约44%）拥有共同基金。2015年年初，89%的共同基金份额为家庭所有，剩余的份额为信托机构和其他商业机构所有。这标志着从1980年起家庭持有共同基金份额发生了巨大的增长，而当年家庭持有共同基金的份额仅为5.7%（见图20-1）。大部分共同基金的投资者是中产阶级、51岁、已婚、有工作、拥有19万美元的金融资产，其中大约有48%的人大学毕业。中等家庭的收入是8.75万美元，其中93%的资金为退休做准备，这也是他们持有共同基金份额的主要原因。

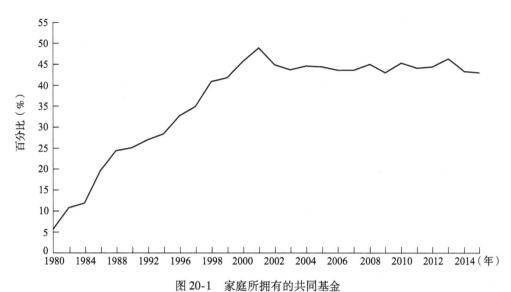

图 20-1　家庭所拥有的共同基金

资料来源：Investment Company Institute, *2016 Investment Company Fact Book*（Washington, DC：ICI），https://www.ici.org/pdf/2016_factbook.pdf.

2016 年年初，共同基金总额达到 7.1 万亿美元，占美国退休市场的 30%。这在共同基金资产中占了 40%。

退休共同基金的存款有两个来源：①雇主赞助的固定缴款养老金计划，特别是 401(k) 计划；②个人退休账户。图 20-2 显示了所有 401(k) 共同基金账户的平均资产配置情况。大部分的退休资产是股本基金，其次是担保投资合约、债券基金以及公司股票。

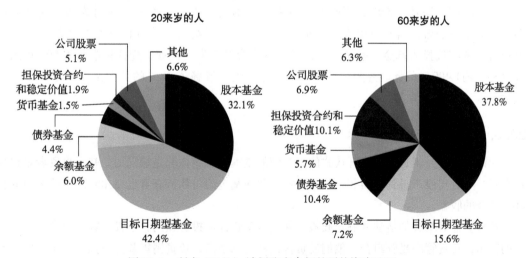

图 20-2　所有 401(k) 计划账户余额的平均资产配置

资料来源：Investment Company Institute, *2016 Investment Company Fact Book*,（Washington, DC：ICI），https://www.ici.org/pdf/2016_factbook.pdf. Reprinted with permission.

20.3　共同基金的结构

共同基金公司经常提供许多独立的共同基金。它们被称为伞形基金，并被定义为在统一管理下，由一只或更多基金组成的一个基金组合。伞形基金对投资者的优势在于，投资通常能够在同一家基金公司的不同基金之间非常容易且快速地进行转换。此外，伞形基金能够汇总账户信息来帮助投资者管理资产。

我们将在本节考察共同基金是如何构成的以及持有基金的投资类型。

20.3.1 开放式基金与封闭式基金

共同基金有两种结构类型。第一种基金是我们现在所说的**封闭式基金**（closed-end fund）。封闭式基金在首次公开募股中出售固定数量的不可赎回份额，然后这些份额像普通股票一样在场外交易市场中进行交易。这些份额的市场价值随着基金所持有的资产价值而波动。基金份额的市场价值可能高于或低于基金所持资产的价值，这取决于基金经理所做的如何挑选能够增加基金价值的股票的市场评估。

封闭式基金的问题在于，一旦基金份额被卖出，基金就不能吸收更多的投资资金了。因此，为了增加资金，基金经理必须启动一个全新的基金。对于基金经理而言，封闭式基金的优势在于投资者不能赎回基金。投资者回收资金的唯一方法是出售基金份额。

当今，**开放式基金**（open-end fund）在很大程度上已经取代了封闭式基金。投资者可以在任意时间购买开放式基金。该基金能够很容易增加已发行基金的份额。开放式基金的另一个特点是，它可以在任何时间从投资者手中赎回基金份额。每天基金的净资产值都是基于已发行基金份额的数量以及基金的净资产计算出来的。所有当天购买和出售的基金份额都按照相同的净资产价值进行交易。

开放式共同基金的两个优势共同促进了共同基金的成长。首先，由于开放式共同基金允许在任意时间赎回基金份额，因此投资具有很高的流动性。正如前面所讨论的，这种流动性中介对于投资者而言具有很大的价值。其次，开放式结构允许共同基金自由增长。只要投资者愿意将钱投入基金，基金就可以扩大规模容纳它们。例如，先锋标准普尔500指数基金已持股约1 400亿美元。开放式共同基金的这些优势解释了98%的共同基金都是开放式基金的原因。

20.3.2 组织结构

无论基金是封闭式的还是开放式的，它们的基本组织结构都是相同的。基金投资者是份额持有者。与公司股东得到公司剩余收入一样，共同基金的份额持有者也在扣除成本后可以获得共同基金的收益。

董事会监督基金的活动并制定政策。他们也负责任命投资顾问，该投资顾问通常是一家独立的公司，负责管理投资组合。他们还负责任命主承销商，负责销售基金份额。美国证券交易委员会要求大多数董事会成员要独立于共同基金。投资顾问按照基金制定的目标和政策来管理基金。

投资顾问对基金所持有的有价证券进行挑选并做出购买和出售的决定，其专业知识决定了基金的成功与否。

除了投资顾问，基金还将与其他公司合作来提供额外的服务。这些服务包括承销商、过户代理人以及监管机构。合约也请独立的公共会计师处理。大型基金公司将这些职能中的一部分安排在公司内部完成,而其他基金公司将聘请外部的公司。图20-3描述了共同基金的组织结构。

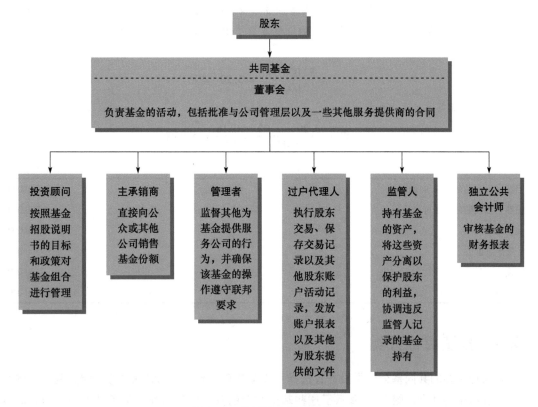

图20-3 共同基金的组织结构

资料来源:Investment Company Institute, *2016 Investment Company Fact Book*(Washington, DC:ICI), https://www.ici.org/pdf/2016_factbook.pdf.

专栏20-1 案例

共同基金净资产价值的计算

如果你对一只共同基金进行投资,你将会定期收到有关账户活动的总结报表,该报表将说明账户内增加的投资、赎回的基金以及应计收益。在报表中,一项对理解投资者行为至关重要的指标是净资产价值。**净资产价值**(net asset value,NAV)是指共同基金中股票、债券、现金以及其他资产的总价值减去应计费用等负债,然后除以基金发行流通总股数后的值。一个例子可以使这个指标更清晰。假定一只共同基金的资产和负债如下(美元)。

股票(以当前的市场价值计)	20 000 000
债券(以当前的市场价值计)	10 000 000
现金	500 000
资产总价值	30 500 000
负债	-300 000
净值	30 200 000

用净值除以发行流通总股数得到净资产价值。如果有 1 000 万基金份额流通在外，净资产价值就为 3.02（=30 200 000/10 000 000）美元。

净资产价值随着标的资产价值的变动而增加或减少。例如，假定在 1 年内，共同基金所持有的股票组合的价值增加了 10%，而债券组合的价值减少了 2%。如果现金和负债保持不变，新的净资产价值将为：

$$NAV = \frac{32\,000\,000}{10\,000\,000} = 3.20(美元)$$

那么，你在共同基金投资中的收益率为：

$$收益率 = \frac{3.20 - 3.02}{3.02} = \frac{0.18}{3.02} = 5.96\%$$

	（美元）
股票（以当前的市场价值计）	22 000 000
债券（以当前的市场价值计）	9 800 000
现金	500 000
资产总价值	32 300 000
负债	−300 000
净值	32 000 000

20.4 投资目标分类

有四种主要的共同基金可供投资者选择：股票基金（也称为股本基金）、债券基金、混合基金、货币市场基金。图 20-4 显示了这些基金类型的资产分配情况。份额最大的类型是股本基金，其次是债券基金、货币市场基金，最后是混合基金。

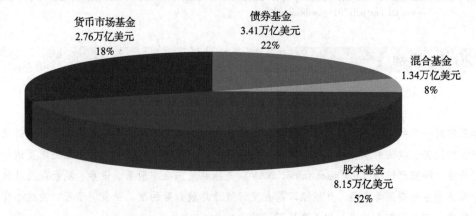

图 20-4 各种类型共同基金的资产分布

资料来源：Investment Company Institute，*2016 Investment Company Fact Book*（Washington, DC：ICI），https://www.ici.org/pdf/2016_factbook.pdf.

20.4.1 股本基金

股本基金有一个共同的主题，它们都投资于股票。除此之外，它们可以有不同的目标。投资公司协会报道的股本基金有三种类型：资本增值型基金、全球型基金以及完全回报型基金。其中，资本增值型基金规模最大，占全部共同基金资产的 44%。这类基金寻求资本的快速升值（提高股票价格），而且不会关注股票的红利。由于许多这类基金的经理偏好选择高成长的公司，因而此类基金的相对风险较高。例如，在 20 世纪 90 年代，许多资本增值型基金将大量资金投资于高科技和互联网股票。

完全回报型基金在共同基金总资产中大约占 29%。这类基金的目标是寻求当期收入和资本增值的结合。它们既投资于那些发放股利的成熟型公司，也投资于那些预期股价会大幅升值的增长型公司。由于完全回报型基金投资于那些成熟的公司，因此其预期风险要低于资本增值型基金。这在 2000 年得到了证实，资本增值型基金损失了资产的 16.5%，而完全回报型基金只损失了 5.7%。

全球型股本基金主要投资于外国公司的股票。这些基金便于投资者将其资产进行国际化分散。许多理财规划师建议投资者至少持有一小部分的外国股票投资。这些全球基金提供了最基本的使用工具。

这里介绍的三种类型的股本基金简化了适用于投资者的股票型共同基金的范围。例如，先锋家庭共同基金提供了 62 种不同的股本基金，每一种的既定目标都是不同的。一些基金持有特殊行业的股票，而另外一些则持有具有一定历史增长率的股票，还有一些根据市盈率挑选股票。共同基金公司试图提供一种可以吸引所有投资者需求的基金。

20.4.2 债券基金

图 20-5 展示了投资公司协会划分的主要债券基金类型。投资级基金投资于高质量、相对低风险的证券。这些债券通常是大公司发行的高级别债券。这种投资的质量较高，但是收益率可能较低，投资者可以为了高收益而进行安全交易。

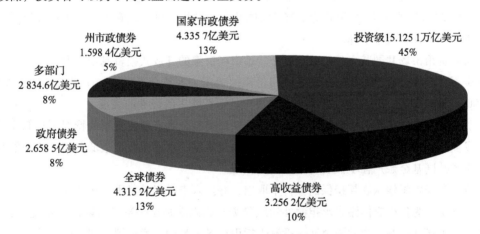

图 20-5 投资于不同种类的债券共同基金的资产

资料来源：Investment Company Institute, *2016 Investment Company Fact Book* (Washington, DC: ICI), http://www.icifactbook.org/pdf/13_fb_table04.pdf. Data tables, table 4.

政府债券也很受欢迎。这类基金基本上没有违约风险，但是收益率相对较低。州和国家市政债券是免税的。

债券的风险要低于股票,因而投资者分散投资多种不同债券通常就不那么重要了。此外,通过二级市场可以很容易地购买和出售债券。因此,债券共同基金持有的资产不足股票共同基金的一半,也就不足为奇了。不过,许多投资者还是非常重视债券基金所提供的流动性中介和自动化再投资的特性。

20.4.3 混合基金

混合基金是将股票与债券结合在一起的基金。这个想法旨在提供一项将资产分散于不同类型证券和不同发行者的同类证券投资。因此,如果一个投资者发现一种混合基金持有他想要的股票和债券,他便可以只拥有该基金而不需要其他投资。除了这种明显的便利,大多数投资者仍然喜欢选择独立的基金。在所有共同基金账户中,混合基金只占了大约7%。

20.4.4 货币市场基金

货币市场共同基金早在20世纪70年代早期就已经存在了。然而,1977年以前较低的市场利率(该利率有时低于有时略高于《Q条例》规定的5.25%~5.5%的上限)使得该基金相对于银行存款并没有特别的优势。1978年,美林公司意识到如果为客户提供一个可以进行小额交易的账户,就可以为客户提供更好的服务。在货币市场共同基金作为小投资者账户被引进之前,客户在进行投资时必须在经纪公司使用支票,在出售证券时又必须换回支票。然而,拥有货币市场共同基金账户的客户在购买股票时可以方便地指示经纪人从其账户中将资金划出,并在出售证券时向账户中存入资金。最初,美林公司并未将货币市场共同基金作为主要的收入来源。

在20世纪80年代初期,通货膨胀和利率飙升。《Q条例》限制银行不能向储蓄账户支付超过5.25%的利率。随着货币市场共同基金的利率超过15%,投资者纷纷涌入货币市场共同基金。图20-6表明了1975年后货币市场共同基金的增长。可以注意到,由于过去货币市场证券利率较低,存款大幅下降。

所有货币市场共同基金都是只投资于货币市场证券的开放式投资基金。大多数货币市场共同基金不会向投资者收取任何购买或赎回份额的费用。该基金通常有一个最低的初始投资额,为500~2 000美元。基金的收益率完全取决于基金所购买的证券的表现。

货币市场共同基金的一个重要特征是,许多该类基金具有签发支票的特权。它们通常不收取签发支票的费用,或者只要投资者账户余额超过规定的水平就收取最低费用。这种便利使得货币市场共同基金账户在小投资者中非常受欢迎。

投资者经常将钱从联邦担保的银行中取出,并投入未投保的货币市场共同基金中。一个重要的问题是,为什么它们愿意承担额外的风险呢?原因就是这一额外风险历来都是非常小的。投入货币市场共同基金中的资金又被投资于货币市场工具中。商业票据和定期存款迄今为止是这些基金规模最大的组成部分,紧随其后的是美国国债和回购协议。图20-7显示了货币市场共同基金的资产分布情况。由于这些证券的违约风险被认为是非常低的,因此货币市场共同基金的风险也被认为是很低的。投资者意识到了这一点,因此愿意为了更高的收益率而放弃银行的安全性。

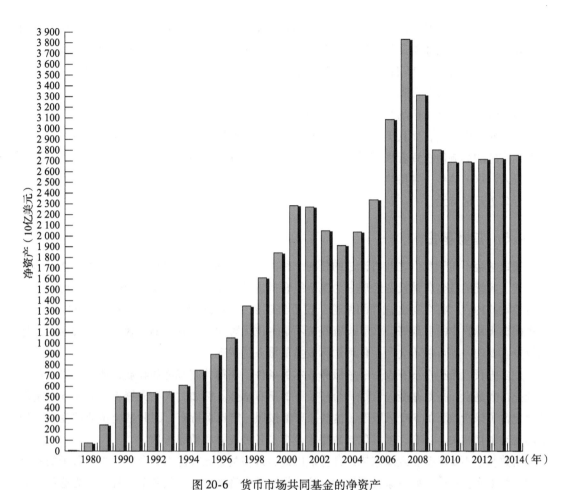

图 20-6 货币市场共同基金的净资产

资料来源：Investment Company Institute, *2016 Investment Company Fact Book* (Washington, DC: ICI), https://www.ici.org/pdf/2016_factbook.pdf.

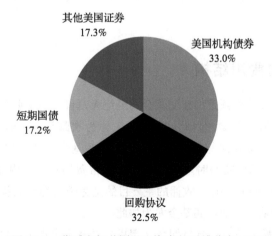

图 20-7 货币市场共同基金资产的平均分布，2016 年

资料来源：Investment Company Institute, *2016 Investment Company Fact Book* (Washington, DC: ICI), https://www.ici.org/pdf/2016_factbook.pdf. Table 40, page 211.

对货币市场共同基金的这份信任，在共同基金无法赎回它们所持有的商业票据信用危机期间被动摇了。虽然商业票据是短期的，并一般由大公司发行，但市场的恐慌导致了这些证券市场的消失。2008年9月15日，雷曼兄弟控股公司宣布破产，第二天该货币市场基金不能以1美元的净资产价值被赎回到货币市场账户中，并"跌破1美元"。这促使威胁到成百上千其他基金流动性的全球货币市场共同基金的快速赎回。两天后，美国财政部宣布为货币市场共同基金提供暂时担保计划，而且美联储同意出资从货币市场共同基金中购买资产支持商业票据。这一系列措施的影响使投资者恢复了信心，截至2008年10月，投资者增加了1 490亿美元的新资金投入。这一趋势一直持续到2009年1月，货币市场共同基金的总资产达到当时的最高水平，近2.7万亿美元。

20.4.5 指数基金

指数基金不属于我们之前讨论过的任何一种类型的共同基金，但它代表了一种可选择的投资形式。传统的基金聘请投资经理来为基金组合挑选股票和债券。若我们相信第6章讨论的市场有效性的内容，将会得出这样的结论：投资经理挑选的股票不可能比向《华尔街日报》股票页面掷飞镖投中的股票好。如果投资经理不是一位优秀的选股者，那么我们可能会问：为什么投资者要向一项可能不会产生任何边际效益的服务付费呢？

许多投资者希望在没有投资经理服务成本的条件下获得共同基金的收益，那么投资者就可以选择指数基金。指数基金包含了一个指数下的所有基金。例如，大型先锋标准普尔500指数基金包含了该指数下的500只股票。这些股票都按照一定比例持有，因此基金价值的变动与指数的变动密切相关。还有许多其他指数型基金模拟各种股票和债券指数。

指数基金不要求基金经理来挑选证券。因此，这些基金比其他由基金经理主动管理的基金收费要低很多。一些金融专家甚至认为，这些指数基金将胜过大多数基金经理，因为这些指数基金将忽略那些影响投资顾问和个人投资者判断的时尚、趋势、情绪以及不理智。在一次有趣的会议上，退休的先锋集团共同基金的创始人及前首席执行官约翰·博格称自己为一个"指数投资者"。⊖

20.5 投资基金的费用结构

最初，大部分共同基金的份额是由接受佣金的经纪人销售的。由于佣金要求在购买的时候支付并立即从份额的赎回价值中扣除，因此这些基金被称为**收佣基金**（load fund）。如果在购买基金前就收取费用，称为前端收佣基金。大部分前端收佣基金的费用比例为1%~2%，但有一些基金超过6%。如果在基金赎回时才收取佣金（通常费用在5年内逐年递减），这样的基金称为**延期收佣基金**（deferred load）。收佣的主要目的是为销售经纪人提供报酬，另一个目的是阻止过早地赎回基金存款，延期收佣基金尤为如此。

自20世纪80年代开始，不直接支付佣金（费用）的基金出现了。这些基金被称为**免佣基**

⊖ 先锋集团创始人及前首席执行官约翰·博格在美国商业编辑和作家个人理财工作研讨会上发表主题演讲，这次会议在2003年10月27日于科罗拉多州丹佛市召开。

金（no-load fund）。大多数免佣基金可以由个人投资者直接购买，不需要中间人。当前大约有55%的股本基金和65%的债券基金都是免佣基金。许多投资者已经意识到当初始存款迅速减少时，需要很长时间才能得到由免佣基金提供的收益。前端收佣基金的份额被称为A类份额，延期收佣基金的份额被称为B类份额，而C类份额则由免佣基金发行。

无论是否需要支付佣金，所有共同基金账户都要受制于各种费用。投资者在挑选一种共同基金前应该考虑的一个主要因素就是基金的收费水平。这些费用要在投资组合被推荐给投资者前，从组合的收入中被剔除出去。由于投资者不直接支付费用，因而许多投资者没有意识到这些费用已经被剔除了。共同基金通常的收费如下：

- 可能发生的延期销售费用。赎回基金时收取的费用，是向金融专业人员的服务支付报酬的另一种方式。该费用一般适用于拥有所有权的前几年，随后就消失了。
- 赎回费。赎回基金份额的后端收费，以赎回价格的一定金额或者百分比来表示。
- 交易费。将在同一家基金公司的资金从一种基金转为另一种基金时收取的费用。
- 账户维护费。一些基金收取的维持低余额账户的费用。
- 12b-1费用。如果存在的话，是指从基金资产中扣除营销和广告费用，或更普通的是销售人员的工资。按照法律，12b-1费用不能超过每年基金平均净资产的1%。

显然，共同基金的经理有很多机会向投资者收取费用。投资者应该在投资前谨慎评估共同基金的费用结构，因为这些费用的范围可以为每年0.25%~8%。没有研究表明投资于那些收费较高的基金的投资者可以得到更多收益。相反，扣除费用后，大多数费用较高的共同基金反而没有费用较低的共同基金表现好。

在过去的20年里，共同基金行业的内部竞争实质上导致了费用的降低。1990~2012年，股票共同基金的股东平均总成本减少了20%以上。债券基金的成本下降了31%。毫无疑问，一个促进费用减少的因素就是美国证券交易委员会对共同基金的明确要求，要求共同基金明确披露投资者需要承担的所有费用和成本。美国证券交易委员会甚至要求共同基金在招股说明书中包含标准化的样本账户，说明1万美元在1年、3年、5年以及10年内的投资去向。这一分析确切地向投资者说明了如果他们挑选该基金，将要支付多少费用。费用披露的要求是投资者能够很容易比较各种基金，因此增加了基金之间的竞争性。

20.6 共同基金的监管

共同基金是由四个旨在保护投资者的联邦法律来监管的。1933年《证券法》要求基金进行信息披露，1934年《证券交易法》制定了涉及基金份额买卖的反欺诈条例，1940年《投资公司法》要求所有基金都要在证券交易委员会注册登记，并要求满足一定的营业标准。最后，1940年《投资顾问法》要求对投资顾问进行监管。作为政府监管的一部分，所有资金都必须免费提供两种类型的文件：招股说明书和股东报告。共同基金的招股说明书说明的是基金的目标、费用和支出以及投资策略和风险，它还介绍如何购买和出售基金份额的信息。美国证券交易委员会要求基金在投资前或者与首次投资的确认书一起提供完整的招股说明书。

股东年报和半年报包括资金近期的运作情况以及基金的财务报表等其他重要信息。通过分析这些报表，投资者可以知道基金是否有效实现了基金的招股说明书中所描述的目标和投资策略。

此外，共同基金会向投资者发送年度报告，详细说明基金分红的联邦税收待遇。同股东持有标的证券一样，共同基金股东直接按照基金收入纳税。同样，任何基金获得的免税收入通常也会带给股东免税的收益。

投资基金由经纪公司和机构投资者经营，其中机构投资者在美国控制了50%以上的流通股票。超过70%的股票日常交易量是在机构之间进行的。许多共同基金由经纪公司经营，其他的共同基金则由独立的投资咨询公司经营。由于股票的交易量由这些投资者来控制，因此行业内部面临着激烈的竞争，这导致了成本的显著下降以及交易方式的增加。例如，在交易中淘汰了交易商的计算机交易，占股票交易的百分比不断增加。

共同基金是美国唯一被法律要求设立独立董事的公司。美国证券交易委员会认为独立董事在共同基金的监管中能够发挥至关重要的作用。2001年1月，美国证券交易委员会采取了实质性规则修正法案，旨在加强投资公司董事的独立性，并向投资者提供更多评估董事独立性的信息。这些规则要求：

- 独立董事至少应该占董事会的多数席位。
- 独立董事挑选和任命其他的独立董事。
- 基金独立董事的任何法律顾问都必须是独立的法律顾问。

此外，美国证券交易委员会要求共同基金公布有关董事的详细信息，包括他们的业务经验以及所持有的基金份额。这种监管共同基金股东利益的体系有助于行业避免系统性风险，同时很大程度上促进了公众对共同基金的信心。

20.7 对冲基金

对冲基金（hedge fund）是一种特殊类型的共同基金，一定程度上由于近期长期资本管理公司的破产，对冲基金得到相当大的关注。在第24章中，我们将讨论金融市场如何在各种不同的情况下使用对冲来减少风险。然而，这些减少风险的策略不能与对冲基金相互混淆。尽管对冲基金常常试图保持市场中立，以免受到整个市场变化的影响，但对冲基金并不是没有风险的。

为了说明一笔典型的对冲基金交易，我们来考虑一下1994年长期资本管理公司所做的一笔交易。基金经理注意到29.5年期美国长期国债似乎比30年期美国长期国债便宜。经理认为，这两种债券的价值将会随着时间流逝而变得一致。由于29.5年期美国长期国债与30年期美国长期国债的到期风险差异很小，因此这两种证券所拥有的风险几乎相同。为了从债券价格的这种暂时性差异中赚取利润，该公司购入20亿美元的29.5年期美国长期国债，同时卖空20亿美元的30年期美国长期国债（卖空意味着公司借入自己并不拥有的债券，并将其卖出。之后公司必须以期望的较低价格将债券买回，以弥补其卖空头寸）。长期资本管理公司的净投资为1 200万美元。6个月后，该公司购买30年期美国长期国债同时卖出29.5年期美国长期国

债,弥补了空头。这笔交易得到了2 500万美元的利润。[一]

在本次交易中,基金经理并不关心整个债券市场是上升还是下跌。从这个意义上说,交易是市场中立的。获取利润的全部要求就是债券价格的重合,事实正如所预料的那样发生了。对冲基金经理在全世界范围内寻找相关证券间的定价异常现象。图20-8显示了对冲基金可以投资的一种情况。证券A和B的价格随着时间同步变动。在某一点,它们的价格开始偏离,这就创造了机会。对冲基金将会购买证券B并卖空证券A,因为相对于证券A,证券B的价格预计会上升。基金经理希望证券B的收益高于证券A的损失。有时,对机会的寻求会导致对冲基金采取一些其他不常见的方法,从投资不良证券到参与风险资本融资。

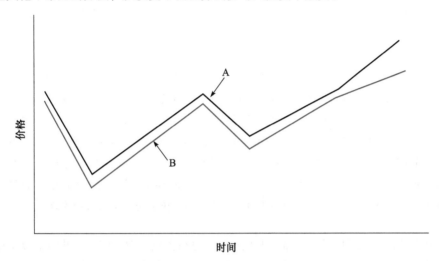

图20-8 两种类似证券的价格

注:对冲基金寻找历史上价格同步变动但出现暂时偏离的相关证券。在这个例子中,对冲基金将卖出证券A并买入证券B。

除了使用个人和机构的资金进行投资外,对冲基金通常设置信用卡的信用额度来平衡投资。例如,在我们的例子中,长期资本管理公司以1 200万美元的投资获得了2 500万美元的利润,回报率是108%(=(2 500 - 1 200)/1 200)。假定1 200万美元中的一半为借入资金。忽略利息成本,投资股票的回报率为317%(=(2 500 - 600)/600)。长期资本管理公司宣称其杠杆比率为20:1。然而,在公司危机时候,这个数字实际上接近50:1。专栏20-2讨论了长期资本管理公司最终是如何依靠私人救助计划来防止其破产的。

专栏20-2 小案例

长期资本管理公司的崩溃

长期资本管理公司是一家对冲基金公司,由团队进行管理,该团队包括两名诺贝尔奖获得者和其他25名博士。而这在1998年9月却成为头条新闻,因为它需要纽约联邦储备银行组织的私人拯

[一] *Wall Street Journal*, November 16, 1998, p. A18.

救计划。

长期资本管理公司的经历表明，尽管对冲基金是市场中立的，但它们不是没有风险的。长期资本管理公司预测长期国债与长期公司债券之间的价差会缩小。世界各地许多股票市场暴跌，导致等级下降。投资者哄抬长期国债的价格，而企业证券的价格下跌。这恰好与长期资本管理公司的预测相反。随着损失的增加，长期资本管理公司的债权人要求基金增加其股本头寸。

到9月中旬，长期资本管理公司无法筹集足够的资金以满足债权人的要求。公司面临破产的可能，以及包括800亿美元股票和名义价值超过1万亿美元的衍生工具投资组合的高度杠杆化，使得联邦储备系统开始介入，以防止该基金破产。美联储的理由是长期资本管理公司资产组合的突然清算会导致无法接受的系统性风险，数百亿美元的证券将流入已经动荡不安的市场，这会导致大量贷款人和其他机构的巨大损失。一个由银行和经纪公司组成的小组投入了超过36亿美元的救援资金，以防止基金破产。

尽管没有花费公共资金，但美联储参与组织长期资本管理公司救援的行为还是备受争议。一些批评家认为美联储的干预增加了道德风险，削弱了市场对基金经理的约束。然而，其他批评家认为，如果基金破产，那么它导致的巨大经济损失是无法接受的。对长期资本管理公司进行救助后，对冲基金仍继续下跌。2006年9月，Amarath Advisors 公司在天然气期货交易中失利，一周内下跌了60亿美元。这是当前历史上最大的对冲基金崩溃。其他使投资者遭受巨大损失的基金包括 Advanced Investment Management（损失了4.15亿美元）、Bayou Management（损失了4.50亿美元）以及 Lipper Convertibles（损失了3.15亿美元）。对冲基金对于有钱的投资者是一个高风险的游戏。

对冲基金从许多人手中筹集资金，并代表他们进行投资，但与传统的共同基金相比存在着几个显著特征。首先，对冲基金有从10万美元到200万美元不等的最低投资要求，通常最低投资金额为100万美元。长期资本管理公司要求1000万美元的最低投资。大多数对冲基金的设立形式是有限合伙制。联邦法律限制对冲基金的合伙人不得超过99个，合伙人要有20万美元或更多的稳定年收入，或者除住宅外净资产达到100万美元。如果每个合伙人都有500万美元的投资资产，则对冲基金最多可以拥有499个有限合伙人。所有的这些限制旨在允许对冲基金在很大程度上不受约束，其理论基础是富人能够照顾自己。4000只对冲基金中有许多是在海外被设立的，以逃避所有的监管限制。

其次，对冲基金的独特之处在于它通常要求投资者将资金投入相当长一段时间，一般是几年。这种要求的目的是给基金经理留出时间以尝试长期投资战略。

对冲基金通常向投资者收取高额费用。典型的基金每年收取1%的资产管理费加上20%的利润。有些收取的费用更高。例如，长期资本管理公司向投资者收取2%的资产管理费以及25%的利润。

尽管有种说法，富人不需要对冲基金投资的风险监管保护，但美国证券交易委员会于2006年通过了要求对冲基金顾问注册的规定。美国证券交易委员会列举了推动新举措的两个方面的担忧。首先，它担心对冲基金顾问不断滋长的欺诈行为。其次，它对更多投资者通过"零售"参与对冲基金表示担心，这一规定刚好加强了这方面的监管。通过要求对冲基金顾问注册，美国证券交易委员会可以进行现场考察。美国证券交易委员会认为这些考察对于保护国家的证券市场以及对冲基金是必要的。

20.8 共同基金行业的利益冲突

在第 7 章中，我们讨论了金融行业的利益冲突问题，并得出结论，根据近期观察，许多公司治理问题都源于委托 – 代理关系。本节将这一讨论扩展至曾遭受丑闻、罚款以及起诉等问题的共同基金。几个共同基金经理和首席执行官甚至已经被判入狱。

投资者对共同基金行业的稳定性和真实性的信心是至关重要的。当前，大多数人都是自己负责规划退休方案，而大多数投资都流入各种各样的基金中。如果这些基金只是利用投资者或无法提供应得的回报，投资者会发现自己不能退休或者不得不改变其退休计划。没有人认为共同基金能够或者应该保证任何明确的回报。然而，共同基金应该平等对待投资者并准确地披露风险和费用。共同基金还必须遵守它所公布的对每只基金进行管理的政策和法规。

20.8.1 利益冲突的根源

当存在信息不对称以及委托人和代理人的利益关系不再密切相关时，利益冲突就产生了。共同基金的治理结构就创造了利益冲突问题。共同基金的投资者作为股东，可以选举董事，董事可以为投资者争取利益。之后，由董事选举实际运作共同基金的投资顾问。然而，鉴于大量投资者都投资于一般基金，会产生搭便车的问题，从而阻碍投资者对董事或者投资顾问的监督。

股东依靠董事监督投资顾问。不幸的是，近期的证据表明董事没有足够努力地去制止滥用特权。补偿投资顾问的激励结构并不能保证他们有动力将股东的财富最大化。在缺乏监督的情况下，投资顾问将试图增加自己的费用和收入。例如，假定一个机构投资者为了得到其他投资者不能得到的特殊交易特权而将巨额存款投入基金。既然投资顾问已经从管理中得到了一定比例的资金作为补偿，他们可以选择提供特殊的交易方式来增加他们的收入。近期关于共同基金的负面消息都起因于这种不一致的利益。专栏 20-3 讨论了一些著名的共同基金的丑闻。

专栏 20-3 利益冲突

很多共同基金忽视道德标准

共同基金行业中一些众所周知的基金遭到纽约首席检察官以及美国证券交易委员会的抨击。在巴尔的摩，投资者对 18 家不同公司提起了超过 300 个法律诉讼，并在联邦法院得以解决。共同基金急于解决诉讼及其背后的负面宣传。9 家公司同意向投资者支付 1.6 亿美元赔偿，并减少 8.55 亿美元额外费用。以下列举了其中较大规模的案件：

- 联合资产管理公司被指控允许交易员从事市场择时交易。该公司将削减 3.5 亿美元的费用，并向股东支付罚款和赔偿共 2.5 亿美元。
- 美国银行与 Canary Capital Partners 公司一同被牵连进延迟交易和市场择时交易，并同意减少 1.6 亿美元的费用以及支付 3.75 亿美元的罚款和赔偿。

- Janus Capital Management 公司将减少费用 1.25 亿美元，并支付罚款与赔偿 1 亿美元。
- 第五大家庭基金公司 Putnam Investment 同意减少 1 000 万美元费用，并支付 1 亿美元的罚金与赔偿。

除了罚款、赔偿以及费用削减，一些个人投资经理还被指控从事犯罪活动。Fred Alger & Company 的副董事长小詹姆斯·康奈利由于介入共同基金的特惠待遇以及谋私交易而被判入狱。

资料来源：*Wall Street Journal*，July 14，2004，p. C1.

20.8.2 共同基金的滥用

2001 年以来，共同基金行业可以吹嘘自己已经"超过 60 年与重大丑闻没有任何关系了"。当纽约首席检察官开始调查共同基金从事的各种活动时，比如破坏对股东的信托责任、违反自己的政策以及在某些情况下违反了美国证券交易委员会的法律，这一说法就改变了。大多数的滥用职权集中在两种活动上：延迟交易和市场择时交易，这两种活动都利用开放式共同基金的结构，将所有交易按照下午 4 点交易关闭时的净资产值进行交易，为股东提供基金每日的流动性。

1. 延迟交易

延迟交易指的是允许下午 4 点以后的交易按照 4 点的交易价格进行交易的行为，而这些交易应该按照第二天的价格进行交易。假定周三下午 4 点时，一只技术类基金的净资产价值为 20 美元。现在假设交易员在下午 6 点收到消息，惠普、英特尔和微软发布季度报告，称上个季度的收入增长了 50%。那些了解这一消息将会带来行业影响的交易员，可能希望以 20 美元的价格购买该基金。他们确信周四的净资产价值将大幅度提高，从而可以迅速获利。延迟交易者能够以 4 点的价格进行交易，在第二天买卖该基金，从而获得利润。

首席检察官在国会听证会上报告说："延迟交易就像在马冲过终点之后，人们才在那匹马上下赌注一样。"按照美国证券交易委员会的规定，延迟交易是非法的。这么多年都未被察觉的原因在于，一些特定的延迟交易是监管认可并且合法的。如果一位经纪人在 2 点收到客户的买入指令，该指令可能没有与其他指令撮合在一起，没有在 4 点前被传送至基金交易程序。由于投资者是在股市关闭前提交的指令，他们并不能从延迟交易中获利。此时，延迟交易只是为投资者赶上指令交易程序提供了一个机会。然而，大量投资者利用这种特殊交易安排时，是以牺牲其他股东的利益为代价的，这就冲破了法律的底线。

2. 市场择时交易

虽然市场择时交易在技术上是合法的，但它仍然被认为是不道德的，并被几乎所有共同基金的政策标准明确禁止。市场择时交易涉及利用不同地区的时差获得套利的机会，尤其是外国的股票投资。共同基金使用大多数近期可获得的外国价格设定 4 点闭市净资产价值。然而，这些价格可能已经非常滞后了。例如，日本的股市比美国早关闭 9 个小时。如果在日本公布的消息没有反映在其闭市价格上，购买净资产价值下的滞后价格就存在套利机会。

大多数共同基金通过收费来组织这些快速进出的交易。然而，如果诸如美国银行这样的投资者将大量存款投入基金，这些费用就可以被忽视。这正是爱德华·斯特恩和 Canary Capital

Partners 所做的事情。2003 年 9 月,斯特恩因为允许美国银行从事延迟交易和市场择时交易而被处以 4 000 万美元的罚款。

为了更好地理解共同基金的股东是如何被延迟交易和市场择时交易伤害的,假定一只技术类基金持有各种公司的股票,其当前总市场价值为 350 美元。进一步假定你拥有基金已发行 10 股中的 1 股。该基金的净资产价值将为每股 35 美元。现在,假定市场收盘后科技行业宣布其收益比预计的高,每个人都认为第二天早上市场开盘的时候基金的价值会达到 400 美元。你的基金份额的净资产价值将达到 40 美元。然而,如果另一个拥有特权的投资者被允许在下班后以 35 美元的价格购买一份基金,你的净资产价值将被稀释。由于市场已经关闭,基金不能购买额外的股票,因此,从拥有特权的投资者处得到的 35 美元只能以现金的形式持有。结果,第二天早上基金资产的价值将为 435 美元(400 美元的股票以及 35 美元的现金)。净资产价值将变为 39.54 美元而不是 40 美元。购买该基金的所有原始投资者每股都将损失 0.46 美元,而特权投资者将获得 4.54(= 39.54 − 35) 美元。

市场择时交易和延迟交易对于投资者所造成的成本很难估计,因为没有关于这些滥用职权的实际情况的可靠统计数据。根据一项学术研究估计,长期投资者的损失高达 49 亿美元。⊖ 专栏 20-4 讨论了共同基金滥用是如何为人所知的。

专栏 20-4　利益冲突

共同基金滥用是如何为人所知的

2003 年 9 月,纽约首席检察官宣布他的部门将起诉若干名共同基金经理,他使许多监管部门措手不及。起诉的对象为对证券滥用的公司。共同基金行业可能也存在滥用行为的揭露,使得其在国会前迅速召开听证会。在这些听证会上,证券交易委员会的首席执行官斯蒂芬·卡特勒展示的结果表明,共同基金的非法交易比任何人所能想象的还要广泛。在最大的 88 家共同基金公司(占该行业总资产的 90%)的样本中,证券交易委员会称大约有 25% 的经济交易商被允许从事非法的延迟交易。此外,一半的资金被有特权的股东用来从事市场择时交易。最后,调查研究表明超过 30% 的基金公司承认,其基金经理与有利的股东分享过敏感的投资信息。

20.8.3　政府对共同基金滥用的回应

美国证券交易委员会前主席亚瑟·莱维特承认,尽管这次丑闻十分糟糕,但他没有预见到它的到来。事实上,被认为应该对共同基金行业进行监管的美国证券交易委员会并非最先调查共同基金滥用的机构。纽约首席检察官埃利奥特·斯皮特通过控告共同基金行业中的许多玩家,发现了美国证券交易委员会没有意识到的事件。现在这个问题已经普遍被承认了,美国证券交易委员会和国会试图保证这些基金的安全。

⊖ See Eric Zitzewitz, *Journal of Law, Economics & Organization* 19, no. 2 (2003): 245-280; Jason Greene and Charles Hodges, *Journal of Financial Economics* 65 (2002): 131-158; and Goetzmann, Ivkovic, and Rouwenhorst, *Journal of Financial and Quantitative Analysis* 36, no. 3 (September 2001): 287-309.

- 更多独立董事。立法要求基金拥有一个独立的董事会主席，并且董事会的多数成员必须独立。此外，独立的董事会成员必须每年举办一次没有基金经理出席的行政会议。这项立法还要求这些独立的董事会成员有权雇用支持其监管的员工。
- 下午4点计算净资产价值规则的固定化。通过更严格地执行下午4点后的交易按照第二天的净资产价值计算，而不是以滞后的净资产价值进行计算的规则，延迟交易行为是可以避免的。然而，这些提议也是有争议的，因为它们惩罚了那些由于订单积压而未及时完成交易的投资者。这些争议也无法阻止跨时区进行市场择时交易的套利行为。
- 增加和提高赎回费用。大多数基金针对市场择时交易已经有一个政策，并对那些在60日或90日内卖掉所购买的股份强加了赎回费。这些费用通常是随意的，在共同基金滥用的案例中被禁止。强制收费的这个问题在于会对那些由于紧急情况而意外赎回的投资者进行惩罚。评论家认为，这项费用使得共同基金的吸引力降低，减少了它们的受欢迎度。2005年3月，这个争论的结果是一项自动赎回费用法规生效。法规要求董事会考虑其是否应该为了保护股东的权益而对市场择时交易滥用强加费用。
- 其他规则都遵循美国证券交易委员会所采取的最普通的方法——增加面向公众的运营操作的披露。董事要求更加清楚且公开地揭示基金投资者与基金经理之间的任何关系，要求基金经理更清楚地披露薪酬安排以及如何收取费用，还要求提供更多有关共同基金和销售经纪人薪酬安排的信息。市场利用这一策略惩罚那些利用利益冲突的公司。

本章小结

在过去的20年中，共同基金一直迅速增长。一部分原因是负责管理自己退休金账户的投资者增多。在其他因素中，流动性的增强以及多样化也同样非常重要。当前有超过7 500个独立的共同基金，净资产超过13万亿美元。

共同基金的组织形式可以是开放式基金，也可以是封闭式基金。封闭式基金在基金首次发行以后就不再接受额外的资金。大多数基金都是以开放式基金的形式组织发行的，只要有新资金流入，就可以发行额外的份额。每天都会对基金份额的净资产价值进行计算。所有当天的交易都根据净资产价值进行。

共同基金的主要分类为股票基金、债券基金、混合基金以及货币市场基金。股票基金和债券基金可以由投资经理进行主动管理或作为指数基金结构化，这种基金由标准普尔500指数等指数下的证券组成。

对冲基金试图通过对历史上证券之间的关系与当前市场条件间的偏差进行交易来赚取收益。

共同基金违反美国证券交易委员会规定和公司内部政策的丑闻已被广为人知。大部分滥用职权的案件都集中在由投资者投入大笔资金存款以换取特权得以参与市场择时交易和延迟交易。根据基金的总资产而不是收益来收费的费用结构所导致的利益冲突问题要对此负有部分责任。

简答题

1. 共同基金和投资环境的哪些特点导致了共同基金最近20年的快速成长？

2. 假设你每个月最多可以储蓄300美元，而且你想购买只有大额基金才能购买的证券。共同基金的什么好处对你有特别的吸引力？
3. 阅读完第6章后，威廉意识到向共同基金经理支付费用，让他们为他选择股票或者证券是没有意义的。但是，他仔细考虑后，决定购买共同基金的份额。你能解释一下他最后决定的原因吗？
4. 区分开放式共同基金与封闭式共同基金。
5. 讨论某共同基金认为提供50只或60只不同股票型共同基金会获利的原因。
6. 指数基金与积极管理基金有什么区别？
7. 假设一家共同基金的年回报率为12%，并为此收取预付费用（相当于初始投资额的1%），另一家共同基金宣称同样的回报率，但每年收取3%的费用。假设这两种基金都能实现12%的回报率。如果你现在25岁并且开始为你的退休进行储蓄，你会选择哪家基金？如果你现在55岁呢？
8. 考虑到过去20年共同基金费用的演变，你认为共同基金之间的竞争是好还是坏？
9. 对冲基金与其他类型的共同基金有什么区别？
10. 哪些因素推动了货币市场共同基金的增长？
11. 回想一下，根据2010年《多德-弗兰克法案》的规定，系统重要性金融机构（SIFI）必须维持资本储备（可能高达该基金资产的8%）。如果共同基金被认定为SIFI，对共同基金的业绩有什么影响？
12. 股东与投资经理之间利益冲突的主要来源是什么？
13. 共同基金中的延迟交易指的是什么？
14. 共同基金中的市场择时交易指的是什么？
15. 为了处理共同基金行业的滥用行为，监管当局采纳或正在考虑的监管变革都有哪些？

计算题

1. 一家共同基金征收4.2%的前端佣金。如果你不想每年支付超过1.7%的费用（假设你持有该基金30年），那么你愿意支付的最大的年费用比例是多少？
2. 一家共同基金公布年底总资产为23.47亿美元。如果费用总额达1858万美元，则费用比例为多少？
3. 一种共同基金提供A类份额，其前端佣金为5%，费用比例为0.76%。该基金还提供B类份额，其延期佣金为3%，费用比例为0.87%。如果投资者在18年的期限内进行投资，哪类更合适？
4. 计算下面基金的净资产价值，假设该基金有3500份流通在外。如果股票C涨到33.41美元，计算该基金的资产净额变化百分比。

股票	基金拥有股票份额	价格（美元）
A	500	5.74
B	6 000	65.10
C	3 000	12.04
现金	不适用	4 368.40

5. 计算下面基金的净资产价值，该基金有500万份流通在外。假设你一年前以5.06美元的价格购买了该基金的份额，计算你的投资收益率为多少？

（单位：美元）

股票（按目前市价）	15 000 000
债券（按目前市价）	12 000 000
现金	800 000
资产总值	27 800 000
负债	−200 000
净资产价值	27 600 000

6. 在12月30日下午4点时，一只共同基金的资产和价格如下：

股票	基金拥有股票份额	价格（美元）
1	1 000	1.97
2	5 000	48.26
3	1 000	26.44
5	10 000	67.49
6	3 000	2.59

7. 一位投资者向该基金投入了一张价值5万美元的支票。如果该基金不征收前端佣金，计算基金的新份数以及价格。假定基金经理购买了1 800股股票3，其余的资金以现金形式持有。

8. 在1月2日下午4点基金的价格如下：

股票	基金拥有股票份额	价格（美元）
1	1 000	2.03
2	5 000	51.37
3	2 800	29.08
4	10 000	67.19
5	3 000	4.42
现金	不适用	2 408.00

计算该基金的净资产价值。

9. 假定一位新投资者出售420份基金。他获得的利润为多少？该基金的年回报率是多少？基金出售800股股票4来筹集所需要的资金。假定每年250个交易日。

10. 为了防止对该基金的短期投资，该基金现在征收5%的前端佣金以及2%的延期佣金。同一个投资者决定将5万美元重新投资于该基金。计算该基金流通在外的新份数。假定基金经理用这笔现金买回同样数量（100的倍数）的股票4。

11. 1月3日下午4点基金的价格如下：

股票	基金拥有股票份额	价格（美元）
1	1 000	1.92
2	5 000	51.18
3	2 800	29.08
4	9 900	67.19
5	3 000	4.51
现金	不适用	5 353.40

计算该基金新的净资产价值。

12. 由于对这样的结果不满意，新投资者出售了389.09份。该投资者获得的利润为多少？新的基金价值是多少？

网络练习

投资银行、中介公司和共同基金

1. 晨星公司是一家专门分析和评论共同基金的著名公司。在很多网站上都可以找到晨星公司公布的分析报告。访问www.quicken.com/investments/mutualfunds/finder。根据你的投资偏好在网站上运用"EasyStep Search"功能，你能找到以你愿意支付的费用比例为你提供回报的基金吗？

2. 共同基金行业公布了一份包含大量共同基金历史数据和当前状态的报告。访问www.ici.org，点击"Research and Statistics"，再点击"Fact Books"。

    （1）第一部分讲述了共同基金行业的概述。挑选没有在本教材中公布的数据，并就此做报告。

    （2）第二部分讲述了共同基金行业的发展趋势。讨论股权回报率与对股票型共同基金购买意愿之间的关系。

    （3）根据第4章，目前家庭所持有的共同基金占共同基金总资产的百分比为多少？

    （4）根据第4章，共同基金投资者的平均年收入为多少？

第21章

保险公司和养老基金

预 览

本章我们将继续研究金融机构,进一步考察两种非银行金融机构——保险公司和养老基金。保险在美国是一个重要行业。大多数人持有一种或多种类型的保单(健康保险、人寿保险、房屋保险、汽车保险、伤残保险等),保险公司的年均收入超过9 150亿美元。保险公司也是一个重要的吸纳人才的雇主,尤其是商科专业人才。图21-1显示了1960~2015年保险行业雇用的人员数目。这个数字在20世纪60年代、70年代和80年代早期增长迅速(目前,远超过200万的美国人在保险行业就职)。然而近几年,增长速度出现下降趋势。对于这种现象,有两种可能的解释。首先,技术进步简化了赔付过程,导致对后勤办公人员的需求下降。其次,来自其他金融机构(如商业银行和经纪公司)的竞争,可能减少了保险公司某些特有的传统业务的业务量。

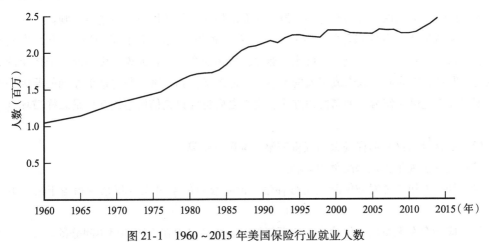

图21-1 1960~2015年美国保险行业就业人数

资料来源:https://www.acli.com/.

保险业的一个主要竞争者是公司发起的私人养老金计划。相比从前,接受过良好教育并长寿的职工把更多的资金存入养老基金。超过6 500万个人正投资于私人养老基金。这些计划在本章中也将会被介绍。

保险公司和养老基金之所以被视为金融中介,有多种原因。首先,它们从客户方收取资金。比如，当客户购买人寿保险时，这个客户在获得人寿保险保障的同时，还能在其账户中累积现金余额。许多人将保险公司视作最主要的投资渠道。相似地，私人养老基金也从它们的客户那里吸收投资资金。其次，这些机构都将资金配置于多种盈利性投资组合。保险公司和养老基金从事大额抵押贷款业务，投资于股票及购买债券。因此，这些机构从一方吸收资金并投资于另一方，属于金融中介。

21.1 保险公司

保险公司的主要经营业务是替客户承担风险并收取保险费用。保险公司的利润来自所收取的保费高于预期所支付的赔偿额。为什么人们在知道保单整个存续期间所支付的保费可能高于损失的预期数额时，还要购买保险呢？因为大多数人都是风险厌恶的。他们宁可支付一个**确定性等价**（certainty equivalent），如保费，也不愿冒可能损失房子或者车子的风险。因此，正因为人们是风险厌恶的，比起遭受风险、面对财富损失的风险，人们更愿意购买保险以确定他们的财富数量（他们的当前财富减去保费支出）。

想象一下，如果保险业不存在，那么人们的生活将怎样改变？没有保险公司在危机发生时予以救助，每个人将必须做出储备安排。这些储备不能用于长期投资，而是必须保持极好的流动性。而且，人们会一直担心他们的储备将不足以支付灾难性事件造成的损失，如房子失火、车子遭窃及家庭支柱离世。保险使得单一事件对我们的生活只产生有限的经济影响，从而使我们能够安心。

21.2 保险公司的基本原则

虽然保险种类及保险公司有许多，但是所有的保险都服从以下几点基本原则。

（1）被保险人（保险保障的一方）和受益人（损失发生时接收到赔偿的一方）之间必须有关联。除此之外，受益人应当是可能遭遇潜在危害的个体。比如说，你不能为未成年的邻居购买驾驶保单，因为假如该未成年人发生事故，你未必受到伤害。制定这个原则的原因是保险公司不想人们把保险作为一种赌博的方式。我们之后将要讨论信用违约互换是怎样破坏这个规则的。

（2）被保险人必须向保险公司提供完整、准确的信息。

（3）被保险人不得从保险额中盈利。

（4）如果有第三方对被保险人进行补偿，保险公司的偿付义务将减少相当于第三方补偿的量。

（5）应当存在大量的被保险人，从而使保险公司的风险在不同的保单间分散。

（6）损失应当是可量化的。比如，一家石油公司不可以为尚未开采的石油产地购买保险。

（7）保险公司应当能够计算发生损失的可能性。

这些原则的目的是维持保险程序的健全。没有这些原则，人们会倾向于利用保险公司对未来事件赌博或者投机。情况严重的话，这种行为可能会导致保险公司无法对有真正保险需求的人加以保障。除此之外，这些原则提供了在很多保单之间分散风险并为每份保单设定价格的方法,从而提供盈利的预期。即使遵从这些指导原则,保险公司还是会受到信息不对称问题的困扰,正如我们在第2章中介绍的。

21.2.1 保险业的逆向选择和道德风险

回想一下,逆向选择发生时,最有可能从交易中获利的人是最积极寻求交易机会的人,也是最有可能被选中的人。在第2章中,我们选择了这样的场景讨论逆向选择,信用最差的借款人往往是最积极寻求贷款的人。这个问题也发生在保险市场上。谁更可能申请健康保险,是极少生病还是有长期健康问题的人?谁更可能购买洪水保险,是住在山上还是住在河谷里的人?在这两个事件中,最可能遭受损失的一方也是最可能购买保险的一方。逆向选择的含义是所收集的整体损失概率数据也许并不能准确地反映迫切购买保险的个体的潜在损失可能性。

除了逆向选择问题,道德风险也困扰着保险行业。道德风险发生在当损失已经被保险,而被保险人没有采取合理的预防措施以避免损失时。例如道德风险可能使你不锁车门,因为假如车被盗,你可以从保险公司那里得到补偿。

保险公司防止道德风险的一种方式是要求一个免赔额。**免赔额**(deductible)是指在保险公司赔偿前,被保险人应当首先支付的损失额度。除了免赔额,在保险合同中还有很多其他条件用以降低风险。比如,经火灾保险保障的企业必须在建筑物上安装和维护一个喷洒系统以减少火灾发生时的损失。

虽然合同条款和免赔额有助于减少道德风险问题,但这些问题仍然是保险公司的一个难题。保险行业对道德风险和逆向选择的反应将在本章后面的专栏21-2中进行详细讨论。

21.2.2 保险销售

另一个保险公司常见的问题是人们对保险的寻求通常低于实际需要。举例来说,人的本性使得人们倾向于忽视死亡率。因此,不像许多银行服务,保险自己不会自动出售。相反,保险公司必须雇用大量的销售人员卖出产品。销售的花费可以占到保单全部成本的20%。一个好的销售人员可以劝服人们购买那些他们不会主动寻求但确实需要的保险保障。

保险的独特性在于代理人出售了一件使公司承担风险的产品。代理人和公司的关系是多种多样的:独立代理人可以为不同公司卖保险。他们没有任何特有的对于某家公司的忠诚,只是尝试为顾客选取最好的产品。在美国有超过6万个独立代理人。独家代理人(exclusive agents)只为一家保险公司出售保险产品。

大多数代理人(独立的或者独家的),报酬都以佣金形式获得。代理人本身通常不关心任何保单的风险水平,因为当损失发生时,他们没有什么可损失的(极少有代理人的佣金受客户的索赔请求影响)。为了控制住代理人代表公司引致的风险,保险公司雇用一些**核保人员**(underwriter),他们审查和签署每一个由代理人签写的保单,当认为风险不可接受时,他们也有权力拒绝该保单。如果核保人员对顾客资质有疑问,他们可以要求开展一次独立的调查以审查被保险人的财务或者要求更多的医治信息。最终接受保单的决策可能依赖于调查者的报告(见专栏21-1)。

专栏21-1 小案例

保险代理商：客户的盟友

1985年在南加利福尼亚州为保诚保险公司工作的一个核保人员负责审核许多出售财产保险的代理商。当一个保险代理商出售了许多火灾保险单，并在投保财产上装有消防栓的时候，将清楚地以图片形式记载并附在保单中。然而，这个代理商在一张保单上犯了一个错误，当他从不同角度拍摄这个投保财产时，图片中包含了自己的汽车。图片显示了一个塑料消防栓靠在他敞开的汽车尾箱上。每当他需要给出一个较低报价以争取业务时，他都将这个消防栓附在投保财产上。

这个代理商既没有被辞退，也没有被起诉。他只是被建议停止这种行为，而且他的保单仍然被公司接受。

21.3 保险公司的组织和发展

图21-2显示了1950~2014年保险公司的数目。直到1988年，数量增长都一直保持稳定。从1988年以后，数目开始持续下滑。图21-2中另一个有趣的观点是，保险公司可以被组织成股份或者互助保险公司。**股份保险公司**（stock company）是由股东持有并且以盈利为目标。

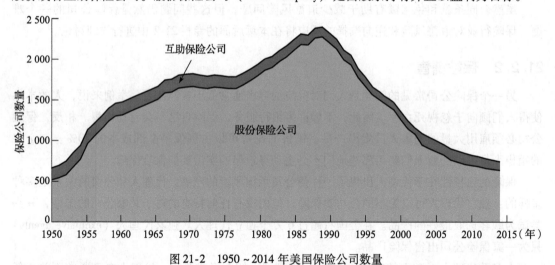

图21-2 1950~2014年美国保险公司数量

资料来源：https://www.acli.com, Life Insurance Fact Book.

互助保险公司（mutual insurance company）由保单持有者拥有。互助保险公司的目标是以可能的最低成本为被保险人提供保障。投保人获得分红，分红反映的是保费超出成本的盈余。保单持有者共同分担减少保险成本的责任，因此许多保险公司遇到的道德风险问题就可能有所减少。互助保险公司的一个特征是它们不必像其他公司获得收益那样要征税。国家税务总局将这些收益视为对于超额保费的退还。

许多新的保险公司以股份制形式成立。如图21-2所示，很少有保险公司以互助合作的形式存在。

21.4 保险的种类

保险以希望规避的意外事故种类划分。最常见的形式是健康保险、人寿保险和财产及意外保险。在最简单的形式中，人寿保险为死亡人的继承者提供收入。许多保险公司提供退休金和人寿保险的保单。在这种情况下，保费结合了人寿保险和储蓄计划的成本。人寿保险的成本依赖于如下因素，如被保险人的年龄、平均寿命预期、健康和生活方式（被保险人是否吸烟、是否参与危险的活动如跳伞等）以及保险公司的运行成本。

财产和意外保险保护财产（房产、汽车、船只等）免于事故、火灾、灾难及其他灾害的损失。比如，海损保险保障了船只和货物免于损失，是最古老的保险形式，甚至比人寿保险出现得更早。财产和意外保险倾向于签订短期合同及频繁续订。人寿保险与财产及意外保险的另一个显著的区别是后者没有储蓄成分。财产和意外保险仅仅建立在遭受损失可能性的基础上。这也是为什么在驾驶员有超速罚单、引起过事故或者住在一个犯罪多发区时，汽车保费会更高。每一个事件都增加了保险公司支付赔偿的可能性。

21.4.1 人寿保险

生命以一种可以预测的顺序展开：你工作了许多年同时为退休储蓄；然后你退休，依靠你早期的劳动成果生活，到一定年纪死去。问题是你可能去世得太早，没有时间供养爱的人，或者你可能寿命更长而花完了退休资金。对于大多数人而言，任何一个选项都是令人反感的。人寿保险的目的是最终免于对两者中任何一者的担心。虽然保险不能使你获得过早离世的安慰，至少可以让你在知道了保险已经足够供养继承人时变得安心。人寿保险公司同样想帮助人们为他们的退休储蓄。通过这种方式，保险公司支撑了客户的一生。

人寿保险公司的基本产品是寿险、伤残险、年金和健康保险。寿险在被保险人死亡时被支付，保护那些依靠持续收入生活的人。正如前面所提到的，在你去世后收到保险赔付的那个人被称为保单的受益人。伤残保险在被保险人因疾病或意外事故后丧失工作能力时补偿其部分收入。如果你的寿命比预期时间长，则**年金**（annuity）是对你有帮助的一种保险产品。如果你初始时支付了固定的数额或者定期支付一定的保费以后，那么保险公司会同意在你的生存期内每年向你支付一个固定的金额。如果你的寿命较短，保险公司的支付金额将会比预期的少。相反，如果你的寿命很长，保险公司的支付金额将会远远超过预期的支付额。

注意，在这些不同种类的保险中有一件怪事：尽管预测个人的生命预期或者伤残的概率很困难，但是当许多人投保的时候，保险公司应该支付的实际金额就能够被准确地预测出来。保险公司会收集并分析生命预期、健康索赔、伤残索赔和其他相关事件的统计数据。

例如，一个人寿保险公司可以通过使用预测生命预期的精算表来高度准确地预期何时必须支付死亡抚恤金。表 21-1 列出了在不同年龄水平上的人的生命预期。一位 25 岁的女性可以预期再活 56.9 年；然而，一位 25 岁的男性只能再活 52.5 年。

表 21-1　美国不同年龄水平的生命周期，2013 年

年龄（岁）	男性	女性	年龄（岁）	男性	女性
1	75.78	80.49	75	11.03	12.83
5	71.87	76.56	85	5.84	6.92
15	61.96	66.64	95	2.82	3.34
25	52.47	56.85	100	2.12	2.45
35	43.17	47.19	105	1.6	1.78
45	33.98	37.73	110	1.18	1.26
55	25.41	28.74	115	0.84	0.85
65	17.75	20.32			

资料来源：https://www.ssa.gov/oact/STATS/table4c6.html. Social Security Administration Actualarial Life Table.

大数定律（law of large numbers）表明，当很多人投保时，损失的概率分布呈正态分布，这种正态分布就可以用于精确预测。这个分布是很重要的，这是因为保险公司的投保人数以百万计，大数定律倾向于使得保险公司的预测值更准确，并为保单确定一个能使公司盈利的价格。

人寿保单防范的是家庭收入流的中断。人寿保险产品的种类包括期限人寿保险、终身人寿保险和万能人寿保险。

1. 期限人寿保险

人寿保险最简单的形式是期限人寿保险。该保险是在保单的有效期内，当被保险人死亡时，保险公司做出赔偿。保单的这种形式不包含储蓄成分。一旦保单过期，就没有任何剩余的收益。随着被保险人的年龄增加，死亡的概率会增加，所以保单的成本也会升高。例如，表 21-2 给出了一家大型保险公司的一位 40 岁的不吸烟男性投保 10 万美元期限人寿保险的保费估计。第一年的保费是 134 美元。当被保险人 41 岁时，保费上升到 147 美元，42 岁的时候保费上升到 153 美元，等等。当被保险人 60 岁时，10 万美元的人寿保险的成本是每年 810 美元。当然，保费率随保险公司的不同而不同，但是这些样本费率表明了随着被保人年龄的增长，期限保单的每年成本是如何提高的。

表 21-2　一位 40 岁的不吸烟男性价值 10 万美元的期限保单的年费

投保者年龄（岁）	成本（美元）	投保者年龄（岁）	成本（美元）
40	134	50	286
41	147	55	461
42	153	60	810
45	192		

一些期限保单的保费在几年（通常是 5~10 年）内是保持不变的。此外，递减的期限保单收取固定的保费，但是保险金总额每年都会递减。

期限保单在历史上很难销售，这是因为保单一旦到期，保单持有者将会无法得到任何偿付。这个问题可以由终身人寿保险解决。

2. 终身人寿保险

如果保单持有人死亡，终身人寿保单将会向其支付死亡抚恤金。终身人寿保险通常要求投

保人在保单的有效期限内支付一定的保费。最初，被保险人支付的保费高于购买期限人身保单的费用。这种超额支付作为现金价值累积起来，被保险人可以以合理的利率进行拆借。

生存者津贴也有助于累积现金价值。当被保险人中有人死亡时，剩下的现金价值都在生存者中被分配。如果保单持有者在保单到期时依旧生存着，那么他就能够获得保单的现金价值。该现金价值能够用来购买年金。以这种方式，终身人寿保单就能宣称覆盖了被保险人的整个生命周期。

3. 万能人寿保险

20 世纪 70 年代末，终身人寿保单不再受欢迎，因为从保单保费所获得的收益率低于从其他投资中所获得的收益率。例如，假定一位投资者购买了一份期限保单而不是终身人寿保单，并且将这两种保费的差额用于投资。如果她在终身人寿保险的期限内每年都这么做，她将能够支付期限保险，并通过投资获得比她一开始购买终身人寿保险保单更多的金额。投资顾问和保险代理人开始引导客户远离终身人寿保险。销售的宣传语变为"购买期限保险，并投资其与终身人寿保险的差额"。因为保险代理人也会销售其他的投资项目，他们不会受这种保险计划改变的影响。为了防止资金流出公司，保险公司推出了万能人寿保单。

万能人寿保险结合了期限人寿保险和终身人寿保险的优点。万能人寿保险的最大优点是现金价值能够以更高的比率累积。

万能人寿保险由两部分组成：一部分是期限人寿保险，另一部分则是储蓄部分。万能人寿保险的一个重要优势是，同其他的投资计划相比，账户储蓄部分所获得的利息收入在提前支取前都是免税的。为了保持这种有利的税收优惠待遇，保单的现金价值不能超过死亡抚恤金。

万能人寿保险是在 20 世纪 80 年代早期推出的，此时市场利率达到了一个高峰。这种保险立刻受到很大的欢迎，而且到了 1984 年，该保险就占到了人寿保险全部销量的将近 1/3。后来，随着利率的下降，它们就不再那么受欢迎了。

4. 年金

如果我们认为期限人寿保险是用来防范死亡的，那么年金可以被看作是防范生存的。正如我们前面所提到的，人们面临的一个风险就是可能预期寿命很长，超过了其退休基金的限制。如果他们活得比刚退休时预计的时间要长，那么他们就会花光所有的钱，并变得贫困潦倒。避免出现这种结果的一种方式就是购买年金。一旦以一定金额购买了年金产品，年金就会在受益人的有生之年对其进行支付。

年金特别容易受逆向选择问题的影响。当人们退休时，他们比保险公司更了解自己的生命预期。那些身体健康、家族中的人很长寿而且一直都很注重自己健康的人更有可能活得长久，因此健康状况不佳或一般的人更愿意购买年金。为了避免这种问题，保险公司通常对个人年金的定价较高。大部分年金产品被出售给大的集团成员，其中所有的职员都会获得一个特定的养老金计划，通过从保险公司购买年金来自动获得其所分配的利益。由于年金是自动销售的，逆向选择问题得到了消除。

5. 人寿保险公司的资产和负债

人寿保险公司有两个资金来源。第一，他们收取保费，保费代表将来投保人死亡时必须履行的支付义务的责任；第二，他们获得人寿保险公司管理的养老金存入的保费。这些资金一般是长期资金。

由于人寿保险公司的负债都是可预计的并且是长期的，因此人寿保险公司可以投资于长期资产。图21-3给出了2015年年初人寿保险公司的平均资产分布。大多数资产处于长期投资中，如债券。

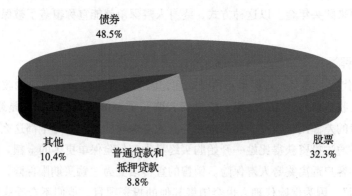

图21-3　2015年人寿保险公司的资产分布

资料来源：Life Insurance Company Fact Book, 2015, Table 2.1 (American Council of Life Insurers), https://www.acli.com/Tools/Industry%20Facts/Life%20Insurers%20Fact%20Book/Pages/RP12.

保险公司也常年大量投资于抵押贷款和房地产。2015年，大约9%的人寿保险资产被投资于抵押贷款或者被直接投资于房地产。该比例较历史水平有大幅下降。图21-4给出了1920~2015年投资于抵押贷款的资产比例。抵押贷款市场投资的减少，代表着资金向低风险资产转移，但是随着资产向公司债券和政府债券的转移，该下降趋势有所缓解。

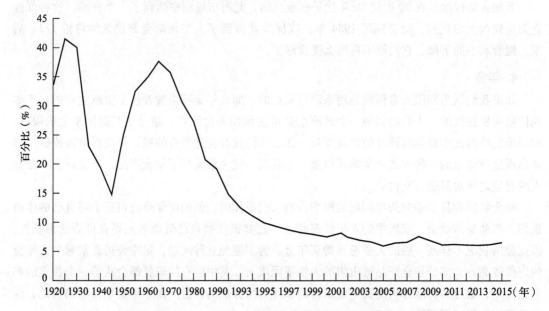

图21-4　1920~2015年人寿保险公司投资于抵押贷款的比例

资料来源：Federal Reserve Flow of Funds Accounts, Table L117, http://www.federalreserve.gov/releases/z1/Current/z1.pdf.

向较小风险证券的转移可能造成了20世纪80年代末一些保险公司遭受损失。在保险公司与共同基金和货币市场基金竞争退休金业务时，它们发现需要有更高收益的投资。这使得一些保险公司投资于房地产和垃圾债券。20 世纪 80 年代，由于房地产市场的过度发展，房地产不断贬值，导致一些公司遭受了巨大损失。房地产市场上的损失和垃圾债券投资两者共同导致了 1991 年几家大公司的破产，包括拥有 150 亿美元资产的 Executive Life 公司和拥有 140 亿美元资产的 Mutual Benefit Life 公司。

21.4.2 健康保险

个人健康保险很容易受到逆向选择问题的影响，那些知道自己容易生病的人最有可能去购买健康保险，这也使得个人健康保险的保费较高。大多数保单是通过公司发起的保障计划提供的，公司为雇员支付全部或者部分保费。

大多数人寿保险公司也提供健康保险。健康保险的保费收入大约占总保费收入的 24%。人寿保险公司同医院发起的非营利企业竞争，如蓝十字、蓝盾。蓝十字通常包括医疗，而蓝盾则包括医生服务。一个全美机构协调并监督 73 个蓝十字、蓝盾组织。

政府也通过医疗保障计划和医疗补助来参与健康保险。医疗保障计划为老年人提供医疗保险，而医疗补助则为靠福利生活或者贫困的人提供医疗保险。

健康保险是 1992 年总统大选中的一个主要的政治问题，而且后来也仍然是监管和争论的主题。医疗保险存在众多争议的一个原因是医疗护理成本的迅速上升。在过去的数十年中，医疗护理成本的上升速度远远高于生活成本和实际工资水平的上升速度。导致这种高增长的一个原因就是更高端和昂贵的治疗方法的不断出现。例如，研究表明，降低胆固醇的药物能够减少大部分心血管问题出现的可能性。这些药物一天要花费 3 美元，而且 40 年以前是不存在的。保险公司以很多方法来应对这些成本上升的问题。例如，很多公司发起的保障计划的风险问题现在一般由公司承担，而保险公司只负责管理计划并赔付灾难费用。这增加了公司维持员工健康的动力，也增加了其员工对医疗设施使用的责任心。例如，许多大公司发现雇用现场助理医师来减少医疗费用和缺勤率，并提供其他激励措施（现场健身设施、现场体重检测讨论以及各种健康统计的好处，例如保持健康体重、不吸烟者等）能够有效地控制成本。

保险公司试图应对医疗成本的另一种方法是控制医疗成本。该方法是指通过同医师团队签订合同，以较低的成本提供服务，并执行管理式医疗，即在服务被提供之前必须获得批准。卫生维护组织将风险从保险公司转移到了医疗提供方。保险公司向卫生维护组织每人支付一定金额，以此来获得医疗服务。许多人发现卫生维护组织形式医疗的一个问题是医疗提供方有限制医疗服务的动机，此时便需要一些管制，如要求确保分娩后的母亲应该住院至少 48 小时。

经过一场漫长的和具有争议的全国性辩论，《患者保护与平价医疗法案》于 2010 年 3 月 23 日签署。该法案预期能够扩大医疗覆盖范围，包括使当前未投保的 3 200 万美国居民获得医疗保险。该法案还有一些具有争议的问题：

- 通过以州为基础的交换来购买保险的选择权。
- 对低收入者进行补贴来帮助其获得保险。
- 对保险公司由于一些原因拒绝提供医疗保险的限制。
- 要求保险公司允许孩子在 26 岁之前依靠其父母的计划。
- 每个人必须购买保险，否则将会面临罚款，罚款将在几年内逐步实施。

21.4.3　财产及意外保险

财产和意外保险是最早的保险形式，起始于中世纪，那时候商人将船只送往外国港口进行交易。尽管商人也许能够接受交易不能盈利的风险，但是不愿意接受船只可能沉没或者被海盗抢劫的风险。为了减少这种风险，商人开始联合起来，为彼此的船只相互保险。随着时间的变化，这个过程变得越来越复杂，在保单被起草之后，交易在当时主要的贸易中心展开。

1666年，伦敦大火极大地推动了火灾保险的出现。第一家火灾保险公司于1680年在伦敦成立。在美国，第一家火灾保险公司是在1752年由本杰明·富兰克林领导的一个组织创建的。截至19世纪初，财产和意外保险公司的资产甚至超过了商业银行的资产，使其成为最重要的金融中介。20世纪，汽车的发明在很大程度上推动了财产和意外保险公司的增加。

1. 现代的财产和意外保险

财产和意外保险用于防范由于火灾、偷盗、风暴、爆炸甚至疏忽所造成的损失。**财产保险**（property insurance）保护工商企业及财产拥有者免受与其拥有财产相关的风险。这种保险包括能带来收入的财产收入损失以及房产主人的财产损失。**意外保险**（casualty insurance）或**责任保险**（liability insurance）用于防范被保险人由于产品缺陷或者意外事故给其他人造成伤害。例如，汽车保险的一部分是财产保险（如果汽车受到损害，你将得到赔付），一部分是意外保险（当遇到意外车祸时，你将得到赔付）。

财产和意外保险不同于人寿保险。首先，它们的保单一般是短期的，通常是一年或更短。其次，不同于人寿保险只给单一事件提供保险，财产和意外保险公司为很多的不同事件提供保险。最后，相对于人寿保险而言，财产和意外保险可能的潜在损失金额更难预测。这些特点使得财产和意外保险公司持有比人寿保险公司更多的流动资产。较大范围的损失意味着财产和意外保险公司必须要保持足够充足的流动性。

财产保险能够提供**指定危险保单**（named-peril policy）和**开放式危险保单**（open-peril policy）。指定危险保单仅为保单中特别指定的风险提供保险，而开放式危险保单则为除保单中特别指定的那些风险之外的所有危险提供保险。例如，许多住在下游地区的房屋所有者需要购买洪水保险。该保险只涉及由洪水引起的损失，所以它是指定危险保单。而保护屋主的房屋免受火灾、飓风、龙卷风和其他灾害所造成的损失的保单是开放式危险保单的一个例子。

财产和意外保险可以保护由于意外疏忽所造成的财产损失。责任保险的购买人不仅包括由于产品缺陷而有可能被起诉的生产商，还包括许多其他职业，如医生、律师和建筑承包商。财产保险保单所面临的风险相对容易预测，因为它通常以财产价值为上限，而责任保险的风险则更难确定了。

责任保险的风险有很长的时滞（通常称为"拖尾"），这意味着责任保险的责任索赔有可能在保单到期以后才会发生。考虑一下小型飞机制造商的责任求偿问题。在20世纪50~70年代，Cessna and Piper公司制造的飞机今天仍然在使用，这些公司经常因为几十年前老飞机的坠毁而遭到诉讼。由于长期时滞的影响，在20世纪80年代，公司的保费负担变得很大，以至于Cessna and Piper公司不得不停止生产私人飞机。责任保险的成本使得飞机的价格超出了大部分私人飞行拥有者的承受能力。

我们经常看到关于仲裁给出很高的责任赔付裁决的报道。这些判定的赔偿额通常都超出了保险公司所能预计的。正是由于这个原因，责任保险费持续上升。有些州试图限制这些责任赔偿额以控制这些保险成本。

2. 再保险

保险公司减少风险敞口的一种方法就是获取**再保险**（reinsurance）。再保险以一部分保费作为代价，将风险的一部分转移给另一家公司。再保险使得保险公司可以签订大额保单，因为保单的一部分实际上是由另一家公司持有的。

在所有的财产和意外保险中，大约有10%都是再保险。小保险公司比大保险公司更频繁获得再保险，可以将其看作保险公司的保险。

由于保单的发起者通常比再保险人承担的损失更多，因此道德风险和逆向选择问题比较小。这意味着再保险的风险不需要太多特定的信息。由于这种简化的信息需求，再保险市场中的合约相对标准一些。

3. 2002年《恐怖主义风险保险法案》

2001年9月11日，恐怖袭击使得保险业开始重新思考它们的损失，这些损失甚至可能使得一家资本规模最优的保险公司彻底被摧毁。随着保险业不断努力对国会进行游说，2002年11月6日通过了一项新的法律《恐怖主义风险保险法案》，对保险公司在未来发生袭击事件后被要求偿付的金额做出了限制。该法案每年更新一次，以调整保险公司面临的风险上限。根据该法令的规定，如果恐怖事件发生，政府将会赔付90%的损失额。超过1 000亿美元以上的损失就无法得到赔偿保证了。

21.4.4 保险监管

保险公司受到的联邦政府的监管少于许多其他的金融机构。事实上，1945年的《麦克伦-弗格森法案》明确规定保险业免受联邦机构的监管。主要的联邦监管机构是对特殊的税收条例进行监管的美国国家税务局。

大多数保险监管发生在州这一级别。保险公司不仅要遵守注册所在州监管机构制定的行业标准，而且要遵守其开展业务所在州的管理条例。纽约要求在该州开展经营业务的保险公司遵守其投资标准，由于纽约的市场很大，几乎每一家保险公司都遵守标准，这使得纽约州监管条例几乎同全美监管条例一样。

大多数监管的目的是防止保单持有人由于保险公司无力偿付而遭受损失。为了达到这一目的，保险公司的资本构成和最低资本比率都会受到限制。所有的州都要求保险代理人和经纪人要获得州颁布的许可证才能销售人寿保险、财产和意外保险以及健康保险等各种保险。这些许可证是为了确保所有的代理人能够对其所销售的产品有最基本的了解。

专栏21-2 执业经理

保险业管理

同银行一样，保险公司从事的是为公众将一种资产转换为另一种资产的金融媒介业务。保险公司用客户支付的保费投资于像债券、股票、抵押贷款和其他贷款之类的资产,从这些资产上得到的收益都用于支付保单的偿付额。实际上,保险公司将债券、股票和贷款等资产转换为提供一系列服务(例如,赔付要求的处理、储蓄计划和友好保险代理人)的保单。如果保险公司的资产转换过程能够以低成本有效地为客户提供合适的保险服务,同时能够从其投资中获得较高的投资收益,该公司就是盈利的,否则就会遭受损失。

在第2章和第7章中介绍的逆向选择与道德风险的概念使我们了解到为什么保险公司之类的金融中介对经济如此重要。在这里,我们利用逆向选择和道德风险的概念来解释一些保险业中的特定管理实践。

以保单为例,保险的存在会鼓励被保险人去冒险,从而增加保险偿付的可能性,此时,道德风险问题就产生了。例如,有偷窃保险的人可能不会采取足够的预防措施来防范偷窃,因为如果偷窃发生,保险公司将会偿付大部分的损失。逆向选择是指最有可能接受保险偿付的人就是那些最希望去购买保险的人。例如,身患绝症的人最想去购买最大额的人寿保险和医疗保险,因此,保险公司就会被置于潜在的巨大损失之下。逆向选择和道德风险都会导致保险公司遭受巨大损失,因为其可能带来更大的保险偿付额。因此,使逆向选择和道德风险最小化以减少保险偿付是保险公司的一个极其重要的目标,而且这个目标解释了我们这里所讨论的保险公司的操作。

筛选

为了减少逆向选择,保险公司试图从低风险保险中筛选出高风险保险。因此,有效的信息收集程序是保险管理的一个重要原则。

当申请汽车保险时,保险代理人所做的第一件事就是询问被保险人驾驶记录的有关问题(超速罚单和交通事故的次数)、所投保车的类型以及有关的一些私人问题(年龄、婚姻状况等)。如果你申请一份人寿保险,你也会经历类似的询问,甚至会被问到一些更加私人的问题,如你的健康状况、吸烟的习惯以及药物和酒精使用情况等。人寿保险公司甚至会要求包括血检和尿检的医学鉴定(通常由一家独立的公司执行)。保险公司利用你所提供的信息对你进行风险定级——你索取保险偿付可能性的一种统计估计。依靠这些信息,保险公司可以确定是应该接受你的保险申请,还是因为你带来的风险太大,对保险公司来说只能算是无法获利的客户而拒绝你的请求。

以风险为基础的保费

根据保单持有人给保险公司带来的风险来收取保费是保险管理的一个历史悠久的原则。逆向选择解释了这条原则对保险公司的盈利能力的重要性。

为了理解为什么保险公司有必要实行基于风险的保费制是必要的,让我们来分析一个基于风险收取保费的例子,这个例子在第一眼看来可能是不公平的。哈里和莎莉都是没有任何交通事故和超速罚单的人,他们都申请汽车保险。然而,哈里只有20岁,而莎莉已经40岁了。通常来说,哈里将会被收取比莎莉更高的保费,因为年轻男性发生事故的概率要远远大于年龄大点的女性。然而,假设一家保险公司不是根据风险评级来收取保费,而只是根据投保人的平均风险来收取保费。那么,莎莉的保费将太高,而哈里的保费就太低。莎莉可能就会去其他保险公司获取一个更低的保费率,而哈里将会签下保单。因为哈里的保费不能弥补他遭到事故时保险公司所做的偿付,平均而言,保险公司将会在哈里的保单上遭受损失。只有根据风险评级来收取保费,并对哈里收取更高的保费时,保险公司才能盈利。[⊖]

⊖ 你可能会发现,这个例子实际上就是第7章中描述过的次品问题。

限制条款

保单的限制性条款是保险管理中减少道德风险的另一个工具,这种条款禁止投保人从事索赔可能发生的风险活动。有一种类型的限制性条款禁止投保人从索赔可能发生的行为中获利。例如,人寿保险公司在其保单中设置一些限制性条款,即如果投保人自杀,死亡抚恤金将会被取消。限制性条款也要求投保人采取一定的行动使发生保险偿付的可能性减少。保险公司会要求一家出租小型摩托车的公司向租客提供头盔,这样当涉及和租赁有关的责任时,保险公司可以受到保护。限制性条款的作用和第7章中所讲的债务合约中的限制性条款类似,两者都是通过排除不受欢迎的行为来减少道德风险问题。

阻止欺诈

保险公司也会面临道德风险问题,因为被保险人有动机对保险公司撒谎,并获得保险偿付,即使这种索赔是不正当的。例如,一位没有遵守保险合同中限制性条款的投保人可能仍然会提交索赔申请。更糟糕的是,许多投保人可能会就根本没有发生的损失事件索赔。这样,保险公司的一个重要的管理原则就是坚持调查以防止欺诈,以便只有那些具有正当索赔理由的投保人才能获得赔偿。

保险取消

准备取消保单是保险公司的另一个保险管理原则。当被保险人从事增加赔付可能性的活动时,保险公司可以通过威胁取消保单来阻止这种道德风险。如果你的汽车保险公司明确表示当一个司机有了过多的超速罚单时,保单将会被取消,那么超速的可能性将会减少。

免赔额

免赔额是保险公司在偿付被保险人损失额时少赔付的一笔固定金额。如果一份汽车保险的免赔额是250美元,意味着当由于意外事故遭受1 000美元的损失时,保险公司只会支付750美元。免赔额是帮助保险公司减少道德风险的又一个管理工具。有了免赔额,当你获得赔偿时,同样与保险公司一起承受损失。因为当你发生事故时,你也需要承担损失,因此你有动力谨慎地开车。这样,免赔额使得投保人同保险公司盈利的目标一致,因此道德风险也减少了。而且,由于道德风险有所减轻,保险公司可将保费大幅降低,降低的幅度将足够赔偿投保人的免赔额。

免赔额的另一个功能是通过迫使投保人自己承担损失,从而来减少损失的管理成本。

共同保险

当保单持有人同保险公司共同分担损失额的一定比例时,他们的协议被称为**共同保险**(coinsurance)。例如,一些医疗保险计划提供医疗账单的80%的保险额,而投保人在满足一定的免赔额之后支付20%。共同保险与免赔额一样,能够减少道德风险。与保险公司共同承担损失的投保人就没有动机去采取一些涉及高额偿付额的行为,例如看不必要的医生等。这样,共同保险就是保险公司的另一个有用的管理工具。

保险金额的限制

保险管理的另一个重要原则是应该对提供的保险金额设置限制,即使客户愿意去支付更高的保险总额。保险总额越高,被保险人从可能发生偿付的风险活动中获得的好处就越多,因此道德风险就越大。例如,如果Zelda公司的汽车保险额超过了它的真实价值,那么她就有可能不会采取适当的预防措施来防止车被盗,例如确保拔下车钥匙以及开启报警系统。如果她的车被偷了,她会很高兴,因为过度的保险偿付额能让她能买到一辆更好的车。相反,当保险偿付额低于车的价值时,如果车被偷,她仍会遭受损失,这样她就会采取适当的预防措施来防止偷盗的发生。保险公司必须确保为保险提供的保险偿付额不能过高从而使道德风险导致大量的损失。

小结

有效的保险管理要求几种措施:信息收集和潜在保单持有人的筛选、基于风险的保费、限制性条款、防止欺诈、保险的取消、免赔额、共同保险以及保险金额限制。所有这些措施都使投保人难以通过增加赔偿金额和赔偿可能性的活动来获利,从而减少道德风险和逆向选择的问题。随着可获得的利益的减少,高风险的投保人(那些更可能从事增加赔偿金额和赔偿可能性的活动的人)发现从保险中获得的利益减少,因此不太可能再去寻找这种机会了。

21.4.5 信用违约互换

在本书中,信用违约互换(CDS)之前被提到过很多次,但在保险这章中讨论是最合适的。信用违约互换是一种防范金融工具违约的保险,通常保障某些种类的债券。一般而言,债权持有方将从一家投资或者保险公司(比如美国国际集团)购买一个 CDS,规避第三方违约风险。当违约的可能性很低时,CDS 的成本相应降低。通过违约保险降低这些投保债券的风险,债券的市场价格将上升。

1995~2009 年 CDS 的数目大幅增加,与之伴随的是房贷抵押证券化市场的繁盛。到 2008 年的顶峰时期,大约有 62 万亿美元的 CDS 总量(世界 GDP 总量为 60 万亿美元)。大型保险公司美国国际集团的伦敦分部一直在发行巨额 CDS。由于大多数市场参与者都没有预测到房地产和房贷抵押债券市场的崩溃,所以很少有人能意识到在世界范围内发行 CDS 有如此巨大的风险,其发展的一个原因是缺少现实的监管限制。

在本章的开始,我们注意到保险的基本原则之一是,在你能购买保单之前,你必须有要承担的损失。你不可以因为你的邻居最近看上去不舒服而购买保险,而 CDS 允许投机者那样做。如果他们看到一家公司看上去运营不健全,即使他们本身不持有公司的任何利益,他们也可以为公司失败购买保险。很多人把这比作赌博。事实上,议会通过立法将 CDS 免除在州赌博法之外,并将其作为 2000 年《商品期货现代化法案》的一部分。随着抵押危机的显现及 CDS 发行者越来越清楚地接受了真正的风险,它们逐渐走向破产,美国国际集团最终需要 1 820 亿美元的救助。

专栏 21-3 利益冲突

美国国际集团养老金危机

美国国际集团是一个规模达万亿美元的保险巨头,在 2008 年前是世界最大的 20 家公司之一。美国国际集团的金融产品部在很大程度上涉猎了信用违约互换领域,为超过 4 000 亿美元的证券提供保险,其中 570 亿美元是由次级抵押贷款支持的证券。雷曼兄弟的困境及 2008 年 9 月 15 日的最终破产,揭示了次级债券市场价值要远小于其账面价值,投资者紧接着意识到美国国际集团在上半年已经发生相当巨大的损失,足以使其破产。美国国际集团的贷款人迅速抽回资金,使得美国国际集团不能筹集到足够的资金保持流动性。

9月16日，美联储及美国财政部决定拯救美国国际集团，因为其破产将极可能成为金融体系的巨大灾难。不仅银行和共同基金是美国国际集团债券的大额持有者，美国国际集团的破产将使得所有它出售的信用违约互换变得毫无价值，从而对于购买它们的金融机构造成巨大的损失。美联储建立850亿美元信用救助（后来增加到1820亿美元），以此为美国国际集团提供流动性。然而，这次救助代价不菲。美联储对于美国国际集团的救助贷款收取了很高的利息，如果美国国际集团幸存下来，政府将获得该公司80%的股权。公司前CEO莫里斯·格林伯格将政府的救助行为称为美国国际集团的国有化。

保险公司从没有被认为会在大范围内对金融体系构成威胁，这也是为什么它们的管制都交给每个州的保险委员会。自从美国国际集团的问题几乎摧毁美国的金融体系，这个观点就再也站不住脚了。保险产业将不再像从前那样了。

单一险种保险

除了用CDS提供信用保险，保险公司还可以直接提供保险，就像任何保单那样。然而，保险管制不允许财产和意外保险公司、人寿保险公司及有多种业务的保险公司签发信用保险。专注于提供信用保险的**单一险种保险公司**（monoline insurance companies）是允许提供这种保险的唯一的保险公司，它们保证在债券发行者违约时，债券本金和利息能及时偿付。这些保险公司，比如Ambac金融集团和MBIA，在市政债券市场上变得尤其重要，其中很大比例的这些债券可以得到保险公司的保险。当一个市政债券有较低的信用评级时，比如A级，如果它受到单一险种保险公司的保险，将获得单一险种保险公司的评级，比如AAA级。这将降低政府的利息成本并使得政府为保单支付溢价是值得的。当然，为了做到这些，单一险种保险公司必须有一个非常高的信用评级。当单一险种保险人在次贷金融危机时期经历信用降级时，不只它们本身受害，整个市政债券市场都是如此（见专栏21-4）。

专栏21-4 利益冲突

次贷危机和单一险种保险公司

由于市政债券市场的溢出效应，次贷危机的溢出对于单一险种保险公司是一个打击。更不幸的是，对于单一险种保险公司，它们不仅为市政债券提供保障，还为次级抵押贷款支持债券提供保险。随着这些抵押贷款的违约增加，单一险种保险公司开始遭受巨大的损失，导致它们的评级从AAA级下降。这个事件降低了它们保险保证的价值，不仅是对次级债券，还涉及政府债券。随着次贷危机进入摇摆期，市场认为单一险种保险并不是那么有价值，所以市政债券开始以政府信用评级进行低价交易。结果是州和当地政府发现它们的利率成本上升了，它们受到了来自更高的借款利率和由于州经济变差造成更低的税收收入的双重打击。不仅仅是州和当地财政被削弱，而且道路、学校和医院的支出也相应缩减。

21.5 养老金

养老金计划（pension plan）是一个资产池，随着个人工作年限的增加而积累，在退休后退还。养老金计划代表增长最快的金融中介。这种迅速的增长出于许多原因。

随着美国变得更加城市化，人们意识到不能在退休后完全依赖子女照顾自己。在乡村文化中，家庭倾向于一起待在农场里。财产代代相传，并默认将由年轻一代照顾老年人。当家人变得更加分散和搬离农场时，老一代获得大量财务支持的机会减少，同时期望也降低了。

另一个促使养老金计划增长的因素是人们更加长寿并且在更年轻的时候退休。同样，在乡村环境中，人们通常在退休几年后仍然保持生产力。然而，许多位于美国城市中的公司鼓励年老的工人退休，这通常是由于年长者赚的工资更高，却比年轻人缺乏生产力造成的。这种较早的退休和人们更加长寿的趋势使每个人将有较长的退休期。这些年无论如何都应该有获取资金的方法，所以养老金计划通常是选择的方式。

21.6 养老金的种类

养老金计划可以分为几种类型，具体可以分为固定收益型与固定缴款型，还可以分为公共的或私人的。

21.6.1 固定收益型计划

在**固定收益型计划**（defined-benefit plan）中，计划发起人向雇员承诺他们退休时可以得到一个确定的收益。支出通常可以由一个公式确定，使用工作年限和雇员的最终工资来计算。举例来说，一个养老金计划的收益可以由如下公式计算：

$$年支付额 = 2\% \times 最后3年的平均收入 \times 服务年限$$

在这个案例中，如果一个工人已经被雇用了35年，最后3年的平均工资为5万美元，每年的养老金收益为：

$$0.02 \times 50\,000 \times 35 = 35\,000\,（美元）$$

固定收益型计划把压力放在了雇主身上，它们需要提供足够的资金以支付协议承诺的数额。养老金计划需要外部审计师确定公司是否缴足了资金。如果公司为养老金计划预先安排了足够的资金，那么这个计划就是**足额筹资**（fully funded）的。如果有更多的资金可以获得，那么这个计划就是**过多筹资**（overfunded）的。通常，当资金不充足时，这个计划就是**不足筹资**（underfunded）的。比如，简·布朗每年支付100美元到她的养老金计划中，利率是10%，10年后，供款及利息收益将价值1 753美元。⊖如果10年后固定收益型养老金是1 753美元或者更少，那么这个计划就是足额筹资的，因为她的供款和收益将完全能够支付其养老金。如果固定

⊖ 第1年缴纳的100美元在第10年年底价值会变为 $100 \times (1+0.10)^{10} = 259.37$ 美元；第2年缴纳的100美元在第10年年底会变为 $100 \times (1+0.10)^9 = 235.79$ 美元；依此类推，第10年缴纳的100美元最后价值将变为 $100 \times (1+0.10) = 110$ 美元。将这些价值相加，我们可以得到客户缴纳的保费和所获收益在第10年年底的总价值为1 753美元。

收益是2 000美元，这个计划就是不足筹资的，因为她的供款和收益不能完全支付这一数额。最常见的不足筹资是雇主没有为计划预先安排足够的资金。令人惊奇的是，公司发起不足筹资的养老金计划并不是违法的。

21.6.2 固定缴款型计划

就像这个名字暗示的，**固定缴款型计划**（defined-contribution plan）并不确定养老金计划将支付多少，而是仅仅明确对养老金计划缴款的数额。退休收益将完全依赖基金的收入。固定缴款型计划的发起人通常将每个雇员工资的一个固定百分比划入养老金中。在某些情况下，雇员自己也可以向养老金供款。保险公司或基金经理充当的是基金托管人的角色，用基金资产投资。一般而言，保险公司允许雇员指明他们的个人养老金账户中的资金应该如何投资。例如，一个投资策略保守的雇员偏好政府债券，而一个投资策略激进的雇员可能愿意将他的退休金投入公司的股票中。当雇员退休后，养老金账户中的余额就能被转为年金或其他一些分配形式。

固定缴款型养老金计划越来越受到欢迎。许多现有的固定收益型养老金计划开始转换为这种形式，而且几乎所有的新计划都被设立为固定缴款型。固定缴款型计划如此受欢迎的一个原因是，这项计划将关注养老金计划执行情况的责任分配给雇员而非雇主，这样就减少了雇主的责任。固定缴款型计划存在的一个问题就是，计划的参与者可能并不理解多样化投资的必要性。例如，许多公司都积极鼓励雇员投资于自己公司的股票，其动机是让雇员和股东的利益保持一致。这样做的不利之处是，如果公司倒闭，雇员会遭受双重损失。第一，他们会失业；第二，他们的退休金的资产组合将不复存在。安然公司倒闭的事件引起了公众对该问题的强烈关注。固定缴款型计划的另一个问题是很多雇员并不熟悉投资，以至于不能做出明智的长期投资选择。

21.6.3 私人养老金计划和公共养老金计划

由雇主、团体和个人发起的**私人养老金计划**（private pension plan）发展迅速，主要是因为人们更加担心政府社会保障体系的有效性，而且人们能更有经验地为退休做准备。过去，私人养老金计划大部分投资于政府证券和公司债券。尽管这些工具现在仍然是养老金计划的重要资产，但是公司股票、抵押贷款、公开市场票据和定期存款现在都在养老金计划中发挥着重要作用。图21-5给出了私人养老金计划资产的分布情况。私人养老金计划现在是股市中最大的机构投资者。这使得如果养老金基金经理选择对公司管理层施加控制的话，他们的影响力将非常大（见专栏21-5）。

对私人养老金计划的一种替代选择是公共养老金计划，尽管在很多情况下，两者几乎没有任何区别。**公共养老金计划**（public pension plan）是由政府发起的。

美国最大的公共养老金计划是联邦老年计划和联邦伤残保险计划（通常简称为社会保障）。这一养老金计划成立于1935年，目的是给年老的美国人提供安全保障。这是一个"现收现付"系统，工人现在缴纳的资金被支付给现在的受益者，未来的一代则向目前缴费的人们支付基金。许多人担心等到他们退休时基金不能履行其支付责任。这种担心是基于这些基金在20世纪70年代所遇到的一些问题，以及人们认识到在美国生育高峰期时期（1946~1964年）大量人口出生，随着这些人将在不远的将来进入退休阶段，将会使养老金保障的范围扩大。

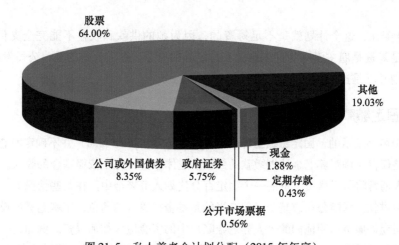

图 21-5 私人养老金计划分配（2015 年年底）

资料来源：http://www.federalreserve.gov/releases/z1/current/z1.pdf, Table L116.

退休人员从社会保障获得的养老金额取决于自己的历史收入水平。工作者需要将其工资的 6.2% 缴纳给养老金，工资上限为 118 500 美元（2016 年）。雇主也需要缴纳相同的金额。养老金中有一定的再分配金额，相比高收入工作者，低收入工作者的投资回报率相对较高。评估养老金计划福利的一种方法就是确定退休工作者每月可以领取的退休金和退休前收入的比率。对于年收入 15 000 美元的人来说，这一比率为 49%；对于年收入 53 400 美元的人来说，这一比率为 24%。

图 21-6 显示了 20 世纪 70 年代后期和 20 世纪 80 年代早期社会保障总资产有所下降，同时，加入保险的总人数一直在增加。这种情况导致了结构重组，包括提高养老金计划的缴费要求以及减少养老金计划所发放的福利。为了帮助公众建立信心，社会保障系统开始累积准备金，为生育高峰一代的退休做好准备。

社会保障遇到的问题是 1946～1964 年美国生育高峰时期出生的 7 700 万人已经陆续达到了正常的退休年龄。同时，供养每一个退休者的在职工作者数量将从 3.3 人减少到 2035 年的 2.1 人。政府预计到 2021 年成本将超过收入，社会保障信托基金余额将开始减少。美国政府还公布了信托基金耗尽的预测日期。因为这个日期的影响因素很多，所以政府列举了一系列的日期。目前预测，社会保障信托基金将有 95% 的可能性在 2028～2044 年耗尽（见图 21-7），此后，税收只能支持 75% 的养老金。

人们提供了很多建议以帮助社会保障在未来继续存活下去。美国退休人员协会投票表决的结果显示，反对意见最少的观点是：在任意年份内提高工人需要向该基金缴纳的最大金额的上限。2016 年被征税的最高工资为 118 500 美元，这只占所有收入的 85%，与 1983 年的 90% 相比，是呈下降趋势的。以后很可能这一点会有所改变。

另外一个可能的改变是有关开始获得退休金的最低年龄。这一点在 1984 年发生了变化，要逐步提高退休年龄，以使 1960 年以后出生的人到 67 岁才开始领取全额退休金。追溯到 1874 年，当时一家铁路公司为其雇员建立养老金计划，规定的退休年龄为 65 岁。这样规定的原因在于，当时的人觉得 65 岁是工人能够安全地开火车的最高年龄。该规定随后被纳入 1934 年的《联邦铁路退休法案》，后来美国在制定《社会保障法案》时，将这个退休年龄作为参考。由于现在很少有美国人再继续开火车，因此要求重新制定退休年龄是有道理的。这次改革的有利之处在于，相对小幅的退休年龄调整会对社会保障基金的余额产生重大影响。

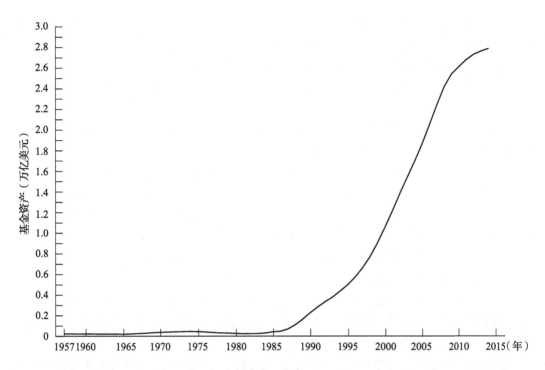

图 21-6 社会保障基金资产，1957~2016 年

资料来源：http://www.ssa.gov/OACT/STATS/table4a3.html.

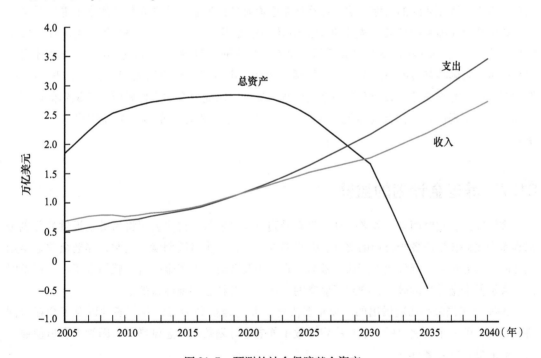

图 21-7 预测的社会保障基金资产

资料来源：http://www.ssab.gov/Details-Page/ArticleID/207/Social-Security-Why-Action-Should-be-Taken-Soon-December-2010.

另一项建议获得了支持，即改变以生活成本调整社会保障支付的计算办法。现在每年退休金支付的调整是以消费者价格指数为基础的。经济学家认为，这高估了真实的通货膨胀水平，因为其忽视了消费者可以选择价格较低的替代品。虽然反对人士也承认这种做法有些道理，但还是批评消费者价格指数低估了医疗成本的增长速度，而医疗成本在退休人员的预算中占据了相当大的份额。

还有一项建议是考虑到现在退休金受益人的预期寿命比以往要长一些，所以建议对养老金福利的支付进行调整，将其支付的时限延长。

在 2000 年股市大跌之前，许多投资者呼吁社会保障的私有化。私有化的最大障碍是转移到私有账户的资金不能用于支付现在退休人员的养老金。这使得一些隐性的问题更加恶化，而不是得到解决。分析人员估计，转换为全额资金的私有化计划成本非常大，大约是 1 000 亿美元。分析人员指出，随着时间的推移，私有化使得社会保障从一个基金不足的现收现付体系转变为拥有实际资产的足额养老金。然而，2000~2002 年以及 2007~2009 年的股价持续下跌削弱了对所有私有化项目的支持。

短期内，社会保障改革更可能采取增加赋税、降低养老金支付、推迟养老金支付时间的形式，或者同时采用三种形式。例如，开始享受养老金福利的年龄从 65 岁提高到了 67 岁，有些观点甚至建议将享受福利的年龄提高到 70 岁。

我们必须记住这些估计结果是基于当前我们已经了解到的事实。很多因素都会发生变化，并导致最后的估计结果也发生变化。例如，对癌症治疗的研究受到广泛的关注，如果将来人类发现许多主要致死病症的治疗方法，那么该基金面临的问题就会比现在估计的水平更为严重。

要对社会保障系统的安全做出准确的估计是极度困难的。例如，1995 年，美国社会安全管理局估计，到 2029 年该基金将会耗尽，而不是现在所估计的到 21 世纪 30 年代中期才会耗尽。许多因素影响基金账户的余额，包括预期寿命、出生率甚至合法入境率和非合法入境率。对政府来说，允许该计划破产会是一个大的政治灾难，因此现在的工作者应该意识到他们不能依靠养老金来提供其退休金现金流的大部分。未来，它所占退休前收入的比例很可能会继续下降。

21.7　养老金计划的监管

多年以来，相对而言，养老金计划没有受到政府的监管。许多公司将为员工提供的养老金福利作为他们长期服务于公司的奖励，并将养老金当作一个激励因素。通常，养老金收益是用现在的收入支付的。当公司破产或者被另一家公司收购时，养老金收益也就结束了。大萧条时期，大量养老金计划的破产，导致了监管的增加，以及社会保障体系的建立。

1949 年美国最高法院做出的一项重要决定：养老金福利为劳资双方谈判以及工会在合同协商过程中的一个合法议题。这项决定导致了养老金计划数量的急剧增加，因为工会迫使雇主为工会成员建立养老计划。

21.7.1　《雇员退休收入保障法案》

影响养老基金的最重要、最全面的立法是 1974 年通过的《雇员退休收入保障法案》

(Employee Retirement Income Security Act，ERISA），该法案设定了所有养老金计划必须遵循的准则，不遵循该法案的条款有可能导致养老金计划失去其有利的税收地位。制定该法案的原因在于，有很多工人已经为养老金计划缴纳了多年保费，而当该计划破产后，却失去了所有的福利。该法案的主要特征包括：

- 为资金的筹集设定了指导原则。
- 规定改变工作的雇员可以将其账户从一个雇主计划转移到另一个雇主计划。
- 养老金计划必须规定雇员保留退休金权利最低期限的要求。保留退休金权利指的是一位雇员必须为一家公司工作多久才能有资格享受养老金福利。最大可允许的保留退休金权利期限为 7 年，但是大部分养老金计划都允许保留退休金权利的工作年限更短一些。雇员自己缴纳的养老金总是可以为他们自己所保留。
- 增加了养老金计划的信息披露要求，为雇员提供了关于其养老金计划运行和投资状况的更充足的信息。
- 赋予劳工部对养老金计划进行监督的监管职能。

该法案还建立了**养老金给付保证公司**（Pension Benefit Guarantee Corporation，PBGC，又称 Penny Benny），该机构执行的职能类似于联邦存款保险公司。如果一家筹资不足养老金计划的公司破产或者由于其他原因导致公司无法履行其缴纳养老金的义务，那么养老金给付保证公司就会为养老金福利提供一定限额内的保险（目前的标准为每人每年超过 57 000 美元）。养老金给付保证公司要求养老金计划缴纳一定的费用作为这种保险的保费，但是其可以从美国财政部获得高达 1 亿美元的借款。养老金给付保证公司目前正在为大约 887 000 名退休人员提供退休金福利，这些人来自 4 500 多个破产的养老金计划。

在固定收益型计划中，大约有 66% 的资产是投资于股票的。当市场价格很高时，大部分固定收益型计划的资金是可以足额筹集的。然而，2009 年，股市下跌，伴随着较低的市场利率和经济疲软，许多养老金计划就处于危险之中了。结果在 2015 年，养老金给付保证公司的赤字高达 763 亿美元。

养老金计划的会计制度使得人们很难准确地评估该基金是过多筹资还是不足筹资。账目计算背后的假设条件一直在不断修正并引发争议。缺乏现金的公司有强烈的动机提供不足筹资的养老金计划，而且美国国会也不会迫使其执行更高的支付水平，以免公司面临更大的倒闭风险。

养老金给付保证公司在其远未达到应有的影响力之前就迅速面临着融资危机。许多固定收益型计划面临着严重的困难，这些困难源于养老金计划的参与者预期寿命延长、医疗费用增加以及公司收入减少，这使得养老金计划的发起人很难履行其融资义务。目前，航空业和钢铁业应该对养老金给付计划的危机承担一定的责任。例如，美国联合航空公司在 2005 年终止了其固定收益型计划。从那时起，养老金给付保证公司已经向 122 000 位既定的参与者支付了 76 亿美元。图 21-8 给出了 1980 年以来向失败的计划参与者支付的年度支付额。

许多采取固定收益型计划的公司发现它们很难与那些采用较低成本的固定缴款型计划的公司竞争，这种竞争性劣势增加了这些公司无法存活以偿付其赤字的可能性。例如，通用汽车每辆汽车的利润率为 0.5%。如果不承担养老金和退休人员健康医疗费用的成本，那么公司的利

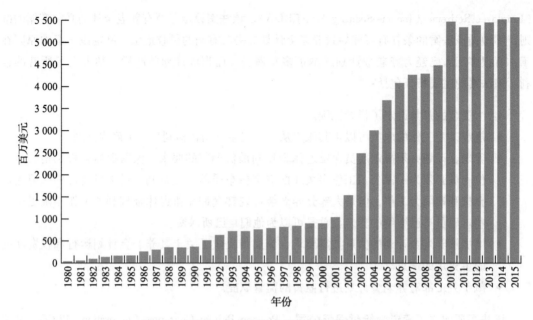

图 21-8　养老金给付保证公司总的福利金支付额

资料来源：http://www.pbgc.gov/documents/2015-annual-report.pdf#page=7.

润率将变为 5.5%。摩根士丹利统计，通用汽车每辆车的成本中福利成本为 1 784 美元，而丰田汽车公司每辆汽车的福利成本仅为 200 美元。

公司在面临成本劣势的时候，通常就会倒闭。由于包括养老金义务在内的较高成本，伯利恒钢铁公司、LTV 钢铁公司和美国钢铁公司都在 2002 年破产，并终止了它们的养老金计划。养老金给付保证公司现在要向之前的 20 多万钢铁工人支付养老金福利。国际钢铁集团公司（ISG）收购了这些老牌钢铁公司的厂房，并成为美国现在最大的钢铁制造商。它为职工提供的固定缴款型养老金成本为 4 500 万美元。而在伯利恒钢铁公司破产之前，每年需要支付 5 亿美元的养老金福利。

如果固定收益型计划继续破产，那么养老金给付保证公司将要被迫承担这些公司的养老金计划的支付责任。如果经济继续低迷，这些支付责任很快就会超过养老金给付保证公司所能获得的融资资源。那么，在这种情况下，可能就会要求纳税人来弥补其中的差额。

政府在严格意义上对养老金给付保证公司并未负有支持义务，然而，大多数观察者认为，政治上不允许领取养老金者失去其福利。临时性的处理措施是允许公司在计算其养老金时，使用较高的利率水平，因此其养老金负担会减轻一些。人们希望经济能够复苏，股价能够上升，市场利率也相应提高。这种相同的技巧（被称为"监管宽容"）被用来拖延 20 世纪 70 年代的储蓄和贷款危机。我们只能希望此次该方法的效果会更好。

2006 年通过的《养老金法案》用来设法解决融资不足以及失败的养老金计划不断增长的问题。该法案提供了更加充分的养老金基金条例、更大的透明度以及更强的养老金保险体系。

21.7.2　个人退休计划

1978 年《养老金改革法案》更新了 1962 年的《自雇个人税收退休法案》，批准成立个人

退休账户（individual retirement account，IRA）。个人退休账户允许那些没有被其他养老金计划覆盖的人（如那些个体户）向一个递延纳税的储蓄账户缴款。1981 年和 1982 年的立法扩大了这种账户的资格范围，使得几乎每个人都能使用这种账户。事实证明，个人退休账户非常受欢迎，它们的应用使得政府损失了可观的税收收入。这也导致美国国会在 1986 年的《税收改革法案》中设置了一些条款，大大减少了满足个人退休账户资格要求的人群。

基奥计划（Keogh plans）是为自我雇用者提供的一个退休储蓄方案。资金可以存在一家储蓄机构、人寿保险公司或者证券公司。基奥计划的所有者通常被赋予决定资金投资方式的自由权。

1996 年通过的《小企业保护法案》于 1997 年 1 月 1 日开始生效。该法案为雇员少于 100 名的公司指定了一种所谓的简单个人退休账户计划（SIMPLE IRA）和 401（k）计划。简单个人退休计划现在十分流行，尤其是在小企业中。

21.8 养老基金的未来发展

我们可以预料，随着人口的继续增加和人口老龄化问题的加剧，养老基金的发展趋势和受欢迎程度会继续保持下去。在其职业早期的工作者经常会发现退休投资的讨论将会成为他们的话题。由于大家为未来做准备的关注程度提高，因此会导致养老金数量的增加和可供选择的种类增加。我们还可以预料，随着养老金所控制的公司股票数量不断增多，其对各大公司的控制力也相应不断增强。

本章小结

保险公司之所以存在是因为人们是风险厌恶的，并喜欢将风险转移。保险能减少人们需要持有的准备金（以应付可能遇到的生命和财产损失），因此使人们获益。

逆向选择和道德风险是保险行业内固有的问题。保单的许多条款，包括免赔额、应用筛选、基于风险的保费，都是为了减少逆向选择和道德风险的影响。

保险通常被分为两个主要的类型：人寿保险以及财产和意外保险。很多人寿保险产品也能充当储蓄工具使用。财产和意外保险的期限通常比大多数人寿保险的期限要短一些。

由于人寿保险的偿付额能够预测，因此，这种保险公司可以投资于长期资产。财产和意外保险公司必须使其资产保持更大的流动性，以支付预料外的损失。

退休金计划快速发展的原因是寿命的延长和退休年龄的提前。

养老金计划有两种基本类型：固定收益型计划和固定缴款型计划。固定收益型计划根据提前制定好的公式支付收益。固定缴款型计划只确定应该储蓄的金额，收益取决于计划产生的收益。

最大的公共养老金计划是社会保障，这是一种现收现付的方式。现在的退休人员从现在的工作人员那里获得偿付。许多人担心随着退休人员数量的增加，社会保障系统的现有金额不足以覆盖所有需要支付的金额。

大多数私人养老金计划是由养老金给付保证公司提供的，当养老金计划发起人破产或者由于其他原因不能支付的时候，养老金给付保证公司就会为退休人员提供养老金福利。

简答题

1. 卡米尔有两个选择：①得到 100 美元；②抛硬币，如果她输了得到 0 美元，如果她赢了得到 200 美元。假设卡米尔更喜欢第一种选择，你会认为卡米尔或多或少更倾向于为她的房子买保险吗？为什么？
2. 为什么保险公司不允许人们为与其无关的风险来购买保险？
3. 假设一家保险公司决定为一名职业网球运动员的收入投保（以防受伤），前提是她不参加跳伞或滑雪等活动。保险公司会试图避免哪些信息不对称问题？
4. 区分与保险行业有关的逆向选择和道德风险。
5. 保险公司如何保护投资者免受道德风险和逆向选择带来的损失？
6. 区分独立代理人和独家代理人。
7. 大部分保险公司是以互助保险公司还是股份保险公司的形式建立起来的？
8. 保险公司如何能够准确地预测它们的损失以便对产品定价，使公司获利？
9. 期限人寿保险和终身人寿保险之间的区别是什么？
10. 财产和意外保险保障的是何种风险？
11. 随着时间的推移、技术的进步，生产同样的产品所需要的工人越来越少。你认为这会对现收现付系统产生什么影响？
12. 大多数富裕国家的人口日益老龄化。讨论这种趋势对现收现付制的影响。
13. 为什么近年来私人养老金计划能迅速发展？
14. 什么是现收现付式养老金计划？
15. 一项法规允许目前所有非法工人成为社会保障的贡献者。讨论这项法规的影响。

计算题

1. 研究表明，你所在的城市每年有 100 万辆汽车因盗窃、碰撞等原因造成 2.5 亿美元不可挽回的损失。如果保费中有 30% 用于支付这些费用，那么应该对汽车的所有者收取多少保费？
2. 计算一个游戏的预期收益，在这个游戏中，损失 200 美元的概率为 0.3，获得 240 美元的概率为 0.5，获得 700 美元的概率为 0.2。
3. 参考前面的习题。假设一个人更愿意玩这个游戏而不是确定地接受 200 美元。这个人是风险厌恶者还是风险爱好者？
4. 假设一家保险公司的月付款数服从均值为 100 000 美元的正态分布，标准差为 12 000 美元。公司在给定的一个月支付超过 124 000 美元的概率是多少？
5. 科奥根据过去的经验估计出损失的总额和概率如下所示：

损失（美元）	概率（%）
30 000	0.25
15 000	0.75
10 000	1.50
5 000	2.50
1 000	5.00
250	15.00
0	75.00

科奥遭受 5 000 美元以上的损失的概率是多少？如果一家保险公司提供了一份免赔额是 1 500 美元的保单，则科奥最多将会支付多少？

6. 一位客户需要关于退休计划方面的协助。下面是有关他的一些情况：

- 这位客户叫戴维，今年 21 岁。他希望在 65 岁时退休。
- 戴维每个月的可支配收入是 2 000 美元。
- 戴维选择的个人退休账户的年回报率是 8%。

如果戴维每个月将可支配收入的一半存入该账户,那么在他65岁时,账户的价值是多少?他每个月要缴纳多少钱才能保证在他65岁时,账户里有500万美元?

7. 当开设个人退休账户时,投资者有两个选择。如果开设的是常规个人退休账户,最初不需要对缴纳的资金征税,但是从该账户提款时,需要对款项征税。如果开设的是Roth个人退休账户,最初需要对缴纳的资金征税,但是从该账户提款时,就不需要征税了。如果一位投资者希望向一个个人退休账户缴纳税前15 000美元,那么30年后,两种选择下的账户余额的差额各为多少?假设投资者目前的纳税等级为25%,而个人退休账户每年可以获得6%的回报率。

8. 一位雇员每年向养老金计划缴纳200美元(在每年年底)。5年之后,他缴纳的总金额以及账户的价值是多少?假设该养老金计划在这段时间内,每年回报率为15%。

9. 保罗的汽车在结冰的路面上打滑,由于汽车受到损害,给他带来2 500美元的损失。他还因为所受的小伤而需要接受治疗,花费1 300美元。他的汽车保险有500美元的免赔额,扣除免赔额后,保险公司会对损失进行全额偿付。他的健康保险有100美元的免赔额,并会对医疗总成本的75%进行偿付。保罗自己需要对该事故支付的成本是多少?

网络练习

保险公司和养老基金

1. 有许多网站可以帮助你了解是否为退休做了充分的经济准备。其中一个较好的计算工具是由Quicken网站提供的,你可以通过http://cgi.money.cnn.com/tools 来访问。

   使用"Retirement"下面的计算器,你是否为你的一生准备了足够多的退休金呢?你越早开始准备,就会越容易。

   通常来说,你退休后的资金来源有四种渠道:

   - 养老金计划
   - 社会保障
   - 税收递延储蓄
   - 基本(应征税)储蓄

   使用"Retirement Planner"工具来预测你的前两种收入,然后确定你需要准备多少储蓄才能达到你的目标退休余额。

2. 互联网提供了很多工具来帮助消费者估计他们的各种金融服务需求。使用这些工具的时候,你必须牢记它们通常是由金融中介赞助的,其目的是希望向你兜售它们的产品。访问www.finaid.org/calculators/lifeinsuranceneeds.phtml,并计算你需要的人寿保险。你是任何人寿保险的受益人吗?用上述计算器计算一下,看你的保单是否足够大。

第 22 章

投资银行、证券经纪人和经销商以及风险投资公司

预 览

如果你决定利用刚刚从室友那里听来的股票内幕消息,还需要同证券公司沟通。类似地,作为一家糖果制造商 WWCF 公司的新任 CFO,如果被要求去协调债券销售或增售新股票的时候,也需要同证券公司进行沟通。如果你的祖父想将公司出售给大众,你可能需要同证券公司的投资银行负责人协作来帮助你的祖父。最后,如果你需要一笔资金来发展一家规模较小但是成功建立起来的公司,可能需要风险投资公司的帮助。

交易债券和股票的证券市场的顺利运作,需要包括证券经纪人和承销商、投资银行以及风险投资公司在内许多金融机构的配合。这些机构都没有包含在第 2 章所列出的金融中介中,因为它们不能发挥金融中介的功能,即通过发行债券获得资金,然后用这笔资金来获得金融资产。然而,在将资金从储蓄者手中转移到使用者手中的过程中,这些机构很重要。

为了解证券市场是如何操作的,我们需要先回忆一下第 2 章讨论的一级市场和二级市场的区别。在**一级市场**(primary market)中,新发行的证券由最终使用资金的公司和政府机构出售给购买者。然而,在**二级市场**(secondary market)中,对在一级市场中所销售的证券进行交易(因此是二手买卖交易)。投资银行在初级市场中协助证券的初始销售,证券经纪人和经销商在二级市场中协助证券的交易。最终,风险投资公司为还没准备好向公众出售证券的公司提供资金。

22.1 投资银行

在汤姆·沃尔夫(Tom Wolfe)的著作《虚荣的篝火》(*The Bonfire of the Vanities*)中,投资银行家被称为"宇宙的主宰"。他们是华尔街的精英,通过所提供金融服务的类型来获得此项声誉。投资银行作为企业筹集资金的金融中介而闻名于世。然而,这种定义太狭窄了,无法准确地解释投资应提供的许多有价值的复杂服务(尽管名字中有"银行"二字,但是投资银行不是普通意义上的银行,也就是说,它并不是吸收存款并发放贷款的金融中介)。**投资银行**(investment banks)除了承销股票、债券和商业票据的初始出售以外,还作为并购领域的造市商、公司买卖中介人和富人的私人经纪人,在这些领域发挥着关键作用。一些知名的投资银行

有摩根士丹利、美林公司、所罗门兄弟公司、第一波士顿公司以及高盛公司。

投资银行区别于股票经纪人和经销商的一个特点就是，它们通常向客户收取服务费来获得收入，而不是向股票交易收取佣金。这些服务费一般按照交易金额的固定百分比来计算。由于交易通常涉及巨额资金，因此获得的服务费也非常可观。对于大额交易，服务费所占的百分比相对较小，约为3%，而对于规模较小的交易而言，服务费的百分比较大，有时候会超过10%。

22.1.1 背景介绍

19世纪早期，大多数美国证券都需要在欧洲出售。因此，大多数证券公司都是从将证券公司作为其副业的商业公司发展起来的。例如，摩根公司通过修建铁路积累了初始财富。为了协助筹集铁路扩建所需要的资金，J.P.摩根的父亲定居伦敦，并将摩根公司的铁路证券出售给欧洲的投资者。随着时间的推移，证券业的盈利能力日益显著，证券业开始扩展。

在美国大萧条之前，纽约许多大型的货币中心银行出售证券，同时也运营传统的银行业务。大萧条期间，大约有10 000家银行倒闭（大约是所有商业银行总数的40%）。这促成了《格拉斯－斯蒂格尔法案》（Glass-Steagall Act）的通过，该法案将商业银行与投资银行分离开来。

《格拉斯－斯蒂格尔法案》使得商业银行代表客户买卖证券是不合法的。出台该法案最初的目的是使商业银行免于证券业固有的高风险。还有人担忧利益冲突的上升会使得商业银行面临更大的风险。例如，假如一位在商业银行工作的投资银行人员在对新股的定价中出现了失误，他在承诺客户将以每股20美元的价格出售股票后，却没有任何的销售，这位投资银行工作人员就有可能会去商业银行的投资部门说服该部门的经理来帮助他。这会使得银行的存款人面临风险，因为银行可能会由于这次失败的投资而遭受损失。

监管当局认为还存在另一个问题。假设该投资银行家仍然没有将价格为20美元的股票售出。他可以给银行的客户打电话，提出为他们提供贷款来帮助其购买该股票。如果未来股票价格上升，这将不会造成任何问题，但是如果股票价格下降，证券的价值将会低于贷款的总额，这样客户可能就不会偿还这笔贷款。许多行业观察家认为，这种交易就是经济大萧条时期一些商业银行倒闭的部分原因。然而，银行游说团却争论说，只有大型银行才会参与证券发行业务，而实际上破产的大多是小银行。

当《格拉斯－斯蒂格尔法案》将商业银行与投资银行分离后，新的证券公司成立了，其中很多既提供投资银行服务（向公众出售新的证券），也提供经纪服务（将已发行的证券出售给公众）。

自20世纪80年代以来，商业银行和投资银行之间的法律障碍开始逐渐消失。一个明显的趋势就是商业银行对投资银行的收购。例如，1997年，银行家信托公司收购了亚历克斯·布朗公司这一美国历史上最悠久的投资银行。随后，银行家信托公司又被德意志银行收购，后者投入了大量的资金用于建立自己的投资银行团队。美国银行收购了罗伯森·史蒂芬公司，而国民银行收购了蒙哥马利证券公司。在2009年金融危机期间，美国银行收购了美林证券，J.P.摩根收购了贝尔斯登公司，而巴克莱银行收购了雷曼兄弟的一些剩余资产。

22.1.2 股票和债券的承销

当一家公司希望借款或筹集资金时，它可能会决定发行长期债券或权益工具，那么它一般会雇用一家投资银行来协助证券的发行及随后的证券销售。投资银行可能会承销股票的发行。承销股票和债券的过程要求证券公司以预先决定的价格购买发行的全部证券，然后在市场中转卖。在承销的过程中，投资银行业提供了许多金融服务。

1. 给出建议

大多数公司都不会频繁地发行资本市场证券。所有公司扩张部分中的80%以上都是靠前期收益中的留存收益来融资的。因此，大多数公司的财务经理并不熟悉如何发行新证券的工作。而投资银行家每天都参与该市场，因此他们能够给那些发行证券的公司提供建议。例如，一家公司可能不知道是应该出售股票还是出售债券来筹集资金，这时投资银行就能提供帮助。例如，投资银行可以指出现在市场上企业所在行业的股票索价过高（历史上较高的市盈率），而现在债券利率相对较高（因此价格较低）。

公司可能还需要投资银行提供何时出售证券的建议。例如，如果竞争者最近发布的利润表显示利润不佳，等一等再出售可能会更好：公司希望在市场处于最高可能价格时出售股票。另外，因为每天都跟证券市场打交道，投资银行家应该能够提供企业发行时机的建议。

在投资银行家向客户提供的意见中，最困难的很可能就是证券应该以何种价位出售。此时，投资银行和发行公司有不同的动机。首先，考虑公司希望以可能的最高价格出售。假设你开了一家公司，而且良好经营了20年。现在你希望将其公开出售，退休后到塔希提岛生活。如果你打算以每股10美元的价格出售50万股股票，你的公司将获得500万美元。如果你能够以每股12美元的价格出售股票，你将会获得600万美元。

然而，投资银行家不希望对股票定价过高，因为在大部分承销合同中，他们将会以约定的价格购买所有发行的股票，再将这些股票重新出售。他们通过以略微高于支付给发行公司的价格卖出股票而获利。如果发行价格被定得过高，投资银行将不能将其重新出售，因此就会遭受损失。

如果一家公司目前有已经发行的股票在市场上出售，那么证券定价将不是太难，这被称为**增发**（seasoned issue）。公司首次发行股票则被称为**首次公开募股**（initial public offering，IPO），此时为证券确定合适的价格会是非常困难的。投资银行可以使用所有的技能和专业技术来确定最合适的价格。如果发行公司和投资银行能够就股票价格达成一致，投资银行就能协助公司进行下一个阶段——提交所需要的文件。

2. 提交文件

除了向公司提出建议外，投资银行还需要准备美国证券交易委员会所需要的文件。投资银行的业务以及初级市场的运行都受到美国证券交易委员会的监管，美国证券交易委员会是根据在1933年和1934年为了确保投资者能够获得足够信息而颁布的《证券交易法案》而建立的。公开发行新证券（一年内金额超过150万美元，期限超过270天）的发行人必须向美国证券交易委员会提交**登记说明书**（registration statement）。这个说明书必须包括关于公司财务状况、管理层、竞争程度、产业和经验等方面的信息。该公司还要披露资金的用途以及对证券风险的评估结果。在将登记说明书提交给美国证券交易委员会之后，发行证券的公司必须等待20天才能出售证券。

美国证券交易委员会将审查登记说明书，如果20天内没有提出反对意见，那么该公司就能够出售证券。美国证券交易委员会的评审绝不代表美国证券交易委员会支持发行。同意发售股票仅仅意味着所有要求的报告和披露都包含在说明书中。美国证券交易委员会的批准也不意味着信息是准确的。如果发行证券的公司由于在登记说明书中所提供的信息不实而招致损失，会被卷入法律诉讼。在极端的情况下，信息的不准确性还可能导致对公司的刑事诉讼。

登记说明书的一部分会被复印，并提供给投资者查看。这种广泛发行的文件被称为**招股说明书**（prospectus）。按照法律规定，投资者在投资于新证券之前，公司必须向其提供招股说明书。

在登记说明书等待批准的过程中，投资银行还要关注其他的一些琐事。对于债务发行，投资银行必须：

（1）获得一家或多家信用评级公司（如标准普尔公司或者穆迪公司）的信用评级。

（2）雇用一位债券法律顾问，以发布一份报告来证明发行证券的合法性。

（3）选择一位托管人负责监督发行人履行证券合约中规定的义务。

（4）印刷并准备发行证券。

对于股票的发行，投资银行有可能安排证券在一家股票交易所上市。很明显，在证券实际发售之前，投资银行对发行证券的公司有很大的帮助。

3. 承销

一旦所有的书面工作完成以后，投资银行就开始证券发行承销的实际工作了。在一个事先确定的日期，证券发行公司以协定的价格将全部股票或债券出售给投资银行。投资银行必须以更高的价格将证券销售给公众，以获得手续费（表22-1中列出了2015年美国10家最大的承销商）。

表22-1　2015年美国10家最大的全球债券和股票承销商

债券、股票和股权相关（A1）				
每家承销商的收益（百万美元）				
承销商	2015年排名	2014年排名	收益	市场份额
J. P. 摩根	1	1	461 854.6	7.5
美国银行美林	2	4	392 425.5	6.4
花旗银行	3	2	388 192.1	6.3
巴克莱	4	5	380 798.6	6.2
摩根士丹利	5	6	326 217.7	5.3
德意志银行	6	3	325 618.3	5.3
高盛	7	7	325 574.9	5.3
汇丰银行控股公司	8	8	261 311.2	4.2
瑞士信贷银行	9	9	246 767.3	4.0
富国银行	10	11	204 825.6	3.3
总计				53.8

资料来源：Renaissance Capital.

通过同意承销某一证券以后，投资银行就向公众证实了这次证券发行的质量。我们可以再次看到信息不对称如何有助于证明中介的必要性。投资者不希望在购买股票之前，花费数周的时间对公司进行技术研究。他们也不能相信公司的内部人员会准确地报告公司的情况。相反，他们依靠投资银行的能力来收集公司的信息，从而准确地预计公司的价值。投资者信赖投资银行的评估结果，因为投资银行在承销过程中会实际购买证券。投资银行意识到它们有责任准确而诚实地报告这些信息，因为一旦它们失去投资者的信任，就无法再有能力进行这样的交易。

很显然，投资银行在这里承担了很大的风险。一种减少风险的方法是组建**辛迪加**（syndicate）。辛迪加是由若干投资银行组成的承销团体，它们中的每一个只购买发行证券的一部分。辛迪加中的每一家公司只负责销售自己认购的那部分证券。大部分发行的证券都是由辛迪加销售的，因为这是一种在不同的公司中分散风险的有效方法。

投资银行在商业期刊上对即将进行的证券发行销售工作做广告。传统的广告是指在报纸的金融板块中刊登一大版的广告。由于它们的形状很像墓碑，且在广告中列出了位于辛迪加中的所有投资公司的名目，因此这些广告被称为**墓碑广告**（tombstone）。

投资银行在向公众发售证券之前，持有证券的时间越长，价格下跌而给投资银行带来的损失就越大。投资银行加速销售的一种方法就是在投资银行实际取得所有权之前就发出购买证券的要约。然后，当证券可以出售的时候，购买者马上就可以提交购买订单，证券很快就被转移到最终购买者手中。

大多数投资银行都依附于在全美范围内有营业部的更大的经纪行（多功能证券公司）。在发行日之前，投资银行会联系每家证券营业部，营业部的销售代理人就会联系其客户，询问他们是否希望阅读新发行证券的招股说明书，目标就是实现发行规模的**全额认购**（fully subscribe）。全额认购发行是指能够销售的全部证券在发行日之前都已经被订购。证券发行也可能是**认购不足**（undersubscribed）。在这种情况下，销售代理人不能让客户对该证券产生足够的兴趣，以至于在发行日之前不能全部售出所有的证券。证券发行也可能是**超额认购**（oversubscribed），即购买要约超过了可以销售的证券的数量。

可能有人会认为，发行股票的最好选择是发生超额认购，但事实上，这会使其疏远投资银行的客户。假定你首次发行一种证券，并与投资银行协商以每股 20 美元的价格发行 50 万股。现在你发现该发行是超额认购。你会觉得投资银行对证券定价过低，因此，你遭受了损失。股票可能以 25 美元的价格出售，那么你将会获得另外的 250 万美元。你和其他的证券发行公司以后都不太可能再雇用这家投资银行。

如果认购不足的话，后果也同样严重，因为为了向公众出售所有的证券，可能需要将价格确定为低于投资银行向发行者支付的价格。由于涉及的证券的数量很大，投资银行会遭受数额极为巨大的损失。例如，谷歌在上市时，有超过 2 400 万股的股票待出售。如果每股价格降低 0.25 美元，那么将失去 600 万美元。投资银行承担的高风险解释了为什么其中的许多人每年的收入高达数百万美元。

4. 代销

承销证券的另一种选择就是根据代销协议向外提供证券。在代销协议中，投资银行以佣金代理的形式销售证券，而不能保证能够达到发行企业可以接受的价格。代销协议对投资银行而言的优势就是不会发生对证券定错价格的风险。而且，确定证券市场价值这种颇为耗时的工作也没必要了。如果证券不能销售，证券发行可能会被取消。

5. 私募

公开发行证券的一种替代方式是私募，即只将证券销售给数量有限的投资者而不是普通公众。私募的优点是，只要特定的限制性需求能够得到满足，证券就不需要在美国证券交易委员会注册。投资银行业也经常参与私募交易。尽管私募不一定要求有投资银行的协助，但它们经常会通过向私募证券的公司提出与发行条款相同的建议以及确定潜在的购买者帮助交易顺利进行。

私募的购买者必须足够强大，以便能一次购买大量的证券。这意味着通常的购买者是保险公司、商业银行、养老基金和共同基金。私募用于债券销售比用于股票销售更加普遍。高盛就是私募市场中最活跃的投资银行。

图22-1总结了向公众出售证券的过程。

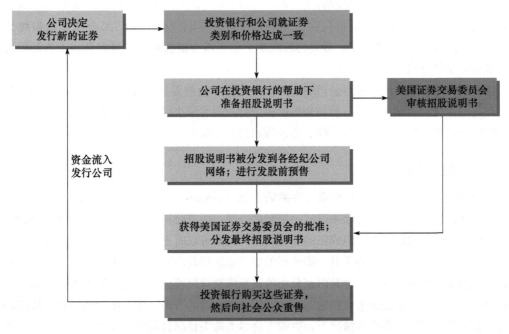

图22-1 雇用投资银行向社会公众发售证券

22.1.3 股本销售

投资银行提供的另一项服务就是帮助销售公司或企业的部门。例如，1984年，由于其电子业子公司遭受巨额损失，美泰玩具公司无力偿还贷款，面临倒闭的风险。因此，美泰玩具公司求助于投资银行德崇证券的帮助。公司重组的第一步就是卖掉旗下所有的非玩具业务。后来，美泰玩具公司经营好转，直到1999年，由于收购一家软件公司又面临问题。2000年，美泰玩具公司再次在投资银行的帮助下出售该子公司。

任何股权出售的第一步都是卖方确定公司的价值。投资银行会提供关于当前市场上类似公司的详细分析，并应用各种复杂的模型来确定公司的价值。不同于一盒清洁剂或糖果，一家正在运营的公司没有固定的价格。公司的价值取决于卖方的使用用途。如果买方仅对它的实物资产感兴趣，公司的价值可能会是某个价格。如果买方看到收购该公司可以与另一家企业产生协同效应，那么公司的价值将会完全不同。尽管衡量的标尺存在弹性，但投资银行还是开发了一系列的工具为所有者提供一个公司价值的范围。

现金流如何贴现在很大程度上取决于谁来竞标待出售的企业。对此，投资银行会提供帮助，它们会做出谨慎的调查，来推测谁可能会对标的企业感兴趣。此外，它们也会准备一份**机密备忘录**（confidential memorandum），列出潜在购买者发出收购要求所需要的财务信息。所有的潜在购买者必须签署一份保密协议，约定不会用备忘录中的信息同第三方展开竞争或分享这些信息。投资银行将对购买者进行甄别，只将信息透漏给有资格的买方。

股权销售的下一步是由潜在的买方发出**意向书**（letter of intent）。这份文件向卖方发出求购意愿，并列出初步的交易条款。投资银行将会代表卖方就出售的条款展开协商，并帮助卖方分析竞标的要约，并将各要约排名。为了获得更好的要约，投资银行会协助安排结构性融资。

一旦卖方接受了意向书，**尽职调查**（due diligence）期就开始了。20~40 天的尽职调查期是让买方来证实机密备忘录中所包含信息的真实性。尽职调查中的结果会体现到**最终协议**（definitive agreement）的条款中。最终协议反映了尽职调查期收集的信息以及由双方的协商内容转换成的法律合同。

以上的讨论显示，为了进行公司的出售，广泛的专业技能是需要的。为了满足这些需求，投资银行通常会派出掌握各种技能和知识的多个行业的专家小组，同客户就项目展开合作。这些小组的专家包括律师、金融分析师、会计师和行业专家等。

22.1.4　兼并与收购

自 20 世纪 60 年代以来，投资银行在**并购市场**（mergers and acquisitions market）中一直很活跃。合并是指两家公司联合起来组成一家新的公司。两家公司都支持合并，而且新公司的管理层在两家公司中挑选，然后组成新的管理团队。股东可以将手中持有的股票换成新公司的股票。收购是指一家公司通过购买另一家公司的股票来获得其所有权。通常收购的过程是很友好的，而且两家公司都同意通过合并两家公司的资源来获得规模经济。通常情况下，面临财务困境的公司会寻求另一家公司来收购它们。有时候，被收购的公司可能会抵制该过程。被抵制的收购被称为敌意收购。在这些情况下，收购方会尽力购买目标公司足够多的股份来获得在董事会的多数席位。然后，董事会成员就能投票支持目标公司与收购公司的合并。

投资银行为收购方和目标公司双方提供服务。收购方需要投资银行帮助其确定比较有吸引力的目标公司，在一个被称为要约收购的过程中请求股东出售其股份，筹集完成该交易所需要的资金。目标公司会雇用投资银行帮助其抵挡不受欢迎的收购企图。

并购市场要求专业性非常强的知识和技能。在该市场中工作的投资银行家都是训练有素的（其薪酬必然也很高）。并购领域最知名的投资银行家是在德崇证券公司工作的迈克尔·米尔肯。米尔肯因发明了第 12 章讨论的垃圾债券而闻名。垃圾债券是具有高风险、高回报率的债券，主要用于为收购融资。通过允许公司筹建大量的资本，即使小公司也能收购并接管大公司。20 世纪 80 年代，米尔肯在垃圾市场上最活跃，此时并购活动达到了顶峰。1990 年 2 月 13 日，由于所持有的垃圾债券组合的违约率不断提高、经济发展缓慢以及监管部门迫使储蓄和贷款行业退出垃圾债券市场等因素的影响，德崇证券公司只能宣布破产。米尔肯被判犯有欺诈罪，并被判入狱。

由于德崇证券公司的破产和垃圾债券市场的崩溃，20世纪90年代早期，并购活动放缓。90年代中后期，健康的经济和管制的变化导致了并购的复苏，特别是商业银行之间并购的复苏。在2001年和2008年的经济衰退期，并购活动再一次放缓。

在2008年和2009年的次贷危机中，许多著名的投资公司都面临重大的财务困难。造成这些财务问题的最基本原因有几个。首先，一些投资公司购买并持有由次级贷款公司发行的组合债券。由于市场意识到，这些债券的质量同它们的价格不符，投资公司发现自己不能将其售出。其次，当信用市场崩溃以后，一些投资银行就陷入了流动性问题。

2008年4月，在联邦政府的帮助下，贝尔斯登被J.P.摩根以290亿美元的价格收购。同年9月，美国银行在一次大并购中收购了美林公司，这使得美国银行在随后的几个月中遭受了巨大的损失。同时，雷曼兄弟是第一家宣告破产的主要投资公司。后来，它的许多资产被巴克莱公司收购。很明显，如果没有联邦政府的强制介入，更多的投资银行将会破产。

22.2 证券经纪人和经销商

证券经纪人和经销商在二级市场中进行交易。经纪人是纯粹的中间人，他们在证券买卖中为投资者充当代理人。他们的功能就是使买卖双方达成交易，由此来获得经纪佣金。

与经纪人不同，经销商通过以给定的价格购买和销售证券来将买方与卖方联系起来。因此，经销商持有证券存货，并通过以稍微高于买价的价格出售这些证券来获得收入，也就是说，他们靠买价（经销商购买证券存货时所支付的价格）和卖价（经销商出售证券时所支付的价格）之间的差价来获得收入。由于经销商持有的证券可能涨价也可能跌价，因此这是一个高风险的行业。最近几年，几家专门从事债券经销业务的公司都破产了。相反，经纪人不会面临这种风险，因为他们并不持有证券。⊖

22.2.1 经纪服务

证券经纪商提供以下几种类型的服务。

1. 证券指令

如果你给一家证券经纪处打电话要购买一只股票，你需要和接受你的交易指令的经纪人交谈。你有三种基本的交易指令：市价指令、限价指令和卖空。

两种最常见的证券指令是市价指令和限价指令。当你下达**市价指令**（market order）时，你就是在命令你的经纪人以当前的市价购买或销售证券。在你下达市价指令时，证券价格有可能与你做出投资决策时的证券价格有很大的差别，因此存在一定的风险。如果你正要购买一只股票，而价格下降了，你不会遭受损失，但是如果价格上升了，你可能会后悔你的决定。关于发布股票指令和执行交易之间股价变化最有名的事件是1987年10月19日的"股灾"。惊恐的投

⊖ 如果你与汽车经纪商和房地产经纪人打过交道，那么就很容易记住经销商和经纪人之间的区别。汽车经纪商获得汽车的所有权并将其转售给公众，而房地产经纪人并不拥有财产所有权，只是充当中间人。

资者让他们的经纪人马上卖掉股票，但是当天交易量太大，以至于很多指令等了几个小时才执行。当这些指令被执行的时候，股票价格已经跌至低于发出指令时的价格水平。

市价指令的另一个选择是**限价指令**（limit order）。此时买入指令会规定一个最高的可接受价格，卖出指令会规定一个最低的可接受价格。例如，你可以下达一个限价指令，将你的100股IBM的股票以每股100美元的价格卖掉。如果IBM的现行市价低于100美元，指令不会被执行。未执行的指令将会被上报给在交易所内的股票专家。当股票价格的变化使得限价指令被激活时，就由股票专家发起交易。

止损指令（stop loss order）与限价指令类似，但是它只针对你已经拥有的股票。这个指令告知你的经纪人，在你的股票达到某一特定的价格时，将其售出。例如，假如你以每股20美元的价格购买了一只股票。你不希望在这只股票上遭受重大损失，所以你在价格为18美元时发出一个止损指令。此时，如果股票价格下降到18美元，经纪人将会卖出股票。在对玛莎·斯图尔特案件的审判中，止损指令受到人们的极大关注。她被怀疑在对英克隆公司股票的交易中，使用了内幕消息。她辩解说，出售该公司的股票是因为她对英克隆公司的股票以每股60美元的价格发出了止损指令。她被判刑表明，法庭不相信她真的发出了这样的指令。

当投资者相信股票的价格在未来会上升时，他们会购买这只股票并持有到股票价格上涨，那么他们就能够通过出售股票来获利。如果投资者认为未来股票价格会下降，又可以怎么做呢？解决的办法就是**卖空**（short sell）。卖空要求投资者从经纪公司借入股票，并于当天出售，并承诺在未来通过购入股票来偿还借入的股票。假设你刚刚使用了苹果的笔记本电脑，并认为这种计算机的销量不会太好（事实上，1995年，苹果公司不得不收回其Powerbook型号的笔记本电脑以解决其质量问题）。你可能认为当市场中的其他人都了解到该产品的质量较差时，苹果的股价会下跌。为了充分利用该信息，你可能会指示你的经纪人卖空100股苹果公司的股票，那么经纪人就会代表你从其他投资者那里借来100股股票，然后以当前的市价卖出。当然，你不能拥有这些股票。它们是你借来的，在未来的某个时点上，你需要以新的市场价格购买100股股票来归还。如果你是正确的且苹果公司的股价下跌了，你会以低于之前出售股票的价格来购买这些股票并获利。当然，如果你是错误的且股票价格上涨了，你将会遭受损失。

市价指令和限价指令可以使你充分利用股票价格上涨，而卖空指令可以使你充分利用股票价格下跌。分析人员追踪一只股票的卖空数量情况，将其作为认为未来股票价格将会下跌的投资者数量的指标。

2. 其他服务

除了证券交易，股票经纪人还提供许多其他服务。通常投资者会让经纪人掌管其购买的证券。如果证券被留给经纪人，一家联邦政府机构——证券投资者保护公司将会为其提供保险。这种保险不是防范证券价值的损失，而仅仅防范证券本身不受损失。

经纪人还提供保证金贷款。**保证金贷款**（margin credit）是指经纪公司发放的用于帮助投资者购买证券的贷款。例如，如果你确信当英特尔公司推出最新的计算机芯片后，公司的股票价格会迅速上涨，你就可以通过向经纪公司借入资金来增加你能购买的股票数量。如果你有5 000美元，又借入额外的5 000美元，你就能购买价值10 000美元的股票。那么，如果股票价格上升,你能赚取的金额几乎是你未借款时的两倍。美联储规定了经纪公司所能借贷的金额占股票购买价格的百分比。保证金贷款的利率通常比最优惠利率高1~2个百分点（最优惠利率是为信誉良好的大型公司借款人提供的利率水平）。

正如在第19章中所提到的,竞争的力量使得经纪公司提供各种服务,并从事由传统商业银行提供的业务活动。1977年,美林公司创立了现金管理账户,该账户提供一揽子金融服务,包括信用卡、直接贷款、签发支票权、将出售货币市场共同基金的证券所得收益自动投资以及统一的记录保管。现金管理账户被其他经纪公司采用并迅速推广。这些账户很多都具备签发支票的权利,并提供ATM机和借记卡。通过这些方式,它们直接同银行开展竞争。

经纪公司的现金管理账户的优势在于它们使得买卖证券变得相对容易。当投资者购买证券时,股票经纪人能够从账户中提取现金;当投资者卖出证券时,经纪人可以将资金存入账户。

3. 全面服务经纪公司与贴现经纪公司

在1975年5月1日以前,几乎所有的经纪公司都对交易收取相同的佣金。经纪公司同其他公司的区别主要是基于它们自身的研究及与客户的关系。1975年5月,美国国会认为固定佣金制度不利于竞争,因此通过了1975年的《证券修正法》,该法案废除了固定佣金制度。现在经纪公司可以收取它们自己选择的任何费用,这就导致出现了两种不同类型的经纪公司:全面服务经纪公司和贴现经纪公司。

全面服务经纪公司向客户提供研究和投资建议,通常每周或每月向客户邮寄市场报告和推荐意见,试图鼓励客户投资于某种证券。例如,当经纪公司的投资银行部能够承接首次公开发行业务时,将会联系其认为会对此发行感兴趣的客户,并主动向他们提供招股说明书。全面服务经纪公司试图与客户建立长期关系,并帮助客户建立与其金融需求和风险偏好一致的投资组合。当然,这种额外服务的成本很高,因此必须通过收取更高的启动交易费来获得收益。美林公司是一家拥有大约17 000位金融顾问和2.2万亿美元客户资产的最大的金融全面服务经纪公司。

贴现经纪公司只是简单地按要求执行交易。如果你想购买一种特定的证券,那么你可以打电话联系贴现经纪公司并提出你的要求。贴现经纪公司一般不提供任何建议和研究。由于经营一家贴现经纪公司的成本明显低于经营一家全面服务经纪公司的成本,因此可以降低所收取的交易成本。贴现经纪公司收取的费用可能只有全面服务经纪公司的一半。嘉信理财公司（Charles Schwab Corp.）是最有名的贴现经纪公司。许多贴现经纪公司由大型的商业银行所有,这些商业银行在历史上被禁止提供全面服务经纪业务。

无论你选择何种类型的经纪公司,该公司都会在主要的证券交易所拥有席位,必须与纳斯达克系统进行计算机联网。假设你向当地的美林公司营业部发出一个买入10 000股IBM股票的指令。你的经纪人会向美林公司纽约证券交易所工作的交易商发出电子信息,要求他以你的名义购买10 000股IBM的股票。在纽约证券交易所内,有个圆形的区域聚集着交易所内交易各种证券的专家。每个专家都只负责几只股票。美林公司的场内交易商知道负责IBM股票的专家在哪里,并接洽这个专家以实现你的购买指令。然后购买确认的指令将会被传输给你的当地经纪人,这位经纪人会通知你交易已经完成了（见专栏22-1）。较小的交易指令将会由计算机系统来处理,使得买卖双方的交易指令相匹配。

专栏22-1 小案例

使用限价委托簿的例子

假设纽约证券交易所的一位交易商是负责专门研究 Circuit City 公司股票的专家，其限价指令工作簿可能如下。

未完成的 Circuit City 公司股票限价指令

购买指令		出售指令	
37	100		
37.12	300		
37.25	100		
		37.37	200
		37.50	500
		37.62	100

在购买指令下面列出的是投资者愿意为购买股票所支付的最高价。在出售指令下列出的是持有 Circuit City 公司股票的投资者愿意接受出售股票的最低价。现在没有交易发生是因为没有交叉价格或者共同价格。换言之，现在没有人愿意以别人愿意支付购买的价格出售 Circuit City 公司的股票。

现在假设该专家接收了一个购买 200 股股票的新市价指令，以现行最佳市价购买的购买指令。该专家会查询卖出指令栏，并以每股 37.37 美元的价格完成该指令。

接着，该专家收到一个以每股 37.12 美元的价格卖出 300 股股票的限价指令。于是，专家又需要查询工作簿，但是这次他需要查询的是购买指令栏。该限价指令将会以 37.25 美元的价格出售 100 股股票，并以每股 37.12 美元的价格出售 200 股股票。

接着，假设该交易专家收到一个以每股 36.88 美元的价格购买 500 股股票的限价指令。由于没有相同数量的出售指令与其对应，于是该指令被加入工作簿中，此时工作簿变为：

未完成的 Circuit City 公司股票限价指令

购买指令		出售指令	
36.88	500		
37	100		
37.12	100		
		37.50	500
		37.62	100

22.2.2 证券经销商

证券经销商持有证券存货，将这些证券出售给希望购买这些证券的客户，也从希望出售证券的客户手中购买证券。

过于强调证券经销商对美国金融市场的稳定运行所起的作用是不可能的。要考虑一位投资者在购买证券之前的需求是什么。除了要获得合理的回报以外，投资者还希望该投资是具有流动性的，即如果该投资不再适合投资者的资产组合，它能够很快被售出。假设一家规模较小、相对不太知名的公司试图向公众出售证券。投资者可能尝试购买这家公司的证券，但是如果这些证券不能很快被重新出售，那么投资者就不太可能去购买该证券。此时证券经销商变得尤为重要。他们随时准备着为证券造市，即他们能够确保投资者总是能买入或卖出证券。正因为如此，证券经销商也被称为**造市商**（market maker）。当投资者想去出售一种交易量较小的股票时（这种股票没有活跃的二级市场），另一位投资者同时正在寻找购买该证券的机会是不太可能的。当经销商从投资者处购买该证券并将其作为存货持有，直到有投资者愿意购买时再将其售出，这种非同步的交易问题就得到解决了。经销商提供这种服务，从而鼓励投资者购买证券，否则，如果不存在这种经销商，这种证券将不会被接受。在金融市场发展不太理想的国家，经销商将不会为不太流行的证券造市，因此，对于一些规模较小的区域性新公司而言，要筹集资金是极其困难的。证券造市商对于美国小企业的健康发展非常重要。

22.3 证券公司的监管

许多金融公司同时从事三种证券市场活动，即充当经纪人、经销商和投资银行。美国最大的金融公司是美林公司，其他知名的公司包括摩根士丹利和所罗门美邦公司（花旗集团的一个分支）。美国证券交易委员会不仅监管公司的投资银行业务，而且限制经纪人和经销商进行证券欺诈与利用内幕消息进行交易，内幕消息是指只有公司管理层知道的未公开的信息。

当讨论金融管制时，要认识到公众对金融市场一体化的信心对于我们的经济情况以及各公司继续使用金融市场筹集新资本的能力至关重要。如果公众相信市场中有强大的参与者掌握着优势信息，能利用较小的投资者，那么该市场就不能从这些小投资者手中吸引来资金。最终，整个市场将完全崩溃。

由于信息不对称的问题，投资者不会像公司内部人士那样了解那么多关于要出售的证券的信息。如果以这种信息的缺乏为基础设定所有的证券为平均价格，那么好的证券将会退出市场，只有差的和定价过高的证券才会继续等待销售。由于市场上只提供这些证券，因此市场的平均价格将会下降。现在，任何价值高于这种平均价格的证券都将会退出市场。最终，随着新推出证券的质量下降，使得市场价格下降，市场就会陷入崩溃。解决次品问题的一个办法就是通过政府管制实现信息的完全披露，以减少信息不对称问题。

证券法的设计有两个目的：①保护证券市场的完整性；②限制证券公司之间的竞争以降低出现破产的可能性。在1933年和1934年通过的两个法案为如今的证券市场管制提供了基础。这些法案是在经济大萧条之后不久推出的，主要是为了解决许多人一度认为对美国所面临的经济问题负有部分责任的一些弊端而创立的。1933年和1934年的证券法案的主要条款如下：

- 建立美国证券交易委员会，承担管理证券法规的任务。
- 要求发行者对新发行的证券进行登记，而且要披露所有与潜在投资者相关的信息。
- 要求所有公开上市的公司向美国证券交易委员会提交半年或年度报告，公开上市公司还必须在发生任何对投资者有"重大利益"的事件时提交报告。

- 要求内部人士在股份购买或出售时提交报告。
- 禁止任何形式的市场操纵行为。

在这两个法案通过之前，市场受到很大程度滥用的影响。例如，1933 年的一项研究表明，仅 1932 年，就有 127 次"投资池"的操作。投资池的形成是为了操纵市场。一群投资者聚集在一起，散布关于一家公司运营情况的谣言，而且这些虚假的传言对公司不利。这些谣言会使得公司的股价下跌。当股票价格下跌时，投资池的成员就会买进股票。一旦他们以这种不实的低价买入并持有股票以后，投资池的成员又会发布对公司有利的消息，这样股价就会上升。很显然，投资池的成员能够赚取巨额利润，而不知情的小投资者就会遭受损失。1933 年和 1934 年的证券法案规定这些操作是违法的。

正如我们在关于私募的讨论中指出的，并不是所有的证券发行都要受到美国证券交易委员会的监督。如果证券每年的发行额不超过 150 万美元，或证券的到期期限不超过 270 天，或证券由美国政府或大多数的市政部门发行，那么在这些情况下，证券发售就不需要受到美国证券交易委员会的监管。

对证券公司比较重要的其他法案还包括 1933 年的《格拉斯－斯蒂格尔法案》，该法案将商业银行和投资银行分离开来（其中大部分规定被《金融服务现代化法案》废除）；1940 年的《投资顾问法案》要求投资者顾问在美国证券交易所进行登记；1970 年的《证券保护公司法案》建立了证券投资者保护公司，为证券公司的客户提供上限为 10 万美元的现金账户损失保险和上限为 50 万美元的证券文件损失保险。在第 18 章中我们已经讨论过其他一些针对银行但与证券公司相关的管制法案。

22.4 证券公司和商业银行的关系

多年来，商业银行一直在游说立法机构对其放松管制，使他们能够同证券公司展开竞争。考虑一下银行业务是如何被逐渐蚕食的。在美林公司创立现金账户以前，支票账户的唯一来源是银行。美林公司不仅提供了低成本的支票账户，而且还提供了高于法律允许银行支付的利率水平。证券公司被允许发放贷款，提供信用卡和借记卡，提供 ATM，更重要的是允许销售证券。此外，证券公司还能销售一些类型的保险。此时，不难理解银行泄气的原因。各种管制限制银行与证券公司竞争，但是没有法律限制证券公司与商业银行竞争。

商业银行在国会上大声疾呼，要求一个"公平的竞技场"。尽管《格雷姆－里奇－比利雷法案》（又称 1999 年《金融服务现代化法案》）继续放松对银行的管制，但银行出售证券的情况极为少有。

22.5 私募股权投资

当你谈论投资的时候，你通常讨论的是股票和债券。这些证券被出售给公众，而且由美国证券交易委员会监督。由证券经纪人和经销商处理的大多数证券都是这些公众持有的证券。然而，对公众权益投资来说，私募股权投资就是一种选择。随着私募股权投资代替向公众出售证券来筹集资金，通过从小部分富足的投资者手中筹集资金，有限合伙企业就形成了。在私募股权投资的广泛范围内，两种最普遍的方式是创业基金和**资本收购**（capital buyouts）。在许多情况下，相同的公司在这两个领域中很活跃。该产业中的大部分投资者包括KKR、贝恩投资公司和黑石集团。

风险投资公司

假设你准备开发一种新的工艺并为其开创市场，你认为其成功的概率很大。然而，由于该工艺是全新且难以预知的，你很难从传统的途径获得资金。商业银行不会向你提供贷款，这是因为没有确定的现金流可以用于偿还贷款。通过投资银行向公众出售证券也是很难的，这是因为该公司很新，历史很短，也不能证实它是否能够成功。在不存在其他资金来源的情况下，你的经营理念再好也无法得到实现。风险投资公司会为创业公司提供所需的资金。

1. 风险投资行业的概述

风险资本通常被定义为提供给新创业公司的资金。这些资金通常通过有限合伙制被筹集，然后由普通合伙人投资于未来有望带来高回报的企业。

从20世纪40年代中期开始，风险投资公司培育了美国高科技企业，并促进了这些企业的发展。这些风险投资公司的活动创造了就业机会，促进了经济增长和国际竞争。20世纪八九十年代，风险资本家支持了大量的很成功的高科技公司，其中包括苹果公司、思科公司、基因技术公司、微软公司、网景公司和太阳微系统公司。许多服务公司，如史泰博公司、星巴克公司和TCBY公司等也受益于风险投资。事实上，在20世纪八九十年代美国的经济增长中，有许多都是由风险投资所提供的资金带来的。表22-2给出了在20世纪90年代风险投资资金的爆炸性增长以及在2000年和2009年随着市场的衰落而呈现的急速下降。

表22-2　1990~2015年的风险资本投资

年份	获得资金的公司数量	投资总额（百万美元）	年份	获得资金的公司数量	投资总额（百万美元）
1990	1 317	3 376.21	2003	2 414	19 678.30
1991	1 088	2 511.43	2004	2 571	22 117.40
1992	1 294	5 177.56	2005	2 646	22 765.80
1993	1 151	4 962.87	2006	3 746	26 315.84
1994	1 191	5 351.18	2007	4 027	30 518.26
1995	1 327	5 608.30	2008	4 168	29 954.01
1996	2 078	11 278.60	2009	3 138	20 231.43
1997	2 536	14 903.00	2010	3 625	23 311.33
1998	2 974	21 090.60	2011	3 964	29 551.45
1999	4 411	54 203.70	2012	3 770	26 874.14
2000	6 342	104 986.80	2013	4 295	30 305.00
2001	3 787	40 686.70	2014	4 442	50 843.00
2002	2 617	21 824.00	2015	4 380	59 066.00

资料来源：http://www.nvca.org/index.php。

2. 风险投资家减少了信息不对称

不确定性和信息不对称通常伴随着新兴企业，特别是在高科技行业内。这些公司的经理可能从事一些浪费的支出活动，如租赁昂贵的办公楼，因为经理能从中获得收益却不用承担全部的成本。对处于创业初期的企业来说，公司以外的投资者很难了解公司的经营，而这会给这些投资者带来其他类型的成本。例如，一位生物科技公司的创始人可能会投资于能给他个人带来回报的研究，但这些研究无法给投资者带来任何可观的回报。由于信息不对称的问题，外部融资的成本可能会很高，而且比较难，甚至根本不可能获得任何外部融资。

风险投资公司能够减轻这种信息隔阂问题，从而使得公司获得在其他市场无法得到的资金。首先，不同于银行贷款和债券融资，风险投资公司在投资企业中拥有的是股权利益。这些公司的股票通常由私人持有，所以它们不能被公开交易。私人持有公司的股份都缺乏流动性。因此，风险资本投资一般都是长期的。在投资的前几年里，通常长达10年，合伙人都不期望能够取得任何回报。相反，大多数股票投资者都急切期待通过股票升值或者分红来获得收益回报。股票投资者通常不愿意等上好几年去考察新的创意、工艺、创新或者发明是否能够获得利润。相似地，大多数债券投资者也不愿意等待数年在公司取得利润时才能获得利息支付。这样，风险资本融资填补了其他资本来源渠道无法提供的重要的缺口。

解决信息不对称问题的第二种方法是，风险资本的进入通常都会附带一些条件，最主要的一个条件就是风险投资公司的合伙人会在所投资的公司的董事会中任职。风险投资公司不是消极的投资者。它们积极地通过建议、援助和提供商业合同来为投资公司提供增值服务。风险投资家可以将两家公司相结合，因此它们的经营活动可以互相补充。风险投资公司会利用其专业知识帮助解决各种融资以及与公司增长相关的问题。公司董事会的风险投资合作者会谨慎监督公司的支出情况和管理工作，以此来保护对公司的投资的安全。

风险投资家控制被投资企业管理层的一种有效方法就是只有在公司显示出正处于实现最终目标的过程中时，才会分阶段向其注入资金。如果公司发展停滞不前或市场状况发生改变，他们就会停止进一步注资以减少损失。

风险投资融资隐含的意义就是对高风险和高回报率的预期。风险投资公司会在数百家公司中仔细搜寻，以发现几家显示出具有实际增长潜能的公司。虽然风险投资公司非常细致地对每家公司进行搜索，但最后被选定的企业除了有一个独特的很有前途的发展理念外，并不会显示出太多的投资价值。风险投资家通过在一个基金中开发出一种由很多新兴公司组成的资产组合来减少风险。此外，许多风险投资参与者会同时管理几只基金。通过投资于很多新成立的公司可以将风险分散，损失的风险得以大大降低。

3. 风险投资的来源

第一家真正的风险投资公司是美国研究与发展公司（ARD），该公司是在1946年由麻省理工学院的校长卡尔·康普顿和当地的一些商业领导人一起创立的。他们的成功可以追溯到对一家新兴公司——企业数控设备公司投资的7万美元。30年后，这笔启动资金增值到3.55亿美元。㊀

在20世纪五六十年代，大多数风险投资资金用于房地产和原油，直到60年代末，才开始向技术初创企业的转变。现在，高科技仍然是风险投资的主要领域。

风险投资资金来源于富有的个人及养老基金和公司等。1979年，美国劳工部重新阐述了

㊀ 部分讨论参见："The Venture Capital Revolution," by Paul Gompers and Josh Lerner, *Journal of Economic Perspectives*, no. 2 (Spring 2001): 145-168.

审慎人原则（prudent man rule），该原则限制养老基金从事风险性投资，明确允许其投资于某些高风险的资产。这导致了大量的养老基金投向风险投资项目。

当许多公司削减公司内部的研发经费，转而投资于外部的新兴企业时，公司为风险投资项目提供的融资资金也会不断增加。如果投资项目获得成功，那么大公司就会收购新兴公司。一些事实也进一步推动了这种变化趋势，即许多来源于公司内部研发中心的新理念都没有得到有效的利用，或者被一些跳槽的员工带到新公司用于商业化用途。拿薪水的员工没有强烈的动机成为企业家，因为企业家会从新的想法中获得大的收益。通过投资于新兴公司来支持企业家精神，公司能够从新的发明中获得收益。

4. 风险投资公司的结构

大多数的风险投资公司都是由封闭式共同基金组成的。封闭式基金向投资者发售固定的股份。一旦所有的股份被出售，就不会再筹集额外的资金了。如果要筹集更多的资金，就需要建立新的风险投资基金。这种组织机构的优点是它能够为风险投资提供所需的长期资金。投资者不能像投资于开放式基金那样随时可以将投资的资金从基金中抽出。

20世纪七八十年代，风险投资公司开始采用有限合伙制的组织形式。这种组织形式可以免受监管，包括在1940年的《证券投资法案》中规定的各种烦琐的信息披露要求。尽管封闭式基金和有限合伙制两种组织形式都存在，但是目前大多数风险投资公司都采用有限合伙制。

5. 交易的生命周期

大多数风险投资的交易同生命周期类似。首先，以有限合伙制企业建立风险投资公司，并筹集资金。接下来，将资金投资于新兴企业。最后风险投资公司将退出其投资。

接下来，我们将进一步考察这个交易的过程。

（1）资金筹集。

风险投资公司开始时会恳求投资者向公司投入资金。正如前面讨论的那样，这些投资者通常都是养老基金、公司和富有的个人投资者。风险投资公司通常有一个它们想要去筹集的资金总额。一般的风险基金只会接受很少的投资者加入，参与人数限制在100人以内。由于风险投资的最低风险承诺通常都很高，一般投资个人很难加入风险投资基金。

一旦风险投资基金开始投资，它就会要求有限的资金投资者履行付出资金的承诺。这种由有限投资者投向风险基金的资金有时候被称为"到位资金"或"实收资本"。风险投资公司只有在需要的时候才会要求投资者提供资金。

有限合伙人理解风险投资基金投资的长期性。首次投资到获得第一笔回报之间可能需要好几年的时间。在很多情况下，资金可能被占用7~10年。潜在的投资者要谨慎地考虑这种投资的非流动性。

（2）投资。

一旦获得资金承诺，风险投资基金就进入了投资阶段。风险投资基金可能专注于一两个产业部门，也有可能普遍投资，寻找所有可能获利的机会。有的风险投资基金集中投资于有限的地理区域，以便容易查看和监督公司的业务情况，这也是普遍的。

通常，风险投资家会在被投资公司推出新产品之前，甚至在公司真正被建立之前进行投资。这被称为**种子投资**（seed investing）。在生命周期中，比种子投资晚一点的投资被称为**初**

期投资（early-stage investing）。最后，一些资金集中于**晚期投资**（later-stage investing），主要是提供资金帮助公司扩大规模从而吸引公众投资。

通常，大约有60%的风险投资基金被用于种子投资，有25%被用于初期投资，有15%被用于晚期投资。

(3) 退出。

风险资本投资的目的是帮助培育一家新的公司，直到有其他的资本注入。风险投资公司希望在不超过7~10年的时间内退出投资。晚期投资可能只需要几年的时间。一旦退出以后，合伙人将会获得其相应份额的利润，此时基金就解散了。

对于风险资本来说，要成功退出一项投资有好多种方式。最有吸引力也最明显的就是通过首次公开募股来退出。在股票的公开发行中，风险投资公司作为内部人获得公司的股票，但是在数年内，风险投资公司如何销售和清算这些股票会受到监管与限制。一旦这些股票可以被自由交易，通常会在两年后，风险投资公司会将这些股票分配给有限合伙人，后者可以继续持有这些股票或者将其出售。在过去的25年间，有超过3 000家风险投资资金支持的公司进行了首次公开募股。在2000年的高峰年份，有269家风险投资资金支持的公司进行了首次公开募股。

6. 风险投资基金的获利能力

风险投资的风险相当高。大多数新兴公司都不成功。尽管风险投资公司都会对新兴公司进行谨慎的监督，并对其提供发展建议，但是一个新的理念或想法要获得收益，必须要克服重重困难。如果风险投资是高风险的，那么必须要有与风险相匹配的高收益率，才会吸引投资者继续提供资金。

从历史上来看，尽管风险投资公司面临巨大的风险，但是其获利能力相当不错。20年期的平均收益率是23.4%。20世纪90年代对于风险投资家来说是一个黄金时代。10年期的平均收益率是30%。1995~2000年，平均收益率甚至超过了50%。

20世纪90年代末期，风险投资的收益率仍然相当高。例如，1999年，收益率超过了165%。不幸的是，随着技术市场开始降温，风险投资的收益率也降低了。截至2000年，平均收益率是37.5%；2001年，风险投资公司报告显示第一季度的损失率为8.9%。在2008~2009年的经济危机期间，风险投资市场也遭受了损失，损失率为16.5%。专栏22-2对风险投资公司遭受损失的原因进行了讨论，并给出了一些可能的解释。

专栏22-2 网络金融

风险资本家对互联网公司不再关注

表22-2表明了在20世纪90年代后期，风险资本家的可用资金规模大幅度扩张。许多投资都集中于网络公司。这种现象引发了两种严重的后果。首先，在一段时间内，很可能只有一部分有价值的项目值得融资。当很多资金在寻求少数的项目时，有些公司就能获得资金，而如果是在平时，这些公司可能会遭到拒绝。因此，风险投资基金组合的平均质量有所下降。

风险投资资金的大幅激增带来的第二个问题是，合伙人不能提供高质量监控。考虑 Webvan 公司的案例，这家网络零售商获得超过 10 亿美元的风险投资资金。即使该公司获得了很多资深金融机构的支持，其中包括高盛公司和红杉资本公司，但该公司的商业计划从根本上就是有缺陷的。在其短暂的生命周期内，Webvan 公司花费了超过 10 亿美元资金来建设自动仓库和昂贵的技术设施。高额管理费用使其无法同其他的零售企业展开竞争，其平均利润率仅为 1%。如果投资银行家能够更加积极地监管 Webvan 公司的业务的话，可能会阻止开发这种需要每个仓库每天有 4 000 份订单才能实现收支平衡的基础设施。因此，Webvan 公司在 2001 年 7 月宣布破产也就不足为奇了。

22.6 私募股权收购

在本章前一部分中，我们了解到新成立的公司通常通过风险投资公司来为其发展融资。待私人公司发展成熟，具有确定的盈利性，其将向公众发售股份，即上市。**私募股权收购**（private equity buyout），不同于私人公司公开上市，而是与之相反，即上市公司私有化。

在典型的私募股权收购中，一家公司公开交易的股份被有限责任合伙公司（其专为收购股份而成立）所收购。由于社会公众股退出，该公司不再受制于外界对上市公司的控制和监管，也不必再对众多股东负责。

22.6.1 私募股权收购的优势

私募股权合伙人和私人公司的经理列举了许多私募股权所有制结构的优点。首先，作为私人公司，其不再受制于包括2002年《萨班斯－奥克斯利法案》在内的有争议的监管条例。许多经理和 CEO 抱怨要满足《萨班斯－奥克斯利法案》的要求是非常令人头疼并且耗时的，使其不能将时间用于从事更具效率的活动。

其次，公开上市公司的 CEO 通常感到对于按季度产生利润是很有压力的。在私募股权情况下，CEO 通常有更多的时间和灵活性来制订方案以使低于标准水平的公司的状况好转。上市公司 CEO 不得不试着让众多投资者相信某项行动的正确性，而私人公司的 CEO 的不同之处在于他们只需要使私募股权公司的执行合伙人确信就可以。这种不断增加的自由性吸引了许多非常著名的公司领导人，如杰克·韦尔奇（通用电气公司的前任 CEO）、迈克尔·艾斯纳（迪士尼的前任 CEO）、路易斯·郭士纳（IBM 的前任 CEO）和米拉德·德雷克斯勒（Ann Taylor，Gap 公司的前任 CEO）。这些杰出的 CEO 被吸引到私募股权公司的一个主要原因是，他们更容易通过公司所有者权益来获得报酬。通常，公司聘任的高管的现金收入较低，但可以将自己的钱投资于公司，通常是占所有权的 20%。一些人认为，这将使得高管的利益同私募股权合伙人的利益更加趋于一致。

22.6.2 私募股权收购的生命周期

在典型的私募股权收购中建立了一种合伙关系，私募股权投资者被联系起来并保证参股。每一位投资者通常都保证出资至少 100 万美元，并同意在一段时间内将资金放在合伙公司进行管理，通常是 5 年或者更长。

现在合伙公司认定一家业绩较差的公司，并且相信在新的管理层的管理下公司会好转起来。利用合伙人的股权资金,该合伙公司购买了不良公司在外流通的股份。由选举出来的新CEO和董事会来经营公司。执行合伙人在公司的管理中充当积极角色。

一旦该公司好转,收入和盈利性增强,那么其将被出售给另一家公司,或者向公众首次公开募股上市。这就是私募股权收购赚取利润的方式。由于该不良公司现在正在变得强大,其价格将远远高于当初被收购并私有化的价格。

本章小结

与在二级市场上协助证券交易的证券经纪人和经销商(有些以交易所形式存在)一样,投资银行是协助上市公司在初级市场上首次发行证券的公司。美国证券交易委员会对涉足证券市场的金融机构进行管制,确保未来的投资者能够获得足够的信息。

承销是投资银行通过购买发行人全部股票以取得股票发行权,然后在市场上销售。发行有可能出现超额认购、认购不足和完全认购,这取决于价格设置是否正确。

投资银行通过提供建议、整理文件和营销发行来协助发行公司。投资银行还经常协助公司进行并购和私募活动。

证券经纪人起到交易中介的作用,通常并不拥有证券。证券交易商买入并出售证券,通过这样的操作来为证券造市。交易商总是在出售证券并总是愿意购买证券,因此能确保市场具有一定的流动性。

投资者可以下达被称为市价指令的命令以现行市价购买证券。他们还可以设置出售证券的最低价格限制和购买证券的最高价格限制。这种类型的指令被称为限价指令。

一些经纪公司除了代表其客户进行交易以外,还会为客户提供研究和投资建议,这些公司被称为全面服务经纪人。而贴现经纪人只是发出指令。经纪公司还可以储存证券、发放贷款以购买证券,以及提供现金管理账户。

私募股权投资包括风险资本投资和公开上市公司的股本收购。一个典型的风险资本投资包括聚集投资者的资金来支持一家新的公司直到其可以公开上市。在资本的收购中,投资者的资金再一次被聚集,但是此次它们被用来收购上市公司的控制权,然后将其转化为私有。

简答题

1. 立法将商业银行从投资银行中分离出来的动机是什么?
2. Ipora银行的业务主要是吸收存款和发放贷款。Pando银行通过帮助企业募集资金来获取收入。如果你想开一个支票账户,哪家银行会接受你的业务?哪家银行不是一般意义上的银行?
3. 当谈到投资银行承销一种证券的发行时意味着什么?这和代销有什么区别?
4. 投资银行为公司发行证券所提供的最基本的服务是什么?
5. 如果一种证券通过了美国证券交易委员会的审查,这是否意味着投资者可以购买该证券而无须担心会因为这种投资而遭受损失?
6. 假设你听说一家投资银行不打算组建辛迪加来承销债券发行。关于即将发行的证券的质量,这条信息告诉了你什么?
7. 假设你管理一家养老基金,一家投资银行联系你审阅一家证券发行的招股章程。你现在已知该证券认购不足。假设你的研究表明这是一项很好的投资,你会购买这种证券吗?为什么?
8. 考虑股权出售。假设戈登·盖柯收购该公司只是为了解散公司并将该公司的资产包括土地出售给房地产投资者。戈登·盖柯会用什么标准评估这家公司?
9. 敌意收购和并购之间的区别是什么?
10. 交易商为了使市场交易方便进行并保证市场具有流动性提供了哪些有价值的服务?
11. 假设阿克塞尔参与了一家卡车公司股票的卖空交易。如果股票价格上涨,阿克塞尔的利润将会如何变化?
12. 如果你知道证券的价格在未来会下跌,你会从中获利吗?应该如何操作呢?
13. 为什么商业银行反对经纪公司提供许多本来保留给商业银行的传统业务?
14. 哪些主要优点被看作私募股权收购的动机?

计算题

亚马逊公司于1997年5月首次进行公开募股。它在最终招股说明书中列出了下列关于首次公开发行的在外流通股数的信息:

姓名	拥有股份数	流通在外股票百分比	
		发行前	发行后
杰夫·贝佐斯——亚马逊公司	9 885 000	7.5%	41.4%
约翰·杜尔——KPCB风险投资公司	3 401 376	16.4%	14.3%
汤姆·阿尔伯格	195 000	*	*
斯科特·库克	75 000	*	*
帕特丽夏·斯托尼斯菲	75 000	*	*
所有的管理层(14人)	15 688 925	72.5%	63.5%
所有流通在外股份数	20 858 702	100.0%	—

在首次公开募股中,该公司发行了300万股新股。初始价格是每股18美元,其中投资银行收取1.26美元作为承销费用。第一天结束时的收盘价格是每股23.50美元。

1. 在这次募股中,总收益是多少?亚马逊公司自己能保留多少收益?投资银行又能获得多少收益?占发行新股的百分比是多少?
2. KPCB风险投资公司的杜尔先生拥有相当多的股份。在第一天交易结束后,这些股票的市场价值是多少?
3. 作为一家公开上市的公司,在第一天的交易之后,亚马逊公司股票的市场价值是多少?
4. 回头看一下第13章中讲述的关于eBay公司首次公开募股上市时呈现出的问题。eBay公司的承销费用占所筹资金的百分比是多少?情况与此次相同吗?
5. 假设发行的500万股股票最初以每股15美元的价格超额认购。如果你意识到这只股票的定价可能是每股17.5美元,计算一下上市公司筹资减少多少。
6. 哈维决定卖空1万股Guiness公司的股票,目前该股交易成交价为每股7美元。如果哈维此时需要以每股5美元的价格购买Guiness公司的股票,哈维的收益或者损失是多少呢?
7. Bluestar航空公司的实物资产价值为1 250万美元,业内专家表示其未来盈利的净现值为每股40美元。假设该公司有100万股股票流通在外。如果一位公司买家想要解散公司并且出售公司资产,那么他将在股权出售中支付的每股最高价格为多少?
8. 一种证券的限价指令单如下:

未完成的限价指令

购买指令		出售指令	
25.12	100	25.36	300
25.20	500	25.38	200
25.23	200	25.41	200

交易员按顺序收到了以下的交易指令:
(1) 出售300股股票的市价指令;
(2) 以每股25.38美元的价格买入100股股票的限价指令;
(3) 以每股25.30美元的价格买入500股股票的限价指令。

这些指令完成以后,将会怎么样?这些指令之后,限价指令单会是什么样的?

网络练习

投资银行、证券经纪人、证券交易商与风险资本公司

1. 在首次公开募股中,证券首次被出售给公众。登录 http://www.renaissancecapital.com/ipohome/marketwatch.aspx,该网址提供了关于首次公开募股的各种数据。

   (1) 以所筹集资金的数额排名,最近最大的首次公开募股是什么?

   (2) 针对公众发行的下一个首次公开募股是什么?

   (3) 在上一个四年中,有多少个首次公开募股被定价?

2. 美国证券交易委员会负责监管证券公司。登录 www.sec.gov,该网站是美国证券交易委员会的官方网站。根据该网站的信息来回答下面的问题。

   (1) EDGAR 是什么?

   (2) 美国证券交易委员会的定期目标是什么?

   (3) 用一句话总结美国证券交易委员会最近提出的监管法规。

PART 7

第七部分

金融机构管理

第 23 章

金融机构的风险管理

预　览

金融机构的管理从来就不是一项容易的工作，但近几年来，由于经济环境的不确定性增大，这项工作变得更加困难。利率变得更加不稳定，导致金融机构的利润以及所持有的资产和负债的价值也大幅波动。此外，正如我们在第 5 章和第 8 章中所学，贷款和其他金融工具的违约也大幅攀升，给金融机构造成大量损失。鉴于这一情况，金融机构无疑应该加强管理其面临的由利率大幅波动以及借款人违约所造成的风险。

本章我们将研究金融机构的经理如何应对信用风险（由借款人可能对其债务违约产生的风险）和利率风险（由利率波动所产生的风险）。我们将考察经理测量风险的工具以及降低风险的措施。

23.1　信用风险管理

金融机构（如银行、保险公司、养老基金以及金融公司）的主要业务是发放贷款。这些机构为了赚取高额利润，必须使发放的贷款能够被全额偿还（因而有较低的信用风险）。逆向选择和道德风险（第 2 章和第 7 章讨论过）为理解金融机构的经理必须将信用风险降至最低以及发放成功贷款的原则提供了一个框架。

贷款市场逆向选择发生的原因是，较差的信用风险（那些最有可能出现贷款违约的人）通常来自那些排队申请贷款的人；换句话说，那些最有可能产生不利结果的人是最有可能被选中的人。对于投资项目风险较高的借款人，如果其项目成功，他们就可以从中获取大笔利润，因此他们最渴望获得贷款。显然，他们无法偿还贷款的可能性很大，因此是最不利的借款人。

贷款市场道德风险存在的原因是，借款人有从事对贷款人不利活动的动机。在这种情况下，贷款人更有可能遭受违约风险。一旦借款人获得一笔贷款，他们更可能投资于风险较高的投资项目，如果该项目成功，借款人将从中获取高额回报。然而，其中的高风险降低了他们偿还贷款的可能性。

为了获取利润，金融机构必须克服增加贷款违约概率的逆向选择和道德风险问题。金融机构解决这些问题的尝试可以解释信用风险管理的一些原则：筛选和监督、建立长期客户关系、贷款承诺、贷款担保、补偿余额以及信贷配给。

23.1.1 筛选和监督

由于贷款人对借款人的投资机会和投资活动等信息的了解远不及借款人本人，因此，贷款市场上存在着信息不对称。这种情况导致金融机构从事两种信息收集活动——筛选和监督。

1. 筛选

贷款市场的逆向选择问题要求贷款人筛选出较差的信用风险，这样他们才能通过发放贷款获利。为了完成有效的筛选，贷款人必须收集有关借款人的可靠信息。有效筛选和信息收集共同构成了信用风险管理的一个重要原则。

当你申请消费者贷款（如汽车贷款或者住房抵押贷款）时，首先你必须填写一份包含大量个人财务信息的表。你需要提供工资、银行账户和其他资产（如汽车、保单和家具）以及未清偿贷款；贷款记录、信用卡和应付账单；工作的年限以及雇主的情况。你还需要提供一些有关年龄、婚姻状况以及子女情况等的个人信息。贷款人利用这些信息计算"信用得分"（根据你的回答预测你在偿还贷款方面是否存在困难的统计数据），评估你的信用风险情况。确定你的信用风险并不是完全科学的，因此贷款人还必须做出判断。信贷员的工作就是确定你是否应该得到贷款，他可能会给你的雇主打电话或与你所提供的相关人员联系。信贷员甚至可能根据你的举止或者外表做出判断。

金融机构向企业发放贷款时，也会有类似的筛选和收集信息过程。它收集关于该公司的盈利和亏损（收入）及其资产和负债信息。贷款人还要评估公司未来的业务情况。因此除了获取有关销售数据等信息外，信贷员还可能询问公司未来发展计划、贷款目的以及行业竞争等问题。信贷员甚至可能到公司访问，以获取其运作的第一手资料。无论是个人贷款还是企业贷款，金融机构最根本的原则就是善于打听。

2. 贷款专业化

金融机构发放贷款的一个令人费解的特征是，它们往往专门为当地公司或特定行业（如能源）的公司发放贷款。在某种意义上，这种行为令人惊讶，因为这意味着金融机构无法实现贷款组合的多元化，从而会遭受更大的风险。但从另一个角度来看，这种专业化也有有利的一面。逆向选择问题要求金融机构筛选出较差的信用风险。金融机构收集有关当地公司的信息并确定其信誉要比收集较远公司的信息容易得多。同样，通过集中对特定行业的公司发放贷款，金融机构能够对这些行业有更深入的了解，因此能够更好地预测哪些企业能够及时地偿还债务。

3. 限制性条款的监督和执行

贷款一旦发放，借款人就有动机从事高风险活动，使得贷款可能难以归还。为了减少这种道德风险问题，金融机构必须坚持管理信用风险的原则，贷款人应该将限制借款人从事风险活动的规定（限制性条款）写入贷款合同中。通过监督借款人的活动来考察他们是否遵守限制性条款的规定，如果没有遵守，则强制执行，这样贷款人就能够确定借款人没有以贷款人的利益从事冒险业务。金融机构对筛选和监督的必要性解释了为什么它们会花费大量成本进行审计和收集信息。

23.1.2 建立长期客户关系

金融机构的经理获取关于借款人信息的另一种方式是建立长期客户关系，这也是信用风险管理的另一个重要原则。

如果一个潜在借款人长期以来拥有支票或储蓄账户，或者与金融机构发生过贷款业务，信贷员就可以考察账户的历史记录，从而了解许多关于借款人的信息。支票账户和储蓄账户的余额说明了潜在借款人的流动性以及一年中什么时候对现金有强烈的需求。检查借款人所签发的支票时往往可以发现借款人的供应商。如果借款人曾经向金融机构借款，金融机构就有偿还贷款的记录。因此，长期客户关系可以减少信息收集成本，并使其更容易筛选较差的信用风险。

贷款人对监督的要求增加了长期客户关系的重要性。如果借款人以前从金融机构借过款，金融机构就已经对该客户建立了监管程序。因此，对长期客户监管的成本要低于对新客户监管的成本。

长期客户关系能够使客户和金融机构同时受益。曾经与金融机构有联系的公司会发现，以低利率获得贷款更为容易，这是因为金融机构可以更轻松地确定潜在借款人的信用风险是否良好，监管借款人的成本也可以降低。

长期客户关系对金融机构还有另一个好处。金融机构将限制性条款写入贷款合约时，不可能想到所有的可能性，因此借款人从事风险活动的可能性没有被排除。然而，如果借款人希望与金融机构保持长期联系，以便未来可以更容易以低利率得到贷款，情况会怎样？即使贷款合约中的限制性条款没有相关风险活动规定，借款人也有动力避免从事令金融机构不满的风险活动。事实上，如果金融机构的经理对借款人的所作所为不满意，即使借款人没有违反任何限制性条款，经理也有权阻止借款人的所作所为：它可以威胁未来不再向借款人提供新的贷款。因此，长期客户关系使得金融机构能够处理预料之外的道德风险。

23.1.3 贷款承诺

银行有一种特殊手段来使长期客户关系制度化，即**贷款承诺**（loan commitment）。贷款承诺是银行承诺（在未来一段特定的时间）向企业提供给定金额内的贷款，其利率与某种市场利率相关联。大部分工商业贷款都是在贷款承诺安排下发放的。对企业而言，贷款承诺的好处在于它能够在企业需要时为其提供资金来源。对银行而言，贷款承诺的好处在于它有助于促进长期客户关系，从而促进信息收集。此外，贷款承诺协议要求企业定期向银行提供有关收入、资产和负债情况、商业活动等的信息。贷款承诺是减少银行筛选和收集信息成本的重要途径。

23.1.4 贷款担保

贷款担保是一种重要的信用风险管理工具。拥有抵押品的贷款通常被称为**担保贷款**（secured loan）。抵押品是借款人承诺给贷款人的资产，如果借款人违约，该资产就作为赔偿转移给贷款人。由于抵押品减少了贷款违约情况下给贷款人造成的损失，从而减少了逆向选择的问题。如果借款人违约，那么贷款人就可以出售抵押品，并利用所得资金来弥补贷款损失。因此，贷款担保为金融机构发放贷款提供了重要的保护措施，这就是金融机构发放贷款时普遍采用贷款担保的原因。

23.1.5 补偿余额

补偿余额（compensating balance）是银行发放商业贷款时所需的贷款担保的一种特定形式：得到贷款的企业必须在银行支票账户中存有最低金额的资金。例如，一家获取1 000万美元贷款的企业可能被要求在银行支票账户中存有至少100万美元的补偿余额。如果借款人违约，银行可以用这100万美元的补偿余额来弥补贷款损失。

除了作为贷款担保，补偿余额还有助于增加贷款归还的可能性。补偿余额帮助银行监管借款人，进而降低道德风险。具体而言，通过要求借款人使用银行的支票账户，银行可以观察到企业的支票支付活动，从而了解有关借款人财务状况的大量信息。例如，借款人的支票账户余额的持续减少可能是借款人财务困难的标志，账户的变化可能意味着借款人正在从事高风险的活动；供应商的变动可能意味着借款人正在开发新的业务。借款人支付活动的任何显著变化都是要求银行进行调查的标志。因此，补偿余额使得银行对借款人的监管更为方便和有效，是信用风险管理的另一种重要工具。

23.1.6 信用配给

金融机构应对逆向选择和道德风险的另一种方式是**信用配给**（credit rationing）：即使借款人愿意支付规定的利率，甚至更高的利率，也会拒绝向其发放贷款。信用配给有两种形式。第一种是贷款人拒绝向借款人发放任何数额的贷款，即使借款人愿意支付更高的利率。第二种是贷款人愿意向借款人发放贷款，但对贷款金额有所限制，低于贷款人需要的金额。

起初，你可能会对第一种信用配给形式感到困惑。毕竟，潜在借款人存在信用风险，贷款人为什么不以更高的利率向其发放贷款呢？答案是逆向选择问题禁止了该方案。投资项目风险较大的个人和企业正是那些愿意支付更高利率的借款人。如果借款人从事高风险投资并且成功了，就会变得十分富有。但由于风险较高，最可能的结果是借款人投资失败，而无法偿还贷款，因此，贷款人不愿意向这类借款人发放贷款。对于贷款人来说，收取更高的利率只能使逆向选择问题更严重；也就是说，收取更高的利率增加了贷款人发放信用风险较高的贷款的可能性。因此，贷款人宁愿不以更高的利率发放任何贷款，而是采用第一种信用配给方式，拒绝发放贷款。

金融机构则采用第二种信用配给方式来防止道德风险：它们向借款人发放贷款，但贷款金额小于借款人的要求。由于贷款金额越高，道德风险给借款人带来的利益就越大，因而这种信用配给方式是十分必要的。例如，如果金融机构向你发放1 000美元贷款，为了不损害你未来的信用等级，你很可能会采取能够使你偿还贷款的行为。然而，如果金融机构向你发放了1 000万美元的贷款，你很可能飞到里约热内卢庆祝一番。贷款规模越大，你就越有可能去从事那些会使你难以偿还贷款的活动。由于贷款金额较小时，更多的借款人能够偿还贷款，因此，金融机构通过为借款人提供比其要求金额更低的贷款来配给信用。

23.2 利率风险管理

20世纪80年代，随着利率波动性的增加，金融机构的经理变得越来越关心他们所面临的利率风险,即由利率变动引起的收益和回报风险。实际上,当本书第26章所描述的储蓄贷款协会由于没有正确管理利率风险而破产时,其危机使得利率风险的危害更加清晰。为了理解利率的风险,我们先看看第一国民银行的资产负债表(见表23-1)。

表23-1　第一国民银行资产负债表　　　　　　　　　　　　(百万美元)

资　产		负　债	
准备金和现金项目	5	支票存款	15
有价证券		货币市场存款账户	5
1年内到期	5	储蓄存款	15
1~2年内到期	5	存单	
2年后到期	10	可变利率	10
住房抵押贷款		1年内到期	15
可变利率	10	1~2年内到期	5
固定利率(30年期)	10	2年后到期	5
商业贷款		联邦基金	5
1年内到期	15	借款	
1~2年内到期	10	1年内到期	10
2年后到期	25	1~2年内到期	5
实物资本	5	2年后到期	5
		银行资本	5
总计	100	总计	100

对银行经理来说,评估利率风险的第一步是判断哪些资产和负债对利率较为敏感,也就是说,在1年内哪些资产和负债由于利率的变动需要重新定价。值得注意的是,利率敏感型的资产和负债需要在1年内根据利率变动重新定价,可能是因为在这1年内债务工具到期了,也可能是因为利率变动而自动重新定价,如可变利率抵押贷款。

对于许多资产和负债来说,要确定它们是不是利率敏感型十分简单。在我们的例子中,显然利率敏感型资产是1年内到期的有价证券(500万美元)、可变利率抵押贷款(1 000万美元)以及1年内到期的商业贷款(1 500万美元),总计3 000万美元。然而,有些资产看起来像固定利率的资产,1年内不需要根据利率变动重新定价,但实际上也含有利率敏感的成分。例如,尽管固定利率住宅抵押贷款的期限是30年,但房主可以通过将其房屋出售或其他方式来提前偿还抵押贷款。这意味着在1年内,这些固定利率抵押贷款的一部分将会被偿还,而这一部分的利率将会被重新定价。从过去的经验中,银行经理知道,有20%的固定利率住宅抵押贷款将在1年内被偿还,这意味着这些抵押贷款中的200万美元(1 000万美元的20%)要被视为利率敏感型的。银行经理需要将这200万美元加入已经计算出来的3 000万美元敏感型资产之中,因而敏感型资产总计为3 200万美元。

现在银行经理要通过类似的程序来确定利率敏感型负债的总额。显然,敏感型负债是货币市场存款账户(500万美元)、可变利率存单和一年内到期存单(2 500万美元)、联邦基金(500万美元)以及1年内到期的借款(1 000万美元),总计4 500万美元。银行通常可以随时改变支票存款和储蓄存款的利率，尽管它们在大部分时间内都喜欢保持固定利率。因此，这些负债只是部分而不是全部对利率敏感。银行经理估计10%的支票存款（150万美元）以及20%的储蓄存款（300万美元）应该被视为利率敏感型。将150万美元和300万美元加入4 500万美元中，得到总计为4 950万美元的利率敏感型负债。

现在银行经理可以分析如果利率上升1个百分点，比如说从10%涨到11%将会发生什么情况。资产的收入会增加32万美元（=1%×3 200万美元利率敏感型资产），而负债的支出会增加49.5万美元（=1%×4 950万美元利率敏感型负债）。因此，第一国民银行的利润现在减少了17.5万美元（=320 000 - 495 000）。分析这种情况的另一种方式是在第17章中所学的净利息差的概念，即利息收入减去利息费用后除以银行总资产。在这个例子中，利率上升1%导致净利息差下降了0.175%（= -175 000/100 000 000）。相反，如果利率下降1%，同样的道理，我们可以知道第一国民银行的收入会上涨17.5万美元，其净利息差会上升0.175%。这个例子说明：**如果金融机构的利率敏感型负债多于利率敏感型资产，利率的上升会减少银行的净利息差和利润，而利率的下降会增加银行的净利息差和利润。**

23.2.1 收入缺口分析

一个简单而快速测量银行收入对利率变化敏感性的方法是**缺口分析**（gap analysis），也被称为**收入缺口分析**（income gap analysis），即利率敏感型资产减去利率敏感型负债之差。缺口（GAP）的计算公式可以写成

$$GAP = RSA - RSL \tag{23-1}$$

其中，RSA 为利率敏感型资产；RSL 为利率敏感型负债。

在我们的例子中，银行经理所计算的缺口是：

$$GAP = 32\,000\,000 - 49\,500\,000 = -17\,500\,000 (美元)$$

将计算出的缺口乘以利率的改变量就可以得到对其银行收入的影响：

$$\Delta I = GAP \times \Delta i \tag{23-2}$$

其中，ΔI 为银行收入的改变量；Δi 为利率的改变量。

例23-1 收入缺口分析

利用式（23-1）计算，缺口为 -17 500 000 美元，如果利率上升1%，收入的改变量是多少？

解答

收入的改变量是 -175 000 美元。

$$\Delta I = GAP \times \Delta i$$

其中，$GAP = -17\,500\,000$，$\Delta i = 0.01$，因此：

$$\Delta I = -17\,500\,000 \times 0.01 = -175\,000 (美元)$$

我们刚才进行的分析被称为基本缺口分析，这一方法面临的问题是，许多非利率敏感型资产和负债的期限都是不同的。为了解决这个问题，使用期限分段法，衡量若干期限各子区间（被称为期限分段）的缺口，从而可以计算出一段较长期限内利率变动的影响。

例23-2 收入缺口分析

第一国民银行的经理发现，银行的资产负债表使他可以将资产和负债放入精确的到期时间内，从而估计出未来1~2年潜在的收入变化。在这期间，利率敏感型资产包括1~2年内到期的500万美元的有价证券、1~2年内到期的1 000万美元的商业贷款以及银行应该得到的额外200万美元（固定利率为20%的抵押贷款）。在这期间，利率敏感型负债包括1~2年内到期的500万美元的存单、1~2年内到期的500万美元的借款、150万美元的支票存款（银行经理估计支票存款中的10%为利率敏感型）以及额外300万美元储蓄存款（估计储蓄存款的20%）。在未来的1~2年，如果利率上升1%，计算缺口以及收入的改变量。

解答

未来1~2年的缺口为250万美元。

$$GAP = RSA - RSL$$

其中，$RSA = 17\,000\,000$，$RSL = 14\,500\,000$，因此：

$$GAP = 17\,000\,000 - 14\,500\,000 = 2\,500\,000\,（美元）$$

如果利率仍然上升1%，那么在第二年收入将增加25 000美元。

$$\Delta I = GAP \times \Delta i$$

其中，$GAP = 2\,500\,000$，$\Delta i = 0.01$，因此：

$$\Delta I = 2\,500\,000 \times 0.01 = 25\,000\,（美元）$$

通过使用更加精确的期限分段法，银行经理能够计算出未来的若干年里如果利率发生改变，银行收入将会如何变动。

23.2.2 久期缺口分析

到目前为止，我们所学的缺口分析只关注了利率变化对收入的影响。很明显，金融机构的所有者和经理不仅关心利率变化对收入的影响，还关心利率变化对金融机构净资产的市场价值的影响。⊖

衡量利率风险的另一种方法是**久期缺口分析**（duration gap analysis），考察金融机构净资产的市场价值对利率变化的敏感性。久期分析是以麦考利的久期概念为基础的，衡量一种有价证券支付流的平均寿命（见第3章）。回想一下，久期是一个有用的概念，因为尤其当利率变动很小的时候，它可以用下面这个公式来估计一种有价证券的市场价值对利率变化的敏感性：

$$\%\Delta P \approx -DUR \times \frac{\Delta i}{1+i} \tag{23-3}$$

其中，$\%\Delta P = (P_{t+1} - P_t)/P_t$，为有价证券的市场价值变化百分比；$DUR$为久期；$i$为利率。

在确定银行资产负债表中所有资产和负债的久期后，银行经理可以使用这个公式来计算当利率发生改变时，每一项资产和负债的市场价值是如何变化的，然后计算出对净资产的影响。

⊖ 值得注意的是，净资产的计算是以历史成本（账面价值）为基础的，这意味着，资产和负债的价值是以初始定价为基础的。然而，净资产的账面价值不能给出对企业真正价值的完整描述，净资产市场价值给出了更精确的衡量标准。这就是为什么当利率改变时，久期缺口分析关注净资产市场价值的变化，而不是账面价值的变化。

然而，还有一种更简单的方法来计算，这一方法来源于我们在第3章中学过的关于久期的基本事实：久期是可以叠加的；也就是说，有价证券组合的久期是各个证券久期的平均值，权重反映了每个证券在投资组合中所占的比例。这意味着，银行经理可以通过计算资产和负债的平均久期，然后利用计算出的数据估计利率变化的影响，从而判断利率变化对净资产的市场价值的影响。

来看看银行经理是如何完成这项工作的，让我们回到第一国民银行的资产负债表中。银行经理已经使用第3章中所列的程序计算出每一项资产和负债的久期（见表23-2）。对于每一项资产，经理先用这项资产的久期乘以资产金额，然后除以总资产金额，也就是这个例子中的1亿美元，然后计算久期权重。例如，在这个例子中，1年内到期的有价证券，经理将它的久期0.4年乘以金额500万美元，再除以总资产1亿美元，得到其久期的权重为0.02（值得注意的是，由于实物资产没有现金支付，因此它的久期为0年）。将所有资产都如此计算后再加总，银行经理就可以得到总资产的平均久期为2.70年。

表23-2 第一国民银行资产和负债的久期

	金额（百万美元）	久期（年）	久期权重（年）
资产			
准备金和现金项目	5	0.0	0.00
有价证券			
1年内到期	5	0.4	0.02
1~2年内到期	5	1.6	0.08
2年后到期	10	7.0	0.70
住房抵押贷款			
可变利率	10	0.5	0.05
固定利率（30年期）	10	6.0	0.60
商业贷款			
1年内到期	15	0.7	0.11
1~2年内到期	10	1.4	0.14
2年后到期	25	4.0	1.00
实物资本	5	0.0	0.00
平均久期			2.70
负债			
支票存款	15	2.0	0.32
货币市场存款账户	5	0.1	0.01
储蓄存款	15	1.0	0.16
存单			
可变利率	10	0.5	0.05
1年内到期	15	0.2	0.03
1~2年内到期	5	1.2	0.06
2年后到期	5	2.7	0.14
联邦基金	5	0.0	0.00
借款			
1年内到期	10	0.3	0.03
1~2年内到期	5	1.3	0.07
2年后到期	5	3.1	0.16
平均久期			1.03

银行经理处理负债使用相同的程序，注意除去资本外的总负债为9 500万美元。例如，支

票存款的久期权重是将其久期 2.0 年乘以 1 500 万美元，再除以 9 500 万美元，得到 0.32。将这些久期权重相加，经理就能够得到负债的平均久期为 1.03 年。

例 23-3　久期缺口分析

银行经理想知道当利率从 10% 上升至 11% 时，将会有什么情况发生。总资产为 1 亿美元，总负债为 9 500 万美元。使用式（23-3）来计算资产和负债的市场价值。

解答

总资产为 1 亿美元，资产的市场价值会减少 250 万美元（100 000 000 × 0.025 = 2 500 000）。

$$\%\Delta P \approx -DUR \times \frac{\Delta i}{1+i}$$

其中，$DUR = 2.70$，$\Delta i = 0.11 - 0.10 = 0.01$，$i = 0.10$，因此：

$$\%\Delta P \approx -2.70 \times \frac{0.01}{1+0.10} = -0.025 = -2.5\%$$

总负债为 9 500 万美元，负债的市场价值减少 90 万美元（95 000 000 × 0.009 = −900 000）。

$$\%\Delta P \approx -DUR \times \frac{\Delta i}{1+i}$$

其中，$DUR = 1.03$，$\Delta i = 0.11 - 0.10 = 0.01$，$i = 0.10$，因此：

$$\%\Delta P \approx -1.03 \times \frac{0.01}{1+0.10} = -0.009 = -0.9\%$$

结果是银行的净资产将减少 160 万美元 [−2 500 000 −(−900 000) = −1 600 000]。

银行经理可以通过计算所谓的久期缺口，更迅速地得到这个答案，公式如下：

$$DUR_{缺口} = DUR_A - \left(\frac{L}{A} \times DUR_L\right) \tag{23-4}$$

其中，DUR_A 为资产的平均久期；DUR_L 为负债的平均久期；L 为负债的市场价值；A 为资产的市场价值。

例 23-4　久期缺口分析

以例 23-3 所提供的信息为基础，使用式（23-4）来确定第一国民银行的久期缺口。

解答

第一国民银行的久期缺口为 1.72 年。

$$DUR_{缺口} = DUR_A - \left(\frac{L}{A} \times DUR_L\right)$$

其中，$DUR_A = 2.70$，$L = 95$，$A = 100$，$DUR_L = 1.03$，因此：

$$DUR_{缺口} = 2.70 - \left(\frac{95}{100} \times 1.03\right) = 1.72$$

为了估计利率变化时可能发生的情况，银行经理使用式（23-4）中 $DUR_{缺口}$ 的计算方法得到净资产的市场价值的变动百分比。换句话说，净资产的市场价值的变动的计算公式如下：

$$\frac{\Delta NW}{A} = -DUR_{缺口} \times \frac{\Delta i}{1+i} \tag{23-5}$$

例23-5 久期缺口分析

如果利率从10%上升至11%，根据式（23-5），净资产的市场价值改变量是多少？

解答

利率从10%上升至11%将会导致净资产的市场价值的改变量为-1.6%。

$$\frac{\Delta NW}{A} = -DUR_{缺口} \times \frac{\Delta i}{1+i}$$

其中，$DUR_{缺口} = 1.72$，$\Delta i = 0.11 - 0.10 = 0.01$，$i = 0.10$，因此：

$$\frac{\Delta NW}{A} = -1.72 \times \frac{0.01}{1+0.10} = -0.016 = -1.6\%$$

总资产为1亿美元，例23-5说明净资产的市场价值减少了160万美元，与我们在例23-3中计算出的结果一样。

我们给出的例子说明，收入缺口分析和久期缺口分析都表明第一国民银行在利率上升时会遭受损失。事实上，在这个例子中，我们看到利率从10%上升至11%会导致净资产的市场价值减少160万美元，这一数值是银行初始资本的1/3。因此，银行经理意识到银行面临着巨大的利率风险，因为利率的上升会导致银行资本的损失。显然，收入缺口分析和久期缺口分析这两个工具都很有用，它们告诉金融机构经理金融机构受利率风险的程度有多大。

23.2.3 非银行金融机构的例子

到目前为止，我们一直专注于涉及银行机构借入短期借款并发放长期贷款的例子，因而当利率上升时，金融机构的收入和净资产都会减少。收入缺口分析和久期缺口分析同样适用于其他金融机构。此外，你需要认识到，一些金融机构的收入缺口和久期缺口与银行的表现是相反的，因此，当利率上升时，收入和净资产不会减少，反而会增加。为了更加完整地进行收入缺口分析和久期缺口分析，我们先看一个非银行金融机构——友好财务公司，它是一个专门发放消费者贷款的金融机构。

友好财务公司的资产负债表如下（单位：百万美元）。

资产		负债	
现金和存款	3	商业票据	40
有价证券		银行贷款	
1年内到期	5	1年内到期	3
1~2年内到期	1	1~2年内到期	2
2年后到期	1	2年后到期	5
消费贷款		长期债券和其他长期负债	40
1年内到期	50	资本金	10
1~2年内到期	20		
2年后到期	15		
实物资本	5		
总计	100	总计	100

友好财务公司的经理计算得出利率敏感型资产为500万美元的1年内到期的有价证券以及5 000万美元1年内到期的消费者贷款，总计5 500万美元利率敏感型资产。然后计算得出利率

敏感型负债为4 000万美元全部是1年内到期的商业票据以及300万美元1年内到期的银行贷款，总计4 300万美元的利率敏感型负债。收入缺口计算如下：

$$GAP = RSA - RSL = 55\,000\,000 - 43\,000\,000 = 12\,000\,000(美元)$$

为了计算利率上升1%对收入的影响，经理将1 200万美元的缺口乘以利率的改变量得到：

$$\Delta I = GAP \times \Delta i = 12\,000\,000 \times 1\% = 120\,000(美元)$$

因此，经理就会发现如果利率上升1%，友好财务公司的收入就会增加120 000美元。与第一国民银行因利率上升而遭受利润损失相反，该公司能够从中获利的原因是，其收入缺口为正，因为其利率敏感型资产多于利率敏感型负债。

像银行经理一样，友好财务公司的经理也对如果利率上升1%，公司净资产的市场价值会发生什么变化感兴趣。因此，经理计算资产负债表中每一项的久期权重，将它们加总到表23-3中，得到了总资产的久期为1.14年，总负债的久期为2.77年。久期缺口计算如下：

$$DUR_{缺口} = DUR_A - \left(\frac{L}{A} \times DUR_L\right) = 1.14 - \left(\frac{90}{100} \times 2.77\right) = -1.35(年)$$

表23-3　友好财务公司资产与负债的久期

	金额（百万美元）	久期（年）	久期权重
资产			
现金和存款	3	0.0	0.00
有价证券			
1年内到期	5	0.5	0.05
1~2年内到期	1	1.7	0.02
2年后到期	1	9.0	0.09
消费贷款			
1年内到期	50	0.5	0.25
1~2年内到期	20	1.5	0.30
2年后到期	15	3.0	0.45
实物资本	5	0.0	0.00
平均久期			1.14
负债			
商业票据	40	0.2	0.09
银行贷款			
1年内到期	3	0.3	0.01
1~2年内到期	2	1.6	0.04
2年后到期	5	3.5	0.19
长期债券和其他长期负债	40	5.5	2.44
平均久期			2.77

由于友好财务公司的久期缺口为负，经理意识到利率从10%上升1个百分点至11%，公司净资产的市场价值就会增加。经理通过计算净资产的市场价值变化来验证这一点：

$$\frac{\Delta NW}{A} = -DUR_{缺口} \times \frac{\Delta i}{1+i} = -(-1.35) \times \frac{0.01}{1+0.10} = 0.012 = 1.2\%$$

总资产为1亿美元时，计算出净资产的市场价值会增加120万美元。

尽管收入缺口分析和久期缺口分析说明利率上升时，友好财务公司能够从中获利，但经理意识到如果利率反方向变化，公司的收入和净资产的市场价值都会减少。因此，像银行经理一样，财务公司经理会意识到自己的机构面临着巨大的利率风险。

23.2.4 收入缺口和久期缺口分析存在的问题

尽管你可能认为收入缺口分析和久期缺口分析十分复杂，但还有更复杂的东西使得金融机构经理的工作更加困难。

我们在讨论收入缺口分析和久期缺口分析时曾使用过的一个假设是，当利率水平发生变化时，利率对所有到期期限的变动幅度是一样的。也就是说，我们是在收益曲线保持不变的假设下进行的分析。实际上，久期缺口分析的情况更糟糕，因为久期缺口是假定票据所有到期期限的利率都是在相同的条件下进行的计算，换句话说，收益曲线被假定为水平的。然而，我们在第5章中讨论利率期限结构时指出，收益曲线不是水平的，收益曲线的斜率是波动的；当利率水平发生变化时，收益曲线也有一个变化的趋势。因此，为了进行精确的利率风险评估，金融机构经理必须估计当利率水平发生变化时，收益曲线的斜率将会如何变化，然后在评估利率风险时将这些因素考虑在内。

收入缺口分析存在的另一个问题是，正如我们看到的，金融机构经理必须估计出那些假定为固定利率但可能为利率敏感型的资产和负债的比例。这包括要估计提前归还贷款的可能性或者当利率变化时，客户提取存款的可能性。这样的猜测并不简单，因而金融机构的经理对收入缺口的估计可能不是非常精确。由于许多现金支付是不确定的，所以计算资产和负债的久期时也存在相似问题。因此，对久期缺口的评估也可能不精确。

这些问题是否意味着银行和其他金融机构的经理应该放弃使用缺口分析来衡量利率风险？当利率发生变化时，金融机构会使用情景分析和风险价值分析等更加复杂的方法来衡量利率风险，利用计算机来计算资产价格随利率变化而发生的更精确变化。然而，收入缺口分析和久期缺口分析仍然能够为金融机构的经理在进行利率风险评估时先提供一个简单的框架，因此，它们对于金融机构的经理评估利率风险是非常有用的工具。

专栏 23-1　执业经理

利率风险管理战略

一旦金融机构的经理对自己的机构进行了收入缺口分析和久期缺口分析，他们就必须确定选用哪种策略。如果第一国民银行的经理坚信未来的利率会下降，就不会采取任何措施，因为他们知道银行的利率敏感型负债多于利率敏感型资产，利率下降会让银行从中获利。然而，经理也认识到第一国民银行面临着巨大的利率风险，因为利率总是有可能不下降反而上升，正如我们所看到的，这将导致银行破产。经理可以通过购买更短期限的资产或将固定利率贷款转为可变利率贷款，来缩短银行资产的久期，增加其利率敏感性。另外，银行经理还可以延长负债的久期。通过对银行资产和负债的调整，银行受利率波动的影响将会减少。

例如，银行经理可能决定通过将利率敏感型资产增加至 4 950 万美元，与利率敏感型负债一样多，从而减少收入缺口。或者经理可以将利率敏感型负债减少至 3 200 万美元，与利率敏感型资产一样多。在这两种情况下，收入缺口都为 0，所以利率的变化对未来一年银行利润不会产生影响。

此外，银行经理可以通过调整资产和负债，使久期缺口为 0，从而使银行净资产的市场价值对利率风险有免疫力。要做到这一点，经理可以将式（23-4）中 $DUR_{缺口}$ 设为0，解得 DUR_A：

$$DUR_A = \frac{L}{A} \times DUR_L = \frac{95}{100} \times 1.03 = 0.98$$

这些计算表明，经理应该将银行资产的平均久期减少至0.98年。为了检验久期缺口是否为0，计算如下：

$$DUR_{缺口} = 0.98 - \left(\frac{95}{100} \times 1.03\right) = 0$$

在这种情况下，使用式（23-5），当利率发生变化时，净资产的市场价值也会保持不变。另外，银行经理可以计算负债久期为多少时可以使久期缺口为0。要做到这一段，需要将式（23-4）中 $DUR_{缺口}$ 设为0，解得 DUR_L：

$$DUR_L = DUR_A \times \frac{A}{L} = 2.70 \times \frac{100}{95} = 2.84$$

这一计算表明，也可以通过将银行负债的平均久期减少至2.84年来降低利率风险。经理可以通过计算，检验久期缺口是否设置为0：

$$DUR_{缺口} = 2.70 - \left(\frac{95}{100} \times 2.84\right) = 0$$

通过改变资产负债表来消除金融机构的利率风险存在一个问题，短期内这样做的成本可能会非常高。金融机构可能会由于专业知识领域的问题，将资产和负债锁定在特定的久期。幸运的是，近年来开发的一些金融工具（如金融期货、期权以及利率互换）都可以帮助金融机构控制其利率风险，而不需要重新调整其资产负债表。我们将在第24章中讨论这些工具以及它们是如何控制利率风险的。

本章小结

逆向选择和道德风险解释了涉及贷款业务的信用风险管理原则的起源，其中包括筛选和监督、建立长期客户关系、贷款承诺、贷款担保、补偿余额以及信用配给。

随着近年来利率的频繁波动，金融机构更加关心其面临的利率风险。收入缺口分析和久期缺口分析告诉金融机构，如果它的利率敏感型资产少于其利率敏感型负债，在这种情况下利率上升会导致收入的减少，利率下降会导致收入的增加；或者利率敏感型资产多于利率敏感型负债，这时利率上升会导致收入的增加，利率下降会导致收入的减少。金融机构可以通过调整资产负债表以及利用新的金融工具来控制利率风险。

简答题

1. 如果贷款协议中没有限制性条款，那么金融机构能否使其借款人避免从事高风险活动？
2. 为什么担保贷款是金融机构发放贷款的一种重要方式？
3. 迭戈为他当地的酿酒公司申请了45万美元的贷款。但是，银行只批准了25万美元的贷款。这家银行采用了哪种信用风险管理政策？银行试图解决哪种类型的不对称问题？
4. 为什么对银行家来说善于打听是一个优点？
5. 以下是美联储网站2016年9月21日发布的一段摘录："委员会决定将联邦基金利率维持在 0.25%~0.5%的目标范围。委员会认为，提高联邦基金利率的理由已经得到加强，但决定暂时等待进一步的证据证明美联储在实现目标方面取得了进展。"如果银行的收入缺口分析得出 −5亿美元的缺口，这对银行收入的直接影响是什么？如果联邦基金利率的提高最终成为现实，银行收入会发生什么变化？请解释。

6. "虽然多元化是逃避风险的理想策略，但金融机构专门从事特定类型贷款时，多元化就没有意义了。"这种表述是正确的、错误的还是不确定的？解释你的答案。

计算题

1. 银行发行 10 万美元的 30 年期可变利率抵押贷款，名义利率为 4.5%。如果在开始的 6 个月后要求收益率降至 4%，这对第一年的利息收入有什么影响？

2. 银行发行 10 万美元的 30 年期可变利率抵押贷款，名义利率为 4.5%。如果在发行后要求收益率立即降至 4%，这对抵押贷款的价值有什么影响？

3. 一家银行贷款具有以下特点：20 年中每月都要还款，名义年利率为 4.5%。贷款总额为 35 万美元，贷款久期是多少？如果贷款批准后利率立即上升 1 个百分点，计算价值的预期变化百分比。

4. 如果银行意识到一个抵押贷款的价值从 45 万美元增加到 471 428.57 美元，计算新的利率。假设抵押贷款的期限为 10 年，且最初用于为该资产定价的利率是 5%。

5. 银行的资产组合期限为 9 年，最近利率下降了 0.6 个百分点，资产组合的价值增加了 4.5%。如果资产组合现在的价值是 670 万美元，那么在利率变化之前投资组合的价值为多少？投资组合最初定价时的利率是多少？

6. 一位银行经理很担心因为目前银行有 −3 500 万美元的收入缺口，预期利率将上涨 1.5%。如果利率敏感型负债为 4.67 亿美元，那么利率敏感型资产有多少？如果利率上涨 1.5%，计算银行收入的变化。

7. 一家金融机构拥有 3.92 亿美元的利率敏感型资产。如果利率预计上涨 1%，该机构希望避免超过 45 万美元的损失，那么该机构将决定保留其资产负债表上的利率敏感型负债的最高限额是多少？

8. 确定一家拥有以下资产的银行的收入缺口：准备金（600 万美元）、短期证券（800 万美元）、1 年内到期的商业贷款（2 000 万美元）、5 年以上到期的商业贷款（3 000 万美元）；负债包括：联邦基金（900 万美元）、短期借款（1 000 万美元）、长期借款（700 万美元）、2 年以上到期的存单（400 万美元）。

9. 下面是第二国民银行当年的财务报表（单位：美元）。从过去的财务报表可以得知，每年预付固定利率抵押贷款的 10%，你也能估计出支票存款的 10% 和储蓄存款的 20% 是利率敏感的。第二国民银行当前的收入缺口是多少？如果利率下降 75 个基点，银行当前的净利息收入会发生什么改变？

资产		负债	
准备金	1 500 000	支票存款	15 000 000
有价证券		货币市场存款	5 500 000
1 年内到期	6 000 000	储蓄存款	8 000 000
1~2 年内到期	8 000 000	存单	
2 年后到期	12 000 000	可变利率	15 000 000
住房抵押贷款		1 年内到期	22 000 000
可变利率	7 000 000	1~2 年内到期	5 000 000
固定利率	13 000 000	2 年后到期	2 500 000
商业贷款		联邦基金	5 000 000
1 年内到期	1 500 000	借款	
1~2 年内到期	18 500 000	1 年内到期	12 000 000
2 年后到期	30 000 000	1~2 年内到期	3 000 000
实物资本	2 500 000	2 年后到期	2 000 000
		银行资本	5 000 000
总计	100 000 000	总计	100 000 000

10. Orinoco 银行拥有以下利率敏感型资产：国库券（2.1亿美元）、商业贷款（5.4亿美元）、消费贷款（2亿美元）。每种资产的久期是 0.65 年、1.87 年、6.9 年。如果实物资产为 3 500 万美元，银行持有 1 500 万美元的准备金。计算 Orinoco 银行资产的平均久期。

11. 一家金融机构资产的平均久期为 3.2 年，负债平均久期为 4.5 年，资产的市场价值为 4.05 亿美元，负债的市场价值为 3.82 亿美元。计算这家金融机构的久期缺口。

12. 一家银行能容忍不低于 −1.5 年的久期缺口，计算银行所需要资产的最低平均久期。假设银行负债的平均久期为 3 年，资产的市场价值为 3 亿美元，负债的市场价值为 2.8 亿美元。

13. CNDF 银行 2.5 亿美元资产的平均久期为 5 年，2.25 亿美元负债的平均久期为 4 年。CNDF 银行受《巴塞尔协议Ⅲ》要求，必须保持至少 8% 的资本/资产比率。如果利率从 6% 上升至 7%，CNDF 银行是否符合《巴塞尔协议Ⅲ》要求？

14. 泰勒信托银行的经理管理资产和负债如右表所示。

资产	资产值（美元）	久期（年）
债券	75 000 000	9.00
消费者贷款	875 000 000	2.00
商业贷款	700 000 000	5.00

负债	资产值（美元）	久期（年）
活期存款	300 000 000	1.00
储蓄账户	?	0.50

如果经理需要将久期缺口控制在 3.00，银行应该增加多少储蓄账户？假定资产和负债间的任何改变都是持有现金的变动（久期为 0）。

15. 下面是第二国民银行当年的财务报表。计算该银行的久期缺口。

对于第 16～23 题，假定第一国民银行的初始资产负债表如下表所示，初始利率为 10%。

16. 如果第一国民银行将其两年后到期的有价证券卖掉 1 000 万美元，并将这部分换成 1 年内到期的有价证券，银行的收入缺口是多少？如果利率下降 3 个百分点，银行的利润将会发生什么变化？

资产（美元）		久期（年）	负债（美元）		久期（年）
准备金	5 000 000	0.00	支票存款	15 000 000	2.00
有价证券			货币市场存款	5 000 000	0.10
1 年内到期	5 000 000	0.40	储蓄存款	15 000 000	1.00
1～2 年内到期	5 000 000	1.60	存单		
2 年后到期	10 000 000	7.00	可变利率	10 000 000	0.50
住房抵押贷款			1 年内到期	15 000 000	0.20
可变利率	10 000 000	0.50	1～2 年内到期	5 000 000	1.20
固定利率	10 000 000	6.00	2 年后到期	5 000 000	2.70
商业贷款			同业银行贷款	5 000 000	0.00
1 年内到期	15 000 000	0.70	借款		
1～2 年内到期	10 000 000	1.40	1 年内到期	10 000 000	0.30
2 年后到期	25 000 000	4.00	1～2 年内到期	5 000 000	1.30
实物资本	5 000 000	0.00	2 年后到期	5 000 000	3.10
			银行资本	5 000 000	
总计	100 000 000		总计	100 000 000	

17. 如果第一国民银行决定将其 500 万美元的固定利率抵押贷款转换成可变利率抵押贷款，利率风险将会发生什么变化？利用收入缺口分析和久期缺口分析来解释。
18. 如果第一国民银行经理对固定利率抵押贷款 1 年内偿还比例的预测从 20% 变为 10%，银行所面临的利率风险会如何变化？如果下一年利率下降 2 个百分点，利润会如何变化？
19. 如果第一国民银行经理对利率敏感型支票存款的百分比预测从 10% 变为 25%，银行所面临的利率风险将如何变化？如果下一年利率上升 5 个百分点，利润将会如何变化？
20. 根据上表估计的久期，如果利率上升 10 个百分点，银行的净资产将会如何变化？
21. 如果第一国民银行将银行资产久期的预测变为 4 年，对银行负债久期的预测变为 2 年。利率上升 2 个百分点对净资产将会有什么样的影响？
22. 假设久期的估计值与第 21 题相同，银行应该如何改变资产的久期才能使其净资产对利率风险具有免疫力？
23. 假设久期的估计值与第 21 题相同，银行应该如何改变负债的久期才能使其净资产对利率风险具有免疫力？

对于第 24～29 题，假定友好财务公司最初的资产负债表如第 23.2.3 节所示，初始利率为 8%。

24. 如果友好财务公司的经理决定卖掉公司 1 000 万美元的消费者贷款，其中一半是 1 年内到期的，一半是 2 年后到期的，并且用卖来的钱买入 1 000 万美元的短期国债，公司的收入缺口是多少？如果下一年利息下降 5 个百分点，利润会发生什么变化？友好财务公司如何改变其资产负债表才能使其收入对利率变化具有免疫力？
25. 如果友好财务公司筹集 2 000 万美元的商业票据，并使用这笔资金发放 2 000 万美元 1 年内到期的消费贷款，利率风险会如何变化？在这种情况下，应该如何调整资产负债表以消除收入缺口？
26. 假定久期如表 23-2 所示，如果利率上升 3 个百分点，友好财务公司的净资产将如何变化？公司还能照常经营吗？为什么？
27. 如果友好财务公司的经理将公司资产的久期调整为 2 年，负债的久期调整为 4 年，利率上升 3 个百分点会给净资产带来什么影响？
28. 假定久期与第 27 题一样，友好财务公司应该如何调整资产的久期才能使其净资产对利率风险具有免疫力？
29. 假定久期与第 27 题一样，友好财务公司应该如何调整负债的久期才能使其净资产对利率风险具有免疫力？

网络练习

金融机构的风险管理

1. 本章讨论了金融机构必须通过向信誉好的借款人发放贷款来控制风险。如果你让自己的信用恶化，你就会发现自己在需要借款的时候就无法取得贷款了。访问 http://quicken.intuit.com/support/help/managing-your-credit/winning-back-your-finances-how-to-increase-your-credit-score-in-6-months-/INF24303.html，并评估自己的信用。什么因素影响你的信用度？你可以做什么来提高你对贷款人的吸引力呢？

2. 联邦存款保险公司非常关注银行的风险管理。高风险的银行更容易破产并花费联邦存款保险公司的资金。联邦存款保险公司定期对银行进行检查，并使用一种被称为 CAMELS 的系统对银行进行评级。访问 http://www.frbsf.org/econrsrch/wklyltr/wklyltr99/el99-19.html。CAMELS 是什么的首字母缩写？讨论如何在监管过程中使用 CAMELS 评级。

第 24 章

利用金融衍生工具避险

预　览

　　20 世纪 70 年代，世界范围内金融机构的风险开始上升；20 世纪八九十年代，这种风险越来越高。利率的波动越来越大，债券市场和股票市场也经历了风云变幻。面对这种情况，金融机构的经理越来越关注如何减轻其所面临的风险。由于降低风险的需求越来越突出，第 19 章描述的金融革新的过程开始研究一些新型金融工具，帮助金融机构的经理更好地控制金融风险。这些金融工具称为**金融衍生工具**（financial derivative），它们的收益与先前发行的证券密切相关，是降低风险十分有效的工具。

　　在本章中，我们研究金融机构的经理用来降低风险的最重要的金融衍生工具：远期合约、期权和互换。我们不仅学习这些金融衍生工具在市场上是如何操作的，还学习金融机构的经理是如何运用这些工具来降低金融风险的。

24.1　套期保值

　　金融衍生工具之所以能够有效地降低风险，原因在于它们能够让金融机构**套期保值**（hedge），即从事金融交易以降低或消除风险。当一家金融机构购买一项资产的时候，该机构就处于**多头头寸**（long position），如果资产的收益率不确定，则该机构就会面临风险。另外，如果该金融机构同意在将来向另一方出售一项资产，则该机构处于**空头头寸**（short position），也同样会面临风险。金融衍生工具可以通过利用下面这一基本的对冲原理来降低风险：**风险对冲涉及金融交易操作，即取得更多的空头来抵消多头，或者取得更多的多头来抵消空头**。换言之，如果一家金融机构买进了一只证券从而处于多头，它可以通过签订在未来某个时间销售该证券的合约来对冲。或者，如果它销售了未来某个时间交付的证券因而处于空头，那么它可以通过签订在未来某一时间购买该证券的合约，从而实现对冲。我们首先来看看这一原理在远期合约中的应用。

24.2　远期交易市场

　　远期合约（forward contract）是金融交易双方达成的在未来某个时间进行交易的协议。我们重点来看与债务工具相关的远期合约，即**利率远期合约**（interest-rate forward contracts）；在本章的后半部分中，我们将会讨论外汇远期合约。

24.2.1 利率远期合约

利率远期合约涉及债务工具的交易，包括几个方面：①需要在远期交割的债务证券种类；②需要交割的债务工具金额；③债务工具交割时的价格（利率）；④交割的日期。利率远期合约的一个典型的例子就是第一国民银行同意在1年以后将面值为500万美元、利率为6%且在2037年到期的长期国债出售给Rock Solid保险公司，出售价格就按照目前6%的利率来计算。因为Rock Solid保险公司要在未来的某个时间购买债券，于是公司就处于多头头寸，而第一国民银行将要出售债券，因此就处于空头头寸。

专栏24-1 执业经理

利用远期合约规避利率风险

为什么第一国民银行会和Rock Solid保险公司签订这份远期合约？假设你是第一国民银行的经理，购买了500万美元票面利率为6%、到期日为2037年的国债，它目前在市场上按面值出售，因此其到期收益率也是6%。由于该债券是长期债券，你面临巨大的利率风险，担心如果利率在将来上涨的话，这些债券的价格就会下跌，导致大量的资本损失，可能让你丢掉工作。你会如何规避这些风险呢？

你知道一些基本的对冲原理，即这些债券的多头必须用一个远期合约的空头来对冲。你需要签订一份合约，未来以现有的面值价格出售合约。结果是你与另一方（在本案例中是Rock Solid保险公司）达成一致，在1年后将票面利率为6%、到期日为2037年的500万美元国债按照面值出售给Rock Solid保险公司。通过签订这一份远期合约，你就锁定了未来出售债券的价格，因此就消除了由于利率变化给第一国民银行带来的价格风险。换言之，你成功对冲了利率风险。

为什么Rock Solid保险公司会和第一国民银行签订这份远期合约呢？Rock Solid保险公司预期在1年以内获得500万美元的保费，并将保费投资于票面利率为6%且在2037年到期的500万美元国债，但是它担心这些债券的利率在从现在到下一年的时间里会下跌。运用利率远期合约，它就能够把利率锁定在6%了（这些国债将由第一国民银行出售）。

24.2.2 远期合约的优缺点

远期合约的优点在于它能够如合约签署方所期望的那样灵活。也就是说，像第一国民银行这样的金融机构对冲其证券组合中某一类确定的债券利率风险，就如我们刚刚所举的例子中体现的一样。

然而，远期合约存在的两个缺陷严重限制了它的用途。第一个缺点是第一国民银行很难找到另外一方（称为订约方）跟它签订这份合约。虽然有经纪商来促成如第一国民银行和Rock Hard保险公司这样的双方来合作签订远期合约，但具体到这个票面利率为6%、到期日为2037

年的合约，恐怕极少会有另一方愿意与第一国民银行签约。也就是说，当一个像第一国民银行这样的金融机构想要签订一份具体的远期合约时，它也许很难找到愿意签约的另一方。此外，即使第一国民银行找到一个签约方，它也不可能得到它所希望的价格，因为几乎没有其他人愿意做这笔交易。于是，这样的一笔金融交易很难完成，或者说要想完成，以后也只能在不利的低价上进行，这正是市场上的利率远期合约存在的一个严重问题；按照金融界的说法，就是这个市场缺乏流动性（注意，"流动性"这个术语用于形容市场的情况，从某种程度上说要多于其用于形容资产的情况。资产的流动性是指资产的变现能力，而市场的流动性是指金融交易实现的容易程度）。

远期合约存在的第二个问题是，远期合约容易有违约风险。假定在1年的时间里，利率上涨，那么票面利率为6%、到期日为2037年的债券的价格就会下跌。Rock Solid 保险公司于是就有可能决定不履行它与第一国民银行所签订的远期合约，因为它现在可以买到价格比远期合约所协定的更低的债券了。或者说 Rock Solid 保险公司根本就不像岩石一样稳固，这家公司在1年内就破产了，也就不能再履行远期合约中签订的条款。因为没有什么组织来保证远期合约的履行，第一国民银行唯一能做的就是去法院起诉 Rock Solid 保险公司，但是这个过程劳民伤财。而且，如果 Rock Solid 保险公司破产了，第一国民银行就会遭受损失；因为这些债券的价格已经下跌了，银行不会以它跟 Rock Solid 保险公司协定的价格出售那些债券，而只会以更低的价格来出售。

远期合约违约风险的存在意味着合约双方必须要对彼此考察一番，以确信订约方不但财务状况良好，而且恪守信用，遵守合约规定的条款。因为这一考察过程耗费极大，而且由于前面章节里讨论过的逆向选择和道德风险的问题，所以违约风险就是利率远期合约所面临的主要障碍。因为违约问题和缺乏流动性问题，我们可以理解这些远期合约对于金融机构的作用是极为有限的。尽管有一个专门的利率远期合约市场，尤其是为国债和抵押担保债券而设置的远期合约市场，但是它的规模远不如金融期货市场。我们下面将讨论金融期货市场。

24.3　金融期货市场

因为利率远期交易市场上存在违约风险和缺乏流动性的缺点，人们需要引入其他的方法来实现对冲和套期保值。芝加哥交易所在1975年设立了金融期货合约，这种期货合约的发展给我们提供了套期保值的方法。

24.3.1　金融期货合约

金融期货合约（financial future contract）和利率远期合约的相似之处在于，二者都明确规定了一方应该在未来一个确定的时间与另一方交割既定数量的金融工具。然而，金融期货合约与利率远期合约有很多的不同，金融期货合约克服了利率远期合约市场上的一些缺乏流动性和违约风险的问题。

为了理解金融期货合约的实质，让我们看看应用最为广泛的期货合约，也就是在芝加哥交易所交易的长期国债期货合约（专栏24-2给出了这些合约的报价方式）。合约金额是针对面值10万美元债券的。价格以点数报出，每一个点代表1 000美元，合约规定，要交割的债券在交付时离到期日必须还有至少15年的期限（也不能赎回，即至少15年之后财政部才有权将其赎回）。期货合约中规定的利率为6%，如果履行期货合约所交割的国债的票面利率不同于6%，那么国债的交割数量要进行调整，以反映所交割的债券与票面利率为6%的债券在价值上的差别。按照远期合约使用的术语来说，购买期货合约同意买进（接受交付）债券的一方被认为处于多头头寸，出售期货合约同意卖出（交付）债券的一方被认为处于空头头寸。

专栏24-2　财经新闻

金融期货

借贷工具的金融期货合约价格每天都会被公布在报纸或者网站上。以芝加哥交易所2016年6月23日的10万美元国债合约为例，典型的每一栏列出的合约信息如下。

	Open	High	Low	Settle	Change	Open interest
Sept.	131.090	131.090	130.240	130.260	-0.170	2 771 629
Dec.	130.235	130.235	130.010	130.020	-0.190	3 554 632

Open：开盘价格；每点对应1 000美元的面值——131.090表示9月合约的开盘价为131.090美元。

High：当天最高的交易价格——131.090表示9月合约当天的最高价格为131.090美元。

Low：当天最低的交易价格——130.240表示9月合约当天最低的价格为130.240美元。

Settle：收盘价格，当日闭市价格——130.260表示9月合约的收盘价格为130.260美元。

Change：同前一交易日相比，收盘价格的变化量——-0.170表示9月合约收盘价格的变动量为-0.170美元。

Open interest：未完成合约的数目——未完成的9月合约的数目为2 771 629笔，面值为2 771.6亿（=2 771 629×100 000）美元。

为了更清楚地认识这种期货合约，让我们来考虑一下你买进或者卖出一份长期国债期货合约时的情况。比如说，在2月1日，你以115点（也就是115 000美元）的价格卖出了一份面值为10万美元的6月期货合约。出售这一合约意味着你同意在6月底将面值为10万美元的长期国债交付给合约的卖方，而买方支付给你115 000美元。对于买方来说，他购买了这一期货合约，就意味着同意6月底在你交付给他面值10万美元国债的时候，他需要向你支付115 000美元。如果长期债券的利率上升，以致在6月底合约到期的时候这些债券的价格跌到110点（面值10万美元的债券市场价格为11万美元），那么合约的买方就会遭受5 000美元的损失，因为他支付了115 000美元给合约的卖方购买这些债券，但是他自己仅仅只能以11万美元的市场价格出售这些债券。然而，你作为出售合约的一方，将会获得5 000美元的收益，因为你现在将这些债券交付给合约的买方可以获得115 000美元，而你在市场上只需要11万美元就能买到你所需要的这些债券。

注意到下面这个事实的话，就更容易描述购买期货合约的一方和出售期货合约的一方发生什么了，这一事实就是：**期货合约到期的时候，合约价格与需要交割的债券价格相同**。为什么会这样呢？先设想一下当这份面值为 10 万美元的期货合约在 6 月底到期，而在 6 月底，这份合约所涉及债券的市价变为 11 万美元的时候将会发生什么。如果这份期货合约的出售价低于 110 点，比如说是 109 点，那么交易的一方可以花 10.9 万美元购买这份合约，拿到合约中所指定的债券，然后马上把这些债券卖掉就能获得 11 万美元，由此很快就能赚到 1 000 美元的利润。这笔交易没有任何风险，所以几乎每个人都愿意做这笔交易。这就意味着每个人都会努力去购买这份合约，结果，这份合约的价格就会上涨。只有当合约的价格上涨到 110 点的时候，它才变得无利可图，其所面临的购买压力才会消失。相反，如果合约的售价高于 110 点，比如说是 111 点，每个人都想要卖出合约。现在卖方通过出售这份期货合约，可以获得11.1 万美元，但是他们仅仅只需花 11.1 万美元就可以买到他们交付所需要的长期国债，其中 1 000 美元的差价就是他们的利润。因为赚取这部分利润没有任何风险，所以交易者就会持续地出售这份合约，直到它的价格回落到 110 点，在这个价格上，这份合约就变得无利可图了。在期货市场上，无风险盈利机会的逐渐消失被称为**套利**（arbitrage），这其中的原理保证了期货合约到期的时候，合约的价格与需要交付的债券的价格会变得相同。⊖

在懂得了期货合约到期时，合约价格与需要交付债券价格会变得相同这一原理后，就更容易理解当利率发生变化时，谁会盈利、谁会亏本了。当利率上升以致长期国债的价格在 6 月底合约到期时变为 110 点时，这份 6 月底到期的合约的价格也将变成 110 点。这样如果你在 2 月以 115 点的价格购买了这一合约的话，你就会损失 5 个点数，或者说 5 000 美元（10 万美元的 5%）。但是如果你在 2 月以 115 点的价格出售这份合约的话，债券的价格在 6 月底下降到 110 点就能保证你获得 5 个点数的盈利，也就是 5 000 美元。

专栏 24-3　执业经理

运用金融期货合约规避风险

作为第一国民银行的经理，你也可以使用金融期货来对冲票面利率为 6%、到期日为 2037 年的 500 万美元长期国债的利率风险。

为了弄清楚如何实现对冲目标，假定在 2017 年 3 月，芝加哥交易所的国债期货将在一年后即 2018 年 3 月到期，需要交割的是票面利率为 6%、到期日为 2037 年的长期国债。再假定国债下一年的利率仍然是 6%，因此该国债和相应的国债期货都以面值出售（即 500 万美元面值的债券市场售价是 500 万美元，10 万美元的期货合约售价也是 10 万美元）。对冲的基本原理表明你需要用空头来对冲多头，但你应该出售多少期货合约呢？对冲利率风险所需要的合约数可以用需要对冲的资产价值除以每个合约的金额来获得：

$$NC = VA/VC \tag{24-1}$$

式中，NC 为对冲所需要的合约数；VA 为资产的价值；VC 为每个合约的金额。

⊖ 实际上，期货合约有时候对交割时间和基础资产设定交付限制条件，这就导致合约到期时的价格与合同所要求交付的资产市价之间有略微的差别。因为这一差别极为微小，在本章中我们对此会忽略不计。

例 24-1

例如，在芝加哥交易所的 2018 年 3 月到期的国债期货规定的交割标的（基础资产）是票面利率为 6%、到期日为 2037 年的长期国债。预期该国债下一年的利率仍然是 6%，因此该国债和相应的国债期货都以面值出售。第一国民银行需要出售多少份期货合约才能对冲它持有的票面利率为 6%、到期日为 2037 年的 500 万美元长期国债的利率风险？⊖

解答

$VA = 5\ 000\ 000$，$VC = 100\ 000$，因此：

$$NC = 5\ 000\ 000/100\ 000 = 50$$

所以你需要卖出 50 份国债期货合约来对冲利率风险。

现在假设在下一年中，由于通货膨胀威胁的增加，利率增加到 8%。第一国民银行持有的票面利率为 6%、到期日为 2037 年的国债的价值到 2018 年 3 月的时候会降到 4 039 640 美元。⊜因此，债券的多头部分的损失为 960 360 美元，如下所示：

利率为 8% 时即 2018 年 3 月的价值	4 039 640
利率为 6% 时即 2017 年 3 月的价值	-5 000 000
损失	-960 360

但是，50 份期货合约使你必须在 2018 年 3 月交割票面利率为 6%、到期日为 2037 年的 500 万美元国债，这些期货合约的价值等于当时（利率上升到 8%）的债券价格。正如我们在前面看到的那样，这一价值也是 4 039 640 美元。但当你在到期日销售这些期货合约的时候，购买方必须向你支付 500 万美元。因此，这些期货合约上空头的收益也是 960 360 美元，如下所示：

2018 年 3 月支付给你的金额，2017 年 3 月达成协议	5 000 000
利率为 8% 时即 2018 年 3 月时国债价值	-4 039 640
收益	960 360

因此第一国民银行的净收益是 0，表明对冲计划得以成功实施。

上面所描述的对冲被称为**单一对冲**（micro hedge），因为金融机构只对冲了其持有的某一特定资产的利率风险。金融机构从事的另外一种对冲被称为**整体对冲**（macro hedge），是对金融机构全部资产组合的利率风险进行对冲。例如，如果一家银行的利率敏感负债超过利率敏感资产，正如我们在第 23 章中分析的那样，则利率的上升会导致银行价值的下降。通过销售利率期货合约，就会在利率上升的时候获得利润，银行可以用该利润来抵消由于利率上升引起的整体资产组合的损失，从而防范了利率风险。⊜

⊖ 在真实世界里，设计一个对冲方案比这里给出的例子要复杂得多，因为交割债券很可能不是票面利率为 6%、到期日为 2037 年的国债。

⊜ 该价值可以通过金融计算器用如下方法计算出来：$FV = 500\ 000$，$PTM = 300\ 000$，$I = 8\%$，$N = 19$，$PV = 4\ 039\ 640$。

⊜ 关于利用金融期货对冲利率风险的更多细节和例子，请参阅本章附录，可在 www.pearsonhighered.com/mishkin_eakins 上找到。

24.3.2 金融期货市场交易的组织

在美国,期货合约的交易是在一些有组织的市场上进行的,例如芝加哥交易所、芝加哥商业交易所、纽约期货交易所、中美洲货物交易所和堪萨斯交易所。这些交易所彼此之间竞争极为激烈,每个交易所都竭尽全力地设计合约和制定规则以尽可能增加自己的期货合约交易量。

在美国,期货交易所和所有的金融期货交易都由商品期货交易委员会监管,委员会成立于 1974 年,成立以后就接手了以前属于农业部对期货市场的监管职责。商品期货交易委员会对期货交易以及期货交易所的行为予以监管,以保证没有人操纵期货市场的价格,同时它还为经纪人、交易者和每一笔交易进行登记和审核,以防止欺诈行为,并确保这些期货合约的交易符合公众的利益。在华尔街和期货交易所里列出的交易最为广泛的金融期货合约如表 24-1 所示,该表同时给出了 2016 年 5 月未到期合约(又被称为**未平仓合约**(open interest))的数量。

表 24-1 交易最为广泛的金融期货合约

合约种类	合约金额	交易所①	未平仓合约(2016 年 5 月)
利率期货合约			
长期国债(美元)	100 000	CBOT	564 537
中期国债(美元)	100 000	CBOT	2 629 971
5 年期国债(美元)	100 000	CBOT	2 556 335
2 年期国债(美元)	200 000	CBOT	1 007 329
联邦基金(美元)	5 000 000	CBOT	1 008 414
欧洲美元(美元)	1 000 000	CME	10 816 515
股指期货合约			
标准普尔 500 指数(美元)	250×指数	CME	83 115
货币期货合约			
日元	12 500 000	CME	156 605
欧元	125 000	CME	356 777
加拿大元	100 000	CME	126 537
英镑	62 500	CME	243 778
瑞士法郎	125 000	CME	57 178
墨西哥比索	500 000	CME	143 577

注:CBOT 指芝加哥期货交易所,CME 指芝加哥商业交易所。
资料来源:CME Group. www.cmegroup.com/market-data/volume-open-interest/index.html.

考虑到近几年其他一些金融市场上全球化的现象,我们就不会惊讶于在金融期货市场上也出现了越来越多的来自国外的竞争。

24.3.3 金融期货市场的全球化

因为美国的期货交易所是世界上最早进行金融期货交易的,这些交易所主宰了 20 世纪 80 年代金融期货交易。例如,1985 年,世界上交易金额处于前 10 名的期货合约都是在美国的期货交易所里完成的。金融期货市场的迅猛发展给美国的期货交易所带来了丰厚的回报,国外的交易所看到其中诱人的获利机会,开始进驻美国拓展它们的业务。到 20 世纪 90 年代为止,在伦敦国际金融期货交易所里进行的欧洲美元的期货合约交易、在东京债券交易所里进行的日本政府债券和欧洲日元的期货合约交易、在法国国际期货交易所里进行的法国政府债券的期货合约交易以及在大阪证券交易所里进行的日经225股指期货交易，成为世界上最为广泛的几种期货合约交易。甚至发展中国家也开始进行这类交易。1996年，已经有7个发展中国家（也称"新兴市场国家"）建立了期货交易市场。

外国的竞争同时也给那些发源于美国现在最流行的金融期货合约交易带来了巨大冲击。这些在国外交易所里进行的期货合约交易实质上与在美国进行的交易是相同的，而且它们有着在美国的交易所收盘以后还能继续交易的好处。而全球交易联盟电子交易系统的发展更是促进了金融期货交易向全天24小时交易的方式转变，所以就算交易所没有正式开盘，全世界的交易商也都能够进行期货交易。就这样，金融期货交易所向着彻底全球化的方向大步迈进，而在美国和外国的交易市场之间的竞争也将在未来日趋白热化。

24.3.4 期货市场成功解析

很显然，金融期货市场在国债方面取得了巨大的成功，对于这一点有一个事实可以证明，就是在2016年6月23日，未平仓的长期国债期货合约超过了2 771 629份，总价值逾2 770亿（=2 771 629×100 000）美元。在金融期货合约和远期期货合约之间以及这两者各自市场的交易组织形式之间存在着几个不同点，这些不同点有助于解释为什么金融期货市场（如长期国债的期货市场）能够取得如此巨大的成功。

期货合约的几个特点有助于克服远期合约的流动性问题。与远期合约相比，期货合约中所涉及的交易数量以及交割的时间都标准化了，这样就使得不同的交易方在期货市场上更容易达成一致，从而增强了市场的流动性。在前面长期国债合约的例子中，交易数量是面值10万美元的债券，交割时间定在3月、6月、9月和12月的最后一个工作日。第二个特点是，在一份期货合约的买卖完成以后，这份期货合约可以在交割期以前的任何时间进行再次交易（买或者卖）。与此相反，一旦一份远期合约签订了，这份远期合约就不得再次交易。期货合约的第三个特点在于，在交割日并不是只能用一种国债来交割，这一点与远期合约不同。相反，只要是到期时间在15年以后而且在15以后不可兑换的长期国债都可以交割。期货合约允许重复交易，以及能够用多种不同的而不是确定的某一种债券进行交付的特点，都增强了期货市场的流动性。

期货市场规定可以用多种不同的债券来完成交割的另一个原因是，为了减少有人垄断市场和挤兑合约出售者这些情况的可能。为了达到垄断市场的目的，有些人会购买市场上所有可用于交付的证券，使得处于空头的投资者从任何其他人那里都无法获得按照合约规定交割自己必须交付的证券。最终，垄断市场的那些人就能够以极高的价格将自己囤积的证券出售给那些处于空头的投资者，然后这些投资者才能够履行自己按照期货合约规定的交付义务。这样，垄断市场的人可以获得高额利润，而处于空头的投资者却遭受巨大损失。显然，市场上垄断者出现的可能性将会挫伤人们做空的积极性，从而减少市场的容量。通过允许多种不同的证券来完成交付，期货合约就使得任何人想要垄断市场的野心变得更难实现，因为这样一来，就必须购买更多的证券才能实现垄断市场的目标。正如专栏24-4所示，垄断行为并不仅仅在理论上有存在的可能性，对于市场的管理者和那些有组织的交易所来说，他们都应该充分考虑到这一点。

专栏 24-4 小案例

亨特兄弟和白银危机

在 1979 年早期，得克萨斯州的两个亿万富翁 W. 哈勃特·亨特和他的兄弟尼尔松·邦克尔·亨特，决定大举进军白银市场。哈勃特将自己购买白银的原因陈述如下："我认为美国经济正处于疲软状态，这使我坚信对贵重金属的投资是明智之举……因为通货膨胀的肆虐。"虽然亨特对外宣称他购买白银只是出于投资目的，但是其他人都认为亨特兄弟此举的真正动机在于垄断白银市场。通过与包括好几名沙特阿拉伯王室成员联合，亨特兄弟购买了近 3 亿盎司的白银，其中既有银条的形式，也有白银期货合约的形式。这一疯狂购买的结果是，到 1980 年 1 月，银价从每盎司 6 美元飙升至每盎司 50 美元之多。

当市场管理者和那些期货交易所意识到亨特兄弟的垄断野心时，决定采取措施制止这一垄断行为。于是他们将单个交易者最多能持有的期货合约数量限制到 2 000。这一限额（相当于 1 000 万盎司）仅仅是亨特兄弟所有数量的一小部分而已，因此亨特兄弟被迫抛售白银。随后，市场上的银价一路狂跌，一直跌落到每盎司 10 美元以下。亨特兄弟遭受的损失超过了 10 亿美元，很快他们就发现自己陷入财务危机。他们不得不申请了近 11 亿美元贷款，而贷款的条件是将自己家族的普莱西德石油公司所持有的全部资产、75 000 头牛、整个马厩的良种马、油画、珠宝甚至一些农具（如灌溉抽水机和割草机）全都用作抵押。最后，亨特两兄弟还是被迫宣布个人破产，成为美国历史上令人难以置信的最大的个人破产案。

尼尔松和哈勃特为他们在白银市场上的冒险付出了惨痛的代价，但至少尼尔松还保留了自己的一分幽默。当被问及在市场银价暴跌、自己损失惨重后感觉如何时，他回答道："10 亿美元已经成为过眼云烟了。"⊖

期货市场上交易的组织形式不同于远期合约市场交易的组织形式，其目的就是克服在远期合约交易中存在的违约风险问题。对于期货合约和远期合约来说，都存在一个处于多头的买方和一个处于空头的卖方。然而，期货合约的买方和卖方之间并不是直接交易的，而是通过与期货交易所相联系的结算公司来进行的。这个被称为结算公司的机构意味着期货合约的买方不用担心金融健康或者卖方的信用问题，同样卖方也不用担心买方的信用问题，而在远期合约市场上就必须考虑这样的问题。只要前面提到的结算公司财务稳健，期货合约的买方和卖方就都不必担忧违约风险的问题。

为了确保结算公司的财务稳健，不会陷入财务困境以致危及其涉及的期货合约，期货合约的买方或卖方必须存入一笔初始存款，称为**保证金制度**（margin requirement）。每发生一笔国债合约交易，合约的买方和卖方就需要在其经纪商所开设的顾客保证金账户中存入大约 2 000 美元。之后，保证金每天都**盯市**（marked to market）调整。也就是说，在每个交易日结束时，期货合约价值变化就会通过从保证金账户中增加或者扣除来体现。假定在周三早上，你以 115 点的价格买入一笔长期国债合约，当天它的收盘价（也就是结算价格）跌到 114 点，那么你现在失了一个点数，或者说是 1 000 美元，而出售给你这份合约的卖方就得到了一个点数的盈利。这 1 000 美元的

⊖ Quotes are from G. Christian Hill, "Dynasty's Decline: The Current Question About the Hunts of Dallas: How Poor Are They?" *Wall Street Journal*, (November 14, 1984): c28.

收入被加到了卖方的保证金账户中，于是其账户中的总金额达到了 3 000 美元，而 1 000 美元的损失也从你的保证金账户中被扣除，使得你的账户余额变成了 1 000 美元。如果客户保证金账户中的余额低于保证金制度的要求金额（数额可能等同于那笔首次存款，但一般要稍微少点），那么交易者就必须往账户里加存一笔钱以使账户里的存款达到 2 000 美元以上。保证金制度和每日结算制度的规定使得交易者违约的可能性降低，从而保证了期货交易所免遭损失。

相对于远期合约市场而言，期货市场还有最后一个优点，在到期日大多数的期货合约并不一定要交割合约中的标的物（基础资产），然而远期合约要求必须交割基础资产。出售期货合约的交易者可以通过购买抵消性的期货合约来避免进行最后的实际交割。因为同时持有多头和空头意味着交易者实际上最后要把证券交付给自己，而按照交易所的规则，这个交易者可以将此合约的两方都取消。与远期合约市场相比，期货市场上的交易者通过这种方式取消期货合约从而避免了由于最后实物资产的交割而带来的损失，进而可以降低在期货市场上为了完成最后交割而花费的成本，而在远期合约市场上，要实现这一点就没有这么容易了。

专栏24-5　执业经理

运用远期合约和期货合约规避外汇风险

正如在第 15 章中讨论的那样，外汇的汇率在近几年来极为不稳定。汇率的大幅波动使金融机构和其他一些企业承受着巨大的汇率风险，因为汇率大幅度波动对金融机构来说能产生巨额的收入和损失。金融机构的经理很幸运，因为在本章中所介绍的金融衍生工具（远期合约和金融期货合约）能够用来对冲外汇的汇率风险。

为了了解金融机构的经理如何控制外汇风险，让我们来假定在 1 月，第一国民银行的一个客户（弗里沃勒斯公司）在这两个月后会收到 1 000 万欧元的现金支付款，因为此公司刚刚在德国售出了价值 1 000 万美元的商品。弗里沃勒斯公司担心在两个月后如果欧元的价值从现在的 1 美元下跌的话，公司将遭受极大的损失，因为那时的 1 000 万欧元就不值 1 000 万美元了。因此，弗里沃勒斯公司的首席执行官萨姆打电话给他的朋友第一国民银行的经理莫娜，请她来帮自己的公司对冲外汇风险。让我们来看看第一国民银行的经理如何利用远期合约和金融期货合约来完成这一工作。

运用远期合约规避外汇风险

由于商业银行和投资银行的大规模外汇交易，外汇的远期合约市场已经发展得十分完善了，因此被广泛用于对冲外汇风险。莫娜深知她可以利用这一市场来帮助弗里沃勒斯公司对冲外汇风险。做这样的对冲对于她来说轻而易举。由于两个月后的欧元货款的支付意味着萨姆持有欧元的多头，莫娜知道对冲的基本原理表明它需要通过空头来抵消这个多头。因此，她只需要进入远期合约市场，出售从现在开始两个月以后的 1 000 万欧元，并以 1 欧元兑换 1 美元的当前汇率换取美元。㊀

㊀ 远期汇率与当前的 1 欧元兑换 1 美元的汇率会稍稍有所不同，因为欧洲的利率和美国的利率有可能不同。在这个例子里，正如我们在第 12 章中式（12-2）中看到的，将来的预期汇率和当前的即期汇率是不同的，而实际的远期汇率和当前的即期汇率也是不同的。然而，由于利率在一年内的变动不会超过 6%（2 个月内的变动不超过 1%），那么欧元在两个月期间里的升值和贬值就总不会超过 1%。这样，远期利率就总是和当前的即期利率很接近，因而在这个例子中，我们所做的远期利率和即期汇率相同的假设就合情合理了。

在两个月后，当她的顾客收到1 000万欧元的支付款时，远期合约就能够确保这笔欧元能以1欧元兑换1美元的汇率换取美元，从而得到1 000万美元。不管远期的汇率会发生怎样的变化，弗里沃勒斯公司在德国出售商品保证得到1 000万美元收入。于是莫娜打电话给她的朋友萨姆让他放心，现在不管外汇的汇率发生什么样的变化，他的公司都会安然无恙，同时萨姆也在电话中对莫娜的帮助表示感谢。

运用期货合约规避外汇风险

另外，莫娜也可选择利用货币期货市场来对冲外汇风险。在这个例子中，她会看到在芝加哥商业交易所交易有一种125 000欧元的期货合约，价格是1欧元兑换1美元。为了完成这一对冲，莫娜必须出售总计1 000万欧元的这种3月期货合约。

例 24-2 运用期货合约规避外汇风险

为了对冲掉3月将收到的1 000万欧元的汇率风险，莫娜必须出售多少在芝加哥商业交易所交易的欧元期货合约？

解答

VA = 10 000 000 欧元，VC = 125 000 欧元，运用式 (24-1)：

$$NC = 10\ 000\ 000/125\ 000 = 80$$

莫娜需要在芝加哥商业交易所出售80份欧元期货合约进行对冲。

由于1欧元兑换1美元，那么出售80份合约就会得到 80 × 125 000 = 10 000 000，即1 000万欧元。就这样，期货合约对冲使她能够为弗里沃勒斯公司锁定汇率，因而该公司能够得到1 000万美元的支付款。

利用期货市场的一个好处就是每份合约的规模是125 000欧元，价值125 000美元，小于每份远期合约的最小规模，一般为100万美元或更高。然而，在这个例子中，银行经理所做的外汇交易数额比较庞大，因而她既能利用远期合约市场，又能利用期货合约市场。她的选择决定于在其中一个市场交易的成本是否会比在另一个市场交易的成本低。如果第一国民银行在远期合约市场上比较活跃，那么在远期合约市场上交易的成本可能会更低，但如果第一国民银行以前很少涉足外汇远期合约市场的话，银行经理最好还是利用期货合约市场。

24.4 股票指数期货合约

正如我们所看到的，金融期货市场对冲利率风险十分有效。然而，金融机构的经理，尤其是那些共同基金、养老基金和保险公司的经理同时还担心**股票市场风险**（stock market risk），这种风险是由股价的波动而产生的。为了满足这些经理应对股票市场风险的要求，1982年股指期货应运而生，而且现在股指期货已经成为所有期货合约中交易最为广泛的种类之一。

为了理解什么是股指期货合约，让我们先来看看标准普尔500指数期货合约（见专栏24-6），它是美国交易最广泛的股指期货合约，衡量的是500只交易最为广泛的股票价值。股指期货合约与其他金融期货合约不同，因为它们的成交是以现金支付来完成的，而不是交付一定数额的证券。现金交易使得这些合约拥有流动性强的优点，同时也排除了任何人垄断市场的可能性。对于我们提到的标准普尔500指数期货合约，在最后的成交日，应该支付的现金等于 250 美元乘以股票指数，所以如果股票指数在最后的成交日是 1 000 点，那么应该支付的现金额就是 250 000 美元。这类合约价格也是根据股票指数的点数来报价的，因此股票指数变动一个点数就代表合约的价值变动 250 美元。

专栏 24-6　财经新闻

股指期货

股指期货合约的价格每天都会被公布在报纸或者网站上。以芝加哥商业交易所 2016 年 6 月 23 日的标准普尔 500 指数合约为例，典型的每一栏列出的合约信息如下。

	Open	High	Low	Settle	Change	Open interest
Sept.	2 083.00	2 112.508	2 083.00	2 105.80	+29.10	64 616

Open：开盘价格；每点对应 250 美元乘以股指——2 083.00，即 2 083.00 × 250 = 520 750 美元。
High：当天最高的交易价格——2 112.508，或者每份合约 528 125 美元。
Low：当天最低的交易价格——2 083.00，或每份合约 520 750 美元。
Settle：收盘价格，当日闭市价格——2 105.80，或每份合约 526 450 美元。
Change：同前一交易日相比，收盘价格的变化量——+29.10 点或每份合约 7 275 美元。
Open interest：未完成合约的数目 64 616，或总价值 450 亿美元（= 64 616 × 526 450）。

为了搞清楚所有这一切的含义，让我们来看看，当你购买或出售这种期货合约时会发生什么情况。假定在 2 月 1 日，你出售了一份 6 月的期货合约，价格是 1 000 点（即 250 000 美元）。通过出售这一合约，你同意在 6 月底的到期日交付若干现金，现金额等于 250 美元乘上到期日的标准普尔 500 股票指数。通过以 1 000 点的价格购买这一合约，买主同意在 6 月底的到期日支付若干现金，现金额就等于 250 美元乘以标准普尔 500 股票指数。如果在到期日股票市场股价下跌，标准普尔 500 股票指数降到了 900 点，那么合约的买方就会损失 25 000 美元，因为你同意接受卖方为该合约支付的 250 000 美元，而只需要交割 225 000 美元给买方。由于卖方到期应支付的金额与卖方应支付的金额要相应抵减，那么到期时须经手的现金只有 25 000 美元，你作为合约的卖方会从合约的买方手中得到 25 000 美元。

专栏 24-7　执业经理

运用股指期货规避风险

金融机构的经理能够使用股指期货合约来降低股票市场的风险。

例 24-3

假设 2017 年 3 月，Rock Solid 保险公司的投资组合经理莫特有价值为 1 亿美元的股票组合，其资产组合在百分比上的变动与标准普尔股票指数的变动完全一致。假设 2018 年 3 月标准普尔 500 指数期货合约现在的售价是 1 000 美元。他必须出售多少标准普尔指数期货合约来对冲下一年的风险？

解答

由于莫特持有多头，因此，利用对冲的基本原理，他必须通过售出标准普尔指数期货合约来取得空头。利用式（24-1）计算他需要出售的份额。

$VA = 100\ 000\ 000$ 欧元，$VC = 250 \times 1\ 000 = 250\ 000$ 欧元，因此：

$$NC = 100\ 000\ 000/250\ 000 = 400$$

莫特通过售出 400 份 2018 年 3 月标准普尔指数期货合约进行对冲。

如果标准普尔指数降低了 10%，下降到 900 点，那么 1 亿美元的资产组合将遭受 1 000 万美元的亏损，但同时莫特每份股指期货合约挣了 $100 \times 250 = 25\ 000$ 美元，因为按合同，他以 1 000 美元的价格为每份合约支付 250 000 美元，但在股指期货合约到期日，他每份合同只需要交割 225 000（$= 900 \times 250$）美元。每份合同实现的 25 000 美元盈利乘以 400 份合同就得到总盈利 1 000 万美元。股指期货合约的 1 000 万美元盈利恰好抵消了 Rock Solid 保险公司股票组合的损失，因此莫特成功对冲了股市风险。

为什么莫特愿意在股市上升的时候放弃利润呢？原因之一就是他可能担心熊市即将来临，因此他希望保护 Rock Solid 保险公司的资产组合不会下降（从而保住自己的工作）。[一]

24.5 期权

规避利率风险和股市风险的另一种方法是使用金融工具的期权。**期权**（options）是赋予买方一定选择权（或权利）的合约，按照合约买方有权在某一确定的期间内（即期权的期限），以某一给定的价格即**执行价格**（exercise price or strike price）购买或出售约定的金融工具。如果期权的所有者行使了出售或购买的权利，期权的卖方（有时被称为出具人）就有义务购买或出售相应的金融工具。期权合约的这些特征十分重要，因此需要再次强调的是：期权的所有者或买方并非一定行使权利，即他在期限内可以不行使权利。因此，期权的所有者没有义务完成某种行为，但他有权利选择是否执行这份合约。相反，期权的卖方在合约中则没有选择权。如果所有者执行期权，则他必须购买或出售协定的金融工具。

以确定的价格购买或出售某种金融工具的权利是有价值的，所以期权的所有者愿意为这种权利支付一定数额的款项，即**权利金**（premium）。有两种类型的期权合约：**美式期权**（American option），可以在合约到期日之前的任何时间里执行；**欧式期权**（European option），只能在到期日执行。

期权合约能以很多金融工具为标的。以某只股票为标的的期权被称作**股票期权**（stock option），这种期权已经存在很长时间了。以金融期货为标的的期权被称**金融期货期权**（financial futures option），或者，更普遍地被称作**期货期权**（futures option）。期货期权产生于 1982 年，已经成为交易最广泛的期权合约。

你可能奇怪为什么期权合约较多以金融期货为标的的签订，而不是以诸如债券或存单等债务工具为标的的签订。正如大家在本章前面部分了解的那样，因为套利的存在，在到期日，期货合

[一] 更详细地了解运用期货期权来对冲股票市场风险，请查看本章附录，可在本书网站 www.pearsonhighered.com/mishkin_eakins 上找到。

约和可转让债务工具的价格是一样的。因此,似乎投资者应该不在乎期权是以债务工具为标的还是以期货合约为标的。然而金融期货合约设计完善,因而其市场比债务工具的市场更富于流动性。投资者愿意以流动性更强的工具为期权合约的标的,即以期货合约为标的。这就说明了为什么最流行的期货期权的标的大部分就是表24-1所列的期货合约。

期权市场的监管分成两部分:美国证券交易委员会监管股票期权,商品期货交易委员会监管期货期权。监管的重点在于确保期权的签订人拥有足够的资本履行合约的义务并监督交易者与交易所,防止欺诈行为并确保市场不被操纵。

24.5.1 期权合约

看涨期权(call option)是一项合约,赋予期权的所有者在约定的时期里以商定价格购买某种金融工具的权利。**看跌期权**(put option)则赋予期权所有者在约定的时期里以商定的价格出售某种金融工具的权利。记清哪种是看涨期权、哪种是看跌期权并非很容易。直观地说,只需记住看涨期权是预期金融工具的价格上涨而买入的,而看跌期权是预期金融工具的价格下跌而买入的。

24.5.2 期权和期货合约的损益

为了更全面地理解期权合约,让我们首先考察一下之前提到过的6月长期国债期货合约期权。回忆一下,如果以115点的价格(也就是115 000美元)购买这份期货合约,同意在6月底交割时用115 000美元购买面值为100 000美元的长期国债。如果以115点的价格出售了这份期货合约,同意在6月底以115 000美元的价格卖掉面值为100 000美元的长期国债。国债期货合约的期权合约有几个关键的特征:它与相关的期货合约有相同的到期日;它是一份美式期权,所以在到期日之前能够在任意时间里执行期权;期权的权利金(价格)以与期货合约相同的点数表达,因此每点对应1 000美元。例如,你以2 000美元的价格购买了一份6月的、执行价格为115点的国债期货合约的看涨期权,此时你购买了一项权利,有权在6月底到期日之前的任意时间以115点的执行价格(每份合约115 000美元)购买6月的国债期货合约。类似地,当你以2 000美元的价格购买了一份6月的、执行价格为115点的国债期货合约的看跌期权,你就有权在6月底到期日前的任意时间内以115点的执行价格(每份合约115 000美元)出售2月的国债期货合约。

期货的期权合约有点复杂,因此,为了研究它们是如何运作以及如何用来规避风险的,首先考察一下一份6月的国债期货合约的看涨期权是如何盈利和亏损的。11月,投资者欧文以2 000美元的价格购买了一份面值为100 000美元的6月国债期货合约的看涨期权,其执行价格为115点(我们假定,如果欧文执行了这个期权,那么执行时间在2月底的到期日,而不是之前)。在6月底的到期日,假定与期货合约相关的国债价格为110点。回忆前面的内容,在到期日,套利会促使期货合约与基础债券的价格一致。因此在6月底的到期日,该期货合约价格也为110点。如果欧文执行这一看涨期权,以115点的执行价格购买该期货合约,他就会损失,因为他以115点的价格买进,却要以较低的市场价格110点卖出。由于欧文明白这个道理,所以他不会执行期权,但是他已经支付的2 000美元的期权费用将损失掉。在这种基础金融工具的价格低于执行价格的情况下,看涨期权被称为"价外期权"。在110点的价格(低于执行价格）上，欧文就会损失已支付的 2 000 美元的期权权利金。这一损失在图 24-1b 中标为点 A。

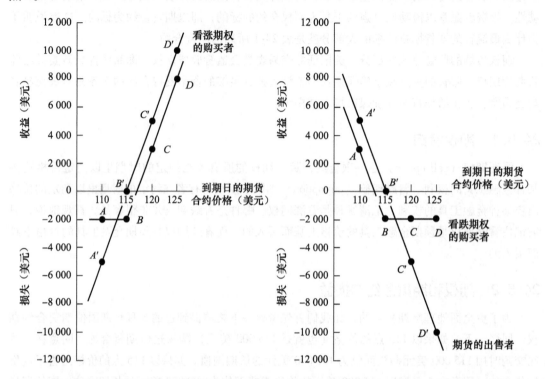

a）看涨期权的买方和期货买方的收益与损失　　b）看跌期权的买方和期货卖方的收益与损失

图 24-1　期权相对于期货合约的收益与损失

注：期货合约是面值 100 000 美元 2 月国债合约，而期权合约是在期货合约基础上拟定 115 点的执行价格。图 a 表明看涨期权的买方和期货合约买方的收益与损失，而图 b 表明看跌期权买方和期货合约卖方的收益与损失。

在到期日，如果期货合约的价格是 115 点，这份看涨期权就是"平价期权"，即对于欧文来说，是否为了买进期货合约而执行期权是没有区别的，因为当市场价格也是 115 点时，以 115 点的价格执行期权，不会出现任何收益或损失。由于他已支付了 2 000 美元的费用，所以在 115 点的价格上，他的合约还是有 2 000 美元的净损失，如点 B 所示。

相反，如果在到期日期货合约的价格水平是 120 点，这份期权就是"价内期权"，欧文执行期权会从中获益：他会以 115 点的执行价格买进期货合约，然后以 120 点的价格卖掉，这样从这份面值为 100 000 美元的国债合约上可以赚得 5% 的收益（5 000 美元的利润）。不过，因为欧文为这份期权合约还支付了 2 000 美元的费用，所以他的净利润是 3 000 美元。在 120 点的价格上，3 000 美元的利润记为点 C。类似地，如果期货合约的价格升至 125 美元，那么这份期权合约将获得 8 000 美元的净利润（执行期权获得的 10 000 美元减去 2 000 美元的费用），这种情形记为点 D。连接这些点，我们就得到了这份看涨期权弯折的净利润曲线（见图 24-1a）。

假定在 11 月欧文不是购买期货的期权合约，而是决定以 115 美元的价格购进面值为 100 000 美元的 2 月国债期货合约。如果在 2 月底的到期日国债的价格降至 110 点，即期货合约的价格也下降至 110 点，欧文就会损失 5 个百分点，或者说是 5 000 美元，在 110 点的价格上，

5 000美元的期货合约损失记为图24-1a中的点A'。在到期日为115点的价格上，欧文在该期货合约上的收益将为零，即为点B'。在120点的价格上，欧文从该期货合约上会获得5个百分点的利润，或者说是5 000美元（点C'），在125点的价格上，利润就是10个百分点，或者说是10 000美元（点D'），连接这些点，我们就得到了这份期货合约的线性（直线）利润曲线（见图24-1a）。

现在我们可以看到期货合约和期权合约的主要区别。如图24-1a中期货合约的利润曲线所示，期货合约有一个线性利润函数：基础金融工具的价格每增加一点，利润就会等量增加一定金额。相反，期权合约弯折的净利润曲线是高度非线性的，即对于基础金融工具价格的既定变化，期权合约的利润并不总是以同样的数量增加。这种非线性的原因在于看涨期权避免了欧文蒙受大于2 000美元的损失。相比而言，如果在到期日价格下降至110点，欧文在期货合约上的损失是5 000美元，而如果价格下降得更多，欧文的损失就会更大。期权合约这种类似保险的特征解释了为什么它们的购买价格被称为权利金（premium，可直译为保费）。而且，一旦基础金融工具的价格超过执行价格，欧文的收益将线性增加。如果欧文选择购买期权而不是期货合约，他就不得不放弃一些东西。就像我们在图24-1a中看到的一样，当基础金融工具的价格超过执行价格，欧文的收益总是小于在期货合约上的收益，这一确切数额是他支付的2 000美元的权利金。

如果欧文以115点的执行价格、2 000美元的权利金买进看跌期权（一项卖出的权利）而不是看涨期权，并且如果他卖出期货合约而不是买进期货合约，那么图24-1b显示了同样的收益计算结果。在这种情况下，如果在到期日，国债期货的价格超过115点的执行价格，那么这个看跌期权被称为"价外期权"。欧文不想执行看跌期权，如果他以低于市场价格执行看跌期权，这样会使他不得不卖出期货合约而造成损失。因此，他不会执行权利，将只损失所支付的2 000美元的权利金。一旦期货合约的价格下降到执行价格以下，欧文将从执行这个看跌期权中获益，这是因为他能以115点的价格水平出售期货合约而且可以以低于这个价格水平的价格买进期货合约。在这种情况下，也就是基础金融工具价格低于执行价格的情况，看跌期权被称作"价内期权"，并且当期货合约价格下降时，利润将线性增加。这个看跌期权在图24-1b中被描述出来，期权的收益函数是弯折的。这表明欧文免遭比他支付的权利金更大金额的损失。期货合约出售的收益曲线恰恰和图24-1a中期货合约的收益曲线相反，并且在这里也是线性的。

图24-1b证实了图24-1a的推论，也就是期权合约的收益是非线性的，而期货合约的收益是线性的。期货合约与期权合约还有另外两个差别必须提一下。第一个是合约的初始投资是不同的，就像我们在本章前面看到的一样，当购买一份期货合约时，投资者必须把固定金额的保证金存入保证金账户。但是当购买一份期权合约时，初始投资是必须支付给合约的权利金。两份合约之间第二个重要的差异在于期货合约每日盯市，其每天都需要货币进行换手，而期权合约仅当执行时才需要进行货币交易。

24.5.3 影响期权权利金费用价格的因素

有几个关于期权合约权利金定价的有趣事实。第一个事实是执行价格越高，看涨期权的权利金越低，而看跌期权的权利金越高。举例来说，当执行价格从112美元上升到115美元时，

3 月看涨期权的权利金可能会从 $1\frac{45}{64}$ 下降到 $\frac{16}{64}$，并且 3 月看跌期权的权利金可能会从 $\frac{19}{64}$ 上升到 $1\frac{54}{64}$。

我们对图 24-1 中描述的关于期权合约的收益函数的理解将有助于解释这个事实。就像我们在图 24-1a 中看到的那样，相对于期权执行价格而言，基础金融工具（在这个例子中是国债期货合约）的价格越高，看涨期权的收益也越高。这样，执行价格越低，看涨期权合约的收益越高，而像欧文这样的投资者将愿意支付更多的权利金。类似地，图 24-1b 中相对于执行价格而言，基础金融工具的价格越高，看跌期权的收益越低，因此一个较高的执行价格将增加看跌期权的收益，从而导致其权利金增加。

第二个事实是当期权可执行的时期（到期期限）变长时，看涨期权和看跌期权的权利金都会增加。举例来说，在执行价格为 112 美元的价格水平上，看涨期权的权利金从 3 月的 $1\frac{45}{64}$ 增加到 4 月的 $1\frac{50}{64}$，再到 5 月的 $2\frac{28}{64}$。类似地，看跌期权的权利金从 3 月的 $\frac{19}{64}$ 增加到 4 月的 $1\frac{43}{64}$，再到 5 月的 $2\frac{22}{64}$。权利金随着到期时间的增加而增加的事实，也可以用期权合约的非线性收益函数来解释。当到期日延长时，基础金融工具的价格变得非常高或非常低的机会更大。如果价格变得非常高，并且远高于执行价格，那么看涨期权（买入权利）将有一个很高的收益。但是如果价格变得非常低，并且远远低于执行价格，那么损失将不会太大，因为看涨期权的所有者会决定不执行期权。当到期期限延长时，基础金融工具价格变化的可能性变大，一般会增加看涨期权的收益。

当到期期限延长时，类似的推理告诉我们看跌期权（卖出权利）会变得更有价值，因为当到期期限延长时，基础金融工具价格变化的可能性增大。较低的价格增加看跌期权收益的可能性会更大，但是高价格不会使看跌期权产生潜在的损失，因为所有者会再次决定不执行期权。

考虑这个推理的另一个思路是认识到期权合约有一个原理："正面，我赢；背面，我不会损失很多"。在到期日之前价格变动的可能性增大，使得两种期权的价格都增加。因为到期日越长，将使得到期日之前价格的变动性更大，一个较长的到期期限将增加期权合约的价值。

我们已研习过的推理也解释了另一个有关期权权利金的重要事实。基础金融工具价格的波动性越大，看涨期权和看跌期权的价格越高。价格的高波动性意味着对于一个给定的到期日，在到期日之前的价格会有较高的不确定性。期权的性质，即"正面，我赢；背面，我不会损失很多"，在这里就意味着，到期日之前价格更大的不确定性增加了期权的平均收益，从而增加了投资者愿意支付的权利金。

24.5.4 小结

我们通过分析基础金融工具价格变动对期权收益的影响，得出下列有关决定期权合约权利金的因素的一系列结论：

- 在其他条件一定的情况下，执行价格越高，则看涨期权的权利金越低，看跌期权的权利金越高。
- 在其他条件一定的情况下，到期期限越长，则看涨期权和看跌期权的权利金越高。
- 在其他条件一定的情况下，基础金融工具的价格波动性越大，则看涨期权和看跌期权的权利金越高。

我们这里得出的结论会出现在更正式的模型中，比如布莱克-斯科尔斯模型，这个模型分析了期权权利金是如何定价的。你可能会在其他金融课程中学习这样的模型。

专栏24-8　执业经理

运用期货期权规避风险

在本章前面的内容中，我们看到了莫娜（第一国民银行的经理）这样的金融机构管理者是如何通过销售500万长期国债期货合约（共50份合约）来对冲票面利率为6%、到期日为2037年的500万美元长期国债的利率风险的。当利率上升导致国债价格下降时，银行可以通过出售国债期货获利，这恰好能弥补银行持有的票面利率为6%、到期日为2037年的500万美元长期国债的损失。

正如图24-1b所暗示的那样，银行经理应对利率上升、债券价格下降的另一种方法是买入以相同的国债期货为标的的500万美元看跌期权。因为期权合约与期货合约规模相等（10万美元债券），所以购买看跌期权与卖出期货数相同。只要执行价格不是太偏离图24-1b中的现行价格，利率上升和债券价格下降时，银行就会从期货和期货的看跌期权中盈利，这些利润同样可以弥补所持有的500万美元国债遭受的任何损失。

利用期权而不是期货的一个问题是，第一国民银行必须支付期权合约的权利金，这就减少了银行为规避利率风险而获得的利润。为什么银行经理愿意使用期权而不是期货来避免利率风险呢？答案就在于如果利率下降从而债券价格上升，与期货合约不同，期权合约可以使第一国民银行盈利。而如果利用期货合约来对冲的话，第一国民银行就不会从债券价格上升中获益，因为所持有的债券的利润被期货合约引起的损失抵消。然而，如图24-1a所示，当用看涨期权套期对冲时，情形就完全不同了：一旦债券价格上涨超过执行价格，银行不会因期权合约而蒙受额外的损失。同时，银行持有的国债的价值会增加，因此使银行盈利。这样，利用期权而不是期货来做单一对冲就可以使银行在利率上升时保护自己，在利率下降时盈利（尽管利润量因权利金而减少）。

相似的推理可以表明银行经理可能更喜欢使用期权来做整体对冲，规避银行全部证券组合的利率风险。当然，使用期权而不是期货这一策略的缺点在于第一国民银行必须预先支付期权合约的权利金。比较而言，利用期权可以使银行在利率下降时保持盈利（银行资产相对于负债增值），因为这些收益不会被期权合约的巨额损失抵消。

在整体保值的情况下，银行偏好期权合约而不是期货合约还有另一个原因。期货合约的盈利或亏损能够引发银行的会计问题，因为如果银行其他的证券组合价值的变化还未实现，这些利润与损失不允许抵消。考虑利率下降时的情形，如果第一国民银行卖出期货合约来做整体保值，那么当利率下降以及国债期货合约的价格上升时，它会蒙受巨大的损失。当然，这些损失可以由银行其他证券组合的未实现利润来补偿，但是银行不允许在自己的会计报表中抵消这些损失。因此，即使整体对冲的目的在于避免银行证券组合的利率风险，当利率下降时，银行也将遭遇巨大的会计损失。实际上，尽管利用利率期货做对冲相当合理，但如果其导致了巨大的会计损失，银行经理就会丢掉职位。考虑到这个原因，我们就不会奇怪银行经理为什么很少利用金融期货来做整体保值。

然而，期货期权可以帮助银行和其他金融机构的经理。假定第一国民银行不是出售国债期货，而是购买看跌期权来做整体对冲。现在如果利率下降，债券价格上扬并超过了执行价格，银行不会因期权合约蒙受巨大的损失，因为其只需决定不执行期权就可以了。银行不会遭遇用金融期货来对冲时产生的会计核算问题。因为利用期货期权做整体对冲在会计核算方面有优势，所以期权合约已经成为金融机构经理规避利率风险的重要工具。

24.6 利率互换

除了远期、期货、期权，金融机构还使用另一个重要的金融衍生工具来管理风险。**互换交易**（swaps）是使各方用其拥有的一系列款项交换另一方拥有的一系列款项的金融合约。有两种基本的互换交易：**货币互换**（currency swap）是一种货币的一系列款项与另一种货币的一系列款项的交换；**利率互换**（interest-rate swap）是一系列利率款项同另一系列利率款项的互换交易，所有款项用相同的货币来计量。我们集中讨论一下利率互换。

24.6.1 利率互换合约

利率互换是一种管理利率风险的重要工具，1982年首先出现在美国。正如我们看到的那样，当时对能用来降低利率风险的金融工具需求很大。利率互换最常见的类型（称为单纯利率互换）规定了：要交换的支付项目的利率；利率支付的类型（浮动利率或固定利率）；**名义本金**（notional principal）的金额，也就是确定支付的利息金额的基准；能进行互换交易持续的时间段。有很多其他的更复杂的互换交易版本，包括远期合约互换交易和互换交易期权（被称为互换期权），但是在这里，我们将只关注单纯利率互换交易。图24-2描述了中西部储蓄银行和友好金融公司之间的利率互换交易。中西部储蓄银行同意在今后10年中，每年支付100万美元名义本金5%的固定利息给友好金融公司，而友好金融公司则同意在相同期间内，每年支付100万美元名义本金的1年期短期国债的利率加上1%的利息给中西部储蓄银行。这样如图24-2所示，中西部储蓄银行每年就100万美元名义本金向友好金融公司支付5%的利息，而友好金融公司将就100万美元名义本金向中西部储蓄银行支付1年期短期国债利率加1%的利息。

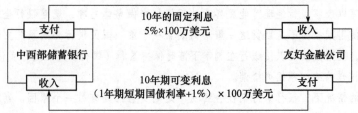

图24-2 利率互换交易的支付

注：在这个利率互换协议中，名义本金为100万美元，期限为10年，中西部储蓄银行每年支付固定利率5%×100万美元给友好金融公司，作为回报，友好金融公司支付（1年期短期国债利率+1%）×100万美元给中西部储蓄银行。

专栏24-9 执业经理

利用利率互换规避风险

你可能好奇为什么签订这种互换协议的金融机构管理者认为这种互换协议是有利的，答案就在于它可以帮助双方对冲其利率风险。

假定中西部储蓄银行有意借入短期贷款，然后在抵押市场上发放长期贷款，其利率敏感资产比利率敏感负债要低100万美元。正如我们在第23章中学到的那样，这种情况意味着：当利率上升时，资金成本的上升高于其资产所获得的利息支付的上升，因为其中很大一部分资产是固定利率的。因此，利率上升的结果是中西部储蓄银行净息差的降低以及其盈利能力的降低。正如我们在第23章中学到的那样，为了避免这种利率风险，中西部储蓄银行将其持有的100万美元的固定利率资产转换成100万美元的利率敏感资产，从而使利率敏感资产等于利率敏感负债，消除这一缺口。通过拿出100万美元的固定利率收入并且用它交换100万美元的利率敏感的国债收入，其就把100万美元固定利率资产的收入转变成了100万美元利率敏感资产的收入。现在，当利率上升时，其利率敏感资产收入的上升恰好和利率敏感负债的成本上升相匹配，因此净息差和银行盈利能力不变。

友好金融公司通过发行长期债券融资然后发放短期贷款，其管理人员会发现友好金融公司的处境和中西部储蓄银行的处境恰恰相反，它拥有的利率敏感资产要比利率敏感负债多出100万美元。因此它更关注利率的下降，因为利率下降时，友好金融公司资产收入的降低幅度会超过其负债的资金成本的下降幅度，从而导致利润的下降。通过执行利率互换交易，其管理人员就能消除这种利率风险，因为利率互换交易可以把100万美元的利率敏感收入转变成100万美元固定利率的收入。现在友好金融公司发现当利率下降时，来自利率敏感资产的收入下降得要少一些，从而可以与利率敏感负债的资金成本的下降相匹配，结果是公司的盈利能力没有发生变化。⊖

24.6.2 利率互换的优点

如果没有利率互换交易，为消除利率风险，中西部储蓄银行和友好金融公司都可能需要重新安排一下它们的资产负债表，即通过把固定利率资产转换为利率敏感资产，或将利率敏感资产转换成固定利率资产。但是，这种战略对两家金融机构而言，其成本都是巨大的，理由如下。第一，当它们重新安排资产负债表时，金融机构会发生潜在的交易成本。第二，一定的客户群有一定的期限偏好，不同的金融机构在向客户发放贷款时，有着信息方面的优势。因此，这样调整资产负债表来减少利率风险可能导致这些信息优势的损失，而这些信息优势恰恰是金融机构所不想放弃的。利率互换交易为金融机构解决了上述问题，因为在实质上，它们允许金融机构将固定利率的资产转变为利率敏感的资产而不影响资产负债表，避免了数额巨大的交易成本，而且金融机构能继续贷款给它们有利息优势的地方。

我们已经看到金融机构也可以利用其他金融衍生工具诸如期货合约和期货期权来对冲利率风险。利率互换交易有一个其他金融衍生工具进行套期保值所不具备的巨大优势：利率互换交

⊖ 为了更详细地了解利率风险及运用利率互换对冲利率风险的案例，请参考本书网络附录，可在本书网站www.pearsonhighered.com/mishkin_eakins 上找到。

易规定的时期可以很长,有时甚至可以达到 20 年,而金融期货和期货期权一般有更短的限制期限,稍长于 1 年。如果一家金融机构需要对长期利率风险进行套期保值的话,那么金融期货和期权市场可能并不合适。相反,该金融机构可以借助于利率互换交易市场。

24.6.3 利率互换的缺点

尽管利率互换交易有许多重要的优点,这些优点使它们非常受金融机构的欢迎,但是它们也有缺点,从而限制了其用途。和远期交易市场一样,互换交易市场可能缺乏流动性。让我们回过头再看一下中西部储蓄银行和友好金融公司间的互换交易。与远期交易合约一样,中西部储蓄银行联系友好金融公司进行互换交易可能存在困难。另外,即使中西部储蓄银行能够找到一个像友好金融公司这样的伙伴,大概也不能成功地在谈判中获得好价格,因为它找不到其他谈判的机构。

互换交易合约也同样受到违约风险的制约,我们在远期合约中曾讨论过这种违约风险。如果利率上升,友好金融公司就可能想不遵守互换交易合约,因为它得到的固定利率支付小于从公开市场上可以获得的收益。于是它可能违约,而让中西部储蓄银行蒙受损失。另外,友好金融公司也可能破产,也就意味着互换交易合约的条款不能得到履行。

很重要的是,要注意到互换交易的违约风险和名义本金的全额违约风险并不是一回事,因为名义本金是从来不会交易的。如果友好金融公司因为自己 100 万美元的 1 年期贷款发生坏账而破产,将无法向中西部储蓄银行支付利息,中西部储蓄银行将停止把款项转入友好金融公司的账户。如果利率下降,这对中西部储蓄银行来说是个好消息,因为它会收到较高的固定利率支付——5%,而不是已经减少了的利率敏感支付。这样,互换交易合约的违约未必意味着另一方有损失。只有违约时利息率上升,中西部储蓄银行才会遭受违约损失。即使这时,损失也远比名义本金的金额小,因为利息支付远比名义本金的金额小。㊀

24.6.4 运用利率互换的金融中介

我们已经了解到,金融机构必须意识到由于互换交易违约而造成损失的可能性。和远期交易合约一样,互换交易的各方必须拥有对方大量的信息以确保合约履行的可能性。对对方信息的需求以及互换交易市场上的流动性问题,可能会限制这种市场的用途。然而,我们在第 14 章中已看到,当市场上出现信息和流动性问题时,金融中介就能提供帮助。互换交易市场正是如此。像投资银行,尤其是大的商业银行这种中介有能力廉价地获得关于互换交易合约方的信誉和可靠性的信息,也能够撮合互换交易各方。因此大的商业银行和投资银行都建立了互换交易市场,并在其中充当金融中介的角色。

24.7 信用衍生工具

近几年,出现了一种规避信用风险的金融衍生工具。与其他的衍生工具一样,**信用衍生工具**(credit derivatives)提供的支付与已经发行的证券相联系但可以承受信用风险。在过去的 10

㊀ 实际的损失等于银行在假设互换交易合约仍然有效时获得的利息支付与违约时获得的利息支付之差的现值。

年，信用衍生工具市场以令人惊骇的速度在发展，这类衍生工具的名义数量达到了万亿美元。这些信用衍生工具有几种形式。

24.7.1 信用期权

信用期权（credit options）与本章前面讨论的期权理论是相似的：支付费用的期权购买者获得取得利润的权利，利润与标的证券价格或者利率挂钩。假设你购买了100万美元通用汽车的债券，但是你担心未来通用汽车的SUV的销量下降可能会导致信用评级机构给通用汽车公司证券降级（降低信用等级）。就如我们在第5章中了解的那样，降级会使通用汽车公司的债券价格降低。为了保护自己，你可以比如15 000美元的购买期权，并以当前价格为执行价格卖出100万美元的债券。通过这种策略，如果通用汽车债券价值降低，你不会因此遭受任何损失，因为你可以执行期权并且以购买价格卖掉债券。另外，如果通用汽车债券价值上升，你依然可以获得收益。

第二种信用期权将收益与利率的变动相联系，比如信用价差（有一定信用等级的普通债券的利率减掉无风险债券如美国国债的利率）。假设你公司的信用评级是Baa级，公司计划3个月后发行1 000万美元1年期债券并且期望的信用价差是1%（换言之，就是它支付的利率比1年期国债利率高出1%）。你担心市场上认为Baa级公司在接下来几个月会有更大的风险。如果3个月后你准备发行债券的时候这种情况确实发生了，你就不得不支付高于1%的信用价差的利率，那么你发行债券的成本就上升了。为了避免高成本，你可以购买1 000万美元Baa债券的信用期权（假设额度为20 000美元），此期权可以支付1 000万美元市场平均Baa级债券信用价差减去1%信用价差的差额。如果信用价差变为2%，从期权中你将得到100 000（=(2% – 1%) × 10 000 000）美元，这恰好抵消了因为利率上升而必须支付的100 000美元的利息成本。

24.7.2 信用互换

假设你管理着休斯敦的一家银行Oil Drillers' Bank（ODB），这家银行专门贷款给当地的特殊的公司如石油勘探公司。另一家银行Potato Farmers Bank（PFB）则专门向在艾奥瓦州种土豆的农民贷款。由于ODB银行和PFB银行的贷款组合没有充分分散化，使得两家银行面临着同样的问题。石油市场的突然降价可能会使大部分石油勘探者无法归还ODB银行的贷款，为了保护ODB银行免受此风险，你可以签订一份协议将你的贷款利息收入（比如说借给石油勘探者的1亿美元的利息所得）支付给PFB银行，并以此交换PFB银行借给种土豆农民1亿美元而获得的利息收入。这个交易使得双方的风险支付被转给了对方，这被称为**信用互换**（credit swap）。通过这个交易，ODB银行和PFB银行都增加了贷款多样性并降低了贷款组合的整体风险，因为部分贷款支付来自不同的贷款类型。

信用互换的另一种形式是**信用违约互换**（credit default swap），然而其运作更像保险。在信用违约互换中，想要规避信用风险的一方按固定周期做出支付，一旦受到信用事件的冲击（如公司破产或者公司的信用等级被信用评级机构下调），将得到补偿支付。例如，你可能会用信用违约互换为100万美元的通用汽车债券避险，你每年支付1 000美元的费用，换取的是如果通用汽车债券的信用评级降低，你将得到10 000美元的支付。如果信用事件发生，使得通用汽车债券被降级并且价格下降，你也可以得到部分补偿以抵消你以低价卖出债券所遭受的损失。

24.7.3 信用挂钩票据

信用挂钩票据（credit-linked note）是另一种类型的信用衍生工具，它是普通债券和信用期权的一个组合。与其他的公司债券一样，信用挂钩票据定期支付息票（利息）并在债券到期时按债券面值进行最后的支付。然而，如果票据中一个特定的关键金融变量发生变化，票据的发行者有权（期权）降低票据的支付。例如，通用汽车可以发行息票利率为5%的信用挂钩票据，在特殊说明的情况下，如果全国SUV的销量指数下降了10%，那么通用汽车公司就有权降低2%的息票率，变成3%。这样，通用汽车可以降低SUV的销量下降而产生的风险，它通过降低信用挂钩票据的利息支付来抵消了一些损失。

专栏24-10 次贷金融危机教训

金融衍生工具可能成为世界范围内的定时炸弹

尽管金融衍生工具可以用于规避风险，但在第8章中讨论的美国国际集团的破产说明金融衍生工具可能会给金融系统带来风险。事实上，沃伦·巴菲特称金融衍生工具为极具破坏性的金融武器，以警告金融衍生工具的危险性。尤其令人恐慌的是，全世界的金融衍生合约的名义数量超过500万亿美元。次贷危机告诉我们，金融衍生工具是能够摧毁金融系统的定时炸弹。

对于金融衍生工具的关注主要有两个原因。第一是金融衍生工具允许金融机构增加其杠杆；也就是说，它们实际上能够持有数倍于其自有资金的基础资产。增加它们的杠杆使得它们下巨额的赌注，这样的话，如果下错赌注就会导致银行破产。大量投入到信用违约互换市场，正是美国国际集团所后悔的行为。更严重的问题是美国国际集团在违约互换市场的投机对金融体系具有潜在的威胁。从金融次贷危机中得到的重要教训就是，在金融衍生工具市场上持有大量的头寸是非常危险的。

第二个关注的问题是：银行拥有巨额金融衍生工具的名义本金，特别是利率和货币互换交易合约，这大大超过了银行资本金额，这些衍生金融工具将银行置于破产的风险之下。银行确实是金融衍生工具市场的主要参与者，特别是在利率和货币互换交易合约市场中，我们之前的分析表明它们是天生的造市者，因为它们能在两方中扮演中介，如果没有银行的参与，两方不可能达成互换交易合约。然而，只看银行利率和货币互换交易合约的名义金额容易误导我们对其风险敞口的理解。因为银行在互换市场上扮演中介角色，它们一般只暴露于信用风险之下，即交易两方中一方违约的风险。而且，和贷款不一样，互换交易合约不涉及名义本金的支付，而只涉及基于名义本金计算的较小金额的支付。例如，如果利率为7%，那么对一个100万美元的互换交易合约来说，支付金额仅为70 000美元。对互换合约的信用风险的估计表明，其仅为合约名义本金金额的3%，而银行源于衍生金融工具的信用风险低于其贷款信用风险的1/4。银行的衍生工具的信用风险并没有与其面临的其他信用风险不一致。此外，一份美国审计总署的分析表明银行在金融衍生工具合约中发生的实际信用损失一直很少，大约占它们全部信用风险的0.2%左右。事实上，在次贷危机中，金融系统被置于巨大的压力之下，银行衍生产品头寸不是很严重的问题。

结论在于金融衍生工具对金融机构而言确实有风险，但有些风险被夸大了。最大的风险来自金融机构的交易业务，尤其是信用衍生工具的交易，正如美国国际集团在CDS市场上的行为所证明的那样。我们在第18章中讨论过，监管层对这种风险给予的关注越来越多，制定了新的披露要求和衍生金融工具交易的监管指引。这也需要金融机构公开它们的金融衍生合约头寸,管理层才可以确定大型金融机构没有过多地参与到衍生产品市场,并且没有与其资产相关的过大的金融衍生工具头寸,就像美国国际集团的案例中所示。另外要关注的是,衍生产品尤其是信用衍生工具需要一个更好的结算系统以防一个机构的破产导致其他机构(即使是那些衍生产品净头寸很小,或者可以相抵持仓的机构)也受牵连。更好的结算可以通过在有组织的市场(如期货市场)上来交易衍生工具或者通过一个结算系统来获得。监管机构比如纽约的联邦储备银行已经按照这种路线制订方案。

相比之下,通过金融机构的管理层以及监管机构的调节和处理信用风险的标准化方法,利率衍生工具的信用风险似乎更容易管理。

次贷危机发生后,针对衍生产品市场的新监管必定会出现。这个行业也在警醒大家衍生产品的风险所在。通过市场方面和监管层的适当努力,将有希望减少衍生产品这个定时炸弹的危险性。

本章小结

利率远期合约,表示合约的卖方愿意在远期的某个时间出售给买方一种债务工具的合约,它可以用来对冲利率风险。利率远期合约的优点是比较灵活,但它的缺点也很明显,就是容易有违约风险,而且其市场也缺乏流动性。

金融期货合约与利率远期合约的相似之处在于,它明确规定了一方要在约定的将来某个时间向另一方交付一份债务工具。它和远期合约相比有一些优点:它没有违约风险,而且其市场的流动性更强。远期合约和期货合约可以用于金融机构对冲利率风险。

股指期货是金融期货的一种,它的基础金融证券是股票市场的股价指数,如标准普尔500股价指数。股指期货可以通过降低资产组合的系统风险或锁定股票价格来对冲股市风险。

一份期权合约赋予买方在某一规定的时期内以某一执行价格买进一种证券(看涨期权)或卖出一种证券(看跌期权)的权利。期权的收益函数是非线性的,也就是对于基础金融工具价格的既定变化,期权合约的收益并不总是以同样的数量增加。期权的非线性收益函数解释了它们的价值(以权利金形式表示)为什么与看涨期权的执行价格负相关,与看跌期权的价格正相关,与两种期权的到期期限的长短正相关,与看涨与看跌期权的基础金融工具价格的波动性正相关。金融机构使用期货期权对冲利率风险的方式类似于它们使用金融期货和远期合约对冲利率风险的方式。由于期货期权相比金融期货较少受会计核算问题的困扰,因此期货期权可能被更多地用于整体对冲。

利率互换交易是一种利息支付方式和另一种利息支付方式的交换,和远期合约类似,利率互换交易存在违约风险和流动性问题。因此,利率互换交易市场经常有金融中介的参与,这些金融中介包括在互换交易合约市场上充当造市商的大型商业银行和投资银行。金融机构发现利率互换是对冲利率风险的一种有效方法。利率互换有金融期货和期权不具备的一个优点,即其期限可以很长。

信用衍生工具是一种新型的衍生工具,它提供的支付与已经发行的证券相联系但可以承受信用风险。这些衍生工具(信用期权、信用互换和信用挂钩票据)可以用于规避信用风险。

对金融衍生工具风险的担忧主要有三点:金融衍生工具使金融机构能够更轻易地增加其杠杆水平和投机活动(实质上持有数倍于其自有资金的基础资产);金融衍生工具太复杂,以致金融机构经理不能很好地理解;由于衍生合约巨大的名义金额极大地超过了这些机构的资本,使得金融机构处于较大的信用风险之中。后两种风险似乎是被夸大了,但是第一种风险(即来自使用衍生工具增加杠杆带来的风险)是现实的。

简答题

1. 在2016年9月联邦公开市场委员会（FOMC）会议上，美联储的理事和有投票权的主席不同意提高联邦基金利率目标，而是在一定程度上让市场知道它有可能在不久的将来会上升。你认为财务经理对于这个消息会有什么反应？他们可以用什么工具来对冲利率的变动？

2. 如果你经营管理的财务公司有+500万美元的缺口（利率敏感资产超过利率敏感负债500万美元），描述一种可以消除该公司收入缺口的利率互换合约。

计算题

1. 莱蒂西亚需要买入或者卖出期货合约以对冲她所持有的6 480 000美元国债的利率风险。如果莱蒂西亚买卖48份合约，确定其交易类型和每份合约的价格。

2. 如果你管理的资产组合中包括25 000 000美元的票面利率为6%、到期日为2037年的长期国债，价格为110点，你会进行怎样的远期合约交易以对冲这些证券在下一年面临的利率风险？

3. 计算你需要卖出多少份期货合约以对冲所持有的400万美元国债的利率风险。假设每份合约当前售价为125 000美元。

4. 参考前面的习题。如果到期日合约的结算价格为135点，那么利润为多少？计算每种情形的收益或损失。

5. 如果你管理的养老基金第二年会收到一笔1亿美元的现金流入，你希望将收到的这笔资金投资到长期债券时能获得目前的收益率水平8%，那么如何利用期货市场来达到这一目标？

6. 如何利用期权市场来达到第5题中的目标？使用期权合约而不是期货合约的优点和缺点是什么？

7. 假设你购买了一份标的为100 000美元国债期货的看涨期权，执行价格为105点。如果国债到期日价格为115点，该合约是平价期权、价内期权还是价外期权？如果收益为8 000美元，则该合约的权利金是多少？

8. 杰森购买了一份标的为100 000美元国债期货合约的看跌期权，执行价格为105点，权利金为2 000美元。如果到期日期货合约的价格为110点，杰森执行卖出期货合约的权利，那么他在该合约上的利润或损失是多少？如果到期日期货合约的价格为95点呢？给出你的解释。

9. 参考前面的习题。如果杰森没有购买按面值计算的100 000美元国债期货合约的看跌期权，那么他在该合约上的收益或损失是多少？

10. 如果你管理的储蓄贷款协会有-4 200万美元的缺口，请描述一份利率互换交易合约，使其可以消除利率变化给储蓄贷款协会带来的收入风险。

11. 如果你的公司一年之后需要支付2亿欧元，那么你如何使用125 000欧元的期货合约对冲该笔支付的外汇风险？

12. 如果你的公司3个月后（6月）必须向一家德国公司支付1 000万欧元，那么，使用125 000欧元的期货合约，你如何对冲该笔支付的外汇风险？

13. 如果你的公司从现在开始的6个月后将收到3 000万欧元，其当前汇率是1美元兑1欧元。如果你想对冲这笔收入的外汇风险，你应该进行什么样的远期合约交易？

14. 一位避险者以$98\frac{5}{32}$的价格持有5份国债期货的空头合约，每份合约的本金为100 000美元。合约到期时期货价格为$95\frac{12}{32}$。这笔交易的收益或者损失为多少？

15. 一家银行发行了100 000美元浮动利率的30

年期抵押贷款，名义年利率为 4.5%，如果利息率在 6 个月后下降到 4.0%，在第一年对利息收入的影响是什么？假设银行用 181 天国债空头期货来对冲风险，合约的原价为 $97\frac{26}{32}$，最后价格为 $98\frac{1}{32}$，面值为 100 000 美元。这份合约能够起到避险效果吗？

16. 债券组合经理劳伦管理 1 000 万美元组合。这个组合当前的久期为 8.5 年。劳伦想用国债期货将久期缩短为 6 年。国债期货的久期为 0.25 年，并以 975 美元价格交易（面值为 1 000 美元）。劳伦的想法如何实现？

17. 假设你以 107 点的价格买入一份期货合约，而保证金要求是两个点数。如果维持保证金要求是 1 个点数，在结算价格为多少的情况下会收到维持保证金要求？

18. 芝加哥银行拥有 10 亿美元资产和 8.3 亿美元负债。资产的久期为 5.9 年，负债的久期为 1.8 年。为了完全规避银行的利率风险，应该持有多少期货？可用的国债期货合约的久期为 10 年，面值为 1 000 000 美元，以 979 000 美元的价格出售。

19. 一家银行发行了 300 万美元名义利率为 8% 的商业抵押贷款。贷款全部在 10 年期间摊销，要求按月支付。这家银行计划两个月后卖掉这笔贷款，如果在售出此笔贷款时预期名义利率上升 45 个基点，银行会遭受多少损失？

20. 假设在上一个问题中，一家银行以 $100\frac{20}{32}$ 的价格卖出 3 份 10 年期中期国债期货合约来部分规避风险，每份合约面值 1 000 000 美元。两个月后，期货合约的价格降到了 $98\frac{24}{32}$。期货合约交易的收益或损失是多少？

21. 施普林格银行拥有 18 亿美元总资产，资产久期为 5 年，总负债有 16 亿美元，负债久期为 2 年。银行管理者预测利率在短期内从 9% 下降到 8.25%。可用于保值的国债期货的久期为 6.5 年，最近价格为 $99\frac{5}{32}$。施普林格银行需要用多少合约来规避可能的利率变化？假设每份合约的面值为 1 000 000 美元。

22. 在上一个问题中，如果利率确实下降了，国债合约的价格为 $103\frac{5}{32}$。如果银行平掉期货头寸，那么将获得的收益或者损失为多少？这种抵消对权益价值的可能影响为多少？

23. 一家银行发行了 100 000 美元固定利率为 4.5% 的 30 年期抵押贷款，如果贷款发行后预期利率立刻下降到 4.0%，对抵押贷款的价值有多大影响？如果银行以 2 份 10 年期国债期货空头来对冲风险。原来的价格为 $64\frac{12}{32}$，执行价格为 $67\frac{16}{32}$，合约面值为 100 000 美元。期货合约上的收益或者损失为多少？对银行总体产生怎样的影响？

24. 银行的客户在 6 月将到伦敦购买 100 000 英镑的库存。当前现货和远期的交易利率如下：

时期	汇率（美元/英镑）
即期	1.534 2
3 月	1.621 2
6 月	1.690 1
9 月	1.754 9
11 月	1.841 6

客户要以 6 月期货合约来对冲全部的风险，在 6 月的实际汇率为 1 英镑兑换 1.725 美元。那么该客户节省了多少钱？

25. 假设一家银行有 −1 500 万美元的收入缺口。这家银行如何利用利率互换以对冲利率上升的风险？请确定名义本金的数额和描述利率互换交易合约。

26. Liverpool 银行有 −1 000 万美元的收入缺口，Alur 金融公司有 −2 500 万美元的收入缺口，TLBR 银行有 −1 500 万美元的收入缺口。请描述一份对三家机构都有利的利率互换交易合约。确定每笔利率互换的名义本金金额。

27. 一家银行承诺提供为期 2 年的 500 万美元商

业贷款，并希望在 30 天内完成协议。利率将在当时所确定。目前，此类贷款的利率为 7.5%。为了对冲利率下降的风险，银行购买了一个 30 天的利率下限期权，利率为 7.5%，名义金额为 1 000 万美元。30 天后，实际利率下降至 7.2%。每年从贷款中获得的预期利息收入为多少？从期权中获利了多少？

28. 一位管理 1 亿美元股票投资组合的信托经理希望使用道琼斯看跌期权将短期下行风险降至最低。这些期权将在 60 天后到期，执行价格为 9 700 点，期权费为 50 美元。道琼斯指数目前为 10 100 点。她应该使用的期权数量为多少？多头还是空头？需要花费多少钱？如果投资组合与道琼斯指数完全相关，那么包括所支付期权费在内的期权到期的投资组合价值为多少？

29. Dickey 银行预计 2016 年利率上升，它决定进行利率互换交易。在互换协议中要求 Dickey 银行每年支付 400 万美元名义本金 3% 的固定利率给 Fuller 财务公司，而 Fuller 财务公司每年支付 400 万美元名义本金的国库券的利率加上 2% 的利息。你能确定 Dickey 银行的收入差距是负的还是正的吗？如果国库券的利率为 0.5% 或 1.5%，确定每个机构支付的金额。

30. NNWB 银行在发行浮动利率抵押贷款上有相当的优势，但该银行不想承担与此类贷款相应的利率风险。这个银行最近有 25 000 000 美元的抵押贷款，利率为基本利率加 150 个基点，每月调整。当前基本利率为 4%。一家投资银行安排 NNWB 银行进行互换交易，以名义本金 25 000 000 美元、固定利率 6.5% 来交换 NNWB 银行的浮动收益。如果 NNWB 银行签订此协议，它在第一个月的利息收入和支出为多少？如果基本利率突然增加 200 个基点，情况会如何？

网络练习

金融衍生产品套期保值

网站 http://www.hoadley.net/options/bs.htm 可用于演示期权的特征如何影响期权的价格，向下滚动至在线期权计算器。在以下情况下，期权价格会如何变化？

(1) 执行价格提高；
(2) 利率上升；
(3) 波动率上升；
(4) 期权到期期限增加。

网络附录

访问 www.pearsonhighered.com/mishkin_eakins，阅读第 24 章的网络附录：

- 附录 1：更多关于金融衍生产品套期保值。

术语表

advances 预付款 见贴现贷款（discount loan）。

adverse selection 逆向选择 在交易发生之前由信息不对称导致的问题：从另一方观点来看最不受欢迎的人是最有可能想要从事金融交易的人。

agency problem 代理问题 由于不同的激励使一方（代理人）以自己的利益行事而不是以另一方（委托人）的利益为出发点而产生的道德风险问题。

agency theory 代理理论 对于信息不对称怎样影响经济行为的分析。

American depository receipts，ADR 美国存托凭证 托管人持有的外国股票凭证。在美国证券交易所交易的是凭证，而不是实际的股票。

American option 美式期权 在合约到期日之前的任何时间都可以执行的期权。

amortized 分期还款 在一定时间内分阶段清偿。贷款的每次支付包括增加的利息和用于归还本金的金额。当所有的支付都完成的时候，贷款就全部偿清了。

anchor currency 锚货币 一国用于固定其汇率的货币。

annuity 年金 提供固定支付流的保险产品。

appreciation 升值 货币价值的增加。

arbitrage 套利交易 市场中无风险利润机会的消失。

ask price 卖出价 造市商卖出股票的价格。

asset 资产 金融索取权或者以价值形态存储的财产。

asset-backed commercial paper，ABCP 资产支持商业票据 由一系列资产（通常是抵押贷款）担保的短期商业票据。

asset management 资产管理 购置低违约率的资产并持有多元化的资产以增加利润。

asset market approach 资产市场方法 通过使用资产的存量而不是流量来确定资产价格的方法。

asset-price bubble 资产价格泡沫 受投资者心理的驱动，使资产价格升高至高于其基础经济价值的水平。

asset transformation 资产转移 设计并出售适合投资者偏好的资产，将出售资产所得资金用于购买风险程度更高的资产，从而帮助投资者将风险资产转化为安全性资产的过程。

asymmetric information 信息不对称 交易的一方对另一方的认识不足。

audits 审计 会计师事务所做出的关于一家公司遵守标准会计准则的证明。

automated banking machine，ABM 自动银行机 一种在同一地点结合了自动取款机、到银行网站的网络链接和链接到银行客户服务中心的电话链接功能的电子机器。

automated teller machine，ATM 自动提款机 允许客户提取现金、存款、从一个账户向另一个账户转账、查询余额的电子机器。

balance of payment 贸易差额 记录对一国和其他国家的资金流动有直接关系的所有支付的簿记系统。

balance-of-payments crisis 贸易差额危机 由于一国贸易支付差额问题导致的外汇危机。

balance sheet　资产负债表　银行（或企业）所有资产和负债的一个列表，其总资产等于总负债加上资本。

balloon loan　气球贷款　支付不完全付清本金的贷款，意味着最后一笔支付必须大于本金余额。

bank failure　银行破产　银行因不能满足其支付存款人和其他债权人的义务而停业的情况。

bank holding companies　银行控股公司　拥有一个或者更多银行的公司。

bank panic　银行业恐慌　很多银行同时破产，就像金融危机中发生的那样。

bank supervision　银行监管　对银行的经营主体和经营方式的监督。

banker's acceptance　银行承兑汇票　一个企业开具的短期本票，由银行保证在到期的时候支付货款。

banks　银行　吸收存款并发放贷款的金融机构（如商业银行、储蓄贷款协会、信用合作社）。

Basel Accord　《巴塞尔协议》　协议要求银行持有的资本至少为其加权风险资产的8%。

Basel Committee on Banking Supervision　巴塞尔银行监管委员会　在国际结算银行的安排下，在瑞士巴塞尔召开会议并设定银行监管标准的一个委员会。

bearer instrument　无记名转让票据　见票即付（支付给持票人）的工具，无须证明所有权。

behavioral finance　行为金融学　应用其他社会科学（如人类学、社会学、心理学）的观点研究证券价格行为的领域。

bid price　买入价　造市商为股票付出的价格。

Board of Governors of the Federal Reserve System　联邦储备委员会　联邦储备系统内的一个七人（包括主席）的委员会，主要负责决策。

bond　债券　承诺在一定时间按期支付的债务证券。

bond indenture　债券契约　清楚说明债券问题（如违约诉讼和偿债基金条款）细节的文书。它说明的是债权人的权利和特权，以及债务人的义务。

book entry　账面记录　在不向证券持有人发行证券证书的时候，由证券发行人跟踪证券的所有权情况，记录已发行证券持有人的记录，通常是电子记录。

branches　分行　执行银行业务的银行额外的办事处。

Bretton Woods system　布雷顿森林体系　1945~1971年使用的国际货币体系，在该体系下，汇率是固定的，美国美元可以自由转换成黄金（只能通过外国政府和中央银行）。

brokers　经纪人　投资者的代理人，负责将买方和卖方配对。

bubble　泡沫　资产价格和其基础市场价值相背离。

call option　看涨期权　以一定价格购买某一证券的一种期权合约。

call provision　赎回条款　通常是包括在债券中的一个权利，给发行者在债券到期前回购债券的权利。

capital　资本　用于创造更多财富的物质或金融财富。

capital account　资本账户　说明美国和其他国家之间资本流动的账户。

capital adequacy management　资本充足率管理　管理银行应该维持的资本金额，并获得所需的资本。

capital buyout　资本收购　投资者的资金汇集起来，用于购买一家上市公司的控股权，然后将其私有化。

capital call　资本要求　在创投资本合约中，对有限责任合伙人按照其合伙承诺提供资金的要求。

capital controls　资本管制　对跨境资本自由流动的限制。

capital market　资本市场　长期债务工具（到期超过一年）和权益工具交易的金融市场。

capital mobility　资本流动性　外国人很容易购买一国的资产，而该国居民也很容易购买国外资产的情景。

captive finance company　专属金融公司　零售商拥有的金融公司，发放贷款的目的是向该零售商购买商品融资。

cash flow　现金流　现金收入和现金开支的差额。

casualty (liability) insurance　意外（责任）保险　防范由于疏忽造成的财务损失的保险。

central bank　中央银行　监控银行系统的政府机构，负责经济中供给的货币量和信贷量。在美国是指联邦储备系统。

Central Liquidity Facility，CLF 中央流动性便利 信用合作社的最后贷款人，由《金融机构改革法案》创建于1978年。

certainty equivalent 确定性等价 确定能够收到或者花费的一个固定数额。保险支付就是一种确定性等价，因为它消除了需要花费一些意想不到的钱的风险。

closed-end fund 封闭式基金 销售固定数量的股票之后就不再接受更多投资的基金。

coinsurance 共保/共同保险 一种保险政策，规定持有人和保险公司一起承担损失的一个百分比。

collateral 抵押 抵押给债权人的财产，用以确保债务人不能归还债务时的支付。

collateralized debt obligation，CDO 债务抵押债券 这种债券的支付由次级抵押贷款支撑的证券的现金流支持。

collateralized mortgage obligation，CMO 抵押担保债券 通过预付款发生时间来分类的证券。投资者有可能购买一组满足投资者需要的到期期限的CMO。

common bond membership 共同联合会员资格 要求信用合作社所有成员共同联合，如为相同的雇主工作。

common stock 普通股 给予持有人在发行企业的所有权利益的一种证券。这种所有权利益包括获得所有剩余现金流的权利以及企业重大事件的投票权。

common stockholders 普通股股东 在公司拥有所有权权益的个人，有权获得股息并对公司重大问题进行表决。

community banks 社区银行 起源于当地的小银行。

compensating balance 补偿余额 收到贷款的企业必须在银行的支票账户中存放的最低金额。

competitive bidding 竞争出价（竞价） 在一次拍卖中和国债的其他潜在购买者竞争出价。

confidential memorandum 机密备忘录 列出潜在买方发出收购要约所需的财务信息的文档。

conflicts of interest 利益冲突 道德风险的一种表现，金融合约的一方有动机按照自己的利益行事，而不以另一方的利益为出发点。

conventional mortgage policy tools 传统货币政策工具 货币政策的三种工具：公开市场操作、贴现贷款和美联储用来控制货币供给与利率的准备金要求。

conventional mortgage 常规抵押 没有联邦住房管理局或退伍军人管理局担保的，银行或其他抵押贷款的贷款人发起的抵押合同。通常由私人抵押保险担保。

costly state verification 高成本查证 监控企业的行为是一个既费时间又费金钱的昂贵过程。

coupon bond 息票债券 一种信用市场工具，每年支付给所有人一定的利息，直到到期日所有指定的金额都付清为止。

coupon rate 息票利率 以息票债券面值的百分比表示的每年的息票支付金额。

credit-rating agency 信用评级机构 依据违约可能性评定公司和市政债券的质量的投资咨询公司。

credit boom 信贷繁荣 金融机构极速的贷款扩张导致的借贷狂热。

credit default swap 信用违约互换 一方定期向另一方支付一定的费用，想要在突发事件发生时（如某一公司的破产或者公司的评级被下调）可以得到补偿的交易。

credit derivatives 信用衍生工具 可以支付之前发行的证券但承担信用风险的衍生物。

credit easing 信贷宽松 改变美联储资产负债表的构成以改善信贷市场特定领域的功能。

credit-linked note 信用挂钩票据 一种债券与信用期权结合的衍生工具。

credit option 信用期权 一种期权，购买者有权获得与标的证券价格或利率挂钩的收益。

credit-rating agencies 信用评级机构 依据违约可能性评定公司和市政债券的质量的投资咨询公司。

credit rationing 信用配给（贷款分配） 贷方拒绝发放贷款，即使借款人愿意支付规定利率或者更高的利率；贷款人愿意提供贷款，但限制贷款的规模，发放的贷款少于借款人要求的金额。

credit risk 信用风险 由于债务人可能违约导致的风险。

credit spread 信用价差 风险溢价——具有违约风险的债券利率相对于无风险债券（如美国

国库券）利率。

credit swap 信用互换 贷款的风险支付互换的交易。

credit union 信用合作社 一种金融机构，重点在于服务其成员的金融需求和放贷需求，其成员必须通过共同联合关系联合起来。

Credit Union National Association, CUNA 信用合作社全国协会 一个中央信用合作社便利，它鼓励建立信用合作社，并为其成员提供信息。

Credit Union National Extension Bureau, CUNEB 信用合作社全国推动局 1921年建立的一个中央信用合作社机构，后来被信用合作社全国协会取代。

creditor 债权人 债务的持有人。

currency board 货币发行局 一种货币体制，本国货币100%由外国货币支持（如美元），货币发行当局（中央银行或者政府）使其货币与该种外国货币保持固定汇率，并在公众要求兑换本国货币时以固定汇率予以兑换。

currency swap 货币互换 包括另一种货币的一系列支付的交换。

currency union 货币联盟 一些国家决定采用一种共同货币的情况。

current account 经常账户 用来说明包括通常的商品和服务的国际交易的一个账户。

current yield 当期收益率 到期收益率的一个近似值，等于每年的息票利息支付除以息票债券的价格。

dealers 交易商/自营商 通过以规定价格购买销售证券，将买方和卖方联系起来的人。

debt deflation 债务紧缩 价格水平急剧下降，由于债务负担增加导致企业净资产进一步恶化的情况。

deductible 免赔额 保险公司赔付之前由被保险人自己承担的损失金额。

deep market 深度市场 有很多参与者和大量交易的市场，因此确保证券能够以公平的价格很快售出。

default 违约（拖欠） 发行债务工具的一方到期不能支付利息或者清偿欠债的情况。

default-free bonds 无风险债券 没有违约风险的债券，如美国政府债券。

default risk 违约风险 贷款客户有可能不能如约还清贷款的风险。

defensive open market operation 防御性公开市场操作 旨在抵消影响准备金和货币基础的其他因素所产生的影响的公开市场操作。

deferred load 延期佣金费 对共同基金投资撤销收取的费用，延期费用的数额通常随着投资时间的增加而降低。

defined-benefit plan 固定收益型计划 一种养老金计划，其收益从一开始就确定了，不管投资绩效如何都照常支付。

defined-contribution plan 固定缴款型计划 一种养老金计划，其供款从一开始就确定，但收益取决于投资的绩效。

definitive agreement 最终协议 规定了一家企业收购另一家企业的详细条款的具有约束力的法律合同。

deleveraging 去杠杆化 金融机构由于资本减少而缩减贷款。

demand curve 需求曲线 描述其他经济变量不变的情况下需求量和价格之间关系的一种曲线。

demand deposit 活期存款 银行持有的一种必须有求即付的存款。活期存款更常见的叫法是支票账户。

deposit facility 存款便利 欧洲中央银行的固定便利，支付银行低于目标融资利率100个基点的固定利率。

deposit outflow 存款外流 当存款人取出存款或者要求支付的时候发生的存款损失。

deposit rate ceilings 存款利率上限 支付给存款的利率的最高限额。

depreciation 贬值 货币价值的降低。

devaluation 货币贬值 将货币的面值重新设置到比以前低的水平。

direct placement 直接募集 发行者越过交易商直接将证券销售给投资者。

dirty float 肮脏浮动 一种汇率机制，汇率每日波动，但中央银行试图通过买卖货币而影响本国汇率。

discount 贴现 债以低于面值的价格出售。

discount bond 贴现债券 一种信用市场工具，以低于面值价格购买，其面值在到期时归还，但没有任何利息支付。它也被称为零息债券（zero-coupon bond）。

discount loan 贴现贷款 银行从联邦储备系统的借贷。它也被称作预付款（advances）。

discount points 贴现点 获得抵押贷款时立即返还的总贷款的百分比。折现率的支付降低了债务的年利率。

discount rate 贴现率 联邦储备系统为贴现贷款向银行收取的利率。

discount window 贴现窗口 向银行发放贴现贷款的联邦储备机构。

discount yield 贴现收益率 见（yield on a discount basis）。

discounting 贴现 以低于面值价格购买，以便当证券以面额全值到期时，投资者获得公平的回报。

disintermediation 脱媒 流入银行系统资金流减少而导致金融中介数量下降。

diversification 多元化 投资于资产的组合，这些资产的收益率变化方向不一致，结果是总风险低于投资于单独资产。

dividends 股利 给股东的周期性支付。

dollarization 美元化 一个国家完全放弃自己的货币而采用另外一个国家的货币（一般是美元）的一种货币政策。

down payment 首期付款 债务人支付的原始购买价格的一部分，以便债务人能够拥有作为抵押的资产的权益（所有权利益）。

dual banking system 双重银行体系 由联邦政府监管的银行以及由州政府监管的银行同时运行经营的美国制度。

dual mandate 双重目标 中央银行的两个目标：物价稳定与就业率最大化。

due diligence period 尽职调查期 企业的收购方证实机密备忘录中内容的真实性，一般为20~40天时间。

duration 久期 债券支付流的平均生命期。

duration gap analysis 久期缺口分析 银行资产和负债市值对利率变化的敏感性分析。

dynamic open market operation 动态公开市场操作 旨在改变准备金水平和货币基础的公开市场操作。

early-stage investing 初期投资 创投企业在初创企业的发展阶段就开始的投资。

easing of monetary policy 宽松的货币政策 降低联邦基金利率。

e-cash 电子现金 电子货币的一种形式，用于网上支付货物和服务。

econometric model 计量经济模型 可以用统计过程估计公式的模型。

economies of scale 规模经济 通过增加的规模所能取得的存款。

economies of scope 范围经济 在一个容易到达的地点提供多种产品而获得业务的增加。

Edge Act corporation 《埃奇法案》公司 美国银行的一种专门分公司，主要从事国际银行业务。

effective exchange rate index 实际汇率指数 反映一揽子具有一定代表性外汇价值的一种指数。

efficient market hypothesis 有效市场假说 金融市场中证券的价格完全反映可用信息的假设。

e-finance 网络金融 一种新型的通过电子方式提供金融服务的方式。

electronic money (or e-money) 电子货币 以电子形式存在并能很好地替代现金的货币。

emerging market economies 新兴市场经济体 处在市场发展早期阶段的经济体，近期才对其他国家开放其商品、服务和资本。

Employee Retirement Income Security Act, ERISA 《雇员退休收入保障法案》 1994年通过的一项综合法律，设置了所有的养老金计划必须遵守的标准。

equities 权益 一个企业的净收入和资产份额的索取权（如普通股）。

equity capital 权益资本 见净资产（net worth）。

equity multiplier 股本乘数 资产总额相当于股权资本的倍数。

Eurobonds 欧洲债券 以销售所在国之外的货币计价的债券。

Eurocurrencies 欧洲货币 存在本国之外的银行的外国货币。

Eurodollars 欧洲美元 存在美国之外的外国银行或者美国银行外国分行中的美元。

European option 欧式期权 只有在合约到期日才能执行的期权。

excess demand 超额需求 需求量超过供给量的情景。

excess reserves 超额准备金 超过法定准备金之

外的准备金。

excess supply 超额供给 供给量超过需求量的情景。

exchange rate 汇率 以另一种货币度量的某种货币的价格。

exchanges 交易所 证券的购买者和销售者（或者他们的代理人或经纪商）在一处中心地点执行交易的二级市场。

exercise price 执行价格 期权购买人有权购买或者销售潜在的金融工具的价格。它也被称为 strike price。

expectations theory 预期理论 长期债券的利率将等于在长期债券的期限内人们预期短期利率的平均值。

expected return 预期收益率 一种资产下一个期间的预期回报。

face value 面值 在债券到期日支付的特定的最后数额。

factoring 保理 将应收账款出售给另一个企业，由另一个企业来负责收账。

fair-value accounting 公允价值记账法 资产负债表中的资产以市场价值记账的会计规则。

Federal Credit Union Act 《联邦信用合作社法》 1934 年通过的法律，允许所有州信用合作社的联邦特许。

federal funds 联邦基金 银行之间出售的短期存款。

federal funds rate 联邦基金利率 联邦储备系统的隔夜存款贷款的利息率。

Federal Home Loan Bank Act of 1932 1932 年《联邦住宅贷款银行法》 创建联邦住宅贷款委员会以及地方住宅贷款银行网络的法律。

Federal Home Loan Bank Board，FHLBB 联邦住房贷款银行委员会 负责管制和控制储蓄和贷款机构的政府机构，1989 年《金融机构改革恢复执行法案》取消了该机构。

Federal Open Market Committee，FOMC 联邦公开市场委员会 该委员会做出公开市场业务执行决策，由联邦储备系统管理委员会的 7 个成员、纽约联邦储备银行的主席以及其他 4 个轮流的联邦储备银行主席组成。

Federal Reserve banks 联邦储备银行 联邦储备银行中的 12 个地区银行。

Federal Reserve System，the Fed 联邦储备系统 负责美国货币政策的中央银行管理机构。

Federal Savings and Loan Insurance Corporation，FSLIC 联邦储蓄贷款保险公司 为储蓄和存款提供存款保险的机构，类似于为银行提供保险的联邦储蓄保险公司。联邦储蓄贷款保险公司在 1989 年被取消。

FICO scores FICO 分数 贷款者对潜在借款者的信用记录，用以确定借款者的信用度。

financial crisis 金融危机 金融市场的崩溃，特点是资产价格的大幅下降和许多金融与非金融公司的破产。

financial derivatives 金融衍生产品 支付和先前发行的证券相联系的工具，对降低风险十分有用。

financial engineering 金融工程 研究开发出能够满足客户需求并盈利的新金融产品和服务的过程。

financial frictions 金融摩擦 信息不对称问题阻碍金融市场有效地将资金从储蓄者流向拥有生产投资机会的家庭和公司。

financial futures contract 金融期货合约 标准商品是特定类型金融工具的一种期货合约。

financial futures options 金融期货期权 潜在工具是一张期货合约的期权，也被称为 futures option。

financial globalization 金融全球化 向其他国家开放资本和金融公司的过程。

financial guarantee 财务担保 一种保证，如果发行方债务违约时债券购买方能够被支付本金和利息的合约。

financial innovation 金融创新 开发新的金融产品和服务。

Financial Institutions Reform Act 《金融机构改革法案》 1989 年通过法律，创立了中央流动性便利作为信用合作社的最后贷款人。

Financial Institutions Reform, Recovery, and Enforcement Act 《金融机构改革复兴和加强法》 1989 年通过的停止储蓄和贷款行业损失的法律。它推翻了 1982 年《甘恩－圣杰曼法》中的很多反调节。

financial instrument 金融工具 见证券（security）。

financial intermediary 金融中介 从储蓄人手中

借入资金，然后发放贷款给其他的机构（如银行、保险公司、共同基金、养老基金和金融公司）。

financial intermediation 金融中介化 金融中介链接贷方（储蓄者）和借方（消费者）的间接融资过程。

financial liberalization 金融自由化 解除对金融市场的限制。

financial markets 金融市场 资金从有可用资金余额的人手中转移到可用资金不足的人手中的市场。

financial panic 金融恐慌 经济中金融市场和金融中介的大量倒闭。

financial supervision 金融监管 对经营金融机构及其运作方式的监管。

FINRA 金融监管局 美国前证券交易商协会。

fire sales 减价出售 迅速出售资产以筹集必要的资金。

Fisher effect 费雪效应 当预期的通胀发生的时候，利率将会上升的结果；以经济学家欧文·费雪的名字命名。

fixed exchange rate regime 固定汇率制 中央银行买卖本国货币，以便将其汇率维持在一定水平的制度。

fixed-payment loan 固定贷款 一种信贷市场工具，为借方提供一定数量的资金，通过在几年内按期（一般是按月）做出一定的支付来归还。

floating exchange rate regime 浮动汇率制 允许货币价值相对于另一种货币波动。

foreign bonds 外国债券 在国外销售并以该国货币度量的债券。

foreign exchange intervention 外汇干预 一种中央银行买卖货币以影响外汇汇率的国际金融交易。

foreign exchange market 外汇市场 汇率确定的市场。

foreign exchange rate 外汇汇率 见汇率（exchange rate）。

forward guidance 前瞻性指引 美联储将联邦基金利率长期保持为零以降低市场对未来短期利率的预期从而导致长期利率下降的策略。

forward rate 远期利率 根据利率的期限结构的纯预期理论推出的未来的利率。

forward transaction 期货交易 涉及某个未来时间以外币度量的银行存款交易的汇率交易。

free-rider problem 搭便车问题 没有为信息付费的人利用其他人支付了费用的信息。

fully amortized loan 完全分期摊还借款 一项固定贷款，贷款者给予借款者一笔资金，借款者需要在一定的年限内每期支付相同数额资金，其中包含利息和一部分本金。

fully funded 完全筹资 制订养老金计划的供款及其收益在到期时足够支付规定的养老金。

fully subscribed 完全认购 所有可以销售的证券在发行日之前都已经订购的一次证券发行。

fundamental economic values 基本经济价值 基于对资产未来现金流的现实预期的资产价值。

futures contract 期货合约 卖方同意在将来的某一时间以协议价格提供某一标准的商品给买方的合约。

futures option 期货期权 见金融期货期权（financial futures options）。

gap analysis 缺口分析 银行利润对利率的敏感性分析，通过减掉利率敏感的资产来计算。它也被称为收入缺口分析（income gap analysis）。

general obligation bonds 一般责任债券 由发行方（包括政府税务当局）全部信用担保的债券。

generalized dividend model 一般股利估值模型 股票价格只由股利的现值决定。

Glass-Steagall Act 《格拉斯－斯蒂格尔法案》 禁止商业银行承销证券并销售给公众的法律。

goal independence 目标独立性 中央银行设立货币政策目标的能力。

Gordon growth model 戈登增长模型 一个计算股票价值的简化模型，假设股利持续增长。

haircuts 垫头 借款者的抵押品数额要大于贷款的一项要求。

hedge 套期保值（对冲） 保护自己免受风险影响。

hedge funds 对冲基金 通过出售股票来获得资金并只限于富人的一种特殊的共同基金。因此它们很少受共同基金的监管。

hierarchical mandate 分层目标 中央银行将物价稳定放在首位，只有在满足该目标的情况下才能追求其他目标。

hybrid funds 混合基金 既投资股票也投资债券的共同基金。

impossible trinity 三元悖论 见政策困境（policy trilemma）。

incentive-compatible 激励相容 使合约双方的激励一致。

income gap analysis 收入缺口分析 参见 gap analysis。

index fund 指数基金 一种共同基金，只购买包含在流行的股票指数（如标准普尔500工业平均指数）中的证券。这种基金是用来模仿相应股票指数收益率的。

indexed bonds 指数债券 利率和本金支付随价格水平变化做出调整的债券，因此其利率提供了实际利率的一个直接度量。

individual retirement account，IRA 个人退休账户计划 一种退休账户，其他退休计划没有涉及的个人可以将其税前收入投入该账户。

inflation targeting 通货膨胀目标 一种货币政策，包括公开宣布通胀的中期数字目标。

initial public offering，IPO 首次公开募股 一个企业第一次向公众销售证券。

insolvent 资不抵债 企业或者银行资产价值降低到其负债之下的情况；破产。

installment credit 分期还款信贷 要求债务人在一定时间内做出一系列等额支付的贷款。

instrument independence 工具独立性 中央银行设置货币政策工具的能力。

insured mortgage 有担保的抵押贷款 由联邦房屋委员会或者退伍军人管理局担保的抵押贷款。这些机构保证如果债务人违约的时候发放贷款的银行不会遭受任何损失。

interest parity condition 利息平价条件 本国的利率等于外国的利率加上外国货币的预期升值率。

interest rate 利率 借贷的成本，或资金租赁所付的价格（通常以每年的百分比表示）。

interest-rate forward contracts 利率远期合约 和债务工具相关的远期合约。

interest-rate risk 利率风险 随利率变化收益会降低的可能性。

interest-rate swap 利率互换 允许一方用一组利息支付来交换（互换）另一方所有的另一组利息支付的金融合约。

intermediate target 中间目标 美联储试图影响的对就业和价格水平有直接影响的任何变量，如货币总量和利率。

intermediate-term 中期 对于债务工具而言，中期是指到期期限是1~10年。

international banking facilities，IBF 国际银行设施 可以接受外国居民定期存款但不受准备金要求和利息支付限制影响的美国银行机构。

International Monetary Fund，IMF 国际货币基金组织 《布雷顿森林协议》创建的国际组织，其目标是通过向经历贸易支付差额困难的国家提供贷款，来促进世界贸易。

international reserves 国际储备 中央银行持有的以外国货币计价的资产。

inverted yield curve 反向收益曲线 下降的收益曲线。

investment banker 投资银行家 推动证券从初始发行方向公众转移的证券交易商。

investment banks 投资银行 在初级市场中帮助证券首次销售的企业。

January effect 一月效应 从12月到1月股价的反常上升。

junk bonds 垃圾债券 债券评级机构评级低于BBB的债券。垃圾债券不是投资级别，而是投机级别。它们通常有一个用于补偿投资者高风险的高收益。

large, complex banking organizations，LCBO 大型复杂银行组织 庞大且复杂的银行机构。

later-stage investing 晚期投资 创投企业投入资金用于帮助公司扩大规模以吸引公众投资。

law of large numbers 大数定律 当很多人投保的时候，损失的概率分布呈现一种常态概率分布。

law of one price 一价定律 如果两个或更多的国家生产相同的产品，则不管哪个国家生产，它的价格均应相同。

leasing 租赁 一方通过支付给另一方一定费用，以获得在一定时间内使用一种资产的权利。

lender of last resort 最后贷款人 当金融机构无处借款以度过金融危机时，可以提供给它们准备金的贷款方。

letter of intent 意向书 潜在收购方发出的表明

收购意愿并列出初步条款的文件。

leverage cycle 杠杆周期 信贷繁荣然后信贷崩溃。

leverage ratio 杠杆比率 银行资本除以银行资产。

liabilities 负债 借据或者债务。

liability management 负债管理 以低成本获得资金以增加利润。

lien 留置权 一项财产的合法要求权，如果财产的贷款没有如约归还，它就给债权人没收或占用财产的权利。

limit order 限价指令 客户下达的指定最高价格购买股票的一种指令，或者指定最低可接受价格出售股票的一个指令。

liquid 流动 很容易转换成现金。

liquid market 流动性市场 证券可以很快进行买卖，并且交易成本较低。

liquidity 流动性 资产转换成现金的相对容易程度和速度。

liquidity management 流动性管理 银行做出的维持足够流动资产以满足银行对存款人义务的决策。

liquidity preference framework 流动性偏好框架 约翰·梅纳德·凯恩斯发展的一种模型，可以基于货币的供给和需求预测均衡利率。

liquidity premium theory 流动性溢价理论 长期债券的利率应该等于该债券到期前的短期利率预期的平均值加上一个正的期间（流动性）升水。

liquidity risk 流动性风险 企业现金可能不足以支付账单并维持企业经营的风险。

liquidity service 流动性服务 使客户更容易进行交易的服务。

load fund 收佣基金 当将资金存入基金或者从基金提取资金时收取手续费的一种共同基金。

loan commitment 贷款承诺 银行承诺（在将来的一定时间内）以和市场利率相联系的某一利率，为某企业提供一份一定金额上限的贷款。

loan sale 贷款销售 在一种合约下（也被称为二级贷款参与），将某一贷款的全部现金流或者部分现金流出售，从而从银行的资产负债表中将该项贷款除掉（表外处理）。

London interbank bid rate, LIBID 伦敦银行间同业借款利率 大国际银行之间收取的隔夜贷款利率。

London interbank offer rate, LIBOR 伦敦银行间同业拆放利率 大国际银行间买卖短期资金收取的利率。

long position 多头 交付一种金融工具的一个合约义务。

long-term 长期 对于债权工具，它是指期限超过10年或更长。

longer-term refinancing operation 长期再融资操作 欧洲中央银行的第二类公开市场操作，与美联储的公开购买证券相似。

macro hedge 整体对冲 一个金融机构的全部资产组合的利率风险对冲。

macroprudential regulation 宏观审慎监管 影响整体信贷市场状况的监管政策。

macroprudential supervision 宏观审慎监管 关注整体金融体系安全和稳健的监管。

main refinancing operation 主要再融资操作 每周的反向操作（欧洲中央银行以合格的资产作为抵押品，按照回购协议或者信用操作的方式买卖合格资产，两周后会进行反向操作），是欧洲中央银行的主要货币政策工具。

managed float regime 有管理的浮动机制 现行的国际金融环境，其中汇率每天都浮动，但中央银行可以通过买卖货币来影响本国的汇率。它也被称为 dirty float。

management advisory services 管理咨询服务 会计师事务所提供的审计和非审计咨询服务。

management of expectations 预期管理 美联储将联邦基金利率长期保持为零以降低市场对未来短期利率的预期从而导致长期利率下降的策略。

margin credit 保证金贷款 证券经纪公司提供的帮助投资者购买证券的贷款。

margin requirement 保证金制度 在经纪公司中的一个账户（保证金账户）中必须保留一定数额的资金。

marginal lending facility 边际贷款便利 欧洲中央银行的贷款便利，银行可以从国民中央银行以高于目标融资利率100基点的利率借入隔夜贷款。

marginal lending rate 边际贷款利率 欧洲中央

银行为边际贷款便利收取的利率。

mark-to-market accounting 按市值计价的记账方法 在资产负债表中资产以市场价值计价的会计方法。

marked to market 盯市/逐日结算 每个交易日结束前重新定价并结清，以反映期货合约价值的变化。

market equilibrium 市场均衡 愿意购买的人（需求）等于愿意出售的人（供给）的情景。

market fundamental 市场基本面 所有直接影响股票证券未来收入流的因素。

market maker 造市商 从自己库存中购买或者销售证券的经销商，这保证了投资者购买或者销售其证券的市场总是存在。

market order 市价指令 客户下达的以现行市场价格购买股票的指令。

market segmentation theory 市场细分理论 一种期限结构理论，将不同期限债券的市场视为完全独立分离，从而某一期限债券的利率只由该期限债券的供求决定。

matched sale-purchase transaction 同时抛售和购入同一证券的交易 在交易所同时抛售和收进同一证券的交易。

maturity 期限 一个债券工具到截止日期（到期日）的时间。

mean reversion 平均反转 现在收益低的股票倾向于在未来有高回报，反之亦然，这种现象被称为平均反转。

mergers and acquisitions market 并购市场 企业被其他企业销售或者合并的一个非正式的没有组织的市场。

micro hedge 微观对冲 某个特定资产的对冲。

microprudential supervision 微观审慎监管 关注单个金融机构的安全和稳健的监管。

monetary base 基础货币 联邦储备系统的货币性负债（流通中的货币和准备金）和美国财政部的货币性负债（流通中的国库通货，主要是硬币）之和。

monetary neutrality 货币中性 一种假说，指长期来看，货币供给增加的百分比和价格水平的百分比是一样的，导致实际货币供给和所有其他的经济变量（如利率）都不变。

monetary policy 货币政策 货币供给和利率的管理。

monetary targeting 货币目标 一种货币政策，中央银行宣布的将要达到的货币年增长率目标。

monetary union 货币联盟 一些国家决定采用一种共同货币的情况。

money 货币 被普遍接受用于支付商品或服务或债务归还的东西。它也被称为 money supply。

money center banks 货币中心银行 主要金融中心的大银行。

money market 货币市场 只交易短期（期限少于1年）债务工具的一种金融市场。

money market mutual funds 货币市场共同基金 从一群人中募集投资资金然后将之投入到短期证券（如短期国库券和商业票据）的基金。

money market securities 货币市场证券 原始期限不到一年的证券，如短期国债、商业票据、银行承兑汇票和可转让存单。

monoline insurance companies 单线保险公司 专门从事信用保险的公司。

money supply 货币供应量 见货币（money）。

moral hazard 道德风险 交易的一方会从事从另一方观点来说不受欢迎的活动的风险。

mortgage 住房抵押贷款 以房地产为担保的长期贷款。

mortgage-backed security 抵押支持证券 由抵押贷款资产池作抵押的一种证券。它也被称为 securitized mortgage。

mortgage pass-through 抵押贷款过手证券 将借款者的抵押贷款偿付款在支付给此证券的投资者前先让渡给托管人的一种证券。

mutual bank 互助银行 由存款人所拥有的银行。

mutual insurance company 互助保险公司 由保险客户所拥有的保险公司，其目的是提供最低可能价格的保险。

named-peril policy 指定危险保险单 防范在保险单中特别指定的危险的保险单。

National Association of Securities Dealers Automated Quotation System 全美证券交易商协会自动报价系统 连接全美交易商并提供场外交易证券报价的一个计算机网络系统。

national banks 国民银行 联邦政府颁发许可证的银行。

National Credit Union Act of 1970 1970年《国家信用合作社法》 设立美国国家信用合作社管理局的法律,国家信用合作社管理局是一个监管联邦特许和国家特许信用合作社的独立监管机构。

National Credit Union Share Insurance Fund, NCUSIF 国家信用合作社股份保险基金 1970年国家信用合作社设立的机构,由国家信用合作社管理局控制,用以为信用合作社存款的每个账户提供100万美元的保险。

natural rate of unemployment 自然失业率 完全就业(劳动力需求等于劳动力供给)时的失业率。

negotiable certificate of deposit 可转让存单 银行发行的证明存款并指定利率和到期日的短期证券。

net asset value 基金净值 一只共同基金的资产减去所有负债后的总价值除以发行的股份数。

net exports 净出口 商品和服务贸易差额。

net interest margin, NIM 净利息收益率 利息收入和利息费用差额占资产的百分比。

net worth 净资产 企业的资产(企业所有和债权)和其负债(债务)的差额。也称为equity capital。

no-load fund 免佣基金 当申购或赎回基金时不收取手续费的一种共同基金。

nominal anchor 名义锚 名义变量,如通货膨胀率、汇率或者货币供给,货币政策决策者用以牵制价格水平的变量。

nominal interest rate 名义利率 没有考虑通货膨胀的利息率。

nonbank bank 非银行银行 要么不发放商业贷款,要么不吸收存款的限制服务银行。

noncompetitive bidding 非竞争性出价 不指定价格的购买国库券的报价;证券最终以同一拍卖中接受的竞争报价的加权平均值出售。

nonconventional monetary policy tools 非常规货币政策工具 用于刺激经济的三种非利率工具:流动性供给、资产收购以及对未来货币政策行动的承诺。

notional principal 名义本金 互换协议中按照某一金额支付该金额获得的利息,这一金额被称为名义本金。

off-balance-sheet activities 表外业务 涉及交易金融工具、手续费和贷款销售收入产生的银行业务,这些业务都影响银行利润,但不出现在银行资产负债表中。

official reserve transactions balance 官方储备收支平衡 经常账户余额加上资本性账户中的项目。

open-end fund 开放式基金 接受投资并允许投资者在任何时候收回投资的一种共同基金。其股票的价格与基金投资资产的价值相关。

open interest 未平仓收益 未清合同的数量。

open market operations 公开市场操作 在公开市场上政府证券的买卖影响银行系统的利率与准备金的数额。

open-peril policies 开放式危险保单 见指定危险保险单。

operating expenses 营业费用 银行持续经营发生的费用。

operating income 营业收入 银行持续经营获得的收入。

operating instrument 操作工具 一种响应中央银行工具的变量,指示货币政策的走势。它也被称作policy instrument。

opportunity cost 机会成本 不持有另一种资产所牺牲的利息金额(预期收益)。

options 期权 给予购买者在一定时间内(到到期日的期间)以一定价格(被称为执行价格或者履约价格)购买或者出售潜在的金融工具的选择权合约。

originate-to-distribute model 贷款并证券化模式 一种商业模式,一般由独立的一方(通常是贷款经纪商)发起贷款,将贷款分销给投资者作为证券的基础资产。

overfunded 超额筹资 资产超过计划所规定的养老金支付的养老金计划。

overnight cash rate 隔夜现钞汇率 欧元区短期银行间的贷款利率。

oversubscribed 超额认购 收到的购买订单比将出售的证券要多。

over-the-counter (OTC) market 柜台交易市场 一种二级市场,市场中不同地方的有证券库存的交易商准备和那些愿意接受其价格的人之间买卖证券。

passbook savings account 存折储蓄存款 在商业银行中持有的有利息的储蓄账户。

pecking order hypothesis 优序融资理论 规模越大、越稳定的公司,越倾向于发行证券融资。

Pension Benefit Guarantee Corporation (Penny Benny) 养老金给付保证公司 一个政府机构,其职能和联邦存款保险公司类似,如果一家筹资不足养老金计划的公司破产,它会为养老金福利提供一定限额内的保险。

pension plan 养老金计划 随着个人工龄增加而积累的一个资产池,在退休时逐步返还。

perpetuity 永续年金 一种没有到期日、没有本金返还的永久债券,永久性发放定期固定支付。

policy instrument 政策工具 一种响应中央银行工具的变量,指示货币政策的走势,也被称作 operating instrument。

policy trilemma 政策三元悖论 一国不能同时实行以下三项政策:资本自由流动、固定汇率以及独立的货币政策。

political business cycle 政治性经济周期 由于大选前的扩张政策导致的经济周期。

portfolio 投资组合 资产的组合。

potential output 潜在产出 基于自然失业率的产出水平。

preferred habitat theory 期限优先理论 假设投资者对债券的到期期限有偏好。相对于另一种到期期限债券,他们更喜欢投资具有特殊到期期限的债券。

preferred stock 优先股 普通股分红之前必须支付一定固定红利的股票。它一般没有到期日,通常也不给持有人在公司的投票权。

premium 权利金(期权价格) 支付给期权合约的金额。

present discounted value 贴现现值 见 present value。

present value 现值 当利率为 i 时,未来收到的一个支付现在的价值。它也被称为 present discounted value。

price earnings ratio, PE 市盈率 计量市场愿意为公司盈利的每一美元支付多少的方法。

price stability 物价稳定 较低且稳定的通货膨胀。

primary dealers 一级交易商 政府证券交易商,以私人公司或者商业银行形式经营,美联储公开市场操作一般与它们进行交易。

primary market 初级市场/一级市场 新发行的证券销售给初始购买者的一种金融市场。

principal-agent problem 委托-代理问题 由于激励不一致,当有控制权的经理(代理人)以自己的利益而不是以所有人(代理人)的利益行事的时候发生的一种道德风险问题。

private equity buyout 私募股权活动 上市公司变为私有。

private mortgage insurance,PMI 私人抵押贷款保险 防范债权人由于被拖欠抵押贷款所招致损失的保险。

private pension plan 私人养老金计划 由雇主、团体或者个人发起的养老金计划。

property insurance 财产保险 防范由于火灾、偷盗、风暴、爆炸和疏忽造成损失的保险。

proprietary trading 自营 金融机构以自有资金进行交易。

prospectus 招股说明书 备案在美国证券交易委员会的证券登记报告书的一部分,必须公布给证券的潜在购买者。

prudent man rule 审慎人规则 规则要求替他人投资的人行为应当谨慎、慎重、智慧,在重视收益的同时重视资本的安全性。

public pension plan 退休金计划 由政府支持的养老金计划。

put option 看跌期权 提供以一定价格售出证券权利的一种期权合约。

quantitative easing 量化宽松 导致美联储资产负债表和基础货币扩张的资产购买计划。

quotas 配额 能够进口外国商品数量的限制。

random walk 随机游走 变量的变动在未来不能预测,因为在现值给定的情况下,变量既有可能下降也有可能上升。

rate of capital gain 资本收益率 相对于证券最初购买价格的证券价格变化值。

rate of return 收益率 见 return。

real exchange rate 实际汇率 本国商品可以兑换为外国商品,意味着本国商品价格相对于以本国货币计价的外国商品价格。

real interest rate 实际利率 考虑价格水平预期变化(通胀)后调整的利率,以便更准确地反映借贷的实际成本。

real terms 实际条件 反映个人能够购买的实际商品和服务。

registered bonds 记名债券 要求所有人在公司登记才能获得利息支付的债券。记名债券已经大量取代了不需要登记的无记名债券。

registration statement 登记说明书 在向公众销售期限超过270天的证券之前，必须在证券交易委员会备案的关于企业财务情况、管理、竞争、行业和经历的信息。

Regulation Z Z条例 债权人向债务人披露贷款的全部成本的要求，也被称为"贷款真相"条例。

regulatory arbitrage 监管套利 尝试逃避监管性资本要求，通过保持银行账面具有相同风险基础资本要求但相对更具风险的资产，而剥离账面低风险资产。

regulatory forbearance 宽容性监管 有节制地行使监管权力，以免使资不抵债的储蓄贷款银行破产。

reinsurance 再保险 以保险费的一部分为代价，将风险的一部分分配给另一个公司。

reinvestment risk 再投资风险 短期投资的收益必须以不确定的将来的利率再投资，这种相关的利率风险被称为再投资风险。

repossession 收回（重新占有） 债务人违约时收作贷款抵押的财产的重新取得。

repurchase agreement 回购协议 一种类型的贷款，债务人同时签订出售债券的合约和回购债券的合约，回购要么是在要求时发生，要么是在一个特定日期发生。

required reserve ratio 法定准备金率 联邦储备系统要求的必须作为准备金保留的存款比率。

required reserves 法定准备金 必须持有以满足联邦储备系统要求（银行存款的一部分必须以准备金的形式保留）的准备金。

reserve account 准备金账户 用于支付由于担保抵押贷款的财产所欠的保险和税收的一个账户。每月贷款支付的一部分进入准备账户。

reserve currency 储备货币 其他国家用来度量它们作为国际储备的资产的一种货币（如美元）。

reserve for loan losses 贷款损失准备 债权人账簿中贷款账户的备抵账户，反映的是债权人计划的由于违约所造成的损失。

reserve requirements 准备金要求 存款机构必须将其存款的一部分保留在联邦储备银行的账户中的管制条例。

reserves 准备金 银行在联邦储备银行的账户中持有的存款，加上银行实际上持有的货币（库存现金）。

Resolution Trust Corporation，RTC 重组信托公司 FIRREA创建的一个临时性机构，负责清算破产的储蓄贷款银行。

restrictive covenants 限制性条款 指定债务人能够从事和不能从事的活动的条款。

return 收益率 证券支付加上证券价值变动占其购买价格的百分比，更精确地被称为rate of return。

return on assets，ROA 资产回报率 每美元资产的税后净利润。

return on equity，ROE 股权回报率 每美元股本的税后净利润。

revaluation 升值 将货币面值重新设置到比以前高的水平。

revenue bonds 收益债券 用于支付利息以及付清债券的收入来源是一个特定的来源，如一段收费公路或者一个发电厂。如果收入来源不能做出支付，则尽管发行债券的市政当局有可能很富有，但债券仍将违约。

reverse transactions 反向交易 欧洲中央银行以合格的资产作为抵押品，按照回购协议或者信用操作的方式买卖合格资产，两周后会进行反向操作。

risk 风险 和资产收益相关的不确定性的程度。

risk premium 风险溢价（风险贴水、风险升水） 有违约风险债券的利率和无违约风险利率之间的差额。

risk sharing 分散风险 金融中介创造并出售具有公众满意的风险特性的资产，并用出售资产所获资金购买其他风险更大的资产。

risk structure of interest rates 利率的风险结构 有相同成熟期的债券的不同利率间的关系。

roll over 循环续期 债券到期时的续期。

seasoned issues 增发 公开交易时间足够长，以至于市场能够清晰地确定其价值的证券。

secondary market 二级市场 先前已经发行的证券能够再出售的一种金融市场。

secondary reserves 二级准备金 银行持有的美国政府和机构的证券。

secured debt 担保债务 有抵押担保的债务。

secured loan 担保贷款 有抵押担保的贷款。

securitization 证券化 将非流动性金融资产转换成可转让的资本市场工具的过程。

securitized mortgage 见 mortgage-backed security。

security 证券 债务人出售给债权人的一个对债务人将来收入的要求权。它也被称为 financial instrument。

seed investing 种子投资 风险投资公司投资于还没有具体产品的公司或者是还没有明确成立的公司。

Separate Trading of Registered Interest and Principal Security, STRIPS 本息分离证券 定期利息支付和最终到期支付分离,两种现金流分别销售给不同投资者的证券。

shadow banking system 影子银行体系 银行贷款被证券市场借贷所取代的系统。

share draft account 股金汇票账户 信用合作社中类似于银行支票账户的账户。

shelf registration 暂搁注册 证券交易委员会的一种安排,允许一次单独备案却准许多次证券发行的注册文件。

short position 空头 交付一个潜在的金融工具的一种契约义务。

short sale 卖空 经纪人借入并销售证券的一种安排。借入的证券被后来购买的证券替代。卖空使得投资者能够从证券价格下落获得盈利。

short-term 短期 对于债务工具,短期是指期限为一年或者更短。

simple loan 普通贷款 一种信用市场工具,提供给债务人一笔一定数量的资金,这笔资金必须在到期日和一个附加支付额(利息)一起归还。

sinking fund 偿债基金 很多债务合约中的一种条款创建的资金,要求发行方每年留出最终到期支付的一部分,以便投资者能够确定到期时资金能够到位。

smart card 智能卡 带有一个计算机芯片,能在需要时将所有者银行账户中的货币以数字现金的形式存入其中的储值卡。

special drawing rights, SDR 特别提款权 国际货币基金组织发行的一种黄金的纸币替代,可以用作国际储备。

speculative attack 投机性攻击 投机者大量出售某一货币的情况。

spinning 钓鱼行为 投资银行在价格被低估的热门股票首次公开募股时,将其份额分销给其他公司的高级管理人员,目的是换取这家公司与投资银行未来的业务合作机会。

spot exchange rate 即期汇率 给定时刻的汇率。

spot rate 即期利率 某一时刻的利率。

spot transaction 即期交易 以其他货币度量的银行存款的即期交换。

standard deviation 标准差 资产风险的一项统计指标。

standing lending facility 经常性贷款便利 一项贷款便利,健康的银行可以向中央银行借入任意额度贷款。

state banks 州立银行 州政府颁发许可证的银行。

state-owned banks 国有银行 政府拥有的银行。

sterilized foreign exchange intervention 冲销式外汇干预 通过相反的公开市场业务从而保持货币基础不变的外汇干预。

stock 股票 一种对企业收益和资产的索取权的证券。

stock company 股份公司 发行股票,目的是为其股东盈利的公司。

stock market risk 股市风险 和股票价格波动相关的风险。

stock option 股票期权 针对某一只股票的期权。

stop loss order 止损指令 对经纪商下达的指令,要求在某一价格买入或者卖出,旨在限制投资者的损失。

stress testing 压力测试 计算在不利情形下的损失。

strike price 执行价格 见 exercise price。

structure credit products 结构化信用产品 一种证券,其来源于基础资产的现金流,特别为满足不同投资者的需求而定制的具有特殊风险的产品。

subprime loans 次级贷款 对较差信用评级或者贷款数额较大的不合格的借款者发放的一般利率的贷款。

subprime mortgages 次级抵押贷款 对较差的信用记录而不符合标准的借款者发放的一般利率的贷款。

super display book，SDBK 超级显示簿 一种可以快速将专家从交易过程中移除的执行交易的计算机系统。

superregional banks 跨区域银行 与货币中心银行规模相当的银行控股公司，其总部不设在货币中心城市（纽约、芝加哥、旧金山）。

supply curve 供给曲线 描述所有其他经济变量不变的情况下供给量和价格之间关系的曲线。

swap 互换（掉期） 一方有义务用它所拥有的一组支付来交换（互换）另一方拥有的一组支付的一种金融合约。

sweep account 流动账户 公司支票账户中每日超过一定数额的部分被清出，用于投资隔夜回购，并获得回购利息。

syndicate 辛迪加 为发行某一证券而走到一起的一群投资银行。辛迪加将风险分散在成员之间。每个参与方都尽力营销该证券并分担损失。

systemic 系统的 金融公司由于其破产带来的广泛的不利影响对金融系统构成威胁。

systematically important financial institutions，SIFI 系统重要性金融机构 金融稳定监管委员会指定的具有系统重要性的公司并受美联储额外的监管。

T-account T形账户 一种简化的资产负债表，有T形的边界，只列出从某个起点开始之后的资产负债表项目发生的变化。

target financing rate 目标融资利率 欧洲中央银行对于隔夜现钞利率、欧元区银行间短期贷款利率的目标。

tariffs 关税 对进口商品征收的税赋。

term security 定期证券 有既定到期日的证券。

term structure of interest rates 利率的期限结构 不同期限的债券的利率间的关系。

theory of efficient capital markets 有效资本市场理论 不同到期日的债券利率之间的关系。

theory of portfolio choice 资产组合选择理论 人们希望在投资组合中持有多少资产的理论。

theory of purchasing power parity，PPP 购买力平价理论 两种货币间的汇率应该调整以反映两国价格水平变化的理论。

thrift institution（thrifts） 储蓄机构 储蓄贷款协会、互助储蓄银行和信用合作社。

tightening of monetary policy 紧缩的货币政策 联邦基金利率的提高。

time-inconsistency problem 时间不一致性问题 货币政策决策者实行的扩张性货币政策，在短期是有效的，但从长期看会带来不良后果。

tombstone 墓碑广告 在金融报纸上发布的大型公告，宣布一个证券将由某个承销商或者一群承销商竞价出售。

too-big-to fail problem "大而不倒"问题 监管者因担心引发金融危机的窘境而不愿关闭大型金融机构，并将损失强加给存款人和贷款人。

TRACE 美国证券交易委员会于2002年创建的一个贸易报告和合规引擎。

trade association 商会 一群有组织的信用合作社，为大量信用合作社提供各种服务。

trade balance 贸易差额 商品出口和进口的差额。

transaction cost 交易成本 试图交换金融资产、商品和服务时花费的时间和金钱。

treasury bill（T-bills） 短期国债 联邦政府出售的初始到期日不到一年的证券。通常认为它们是可能的风险最低的证券。

underfunded 不足筹资 供款及其收益不足以支付养老金计划中规定的养老金。

undersubscribed 认购不足 收到的购买订单比将出售的证券要少。

underwriters 承销商 向企业保证证券价格，然后将其销售给公众的投资银行。

underwriting 承销 向企业保证证券的价格，然后将证券销售给公众。

unexploited profit opportunity 未利用的盈利机会 投资者能够获得比通常高的收益的情况。

unsecured debt 无担保债务 没有抵押担保的债务。

unsterilized foreign exchange intervention 非冲销式外汇干预 中央银行允许购买和销售本国货币以影响货币基础的外汇干预。

U. S. Central Credit Union 美国中央信用合作社 信用合作社的中央银行，组建于 1974 年，它为州中心信用合作社提供银行服务。

usury 高利贷 为贷款收取过高的利率。

value at risk（VaR）calculations 在险价值计算 计算投资组合在一定时间内，假设两周发生损失的概率是 1% 时损失的规模。

vault cash 库存现金 银行实际持有的隔夜存于金库中的现金。

venture capital firm 创投企业 一种金融中介，它将其合作者的资源组合到一起，并将资金用于帮助企业家创建新企业。

virtual bank 虚拟银行 没有具体实体但在网络空间存在的银行。

wealth 财富 个人拥有的所有资源，包括所有的资产。

wholesale market 批发市场 交易量特别大的（如货币市场基金或者外汇）大宗交易发生的市场。

World Bank 世界银行 即国际复兴开发银行，提供长期贷款以帮助发展中国家修建大坝、道路和其他能够对其经济发展做出贡献的有形资本的一个国际组织。

World Trade Organization，WTO 世界贸易组织 监管成员间贸易规则（关税和配额）的组织。

yield curve 收益率曲线 不同到期期限的特定种类的债券利率的分布图。

yield to maturity 到期收益率 一种利息率，等于信用市场工具获得的支付折成的现值相对工具现值的比率。

zero-coupon bond 零息债券 见贴现债券（discount bond）。

zero-coupon security 零息证券 见本息分离证券（Separate Trading of Registered Interest and Principal Security）。

zero-lower-bound problem 零利率下限问题 中央银行由于利率降至零利率而无法进一步降低政策利率的情况。

推荐阅读

中文书名	原作者	中文书号	定价
货币金融学(美国商学院版,原书第5版)	弗雷德里克 S. 米什金 哥伦比亚大学	978-7-111-65608-1	119.00
货币金融学(英文版·美国商学院版,原书第5版)	弗雷德里克 S. 米什金 哥伦比亚大学	978-7-111-69244-7	119.00
《货币金融学》学习指导及习题集	弗雷德里克 S. 米什金 哥伦比亚大学	978-7-111-44311-7	45.00
投资学(原书第10版)	滋维·博迪 波士顿大学	978-7-111-56823-0	129.00
投资学(英文版·原书第10版)	滋维·博迪 波士顿大学	978-7-111-58160-4	149.00
投资学(原书第10版)习题集	滋维·博迪 波士顿大学	978-7-111-60620-8	69.00
公司理财(原书第11版)	斯蒂芬 A.罗斯 MIT斯隆管理学院	978-7-111-57415-6	119.00
期权、期货及其他衍生产品(原书第10版)	约翰·赫尔 多伦多大学	978-7-111-60276-7	169.00
期权、期货及其他衍生产品(英文版·原书第10版)	约翰·赫尔 多伦多大学	978-7-111-70875-9	169.00
债券市场:分析与策略(原书第8版)	弗兰克·法博齐 耶鲁大学	978-7-111-55502-5	129.00
金融市场与金融机构(原书第9版)	弗雷德里克 S. 米什金 哥伦比亚大学	978-7-111-66713-1	119.00
现代投资组合理论与投资分析(原书第9版)	埃德温 J. 埃尔顿 纽约大学	978-7-111-56612-0	129.00
投资银行、对冲基金和私募股权投资(原书第3版)	戴维·斯托厄尔 西北大学凯洛格商学院	978-7-111-62106-5	129.00
收购、兼并和重组:过程、工具、案例与解决方案(原书第7版)	唐纳德·德帕姆菲利斯 洛杉矶洛约拉马利蒙特大学	978-7-111-50771-0	99.00
风险管理与金融机构(原书第5版)	约翰·赫尔 多伦多大学	978-7-111-67127-5	99.00
金融市场与机构(原书第6版)	安东尼·桑德斯 纽约大学	978-7-111-57420-0	119.00
金融市场与机构(原书第6版·英文版)	安东尼·桑德斯 纽约大学	978-7-111-59409-3	119.00
货币联盟经济学(原书第12版)	保罗·德·格劳威 伦敦政治经济学院	978-7-111-61472-2	79.00

推荐阅读

中文书名	原作者	中文书号	定价
公司金融(原书第12版·基础篇)	理查德 A. 布雷利 伦敦商学院	978-7-111-57059-2	79.00
公司金融(原书第12版·基础篇·英文版)	理查德 A. 布雷利 伦敦商学院	978-7-111-58124-6	79.00
公司金融(原书第12版·进阶篇)	理查德 A. 布雷利 伦敦商学院	978-7-111-57058-5	79.00
公司金融(原书第12版·进阶篇·英文版)	理查德 A. 布雷利 伦敦商学院	978-7-111-58053-9	79.00
《公司金融(原书第12版)》学习指导及习题解析	理查德 A. 布雷利 伦敦商学院	978-7-111-62558-2	79.00
投资学(原书第9版·精要版)	滋维·博迪 波士顿大学	978-7-111-48772-2	55.00
投资学(原书第9版·精要版·英文版)	滋维·博迪 波士顿大学	978-7-111-48760-9	75.00
财务报表分析与证券估值(原书第5版)	斯蒂芬 H.佩因曼 哥伦比亚大学	978-7-111-55288-8	129.00
期权与期货市场基本原理(原书第8版)	约翰·赫尔 多伦多大学	978-7-111-53102-9	75.00
国际金融(原书第5版)	迈克尔 H.莫菲特 雷鸟国际管理商学院	978-7-111-66424-6	89.00
财务分析:以Excel为分析工具(原书第8版)	蒂莫西 R. 梅斯 丹佛大都会州立学院	978-7-111-62754-8	79.00
个人理财(原书第6版)	杰夫·马杜拉 佛罗里达亚特兰大大学	978-7-111-59328-7	79.00
固定收益证券	彼得罗·韦罗内西 芝加哥大学	978-7-111-62508-7	159.00